Stilformen und Epochen

der Weltarchitektur

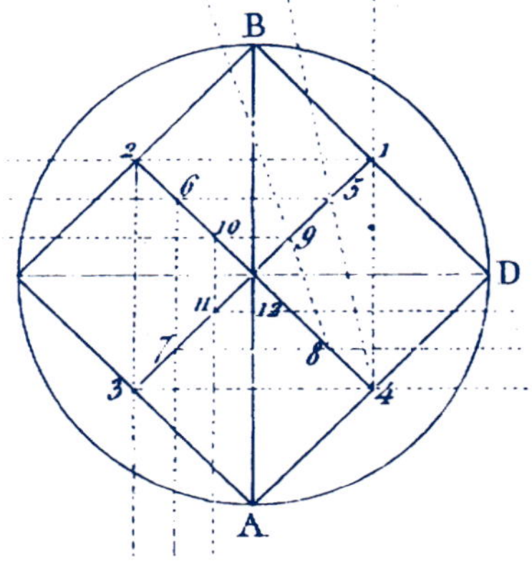

Stilformen und Epochen *der* Weltarchitektur

Herausgegeben von Emily Cole

FLEURUS IDEE

DIE AUTOREN

PHILIPPA BAKER (Frühes Christentum und Byzanz) studierte Kunstgeschichte und Architekturgeschichte an der University of Manchester in England. Sie ist freie Lektorin und hat sich auf Publikationen zu den Themen Kunst und Architektur spezialisiert.

SUSIE BARSON (Mesopotamien und Persien/Islam) erwarb einen Master of Arts in Architekturgeschichte an der Bartlett School of Architecture der University of London. Sie arbeitet als Historikerin für die englische Denkmalschutzorganisation English Heritage.

EMILY COLE (Prähellenische Kulturen/Indien/Griechenland) hat einen Master of Arts des Courtauld Institute of Art der University of London, wo sie Architekturgeschichte studierte. Sie arbeitet als Historikerin für English Heritage.

MARIA FLEMINGTON (Klassizismus) erwarb einen Master of Arts in Architekturgeschichte am Courtauld Institute of Art der University of London. Sie arbeitet als Collections Manager für die englische Denkmalschutzorganisation National Trust.

EMILY GEE (Japan) hat einen Master of Arts in Architekturgeschichte der University of Virginia. Sie arbeitet als Inspector of Historic Buildings für English Heritage.

TESSA GIBSON (Romanik) hat einen Master of Arts in Architekturgeschichte des Courtauld Institute of Art der University of London und arbeitet für den National Trust.

EMMA LAUZE (Imperium Romanum) erwarb am Courtauld Institute of Art der University of London einen Master of Arts in Architekturgeschichte über Stadtplanung der römischen Antike. Seit Abschluss ihres Studiums 1994 ist sie am Paul Mellon Centre for Studies in British Art tätig und beteiligte sich dort an zahlreichen Publikationen und Forschungsprojekten.

MARY PESKETT-SMITH (Renaissance) erwarb am Courtauld Institute of Art der University of London einen Master of Arts in Architekturgeschichte der Renaissance in Rom. Zurzeit arbeitet sie am Paul Mellon Centre for Studies in British Art an einem Forschungsprojekt.

EMILY RAWLINSON (Präkolumbische Kulturen/Barock und Rokoko/Palladianismus) hat einen Master of Arts in Architekturgeschichte des Courtauld Institute of Art der University of London. Sie arbeitet bei Pevsner Architectural Guides.

JAMES ROTHWELL (Gotik) hat einen Master of Arts in Architekturgeschichte des Courtauld Institute of Art der University of London und arbeitet für den National Trust.

SARAH VIDLER (Ägypten) erwarb einen Bachelor of Arts (Honours) in Archäologie des östlichen Mittelmeerraums an der University of Liverpool. Sie arbeitet für English Heritage.

ALICE YATES (Pittoresker Stil) studierte Architekturgeschichte an der University of Edinburgh und erwarb einen Master of Science in Denkmalpflege an der Oxford Brookes University. Sie arbeitet in Großbritannien für World Monuments Fund.

XU YINONG (China) promovierte an der University of Edinburgh in Architektur- und Stadtgeschichte. Er lehrt als außerordentlicher Professor für Architektur an der Faculty of the Built Environment der University of New South Wales in Australien.

Fleurus Idee is an imprint of
Fleurus Verlag GmbH

Lindenstr. 20, 50 674 Köln

Übersetzung und Bearbeitung der deutschen Ausgabe: Ursula Fethke
Satz der deutschen Ausgabe: Asuman Baltacioglu
Umschlaggestaltung: Alan Osbahr

ISBN 3-89717-350-6

Printed in China

10 9 8 7 6 5 4 3 2 1

Inhalt

Einleitung

„Stilformen und Epochen der Weltarchitektur“ wendet sich an kunstinteressierte Laien ebenso wie an Studenten und an Leute, die sich beruflich mit Architektur oder Baukunst beschäftigen. Das Buch stellt umfassend die Stilformen verschiedenster Epochen und Kulturen vom Alten Ägypten bis zum Beginn der industriellen Revolution dar und bietet gleichermaßen eine Einführung in die für die Beschreibung von Bauwerken gebräuchlichen Fachbegriffe. Dies erfolgt nicht auf konventionelle Weise in Form eines Lexikons, sondern in chronologischer Reihenfolge in abgeschlossenen Kapiteln. Mithilfe zahlreicher Illustrationen und Grundrisse sowie fundierter Erläuterungen werden die wichtigsten Aspekte der verschiedenen Epochen hervorgehoben.

Auf diese Weise lernen Sie Architekturelemente, Stilformen, Bautechniken und -stile in ihrem jeweiligen historischen Kontext kennen. Die einführenden Texte bieten nicht nur Hintergrundinformationen zu den religiösen, sozialen, politischen und wirtschaftlichen Rahmenbedingungen, sondern gehen auch im Einzelnen auf Aspekte wie Standortwahl, Funktion, Baumaterialien oder die Rolle des Baumeisters ein. Ein umfangreiches Glossar der verwendeten Fachbegriffe erleichtert das Verständnis, zusätzlich unterstützt durch illustrierte Kurzdarstellungen der zehn wichtigsten Architekturelemente, die in nahezu allen Weltregionen und Baustilen

zu finden sind: Kuppeln, Säulen, Türme, Bögen, Portale, Fenster, Giebel, Dächer, Gewölbe und Treppen.

Den Auftakt von „Stilformen und Epochen der Weltarchitektur" bildet die ägyptische Baukunst, gefolgt von den wichtigsten Baustilen der Architekturgeschichte. Jeder Stil wird nach Bautypen, Ländern und historischer Entwicklung in übersichtliche inhaltliche Einheiten untergliedert. Herausragende Bauwerke, welche für die Baukunst einer bestimmten Epoche besonders repräsentativ sind, werden umfassend dargestellt, etwa der Parthenon für die griechische Baukunst oder die Hagia Sophia für die byzantinische. Ein umfangreiches und ausdifferenziertes Fachvokabular steht naturgemäß für Kulturen zur Verfügung, mit denen sich die Forschung schon seit langer Zeit beschäftigt, wie beispielsweise für die griechische und römische Antike oder die Gotik. Entsprechend ausführlich werden sie vorgestellt, während die vergleichsweise weniger erforschten prähellenischen oder präkolumbischen Kulturen weniger Raum einnehmen.

Vom Grundriss bis zur Dachlinie stellen zahlreiche Illustrationen die charakteristischen Formen und Stilmerkmale vor. Besondere Aufmerksamkeit erhält die Ornamentierung, soweit sie die architektonische Wirkung bestimmt.

„Stilformen und Epochen der Weltarchitektur“ endet mit dem Pittoresken Stil des späten 18. und frühen 19. Jahrhunderts. Noch stärker als die vorhergehenden Epochen zeichnet sich dessen Formensprache durch das Zurückgreifen auf ältere Baustile aus. Somit wurden auch die gebräuchlichen Fachbegriffe bereits in den jeweiligen Kapiteln vorgestellt und es bot sich hier Gelegenheit, auf Baumaterialien und Konstruktionstechniken einzugehen. Beispielsweise bezeichnet man Bauwerke der Neugotik mit den für die Gotik spezifischen Fachbegriffen, entsprechend diejenigen des Greek Revival *mit den Termini, die für die klassische Architektur gebräuchlich sind. Dieser Band gibt keinen lückenlosen Überblick über die Architekturgeschichte – diesen bieten bereits zahlreiche gute Publikationen. Ziel war vielmehr, die Grenzen eines konventionellen Architekturlexikons zu überschreiten und über die Darstellung des historischen Kontextes ein grundlegendes Verständnis der Bauwerke zu ermöglichen, was komplexe bauanalytische Beschreibungen eher vernachlässigen. Somit stellt „Stilformen und Epochen der Weltarchitektur“ einen idealen Einstieg für jeden dar, der sich erstmals mit Architektur auseinander setzt, bietet aber gleichzeitig interessante Informationen für diejenigen, die bereits über Basiswissen verfügen und nun mehr erfahren möchten.*

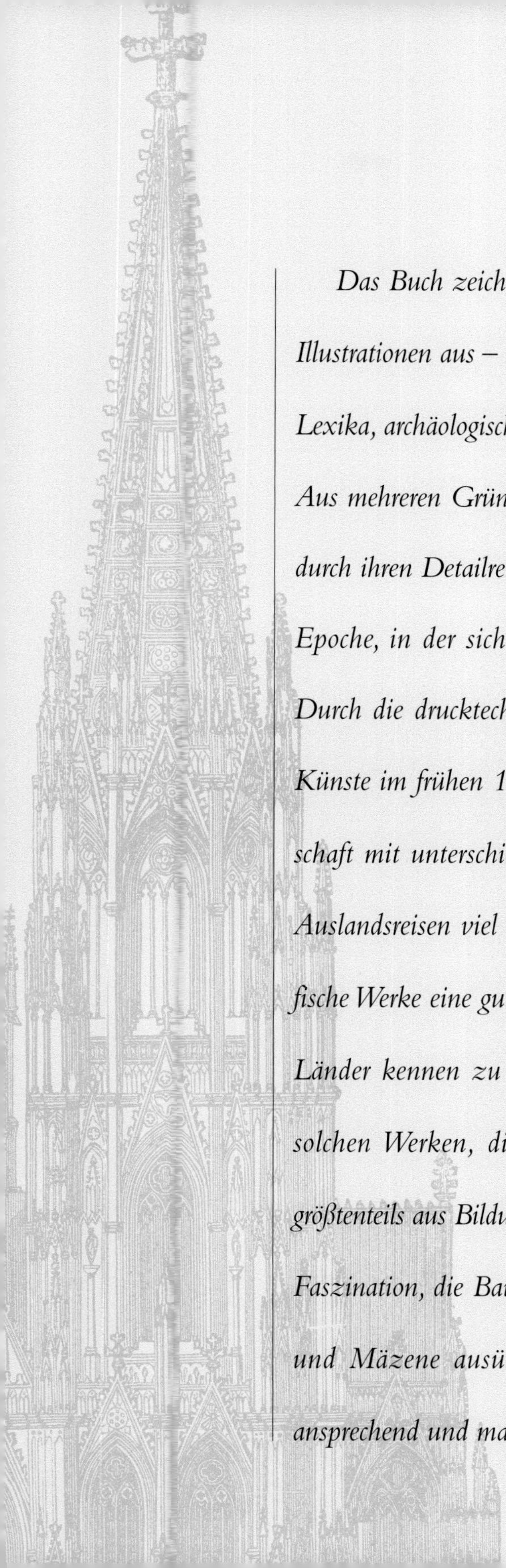

Das Buch zeichnet sich insbesondere durch seine umfangreiche Ausstattung mit Illustrationen aus – hauptsächlich Kupfer- und Stahlstiche aus mehreren Baulehren, Lexika, archäologischen sowie topografischen Studien des 18. und 19. Jahrhunderts. Aus mehreren Gründen wurden Originalstiche verwendet. Zum einen bestechen sie durch ihren Detailreichtum und ihre Präzision. Zum anderen verweisen sie auf eine Epoche, in der sich ein allgemeines Interesse an der Weltarchitektur ausbildete. Durch die drucktechnischen Fortschritte und die Weiterentwicklung der grafischen Künste im frühen 19. Jahrhundert wurden illustrierte Bücher für eine große Leserschaft mit unterschiedlicher Vorbildung erschwinglich. In einem Zeitalter, in dem Auslandsreisen viel aufwändiger und schwieriger waren als heute, stellten topografische Werke eine gute Möglichkeit dar, Landschaften und Bauwerke weit entfernter Länder kennen zu lernen. Viele der ausgewählten Illustrationen stammen aus solchen Werken, die übrigens ganz ähnlich aufgebaut waren und deren Text größtenteils aus Bildunterschriften bestand. Die Illustrationen vermitteln etwas von der Faszination, die Bauwerke damals auf Architekten, Architekturbegeisterte, Gelehrte und Mäzene ausübten. Und last, but not least *sind sie in jeder Hinsicht ansprechend und machen den besonderen ästhetischen Reiz dieses Buchs aus.*

Stilformen und Epochen der Weltarchitektur

Ägypten *3200 v. Chr.–30 v. Chr.*

Mastabas

Eine frühe Blüte erlebte die Baukunst, nachdem Unter- und Oberägypten unter dem ersten Pharao, König Menes, vereinigt worden waren. Aus den frühen Mastabas entwickelte sich in der Folge die Monumentalarchitektur des Alten Reiches (2650–2150 v. Chr.).
Nach den Vorstellungen jener Zeit lebten die Toten im Jenseits weiter und benötigten dort dauerhafte Bauten. Deshalb widmeten die Alten Ägypter Tempel und Grabbau am meisten Aufmerksamkeit: Das Grab eröffnete den Weg ins Jenseits, der Tempel war dagegen Wohnsitz der Götter. Die Bauten wurden sorgfältig entworfen, ausgeführt und verziert, wobei sich Ästhetik mit Zweckmäßigkeit verband. Die frühen ägyptischen Städte und Paläste blieben nicht erhalten, doch die Sakralbauten beeinflussen noch heute unsere Architektur.

Mastaba
Mit ihrem regelmäßig gestalteten Oberbau, der mehrere Kammern enthielt, imitierte die Mastaba („Steinbank") den altägyptischen Palast. In dem unterirdischen Schachtgrab legte man den Toten zusammen mit Vorräten für sein Leben im Jenseits nieder. Der Kernbau bestand aus hölzernen oder gemauerten Pfeilern und war mit Lehmziegeln ummauert.

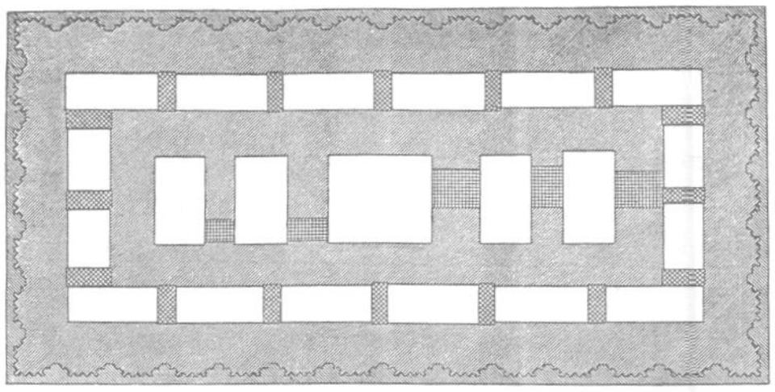

Palastfassade
Die Königs-Mastaba besaß eine meist durch Vorsprünge und Nischen gegliederte Fassade. Vermutlich stammte dieses Gestaltungselement von der Holzbauweise früher Paläste – schließlich galt das Grab als Wohnsitz des verstorbenen Königs. Es wurde aus Lehmziegeln errichtet und zeigt den Einfluss der mesopotamischen Architektur. Oft war es bunt bemalt, wovon Reste der Farbfassung zeugen.

Grabkammer
Während der 3. und 4. Dynastie (2650–2465 v. Chr.) trat die Sicherheit der Gräber in den Vordergrund. Bauliche Verbesserungen konzentrierten sich auf das Innere der Mastaba. Die Außenwände wurden schlichter gestaltet, die Grabkammer tief in den Felsen eingelassen und die Gänge durch Fallsteine mehrfach versperrt.

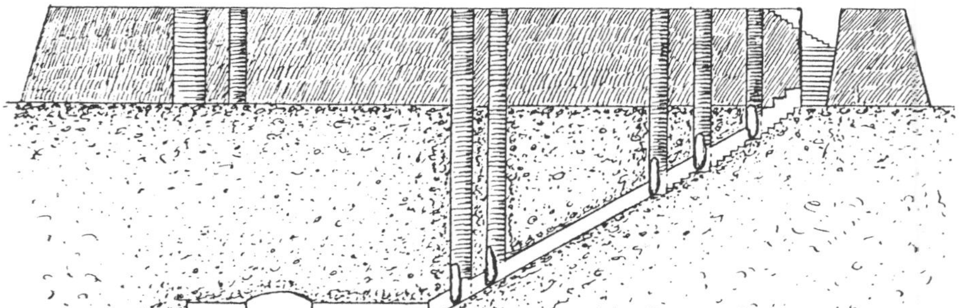

Gräberstädte

Während der 4. Dynastie (2575–2465 v. Chr.) entwickelten sich um die Königsgräber herum regelrechte Gräberstädte. Die Berechtigung zu einer eigenen Mastaba in dieser bevorzugten Lage erhielten nur hohe Würdenträger. Die Privat-Mastabas enthielten einen kleinen Kultraum, meist als schlichte Nische mit einer Spendenplatte für Opfergaben.

Scheintür

Das Grab beherbergte den Toten für die Ewigkeit. Durch die hölzerne oder gemauerte Scheintür, welche die Eingangstür imitierte, konnte sein *ka*, die Seele, die Grabkammer nach Wunsch verlassen oder betreten. Die Scheintür befand sich meist an der Ostseite, also in Richtung Nilufer, sodass der *ka* auf dem Fluss reisen konnte.

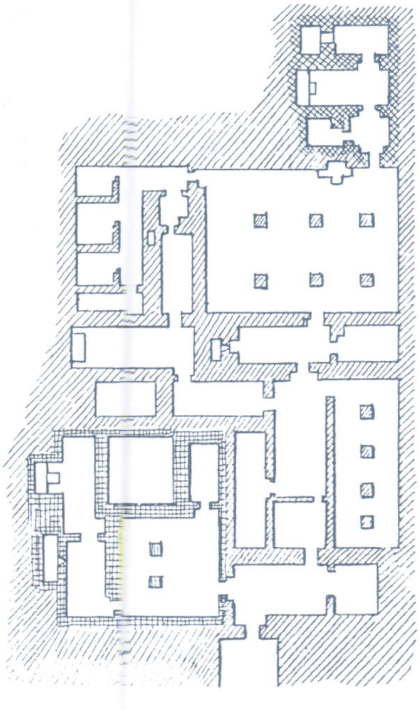

Grundriss

Aufwändige Gräber bestanden aus mehreren Kammern. Sie dienten als Wohnhaus und waren gleichzeitig Pforte ins Jenseits. Die Wände schmückten Reliefs von Alltagsszenen: Man stellte sich das Jenseits als idealisierte Fortsetzung des irdischen Lebens vor. Die Gräber enthielten Magazinkammern, einen Kultraum, Ruheplätze sowie Essbereiche.

Lehmziegel

Ihre Häuser errichteten die Alten Ägypter aus ungebrannten Ziegeln, für die Lehm mit Stroh vermischt wurde. In dem trockenen Klima stellten sie ein ideales Baumaterial dar. Sie waren schon in Mesopotamien für Monumentalbauten verwendet worden, etwa die Zikkurats. Lehmziegeln ermöglichten es, Techniken der Gebrauchsarchitektur anzuwenden.

Ägypten

Pyramiden

Das Symbol schlechthin für das Alte Ägypten sind die Pyramiden. Besondere Bekanntheit erfreuen sich die Pyramiden von Giseh, die als Einziges der sieben Weltwunder der Antike erhalten blieben. Die Pyramide erschien erstmals während der 3. Dynastie (2650–2575) als Königsgrab. Sie war während der 4. Dynastie die bevorzugte Grablege der Könige, bis sie während des Mittleren Reiches (2040–1640) in private Grablegen integriert wurde. Das Innere der Pyramiden war reich geschmückt mit religiösen Sprüchen, den Pyramidentexten. Der Oberbau schützte den Körper des toten Pharaos und stellte zugleich eine Himmelsleiter dar, über die dieser näher an den Sonnengott Re gelangte, als dessen Sohn er galt und mit dem er gemeinsam den Himmel überquerte.

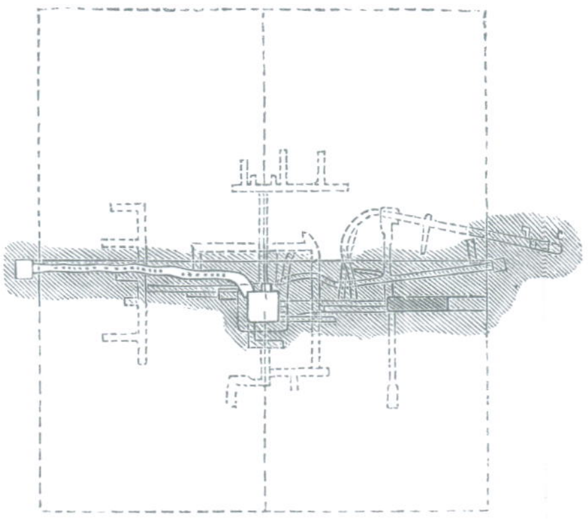

Stufenpyramide von Sakkara (um 2650 v. Chr.)
Die erste Pyramide, das Grab von König Djoser, liegt bei Sakkara am Rand der Wüste. Ihr zugeordnet sind ein Scheinpalast sowie Kultbauten. Die Stufenpyramide erwies sich als die bedeutendste Architekturform des Alten Reiches. Ihr Baumeister Imhotep wurde später zum Gott erhoben.

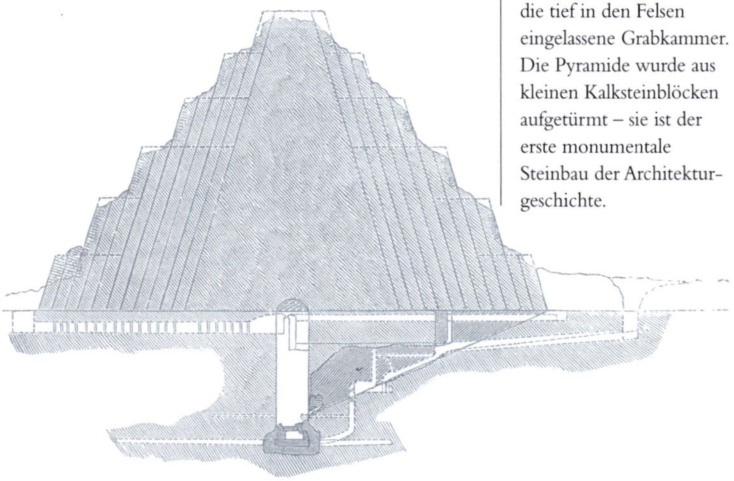

Querschnitt, Stufenpyramide von Sakkara
Der Oberbau hat die Form von sechs übereinander errichteten Mastabas. Darunter sieht man die tief in den Felsen eingelassene Grabkammer. Die Pyramide wurde aus kleinen Kalksteinblöcken aufgetürmt – sie ist der erste monumentale Steinbau der Architekturgeschichte.

Pyramide von Medum (3./4. Dynastie)
Begonnen wurde sie als Stufenpyramide, vermutlich unter König Huni. Snofru stellte sie als echte Pyramide mit glatten Seiten fertig, indem er die sieben hohen gemauerten Stufen ummantelte. Doch die Ummantelung blieb nicht erhalten, heute tritt die frühere Stufenpyramide wieder zu Tage.

Schnitt, Pyramide von Medum

Diese Stufenpyramide verwandelte sich in eine echte Pyramide mit glatter Oberfläche, indem man die Stufen mit zugeschnittenen Kalksteinblöcken ummantelte. Diese gingen später verloren. Insgesamt acht Schichten Mauerwerk türmen sich hier über der Grabkammer.

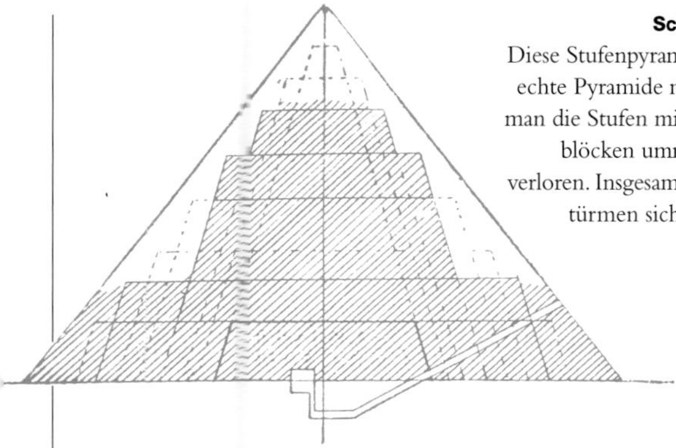

Unas-Pyramide, Sakkara (5. Dynastie)

Dieses Königsgrabmal, direkt neben der Stufenpyramide gelegen, ist sehr schlicht gehalten. Am auffälligsten ist sein Wandschmuck aus Hieroglyphen und Bildern, den Pyramidentexten. Sie enthalten Anweisungen für die Reise des Verstorbenen ins Jenseits.

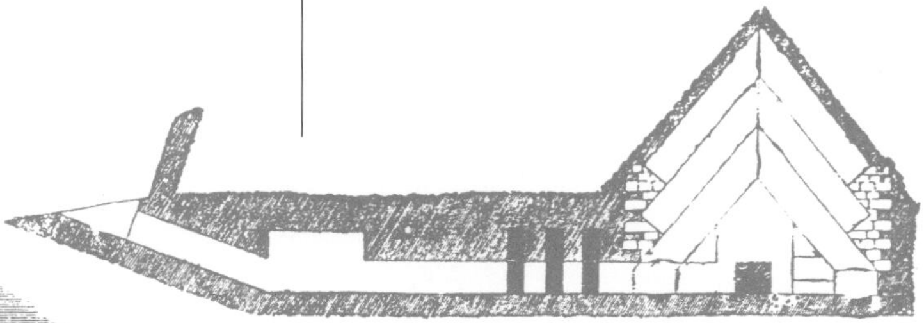

Knickpyramide, Dahschur (um 2570 v. Chr.)

Diese unter Snofru erbaute Knickpyramide wurde nie genutzt. Durch die Reduzierung des Neigungswinkels auf halber Höhe von 54° auf 43°, wohl aus statischen Gründen, entsteht der Eindruck von „geknickten" Kanten. Der Oberbau erhebt sich über einer Grabkammer mit Kraggewölbe und ist mit Kalkstein verkleidet.

Pyramidenfeld von Abusir (5. Dynastie)

Das Pyramidenfeld nördlich von Sakkara umfasst neben den Pyramiden von drei Pharaonen Taltempel, in denen die Toten nach dem Transport über den Fluss aufgenommen wurden, sowie Aufwege zu den Totentempeln. Dort opferte man noch einmal, bevor man die Mumien in den Pyramiden beisetzte.

Fallsteine, Unas-Pyramide

Die Fallsteine in dem zur Grabkammer führenden Gang schützten vor Räubern. Holzstützen trugen die Granitplatten, bis die Mumie beigesetzt worden war. Danach wurden die Stützen entfernt, die Fallsteine stürzten herab und versiegelten den Eingang.

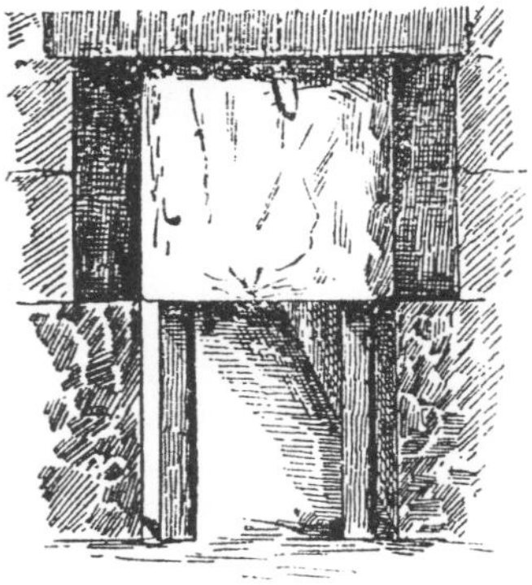

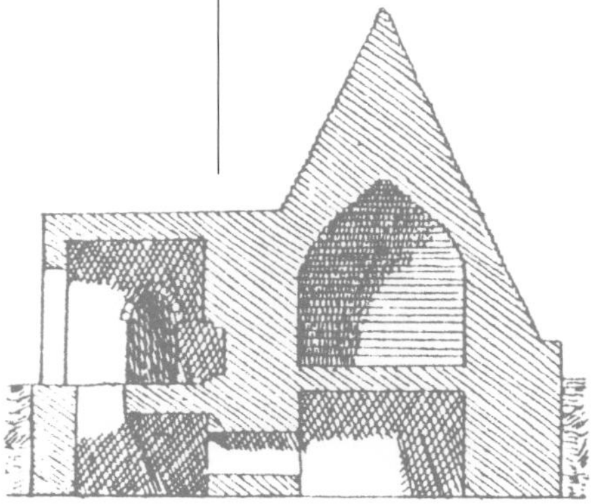

Privatgrab, Abydos

Ab dem Mittleren Reich wurde die Pyramide für nichtkönigliche Gräber verwendet. Parallel zu den Felsengräbern entstanden zahlreiche kleine gemauerte Pyramiden, die, wie die königlichen Grabmale, einen Kultraum und eine Grabkammer enthalten.

Ägypten

Cheops-Pyramide, Giseh

In der Pyramidenanlage von Giseh erreichte die ägyptische Baukunst ihren Höhepunkt. Errichtet wurde sie während der Herrschaft von drei Pharaonen der 4. Dynastie: Cheops (Großvater), Chephren (Vater) und Mykerinos (Sohn). Sie weist alle Merkmale auf, die mit monumentalen Königsgrablegen verbunden werden. Tausende Steinblöcke wurden eigens über den Fluss herantransportiert und auf Schlitten zum Bauplatz an den Rand der Wüste gezogen. Angesichts der gewaltigen Bauten, denen große Tempel zugeordnet sind, bildete sich der Mythos des grausamen Pharaos heraus, obwohl man bis heute wenig über die Bautechniken und Arbeitsmethoden der damaligen Zeit weiß. Die Cheops-Pyramide stellt geometrische Architektur in höchster Vollendung dar und inspirierte sogar das Werk zeitgenössischer Architekten – etwa die Glaspyramide des Louvre in Paris.

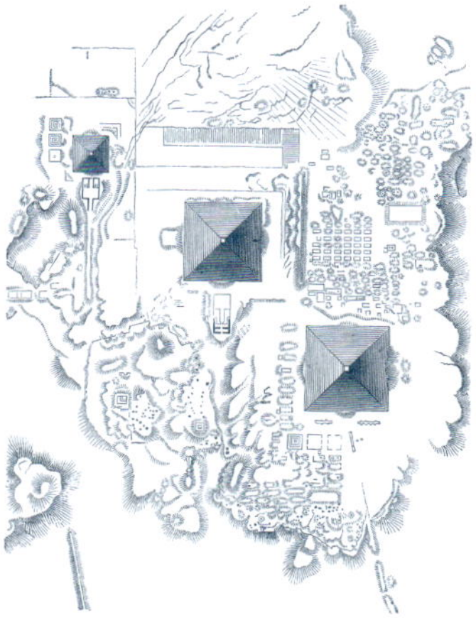

Nekropole von Giseh
Die drei Hauptbauten der Nekropole – die Pyramiden des Cheops, des Chephren und des Mykerinos – liegen fast auf einer diagonalen Achse. Von den dazugehörigen Totentempeln und Aufwegen blickt man in Richtung Nil, während sich im Westen die Mastaba-Gräber des Hofstaats befinden.

Sphinx
Die der Chephren-Pyramide zugeordnete Sphinxfigur ist die älteste erhaltene und wurde aus einem Kalksteinfelsen herausgehauen. Der Löwenkörper trägt einen Pharaonenkopf mit Königskopftuch. Die Sphinx wacht über die Königsgräber.

Gänge, Cheops-Pyramide
Die Pyramide enthält die Königs- und die Königinnenkammer. Man erreicht sie sowie eine unterirdische Kammer über drei mit Stein ausgekleidete, ansteigende bzw. abfallende Gänge. Der längste misst 98 m. Die Gänge sind nicht verziert und teilweise nur 1,20 m hoch.

Cheops-Pyramide (um 2500 v. Chr.)
Als die größte der drei Pyramiden erreichte sie ursprünglich eine Höhe von 146,5 m, hat eine Kantenlänge von 230 m und bedeckt eine Fläche von 5,2 ha. Unter anderem wurde Kalkstein verwendet. Seitlich fand man Gruben mit Schiffen, auf denen die Seele des Pharaos reisen konnte.

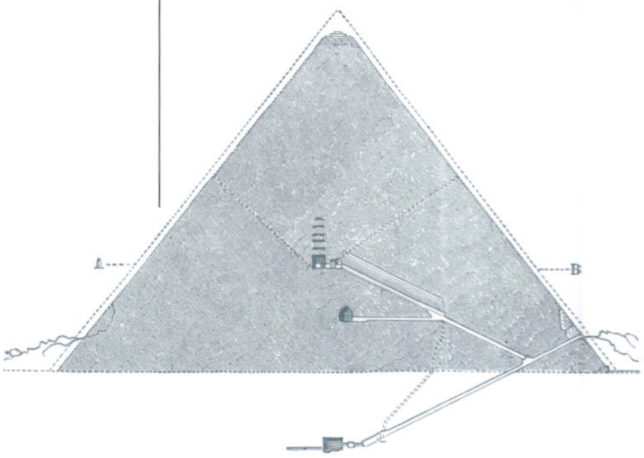

Verkleidung, Cheops-Pyramide
Ursprünglich waren die Pyramiden mit glatt poliertem, blendend weißem Kalkstein verkleidet. Ein *pyramidion* bekrönte sie, ein vergoldeter, pyramidenförmiger Schlussstein, der mit Inschriften versehen war. Das von der Pyramide reflektierte Sonnenlicht unterstrich die enge Verbindung zwischen dem Pharao und dem Sonnengott Re.

Grabkammer, Cheops-Pyramide
Eine durch Fallsteine geschützte Vorkammer trennt Grabkammer und Gang. Aus statischen Gründen wurden über dem Grab fünf übereinander liegende Kammern ausgespart. Zwei schmale Kanäle führen von der Grabkammer nach außen; ihre genaue Funktion ist nicht bekannt.

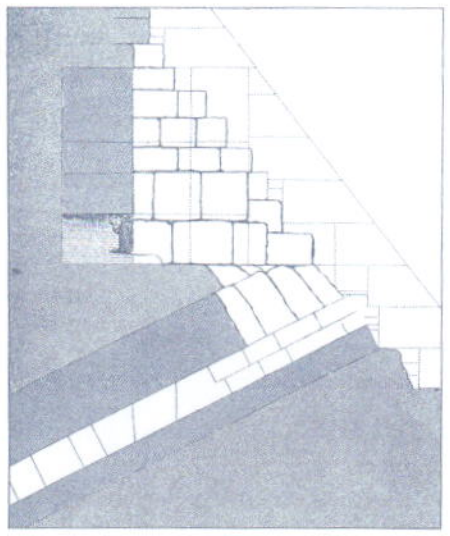

Kern, Cheops-Pyramide
Der Pyramidenkern besteht aus tausenden Steinquadern aus benachbarten Steinbrüchen. Die Quader wiegen im Durchschnitt je 2,5 t und wurden von einer Heerschar Arbeiter zur Baustelle transportiert. Dort manövrierte man sie über Transportrampen an die vorgegebene Position. Als Hilfsmittel diente ein Belag aus feuchtem Nilschlamm.

Eingang, Cheops-Pyramide
Über dem Pyramideneingang leiten vier Steinblöcke die Schubkräfte der sich auftürmenden Steinmassen ab. Diese Konstruktion zeugt von den hoch entwickelten statischen Kenntnissen der Erbauer. Der Eingang wurde verschlossen und aus Sicherheitsgründen mit Kalkstein verkleidet, sodass er von außen nicht mehr zu erkennen war.

Große Galerie, Cheops-Pyramide
Der Hauptgang führt hinauf zu zwei Kammern auf unterschiedlichen Ebenen, der mit Granit verkleideten Königskammer sowie der Königinnenkammer. Die Seitenwände des schmucklosen Ganges bestehen aus sieben übereinander geschichteten, vorkragenden Steinlagen. In seiner strengen, nüchternen Monumentalität nimmt das Quaderwerk der Galerie die Ästhetik des Pyramidenäußeren auf.

Ägypten

Felsengräber

Im Alten Reich stellten die Pyramiden die Hauptgrablege der Könige dar. Während des Mittleren Reiches (2040–1640) wurden immer weniger Privatgräber als Mastaba errichtet und stattdessen in die Felsen am Nilufer hineingehauen. Schon bald übernahmen die Pharaonen das Felsengrab, um sich vor den allgegenwärtigen Grabräubern zu schützen. Einen Höhepunkt stellten die spektakulären Gräber im Neuen Reich (1550–1070 v. Chr.) dar, geschaffen von Handwerkern, welche in einem eigens dafür angelegten Dorf lebten. Für die Wahl des Westufers von Theben als Standort für das Tal der Könige spielten sicher die natürlichen Pyramidenformen des steilen westlichen Gebirgszugs eine Rolle. Die Felsengräber nahmen sich wieder den Wohnbau zum Vorbild. Erneut wurden zahlreiche Kammern angelegt, um den Toten angemessen beizusetzen und mit Grabbeigaben auszustatten. Die farbenfrohe Dekoration schildert alltägliche Szenen ebenso wie Kultrituale, bildet Götter ab und zeigt sogar die Beisetzung des Verstorbenen.

Eingang zu einem Portikusgrab, Beni Hassan (um 1900 v. Chr.)
Diese Gräber von Provinzbeamten der 11. und 12. Dynastie wurden komplett in den Felsen hineingehauen. Der Eingang weist nach Osten in Richtung der aufgehenden Sonne. Der Portikus ähnelt den kleinen Hausmodellen, Grabbeigaben im Mittleren Reich.

Grundriss und Aufriss eines Grabes, Beni Hassan
Das einfach gehaltene Grab besteht aus einem von zwei Säulen flankierten Eingang sowie einer rechteckigen Halle. An der rückwärtigen Wand befindet sich eine Nische. Die von vier Säulen gestützte Decke war entweder flach oder leicht gewölbt. Nur durch den Eingang gelangte Licht in die Halle.

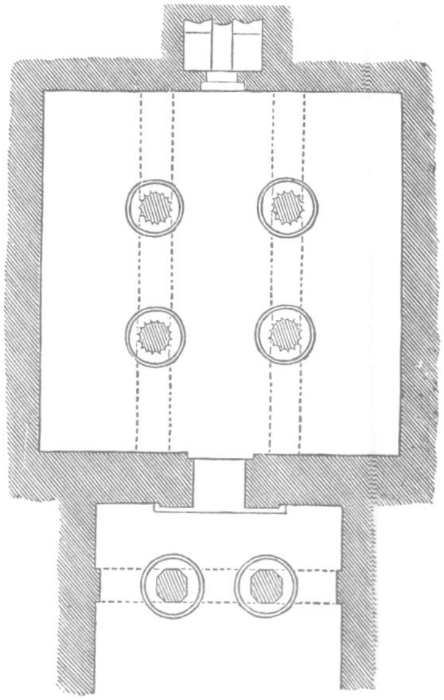

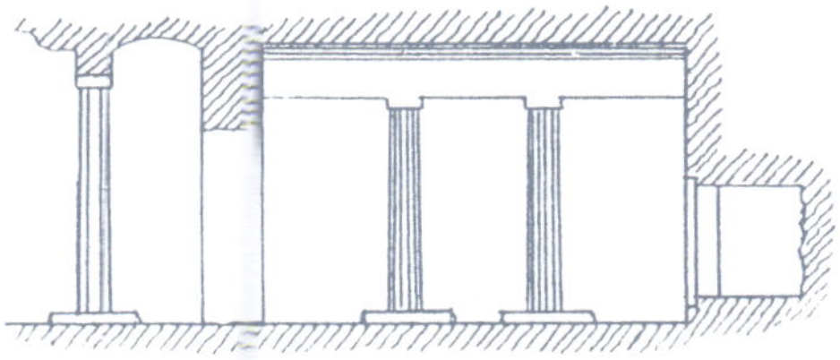

Säulenbasis, Beni Hassan
Große, flache, runde Steine bilden die Basis der Säulen. Mit leichten Abwandlungen stellen sie die gebräuchlichste Form der Säulenbasis während der gesamten folgenden altägyptischen Architektur dar.

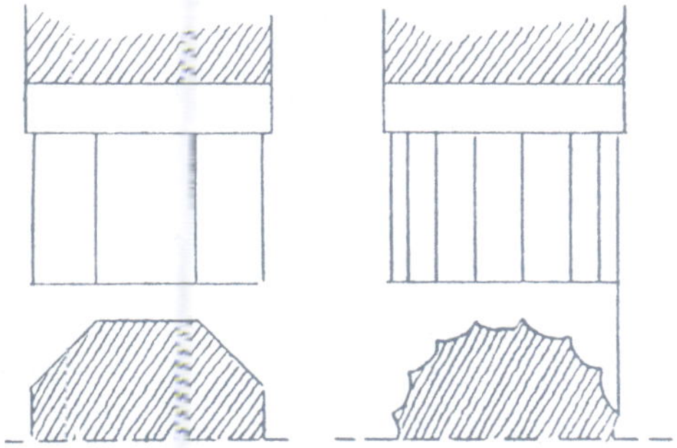

Säulen, Beni Hassan
Die achteckigen Säulen haben gerade Kanten, die mit 16 Ecken sind kanneliert. Vermutlich waren ästhetische Gründe dafür ausschlaggebend. Sie sollten die streng-kubischen Gebäudeformen etwas abmildern. Die Schäfte verjüngen sich leicht nach oben und tragen nur einen einfachen Abakus.

Grabeingang, Tal der Könige (1550–1070 v. Chr.)
Im Gegensatz zu den Erbauern der Pyramiden waren die Pharaonen des Neuen Reiches darauf bedacht, die Aufmerksamkeit von Räubern nicht auf sich zu lenken. Deshalb wurden ihre Gräber tief in den Felsen hineingehauen. Das Grab des Tutenchamun wurde nicht geplündert, weil es durch den Bau eines späteren Grabs verschüttet worden war.

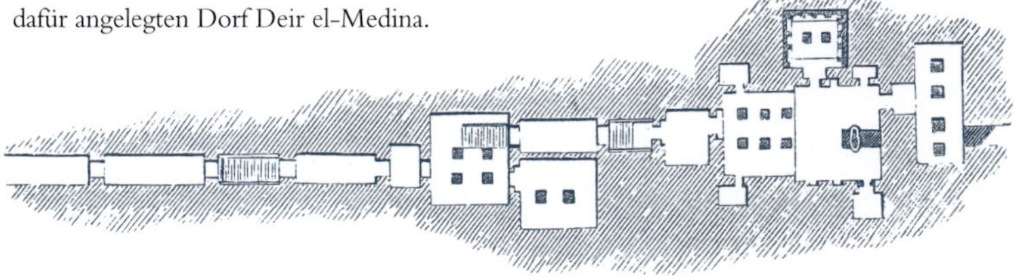

Grundriss eines Königsgrabs, Theben, Neues Reich
Ursprünglich waren die königlichen Felsengräber einfach gehalten, doch zur Zeit der Ramessiden, während der 19. Dynastie, wiesen sie bereits eine aufwändige Raumfolge auf. Treppen und Korridore mit Reliefschmuck verbanden die einzelnen Kammern. Ausgeführt wurden die Königsgräber von Handwerkern aus dem eigens dafür angelegten Dorf Deir el-Medina.

Sarkophag
Die reich ausgeschmückte Grabkammer enthielt den Sarkophag, einen großen Steinsarg, in dem die Mumie ruhte. Meist wurden Sarkophage aus einem Granitblock gehauen. Unter den kunstvollen Hieroglyphen, die sie zieren, befinden sich einige der schönsten Werke der ägyptischen Kunst.

Falsche Gänge
Um das Grab vor Räubern zu schützen, wurden Schächte und falsche Gänge eingebaut. So führte eine falsche Tür Eindringlinge zu einer leeren Kammer, während sich die echte Grabkammer eine Ebene tiefer befand.

Ägypten

Tempel

Wie die Gräber wurden auch die Tempel für die Ewigkeit gebaut und deshalb aus Stein errichtet. Sie galten als irdischer Wohnsitz einer Gottheit. Ihre Architektur zitiert ebenfalls Charakteristika des Wohnbaus. Dies ist dadurch zu erklären, dass sich die Ägypter die sakrale Sphäre als Parallelwelt der säkularen vorstellten. Nur wenige frühe Beispiele blieben erhalten, denn für neue Heiligtümer wurden alte überbaut. Doch die Tempel des Neuen Reiches und der Ptolemäer- sowie Römerzeit stehen heute noch. Der Tempel repräsentierte die Macht des Pharaos und unterstrich dessen göttliches Wesen: Die Ausschmückung der öffentlich zugänglichen Bereiche rühmte dementsprechend seine Siege und seine Frömmigkeit. Die Heiligtümer stellten bedeutende soziale sowie politische Zentren dar und die Priester übten während des Neuen Reiches großen Einfluss aus.

Totentempel
Neben den Grablegen erhoben sich Totentempel. Darin fand der *ka* des Verstorbenen eine Ruhestätte und dort wurde ihm ebenfalls geopfert. Die Totentempel bestehen wie die meisten Tempel aus Eingangshalle, Hof und Allerheiligstem.

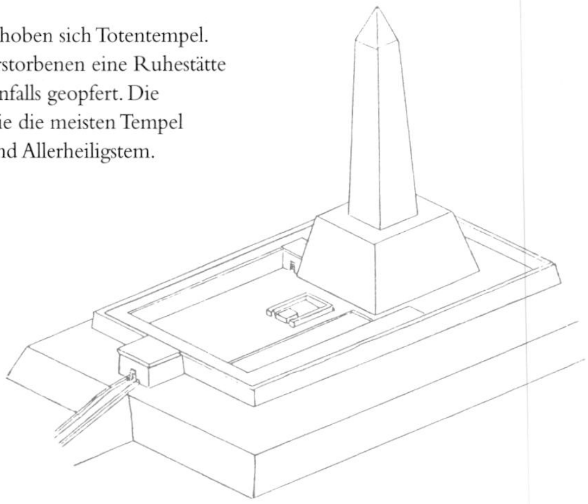

Sonnenheiligtümer, Abu Ghurob
Während der 5. Dynastie entstanden die schönsten Sonnenheiligtümer. Die dem Gott Re geweihten Anlagen bestehen aus Talbau und Obertempel, die eine Rampe miteinander verbindet. In Abu Ghurob befinden sich die Räumlichkeiten des Obertempels innerhalb einer Umfassungsmauer, die einen offenen Hof mit Obelisk und Alabasteraltar umgibt.

Taltempel, Giseh
Direkt neben der Sphinx befindet sich der zur Chephren-Pyramide gehörige Taltempel. Darin wurde der verstorbene Pharao nach dem Transport über den Fluss hergerichtet, also mumifiziert und rituell gereinigt. Anschließend wurde die Mumie feierlich in der Pyramide beigesetzt.

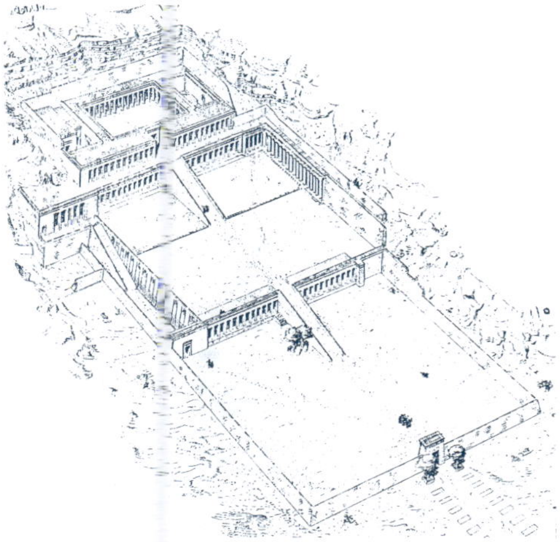

Tempel der Hatschepsut, Deir el-Bahari (18. Dynastie)
Dieser Totentempel war gleichzeitig dem Götterkönig Amun geweiht. Außerdem befinden sich hier ein Heiligtum der Hathor, in Theben als Totengöttin verehrt, sowie des Anubis, Totengott und Schutzherr der Gräber. Die dreistufige Terrassenanlage kombiniert frei stehende Bauten mit einem in den Felsen gehauenen Allerheiligsten wie bei dem älteren Totentempel von Mentuhotep II. direkt daneben.

Pylon
Ein Pylon mit zwei trapezförmigen Steintürmen bildet das Eingangstor. Die Türme sind geböscht, d.h. sie verjüngen sich nach oben. Sie sind mit prächtigen Reliefs geschmückt, in der Regel mit Propaganda an der Vorderseite und Kultszenen an der Rückseite. Oft enthalten sie Nischen für Flaggenmasten.

Das Ramesseum (um 1250 v. Chr.)
Der Totentempel des Pharao Ramses II. kehrt zurück zum traditionellen Schema mit Pylonen, Hof, Hypostyl (*siehe S. 23*) und Allerheiligstem.

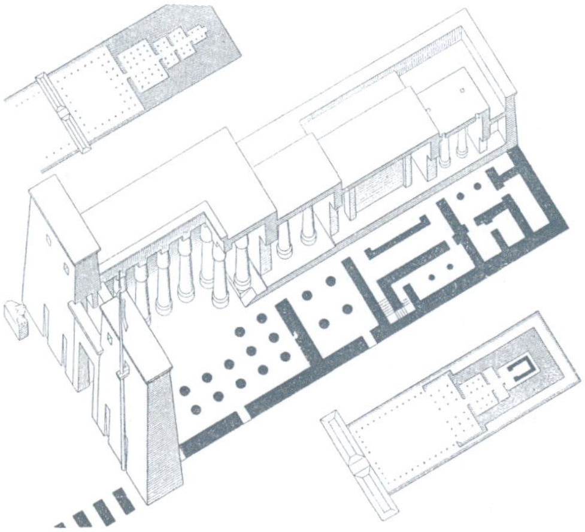

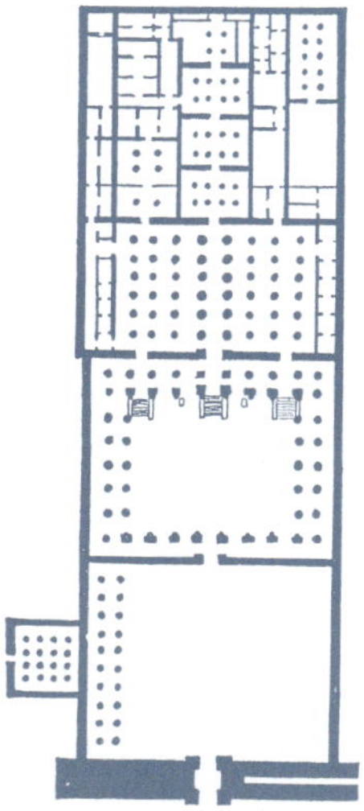

Kolossalstatuen
Kolossalstatuen sind monolithisch, d.h. sie bestehen aus einem einzigen Steinblock, und wiegen bis zu 1000 t. Sie zeigen den Pharao als Gott, stehend oder sitzend, meist mit den Kronen von Ober- sowie Unterägypten. Vor den meisten Tempeln des Neuen Reiches befinden sich Kolossalstatuen.

Kulttempel, Neues Reich
Die Tempelarchitektur verbildlicht den altägyptischen Schöpfungsmythos. Die Umfassungsmauer kennzeichnet die Ränder des chaotischen, ungeordneten Urozeans. Das erhöhte Heiligtum symbolisiert den Urhügel, auf dem das ägyptische Reich gegründet worden sein soll.

Ägypten

Tempel von Karnak

Das am Ostufer des Nils bei Theben errichtete Karnak war dem Hauptgott Amun geweiht. Während des Neuen Reiches entwickelte sich das Heiligtum zum religiösen Zentrum des Landes, weshalb vermutlich auch die königliche Totenstadt am gegenüberliegenden Ufer angelegt wurde. Karnak stellt die größte sakrale Anlage der Antike dar und wurde von den verschiedenen Pharaonen über lange Zeit hinweg immer wieder erweitert. Während der Amarnazeit (1353–1335 v. Chr.) beschnitt Pharao Amenophis IV. die Macht der Priester, indem er in Mittelägypten eine neue Hauptstadt gründete und den Sonnenkult zur einzigen Religion erhob. Doch nach seinem Tod wurden die alten Verhältnisse wiederhergestellt. In der Folge erlebte Karnak eine neue Blütezeit mit immer prachtvolleren und weitläufigeren Tempeln.

Tempelanlage
Eine Umfassungsmauer umgibt Haupttempel, heiligen See, Nebentempel und weitere Gebäude. Die Tempelanlage stellte das sakrale und gesellschaftliche Zentrum der benachbarten Stadt Theben dar. Die monumentalen Bauprogramme der Pharaonen konzentrierten sich nun auf die Tempel. Unter ihnen stellte Karnak, Heiligtum der Götter Amun, Mut und Chons, den bedeutendsten dar.

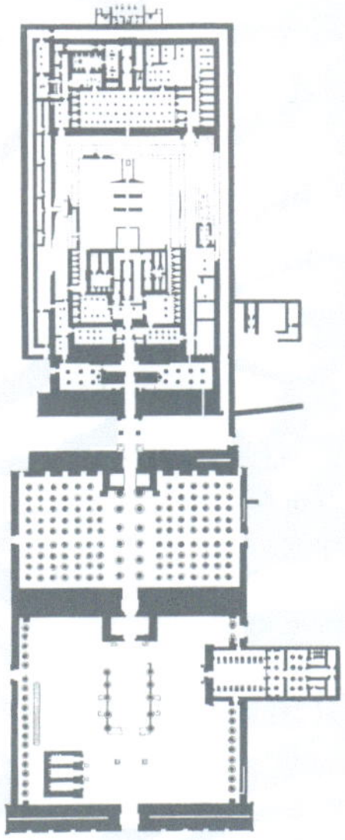

Tempelgrundriss
Der gewaltige Tempelbezirk umfasst sechs Pylonen, einen ersten Hof – der so groß war, dass er einen Tempel enthielt –, das größte bekannte Hypostyl und ein noch aus dem Mittleren Reich stammendes Allerheiligstes. Errichtet worden war er vor allem aus Sand- und Kalkstein. Die Statuen und Obelisken bestanden dagegen aus Granit und Quarzit.

Ziegelrampe
Rechts hinter dem ersten Pylonen sind die Überreste einer Rampe aus ungebrannten Ziegeln erhalten. Die Rampe wurde während der Bauarbeiten schrittweise errichtet und wieder abgebaut, sodass die Handwerker den Pylonen von oben nach unten dekorieren konnten.

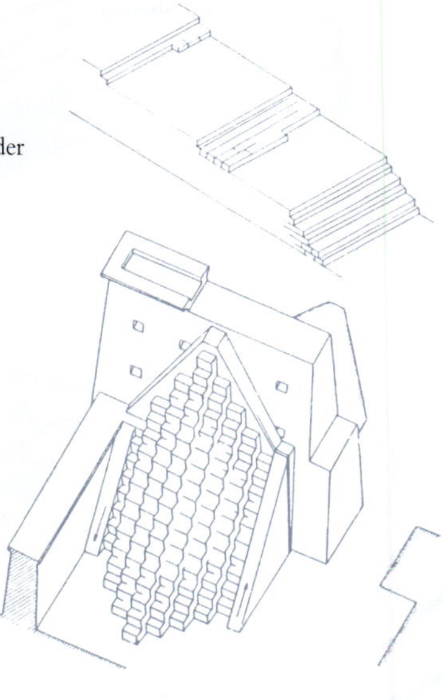

Widdersphinx
Eine feierliche Prozession steinerner Widdersphingen rahmte den Weg zum Tempeleingang. Als symbolische Eskorte leiteten sie den Besucher hinüber in den heiligen Bezirk. Die Skulpturen zeigen den Pharao stehend zwischen den Vordertatzen eines Löwen mit Widderkopf – der Widder war dem Gott Amun heilig.

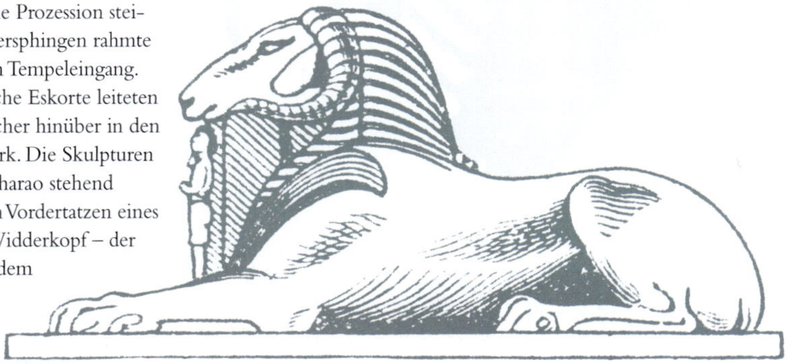

Obelisken

Die Obelisken verdeutlichen den hohen technischen Stand des Neuen Reiches. Die monolithischen Steinpfeiler bestehen meist aus Granit und wiegen bis zu 350 t. Dekoriert wurden sie erst an Ort und Stelle. Die schönsten Obelisken der 18. Dynastie sind mit goldenen Hieroglyphen verziert, die den Sonnengott Re preisen.

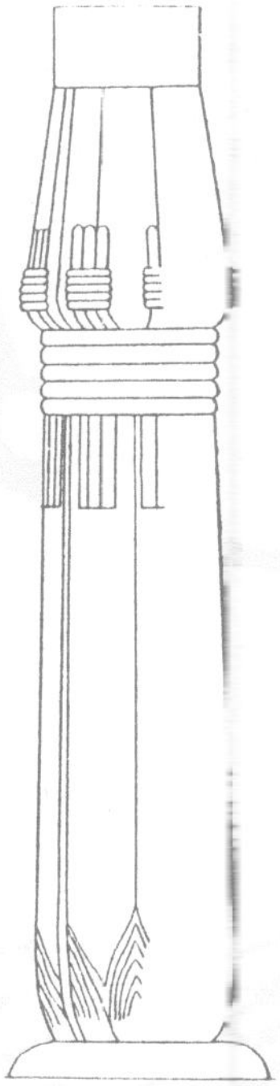

Kapitelle

Säulenkapitelle, die Pflanzenvorbilder – Papyrus, Lotos und Palmen – nachahmen, charakterisieren die gesamte Monumentalarchitektur. Vermutlich haben sie archaische, aus Schilfrohr errichtete Heiligtümer zum Vorbild. Die Säulen sind mit eingemeißelten oder aufgemalten Hieroglyphen bedeckt, rituellen Szenen sowie Naturdarstellungen.

Hypostyl

Im Hypostyl von Karnak tragen 134 Säulen ein Dach aus riesigen Steinplatten. Der unter Ramses II. (1279–1213 v. Chr.) errichtete Saal besteht aus einem Mittelschiff mit hohen Papyrussäulen mit geöffnetem Kapitell sowie Seitenschiffen mit kürzeren Papyrussäulen mit geschlossenem Kapitell. Somit erhebt sich das Mittelschiff deutlich über die Seitenschiffe und bietet Platz für Fenstergitter. Sie waren die einzige Lichtquelle für den riesigen Säulensaal.

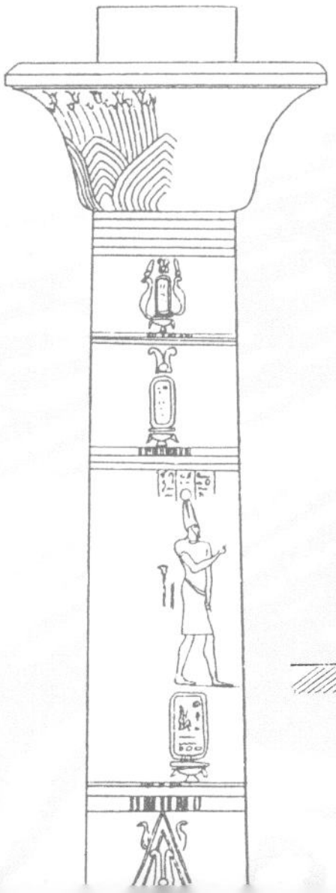

Chons-Tempel (um 1180–1160 v. Chr.)

Dieser für das Neue Reich charakteristische Tempel ist dem Gott Chons geweiht, dem Sohn des Amun und der Mut. Zum Allerheiligsten hin steigt der Fußboden stetig an, während die Raumhöhe gleichzeitig abnimmt, sodass eine intime Atmosphäre entsteht. Nur der Pharao und der Hohepriester durften das Sanktuar betreten.

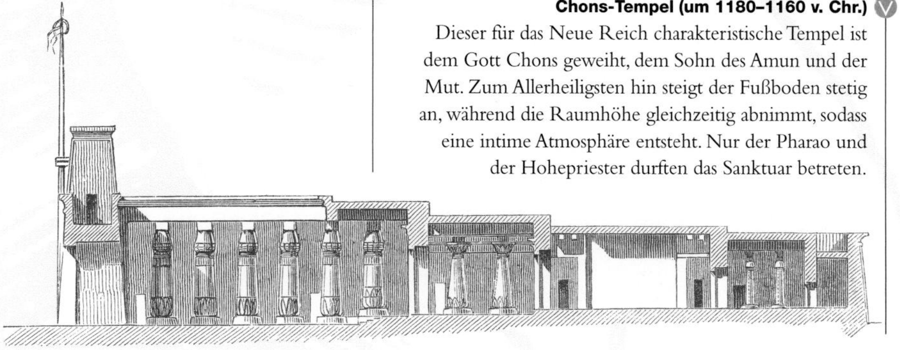

Ägypten

Die Grenze zu Nubien

Die Südgrenze zu Nubien bzw. dem Reich Kusch war von großer Bedeutung für Ägypten. In Nubien gab es reiche Goldvorkommen und bedeutende Steinbrüche – die Kontrolle über sie bedeutete Reichtum und Macht. Die Stadt Assuan mit einem großen Granitsteinbruch lag im Grenzgebiet. Expeditionen kehrten aus dem Süden mit exotischen Mineralien, Pflanzen und Tieren zum Pharao zurück. In Nubien wurden ägyptische Tempel und Güter angelegt, in denen scheinbar das Recht des Mutterlands galt. Zum Schutz des Südhandels errichteten die Pharaonen des Mittleren Reiches Festungen, um die herum sich Siedlungen entwickelten. Im Neuen Reich wurde Nubien schließlich ägyptische Provinz: Auf den Grabverzierungen erschienen nun dunkelhäutige Nubier.

Tempel von Abu Simbel, Unternubien (um 1250)
Der unter Ramses II. errichtete Tempel wurde tief in den roten Sandstein hineingehauen. Die als Pylon gestaltete Fassade mit vier Kolossalstatuen ist nach Osten ausgerichtet. In der Mitte befindet sich eine Statue des Sonnengottes Re, darüber eine Reihe von Pavianen, die den Sonnenaufgang begrüßen.

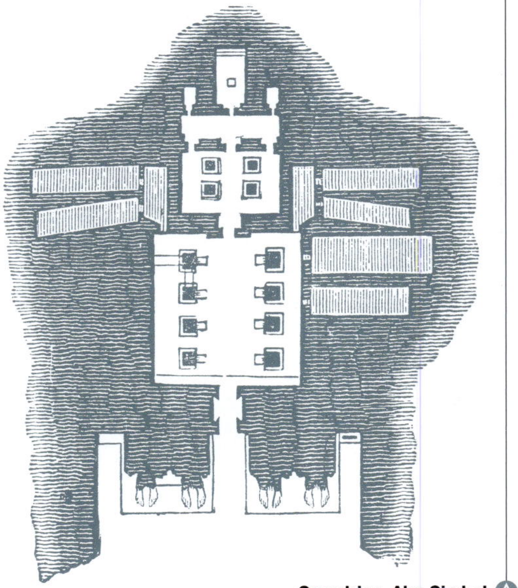

Grundriss, Abu Simbel
Ein schmaler Durchgang zwischen den mittleren Kolossalstatuen führt zu einem großen Hypostyl. Im Allerheiligsten dahinter befinden sich gleichrangig nebeneinander die Statuen der drei Hauptgottheiten Ägyptens sowie des Königs. Der Tempel war so angelegt, dass an Ramses Geburtstag ein Sonnenstrahl seine Statue und die des Amun beleuchtete.

Längsschnitt, Abu Simbel
Das Heiligtum ist tief in den Sandsteinfelsen hineingehauen und folgt den traditionellen Schemata thebanischer Tempel. Der monumentale Maßstab zeugt eher vom Bemühen um Repräsentativität als von Zweckmäßigkeit. Die Ausschmückung behandelt die Schlacht von Kadesch und betont die göttliche Natur des Königs. Damit demonstriert der Tempel die militärische Stärke des Pharaos, seine Göttlichkeit und seine allumfassende Macht.

Osirispfeiler, Abu Simbel
Vor acht Stützpfeilern stehen Monumentalfiguren von Ramses II. in Gestalt von Osiris, dem Gott des Jenseits und der Auferstehung. Der Osiriskult erlebte im Neuen Reich eine Blüte. Hier tragen die Statuen den geraden Bart als Symbol des Lebens, im Gegensatz zum gebogenen Bart des Totenherrschers. Die unverkennbare Atefkrone des Osiris beweist, dass der König sich als Unsterblicher darstellt, der schon zu Lebzeiten als Gott verehrt wurde.

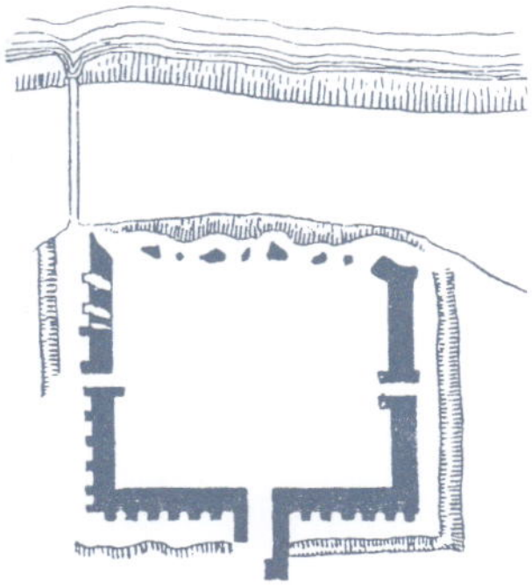

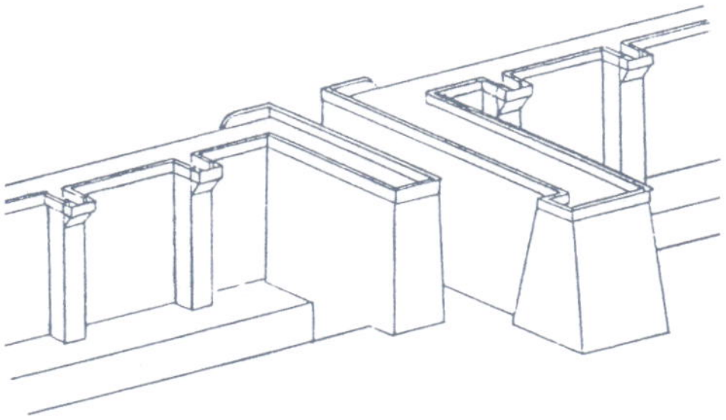

Festungstor, Buhen
In Buhen entdeckte man das Westtor der Festungsmauer. Ein Sporn am Kopf des vorkragenden Tores ermöglichte eine starke Bemannung, somit eine effektive Überwachung des Personenverkehrs und größere Sicherheit. Durch den schmalen Zugang konnten die Verteidiger sogar Großangriffen widerstehen.

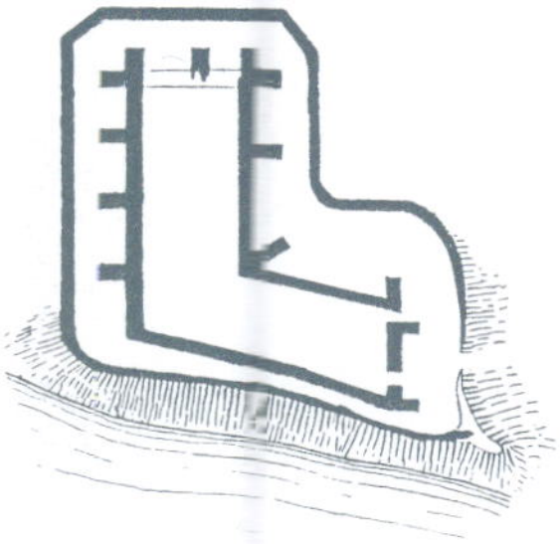

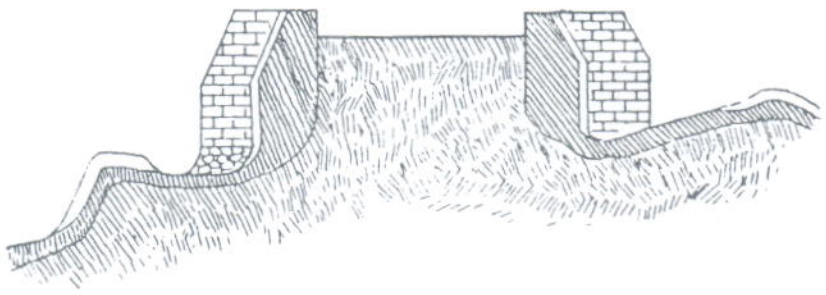

Festung, Semna (12. Dynastie)
Mindestens acht Festungen wurden entlang eines Nilabschnitts von 60 km Länge errichtet, zwischen Buhen nahe dem zweiten Nilkatarakt und Semna. Am südlichen Ende sicherten zwei Festungen zu beiden Seiten des Flusses die Südgrenze. Sie bestanden aus Ziegelmauerwerk, das mit Stein verblendet war. Eine Mauer schützte die zur Garnison gehörige Stadt.

Festungsbau
Die Festung wie auch ihre Mauer weisen Elemente auf, welche später wieder bei unseren Burgen auftreten: auf die Mauerkrone aufgesetzte Zinnen, Schießscharten für die Bogenschützen, Gräben und Furcht erregende Sporne. Die Festungen sicherten während des Mittleren Reiches den Handel mit den Bodenschätzen Nubiens und demonstrierten die Macht des Pharaos an der Südgrenze des Landes.

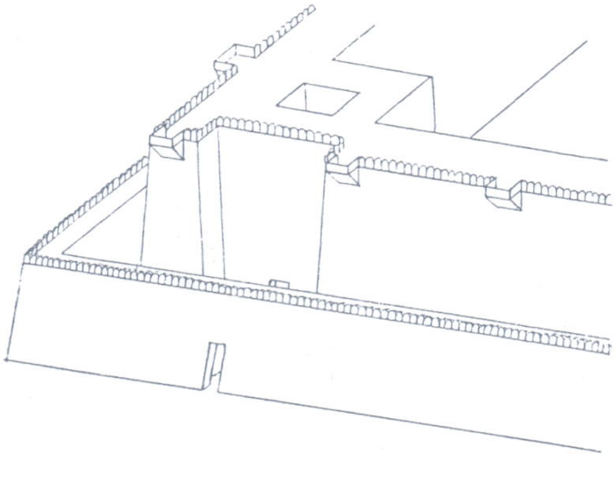

Ägypten

Tempel der Ptolemäerzeit

Die Ptolemäerzeit (332–30 v. Chr.) zeichnet sich durch eine bemerkenswerte Bautätigkeit aus. Große Bauvorhaben wurden in Angriff genommen, Tempel erweitert oder neu errichtet. Die fremden Herrscher brachten ihren Glauben mit, tolerierten daneben aber die religiösen Überzeugungen der Ägypter. Die Tempel spielten weiterhin eine wichtige soziale, religiöse, administrative und wirtschaftliche Rolle. Trotz der Fremdherrschaft wurden traditionelle ägyptische Formen aufgegriffen. Im Gegensatz zur demonstrativen Prachtentfaltung des Neuen Reiches wirkten die Tempel nun dunkel und geheimnisvoll. Bauschemata sowie Raumanordnung behielt man im Kern bei; nur ein Pronaos wurde ergänzt und das Allerheiligste in eine frei stehende Halle umgewandelt.

Grundriss, Tempel von Edfu
Der aus Sandstein errichtete Tempel weist einen vereinheitlichten und dennoch komplexen Grundriss auf. Über Treppenhäuser in den Pylonen gelangte man auf das Dach. Ein großer Hof führt über Pronaos, Hypostyl und Vorhalle zum frei stehenden Allerheiligsten, das ein Gang umgibt. Der zeremonielle Wandschmuck beweist, dass der Personenkult nun in den Hintergrund getreten war.

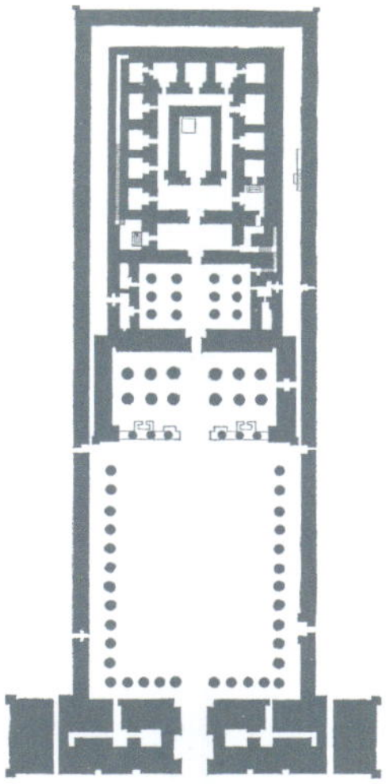

Hof
Eine geflügelte Sonnenscheibe, Bild für Horus, der mit seinen Flügeln den Himmel umspannt, schmückt den Durchgang des ersten Pylonen. Durch ihn betritt man einen Hof mit umlaufender Kolonnade. Durch die farbig gefassten Kapitelle und die große Statue des falkenköpfigen Gottes Horus wirkt er sehr repräsentativ.

Längsschnitt, Tempel von Edfu (um 237–71 v. Chr.)
Der dem falkenköpfigen Gott Horus geweihte Tempel ist das am besten erhaltene Heiligtum der ptolemäisch-römischen Zeit. Er hat Türöffnungen mit gebrochenem Sturz und kunstvolle Säulenkapitelle. Das Dach nutzte man für Kultzwecke.

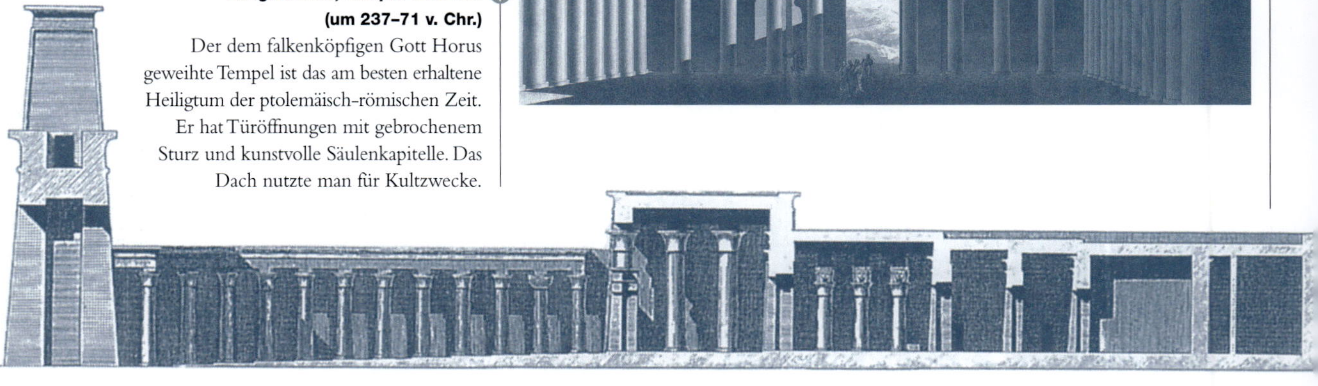

Pronaos, Edfu

Der Pronaos ist die säulengeschmückte Vorhalle des Tempels und stellt den Eingang zum Wohnsitz des Gottes dar. In Edfu enthält er drei Reihen von je sechs Säulen sowie Säulenschranken. Durch eine Öffnung im Dach erhält der Pronaos Licht. Er symbolisiert den Übergang von der Außenwelt zur Sphäre des Geistigen.

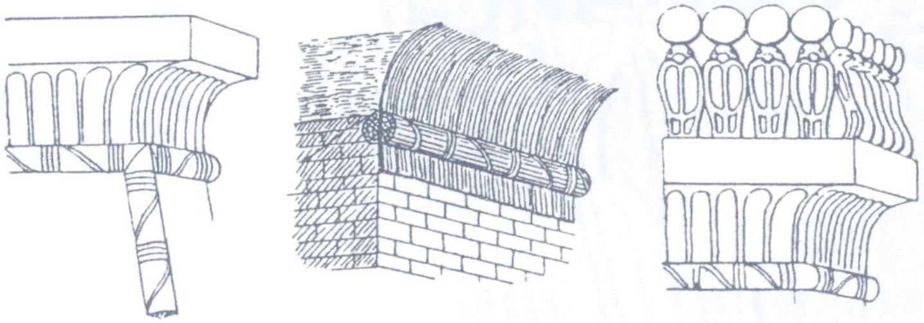

Sistrumsäulen, Dendera (54 v. Chr.–60 n. Chr.)

Hathor war die Göttin der Liebe. Die so genannten Sistrumsäulen im Pronaos ihres Tempels tragen Kapitelle, die an vier Seiten ihren Kopf aufweisen. Der obere Teil der Kapitelle zeigt das *mammisi* („Stätte der Geburt"), Ort der mythischen Geburt des königlich-göttlichen Kindes.

Gesims

Das konkav geschwungene Hohlkehlengesims als oberer Abschluss der Tempelwände und Pylonen ist typisch für die altägyptische Baukunst. Die Gestaltung reicht von schlichtem Mauerwerk in Form von Schilfrohr über eleganten kultsymbolischen Bauschmuck (Uräusschlange und Sonnenscheibe) bis hin zu monumentalen Formen.

Säulenschranke

Sie besteht aus halbhohen Steinplatten und verläuft entlang der ersten Säulenreihe, um den Lichteinfall in den Pronaos zu reduzieren. So wurde er zu einem Bereich der Reinigung, bevor man sich dem Allerheiligsten näherte. Verziert ist die Säulenschranke mit Bildern des Königs, kultischen sowie mythologischen Darstellungen. Damit unterstreicht sie die rituellen Aufgaben des Pharaos.

Mesopotamien und Persien

Babylonische Baukunst

Babylonien ist die antike Bezeichnung für das Land zwischen den Flüssen Euphrat und Tigris, auch Mesopotamien genannt. Im Wesentlichen umfasst es das Gebiet des heutigen Irak. In Ur und Uruk wurden die Überreste von Tempeln, *zikkurats* (stufenförmige Turmbauten) und Gräbern aus dem 4. und 3. Jt. v. Chr. ausgegraben, aus der Epoche der sumerischen Stadtstaaten. Um 2330 entstand dann das erste babylonische Großreich. In Kalchu, Ninive und Dur-Scharrukin errichteten die Assyrer vom 9. bis zum 7. Jh. v. Chr. bedeutende Paläste und Tempel. Von 539 bis zur Eroberung durch Alexander den Großen 333 v. Chr. gehörte Babylonien schließlich zum altpersischen Weltreich. Davon zeugen die spektakulären Ruinen von Persepolis (im heutigen Iran), wo sich Einflüsse aus Ägypten, Babylonien und Griechenland synkretistisch zu einem eigenen Stil verbanden.

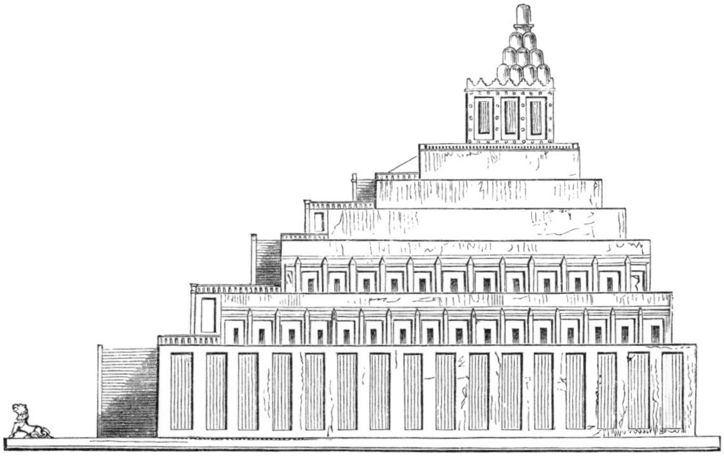

Zikkurat, Birs Nimrud (um 2000 v. Chr.)
Die Zikkurat von Borsippa (heute Birs Nimrud) war Nabu geweiht, dem Gott der Weisheit und der Schreibkunst, einem der höchsten babylonischen Götter. Neu gestaltet wurde sie von dem babylonischen König Nebukadnezar II. (regierte 605–562 v. Chr.), der sie mit sieben Stufen versah.

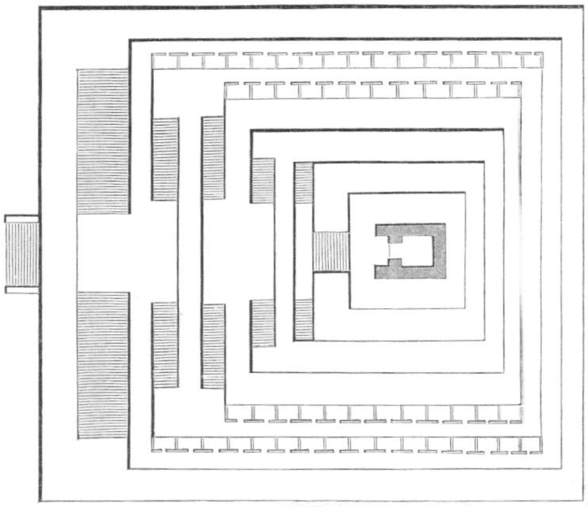

Weihung, Zikkurat, Birs Nimrud
Laut einer Inschrift des Nebukadnezar weihte er sie den sieben Planeten. Daran orientierte sich auch die Gestaltung mit glasierten farbigen Ziegeln: Die unterste Stufe war schwarz (Saturn) verkleidet, die zweite orange (Jupiter), die dritte rot (Mars), darauf folgten golden (Sonne), grün (Venus), blau (Merkur) und schließlich weiß oder silbern (Mond).

Zikkurat
Mit dem Begriff Zikkurat, wörtlich „Himmelshügel" oder „Götterberg", bezeichnet man den mehrstufigen Turmbau, wie er seit dem 3. Jt. v. Chr. in Mesopotamien errichtet wurde. Treppenanlagen oder Rampen führten hinauf zu einem dem Stadtgott geweihten Hochtempel.

3100–331 v. Chr.

Auf- und Grundriss, Zikkurat, Birs Nimrud
Mit 42 m ist die Zikkurat von Borsippa der höchste erhaltene Tempelturm und wurde deshalb lange für den Babylonischen Turm gehalten. Ihre Seiten waren exakt an den vier Himmelsrichtungen ausgerichtet.

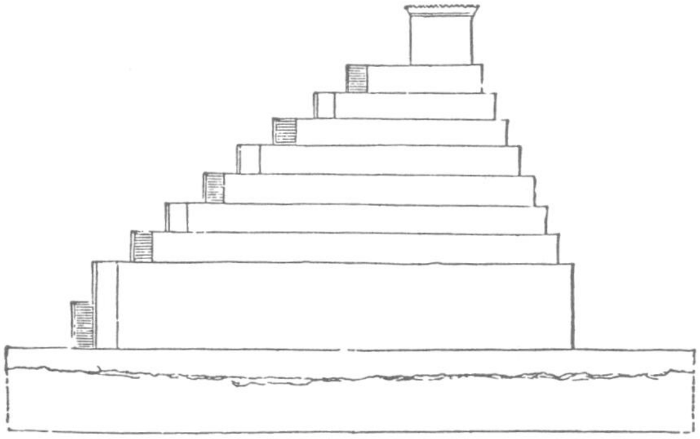

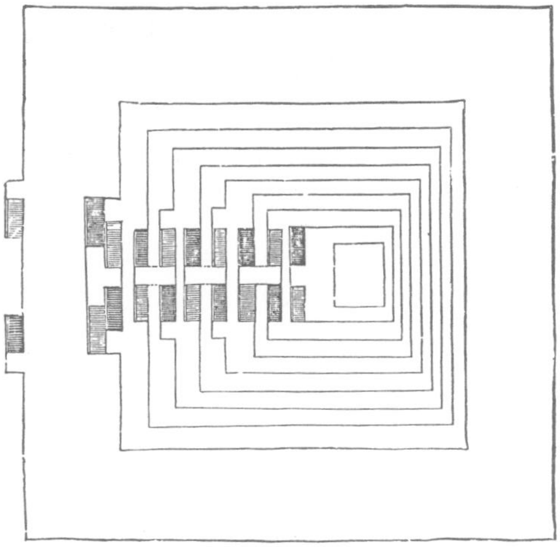

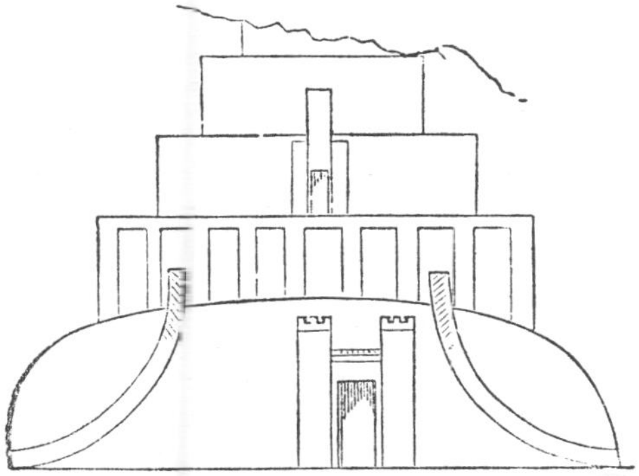

Konstruktion und Schmuck
Die frühen mesopotamischen Tempeltürme wurden aus ungebrannten Lehmziegeln errichtet, die man mit Schilfmatten und -tauen stabilisierte. Die Mauerflächen wurden vielfältig geschmückt, indem man sie mit glasierten polychromen Ziegeln verkleidete oder farbige Terrakottakegel zu Stiftmosaiken anordnete.

Hängende Gärten der Semiramis (frühes 6. Jh. v. Chr.)
Die Hängenden Gärten der Semiramis in der Königsburg in Babylon zählten zu den sieben Weltwundern. Die künstlich bewässerten Gärten befanden sich auf stufenförmig angeordneten Dachterrassen. Vermutlich hatte sie König Nebukadnezar II. für seine Frau anlegen lassen.

Flachrelief, Kujundjik
Das Flachrelief aus Ninive (heute Kujundjik) stellt einen Tempelturm dar. Eine Stützmauer stabilisiert sein Untergeschoss. Der Zikkurat vorgelagert ist ein Torbau, der stark dem Ischtar-Tor von Babylon (Anfang 6. Jh. v. Chr.) ähnelt, das sich heute im Pergamon-Museum in Berlin befindet.

Mesopotamien und Persien

Assyrische Architektur

Vor allem ist sie geprägt von Palästen und Festungsbauten, welche die Macht des Königs demonstrieren sollten. Meist waren sie prachtvoll mit farbigen glasierten Ziegeln sowie mit Flachreliefs geschmückt. Da sie aus Lehmziegeln errichtet wurden, findet man heute nur noch Ruinen vor. Der Palast Sargons II. in Dur-Scharrukin (heute Chorsabad, 713–708 v. Chr.) ist ein herausragendes Beispiel für die assyrische Herrschaftsarchitektur. Einzelne Bauelemente (Gewölbe, Säulen, Laibungen, Stürze) sowie Bauplastiken sind erhalten, etwa die monumentalen Wächterfiguren in Form von geflügelten Stieren.

Palasttore, Chorsabad
Wer die Treppe zum Palast hinaufstieg, stand vor drei gewaltigen Portalen, flankiert von Wächterfiguren in Form von geflügelten Stieren mit Menschenköpfen. Den Portalbogen schmückten blau emaillierte Ziegel mit Figuren- und Sternenmustern.

Tor, Palast König Sargons II.
Die Tore zum Königspalast waren in dicke Mauern eingelassen. Auf dem abgebildeten Grundriss des Haupttors zeigen die beiden dunkel schraffierten Flächen in der Mitte, wo das Stierkolosspaar aufgestellt war. Durch das Portal betrat man einen großen Vorhof.

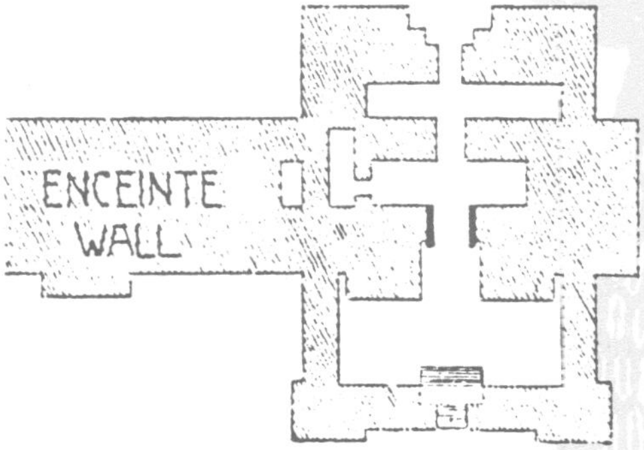

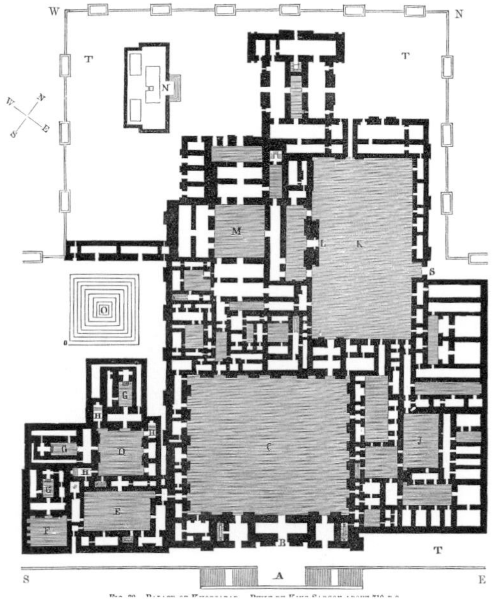

Grundriss, Palast Sargons II., Chorsabad (713–708 v. Chr.)
Der Palast erhob sich auf einer hohen Terrasse über der befestigten Stadt. Der Zugang erfolgte über eine Doppeltreppe (A). An den Vorhof (C) schloss sich ein weitläufiger Zeremonienhof (K) mit einer Audienzhalle an, hinter der die Wohnräume lagen. Links unten erkennt man den Tempelbereich (D-H) mit einer Zikkurat, rechts unten mehrere Wirtschaftshöfe.

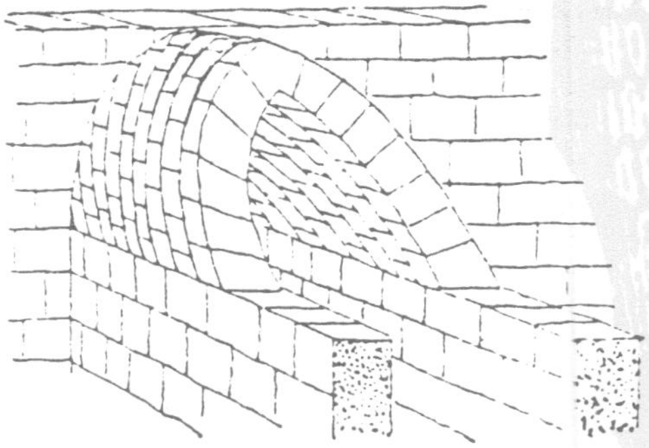

Kanäle
Die Assyrer kannten bereits eine frühe Gewölbetechnik. Das abgebildete gemauerte Spitztonnengewölbe ist nicht mittig ausgerichtet, sondern neigt sich zur Seite. Mithilfe dieser Technik deckte man die zahlreichen Wasserkanäle ein und überwölbte vermutlich ebenfalls kleinere Palasträume.

Zikkurat, Chorsabad
Diese Zikkurat verfügte über sieben Stufen, die mittig übereinander angeordnet waren. Spiralförmig umlaufende Rampen verbanden sie miteinander.
Dieser Bautypus hat sicher für das berühmte Minarett von Samarra (um 850 n. Chr.) als Vorbild gedient. Die Farbgestaltung ähnelte derjenigen des Tempelturms von Birs Nimrud.

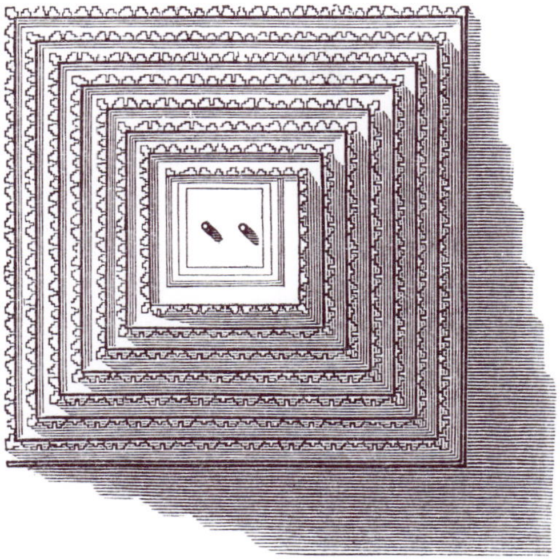

Haupttor, Palast König Sargons II.
In dem imposanten Torbau am Palasteingang öffnete sich ein Rundbogenportal. Typisch assyrisch sind die gezackten Zinnen auf der Mauerkrone, die einen heiligen Berg symbolisieren.

Palasthof, Chorsabad
Hier sieht man die Rekonstruktion eines Palastflügels. Die Mauern des Hofes schmückten Orthostaten (hochkant stehende Platten) aus Alabaster. Die Flachreliefs darauf waren ursprünglich farbig gefasst und bildeten den König, historische Ereignisse sowie Figuren und Tiere ab. Die Wandzone darüber war verputzt und bemalt.

Palastraum, Chorsabad
Diese Rekonstruktion von einem der repräsentativsten Palasträume zeigt wieder Orthostatenplatten aus Alabaster, welche die Wände friesartig verkleiden. Viele der kleineren Räume und Durchgänge des Palasts waren gewölbt, doch die Prunkhallen hatten wahrscheinlich eine aufwändig verzierte Balkendecke.

Fußgängertor, Chorsabad
Die Tore für die Fußgänger waren mit Furcht einflößenden Stierkolossen geschmückt, die ungefähr 4 m hoch aufragten. Zwischen ihnen sieht man die mythische Figur des Löwenbezwingers.

Mesopotamien und Persien

Die Paläste von Kalchu und Ninive

In Assyrien entstanden Tempel mit und ohne Zikkurats. Die Bautätigkeit der Spätzeit konzentrierte sich allerdings auf herrschaftliche Paläste, welche die zentrale Rolle des Königshauses im Staatswesen betonten. Die Stadt Kalchu (heute Nimrud) wurde im 9. Jh. v. Chr. um eine neue burgähnliche Residenz erweitert, den Nordwest-Palast. Er verfügte über einen großen Vorhof, an den sich im Osten eine Folge von Wohnräumen und im Süden mehrere große Bankettsäle anschlossen. An dieser Raumanordnung orientierten sich die assyrischen Palastbauten aus dem 8. und 7. Jh. v. Chr., etwa in Ninive (heute Kujundjik und Nebi Junus) und Kalchu. Alle erhoben sie sich auf einer hohen Terrasse.

Assyrische Ornamente, Kujundjik
Die Bordüre eines Relieffrieses aus den Ruinen von Ninive zeigt ein Muster aus geflügelten Stieren und Palmetten. Die Palmette versinnbildlicht den Lebensbaum, ein Motiv, das in der assyrischen Kunst häufig auftritt. Ähnliche Dekormuster befanden sich auf den Deckenbalken der Paläste. Manchmal vervollkomneten Vergoldungen oder eingelegte Edelsteine die Pracht.

Greif, Ninive
Mit großen, senkrecht aufgestellten Steinplatten oder Orthostaten wurden die Wände friesartig verkleidet, manchmal in zwei oder mehreren Reihen übereinander. Häufig zeigen sie Flachreliefs von wilden Tieren, Stieren, Löwen oder Greifen (halb Löwe, halb Vogel), manchmal auch im Kampf mit dem siegreichen König. So rühmte man den Mut des Herrschers und schilderte auf einer höheren Ebene zudem den Sieg des Guten über das Böse. Die assyrischen Flachreliefs beeindrucken durch ihren naturalistischen Stil. Körperbau und Bewegung sind mit großer Genauigkeit erfasst.

Fußbodenplatte, Kujundjik (704 v. Chr.)
Die Bordüre der Bodenplatte zeigt ein abwechslungsreiches Dekormuster aus Lotosblüten, Rosetten, Palmetten und stilisierten Blüten. Das Vorbild für diese Art der Gestaltung vermutet man in Textilmustern.

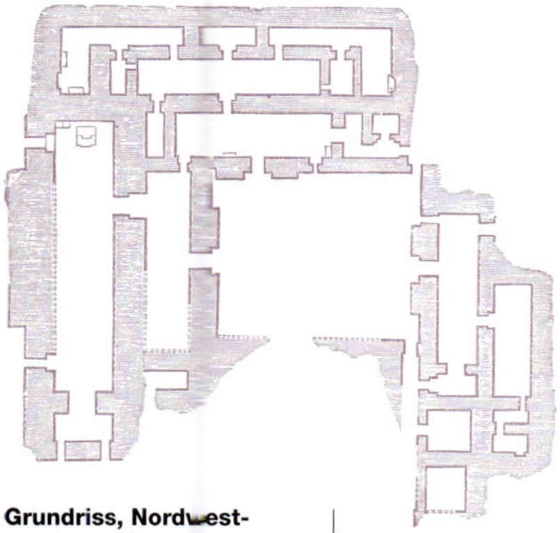

Grundriss, Nordwest-Palast, Nimrud (884 v. Chr.)
Der Palast stellt eines der frühesten Bauwerke auf dem Ruinenhügel der assyrischen Residenzstadt Kalchu dar. Sein Zentrum bildete ein rechteckiger Hof. An den Hof gliederten sich im Osten die privaten Wohnräume an, darunter die Frauengemächer (Haremstrakt). An der Südseite des Hofes befanden sich der Thronsaal sowie mehrere Bankettsäle.

Rekonstruktion eines assyrischen Palasts
Die Archäologen wagten sich an die schwierige Aufgabe heran, die assyrischen Paläste zu rekonstruieren. Diese hypothetische Rekonstruktion von James Fergusson zeigt den Palast auf einer hohen Terrasse. Eine dreiläufige Treppe, verkleidet mit Flachreliefs, führt zu ihr hinauf. Das Obergeschoss ist offen, das Dach bekrönen Zinnen.

Assyrische Kapitellformen
In den Ruinen des Palasts von Ninive fanden Archäologen Relieftafeln mit Darstellungen von Architekturelementen. Die Gebäude sind vielleicht von griechischen Baumeistern errichtet worden, denn die Volutenkapitelle zeigen große Ähnlichkeit mit griechischen ionischen und korinthischen Kapitellen.

Lamassu
Lamassu (Kolossalstatuen von Mischwesen) vereinen die Wildheit des Löwen, das scharfe Auge des Adlers, die Stärke des Stiers sowie die Weisheit und Intelligenz des Menschen. Der Typus des Stierkolosses stammt vermutlich aus dem hethitischen Kulturkreis.

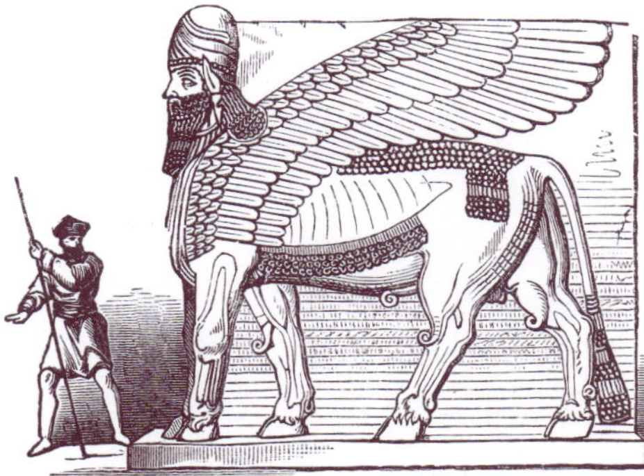

Schwarzer Obelisk (um 827 v. Chr.)
Der Obelisk von Salmanassar III. hat eine gestufte Spitze, ähnlich einer Zikkurat. Bilder und Keilinschriften behandeln die Huldigung tributpflichtiger Völker.

Mesopotamien und Persien

Persische Baukunst: Palast des Dareios in Persepolis

Unser Wissen über die altpersische Baukunst des 6. bis 4. Jh. v. Chr. beruht hauptsächlich auf den Ausgrabungen der Palastbauten von Pasargadai, Susa und Persepolis. Sie weisen einen originären Stil auf, in dem sich verschiedene Einflüsse verbinden: neben ägyptischen und griechischen vor allem assyrische. Wie Letztere setzten die Achaimenidenkönige ihre Bauwerke auf künstliche Terrassen, wobei ihre Treppenaufgänge, geschmückt mit reliefierten Tributbringern und Tieren, noch gewaltiger ausfielen. Auch die monumentalen Wächterfiguren und die polychrom glasierten Ziegel sind in der assyrischen Baukunst vorgebildet. Persepolis stellt allerdings durch seinen riesigen Apadana (Thronsaal) und die Komplexität der Anlage eine Besonderheit dar.

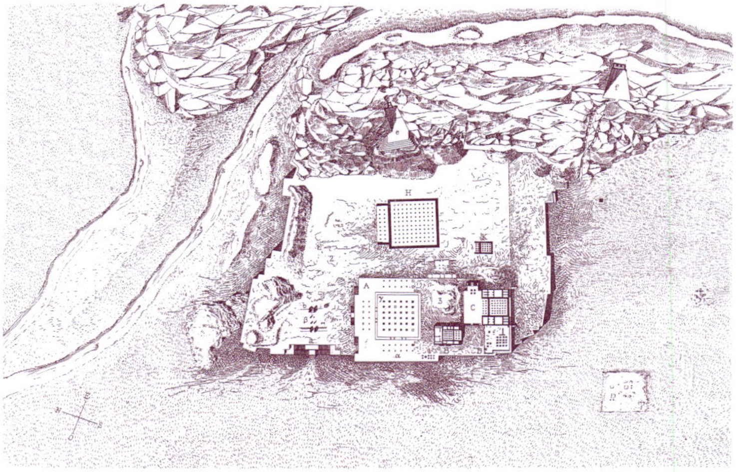

Lageplan von Persepolis (521–465 v. Chr.)
Eine starke Festungsmauer umgab die Prunkbauten, in denen die Achaimeniden die Neujahrszeremonie abhielten. Vorne sieht man das Apadana (A) bzw. den Thronsaal, rechts daneben die Paläste von Dareios I. (B) und Xerxes I., (C) dahinter den Hundertsäulensaal (H). Der Haupteingang, das Tor des Xerxes, befindet sich links unten neben dem Apadana.

Palast des Dareios (521 v. Chr.)
Diese Rekonstruktion, inspiriert durch das Relief des Grabmals von Dareios I., zeigt den repräsentativen Palast mit zwei Treppenaufgängen, über die man in die offene Vorhalle gelangte. Auf dem Gebäude erhob sich vermutlich ein von einem Baldachin bekröntes Podest, auf dem der König Kultzeremonien vornahm.

Geflügelte Stiere, Tor des Xerxes
Das Tor des Xerxes stellte den Haupteingang zur Herrscherresidenz dar. Sein Portal bewachten zwei monumentale geflügelte Stiere mit Menschenkopf und Löwenschwanz. Sie ähneln stark den assyrischen Wächterfiguren (*lamassu*). Die apotropäischen Mischwesen sollten Unheil abwehren.

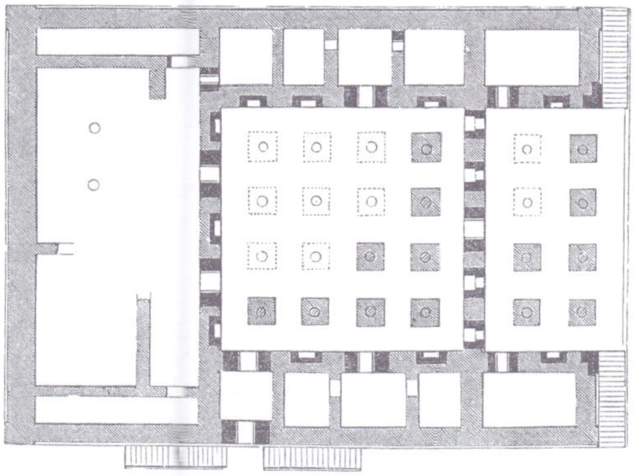

Grundriss, Palast des Dareios
Die Mittelhalle mit 16 Säulen war umschlossen von Trakten mit Nebenräumen. Errichtet war der Palast aus glänzend poliertem schwarzen Stein – deshalb hieß er auch Spiegelpalast. Von der südlichen Vorhalle hatte man freien Blick auf die Ebene von Marw-Dascht.

Fassade, Palast des Dareios
Über Treppen gelangte man von der Terrasse hinauf in eine dem Palast vorgelagerte Säulenvorhalle. Das Hohlkehlengesims der Eingangstür mit einem Dekor aus Palmenblättern wurde aus der ägyptischen Baukunst übernommen.

Blick von der Freitreppe
Links erkennt man das Tor des Xerxes, auch Tor aller Länder genannt, dahinter (rechts) die Säulen der Apadana und ganz in der Ferne die Ruinen der Wohnpaläste von Dareios I. und Xerxes I.

Haupteingang, Palast des Dareios
Die Türlaibung zeigt Flachreliefs, wie sie vielfach variiert in Persepolis auftreten. Hier hält ein persischer Höfling einen Sonnenschirm über Dareios I.

Treppenaufgang
Die Treppe führte hinauf zum Apadana. Ihre Steinbrüstung zierten Flachreliefs von persischen Wachen, vorne erkennt man zwei Speerträger. Zum Schmuck zählten auch stilisierte Pflanzen, hier Rosetten und Palmenblätter.

Mesopotamien und Persien

Persepolis: Apadana

Die Anlage wurde von Dareios I. (regierte 522–486 v. Chr.) begonnen und später von seinem Sohn Xerxes I. (regierte 486–465 v. Chr.) fertig gestellt. Hier fanden die Feierlichkeiten für das Nauroz-Fest statt, das persische Neujahrsfest, an dem die Vertreter der tributpflichtigen Völkerschaften dem Herrscher ihre Aufwartung machten. Neben dem weitläufigen Apadana, das als Thronsaal und Audienzhalle diente, verfügte Persepolis über Verwaltungsbauten, Wohngemächer für den König und sein Gefolge sowie über Kulträume. Die Großkönige begriffen sich als vom zoroastrischen Schöpfergott Ahura Masda auserwählte und eingesetzte Herrscher. Vermutlich befand sich auf dem Palastdach ein Podest für kultische Handlungen.

Steinsäulen, Apadana
Das Apadana zählte zu den großartigsten Bauwerken der Antike. Die hohen Säulen trugen Protomenkapitelle in Form von Doppelstieren, auf denen wiederum eine flache, reich verzierte Decke aus Zedern- und Zypressenholz auflag. In Persepolis entwickelte sich eine eigene achaimenidische Säulenordnung mit unverkennbaren Kapitellen (*siehe S. 37*).

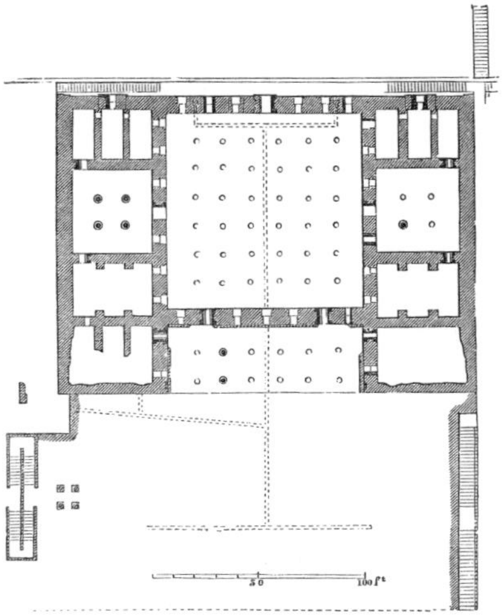

Grundriss, Palast des Xerxes (um 485 v. Chr.)
Der Palast erhob sich direkt neben dem Apadana. Ähnlich wie beim Palast des Dareios war ihm eine Säulenhalle vorgelagert und direkt an die Mittelhalle schlossen sich links und rechts zwei Trakte von je vier Nebenräumen an. Die größten waren quadratisch mit vier Pfeilern, davor lagen die Räume der Wachen. Die quadratische Mittelhalle wies 36 Säulen auf, in identischen Abständen über den Raum verteilt, ähnlich wie das Apadana. Eine Türöffnung an der Rückseite führte zu einem schmalen Balkon.

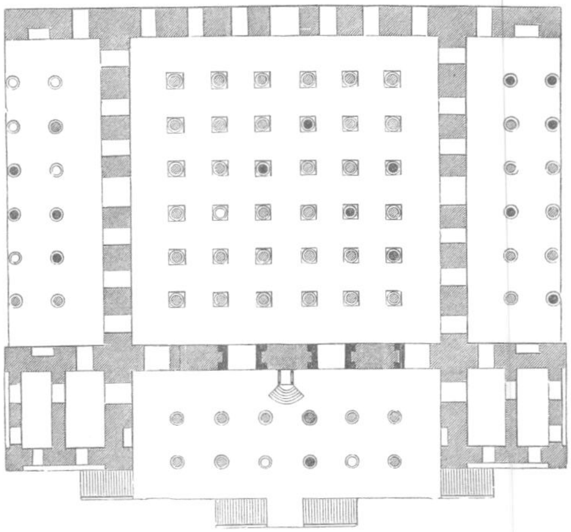

Rekonstruierter Grundriss, Apadana (begonnen um 520 v. Chr.)
Die quadratische Mittelhalle mit 36 Säulen fassten an drei Seiten Säulenhallen ein. In den vier Ecktürmen führten Treppen auf das Dach.

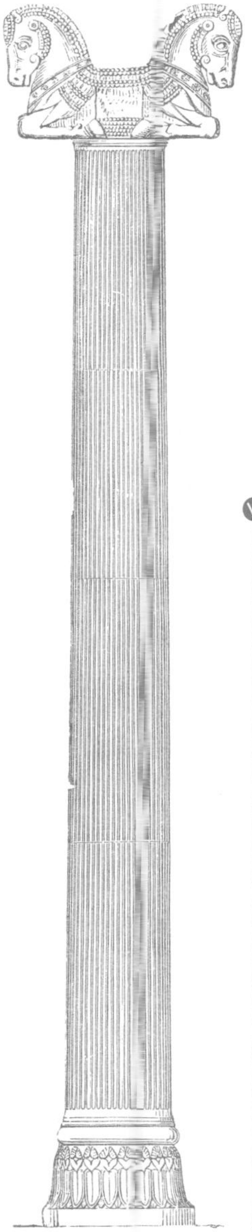

Säule, westliche Vorhalle, Apadana
Bei diesem nur in Persepolis vorkommenden Säulentypus besteht das fein gemeißelte Kapitell aus Stierprotomen, Symbol persischer Großmacht. Der Schaft ruht auf einer Glockenbasis mit Palmenkrone und dickem Wulst.

Hundertsäulensaal
Diese gewaltige quadratische Halle gehörte zu den prächtigsten Bauwerken des Palastkomplexes. Durch sieben Fenster an der Eingangsfront empfing der Innenraum Licht. Die Rekonstruktion verdeutlicht, wie das Innere vermutlich ausgesehen hat: eine riesige Halle mit reich gegliederten Säulen, bunt bemalt, mit Doppelstierprotomen als Kapitell.

Freitreppe
Zwei einläufige Treppen führten hinauf zum Palast des Xerxes. Geschmückt waren sie mit monumentalen Reliefs von persischen Wachen sowie Tierkämpfen. Die Zwickel verkleideten Steinplatten, die Reliefs von stilisierten Pflanzen zeigten.

Schaufront
Diese Rekonstruktion zeigt die Schaufront der Anlage. Die Terrasse war so hoch, dass man auf Mauern verzichten konnte. Zur Ebene hin war sie mit fast 20 m hohen Mauern gesichert. Auf dem Dach des Apadana erkennt man ein Podest mit Stierprotomen.

Säule, nördliche Vorhalle, Apadana
Die Glockenbasis dieser Säule trägt einen ähnlich hohen, schlanken, fein kannelierten Schaft wie diejenige der westlichen Vorhalle, aber ein ganz anderes Kapitell. Das persische Kompositkapitell setzt sich aus drei Bestandteilen zusammen: unten ein doppelter Blattkranz, darüber ein kannelierter Block mit Voluten, bekrönt von Doppelprotomen (nicht abgebildet).

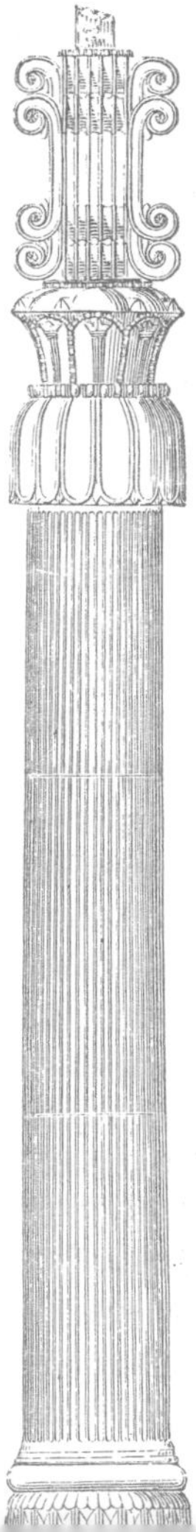

Mesopotamien und Persien

Persischer Bauschmuck

Aus allen Winkeln des persischen Reiches wurden die besten Handwerker nach Persepolis verpflichtet. Somit war die gesamte Anlage technisch vollendet ausgeführt, wie es der Residenz des Königs der Könige gebührte. Zwar beeindruckt die Architektur durch ihre Monumentalität, doch auch die Details des Bauschmucks sind präzise und akribisch genau gearbeitet – als seien Juweliere am Werk gewesen. Einige Wände der Prunkbauten waren spiegelblank poliert und die feinen Schnitzereien an den massiven Balken waren äußerst kunstvoll. Manche Balken trugen Beschläge aus Metallplatten, sie waren bisweilen sogar vergoldet oder mit Elfenbein, grünem Serpentin oder rotem Hämatit (Eisenglanz) eingelegt. Die Flachreliefs waren ursprünglich türkis, rot und gelb bemalt ebenso wie der Verputz auf dem massiven Ziegelmauerwerk der Wände.

Persische Schnitzkunst
Das Mauerwerk dieser Teilrekonstruktion einer Halle in Persepolis besteht aus Lehmziegeln. Dreifachbalken aus Zedernholz tragen die flache Balkendecke und ruhen auf Säulen mit einem persischen Kompositkapitell. Aufgrund des Holzdaches konnten die Säulen höher, schlanker und mit breiterem Interkolumnium errichtet werden als in Ägypten.

Säule
Säulen mit einem Kompositkapitell schmückten die Vor- und Haupthallen. Sie verraten ägyptische sowie griechische Einflüsse. Das für Persepolis typische Sattelkapitell mit Stierprotomen wurde entwickelt, um die Dreifachbalken der Deckenkonstruktion aufzunehmen.

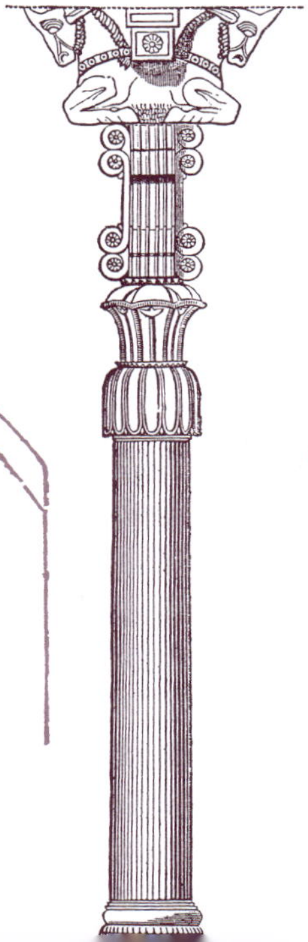

Kapitell
Das Unterteil des Kompositkapitells besteht aus einem Doppelkranz: einem konkav geformten Kranz aus überfallenden Palmblättern sowie einem konvex aufstrebenden Blattkranz.

Volute und Rosette
Man weiß, dass in Persepolis ionische Handwerker gearbeitet haben. Aus ihrer Heimat brachten sie die Volute mit, wie sie hier zu sehen ist. Die Rosette in ihrer Mitte symbolisiert die Sonne, außerdem Fruchtbarkeit.

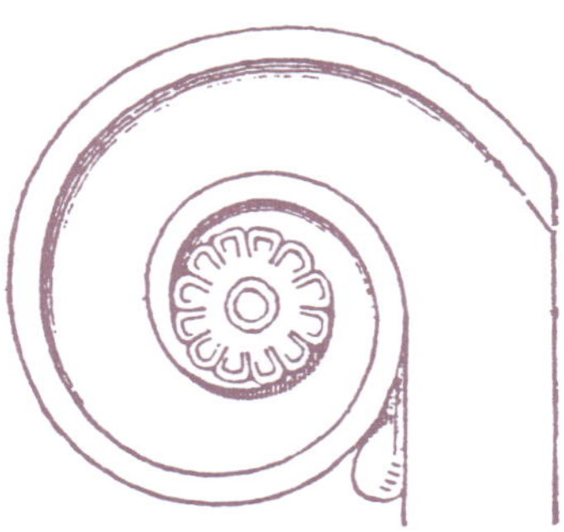

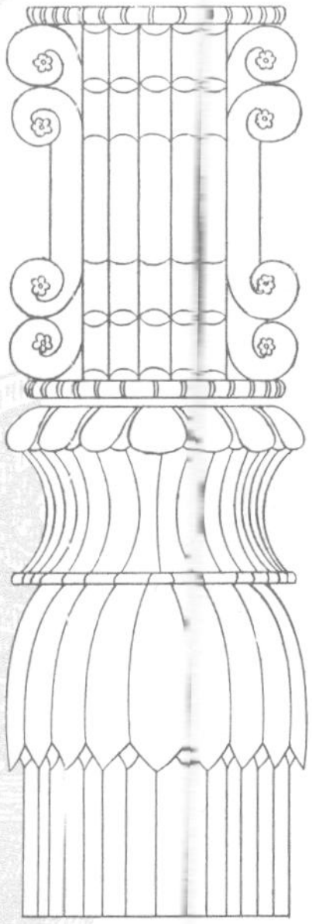

Detailreiche Kapitelle
Die Bestandteile des altpersischen Kapitells sind auf der Zeichnung gut zu erkennen. Der kannelierte Block trägt an jeder Ecke vier Voluten. Der untere Bereich des Kapitells ist hingegen zylindrisch. Gemeinsam sind sie mehr als 5 m hoch.

Grab von Dareios I., Naksch-e Rostam (485 v. Chr.)
Die kreuzförmige Fassade des Grabmals ist direkt in den Felshang hineingehauen. Der Querbalken bildet die Eingangsfront eines Palasts nach, mit Säulen und Stierprotomen. Über der Tür zum Grab befindet sich ein Relief des Königs auf einem Thronpodest, getragen von Vertretern der Völker des persischen Weltreichs: davor ein Feueraltar, darüber Ahura Masda auf einer geflügelten Sonnenscheibe.

Schmuckformen
Hier sieht man unterschiedliche Formen von Bauschmuck: eine Wächterfigur, mehrere Säulenbasen und Kapitelle. Der *lamassu* ist assyrisch, Glockenbasis und Blattmuster sind ägyptisch, kannelierter Schaft und Volute wiederum griechisch. Nur die Kapitelle mit Stierprotomen sind unverkennbar persisch.

Felsengräber
Die altpersischen Könige ließen sich in frei stehenden Grabbauten oder in Felsengräbern bestatten. Sie wurden mit Reliefs und Scheinarchitekturen geschmückt. In den Hügeln einige Kilometer nördlich von Persepolis befinden sich in einem Steilhang vier Felsengräber, die man für Dareios I. und seine Nachfolger errichtet hatte.

Indien *um 300 v. Chr.–1750er-Jahre*

Stupas und *stambhas*

Die frühesten in Indien erhaltenen Baudenkmäler sind dem Buddhismus zu verdanken. Dabei handelt es sich vor allem um Stupas, die ebenfalls als Dagoba oder als Tope bezeichnet werden. Ursprünglich waren sie Grabhügel, entwickelten sich aber zu Reliquienbauten für die Asche des Religionsstifters Siddhartha Gautama (um 560–um. 480 v. Chr.).

Als Erinnerungsmale stellten sie zunächst Zentren der buddhistischen Kulthandlungen dar, bis sich die Buddhastatuen ausbildeten. Auch an heiligen Orten wurden Stupas errichtet. Eng mit ihnen verknüpft ist der *stambha* oder *lath*, eine frei stehende Monumentalsäule. Neben jedem großen Stupa stand ein *stambha* (manchmal auch zwei) ebenso wie vor bedeutenden *chaitya*-Hallen.

Ausschmückung
Die meisten frühen Stupas wurden nicht verziert, doch es gibt Belege dafür, dass die späteren Bauwerke reich ausgeschmückt wurden, etwa im 2. und 3. Jh. n. Chr. Der hier abgebildete ehemalige Stupa von Amaravati im Dekhan war mit Stuck verkleidet und mit Medaillons, Kränzen und Darstellungen aus dem Leben Buddhas dekoriert.

Tor
Den Stupa umgibt ein Zaun (*vedika*) mit vier den Himmelsrichtungen zugeordneten Toren (*torana*). Sie bestehen nur aus zwei Pfosten sowie einem Querbalken. Allerdings sind sie meist meisterhaft geschmückt, wie hier in Sanchi. Durch das Betrachten der *torana*-Reliefs versenkte sich der Gläubige in einen meditativen Zustand.

Bestandteile eines Stupa
Wichtiges Element ist die halbkugelförmige Kuppel, das *anda*, was wörtlich „Ei“ bedeutet. Auf ihrer Spitze befindet sich ein steinerner Reliquienkasten, *harmika* genannt, der oft mit einer Brüstung versehen ist. Darüber erhebt sich ein steinerner Schirm, für gewöhnlich dreistufig. Die Abbildung zeigt ein Reliquiar, das nach dem Vorbild des Stupa gestaltet wurde, in dem es sich befand.

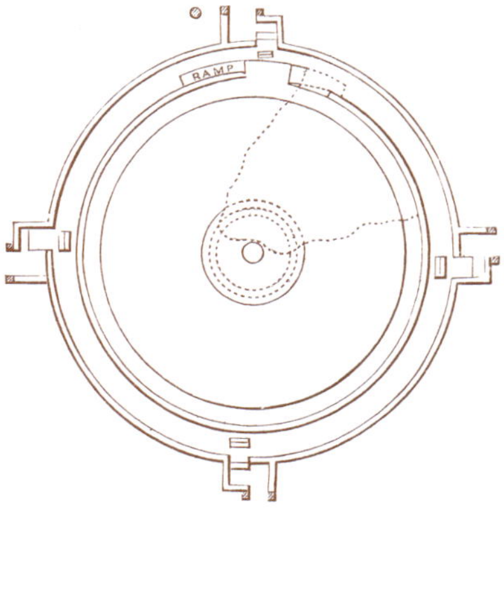

Pradakshina
Die Kulthandlung bestand darin, den Stupa im Uhrzeigersinn zu umschreiten, was man als *pradakshina* bezeichnet. Deshalb wurden um die Stupas herum gepflasterte Umwandelungspfade angelegt, die von einem Zaun umschlossen waren.

Zaun

Der Zaun (*vedika*), der die Stupa umgab, war ein wichtiges, durchaus eigenständiges Bauglied. Er kennzeichnete die Grenze zum heiligen Bezirk und war aufwändig geschmückt, vor allem durch Medaillons mit geschnitzten Vögeln, Blumen und mythologischen Figuren.

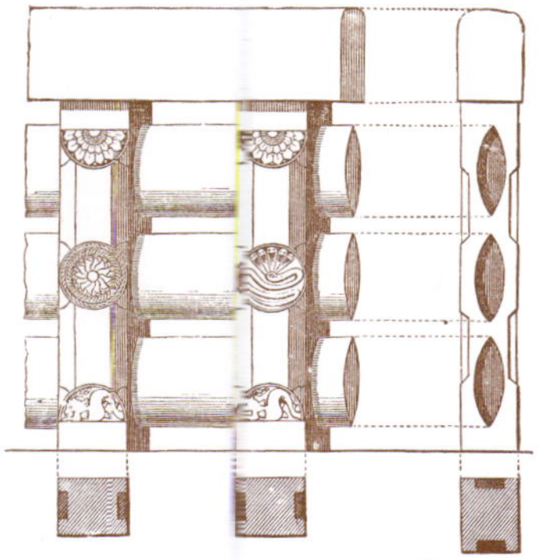

Späte *stambhas*

Stambhas wurden noch bis in das 17. und 18. Jh. errichtet. Besonders beliebt waren sie bei den Jaina, die sie als Votivpfeiler vor ihren Tempeln aufstellten. Diese jainistische Variante mit einem kleinen Pavillon auf der Spitze nennt man *manastambha*. Die Jaina verwendeten *stambhas* ebenfalls in Form von Lampenpfeilern (*dipdan*).

Kapitelle

Auf dem mehrfach gegliederten *stambha*-Hals befindet sich das Kapitell. Oft wurden persische Vorbilder nachgeahmt, insbesondere aus Persepolis. Das hier abgebildete Beispiel aus dem 1. Jh. n. Chr. zieren Pferde, Elefanten und Figuren.

Erhaltene frühe *stambhas*

Die frühesten *stambhas* errichtete Herrscher Aschoka (um 269–232 v. Chr.). Seine so genannten Ediktsäulen trugen Inschriften. Sie entwickelten sich vermutlich aus nicht erhaltenen hölzernen Vorgängern. Den Halsring zieren Palmetten- und Lotosblütenornamente, die persisch-griechische Einflüsse verraten.

Indien

Chaitya-Hallen

Den wichtigsten sakralen Bautypus der buddhistischen Architektur stellen die Gebets- oder *chaitya*-Hallen dar. Sie dienen als Kultraum für die Gläubigen und sind in Grundriss und Funktion mittelalterlichen Kirchen vergleichbar. Allerdings wurden sie mithilfe von Eisenmeißel und Fäustel vollständig in eine Felswand hineingehauen. Die frühesten erhaltenen Höhlentempel datieren aus dem 2. Jh. v. Chr. und gingen vermutlich teilweise auf persische und kleinasiatische Höhlenbauten zurück. Fast 500 Jahre lang erbaute man sie. Zwei Stützenreihen gliedern die *chaitya*-Hallen in ein Mittelschiff und zwei Seitenschiffe. Ein monolithischer Votivstupa, ebenfalls als *chaitya* bezeichnet, bildet das Allerheiligste. Durch den Stupa und den ihn umgebenden Wandelgang für die *pradakshina* (das rituelle Umschreiten) enden die *chaitya*-Hallen in einer halbrunden Apsis.

Fassade
Ursprünglich waren den *chaitya*-Hallen Holzfassaden vorgesetzt, in deren Untergeschoss sich ein Tor öffnete, manchmal auch mehrere. In der Mitte drang Licht durch ein großes Fenster. Die Holzfassade dieser frühen *chaitya*-Hallen in Bhaja im Dekhan ist verschwunden, aber die Löcher, wo die Balken in den Stein eingelassen waren, sind noch gut zu erkennen.

Frei stehende *Chaitya*-Halle, Chezarla
Die frühesten *chaitya*-Hallen waren vermutlich frei stehende Bauwerke aus Holz. Beispiele existieren nicht; dafür einige wenige in Ziegelmauerwerk oder Stein ausgeführte Bauten, wie etwa dieser Tempel bei Chennai (Madras) – ein ähnlicher in Ter im Dekhan aus dem 2./3. Jh. n. Chr.

***Chaitya*-Halle, Karla (1. Jh. n. Chr.)**

Eine der größten und am besten erhaltenen frühen *chaitya*-Hallen befindet sich in Karla im Dekhan. Der Grundriss folgt dem üblichen Schema mit dreischiffiger Säulenhalle und einem Stupa in der Apsis. Innen waren die *chaitya*-Hallen meist schlicht gehalten – hier sieht man allerdings reich gegliederte Pfeiler.

Fenster

Das riesige Sonnenfenster ist ein wichtiges Bauglied der *chaitya*-Halle. Es ließ das notwendige Licht in den Innenraum. Bögen in Hufeisenform, *kudu* genannt, waren ein beliebtes Motiv an den Fassaden der *chaitya*-Halle und wurden viele hundert Jahre lang verwendet.

Stupa

Stupas in Felsentempeln sind oft aufwändig verziert. Durch das große Fenster der Fassade fiel das Licht direkt auf den Stupa und beließ den restlichen Innenraum im Dunkeln. Dieser Stupa in Karla besteht aus einem zweigeschossigen runden Unterbau mit Brüstungen, *harmika* (Reliquienkasten) und kunstvollem Holzschirm.

Gewölbe

Das Mittelschiff besitzt oft ein Tonnengewölbe, die Seitenschiffe Halbtonnengewölbe. Alle sind sie mit hölzernen Rippen verziert. Manchmal bestehen sie auch aus Stein, imitieren dann aber Holzformen. Das sehr hohe Mittelschiff dieser *chaitya*-Halle in Ajanta trug früher Malereien.

Indien

Klöster

Die frühesten *viharas* (Klöster) stammen aus dem 2. Jh. v. Chr. Meist handelt es sich um schlichte Höhlenräume, in denen sich die Mönche versammelten, um zu beten und zu schlafen. Hauptsächlich bestehen die *viharas* aus Kultbild (Stupa oder Buddhastatue), Mönchszellen (mit steinerner Schlafbank) sowie Schreinen. Oft wurden sie gruppenweise als Kosteranlagen erbaut. In Ajanta im Dekhan befindet sich das berühmteste Höhlenkloster. Seine Bauten datieren aus dem 2. Jh. v. Chr. bis zum späten 7. Jh. n. Chr. Viele späte Anlagen sind üppig ausgeschmückt und gelten als Höhepunkte der indischen Baukunst. *Viharas* errichteten auch die Jaina, deren Religion zur gleichen Zeit wie der Buddhismus entstanden war.

Mönchszellen
Über dem Eingang der Mönchszellen erhebt sich meist ein Hufeisenbogen, in Anlehnung an die großen hufeisenförmigen Fenster der *chaitya*-Hallen. Im Verlauf der Zeit wurde die Gestaltung immer prächtiger: Die Zellen erhielten Kuppeldächer und reliefierte Fassaden.

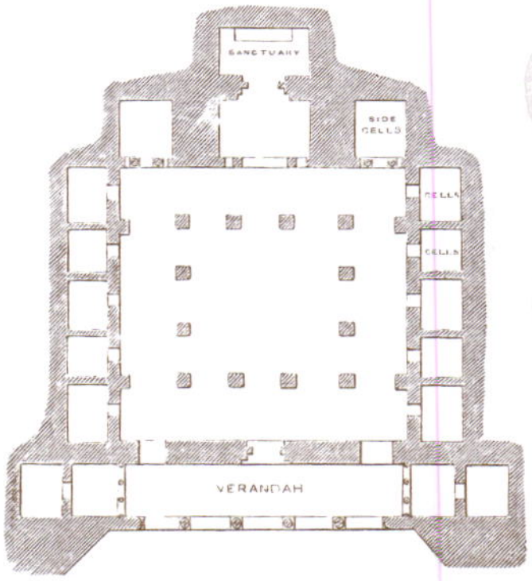

Allerheiligstes und Kapellen
Im 5. Jh. n. Chr. erhielten die *viharas* dann Kapellen und ein Allerheiligstes, sodass die Kultrituale unabhängig von den *chaitya*-Hallen stattfinden konnten. Das Sanktuar befand sich genau gegenüber dem Eingang und enthielt meist einen Stupa oder eine Buddhastatue.

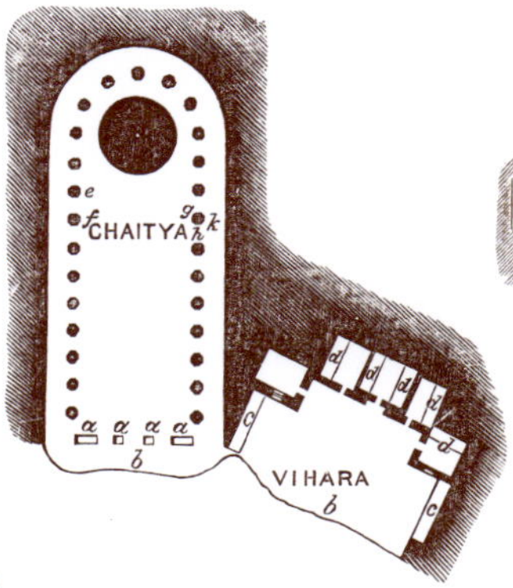

Klöster und *chaitya*-Hallen
Die frühesten Höhlenklöster (*vihara*) wurden direkt neben *chaitya*-Hallen angelegt. Sie bestanden aus einem von Mönchszellen umschlossenen, rechteckigen Hof. Ursprünglich wiesen sie keine Kapellen auf, denn die Kultrituale fanden in den *chaitya*-Hallen nebenan statt.

Frühe frei stehende *viharas*
Zwar sind die frühesten erhaltenen *viharas* in den Fels gehauen, doch – wie die *chaitya*-Hallen – entwickelten sie sich vermutlich aus frei stehenden Bauten. Quellen bezeugen, dass sie aus pyramidenförmig geschichteten Geschossen bestanden und auf Holzstützen ruhten.

Veranden

Den meisten *viharas* sind breite Veranden vorgelagert. Sie dienten als Übergang zwischen der Außenwelt und dem halbdunklen Inneren der in den Felsen gehauenen Anlagen. Oft stellen sie das am reichsten geschmückte Bauglied dar. Die Säulen sind verziert, die Wände und Decken manchmal ausgemalt.

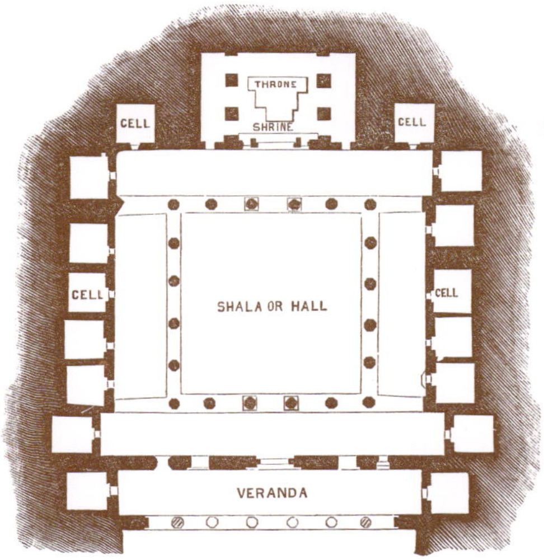

Pfeilerhalle

Die Klöster wurden zunehmend größer und prächtiger. In den Hallen mussten nun Pfeiler die Decken der immer weitläufigeren Räumlichkeiten stützen. Zuerst waren es nur vier Pfeiler, dann zwölf und schließlich über 20. Abgebildet ist hier ein Tempel aus Ajanta im Dekhan aus dem späten 5. Jh. Seine Pfeiler sind ebenso wie die Decke und Wände farbig geschmückt.

Weitere Räume

Einige spätere *viharas* verfügen über weitere Räumlichkeiten. Hauptsächlich dienten sie dem Unterricht, aber ebenfalls als Speisesäle und zu Kultzwecken. Der abgebildete Raum in einem Kloster im mittelindischen Bagh stammt aus dem 5. Jh. n. Chr. Mit der Haupthalle verbindet ihn eine lange Veranda mit 20 Pfeilern. Ihre Innenwände waren prachtvoll verziert.

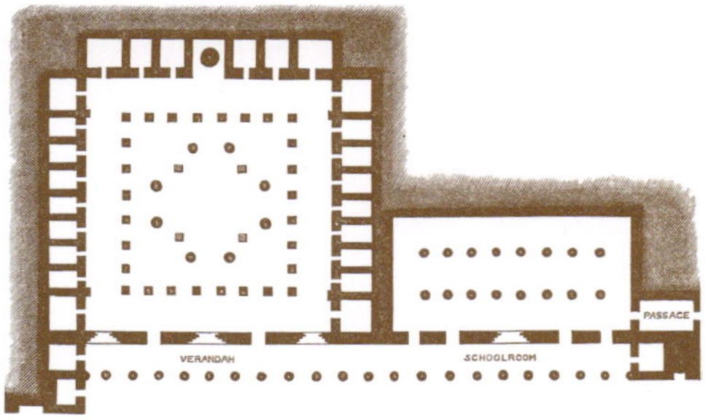

***Vihara* als Gebäudeensemble**

In Gandhara im heutigen Nordpakistan wurden *viharas* als frei stehende Bauwerke aus Stein errichtet. Dieses Kloster in Takht-i-Bahti aus dem 3. Jh. n. Chr. beinhaltet einen rechteckigen Hof mit Stupa (A), einen Hof mit Figurennischen (B), einen Hof mit Mönchszellen oder *sangharama* (C) sowie einen Versammlungsraum (D).

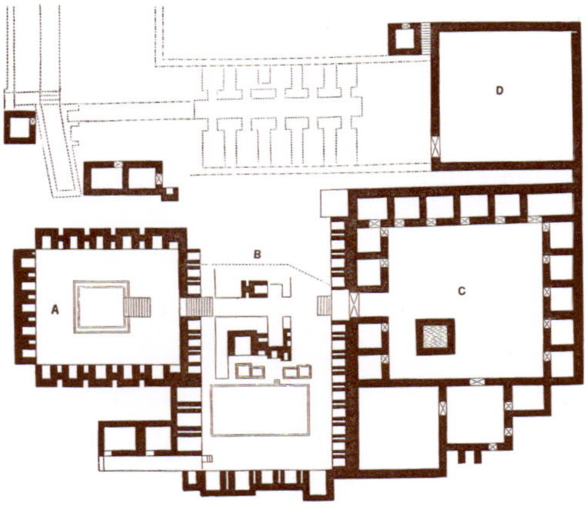

Indien

Felsentempel

Ab dem 6. Jh. verlor der Buddhismus in Indien an Bedeutung und gleichzeitig entstanden im ganzen Land Hindu-Dynastien. Unter ihnen wandelten sich die Bauformen des Tempels, der nun als Wohnsitz einer Gottheit verehrt wurde. Alle indischen Tempel ähneln sich im Kern, ob sie nun von Hindus oder von Jaina errichtet wurden. Die klassisch-indischen kunsttheoretischen Schriften, die Shastras, unterscheiden drei Stile, wobei ihre Einteilung nicht nach religiösen, sondern nach geografischen Gesichtspunkten erfolgt: Man unterscheidet den Drawida-Stil Südindiens, den indoarischen Nagara-Stil Nordindiens sowie den Vesara- oder Calukya-Stil. Letzterer ist im mittelindischen Dekhan, verbreitet und stellt eine Synthese aus den beiden anderen dar.

Drawidischer Tempelturm
Alle *rathas* tragen markante Türme (*vimana*) mit mehreren abgestuften Geschossen. Eine abgeflachte Kuppel bekrönt sie, die *shikhara* genannt wird (nicht zu verwechseln mit den gleichnamigen Türmen des nordindischen Nagara-Stils). Dieser Turmtypus entwickelte sich zum charakteristischsten Bauglied der drawidischen Architektur.

Rathas
Der Drawida-Stil erschien in seiner frühesten Ausprägung im 7. Jh. in Mahabalipuram. Die dort errichteten großartigen Monolithtempel werden als *ratha* (wörtlich „Prozessionswagen" oder „himmlische Wagen") bezeichnet. Sie wurden einzeln aus einem Granitrücken herausgemeißelt. Der Bauschmuck der *rathas* zeigt kleine Modelle von Bauwerken, vielleicht von frühen frei stehenden *viharas*.

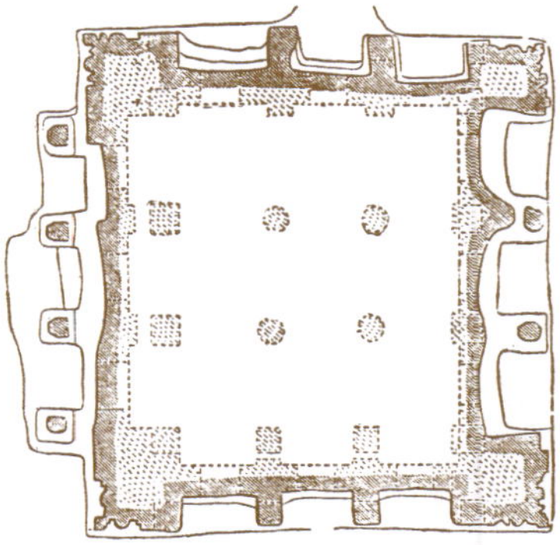

Drawidischer Tempelgrundriss
Der Grundriss der drawidischen Tempel besteht aus einem einzigen Saal, in den manchmal Pfeiler eingestellt waren. Im Wesentlichen wurde dieser Typus beibehalten.

Indrasabha-Höhle, Ellora (9. Jh. n. Chr.)
In Ellora gibt es sowohl Hindu- als auch jainistische Tempel. Sie ähneln stark den drawidischen, wie beispielsweise der Kailasa-Tempel *(ganz unten)*. Besonders schön ist der Indrasabha-Höhlentempel aus dem frühen 9. Jh. *(links)*. Die Säulen bedecken reliefierte Blattmotive, die an griechische Akanthus-ornamente erinnern.

Löwensäule, Mahabalipuram, 7. Jh. n. Chr.
Diese gemeißelte Säule ist typisch für den Drawida-Stil und die Stützenformen von Mahabalipuram. Der Schaft sitzt auf einem Löwen-Mischwesen (*vyala*), einem Herrschersymbol, das hier für die Pallava-Dynastie steht. Das Kapitell ist als kissenartiges *kumbha*-Kapitell mit einem breiten, dünnen Abakus ausgebildet.

Vishnu-Skulptur
Ein vertrauter Anblick in Hindu-Tempeln sind Skulpturen von Vishnu, einem der Hauptgötter. Hier sieht man ihn, sitzend auf der Weltenschlange Ananta, in einem der frühesten Drawida-Heiligtümer, dem Höhlentempel von Badami aus dem 6. Jh.

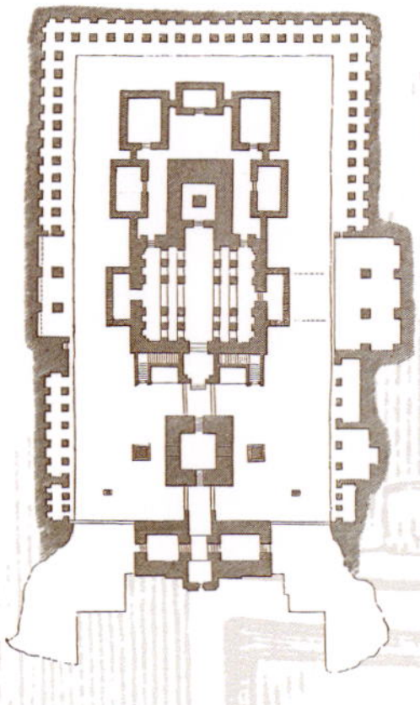

Kailasa-Tempel, Ellora (8. Jh.)
Mit diesem Tempel aus der Mitte des 8. Jh. erreichte die Felsbauweise einen Höhepunkt. Hier erschien erstmals der voll entwickelte drawidische Tempelgrundriss. Der Kailasa-Tempel *(ganz links)* wurde vollständig aus dem Fels herausgemeißelt.

Indien

Tempel: Grundriss und Innenraum

Indische Tempel verfügen über einen streng vorgegebenen Grundriss, denn ihre Erbauer gingen davon aus, dass sich ein korrekt proportioniertes Bauwerk in Harmonie mit dem Universum befinde. Die Tempel werden auf einer Ost-West-Achse errichtet, orientiert an Sonnenauf- und -untergang, und sind nach magischen geometrischen Diagrammen, den Mandalas, angeordnet. Ursprünglich bestanden alle Tempel aus einem schlichten Allerheiligsten (*garbha-griha*), oft mit vorgesetztem Pfeilerportikus. Im Verlauf der Zeit gestaltete es sich immer aufwändiger, der Turm wurde immer höher und der Portikus zu einer Halle. Vom 5. bis 7. Jh. bildeten sich in Nord-, Süd- und Mittelindien unterschiedliche Baustile heraus; zudem entstanden zahlreiche regionale Varianten.

Säulen
Die Stützenformen im Inneren der indischen Tempel, besonders in den *mandapas*, entwickelten sich über einen Zeitraum von mehreren hundert Jahren. Oben sieht man ein überaus reich ausgeführtes Beispiel aus dem 17. Jh. Das bei den Drawiden sehr beliebte tropfenförmige, vom Kragstein herabhängende Schmuckornament heißt *puspobodigai*.

Garbha-griha und mandapa
Das Allerheiligste des indischen Tempels ist ein kleiner, dunkler Raum, als *garbha-griha* („Mutterschoß") bezeichnet, in dem sich das Kultbild einer Gottheit befindet. Ein Umgang für die *pradakshina* umgibt es. Der Zugang erfolgt über ein *mandapa*, eine Versammlungshalle für die Gläubigen. Der kleine Raum zwischen *mandapa* und *garbha-griha* wird *antarala* genannt.

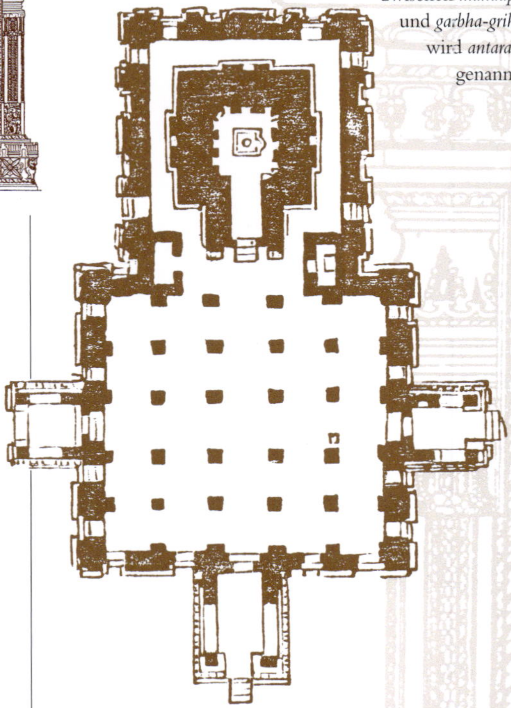

Türme und Dächer
Weithin sichtbar überragen Türme oder eine Turmspitze das *garbha-griha*. Dagegen sind die Dächer der *mandapas* niedriger und meist pyramidenförmig. Das *mandapa* rechts hat ein *pida*-Dach aus sich verjüngenden Terrassen, wie es für den ostindischen Orissa-Stil typisch ist.

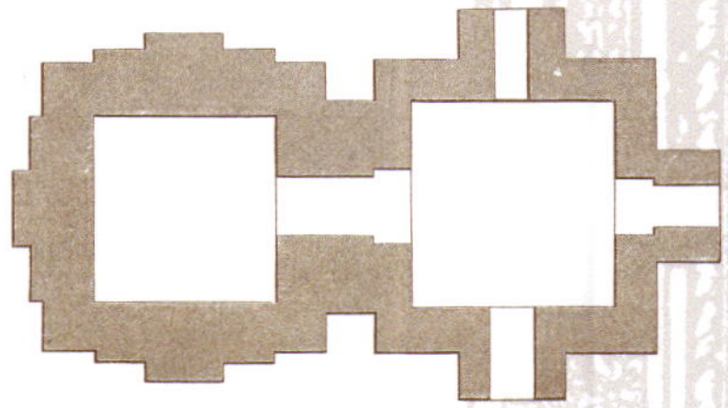

Orissa-Stil
In Orissa in Ostindien sind mehrere charakteristische Tempel erhalten, die ihre Blütezeit im 10. und 11. Jh. erlebten. Ihr auf dem Viereck basierender Grundriss folgt dem nördlichen *nagara*-Stil. Sie bestehen typischerweise aus dem Sanktuar, das dort *deul* heißt, sowie dem *mandapa*, das *jagamohan* genannt wird.

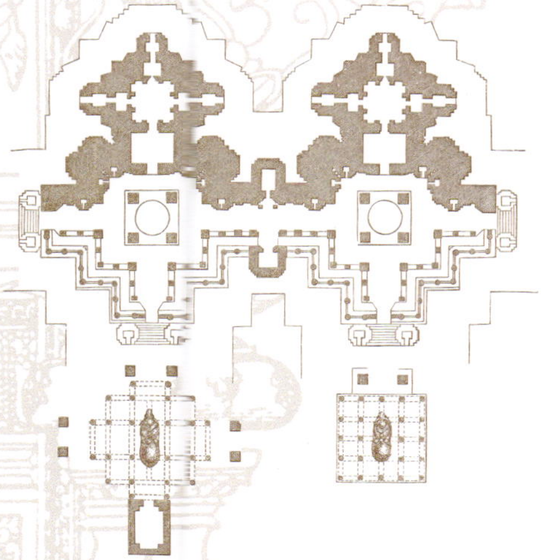

Hoysala-Stil
Neben den drei wichtigsten Architekturstilen existieren mehrere regionale Bautraditionen. Oft sind sie nach einer Herrscherdynastie benannt. Das gilt etwa für den Hoysala-Stil, eine Variante des Vesara-Stiles. Typisch für ihn sind ein sternförmiges Sanktuar sowie Doppeltempel.

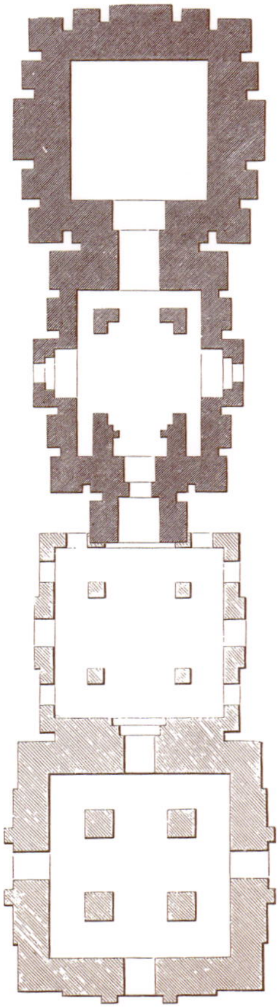

***Mandapa*-Reihung**
Bei komplexeren Grundrissen reihen sich mehrere *mandapas* entlang einer Hauptachse. Jeder Raum ist einer speziellen Funktion vorbehalten, etwa dem Tanzen, Essen oder Opfern.

Verzierung der Veranden und *mandapas*
Im Gegensatz zum schlichten, schmucklosen Allerheiligsten sind die Veranden und *mandapas* prachtvoll verziert. Die Stützen schmücken Reliefs von Gottheiten, Halbgöttern und himmlischen Wesen, wie hier in Chidambaram in Südindien.

***Mandapa*-Kuppeln**
Die Mittelpartie der *mandapas* überwölbt oft ein Kraggewölbe mit reichem Bauschmuck. Diese Kuppel *(ganz rechts)* eines Jaina-Tempels auf dem westindischen Mount Abu (ab 1032) enthält 16 Statuen von *vidyadevis* (Göttinnen der Gelehrsamkeit) und verfügt über einen prächtigen Lotos-Schlussstein.

Indien

Tempel: Erbauung

Viel Wert wurde auf die Auswahl des Standorts gelegt sowie auf einen bestimmten Zeitraum für jede einzelne Bauphase, was den Glauben an die enge Beziehung zwischen Tempel und Kosmos spiegelt. Die Steine wurden ohne Mörtel gefugt, Stabilität allein durch das richtige Verteilen der Gewichte erreicht. Über Erdrampen wurden die Steinblöcke an ihre Position befördert. Manchmal füllte man ein Gebäude während der Errichtung ganz mit Erde auf, die später durch die Türen wieder entfernt wurde. Die Arbeiten überwachte ein Priester-Architekt (*sthapati*) gemeinsam mit einem Bauleiter. Das Bauwerk allerdings galt als gemeinsame Leistung vieler. In der Regel wurde es unter der Patronage eines mächtigen Herrschers errichtet.

Amalaka
Dieser Tempelturm ist typisch für den Orissa-Stil. Der konvex geschwungene Turm (*shikhara*) erhebt sich über einem viereckigen Grundriss. Er gliedert sich in waagerechte Schichtungen (*bhumi*) und trägt einen fruchtförmigen Stein (*amalaka*). Dieser wird bekrönt von einer Turmspitze in Vasenform (*kalasha*).

Turmformen im Norden und im Süden
Am leichtesten sind die beiden Hauptstile der indischen Tempelarchitektur anhand der Turmformen zu unterscheiden. Der nördliche *nagara*-Stil weist bienenkorbförmige Türme auf, die *shikhara*. Die drawidischen Tempel Südindiens haben mehrgeschossige, pyramidenförmige Türme, die *vimanas*. *Shikhara* bedeutet „Gipfel" oder „Bergspitze". Man begriff die Tempel als Weltenberg und Sitz der Götter.

Außengestaltung
Die Tempel waren Symbol der Prachtentfaltung. Dieses Heiligtum in Pattadakal zählt zu den am aufwändigsten verzierten Bauwerken des 8. Jh. Typisch drawidisch sind hohe Pilaster, Nischenfiguren sowie Hufeisenbögen (*kudus*).

Vesara-Tempeltürme
Die Tempeltürme im Vesara- oder Calukya-Stil folgen dem drawidischen Vorbild insofern, als sie sich in mehreren terrassenartigen Stufen erheben. Doch die einzelnen Stockwerke sind weniger deutlich ausgeprägt und oft reicher geschmückt.

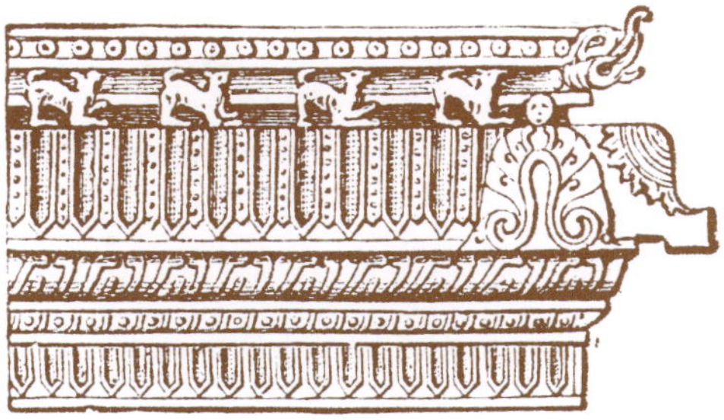

Gebälk
In der indischen Architektur heißt es *prastara*. Der indische Bauschmuck zeichnet sich grundsätzlich durch große Dynamik aus, mit einer Vorliebe für vollplastische Darstellungen.

Pilaster
Die in der indischen Architektur verwendeten Pilaster ähneln stark denjenigen im antiken Griechenland und Rom. Es handelt sich um flach aus der Wand hervortretende Pfeiler mit Basis und Kapitell.

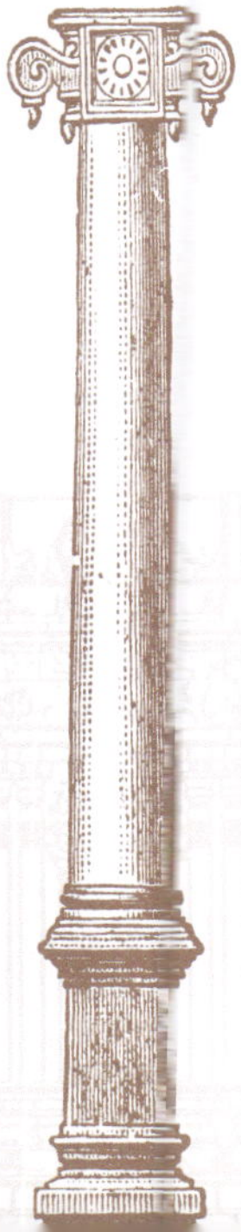

Sockel
Die indischen Tempel erheben sich meistens auf einem hohen Sockel, als *adhisthana* bezeichnet. Das gilt besonders für den Vesara- oder Calukya-Stil.

Tempelveranden
Die Veranden sind reich verziert. Wie die buddhistischen Stupazäune kennzeichnen sie die Grenze des heiligen Bezirks. Diese Veranda weist die für den Drawida-Stil typischen kräftigen Gesimse, Säulchen, skulptierten Fabeltiere sowie einen mehrfach profilierten Sockel auf.

Entwicklung des *shikhara*
Die späten *shikharas* des Nagara-Stils schmücken oft zahlreiche Türmchen, die *urusringas*. Sie wiederholen in Miniaturform den Hauptturm.

Indien

Tempel: Größere Anlagen

Der nordindische Nagara-Stil veränderte sich nach dem 10. Jh. nicht mehr entscheidend, während die Entwicklung des Drawida-Stils sich noch mehrere hundert Jahre lang fortsetzte. Seine größte Ausdehnung erfuhr er um 1250 unter den Chola-Herrschern.

Die Tempelanlagen wurden um zahlreiche *mandapas* (Hallen) für vielfältige Zwecke erweitert. Gewaltige Tortürme, die manchmal 52 m hoch waren, betonten die Höfe (*prakara*), welche die immer stärker in den Hintergrund tretenden Sanktuarien umschlossen. Die prachtvollen Portale stellten Reichtum und Macht des Tempels nach außen zur Schau und boten dem Besucher des Heiligtums ein eindrucksvolles Bild. Viele Tempelanlagen wurden noch bis ins 18. Jh. hinein immer wieder erweitert.

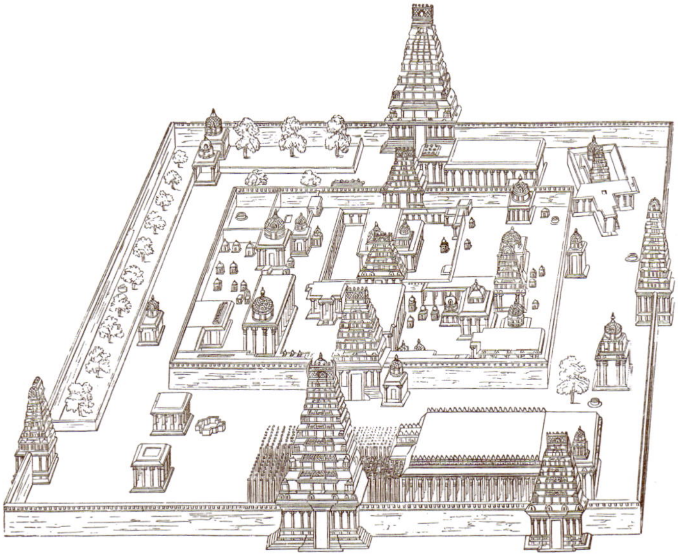

Höfe
Die südindischen Tempel mussten aus Platzgründen oft erweitert werden. Um das ursprüngliche Gebäude schlossen sich Höfe (*prakara*) mit Schreinen, *mandapas* und weiteren Räumen an.

Gopuras
Die *gopuras*, riesige mehrstöckige Tortürme, zählen zu den prachtvollsten Bauwerken Indiens. Durch sie betraten die Gläubigen den Tempelbezirk. Sie bestehen aus einem Steinsockel mit einem gestuften Dach aus Ziegeln, Holz und Stuck. Die oberste Stufe bekrönen oft Stupikas, kleine Stupa-Modelle.

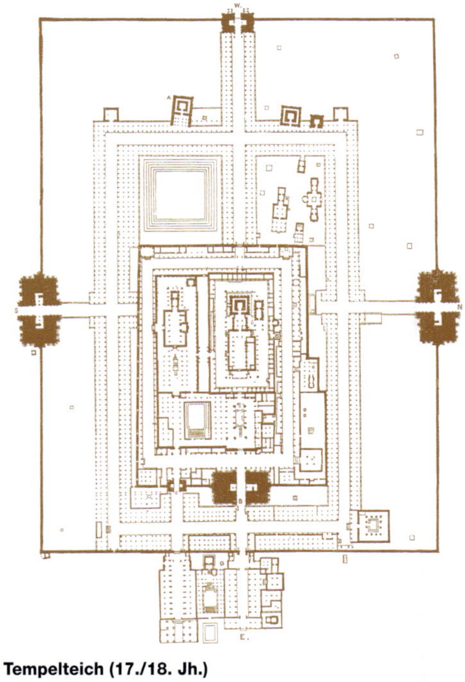

Tempelteich (17./18. Jh.)
Wichtig war der Tempelteich (*teppakulam*), der für das Baden und für Kultrituale verwendet wurde. Regenwasser, Quellen oder Kanäle speisten ihn. Oft verfügte er über abgetreppte Ränder. Links oben in der Abbildung erkennt man den kolonnadengesäumten *teppakulam* des Tempels von Rameshwaram.

Pfeilerhalle, Pudu Mandapa, Madurai (17. Jh.)
Pfeilerhallen (*chaultri*) wurden oft in späten drawidischen Tempelanlagen errichtet. Sie dienten als Veranda oder Vorraum ebenso wie als Kultraum. Diese Halle ist Wohnsitz einer lokalen Gottheit. Sie verfügt über 128 Stützen, die alle individuell gestaltet sind.

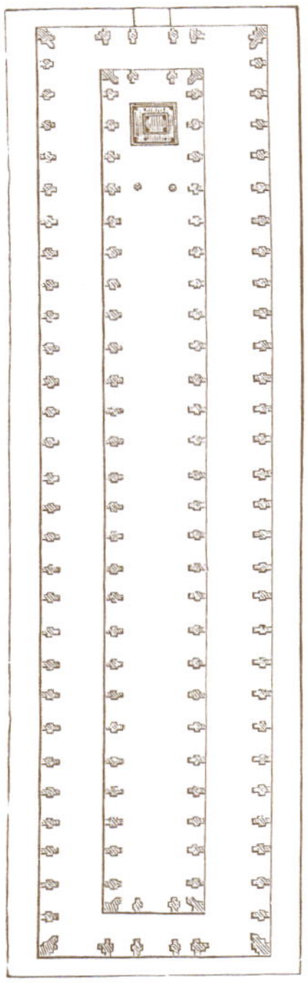

Jaina-Tempelstadt (16. Jh.)
Die Jaina errichteten meist zahlreiche Tempel direkt nebeneinander, ganz anders als die Hindus. Auf dem heiligen Berg Satrunjaya in Westindien befinden sich mehr als 500 Tempel und Schreine in befestigten Tempelbezirken, den *tuks*. Sie prunken mit prächtigen Toren und Eckbastionen.

Schrein (12. Jh.)
Schon früh wurden innerhalb der Anlage Schreine für lokale Gottheiten aufgestellt. Das Dach dieses Schreins aus dem Tempel von Belur kopiert das Tempeldach.

Tempelanlage, Bhubaneshwar (Ende 11. Jh.)
Im Gegensatz zum Drawida-Stil blieb der Haupttempel mit seinem *shikhara* das markanteste Bauwerk der Nagara-Tempel. Die Eingangstore sind meist niedrig und fallen eher bescheiden aus wie hier bei dem Großen oder Lingaraja-Tempel von Bhubaneshwar in Orissa.

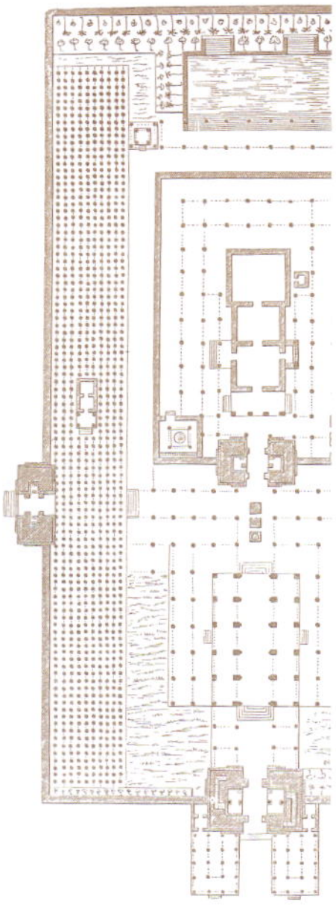

Tausend-Pfeiler-Hallen
Die drawidischen Tempelanlagen des 17. und 18. Jh. verfügen über Pfeilergänge und Tausend-Pfeiler-Hallen, die mit dem ägyptischen Hypostyl vergleichbar sind.

China *1500 v. Chr.–19. Jh.*

Holzhallen: Konstruktion

Die allermeisten Gebäude im Alten China waren Holzbauten, denn Holz galt als geeignetes Baumaterial für Profan-, aber auch für Sakralbauten. Das charakteristischste chinesische Gebäude ist die rechteckige Halle auf erhöhtem Sockel, ausgeführt als komplexer Holzskelettbau mit verzapften Balken. Dabei sind die Wände eher eingezogen, als dass sie statische Funktion übernehmen. Vermutlich schon im 7. Jh. hatten sich hoch entwickelte Modulsysteme ausgebildet und verbreitet, in der Folge wurden Entwurf und Konstruktion vereinheitlicht. Somit konnten die Holzhallen für vielfältige Funktionen eingesetzt werden: Große Spannweiten ermöglichten großflächige Innenräume, völlige Freiheit beim Setzen der Türen und Fenster sowie die Möglichkeit, den Grundriss in alle Richtungen zu erweitern.

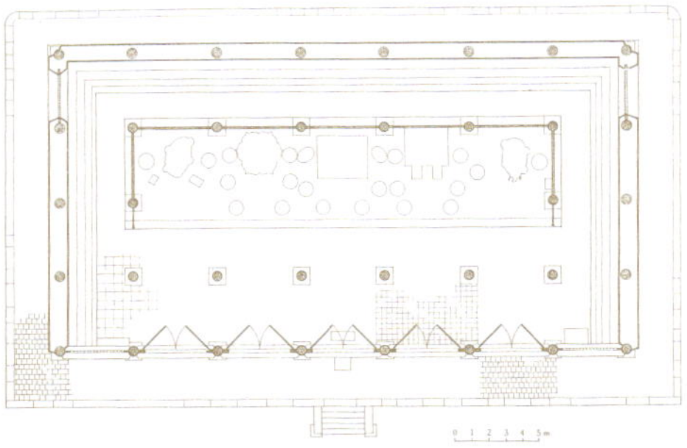

Grundriss, Tempel Foguang
Diese Halle ist einer der frühesten erhaltenen chinesischen Holzbauten. Typisch ist ihr Grundriss mit der Hauptfassade an der Längsseite und einer betonten Mittelachse. Von der Mitte zu den Seiten verringert sich der Abstand zwischen den Säulen – als *jian* bezeichnet – leicht. Das *jian* ist das Grundbaumaß chinesischer Gebäude.

Aufriss, Tempel Foguang
Das Dach betonen geschwungene Grate und weite Überhänge. Auffallend ist ebenfalls das Konsolgebälk (*dougong*) unter den Dachtraufen. Es handelt sich dabei um tragende Teile, die direkt auf den Säulen aufsitzen. Diese zeigen alle eine leichte Entasis (*juansha*), neigen sich etwas in Richtung Mitte (*cejiao*) und werden immer ein wenig höher, je weiter entfernt sie sich von der Gebäudemitte befinden (*shengqi*).

Konstruktion der Haupthalle, Tempel Foguang, Wutai Shan (857 n. Chr.)
Die auf Basen ruhenden Säulen sind durch eine Folge von Querbalken miteinander verbunden. Die übereinander gestaffelten Trägerarme des Konsolgebälks dienen der Verstärkung der Dach-Stützen-Verbindung. Sie stabilisieren die Tragfähigkeit von Sparren und Querbalken, halten die längsgerichteten Elemente zusammen, balancieren das Gewicht zu beiden Seiten der Stützen aus und ermöglichen tief herabreichende Dächer. Getragen wird das Dach von einer Gerüstkonstruktion aus Pfetten und zusammengesetzten Sparren. Diese Technik, *tailiang*, ermöglicht geschwungene Dächer.

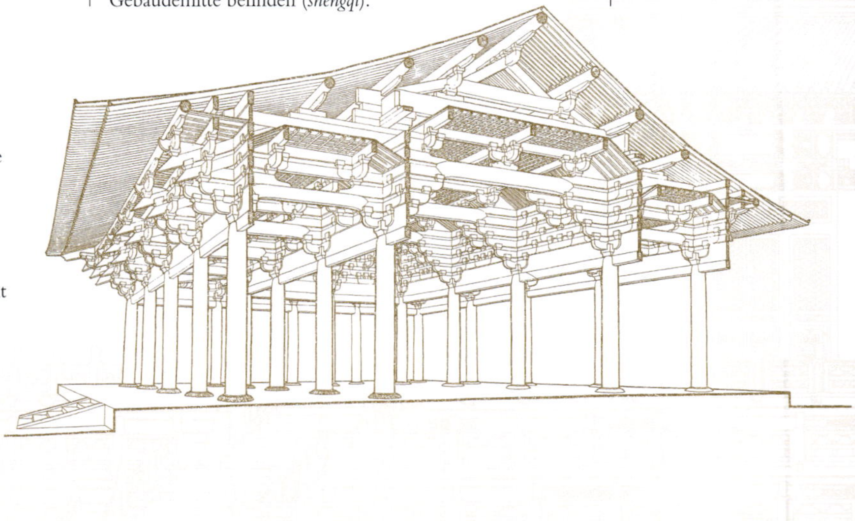

Grundriss, Halle der höchsten Harmonie, Verbotene Stadt, Peking
Die im Jahr 1420 erstmals errichtete Halle gilt als das größte chinesische Holzgebäude. Zahlreiche Holzhallen weisen – wie hier abgebildet – an der Vorderseite eine Galerie auf sowie an den Seiten offene Säulengänge.

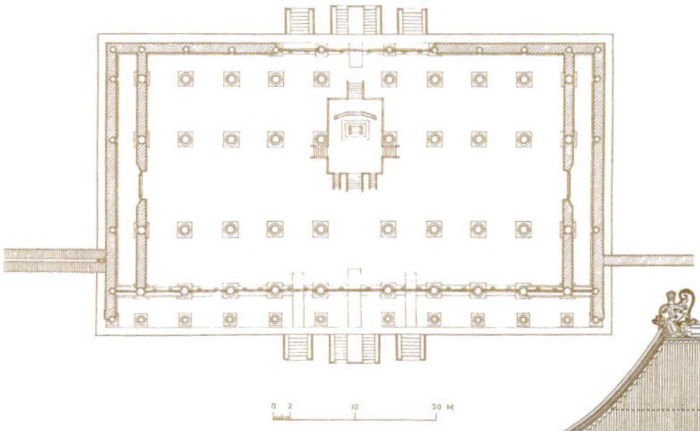

Aufriss, Halle der höchsten Harmonie
Form wie auch Stil dieses Hallentypus erfuhren im Lauf der Jahrhunderte tiefgreifende Veränderungen. Im 15. Jh. war das Dach sehr hoch und steil, die geraden Linien von First und Traufen wirkten mechanisch-nüchtern. Die Säulen, nun ohne Entasis, waren alle gleich hoch. Die Dachüberhänge wurden ebenfalls erheblich reduziert.

Grundriss, Halle des Erntegebets, Himmelstempel, Peking
Die Konstruktionsprinzipien ließen sich auf unterschiedliche Grundrisse übertragen. Bei dieser im Jahr 1540 erstmals errichteten Halle symbolisiert der runde Grundriss den Himmel, denn nach chinesischer Vorstellung ist der Himmel rund und die Erde viereckig. Drei Säulenkreise tragen das Dach. Die vier Säulen in der Mitte stehen für die Jahreszeiten, der mittlere Kreis für die Monate und der äußere für die chinesischen Tagesabschnitte.

Konstruktion, Halle der höchsten Harmonie
Durch den Einsatz von gewaltigen Stützen und Balken büßte das Konsolgebälk seine tragende Funktion teilweise ein. Die Konsolarme wurden kleiner und kompakter. Da ihnen nun eine vor allem dekorative Rolle zukam, breiteten sie sich über das ganze Dachgesims aus und trennten Stützen und Dach eher, als dass sie sie verbanden.

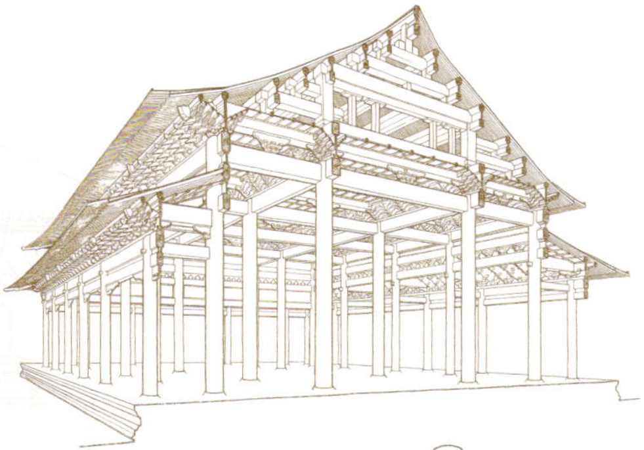

Lageplan, Verbotene Stadt
Einzelgebäude standen in der Regel nicht separat für sich, sondern waren Bestandteil eines größeren Gebäudekomplexes, der bestimmten Personenkreisen vorbehalten war. Daher die allgegenwärtigen Höfe, um die herum sich Einzelgebäude axial zu geschlossenen Einheiten gruppierten. Die Fassaden der Hauptgebäude wurden möglichst nach Süden ausgerichtet.

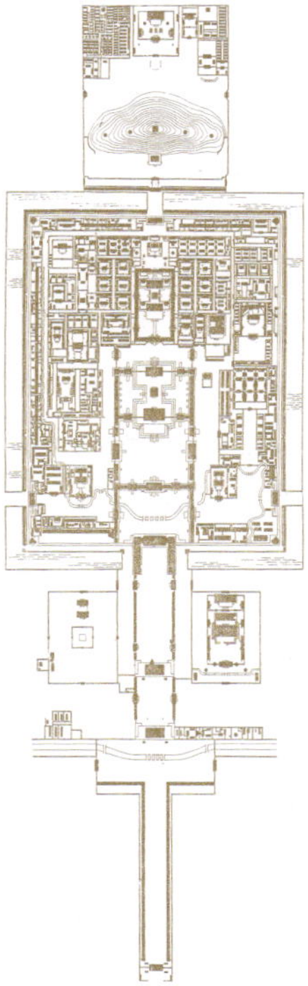

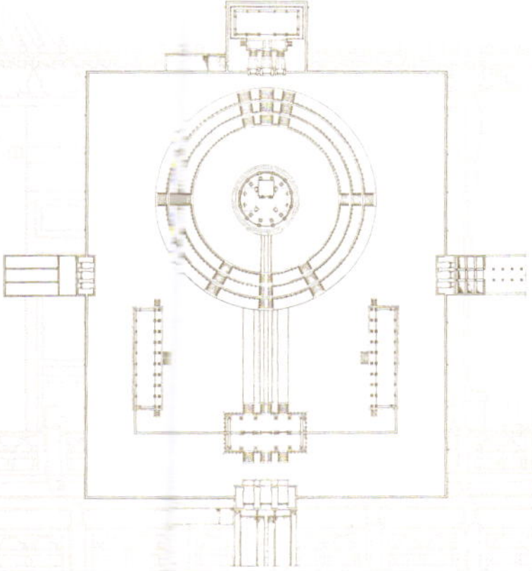

Aufriss, Halle des Erntegebets
Sie erhebt sich auf einer dreistufigen, weißen Marmorterrasse. Das dreigeteilte Dach ist mit leuchtend blau glasierten Ziegeln gedeckt und wird von einer goldenen Kugel bekrönt.

China

Holzhallen: Bauschmuck

Die chinesischen Holzbauten sind für ihre strukturelle Transparenz und für die enge Verknüpfung von Dekor und Konstruktion bekannt. Die farbige Bemalung der tragenden Teile ist beispielsweise nicht nur Zierelement, sondern verhindert gleichzeitig, dass das Holz verwittert. Damit wird sie zum integralen Bestandteil der Konstruktion. Das Äußere einer Halle lässt sich in vier Bereiche mit jeweils eigenen Schmuckformen gliedern: das Dach mit dem deutlichen Überhang, um das Gebäude vor Regen zu schützen; das bemalte Konsolgebälk, das gleichzeitig Stützwerk und Schmuck ist; den eigentlichen Baukörper, der aus farbig gefassten Stützen, Wänden, Türen und Fenstern besteht; sowie den Sockel, auf dem sich das Gebäude erhebt, um das Holz vor Feuchtigkeit zu schützen. Jede Dynastie erließ eigene Bestimmungen, die Größe, Form und Verzierung der Gebäudetypen regelten.

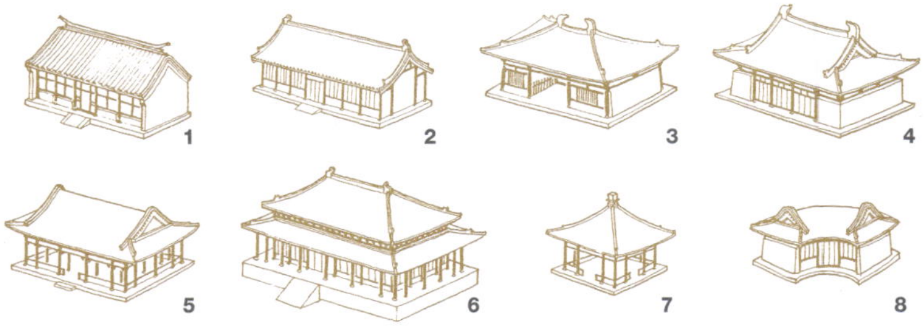

Dachformen
Wie wichtig das Dach war, lassen schon seine vielfältigen Varianten erkennen. Aus vier Grundformen leiteten sich eine Fülle möglicher Kombinationen ab: Satteldach (1, 2), Walmdach (3, 6), Fußwalmdach (4, 5, 8), und Zeltdach (7). Das Walmdach galt als das vornehmste.

Nördlicher und südlicher Stil
Zwischen den Baustilen des Nordens und des Südens bestehen erhebliche Unterschiede. Im Norden *(oben rechts)* baute man in der Regel massiver und der Bauschmuck war weniger verfeinert. Der auffälligste Unterschied bestand jedoch darin, dass die Dachecken im Süden effektvoll in die Höhe gezogen wurden *(oben links)*.

Firstaufsatz
Glasierte Formziegel oder *chiwen* sitzen auf beiden Enden des Dachfirstes und verkleiden die Schnittlinie der Dachgrate. Um das 14. Jh. hatten sie sich zu stilisierten fantastischen Tierfiguren ausgestaltet. Den drachen- oder fischähnlichen Fabelwesen wurde nachgesagt, sie schützten das Haus vor Feuer.

Dachschmuck
Schmuckziegel in Form von Fabelwesen (daher die chinesische Bezeichnung *xiaoshou*, „Tierchen") sitzen auf den herabschwingenden Dachgraten. Ihre Zahl war genau festgelegt. Ursprünglich sollten sie die Bolzen schützen, die die Deckziegel befestigten.

Geländer
Die Sockel oder Terrassen von Holzbauwerken umgibt oft ein Geländer. Im 10. Jh. waren auch in Privatgärten manchmal hölzerne Geländer zu finden, doch Marmor scheint gebräuchlicher gewesen zu sein. Das abgebildete Beispiel mit Wasserspeiern gehört zu der Terrasse, auf der sich die Halle der höchsten Harmonie erhebt.

Bemalung
Bunte Malereien oder *caihua* schmückten alle Außenbauteile. Ab etwa dem späten 14. Jh. verwendete man in Nordchina warme Farben, besonders Rot, für Säulen, Türen und Fenster, dagegen kühle Farben für Architrav, Konsolgebälk und andere Bauteile, die von den Traufen beschattet wurden. Hier sieht man Beispiele für die beiden wichtigsten Malstile: *hexi (oben)* und Suzhou *(ganz oben)*.

Geländerpfosten
Dem Dekor der Pfostenköpfe schenkte man große Aufmerksamkeit. Die beiden Pfostenköpfe unten zeigen einen Drachen bzw. Phönix zwischen Wolken, wie sie für wichtige Palastgebäude verwendet wurden. In den Gärten befanden sich Geländerpfosten mit verschiedensten Motiven, etwa Lotosblüte oder Granatapfel.

China

Städte

Im Kaiserreich waren Städte keine selbstständig operierenden Einheiten, sondern dienten hauptsächlich als Verwaltungszentren für die Regierung. Als „Stadt" galt nur, was von einer Mauer umgeben war; der chinesische Begriff *cheng* bringt das zum Ausdruck: Er bedeutet gleichzeitig „Stadt", „Stadtmauer" und „eine Mauer um eine Stadt ziehen". Ab dem 14. Jh. erweiterte sich die Bedeutung der Stadtmauern über ihre pragmatische Funktion hinaus und repräsentierte zusätzlich die Regierungsgewalt und soziale Ordnung. Zahlreiche Städte wurden im Voraus geplant und weisen deshalb einen regelmäßigen Grundriss auf. In anderen Fällen wurden organisch gewachsene Siedlungen erst im Nachhinein stadtplanerisch geformt, allerdings nur wenig konsequent.

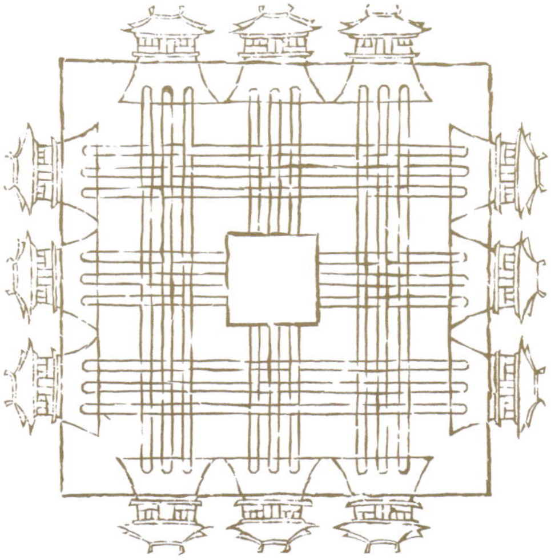

Idealtypus der Kaiserstadt
Dieses Diagramm zeigt das Prinzip der idealen Stadt, so wie es um 100 v. Chr. entwickelt worden war: ein exakt rechtwinkliger Grundriss, an jeder Seite drei Torbauten, ausgerichtet an den vier Himmelsrichtungen, ein streng axiales System mit betonter Nord-Süd-Achse und zentral angeordnetem Palast. Obwohl eher normativ als historisch gewachsen, erwies sich dieses Prinzip der Idealstadt für den Städtebau als höchst einflussreich.

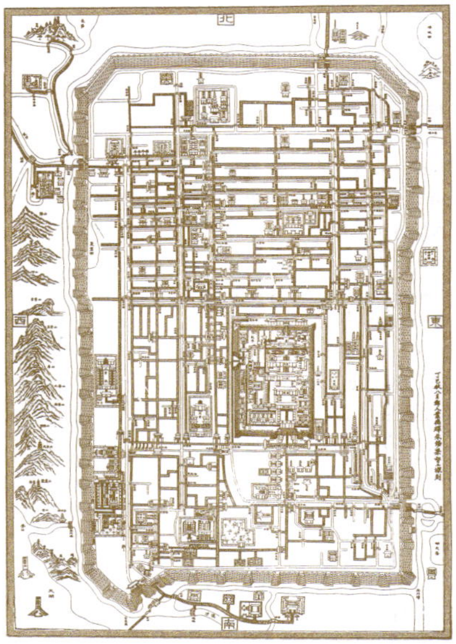

Karte der Stadt Suzhou
Diese Karte wurde 1229 in Stein gemeißelt. Vom 8. bis 10. Jh. veränderte sich die Binnenstruktur von Städten in wirtschaftlich entwickelten Regionen entscheidend. Dies äußerte sich darin, dass das Prinzip der ummauerten Stadtbezirke in den Hintergrund trat und sich ein erheblich freieres Straßennetz für den Handel ausbildete. Die Verwaltungsgebäude befanden sich innerhalb der inneren Stadtmauer. Die Stadt verfügte neben dem Straßennetz über ein gut ausgebautes Kanalsystem.

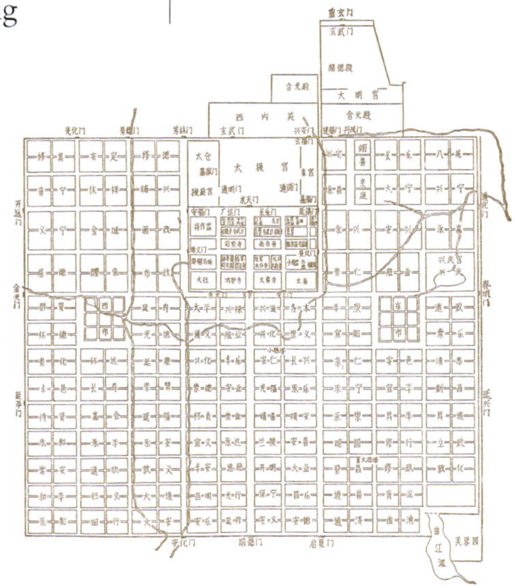

Chang'an, Hauptstadt der Tang-Dynastie
Im 7. Jh. war Chang'an (heute Xi'an) die größte Stadt der Welt. Im Norden der Stadt sieht man den von einer Enceinte (Umwallung) umschlossenen Palast. Südlich schließt sich die Kaiserstadt mit den Regierungsgebäuden an. Die restliche Stadt ist in 108 von einer Mauer umgebene, streng überwachte Wohnbezirke gegliedert. Im Osten und Westen liegen zwei axial angeordnete Märkte; sie werden ebenfalls von Mauern eingefasst.

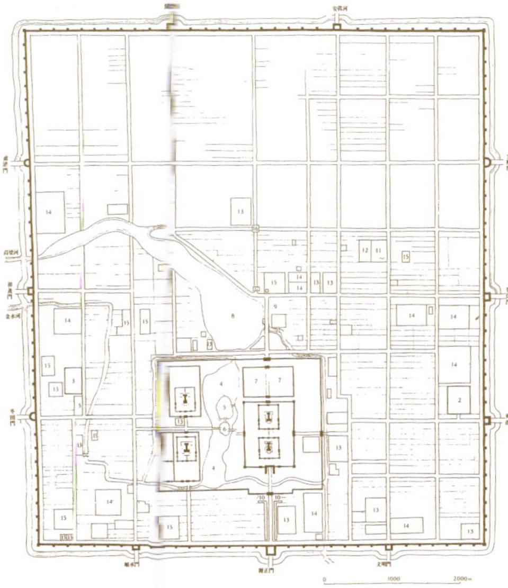

Dadu, Hauptstadt der Yuan-Dynastie

Dadu („Die große Hauptstadt"), 1267–1284 an der Stelle des heutigen Peking errichtet, war eine von drei Mauern umzogene Stadt mit fast perfektem geometrischem Grundriss. Der Palast lag auf der Mittelachse, rund herum erstreckte sich die Kaiserstadt. Die äußere Stadtmauer verfügte an jeder Seite über drei Tore, nur im Norden waren es zwei.

Shaoxing

Die Vorliebe für quadratische oder rechteckige Grundrisstypen fand vor allem in der Nordchinesischen Ebene gute Voraussetzungen, während die Städte im Süden oft unregelmäßige Formen aufwiesen, da die topografischen Bedingungen dort viel schwieriger waren. Dieser Stadtplan der Präfekturstadt Shaoxing, berühmt für ihre Kanäle und Brücken, stammt aus dem Jahr 1893.

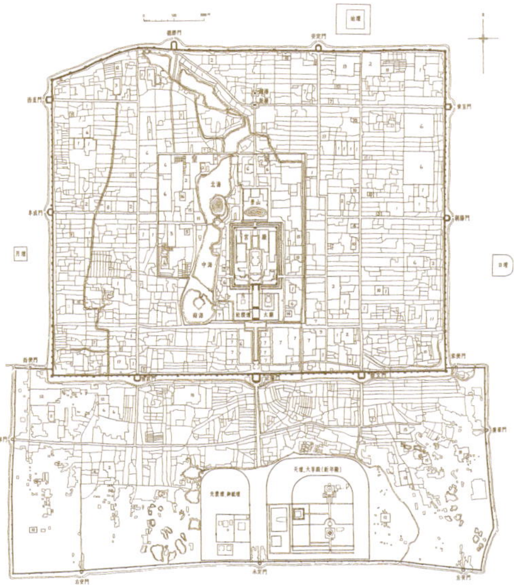

Peking, Hauptstadt der Ming- und Qing-Dynastie

Die auf den Fundamenten von Dadu errichtete Stadt wurde 1421 Hauptstadt und blieb es ununterbrochen bis zum Ende des Kaiserreichs. 1553 wurde eine äußere Stadtmauer um die wohlhabende südliche Vorstadt gezogen. Damit entstand eine 8 km lange Achse, die sich vom mittleren Südtor der Stadtmauer bis zum Trommel- und zum Glockenturm im Norden erstreckte.

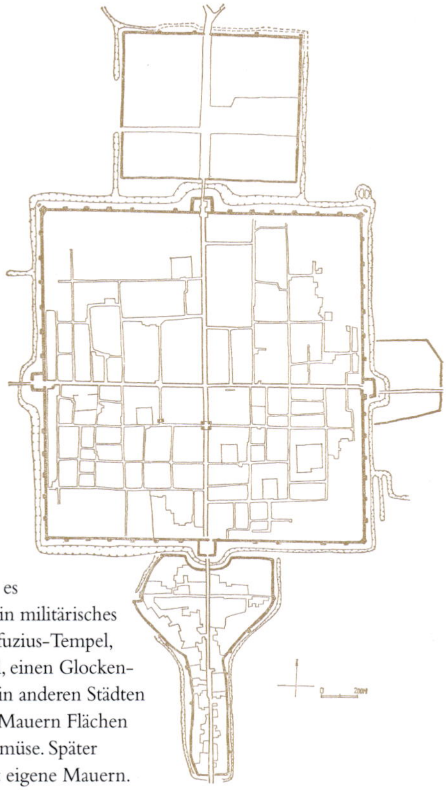

Datong

In dieser nordchinesischen Stadt gab es Regierungsgebäude, Kornspeicher, ein militärisches Hauptquartier, Kasernen, einen Konfuzius-Tempel, buddhistische und taoistische Tempel, einen Glockenturm und einen Trommelturm. Wie in anderen Städten lagen auch in Datong innerhalb der Mauern Flächen für den Anbau von Getreide und Gemüse. Später erhielten die Außenbezirke der Stadt eigene Mauern.

China

Pagoden

Die chinesische Pagode entwickelte sich aus zwei Hauptformen: dem einheimischen mehrgeschossigen Holzturm, der noch vor der Ankunft des Buddhismus im 1. Jh. n. Chr. entstanden war und den Baukörper bildete, sowie dem indischen Stupa, umfunktioniert zum Turmaufsatz. In der langen Geschichte des Kaiserreichs entwickelten sich verschiedene Bauformen. Der quadratische Grundriss dominierte vor dem 10. Jh., danach der polygonale. Form und Stil der Pagode wandelten sich immer wieder, sei es durch den Einfluss neuer Stupatypen im Westen, durch veränderte religiöse Praktiken oder stilistische Entwicklungen. Pagoden, errichtet aus Holz, Ziegeln oder in Mischbauweise, gibt es an buddhistischen Stätten, als malerische Einzelbauwerke und manchmal auch als Fengshui-Elemente.

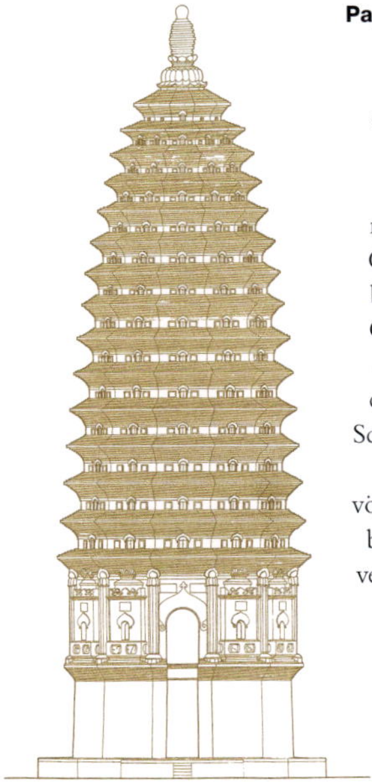

Pagode, Tempel Songyue, Song Shan (523)
Es handelt sich um die älteste erhaltene Ziegelpagode in China und gleichzeitig die Einzige mit einem zwölfeckigen Grundriss. Der Turmbau besteht aus insgesamt 15 Geschossen, jedes besitzt ein eigenes Dach. Allerdings handelt es sich um Scheingeschosse, denn das Innere der Pagode ist völlig ausgefüllt und nicht begehbar. Die Geschosse verjüngen sich nach oben und werden schließlich von einem Mast mit Scheiben bekrönt.

Sarira-Pagode, Kloster Qixia, Nanking (937–975)
Diese massive Steinpagode weist fünf Scheingeschosse auf einem achteckigen Grundriss auf. Auffällig an Untergeschoss und Turmaufsatz ist die üppige Verzierung mit Lotosmotiven, Sinnbild der buddhistischen „Schule des Reinen Landes“.

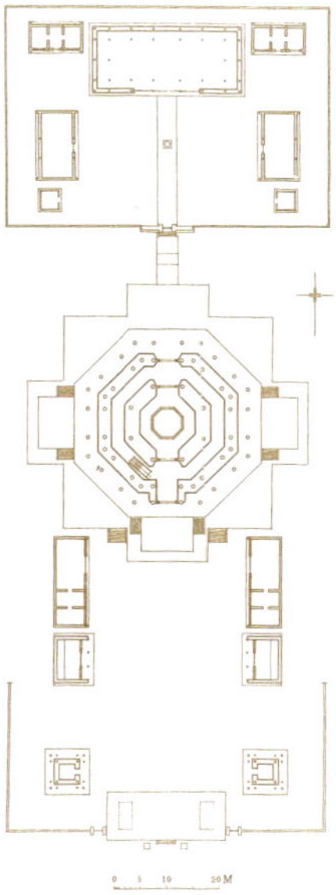

Grundriss, Shakya-Pagode Tempel Fogong Si, Yingxian (1056)
Diese Holzpagode auf oktogonalem Grundriss liegt mittig auf der Nord-Süd-Achse des Klosters. Eine solche Anordnung war vor dem 8. Jh. in China weit verbreitet, doch später sehr selten.

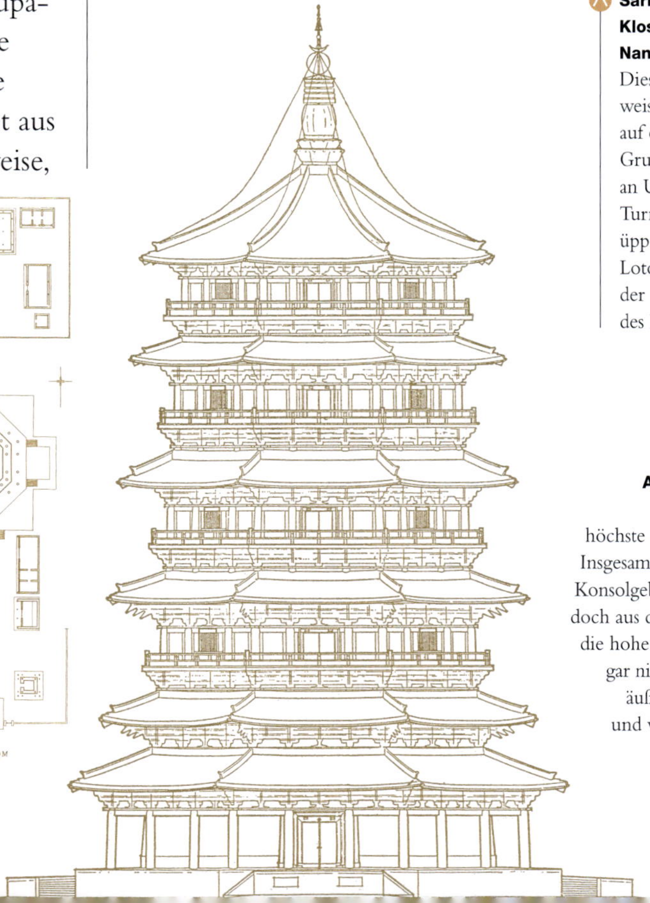

Aufriss, Shakya-Pagode
Mit 67,3 m ist sie das höchste Holzbauwerk in China. Insgesamt 54 verschiedene Arten Konsolgebälk stützen die Dächer, doch aus der Ferne vermutet man die hohe Zahl von Konsolarmen gar nicht, denn die Pagode ist äußerst harmonisch gebaut und vermittelt den Eindruck großer Geschlossenheit.

Schnitt, Shakya-Pagode
Von außen meint man bei der Pagode sechs Stockwerke auszumachen, doch das erste Dach bedeckt nur die umlaufende Veranda. Allerdings gibt es vier Mezzaningeschosse, die tragenden Bauteilen Platz bieten. Folglich handelt es sich um insgesamt neun Stockwerke.

Pagode, Tempel Miaoying, Peking (1271)
Die weiß verputzte Ziegelpagode entwarf ein nepalesischer Architekt für die Mongolenkaiser. 1271 wurde sie in Dadu errichtet, dem heutigen Peking. Ihre Formen ähneln dem Tschorten, einem tibetischen Kultbau.

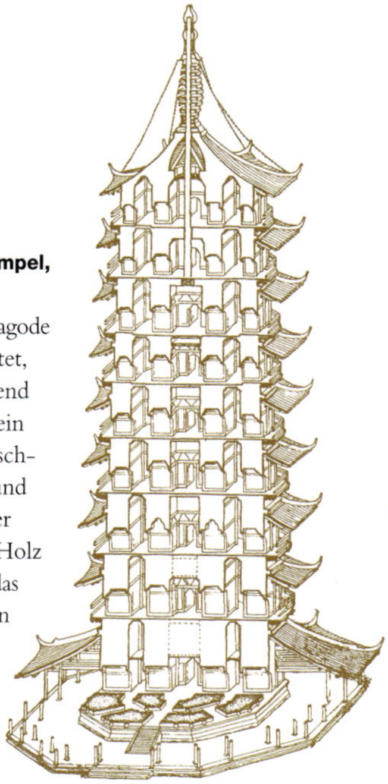

Axonometrische Darstellung, Bao'en-Pagode, buddhistischer Tempel, Suzhou
Die neunstöckige Pagode wurde 1153 errichtet, aber 1898 weitgehend erneuert. Sie stellt ein Beispiel für die Mischbauweise in Holz und Mauerwerk dar. Der Ziegelkern ist mit Holz verblendet, sodass das Gebäude von außen wie eine Holzarchitektur erscheint.

Renshou-Pagode, Tempel Kaiyuan, Quanzhou (1228–1237)
Dies ist eine der beiden Steinpagoden des Tempels Kaiyuan; die andere ist die Zhenguo-Pagode (1237–1250). Beide weisen einen achteckigen Grundriss sowie ein kunstvolles Konsolgebälk auf, welches die Holzbauweise imitiert. Die Dachecken sind kräftig nach oben gezogen.

China

Häuser

In dem riesigen Land entstand eine große Bandbreite an Haustypen und -stilen, die von regionalen topografischen, klimatischen, historischen, kulturellen und ethnischen Bedingungen geprägt waren. Dieser Vielfalt stand die Universalität des „Regierungsstils" gegenüber: In der Regel prägte sich der Regionalstil umso weniger aus, je höher der soziale Rang des Bauwerks war. Andererseits weisen die Häuser verschiedener Regionen ebenfalls integrative Momente auf, denn ihre Stile verfügen über einige gemeinsame Charakteristika wie grundlegende Konstruktionstechniken, Ausrichtung, Symmetrie, Axialität und einzelne Gestaltungselemente.

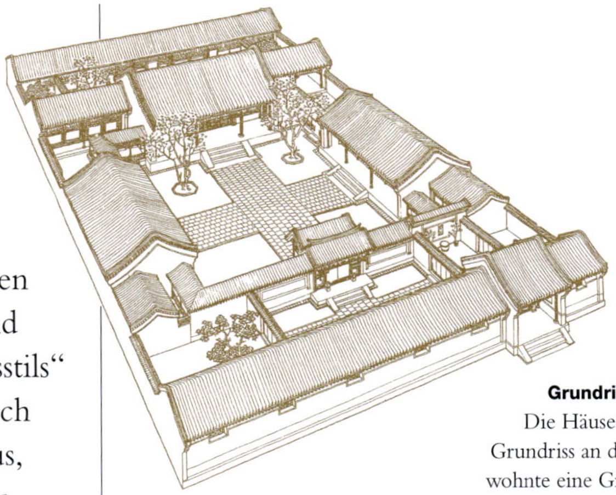

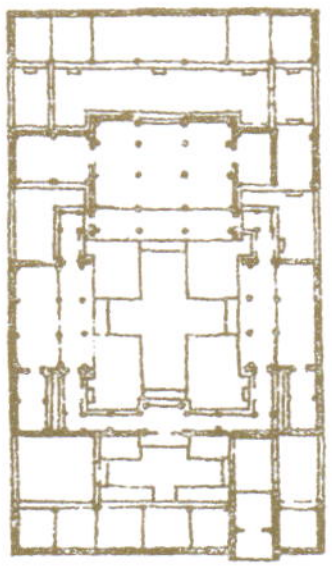

Typisches Hofhaus, Peking
Der Haupteingang dieses Hauses liegt an der Südostecke der Anlage. Jedes Tor symbolisiert für den von außen eintretenden Besucher die Schwelle zu einem weiteren Bereich. Mit dem Durchschreiten eines Tores dringt er jeweils eine Stufe tiefer in das Privatleben der Familien ein. Die Abgrenzung der Gemeinschaft nach außen hat einen höheren Stellenwert als die Privatsphäre des Einzelnen innerhalb der Familie.

Grundriss eines Hauses, Provinz Zhejiang
Die Häuser im ländlichen Süden passten ihren Grundriss an die jeweiligen Bedingungen an. Hier wohnte eine Großfamilie, bestehend aus den Eltern und den Familien ihrer verheirateten Kinder. Die Anlage gliedert sich in mehrere Bereiche für die einzelnen Kleinfamilien; jede hat einen Herd.

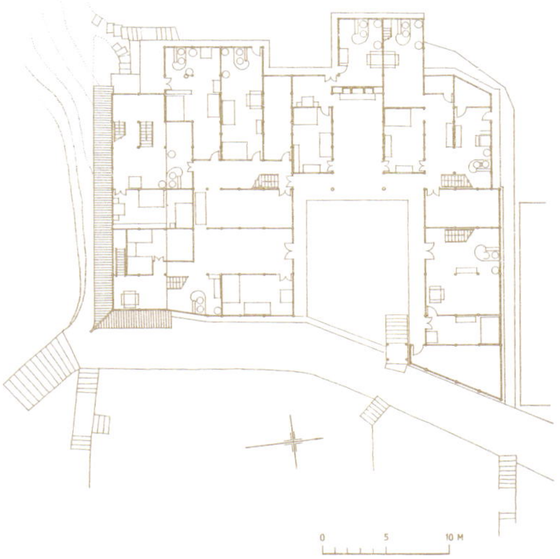

Ansicht eines Hauses, Provinz Zhejiang
Abgesehen von den effektvoll hochgezogenen Dachecken zeichnet sich der südliche Baustil durch die Verwendung der Stützen-Balken-Bauweise, *chuandou*, aus. Sie unterscheidet sich von der repräsentativeren *tailiang*-Bauweise dadurch, dass das Gewicht des Daches direkt auf den Stützen aufliegt, welche Pfetten tragen.

Grundriss einer Wohnanlage, Provinz Fujian
Ab dem 3. Jh. v. Chr. wanderten die Hakka („Gastfamilien") aus Zentralchina in mehreren Schüben in die südlichen Provinzen Fujian, Guangdong und Guangxi ein. Die dort lebenden Völker reagierten mit Ablehnung, weshalb die Hakka in großen Wohnanlagen in Klans zusammenlebten. Sie waren von einer Mauer umgeben und wiesen mehrere Geschosse sowie einen kreisrunden oder rechteckigen Grundriss auf.

Axonometrische Darstellung einer Wohnanlage, Provinz Fujian
Die Mitte der Anlage nimmt die Ahnenhalle ein. In den beiden inneren Ringen befinden sich Gästeräume sowie Brunnen und Ställe für die Haustiere. Im Außenbereich des ersten Stocks sind Küchen, Toiletten und verschiedene Räumlichkeiten untergebracht. Der zweite Stock dient der Lagerung von Getreide, im dritten und vierten Stock liegen die Wohnräume.

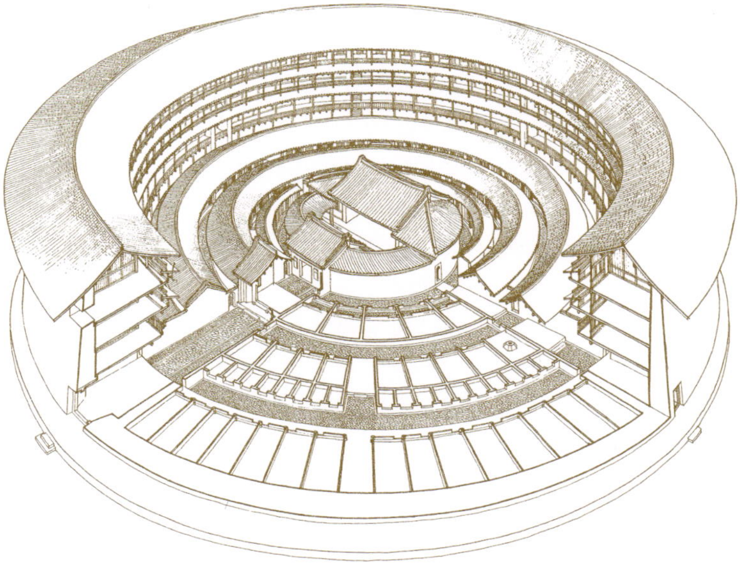

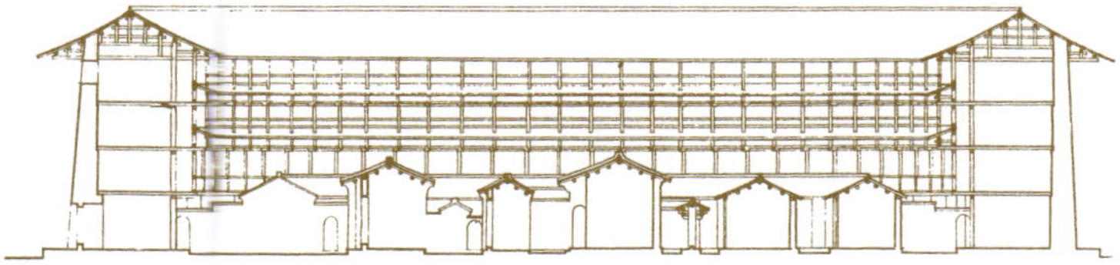

Längsschnitt durch eine Wohnanlage, Provinz Fujian
Die Außenwände dieses vierstöckigen Gebäudes sind mehr als 1 m dick, bestehen aus gestampfter Erde und sind einem Holz-Skelettbau vorgesetzt. In den Außenmauern befinden sich nur über dem Erdgeschoss Fensterchen, während die Wohnungen mit den Balkonen sich zum Gebäudeinneren öffnen.

Haus in Siegelform, Provinz Yunnan
So wie viele Häuser des südlichen Anhui und einiger südchinesischer Provinzen orientiert sich dieses zweistöckige Gebäude nach innen und wirkt von außen sehr abweisend. Die Zimmer rücken eng aneinander. Der Hof, der für Tageslicht und Frischluft sorgt, ist hier auf eine kleine Schachtöffnung reduziert, die „Himmelsbrunnen" genannt wird. Die Gebäudeform erinnert an ein chinesisches Siegel, daher der Name.

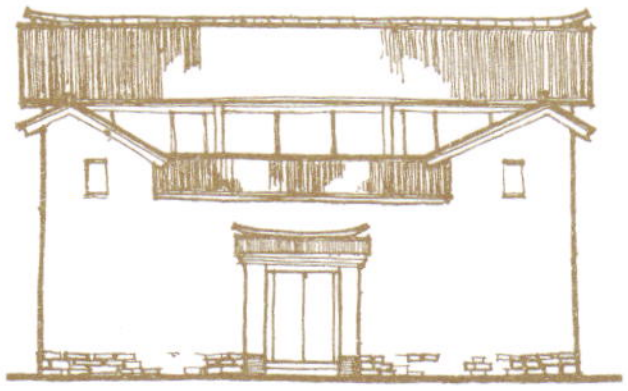

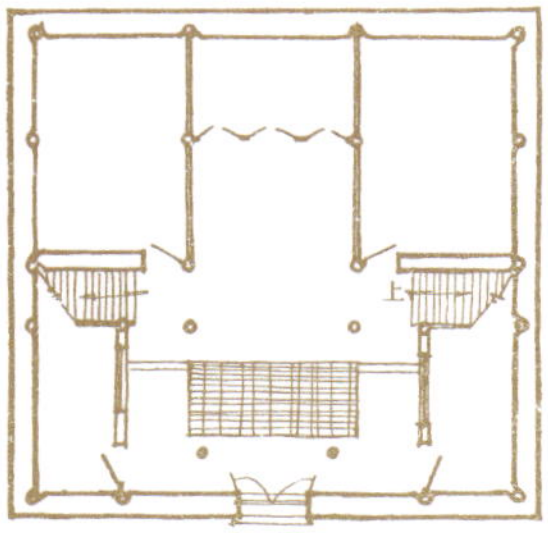

China

Gärten

Die klassischen chinesischen Gärten, die heute noch existieren, wurden fast alle im 19. oder 20. Jh. nach historischen Vorbildern neu gestaltet. Allerdings hat die Kultur, die sie hervorbrachte, sich über einen Zeitraum von 3000 Jahren immer weiter entwickelt. Die beiden Haupttypen bildeten sich vermutlich schon gegen Ende des 3. Jh. n. Chr. heraus: Es handelt sich um die kaiserlichen Gärten der Herrscherfamilie sowie die Privatgärten der Gelehrten. Beide Traditionslinien beeinflussten sich in den folgenden 1500 Jahren immer wieder gegenseitig. Ähnlich wie in der Landschaftsmalerei sollten die Gärten die Essenz einer Idealnatur abbilden. Oft verkörpern sie einen Leitgedanken, der sich in symbolischen Namen ausdrückt.

Lageplan, Sommerpalast, Peking
Angelegt wurde der Garten von 1153 bis 1765. Es handelt sich um einen von fünf Kaisergärten im Westen von Peking. Die Gestaltung folgt derjenigen des Westsees in Hangzhou und bietet Ausblicke in die umliegende Landschaft, beispielsweise auf die Westberge. Der so genannte „Bogen der Landschaftsszenerie" wurde in der Gartengestaltung oft eingesetzt.

Lageplan, Nord-See-Park, Mittlerer und Südlicher See, Peking
Die Gestaltung dieses Kaisergartens begann in den 1450er- und 1460er-Jahren. Er liegt westlich der Verbotenen Stadt, aber noch innerhalb der Kaiserstadt und erstreckt sich wie der Sommerpalast an drei Seen mit Inselchen. Sie repräsentieren die mythischen Inseln der Acht Unsterblichen, die vor der Küste der Provinz Shandong vermutet wurden. Der Garten enthält von Mauern umgebene Unterbereiche mit „Gärten innerhalb der Gärten".

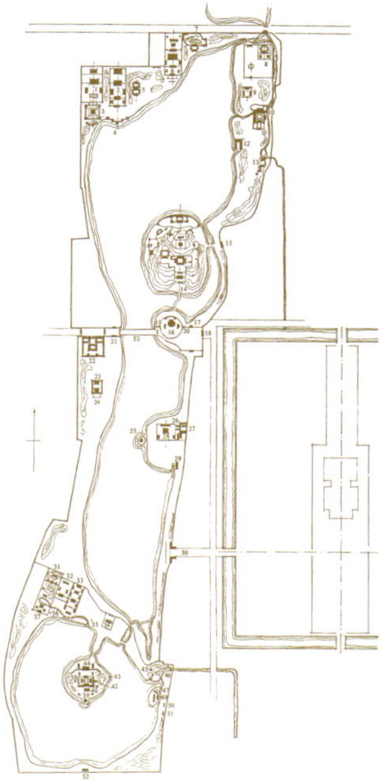

Vogelschau, Garten des Meisters der Netze, Suzhou
Dieser Garten erschließt sich dem Besucher in der Bewegung: Der Blick ändert sich mit jedem Schritt, etwa wenn man um den Teich herumgeht. Einige Aussichtspunkte, wie Pavillon, Kiosk und Wandelgänge, bieten eine besonders schöne Sicht. Entlehnt wurde dieses Prinzip aus der Landschaftsmalerei.

Lageplan, Garten des Meisters der Netze
Der kleine Garten wurde im 16. Jh. angelegt. Er stellt ein typisches Beispiel für einen sich an ein Stadthaus anschließenden Privatgarten dar. Während der Hausbau weitgehend in den Händen von Handwerkern lag, gehörte die Gartengestaltung in den Bereich der Gelehrten, so wie auch Dichtkunst und Malerei.

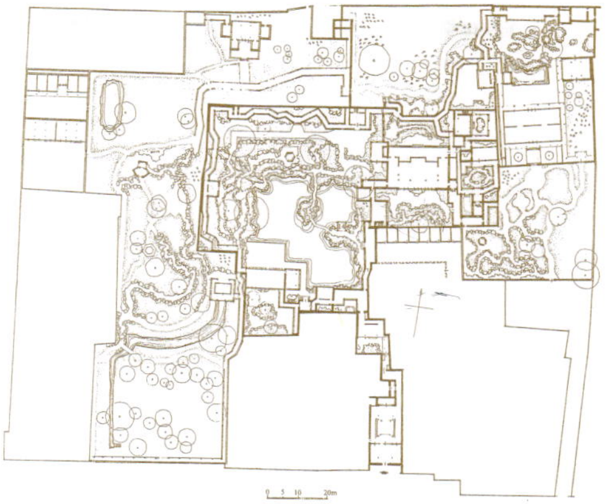

Lageplan, Garten des Verweilens, Suzhou
Der um 1800 neu gestaltete Garten setzt eine häufige Methode ein, abwechslungsreiche Ausblicke zu gestalten: unterschiedlich große Einzelbereiche, die sich durch ihre individuelle Thematik unterscheiden. Dazu wurden Mauern, Zäune, Wandelgänge, Pavillons, Felsbrocken, Strauchwerk und Brücken genutzt.

Lageplan, Bergdorf Umfassendes Grün, Suzhou
Dieses Bergdorf wurde 1884 am Südhang des Tigerhügels angelegt, 3 km nordwestlich der Stadt Suzhou. Es veranschaulicht sehr gut, wie sich ein Garten an die jeweiligen topografischen Bedingungen anpassen lässt, um das Terrain optimal auszunutzen.

Aufsicht, Bergdorf Umfassendes Grün
Hier passt sich eine Folge von Terrassen, auf denen verschiedene Bauten stehen, der Neigung des Hanges an. Die gesamte Gartenanlage integriert sich gut in die umliegende Landschaft. Sie strahlt große Schlichtheit und Natürlichkeit aus.

Längsschnitt, Garten des Verweilens
Entgegengesetzte und sich gleichzeitig ergänzende Merkmale – die den Yin-Yang-Kräften entsprechen – werden häufig in chinesischen Gärten eingesetzt, um bestimmte Stellen herauszuheben oder um stetigen Wandel sowie vollendete Harmonie anzudeuten. Zu diesen Gegensatzpaaren zählen etwa groß und klein, dunkel und hell, leer und voll.

Japan *um 6. Jh. v. Chr. – 19. Jh.*

Shinto-Schreine

Der Shintoismus („Weg der Götter") war die einheimische Religion Japans, bevor im 6. Jh. auch der Buddhismus hier Fuß fasste. Ursprünglich wurde der Shintoismus als reiner Naturkult an landschaftlich auffällig schönen und hervorragenden Stellen praktiziert, die durch Steinhaufen und andere organische Begrenzungen gekennzeichnet wurden. Später entstanden einfache Bauten – wie das Tor oder *torii* sowie kleine Schreine – aus natürlichen Materialien, insbesondere Holz und Schilf. Zwar bildeten sich einige Gestaltungsformen aus, etwa ein erhöhter Fußboden und ein Satteldach nach dem Vorbild archaischer Pfahlbauten, doch im Kern verfügte der Shintoismus nur über ein begrenztes architektonisches Repertoire. Da die Heiligtümer das Prinzip beibehielten, die natürliche Umgebung in den Kultort einzubinden, spielte die Anordnung der Bauten eine ebenso große Rolle wie der Schrein selbst.

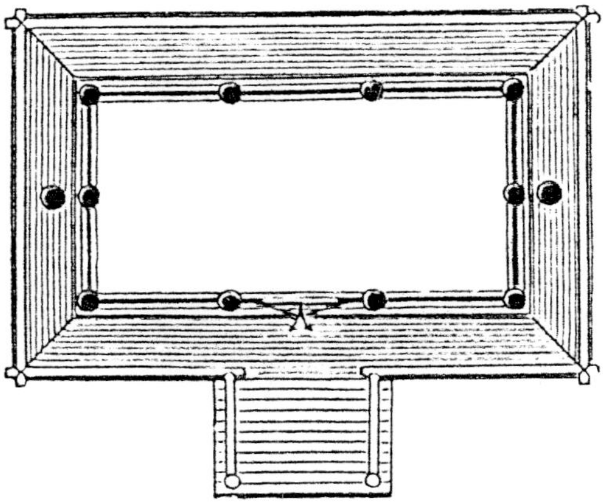

Grundriss
Treppenstufen führen zu der einzigen Wandöffnung, einer mittig angeordneten Tür, durch die man das Heiligtum betritt. Eine offene Veranda verläuft um den Bau herum. Je ein frei stehender Pfahl links und rechts vor der Giebelwand trägt den Firstbalken des Satteldachs.

Konstruktion
Beim Ise-Schrein besteht das Rahmenwerk der Bauten aus japanischem Zypressenholz. Getragen wird es von tief in die Erde eingelassenen Pfählen. Bei frühen Schreinen ruhte es manchmal auf Fundamentsteinen.

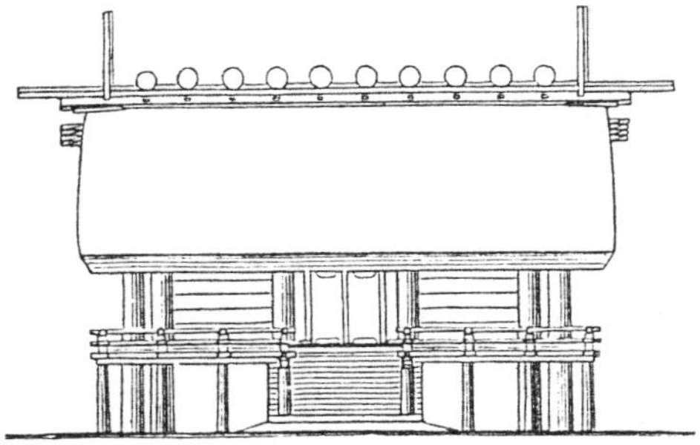

Torii
Wichtiger Bestandteil des Shinto-Heiligtums und gleichzeitig einer seiner frühesten Bautypen ist das *torii* (Eingangstor). Es besteht aus einer Pfosten-Balken-Konstruktion mit zwei senkrechten Holzpfählen, die meist direkt in die Erde eingelassen wurden und zwei Querbalken tragen. Durch diesen Durchlass, so glaubte man, konnten Gebete gelangen.

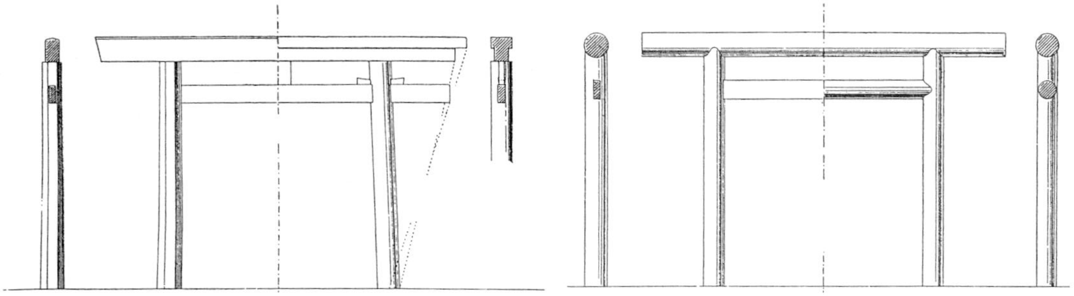

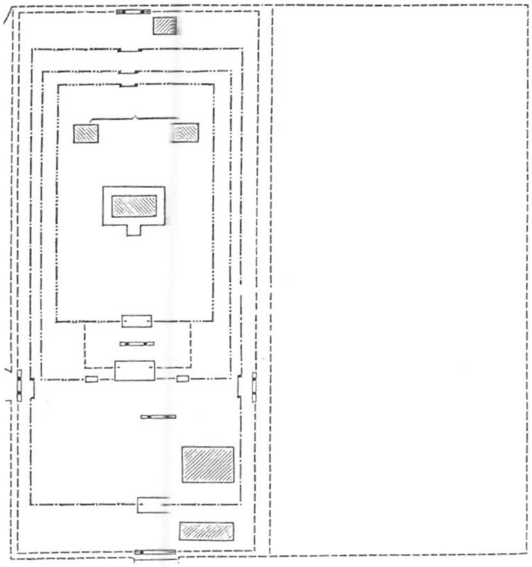

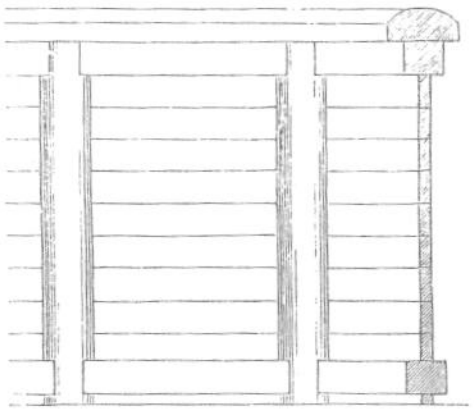

Zaun

Wichtiger Bestandteil des frühen japanischen Shinto-Schreins ist der ihn umschließende *tamagaki*, ein Holzzaun aus waagerechten, an Pfosten befestigten Brettern.

Heiliger Ort

Der Ise-Schrein wurde das erste Mal im 4. Jh. errichtet, an einer landschaftlich reizvollen Stelle, die schon seit Jahrhunderten dem Shinto-Kult als heiliger Ort galt.

Lageplan

Ab dem 8. Jh. entwickelte sich das an der Ostküste gelegene Ise zu einem bedeutenden Wallfahrtsort. Hier befinden sich zwei der wichtigsten japanischen Heiligtümer: Der Innere Schrein oder *naiku* dient als Ahnenschrein der Kaiserfamilie, der Äußere Schrein oder *geku* ist der Reisgottheit gewidmet.

Ise-Schrein

Dieser Schrein ist ein nationales Heiligtum. Geweiht ist er der Sonnengöttin Amaterasu, die als Ahnmutter des Kaiserhauses gilt. Auffallend ist das schilfgedeckte Satteldach mit den sich kreuzenden Verlängerungen der Giebelsparren, *chigi*, und den quer auf dem First aufliegenden Holzzylindern oder *katsuogi*. Sie verleihen dem Schrein sein charakteristisches Aussehen.

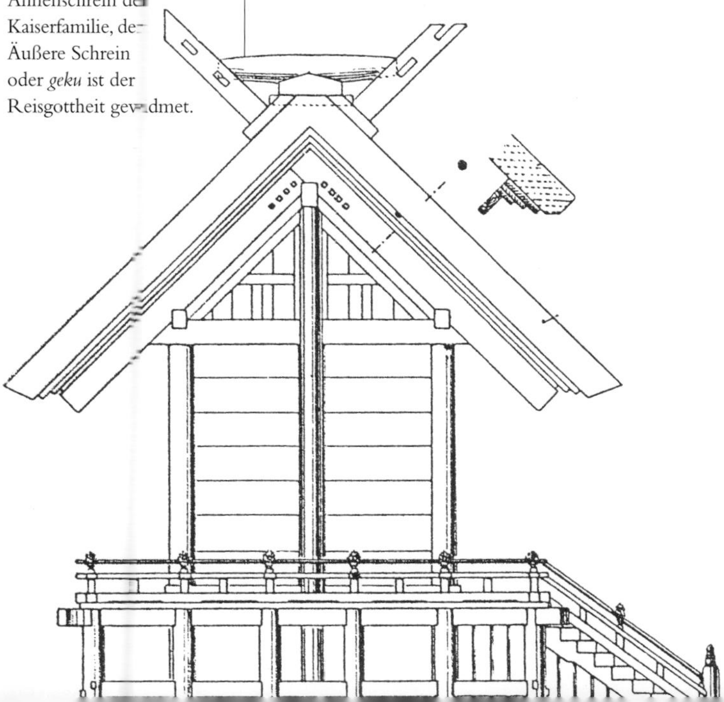

Traditionelle Bautechniken

Durch den Brauch *shikinen-sengu* werden die traditionellen Bautechniken an die nächste Generation weitergegeben: Alle 20 Jahre errichtet man die Schreine erneut im gleichen Stil.

Japan

Formen buddhistischer Tempel

Mit dem Vordringen des Buddhismus über Korea und China im 6. Jh. wandelten sich neben den religiösen Überzeugungen auch die Gebäudeformen. Die Ausschmückung bekam nun ein größeres Gewicht: Oberflächen wurden geschnitzt, bemalt, lackiert und vergoldet. Neue Gestaltungselemente wurden ebenfalls eingeführt, etwa ein kunstvolles Konsolgebälk unter dem Dach, geschnitzte Giebelsparren oder verzierte Stützen. Während die alten Shinto-Heiligtümer nach strengen Vorgaben gestaltet waren, gab es keine solchen für die frühen buddhistischen Tempel in Japan. Für gewöhnlich bestanden sie aus einer *hondo* bzw. Haupthalle, einer Pagode für die Kultgegenstände und einigen weiteren Bauten, wie Glockenturm, Lehrhalle und Mönchsquartieren.

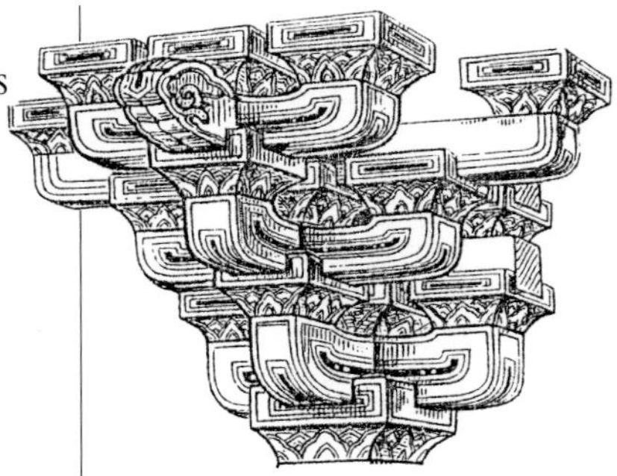

Trägerarme
Wichtiger Bestandteil des tief herabgezogenen Dachs ist der Trägerarm. Als vorkragendes Bauteil stützt er den Dachüberhang und schmückt die Veranda darunter. Trägerarme werden oft in Gruppen als Konsolgebälk eingesetzt oder bilden dekorative Bekrönungen von Stützen.

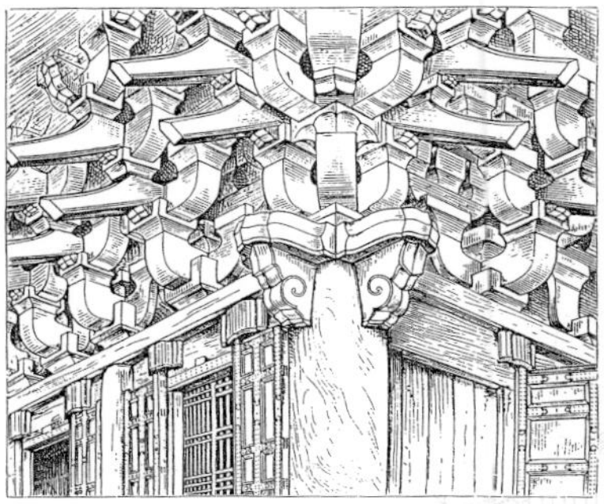

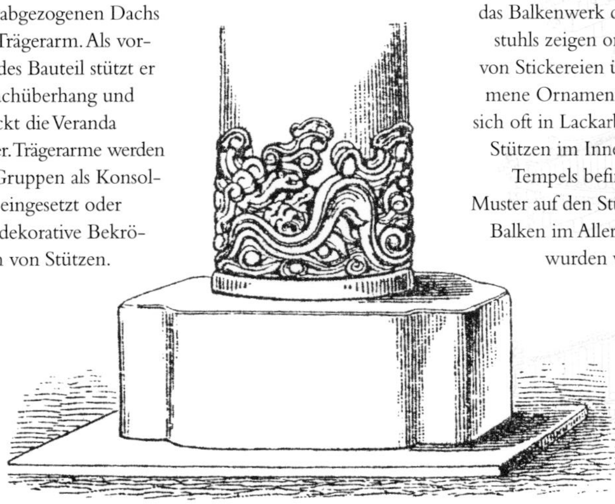

Säulendetails
Die Basis dieser Säule und das Balkenwerk des Dachstuhls zeigen organische, von Stickereien übernommene Ornamente, wie sie sich oft in Lackarbeiten auf Stützen im Inneren eines Tempels befinden. Die Muster auf den Stützen und Balken im Allerheiligsten wurden vergoldet.

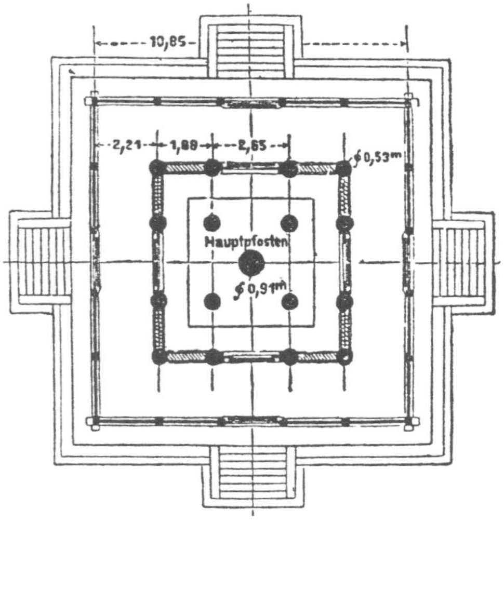

Grundriss, Pagode, Horyuji-Tempel (7. Jh. n. Chr.)
Dieser Pagodentypus wurde aus China eingeführt. In den unteren Stockwerken befinden sich Kultbilder und Schreine, darüber Bronzeglocken. Typisch sind der quadratische Grundriss mit axial angeordneten Treppenstufen an jeder Seite, die umlaufende Veranda und das tief heruntergezogene Dach.

Tempelanlage, Yokohama (19. Jh.)
Diese Ansicht eines von Bäumen umstandenen Tempels in Yokohama zeigt ein *torii* bzw. Tor sowie zwei Bauten, die den Eingang zu dem schilfgedeckten Heiligtum bilden. Sie verdeutlicht, dass die den Schrein umgebenden Bauwerke genauso wichtig sind wie dieser selbst.

Mittleres Tor, Horyuji-Tempel (7. Jh.)
Der Horyuji-Tempel ist einer der ältesten erhaltenen Holzbauten der Welt. Die Abbildung zeigt das Mittlere Tor, dessen Rahmenwerk aus verzapften Balken besteht. Stufen führen hinauf zum Eingang, der etwa 1,5 m über dem Bodenniveau liegt. Durch die hohen Stützen des Kernbaus und das Pultdach entsteht die Illusion eines zweiten Geschosses. An der Front weist das Tor sechs Achsen auf, also eine gerade Zahl, im Gegensatz zu den restlichen Tempelbauten.

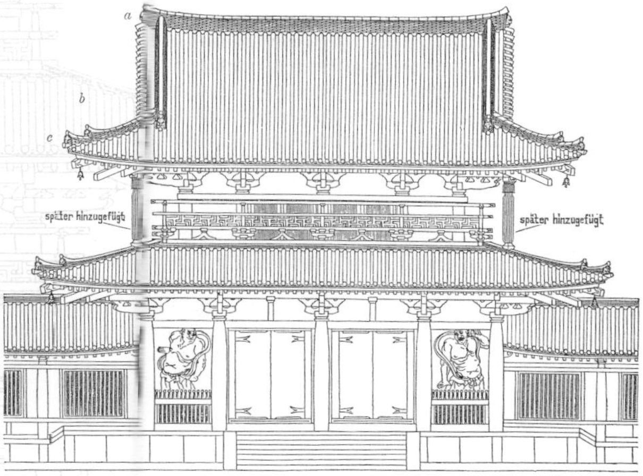

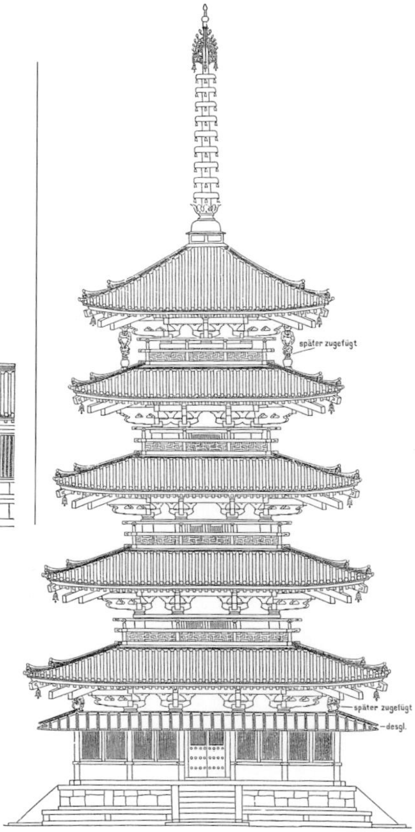

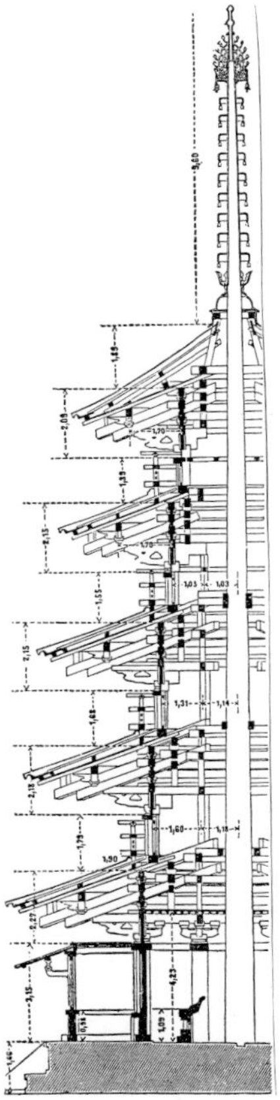

Aufriss und Schnitt, Pagode
Pagoden sind oft drei bis sieben Stockwerke hoch und werden nach oben hin immer schmaler. Durch die vorkragenden Pultdächer entsteht eine charakteristische Silhouette. Die Bauten bestehen aus leichtem Balkenwerk und sind angesichts der allgegenwärtigen Erdbebengefahr verblüffend hoch.

Japan

Buddhistische Tempel: Entwicklung

Die Entwicklung der buddhistischen Tempelarchitektur in Japan untergliederte sich nach ihrer Einführung im 6. Jh. in verschiedene Phasen. Zur Frühzeit des Tempelbaus zählen die Asuka-, Nara- und Heian-Periode. Im Mittelalter unterschied man nach dem 12. Jh. die Kamakura- sowie die Muromachi-Periode. Vom 16. bis 19. Jh. folgten dann die Momoyama- und Edo-Periode. Während bei den Shinto-Schreinen und frühen buddhistischen Tempeln Wert auf Materialgerechtigkeit und klare Konstruktionsprinzipien gelegt wurde, neigte man in der späteren buddhistischen Baukunst zur demonstrativen Prachtentfaltung an allen Oberflächen und tragenden Teilen. So bestehen die Trägerarme am Torbau des Tempels von Nikko aus dem 17. Jh. nicht mehr nur aus einem schlichten Zapfen, sondern sind an den Enden reich mit geschnitzten Drachenköpfen und Fabelwesen verziert.

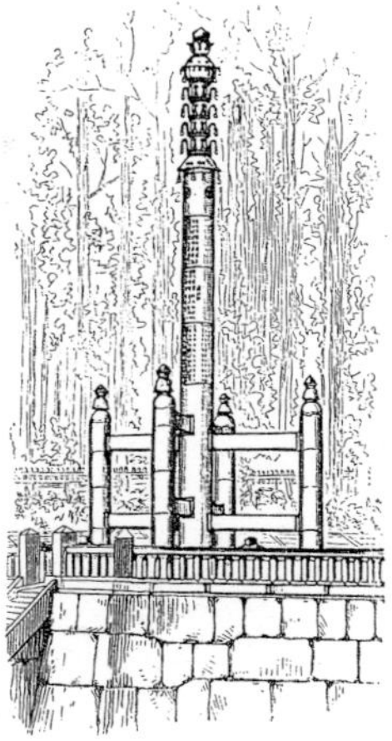

Bronzesäule, Nikko
Sie enthält Abschriften von buddhistischen Texten, deren Titel in vergoldeten Schriftzeichen auf der Spitze angebracht wurden.

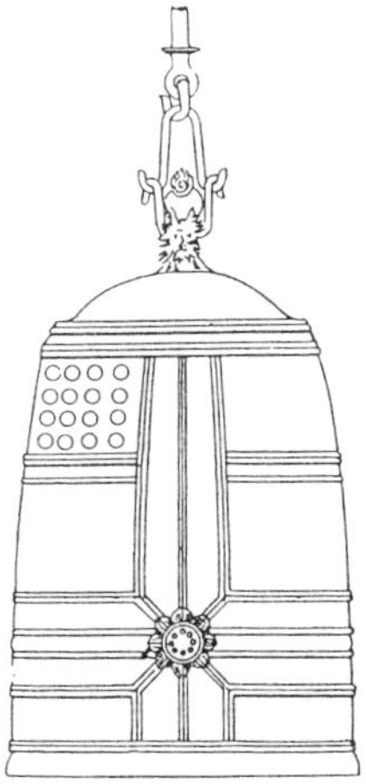

Glocke
Die Glocke spielt eine wichtige Rolle bei den buddhistischen Kulthandlungen, akustisch wie visuell. Mit dem Buddhismus wurden in Japan Gesänge, Trommeln, Gongs und Glocken in die religiösen Rituale eingeführt.

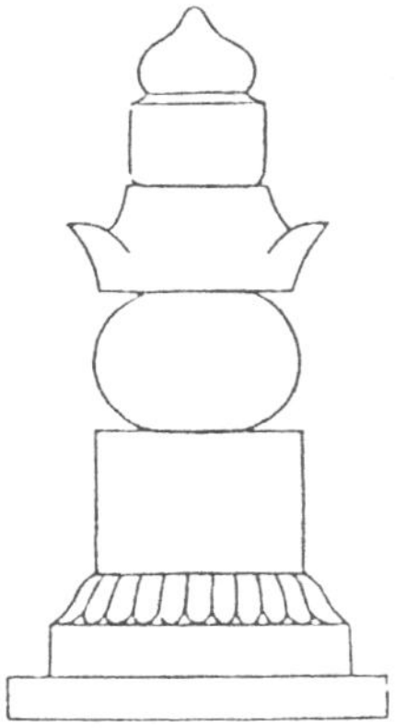

Gedenkstein
Plastisch ausgearbeitete Objekte haben in der buddhistischen Architektur eine besondere Funktion. Geschnitzte Holz- und gemeißelte Steinlaternen bzw. *ishidoro* bevölkern die Außenbereiche der Tempel und befinden sich ebenfalls in Privatgärten. Diese Gedenksteine stehen mit zahlreichen anderen in einem heiligen Hain. Alle sind sie zwischen 3 und 6 m hoch und individuell gearbeitet, hier mit Lotosformen auf der Basis und einem zwiebelartigen Aufsatz.

Pagode, Nikko (17. Jh.)
Die fünfstöckige Pagode in Nikko bekrönt ein schlanker Mast, der sie noch einmal höher erscheinen lässt und die Form der umstehenden Bäume aufnimmt. Steinmauern mit geschnitzten hölzernen Aufsätzen umschließen die Pagode und die weiteren Bauten der Tempelanlage.

Innenraum

Im 12. Jh. entwickelte sich die Haupthalle, *hondo*, welche der Gemeinde für die Andacht diente. Der Innenraum wurde erweitert, um die Gläubigen aufnehmen zu können. Dieser seltene Einblick in das Innere eines Tempels enthüllt eine imponierende Raumhöhe. Der Dachstuhl besteht aus kunstvoll miteinander verzapften Balken.

Decke

Die Decke der buddhistischen Tempel ist oft aufwändig dekoriert. Diese Kassettendecke aus dem 17. Jh. gliedern Leisten mit Metallverkleidung in einzelne Felder, die mit Schnitzereien und Vergoldungen verziert sind.

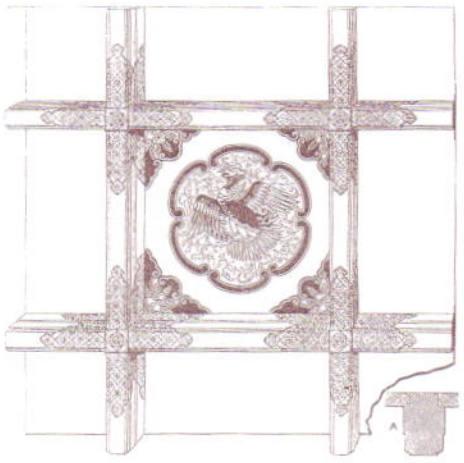

Torbau, Nishi-Honganji

Prächtige Torbauten, die Tempeln ähneln, bewachen den Eingang zu buddhistischen Heiligtümern. Dieses Beispiel, das Osttor des Tempels Nishi-Hoganji in Kyoto, weist innerhalb des Torbaus ein Nebentor auf. Beide sind prachtvoll geschmückt und erlauben somit Rückschlüsse auf Einfluss und Reichtum des Tempels.

Torbau, Nikko (17. Jh.)

Das Tempeltor in Nikko hat ein schweres Dach mit einer umlaufenden Galerie. Es ist über und über geschmückt mit Drachen, Wolken, Wasser, Draperien, ausgeführt auf gehämmertem Metall, als farbige Schnitzerei, Lackarbeit oder Vergoldung. Damit kündet es vom hohen Status des Shoguns, der es in Auftrag gab.

Japan

Wohnhäuser

Der traditionelle Wohnbau in Japan ist stark von den klimatischen und geologischen Bedingungen beeinflusst. Die Häuser sind meist nach Süden ausgerichtet und weisen weite Überhänge, hohe Hofmauern, Schiebefenster, -türen und -wände auf. Auf diese Weise boten sie Schutz vor heftigen Winden und Niederschlag. Angesichts der häufigen Erdbeben erwies sich die einstöckige, leichte Holzbauweise der Häuser als sehr vorteilhaft. Die dichten Wälder lieferten das notwendige Baumaterial. Laut Aussagen einiger europäischer Reisender im späten 19. Jh. unterschieden sich neu errichtete Häuser kaum von 300 Jahre alten Bauten – ein Beleg für das Traditionsbewusstsein der Japaner.

Veranda
Einen wichtigen Bereich des japanischen Hauses stellt die überdachte Veranda dar. Sie dient als Übergang zwischen innen und außen. Ein weit ausladendes Vordach oder *hisashi* springt oft unterhalb des Hauptdaches hervor. Es besteht aus breiten, dünnen Brettern, die entweder von Pfosten oder Trägerarmen gestützt werden.

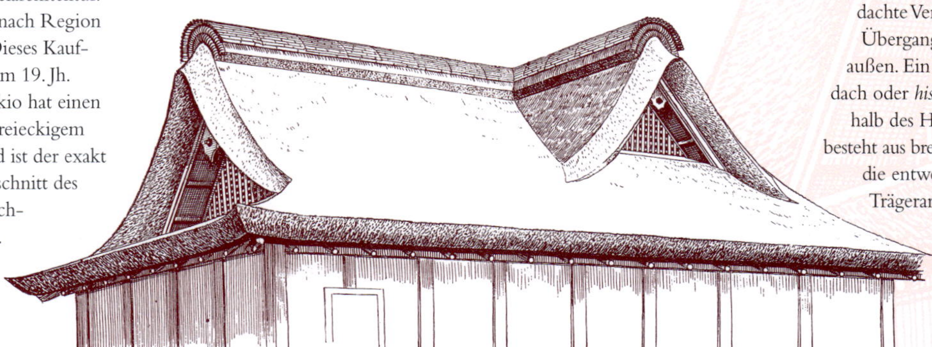

Schilfdach
Das mit Schilf gedeckte Satteldach ist die gebräuchlichste Dachform des ländlichen japanischen Wohnhauses, ähnlich wie bei der Tempelarchitektur. Der First wird je nach Region anders gestaltet. Dieses Kaufmannshaus aus dem 19. Jh. außerhalb von Tokio hat einen Quergiebel mit dreieckigem Fenster. Auffallend ist der exakt symmetrische Beschnitt des Schilfrohrs an Dach- und Giebelenden.

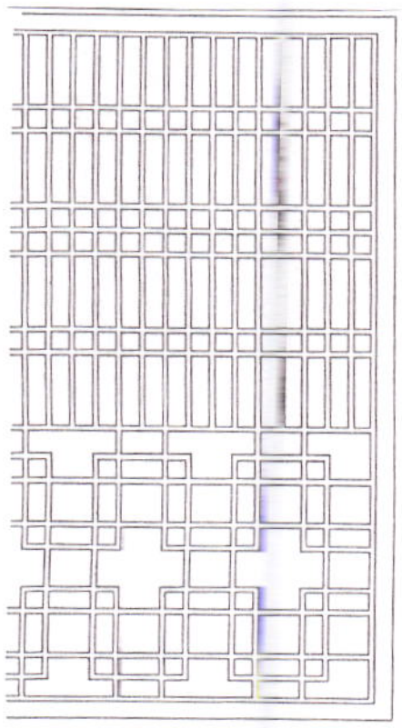

Eingang
So wie das *torii* den Eingang zum Shinto-Schrein kennzeichnet und man durch einen eindrucksvollen Torbau den buddhistischen Tempel betritt, verfügt auch das traditionelle japanische Wohnhaus über eine Veranda oder eine Vorhalle, die es ermöglicht, das Ritual des Eintretens vom sakralen Bereich auf den Alltag zu übertragen. *Shoji* sind die Schiebetüren zwischen Veranda und Innenräumen.

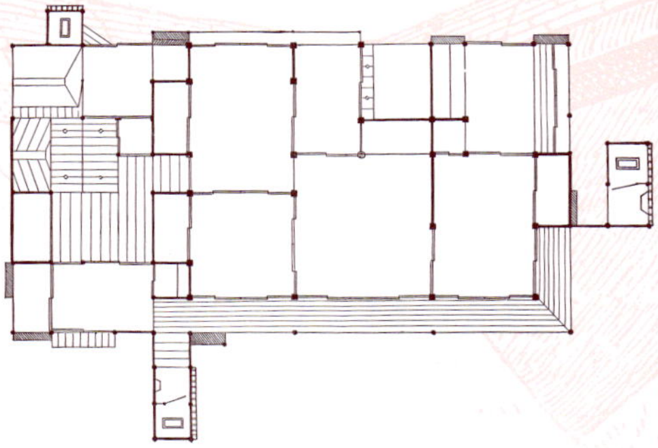

Fenster
Traditionelle Fenster bestehen nicht aus Glas, sondern aus undurchsichtigem weißen Papier, das gedämpftes Licht ins Innere lässt. Es wird auf einen Rahmen gespannt und mit Bambus- oder Holzstreben versehen. Die Stellschirme *(oben links)* tragen ein kunstvolles Gitterwerk aus dünnen Holzstreifen.

Grundriss eines Hauses in Tokio
Schiebewände untergliedern dieses traditionelle japanische Wohnhaus in mehrere miteinander verbundene Räume sowie Durchgänge. Darin befinden sich kaum Einrichtungsgegenstände, sodass sie stets nach Bedarf genutzt werden können.

Straßenansicht in Tokio
Stadthäuser des späten 19. Jh. wiesen unterschiedliche Formen auf: Mietshäuser unter einem gemeinsamem Ziegeldach, aber mit getrennten Hauseingängen, ebenso wie prächtige Wohnsitze mit dickem Schilfdach, Rauchabzügen, Veranda und großen Fenstern an der Straßenseite.

Grundriss, Eingangsbereich
Dies ist der Eingang zum Haus eines Samurai. Stufen führen hinauf zum *shoji* und in das Vorzimmer, das eine Grundfläche von drei Tatamis (Reisstrohmatten) aufweist. Der einzige Einrichtungsgegenstand ist ein *tsuitate*, ein niedriger Stellschirm.

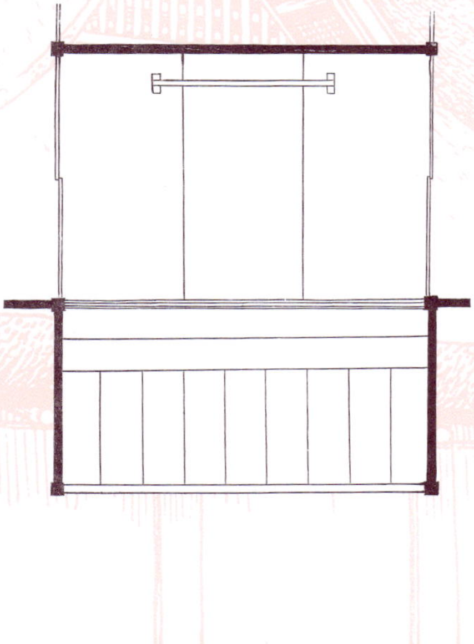

Japan

Regierungs- und Geschäftsgebäude

Ab dem 7. Jh. übte China starken Einfluss auf den japanischen Städtebau aus: auf den Grundriss allgemein wie auch auf die Standortwahl wichtiger Gebäude. Nach chinesischen Vorbildern, dem heutigen Peking beispielsweise, wurden die Städte Nara und Kyoto im 8. Jh. mit einem rechtwinkligen Straßennetz angelegt. Der Kaiserpalast befand sich jeweils in der Mitte; die Adelswohnsitze, Paläste sowie Regierungsgebäude ordneten sich symmetrisch entlang einer Nord-Südachse an. Während sich Tempel und Wohnbau gerade durch einen Mangel an Monumentalität auszeichnen, ragen die Bauwerke des Adels und der Regierung deutlich aus der Landschaft heraus. So erheben sich auf Anhöhen imposante Burganlagen mit traditionellen Dachformen, wie die Burg von Himeji aus dem frühen 17. Jh.

Palastmauer
Die den Palast umschließende Mauer ist unten verstärkt und besteht aus gewaltigen Steinblöcken – neben Erdbeben musste sie offenbar auch Angriffen standhalten. Manchmal ergänzt sie ein Graben. Fünf weiße parallele Linien zieren die gelb verputzte Stirnmauer auf einem Sockel aus schwarzem Naturstein: Der Besitzer gehört demnach dem Königshaus an.

Palast, Tokio
Ab dem späten 16. Jh. entstanden in Tokio zahlreiche, die Landschaft prägende Adelswohnsitze. Meist waren es befestigte einstöckige Bauten, manchmal auf steilen Anhöhen errichtet. Die Abbildung zeigt das Verhältnis zwischen einem kleinen Stadtpalast und dem ihn umgebenden Garten.

Regierungsgebäude
Die Szene zeigt den Empfang eines Botschafters am japanischen Hof. Die Anordnung von Mobiliar und Bäumen spielt eine ebenso wichtige Rolle wie das Gebäude selbst. Der Kaiser sitzt ganz oben auf der Veranda.

Teemanufaktur

Dieser Gebäudekomplex weist ähnliche Elemente auf wie Wohnhaus und Schrein: ziegelgedeckte Satteldächer, die über die Giebel vorkragen, weite Dachüberhänge und einen ausgeprägten First.

Weberei

Mit ihrem Fenstergitterwerk und den Tatamis unterscheidet sich diese Seidenweberei kaum von einem Wohnhaus. Die städtischen Bauten waren oft lang gestreckt, mit einer schmalen Straßenfront für Geschäfte.

Stadtansicht, Tokio (19. Jh.)

Die japanischen Baumeister mussten sich vor allem mit Wasser und Erdbeben auseinander setzen. Hier sieht man eine Folge von geschickt konstruierten Holzbrücken, die sich außerdem gut in die Landschaft einfügen.

Teehaus

Ab dem 16. Jh. entwickelte sich durch die Teezeremonie, die den Genuss von Tee in ein Ritual und eine Kunstform verwandelte, ein neuer Gebäudetypus, der wiederum den traditionellen Wohnbau beeinflusste. Über mehrere stille Pfade gelangt man zum Teehaus, dessen Innenraum eine Grundfläche von 4 ½ Tatamis einnimmt. Die Ausführung ist von raffinierter Einfachheit. Die Abbildung zeigt ein städtisches Teehaus mit breiter Veranda, auf der eine Gesellschaft gerade Tee trinkt.

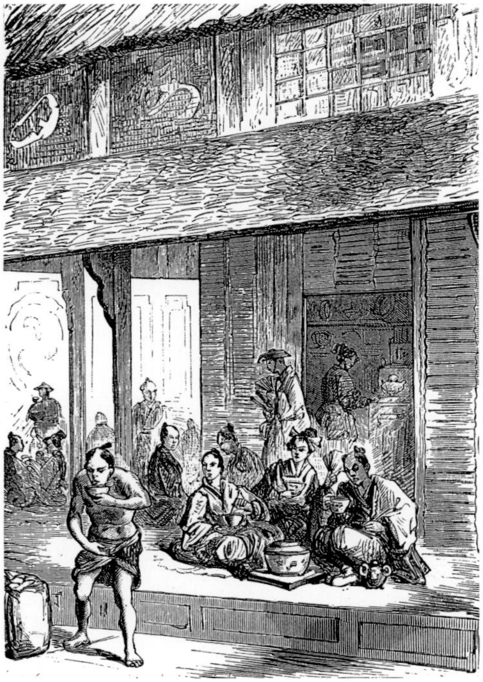

Am Hof des Mikados (19. Jh.)

Diese Ansicht zeigt, wie die Raumflucht die Stellung des Mikados oder Kaisers betont – es entsteht eine erhabene Stimmung. Die Räume unterschieden sich ebenfalls in Bezug auf Maße, Fußbodenniveau und Beleuchtung.

Präkolumbische Kulturen

Mesoamerikanische Hochkulturen

Hunderte Steinbauten, halb von Regenwald überwuchert, zeugen von dem hohen Entwicklungsstand der mesoamerikanischen Kulturen. Von 1200 v. Chr. bis zur Ankunft der Spanier 1519 entwickelten sie sich in einem Gebiet, das von Mexiko bis nach El Salvador und Honduras reicht. Monumentale Pyramiden, Tempel, Ballspielplätze, Prozessionsstraßen und Opferaltäre dienten als Schauplätze für Kultzeremonien, die das Leben der Bewohner in der gesamten Region prägten. Ihre weitläufigen Palastanlagen nutzten die Herrscher hingegen zunehmend zur Selbstdarstellung. Je größer und prächtiger ihr Palast, desto reicher und mächtiger war auch die Stadt. Die Mehrzahl der heute erhaltenen Bauwerke wurde von den Maya errichtet. Wichtige architektonische Neuerungen sind jedoch ebenfalls bei den Olmeken, den Tolteken und in Städten wie Teotihuacán zu finden.

Tempelstadt, Monte Albán
In der zapotekischen Tempelstadt Monte Albán im Hochland von Oaxaca lassen sich vier Besiedlungsphasen zwischen 500 v. Chr. und 700 n. Chr. nachweisen. Angelegt wurde sie rund um ein Kultzentrum. Zwei steinerne Plattformen begrenzen im Norden und im Süden einen großzügigen Gipfelplatz, um den sich Tempel, Pyramiden, Grabhügel und ein Ballspielplatz gruppieren. Alle Bauwerke erheben sich auf einem Sockel und verfügen über breite Treppenaufgänge.

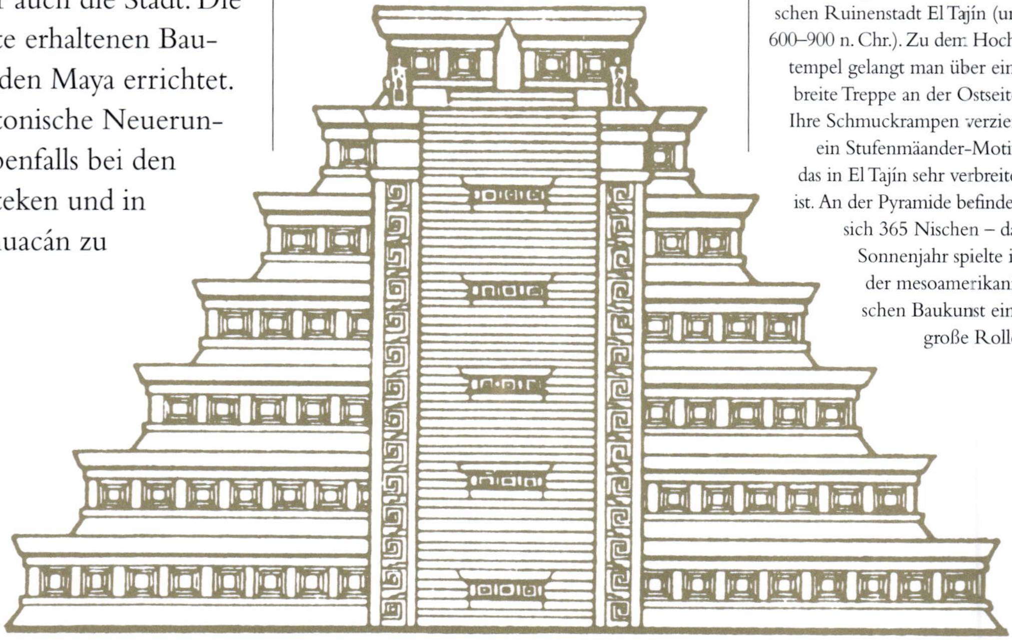

Nischenpyramide, El Tajín
Die sechsstufige Nischenpyramide gehört zur totonakischen Ruinenstadt El Tajín (um 600–900 n. Chr.). Zu dem Hochtempel gelangt man über eine breite Treppe an der Ostseite. Ihre Schmuckrampen verziert ein Stufenmäander-Motiv, das in El Tajín sehr verbreitet ist. An der Pyramide befinden sich 365 Nischen – das Sonnenjahr spielte in der mesoamerikanischen Baukunst eine große Rolle.

1200 v. Chr.–1532 n. Chr.

***Talud-tablero*-Bauweise**
Die *talud-tablero*-Bauweise mit ihrem charakteristischen Profil fand erstmals in Teotihuacán Anwendung. Sie besteht aus einer schrägen Böschung (*talud*), auf der senkrecht ein rechteckiges Füllfeld (*tablero*) aufsitzt. Es hat einen vorspringendem Rahmen, ist meist bunt bemalt und reich verziert und wird wie ein Fries eingesetzt.

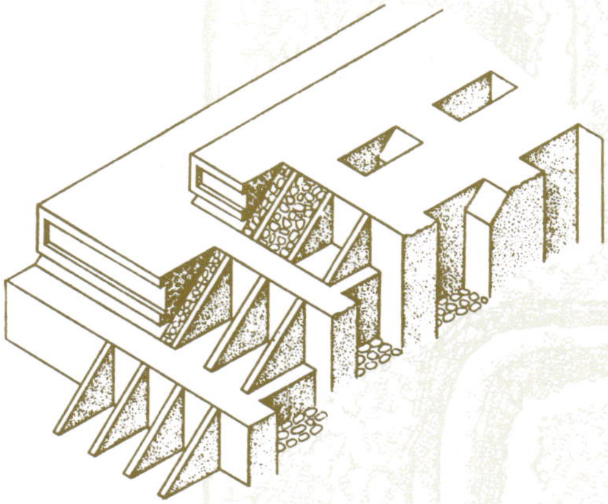

***Talud-tablero*-Terrassen**
Bei einigen Bauten in Teotihuacán wiederholt sich das *talud-tablero*-Profil auf der gesamten Front. In regionalen Ausprägungen kam diese terrassenartige Bauweise in ganz Mesoamerika vor. Sie sah nicht nur eindrucksvoll aus, sondern war auch wirtschaftlich: Die eleganten *tableros* werden von dünnen Steinplatten gestützt und verblenden einen Kern aus lose geschichteten Steinen.

Lageplan, Teotihuacán (2. Jh. v. Chr.–7. Jh. n. Chr.)
Die Stadt Teotihuacán war schachbrettartig angelegt, mit der Sonnenpyramide im Zentrum. Die Hauptachse bildete die Straße der Toten. Sie erstreckte sich von der Mondpyramide über 3,2 km bis zur so genannten Zitadelle, wo sie eine zweite Achse schnitt. Die Unterteilung der Stadt in Viertel übernahmen später die Azteken.

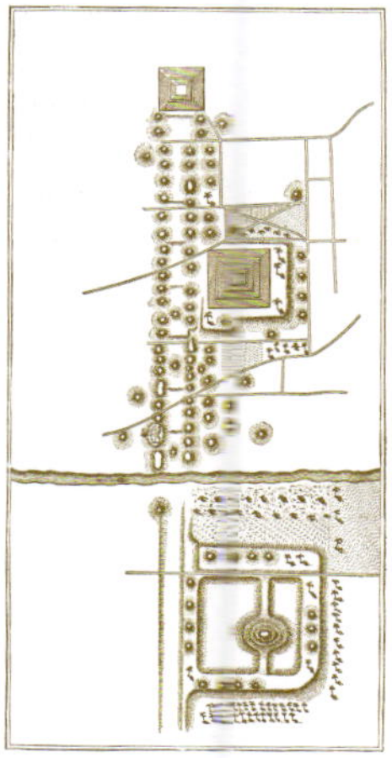

Mondpyramide, Teotihuacán (um 200 n. Chr.)
Die Mondpyramide ragt am nördlichen Ende der Hauptachse von Teotihuacán auf. Von einem vierstufigen *talud-tablero*-Vorbau am Fuß der gewaltigen Pyramide führte eine Treppe zum Hochtempel, einem strohgedeckten Holzbau.

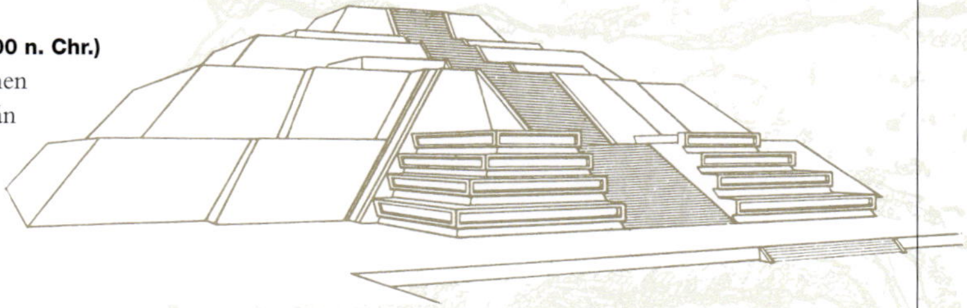

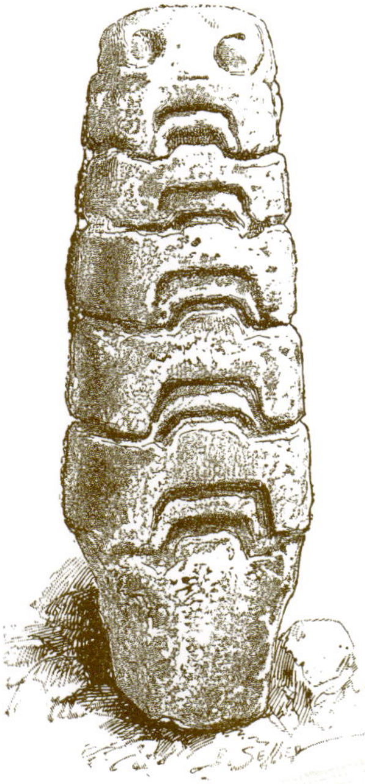

Stelen, Teotihuacán
Die in Teotihuacán aufgefundenen, frei stehenden Votivsteine hatten ausschließlich religiöse Funktion. Eingemeißelte, abstrahierende Götterdarstellungen schmücken sie, darunter der berühmte Gott Quetzalcóatl, die Federschlange. Stelen der späten Maya-Zeit zeigen dagegen naturalistischer gehaltene Herrscherporträts. Sie dienten eher als Gedenk- denn als Votivsteine.

Präkolumbische Kulturen

Maya: Klassische Epoche

Den Maya verdankt Mesoamerika einige seiner bedeutendsten Bauwerke. Ihr Goldenes Zeitalter erlebten sie zwischen 300 und 900 n. Chr. Die Entzifferung der Glyphen, die sie in Treppen, Gedenksteine und Altäre einmeißelten, bedeutete einen Durchbruch für die Identifizierung einzelner Herrscher. Pyramiden wurden regelmäßig immer wieder überbaut: So entstand eine legitimierende Traditionslinie und gleichzeitig waren größere Höhen möglich. Das Streben in die Höhe ist für die Sakralbauten der Maya typisch: Wie eine Himmelsleiter zu den Göttern wirken die schwindelerregend steilen Treppenstufen. Charakteristisch sind weiterhin der innovative Einsatz des Kraggewölbes sowie der aufwändige Bauschmuck.

Tempel der Inschriften, Palenque (675 n. Chr.)
Steile Stufen führen zu einem Heiligtum mit Mansardendach aus Beton hinauf, wie es typisch ist für die Bauten von Palenque. Über einen geheimen Treppenschacht mit steilem Kraggewölbe gelangte man hinab zur tief in der Pyramide verborgenen Grabkammer des Maya-Herrschers Pakal (regierte 615–683). Durch einen gemauerten Kanal, der entlang der Treppe verläuft, konnte er mit den Lebenden kommunizieren.

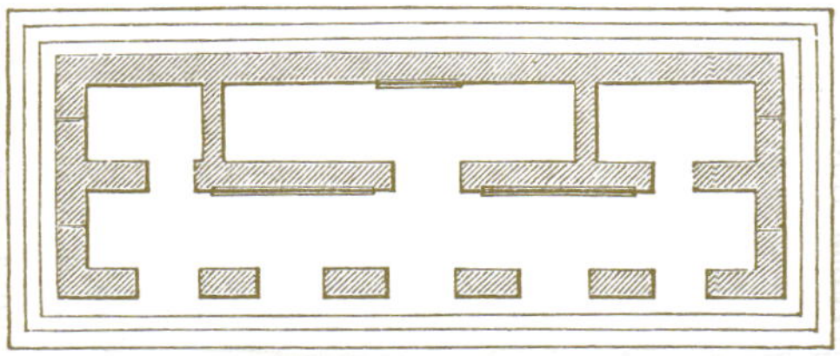

Grundriss, Sanktuar, Palenque
Dem Sanktuar des Tempels der Inschriften ist eine Vorhalle vorgelagert. Darin befinden sich die berühmten „Inschriften" bzw. 620 Glyphen, welche die Herrschergeschichte von Palenque beschreiben.

Dachkamm
Eine *cresteria* bekrönte die Spitze der meisten Maya-Pyramiden der klassischen Zeit. Dieser Dachkamm bestand aus zwei durchbrochenen Mauern, die sich stützten und mit Stuckreliefs von Gottheiten geschmückt waren.

Unterwerfung der Feinde, Palenque
Den Sockel der Galerien im Nordost-Hof des Großen Palasts von Palenque verkleiden monolithische Kalksteinplatten mit Unterwerfungsszenen von Stammesfürsten. Die Galerien wurden für das Hofzeremoniell genutzt – die Reliefs erinnerten somit an die dem Herrscher zustehende Ehrerbietung.

Kraggewölbe
Eine der großen Ingenieursleistungen der klassischen Zeit war die Erfindung des Kraggewölbes: Ursprünglich überspannten diese schmalen Räume mit schrittweise vorkragenden Steinlagen, die ein abgetrepptes Profil ergaben. Später mauerten die Maya ein steiles „Gewölbe" aus zwei geneigten Mauern, die mit groben Steinen stabilisiert und mit Kalkmörtel betoniert wurden. Die glatte Oberfläche konnte verputzt und bemalt werden.

Doppeltes Kraggewölbe, Palenque
In Palenque gelang es den Maya ebenfalls, größere Räume zu überspannen. Dafür errichteten sie direkt nebeneinander zwei Kraggewölbe, die sich eine tragende Wand teilten. Auf diese Weise verringerten sich die Schubkräfte auf die Seitenwände.

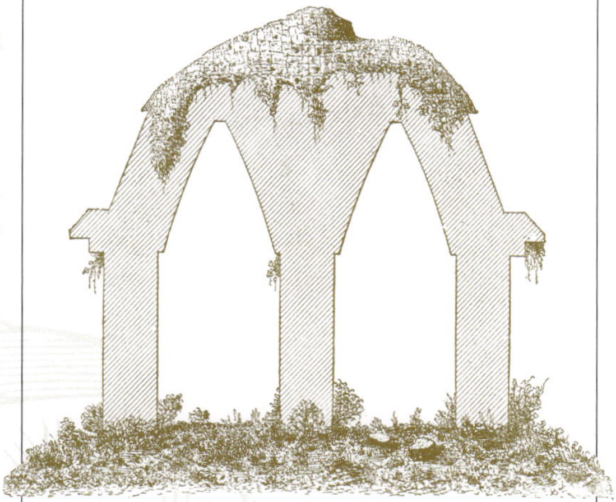

Stelen, Copán
Die Maya-Stadt Copán im heutigen Honduras ist berühmt für ihre Skulpturen, darunter mehrere monolithische Stelen. Während ihrer Blütezeit zwischen 540 und 760 n. Chr. waren diese überlebensgroßen Gedenksteine plastisch ausgearbeitet und farbig gefasst. Sie zeigen Herrscher mit prachtvollem Kopfschmuck und nach außen gedrehten Fußspitzen. Glyphen schildern ihre Siege.

Altar, Copán
Die Altäre in Copán waren niedrige Monolithen, meist vor Stelen aufgestellt und mit Darstellungen von Gefangenen versehen, die sich dem auf der Stele abgebildeten Herrscher unterwerfen. Diese Thematik verdrängte frühere rundplastische Darstellungen von Gottheiten oder mythischen Wesen mit kosmologischer Bedeutung.

Präkolumbische Kulturen

Maya: Puuc-Stil

In der spätklassischen Epoche, im 8. und 9. Jh., bildeten sich die Herrscherpaläste als architektonische Zentren der Städte heraus und drängten somit die Sakralbauten in den Hintergrund. Auf hohen Plattformen erhoben sich immer komplexere Anlagen mit zahlreichen Räumen und ausgedehnten Höfen. Man unterscheidet mehrere Regionalstile, die sich infolge der geografischen Besonderheiten entwickelten, aber auch aufgrund von Bündnissen und Feindschaften zwischen einzelnen Städten.
Auf der Halbinsel Yucatán dokumentieren mehrere Städte den Puuc-Stil. Er zeichnet sich durch geometrische Ornamente und Darstellungen aus der Maya-Kosmologie aus. Typisch ist ebenfalls, dass ein und dasselbe Motiv in sehr zahlreichen Wiederholungen große Mauerflächen überzieht.

Palast, Sayil (um 700–900)
Das zweite Geschoss des Palasts von Sayil in Yucatán hat eine Portikusfassade mit monolithischen Rundpfeilern. Auf dem Fries im typischen Puuc-Stil erkennt man Götterbildnisse und Himmelsschlangen. Die kleinen Rundpfeiler dazwischen erinnern an die Palisadenwand der Maya-Hütten.

Fassade, Pyramide des Wahrsagers, Uxmal (569)
Das Maul der kosmischen Schlange, welche die Himmelsgottheit Itzamná verkörpert, bildet den Eingang zum Heiligtum auf der Pyramide des Wahrsagers. Das Durchschreiten symbolisierte den Übergang in die Sphäre der Götter. Dieser Typus des „kosmologischen Eingangs" ist für die benachbarte Region Chenes charakteristisch.

Nonnenviereck, Uxmal (um 700–900)
Dieser Gebäudekomplex in der Puuc-Stadt Uxmal, den die Spanier später Nonnenviereck tauften, besteht aus vier lang gestreckten Einzelbauten rund um einen Innenhof. Den Südbau betritt man über eine breite Treppenanlage von dem davor liegenden Platz aus. Die beiden seitlichen Paläste weisen eine etwas höhere Plattform auf, der Nordbau die höchste. Somit folgt das Ensemble einer ansteigenden Bewegung.

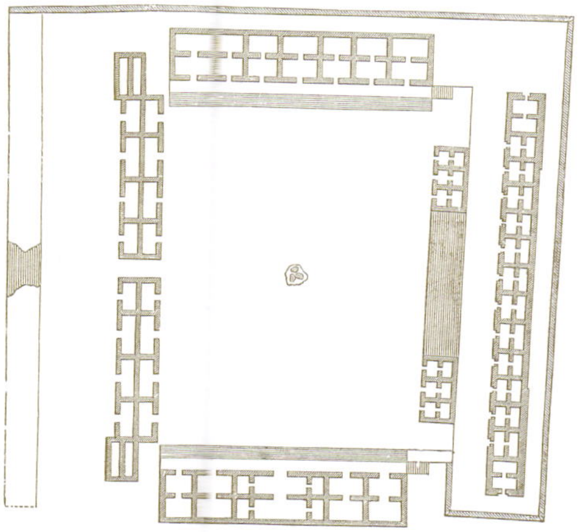

Nonnenviereck, Uxmal
Das mächtige Nonnenviereck beinhaltet mehr als 40 Doppelkammern sowie einen Repräsentationsbereich. Es weist die typische Puuc-Furniermauerung auf: Fein behauene Steine verblenden einen Kern aus Grobgestein.

Mosaikfries, Uxmal
Den Palast des Gouverneurs schmückt ein langer, geometrischer Mosaikfries mit Masken des Regengottes Chac und Stufenmäandern; Letztere sind Sonnensymbole. In der Mitte erkennt man ein Herrscherbildnis.

Palast der Masken, Kabáh (um 700–900)
Die Maske des Regengottes Chac, die sich auf dem Palast der Masken in Kabáh unendlich oft wiederholt, ist eines der wichtigsten Leitmotive des Puuc-Stils. Stets weist Chac eine rüsselartige Nase und zwei tief eingemeißelte Augen auf. Regen- und Sonnengottheiten spielten in den bäuerlichen Gemeinschaften der Maya eine wichtige Rolle.

Stufenmäander, Mitlá
Die zapotekische Stadt Mitlá im Hochland von Oaxaca gehört der nachklassischen Epoche an. Die prächtigen Mosaikfriese ihrer Paläste sind vom Puuc-Stil beeinflusst. Sie bestehen aus übereinander angeordneten Rahmenfeldern, die mit komplexen geometrischen Mustern gefüllt sind.

Präkolumbische Kulturen

Nachklassische Epoche

Im 10. Jh. oder zu Beginn der nachklassischen Zeit verlagerte sich die Maya-Kultur in den Norden von Yucatán. Gleichzeitig brachen die Tolteken in ihrer Hauptstadt Tula im Hochland von Mexiko auf und wanderten ebenfalls in Yucatán ein – entsprechend sind die dortigen Maya-Städte toltekisch überformt. Kriegerische Auseinandersetzungen prägten das Leben in den nachklassischen Städten. Die Bauten reflektieren dies, wie beispielsweise der Kriegertempel von Chichén Itzá. Der dortige Ballspielplatz und die *chac-mools* (Skulpturen) bezeugen, dass Menschenopfer hier eine wichtige Rolle spielten. Die Azteken führten diese Tradition fort. In ihrer Hauptstadt Tenochtitlán befinden sich einige der großartigsten Bauwerke Mesoamerikas.

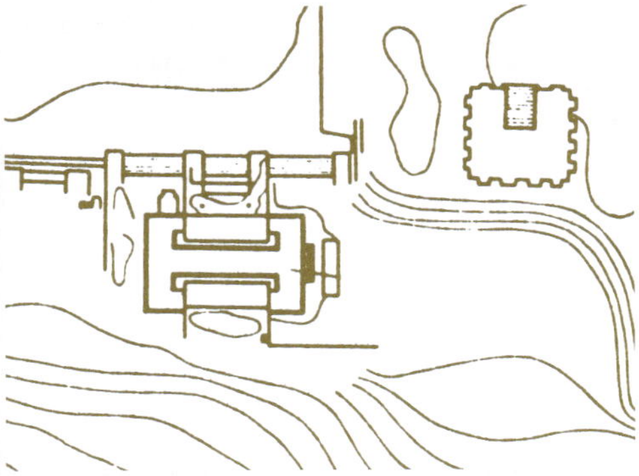

Ballspielplatz, Chichén Itzá
Hohe Mauern mit Zuschauerplätzen umschließen die meist I-förmig angelegten Ballspielplätze. Die Reliefs am Ballspielplatz von Chichén Itzá stellen die Opferung der unterlegenen Mannschaft dar. Die Köpfe wurden am *tzompantli*, der Schädelwand, zur Schau gestellt.

Ballspielring, Tula
Das heilige Ballspiel wurde mit einem Kautschukball gespielt. Die Mannschaften versuchten, ihn durch zwei große Steinringe an den Langseiten des Spielplatzes zu werfen. Die Ringe von Tula zeigen reliefierte Klapperschlangen, waren also der Federschlange Quetzalcóatl geweiht.

Atlanten, Tula
Auf der Spitze des Tempels des Morgensterns in Tula stehen vier gewaltige Atlanten. Die Monolithen in Gestalt von toltekischen Kriegern ragen fast 5 m in die Höhe. Sie trugen früher das Dach des Heiligtums. Die Adler- und Jaguarreliefs der Tempelfriese nehmen das Kriegerthema wieder auf.

Säule, Tula
Säulen waren in den nachklassischen Städten weit verbreitet. Die Säulen von Tula bestehen aus vier oder mehr Steinblöcken, die mit Hilfe von Zapfen und Mörtel zusammengefügt worden waren. Andere dort aufgefundene Säulen sind zwar aus Stein, weisen aber einen Holzkern auf.

Puuc-Stil, Chichén Itzá
Der Zugang zum Nonnengebäude an der Südseite der Ruinenstadt in Chichén Itzá erfolgte über eine *sacbé*, eine sorgfältig gepflasterte Prozessionsstraße. Dekoriert sind die Bauten im klassischen Puuc-Stil, mit Masken des Regengottes Chac, Mosaikfriesen und Stufenmäandern. Die Dichte und Intensität der Reliefs ist typisch für die Postklassik.

***Chac-mool*-Skulpturen, Tula und Chichén Itzá**
Skulpturen von liegenden Figuren bzw. *chac-mools* befinden sich in Sakral- wie Profanbauten in Tula und Chichén Itzá. Ihr Kopf ist zur Seite gedreht, auf dem Bauch halten sie eine Schale. Die *chac-mools* dienten als Altäre für Opfergaben, meist Menschenherzen.

Rundpfeiler, Chichén Itzá
Der Hochtempel des Castillo bzw. der Pyramide des Kukulkán weist eine neuartige Deckenkonstruktion auf: Die Decke ruht hier auf zwei Mittelpfeilern mit hölzernen Querbalken. Auf den beiden Rundpfeilern am Eingang erkennt man die um den Schaft gerollte Federschlange.

Stein des Tizoc, Tenochtitlán
Die aztekische Kultur brachte großartige Bildhauer hervor. Der meisterhafte Reliefschmuck dieses Altars, Stein des Tizoc genannt, zeigt 15 Szenen der gleichnamigen Herrscher mit besiegten Gegnern. Oben auf dem Stein ist die Sonnenscheibe eingemeißelt.

Präkolumbische Kulturen

Die Architektur der Inka

Die Inka-Kultur entwickelte sich in Peru, Bolivien und Ecuador etwa ab dem 12. Jh., bis sie durch die spanische Eroberung 1532 ein Ende fand. Die meisten ihrer Kultbauten dienten der Verehrung der Sonne und des Inka, des Herrschers, der als irdische Inkarnation der Sonne galt. Die Inka nutzten die Hochgebirgslandschaft der Anden optimal. Auf strategisch wichtigen Anhöhen errichteten sie Städte und Ackerbauterrassen. In ihre Sakralbauten integrierten sie Quellen sowie Felsformationen. Eher Diplomaten als Krieger, legten sie ein umfangreiches Straßennetz an. Ihren Höhepunkt erreichte die Baukunst der Inka, die auch Goldplatten einsetzten, in den Palästen und Tempeln des 15. Jh.

Inka-Mauern
Die Kyklopenmauern wichtiger Inka-Bauten, wie hier der Festung Sacsayhuamán über Cuzco, bestehen aus grob behauenen, polygonalen Steinblöcken. Sie wurden abgeschliffen und sorgfältig geschichtet, sodass sie sich ineinander verzahnten. Ziegelbauten wurden ebenfalls mörtellos gemauert.

Tambos
Die *tambos* an den Inka-Straßen dienten den Boten als Ruhehäuschen. Typisch für die Inka-Architektur ist ihre Gestaltung: Es sind niedrige, fensterlose, rechteckige Kammern mit einer eleganten trapezförmigen Türöffnung, welche die einzige Lichtquelle darstellte. Innen- und Außenwände waren meist mit trapezförmigen Nischen geschmückt. *Tambos* dienten ebenfalls als Lagerräume für Vorräte.

***Chullpas*, Titicacasee**
Die frühere Tiahuanaco-Kultur entwickelte die *chullpas*, Grabtürme, welche die Toten mit ihrer ganzen Habe aufnahmen. Die fensterlosen Rundbauten verfügen über mehrere Kammern, bestimmt für das Zusammenleben der Familienmitglieder in der Ewigkeit. Die Inka übernahmen den Typus des Rundturms für ihre kultischen Bauwerke.

Konvent der Sonnen-jungfrauen, Titicacasee
Diese Ruinen auf einer Insel im Titicacasee beherbergten einst den Konvent der Sonnenjungfrauen, eine Art Kloster für ausgewählte Mädchen der Oberschicht. Sie galten als Gemahlinnen der Sonne – entsprechend waren die Gebäude mit Goldplatten ausgeschlagen. Trapezförmige Eingänge mit doppelter Rahmung kennzeichneten bedeutende Bauten.

Palast des Manco Cápac, Titicacasee
Der so genannte Palast des Manco Cápac auf der Sonneninsel im Titicacasee ist eines der ältesten erhaltenen Inka-Bauwerke. Manco Cápac war der mythische Begründer der Inka-Dynastie. Auf dem massiven Mauerwerk erheben sich turmartig einzelne Kammern; es handelt sich um die Inka-Variante des Obergeschosses. Das Kreuz wurde erst später aufgestellt.

Machu Picchu (15. Jh.)
In 2430 m Höhe auf einem Felssporn kauernd, ist die Stadt Machu Picchu das beste Beispiel dafür, wie sich die Inka-Architektur an die Landschaft anpasste. Ackerbauterrassen staffeln sich dort über dem Abgrund. Den Kultbezirk bilden drei in den Hang hineingebaute Tempel, welche den Granitfelsen als Mauern nutzen.

Torréon, Machu Picchu
Diese Kultstätte im Zentrum der Ruinenstadt Machu Picchu besteht aus einer halbrunden Mauer, wie sie nur für Sakralbauten verwendet wurde. Sie ist ohne Mörtel gefugt und mit trapezförmigen Nischen versehen. Der über einer Höhle errichtete Torréon umfasst einen *ushnu*. Dieser heilige Felsen diente eventuell als Opfertisch.

Prähellenische Kulturen

Mykene: Wehrburgen

In der Bronzezeit prägte die minoisch-kretische Kultur die Gebiete rund um die Ägäis. Ab etwa 1600 v. Chr. erstarkten die Mykener, ein Kriegervolk, das auf dem griechischen Festland lebte, und übernahmen die Vorherrschaft. Die mykenische Zeit, die bis etwa 1200 v. Chr. andauerte, bezeichnet man auch als „homerisch", weil Homer die Heroen und Paläste jener Epoche in seinen Epen „Ilias" und „Odyssee" beschreibt. Obwohl vermutlich kretische Handwerker an den mykenischen Wehrburgen mitarbeiteten, unterscheiden sich beide Stile voneinander: Die massiven Bauten der Mykener wirken einfacher, aber sorgfältig geplant, mit dem Megaron (Hauptsaal) als Zentrum, während die verschachtelten minoischen Paläste geradezu labyrinthisch erscheinen.

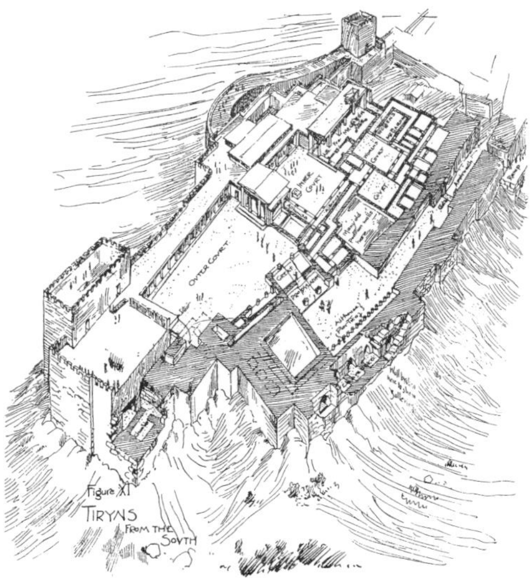

Palastanlagen
Wie die sie umgebenden Burganlagen waren auch die Paläste wehrhaft befestigt. Im Palast von Tiryns (Ende 13. Jh. v. Chr.) im Nordosten der Peloponnes mussten Besucher eine eindrucksvolle Abfolge von Innenhöfen sowie zwei H-förmige Tore durchschreiten, bevor sie zur Vorhalle des Megarons (Hauptsaal) gelangten. Um das Megaron herum ordneten sich Schlaf- und Baderäume sowie weitere Kammern an *(siehe Grundriss unten).*

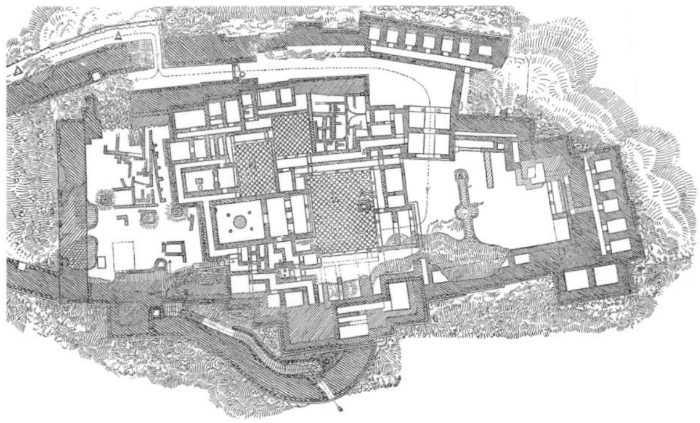

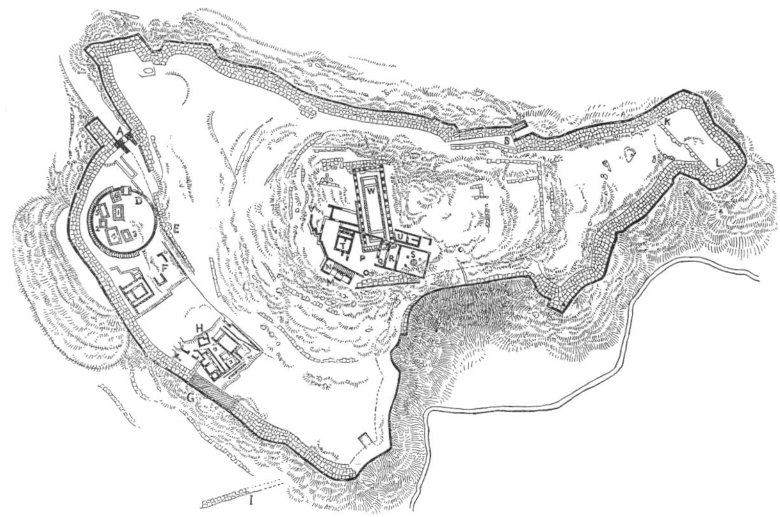

Burg von Mykene (13. Jh.)
Burgen erbauten die Mykener auf schwer einnehmbaren Anhöhen und schützten sie mit starken Schildmauern. Ganz oben erhob sich der Palast der Herrscherfamilie. Die Wohnstätten bedeutender Persönlichkeiten, etwa der Heerführer, befanden sich ebenfalls innerhalb der Burg. Der größte Teil der Bevölkerung lebte aber außerhalb des Mauerrings.

16. Jh.–1. Jh. v. Chr.

Löwentor, Mykene (um 1250 v. Chr.)
Der Zutritt zur Burg erfolgte durch monumentale Tore. Bei dem berühmten Löwentor, dem Haupteingang zur Burg von Mykene, ist über dem gewaltigen Sturz ein Entlastungsdreieck *(siehe S. 88)* ausgespart, in das eine Kalksteinplatte mit zwei reliefierten Löwen eingesetzt wurde. Rechts schließt sich eine Bastion an *(siehe Grundriss links)*.

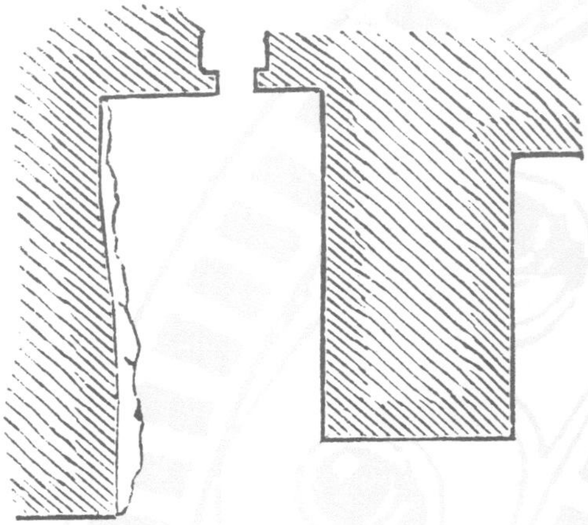

Kyklopenmauer
Die imposanten mykenischen Wehrmauern bestehen aus grob behauenen, mörtellos gefugten Bruchsteinen. Die archaische Zeit schrieb sie den Kyklopen zu, Riesen der griechischen Sage. Deshalb erhielten sie den Namen Kyklopenmauern. Die Mauern waren ungefähr 4 bis 8 m dick und wurden durch eine Außenpalisade verstärkt.

Halbrosetten
Eine geläufige Verzierung an den minoischen wie den mykenischen Palästen stellen die so genannten Halbrosetten dar. Sie werden paarweise gegeneinander gestellt und von vertikalen Bändern mit Rosettenmotiven eingefasst. Allerdings ist die Bezeichnung Halbrosette irreführend, da es sich vermutlich um stilisierte Federfächer handelt.

Megaron
Das Megaron, der Hauptsaal, bildete das Zentrum der Burg. Meist bestand es aus einer Raumfolge: einer Halle (von Homer *aithousa* genannt), dem Vestibül (*prodomos*) sowie dem eigentlichen Megaron. Diese Abbildung zeigt das rekonstruierte Megaron von Tiryns, das aus dem späten 13. Jh. v. Chr. datiert. Zu der nach Süden ausgerichteten *aithousa* gelangte man über einen Innenhof. Als Bautypus existierte das Megaron in Mittel- und Osteuropa schon in der Steinzeit.

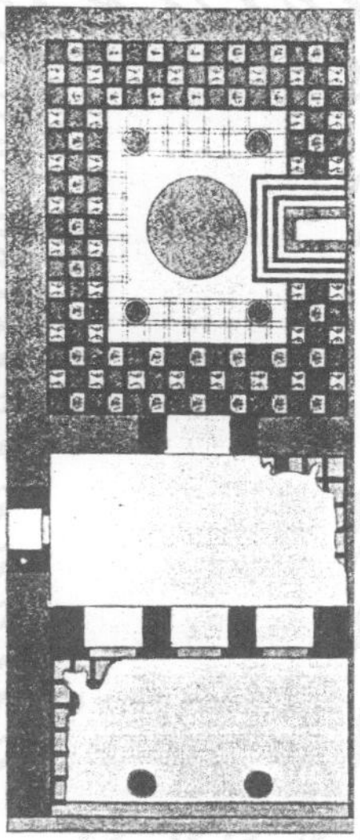

Herd
Das eigentliche Megaron enthielt an der Seite einen erhöhten Thron. In der Mitte stand ein kreisrunder Herd, umgeben von vier Holzsäulen, die das Dach trugen. Der Boden dieses Megarons war mit einem Schachbrettmuster bemalt, seine Wände schmückten Fresken.

Prähellenische Kulturen

Mykene: Grabbauten

Zu den großartigsten Bauten von Mykene gehören die Kuppel- oder Tholosgräber, die etwa zwischen 1510 und 1220 v. Chr. errichtet wurden. Die von einem Erdhügel bedeckten, bienenkorbähnlichen Bauwerke dienten als Königs- und Fürstengrablegen. Den beiden am besten erhaltenen Kuppelgräbern gab der deutsche Altertumsforscher Heinrich Schliemann die Namen „Schatzhaus des Atreus" bzw. „Grab des Agamemnon" (um 1250 v. Chr.) sowie „Grab der Klytaimnestra" (um 1220 v. Chr.). Wegen ihrer reichen Grabbeigaben hielt er sie für Schatzhäuser der in Mittelgriechenland siedelnden Dorer. Besonders eindrucksvoll ist ihr Kraggewölbe: Das Schatzhaus des Atreus weist eine Scheitelhöhe von 13,2 m auf und gilt damit als größter Gewölbebau der vorrömischen Zeit.

Entlastungsdreieck
Das Entlastungsdreieck über Maueröffnungen ist für die mykenische Architektur charakteristisch. Manchmal wurde ein reliefiertes Füllfeld darin eingesetzt. Das Dreieck dient dazu, den Druck des Mauerwerks über der Öffnung abzuleiten und somit den Sturz zu entlasten. Über dem Türsturz der Kuppelgräber ist beispielsweise ein Entlastungsdreieck ausgespart.

Bestandteile des Kuppelgrabs
Ein Kuppelgrab setzt sich wie folgt zusammen: aus dem ungedeckten *dromos*, einem Gang (1); dem *stomion*, einem tiefen Eingang (2); der *tholos*, der runden Hauptkammer (3). Bei zwei Funden schließt sich an die Tholos eine Nebenkammer (4) an.

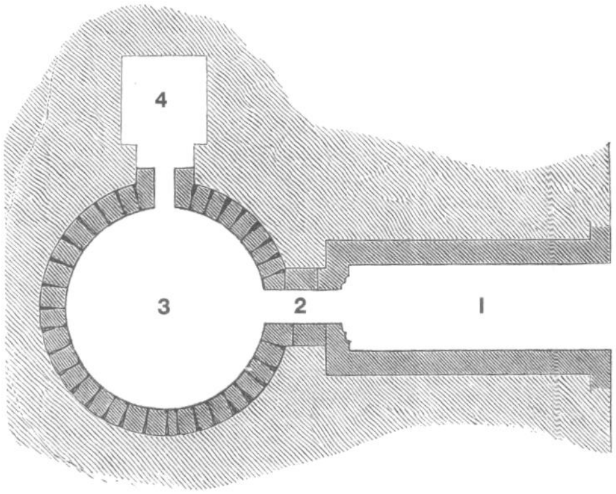

Kraggewölbe
Die Kuppelgräber haben eine bienenkorbähnliche Form und bestehen aus waagerecht gefugten Quadern. Es handelt sich um ein Kraggewölbe, d.h. die Steine kragen von Schicht zu Schicht vor, bis der Gewölbeabschluss erreicht ist. Während der Arbeiten wurde der Bau schrittweise mit aufgeschütteter Erde stabilisiert und schließlich mit einem Erdhügel bedeckt.

Eingang
Mehrere Kuppelgräber wiesen verzierte, farbige Fassaden auf. Dies galt auch für das Schatzhaus des Atreus (um 1250 v. Chr.). Den mit einer zweiflügeligen Tür verschlossenen Eingang flankierten Halbsäulen aus grünem Stein, darüber befand sich ein Fries aus rotem Porphyr.

Säulen
Wie die minoischen Säulen waren auch die mykenischen schlank und verjüngten sich nach unten deutlich. Reliefierte Spiralen und Zackenmuster zierten den Schaft der Halbsäulen am Eingang zum Schatzhaus des Atreus.

Ausschmückung der Kuppel
Ursprünglich waren einige – vielleicht sogar alle – Kuppelgräber innen reich ausgeschmückt. Im Gewölbe einiger Tholosgräber fand man in den Fugen Überreste von Bronzezapfen. Damit waren vermutlich Bronzerosetten oder -sterne befestigt worden, sodass der Kuppelraum wohl Ähnlichkeit mit dem Sternenhimmel hatte. Außerdem zierte ihn eine auf Höhe des Sturzes umlaufende Schmuckleiste aus Metall.

Dromos
Das Grab betrat man durch einen waagerechten Gang (*dromos*). Seine Wände waren mit breiten Steinblöcken verkleidet, wie hier im so genannten Schatzhaus der Klytaimnestra (um 1220 v. Chr.). Nach der Beisetzung wurde der Eingang vermauert und der *dromos* mit Erde zugeschüttet. Die Kuppelgräber fanden mehrfach für Bestattungen Verwendung.

Schmuckplatten
Die Wände und die Decke der Nebenkammer im Schatzhaus des Minyas in Orchomenos (um 1220 v. Chr.) waren mit Steinplatten verkleidet. Sie sind u. a. mit Spiralen und Rosetten verziert und zeigen Reste einer Farbfassung.

Prähellenische Kulturen

Etrusker: Grabbauten

Wie die mykenische Baukunst Griechenland beeinflusste, prägte die etruskische Architektur die römische. Die Etrusker stammten ursprünglich wahrscheinlich aus Kleinasien und siedelten sich in Italien zwischen den Flüssen Arno und Tiber (Etrurien) an. Ab dem späten 7. Jh. v. Chr. wurden sie zur beherrschenden Macht in Mittel- und Unteritalien – in Rom regierten im 6. Jh. sogar etruskische Könige. Doch mit dem Übergang von der Königsherrschaft zur Republik im Jahr 509 v. Chr. setzte der Niedergang ihres Reiches ein: Nach und nach eroberten die Römer die etruskischen Stadtstaaten. Dennoch bewahrte ihre Architektur noch bis ins 1. Jh. v. Chr. einen eigenen Charakter. Die wenigen erhaltenen Bauwerke sind kunstvoll gearbeitet, insbesondere die Gräber der Totenstädte. Bei den ältesten handelt es sich um Hügelgräber, ab etwa 400 v. Chr. entstanden außerdem Grabhäuser mit detailreichen Fassaden.

Tumuli
Die frühesten etruskischen Gräber sind Tumuli, von einem Erdhügel überdeckte Grabkammern. Sie gruppieren sich entlang von Gräberstraßen zu Nekropolen (Totenstädten), etwa in Caere, das die Römer Cerveteri nannten.

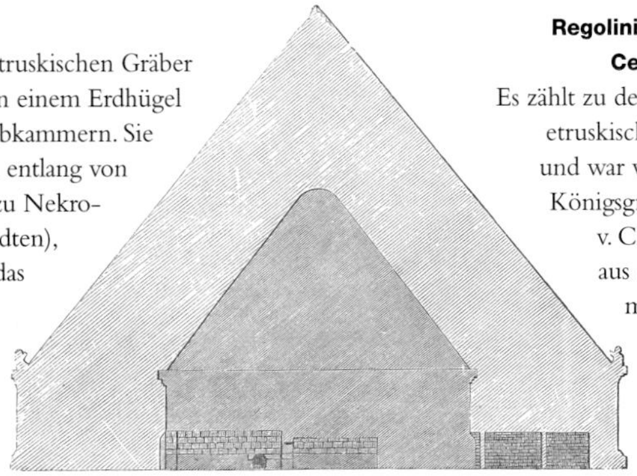

Regolini-Galassi-Grab, Cerveteri (Caere)
Es zählt zu den großartigsten etruskischen Grabmalen und war vermutlich eine Königsgrablege (ca. 650 v. Chr.). Sie besteht aus einem Tumulus mit zwei steinernen Grabkammern.

Grabhäuser
Nach der etruskischen Jenseitsvorstellung lebten die Toten im Grab weiter. Deshalb wurde dieses dem etruskischen Haus nachgebildet. Dazu höhlte man eine oder mehrere Kammern aus dem Fels aus, samt profiliertem Türrahmen und manchmal sogar mit Fenstern. Oft enthielten die Gräber eine in den Stein gehauene Einrichtung, darunter Totenbetten mit Kissen. In Stuck nachgebildete Haushaltsgeräte zierten die verputzten, bemalten Wände.

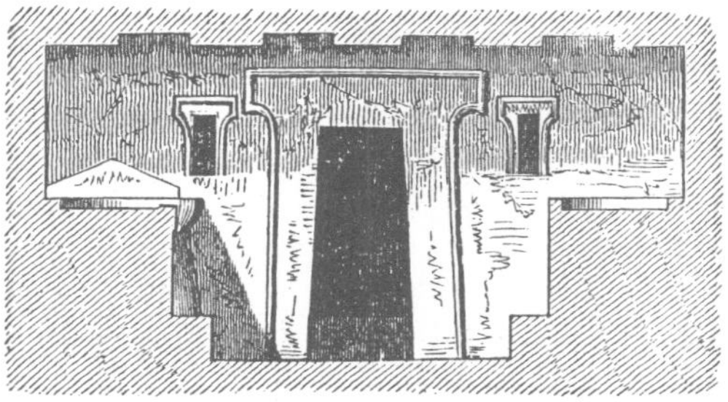

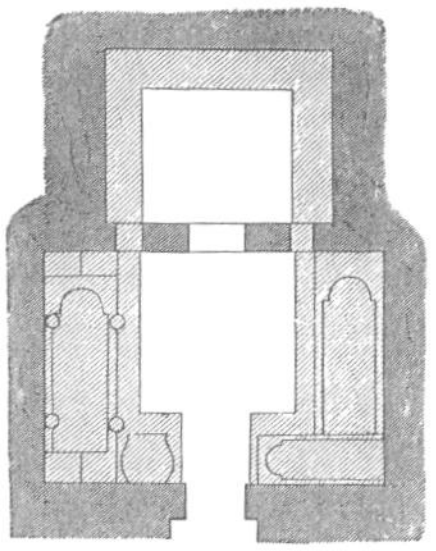

Kammern mit Kraggewölbe
Die rechteckige Grabkammer des Regolini-Galassi-Grabes besitzt ein Kraggewölbe, ähnlich wie die mykenischen Kuppelgräber. Sie verfügt über Nebenkammern und wird über einen *dromos* betreten, einen geraden Gang.

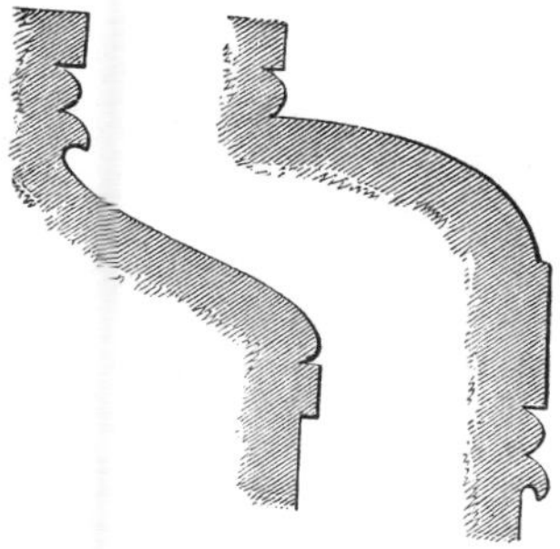

Würfelgräber
Einige frei stehende blockartige Gräber wurden direkt aus dem Felsen gehauen. Ursprünglich trugen diese Würfelgräber wahrscheinlich ein Dach. Die abgebildete Rekonstruktion zeigt ein Zeltdach, doch man vermutet für die meisten Gräber geschwungene Dächer. Besonders charakteristisch für das Würfelgrab ist sein reich profiliertes Gesims *(oben)*. Der elegante Türrahmen der Eingänge weist Türpfosten auf, die sich verjüngen. Der Sturz steht rechts und links über.

Grabmal des Porsenna, Clusium
Das legendäre Grabmal des Porsenna, eines großen etruskischen Königs des 6. Jh. v. Chr., soll in Clusium (heute Chiusi) errichtet worden sein. Der römische Gelehrte Varro beschreibt es als quadratischen Unterbau, auf dem fünf Kegel standen: einer in der Mitte, vier in den Ecken. Sie trugen zwei Geschosse, welche diese Grundform wiederholten. Auf den untersten Kegeln ruhte eine Art Vordach, von dem Glocken an Ketten herabhingen.

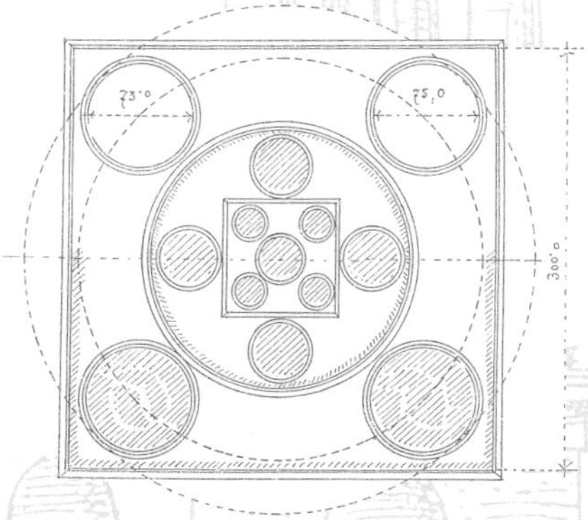

Prähellenische Kulturen

Etrusker: Weitere Bauten

Aus den Beschreibungen von Vitruv, einem römischen Baumeister des 1. Jh. v. Chr., ist überliefert, dass die etruskischen Tempel einen eigenständigen Stil aufwiesen, geprägt durch griechische und orientalische Einflüsse. Ihre Gestaltungskriterien bezeichnet Vitruv als „tuscanicae dispositiones". Die frühen Tempel wurden für gewöhnlich aus ungebrannten Ziegeln und Holz erbaut, später dann aus Stein. Sie befanden sich in der Stadtmitte und waren nach Süden ausgerichtet, ebenso wie die vor ihnen aufgestellten Altäre. Als ausgezeichnete Ingenieure errichteten die Etrusker auch zahlreiche Brücken sowie Aquädukte. Angesichts der wachsenden Notwendigkeit, sich zu verteidigen, bauten sie ab dem 4. Jh. v. Chr. mächtige Ringmauern um ihre Städte. Etruskische Stadttore stehen heute noch in Perugia (um 300 v. Chr.), Volterra (um 300 v. Chr.) und Falerii Novi (um 250 v. Chr.).

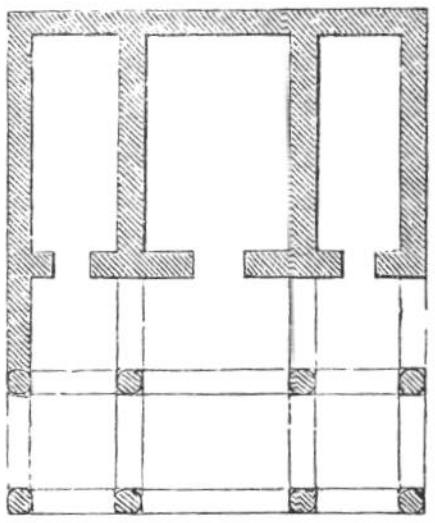

Dreigliedrige Cella
Viele etruskische Tempel hatten eine dreifach geteilte Cella (Allerheiligstes). Der mittlere Kultraum war der wichtigste und deshalb zuweilen größer. Die Dreigliederung spiegelt die Verehrung der Göttertrias Tinia (Jupiter), Uni (Juno) und Menrva (Minerva) wider. Der Cella vorgelagert war eine geräumige Vorhalle mit zwei Säulenreihen. Eine entscheidende Rolle spielte die Vorderansicht, da hier der einzige Eingang lag – der Tempel war streng axial als Fassadenbau konzipiert. Der Architrav aus mehreren Balken ist typisch für die etruskische Architektur.

Aufriss von zwei Tempeln
Als Podiumtempel erhoben sich die Heiligtümer auf einem hohen gemauerten Sockel. Eine Freitreppe führte zur Vorhalle hinauf, wo die Priester Kulthandlungen vor der Menge vollzogen. Der Giebel war flach und ragte nach vorne weit über die Säulen vor, ebenso wie die Traufen über die Seitenwände. Etruskische Säulen wirken wie vereinfachte dorische Säulen, waren aber nicht kanneliert. Sie hatten eine Basis und ein schmuckloses Kapitell. Die Römer übernahmen sie als toskanische Säulenordnung.

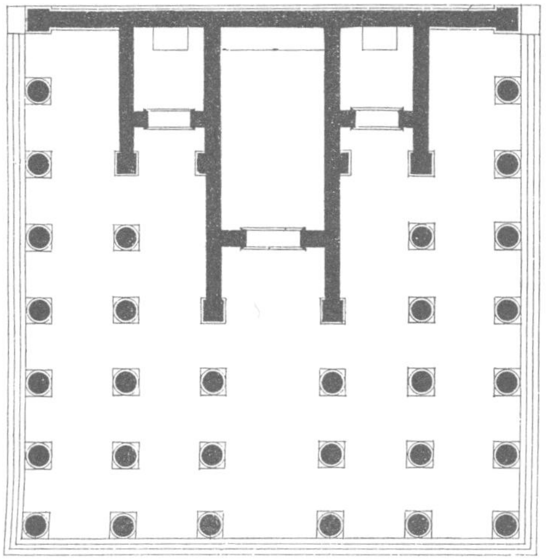

Seitenflügel
Der Grundriss einer Cella (Allerheiligstes) ließ sich variieren. Ohne Außenwände, nur von Säulen begrenzt, verwandelten sich die beiden äußeren Kulträume in Seitenflügel. Manchmal verlängerten sich die Seitenwände der Cella auch gangartig nach vorne. Der berühmte Tempel des Jupiter Capitolinus in Rom (geweiht 509 v. Chr.) hatte eine dreigliedrige Cella, flankiert von Seitenflügeln.

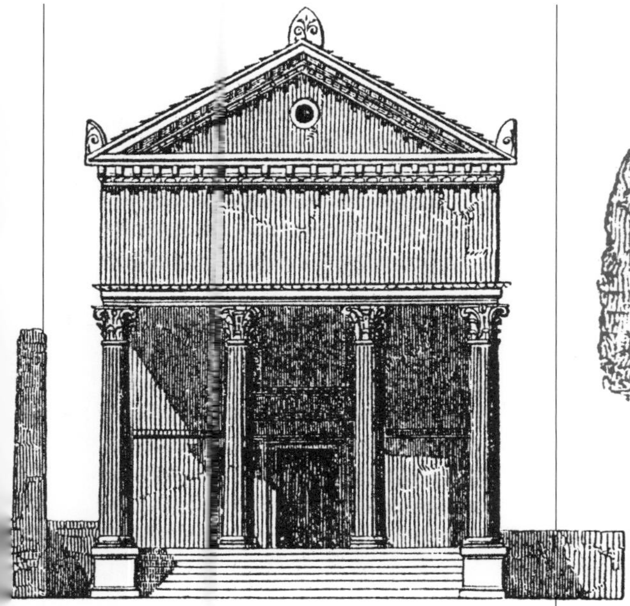

Bauschmuck
Das Erscheinungsbild eines Tempels wurde vor allem von der überreichen Verkleidung mit bemalten Terrakottaziegeln geprägt. Gleichzeitig diente sie dem Schutz der Holzbauteile. An den Traufen verkleideten Stirnziegel (*antefix*) die unteren Enden der Deckziegel; den Giebel schmückten Tonfiguren, die Vorhalle Statuen. Dieser römische Tempel gilt als Imitation etruskischer Vorbilder.

Rundbögen
Im Gegensatz zu den Griechen verwendeten die Etrusker den Bogen, und zwar für ihre Wohnhäuser ebenso wie für ihre Stadttore, Brücken und für weitere öffentliche Bauwerke. Vermutlich verwendeten sie als Erste in Italien den Bogen, obwohl es Hinweise darauf gibt, dass die Römer ihn gleichzeitig entwickelten. Gemauert wurde er aus keilförmigen Steinen.

Spitzbögen
Ihre Spitzbögen errichteten die Etrusker auf dieselbe Weise wie das Kraggewölbe ihrer Gräber: Sie schichteten vorkragende Steinlagen aufeinander. Das getreppte Profil der Innenseite schrägten sie ab, sodass eine glatte Laibung entstand.

Griechenland *Mitte 8. Jh.–1. Jh. v. Chr.*

Frühe Architektur

Auf den Untergang der mykenischen Welt im 12. Jh. v. Chr. folgte ein Zeitalter, aus dem nur wenige Zeugnisse erhalten blieben. Erst ab dem 8. Jh. v. Chr. erlebte die griechische Kunst erneut eine Zeit der Blüte. Vor allem ein Bautypus beherrschte die archaische Epoche: der Tempel. Er galt als Wohnsitz einer bestimmten Gottheit. Welche dies war, hing von den jeweiligen örtlichen Traditionen ab. Ursprünglich waren diese Tempel nur schlichte Hütten oder Bauten aus Holz und sonnengetrockneten Lehmziegeln mit einem einzigen Raum. Der Altar, auf dem Tieropfer dargebracht wurden, stand davor im Freien. Später erschienen allmählich Säulen im Tempelinneren und an den Außenmauern. Ende des 7. Jh. v. Chr. war der Baukörper schließlich völlig von einem Säulenkranz umschlossen, der Ringhalle oder *peristasis* – diese gibt es nur in der griechischen Baukunst.

Xoanon
Die ersten Heiligtümer waren vermutlich schlichte Hütten, in denen die Holzfigur einer Gottheit, das Xoanon, aufgestellt wurde. Meist waren sie an einer Ost-West-Achse ausgerichtet, sodass die aufgehende Sonne das Xoanon beschien.

Dachkonstruktion
In der griechischen Architektur stützten die Säulen Tragebalken aus Holz, auf denen die Querbalken, Sparren und Streben der Dachkonstruktion ruhten. Größere Spannweiten waren nur durch weitere Säulen im Inneren möglich. Später ahmte man in Stein die Charakteristika der Holzbauweise nach.

Interkolumnium

Dieser Begriff bezeichnete den Abstand zwischen zwei Säulen. Der römische Baumeister Vitruv legte im 1. Jh. v. Chr. fünf Maße fest: *pyknostylos*, engsäulig (1 1/2 Säulendurchmesser), *systylos*, gedehnt (2 Durchmesser), *eustylos*, schönsäulig (2 1/4 Durchmesser), *diastylos*, weitsäulig (3 Durchmesser) und *araiostylos*, lichtsäulig (4 Durchmesser), bei dem die Säulen „weiter entfernt voneinander waren, als sie sein sollten".

Gebälkarchitektur

Das Grundprinzip der griechischen Bauweise ist das Stütze-Last-Prinzip, auch Gebälkarchitektur genannt. Bei dieser Konstruktionsweise tragen senkrechte Stützen – in Griechenland Säulen – ein waagerechtes Gebälk. Der für die römische Architektur typische Bogen wurde in Griechenland fast gar nicht eingesetzt.

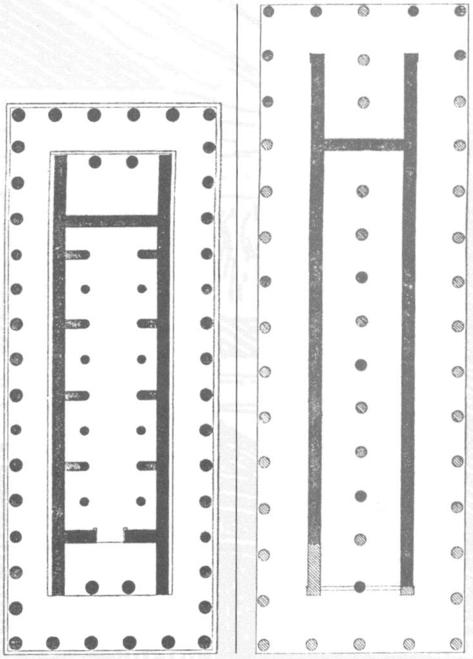

Säulenreihe im Innenraum

Frühe Tempel zeichnen sich oft durch eine Säulenreihe im Innenraum aus. Sie stützte die Decke, wenn die Mauern so weit auseinander standen, dass ein einziger Querbalken sie nicht überspannen konnte. Typisch für die Frühzeit sind zudem der lang gestreckte Grundriss sowie der große Abstand zwischen den Säulen. Der Architrav bestand aus Holz, sodass ein breites Interkolumnium möglich war. Das abgebildete Apollon-Heiligtum in Thermos (Ende 7. Jh. v. Chr.) ist eines der ersten Bauwerke mit Ringhalle.

Ursprung der Triglyphen

Zahlreiche Dekorelemente der Klassik haben ihren Ursprung in der Holzbauweise der Frühzeit. Die Triglyphe der dorischen Ordnung ist dafür ein gutes Beispiel: Bei den frühen Tempeln wurden die über die Außenwand vorragenden Balkenköpfe gerade abgeschnitten und, laut Vitruv, mit je drei blau gefärbten Brettchen verkleidet.

Krepis

Die Tempel erhoben sich auf einem steinernen Unterbau. Dessen sichtbarer Teil, die Krepis, war in der Regel mit drei allseitig umlaufenden Stufen versehen. Die oberste Stufe, auf der die Säulen stehen, wird als Stylobat bezeichnet.

Griechenland

Tempel: Formen und Bestandteile

Nachdem sich Ende des 7. Jh. die Grundformen des Tempels ausgebildet hatten, veränderten sie sich nicht mehr grundlegend, auch wenn seine Bestandteile – Ringhalle, Pronaos (Vorhalle), Naos (Allerheiligstes) und Opisthodomos (rückwärtiger Raum) – weiterhin variiert und verfeinert wurden. Die griechische Baukunst ist vor allem eine mathematische und orientierte sich an den Erkenntnissen des Philosophen Pythagoras (um 570–500 v. Chr.). Er vertrat die Ansicht, Zahlen seien Ausdruck einer elementaren Sprache, die Götter und Menschen miteinander verbinde. Korrekt auf Grundriss und Aufriss angewendete Proportionen galten als Grundlage für Schönheit, Vollkommenheit und *symmetria* – unter Letzterem verstanden die Griechen das harmonische Gleichgewicht aller Teile. Die Maßeinheit, die allen Baugliedern im Streben nach *symmetria* zugrunde lag, entsprach üblicherweise dem ganzen oder halben unteren Säulendurchmesser.

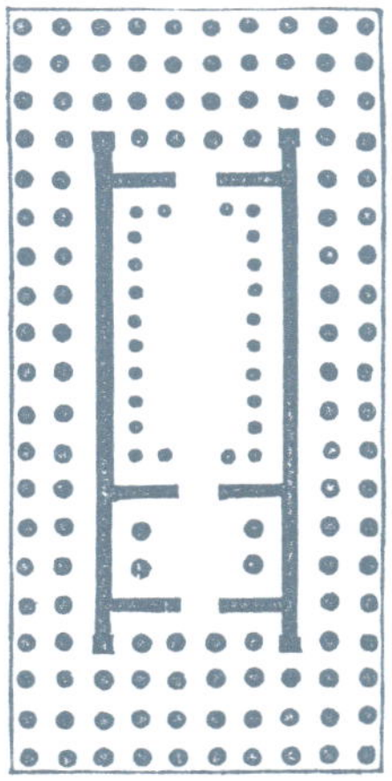

Dipteros

So bezeichnet man einen Tempel, bei dem zwei Säulenreihen das Allerheiligste (Naos oder Cella) an allen vier Seiten umgeben.

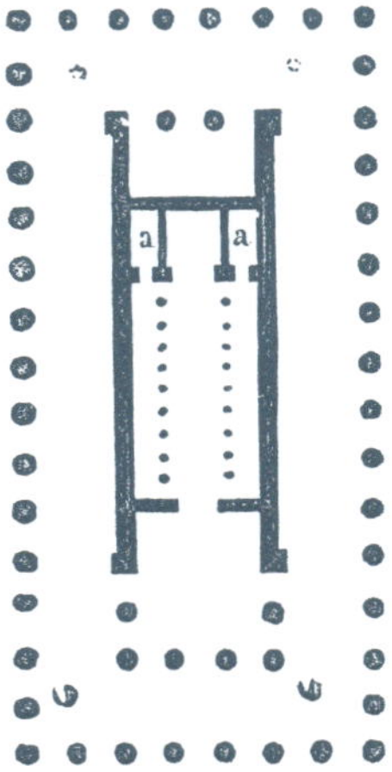

Pseudodipteros

Der Pseudodipteros ist eine Abwandlung des Dipteros. Der Unterschied besteht darin, dass die innere Säulenreihe entfällt. Dieser Tempeltypus war in der Spätphase (etwa 2. Jh. v. Chr.), ausgesprochen beliebt. Erfunden hatte ihn laut dem römischen Architekten und Militäringenieur Vitruv der berühmte griechische Baumeister Hermogenes.

Tempelgrundformen

Fast alle Tempel sind rechteckig. Oft verfügen sie – wie dieser Peripteros – über einen umlaufenden Säulenkranz, wobei ein Gang (*peridromos*) zwischen Säulen und Naosmauern entsteht. Das eigentliche Tempelgebäude besteht in der Regel aus Vorhalle (Pronaos), Allerheiligstem (Naos) und rückwärtigem Raum (Opisthodomos). Der Naos, durch Säulenreihen zunächst in zwei, später in drei Schiffe gegliedert, beherbergte das Kultbild.

Giebel

An griechischen Tempeln fällt der Giebel, die Abschlusswand an der Stirnseite des Daches, eher flach aus und erhebt sich meist über einer Vorhalle. Das dreieckige Giebelfeld zwischen dem waagerechten Kranzgesims und den Schräggesimsen wird Tympanon genannt.

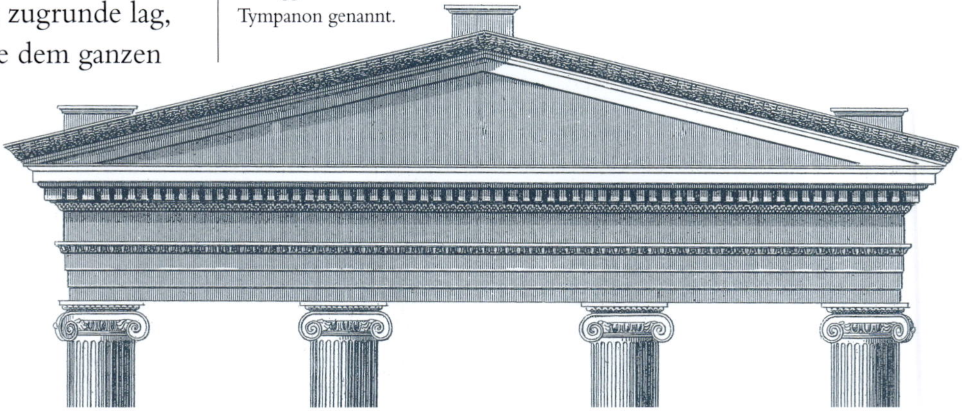

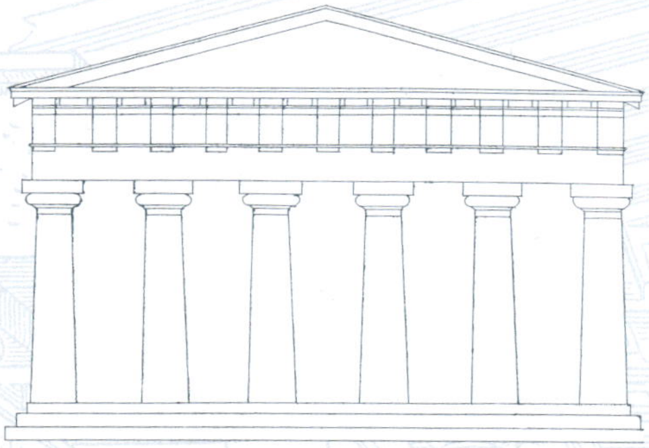

Vorhalle

Die säulengeschmückte Vorhalle (Pronaos) stellte den Haupteingang zum Tempel dar. Sie war überdacht, an den Seiten aber meist offen. Je nach Anzahl der Säulen unterscheidet man verschiedene Typen, etwa den *tetrastylos* (vier Säulen), den sehr gebräuchlichen Hexastylos (sechs Säulen) und den *dekastylos* (zehn Säulen).

Innenraum

Das Innere des Tempels war wesentlich nüchterner als der Außenbau, was sich aus seiner Bestimmung erklärt: Die Tempel waren nicht dafür vorgesehen, große Menschenmengen aufzunehmen. Meist durften nur Priester und auserwählte Personen sie betreten. Die Gläubigen indessen versammelten sich rund um das Heiligtum.

Naos

Der Naos in der Mitte des Tempels enthielt das Götterbild. Er war reich geschmückt mit Opfergaben, ebenso wie die Vorhalle. Eine Bronzetür verschloss manchmal den rückwärtigen Raum (Opisthodomos), der als Schatzkammer diente.

Antentempel

Wenn die Säulen der Vorhalle zwischen den verlängerten Naoswänden (Anten) stehen, also die Vorhalle quasi in den Tempel hineinverlagert ist, bezeichnet man dies als Antentempel; Die Säulen stehen „in antis" („zwischen den Anten").

Prostylos

Im Gegensatz zum Antentempel ist beim Prostylos die Säulenhalle der Gebäudefassade vorgelagert. Befindet sich an der Rückseite eine zweite, ähnliche Vorhalle und hat der Tempel an den Seiten keine Säulen, nennt man ihn Amphiprostylos.

Griechenland

Die dorische Ordnung

Die Ordnungen, ein ausgeklügeltes Formen- und Proportionssystem, spielten eine wichtige Rolle. Sie stellten einen festen Kanon dar, der den Abmessungen und der Gestaltung der einzelnen Bauglieder zugrunde lag. Man unterscheidet zwischen drei Ordnungen: dorisch, ionisch und korinthisch. Die dorische Ordnung wurde im Siedlungsgebiet der Dorer entwickelt, einem der griechischen Volksstämme. Verbreitung fand sie vorwiegend auf dem griechischen Festland sowie in den Kolonien in Unteritalien und Sizilien, die als Großgriechenland bezeichnet werden. Seinen Höhepunkt erreichte der dorische Stil, der Maskulinität, Kraft und Stärke ausstrahlt, Mitte des 5. Jh. v. Chr.

Triglyphen und Metopen
Beide sind charakteristisch für die dorische Ordnung. Triglyphen sind vertikale Blöcke, angeordnet jeweils über einer Säule und einem Interkolumnium. In sie eingetieft sind zwei senkrechte Kerben, an den Rändern je eine halbe Kerbe – daher heißen sie Triglyphe, „Dreischlitz". Metopen sind die oft aufwändig verzierten, fast quadratischen Platten zwischen den Triglyphen.

Dorisches Kapitell
Das Kapitell besteht bei einer dorischen Säule aus einem kissenartigen Wulst (Echinus) und einer quadratischen Deckplatte (Abakus). Waagerecht umlaufende Ringe (Anuli) vermitteln zwischen Schaft und Echinus. Etwas tiefer sitzt ein ähnliches ringartiges Zierelement (*scamillus*). Den Säulenhals dazwischen nennt man Hypotrachelion.

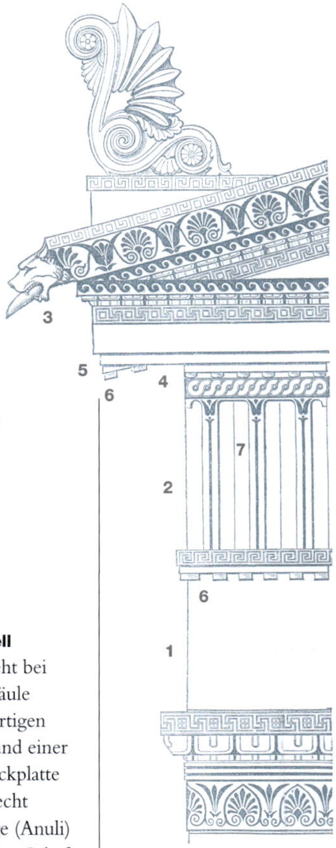

Gebälk
Das Gebälk ruht auf dem Kapitell. Es besteht aus Architrav (1), Fries (2) und Kranzgesims (3). Die Unterseite (4) des dorischen Kranzgesimses ist geneigt. Sie trägt viereckige Platten, die Mutuli (5) oder Dielenköpfe. Ursprünglich stellten sie die Enden der Dachsparren dar. Die Mutuli wurden üblicherweise mit Tropfen oder Guttae (6) verziert und sitzen jeweils mittig über einer Triglyphe (7). Tropfenplatten erscheinen ebenfalls unter den Triglyphen.

Merkmale
Dorische Säulen haben keine Basis. Sie sind meist kanneliert und tragen ein schlichtes, gedrungenes Kapitell. Die Höhe inklusive Kapitell entspricht vier- bis sechsmal dem unteren Säulendurchmesser. Das dorische Gebälk besteht aus einem glatten, schmucklosen Architrav, einem Fries aus Triglyphen und Metopen und einem Kranzgesims.

Stirnziegel und Akroter

Die Enden der Dachziegel wurden von Schmuckplatten verkleidet, den Stirnziegeln (*antefix*). Oft waren sie mit Palmettenornamenten bemalt. Im Gegensatz zu ihren dorischen Gegenstücken weisen ionische Tempel an den Langseiten normalerweise keine Stirnziegel auf. Die Giebelverzierungen oder Akrotere sind oft plastisch ausgestaltet, hier in Form eines Greifen und als Palmette *(ganz unten)*.

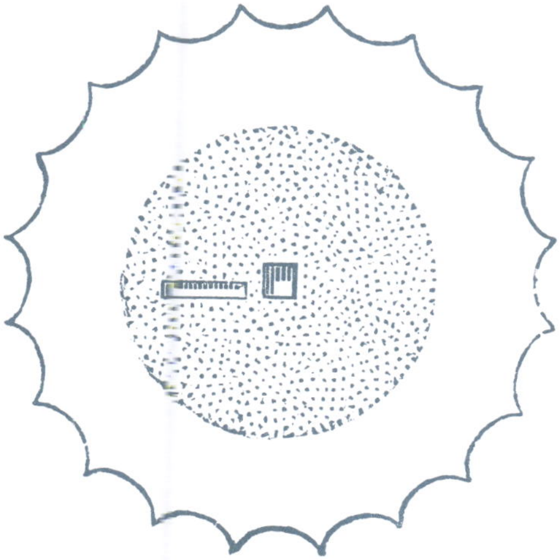

Kanneluren und Grate

Über den Schaft dorischer Säulen verlaufen im Allgemeinen senkrechte parallele Hohlkehlen, die man Kanneluren nennt. Ihre Anzahl variiert zwischen 16 und 24, meist sind es aber 20. Scharfe Grate trennen sie voneinander.

Sima

Sima werden die Traufleisten am Gesims der Dächer genannt. Dorische wie ionische Tempel verfügten oft über Wasserspeier in Form von Löwenköpfen, durch die das Regenwasser abfließen konnte.

Mäander

Ein sehr gebräuchlicher Bauschmuck an dorischen Tempeln ist der Mäander, ein Ornamentband aus rechtwinklig gebrochenen Linien. Er existiert in zahlreichen Ausprägungen.

Griechenland

Die ionische Ordnung

Die ionische Ordnung entstand zur gleichen Zeit wie die dorische, war aber erst Mitte des 5. Jh. v. Chr. voll ausgebildet. Verwendung fand sie vor allem in Ionien, d.h. an der Küste Kleinasiens und auf den Ägäischen Inseln. Ihr Formenkanon war deutlich weniger verbindlich als derjenige der dorischen Ordnung, weshalb sich mehrere regionale Varianten ausbildeten. Zunächst beschränkte sich die Verbreitung des dorischen und ionischen Stils auf die jeweiligen Ursprungsgebiete. Später wurden sie bei einzelnen Bauten miteinander kombiniert, etwa bei den Propyläen von Athen (437–431 v. Chr.). Zur Vollendung fand die ionische Ordnung ein Jahrhundert später, u.a. am Tempel der Athena Polias in Priene (um 340 v. Chr.). Laut Vitruv zeichnet sich der ionische Stil durch Weiblichkeit, Schlankheit und Schönheit aus – schließlich basiert er auf weiblichen Proportionen.

Eierstab

Insbesondere die ionischen Bauwerke sind oft mit Zierfriesen geschmückt. Einer der geläufigsten ist der Eierstab, bei dem sich Eiformen mit pfeilspitzenartigen Gebilden abwechseln.

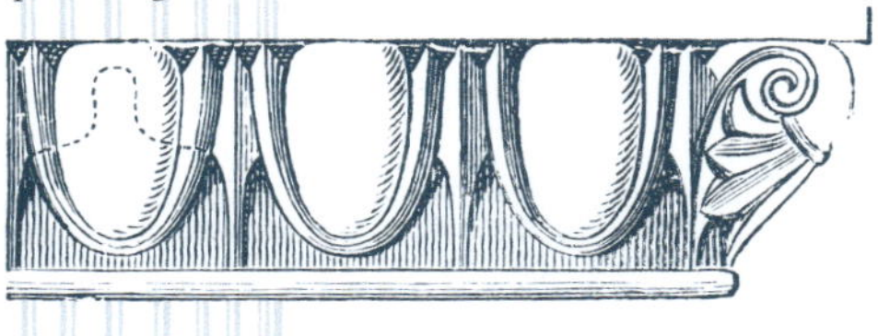

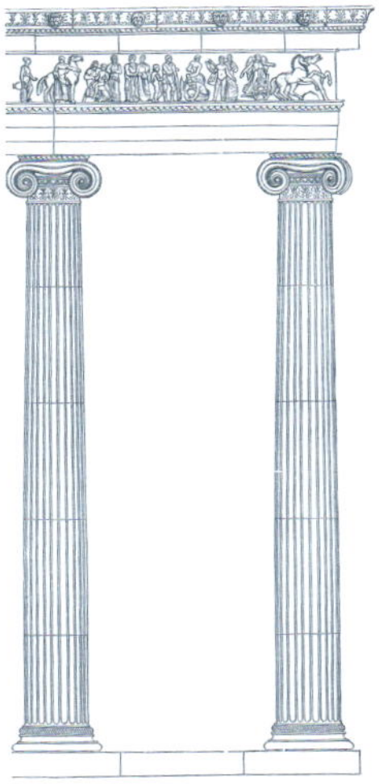

Merkmale

Ionische Säulen weisen im Gegensatz zu dorischen stets eine Basis auf, die meist reich profiliert ist. Auffallendstes Merkmal ist jedoch das Kapitell mit seinen beiden spiralförmigen Voluten. Es trägt das Gebälk, das viel leichter ausfällt als bei der dorischen Ordnung.

Perlstab

Ein weiterer gebräuchlicher Zierfries der ionischen Ordnung ist der Perlstab. Der Astragal, es handelt sich um ein Rundprofil am Übergang von Schaft und Kapitell, ist oft als Perlstab ausgebildet.

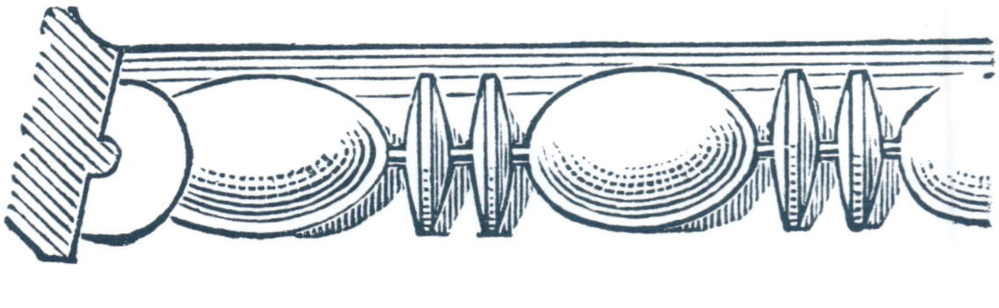

Gebälk

Das ionische Gebälk entwickelte sich in mehreren Etappen. In seiner charakteristischsten Ausprägung bestand es ab dem 4. Jh. v. Chr. aus einem Architrav, der sich in drei breite Streifen oder Faszien gliederte, einem umlaufenden Fries, entweder schmucklos oder reliefiert, sowie einem oft kunstvoll ausgearbeiteten Zahnschnittgesims.

Anthemion

Den Hals ionischer Säulen zieren reliefierte Ornamente, etwa das Anthemion. Es besteht aus Palmetten und stilisierten Lotosblüten und war ein sehr beliebtes Motiv, das häufig friesartig als Bauschmuck eingesetzt wurde.

Kanneluren und Stege

Ionische Säulen sind kanneliert, meist mit 24 Kanneluren. Sie sind tiefer eingeschnitten als Säulen der dorischen Ordnung und werden durch schmale, abgeflachte Stege getrennt.

Attische Basis

Die attische Basis – benannt nach der altgriechischen Landschaft Attika, wo sie entwickelt wurde – fand im 5. Jh. große Verbreitung. Sie besteht aus zwei kräftigen Wülsten (Tori), die durch eine konkave Hohlkehle (Trochilus) voneinander getrennt sind.

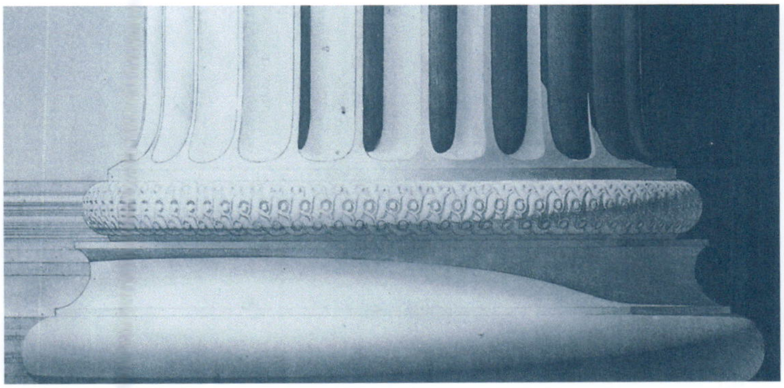

Kapitell

Die Voluten des ionischen Kapitells ruhen auf dem Echinus, der fast immer als Eierstab ausgebildet ist. Sie tragen wiederum den Abakus, der flacher und schmaler ausfällt als das dorische Gegenstück. Ihn schmückt ebenfalls ein Eierstab.

Volute

Die Volute, eine spiralförmige Einrollung, ist das Hauptmerkmal eines ionischen Kapitells. Ihre Form orientierte sich vermutlich an Vorbildern aus der Natur, etwa eingerollten Farnwedeln oder der Spiralschale des Perlboots. Erstmals trat sie am aiolischen Kapitell auf.

Griechenland

Die korinthische Ordnung

Die dritte griechische Ordnung entwickelte sich erst später als die anderen. Die ältesten erhaltenen Beispiele korinthischer Säulen befinden sich im Inneren des Apollon-Tempels in Bassai (429–390 v. Chr.) und außen am Lysikrates-Denkmal in Athen (335–334 v. Chr.). Im Gegensatz zur dorischen und ionischen Ordnung stellt die korinthische kein eigenständiges Konstruktionssystem dar. Vielmehr hat sie dekorativen Charakter. Ihre Wirkung beruht vor allem auf prachtvollen Pflanzenkapitellen: Laut Vitruv hatte der athenische Bildhauer Kallimachos diese erfunden; ursprünglich wurden sie vermutlich in Bronze ausgeführt. Die restlichen Bauglieder übernahm die korinthische Ordnung aus der ionischen. Während des Hellenismus wurde sie weiterentwickelt, doch den Römern blieb es überlassen, sie konsequent einzusetzen und reich auszugestalten. Vitruv bezeichnet die korinthische Ordnung als „schlank wie eine Jungfrau“. Sie strahlt Eleganz und Schönheit aus.

Ursprung des korinthischen Kapitells
Vitruv schildert, übrigens auch wie Kallimachos das korinthische Kapitell erfand: Nach dem Tod einer jungen Frau hatte ihre Amme einen Korb mit den Lieblingssachen der Verstorbenen auf das Grab gestellt, zufällig auf die Wurzeln einer Akanthuspflanze. Diese trieb im Frühling aus und wuchs um den Korb herum. Durch den Ziegel, mit dem der Korb abgedeckt war, wurden die Triebe an den Enden abgedrängt und rollten sich ein. Dieser Anblick inspirierte Kallimachos dazu, das korinthische Kapitell zu entwickeln.

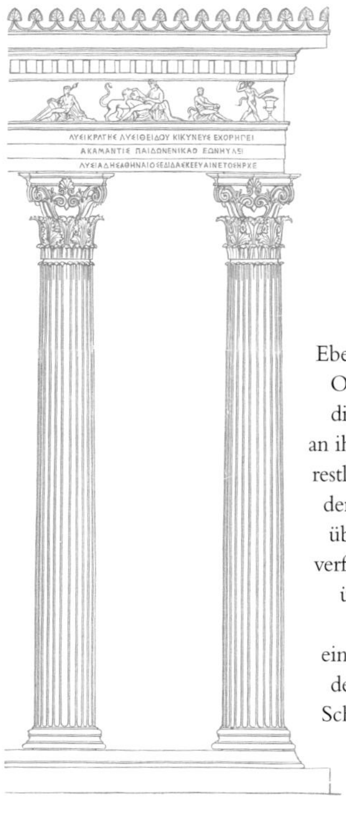

Merkmale
Ebenso wie die ionische Ordnung erkennt man die korinthische sofort an ihrem Kapitell. Da die restlichen Bauglieder aus der ionischen Ordnung übernommen wurden, verfügt sie üblicherweise über eine Basis, einen kannelierten Schaft, einen in Faszien gegliederten Architrav, einen Schmuckfries sowie ein Zahnschnittgesims.

Kapitell

In seiner Idealform setzt sich das korinthische Kapitell aus zwei Reihen von je acht Akanthusblättern zusammen. Darüber wachsen in einer Volute endende Ranken (Helikes) heraus. Sie tragen die Deckplatte (Abakus). In der Mitte jeder Seite befindet sich eine Palmette.

Frühe Kapitellform

In dieser Form trat das korinthische Kapitell erstmals am Außenbau eines Gebäudes auf, und zwar im 4. Jh. v. Chr. am Lysikrates-Denkmal. Man erkennt nur eine einzige Reihe Akanthusblätter; anstelle der späteren unteren Reihe erscheinen hier stilisierte Schilfblätter. Das abgebildete Kapitell ist ungewöhnlich hoch, nämlich 1 1/2 Säulendurchmesser – später beschränkte man sich auf 1 1/16 Säulendurchmesser.

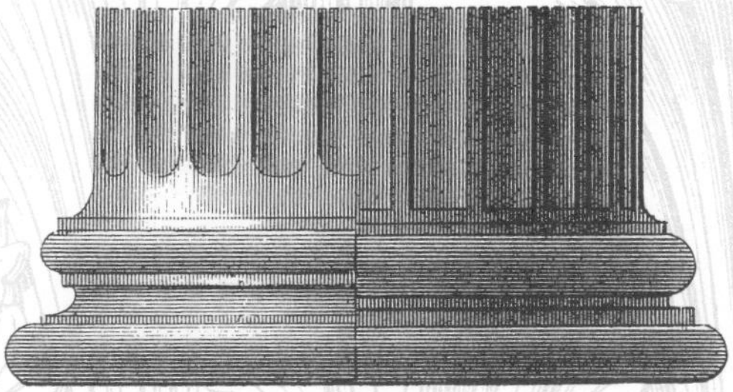

Akanthusblatt

Die Hauptzierform des korinthischen Kapitells stellt das Akanthusblatt (Bärenklau) dar. Dieses stachelige Staudengewächs ist vorwiegend in den Mittelmeerländern verbreitet. Den Griechen diente die spitzblättrige Art *Acanthus spinosus* als Vorbild, während die Römer die breiteren Blätter der Art *Acanthus mollis* bevorzugten.

Basis

Die korinthische Ordnung übernahm ihre Basis von der ionischen Ordnung, normalerweise in Form der attischen Basis, die aus zwei Wülsten (Tori) und einer Hohlkehle (Trochilus) besteht. Den Übergang zwischen ihnen betonen schmale trennende Plättchen. Die attische Basis hat keine Plinthe (Fußplatte), im Gegensatz zu den kleinasiatisch-ionischen Formen. Diese ruhen meist auf einer Plinthe, sind reich profiliert und teilweise waagerecht kanneliert.

Griechenland

Die Entwicklung des dorischen Stils

Während des 6. und frühen 5. Jh. v. Chr., der archaischen und frühklassischen Epoche, entwickelte sich der dorische Stil. Stein ersetzte allmählich Holz, doch die alten Konstruktionselemente behielt man bei: Die Tempel „versteinerten“ sozusagen. Die meisten Bauten jener Zeit sind in Magna Graecia erhalten. So nennt man die griechischen Kolonien in Unteritalien und Sizilien, die von den Zerstörungen der Perserkriege der 480er-Jahre verschont blieben. Aus diesem Grund befinden sich dort einige der frühesten, interessantesten und am besten erhaltenen griechischen Tempel. In der heutigen Zeit wirken sie nüchtern und schmucklos, aber ursprünglich waren sie, wie die meisten griechischen Bauwerke, sehr farbenfroh und mit Reliefs prächtig verziert. Gegen 500 v. Chr. fand die Entwicklung der dorischen Ordnung ihren Abschluss, danach erfuhr sie keine entscheidende Veränderung mehr.

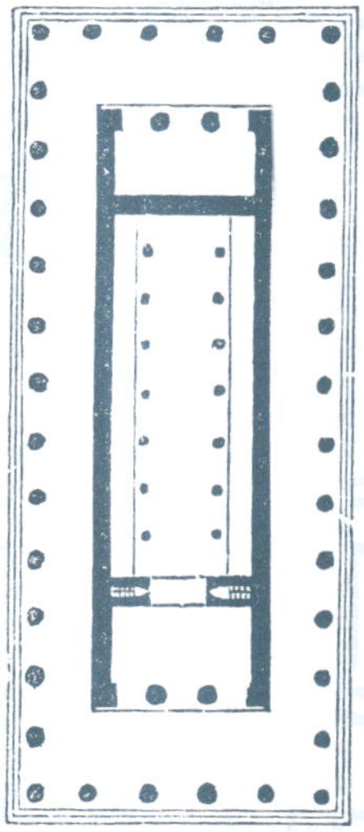

Paestum, Kampanien (6./5. Jh. v. Chr.)
In Paestum, das in griechischer Zeit Poseidonia hieß, sind mehrere bemerkenswerte Tempel erhalten. Der älteste, die so genannte Basilika, wurde um 540 v. Chr. errichtet *(ganz oben)*. Es handelt sich um einen seltenen *enneastylos*, d.h. die Front hat neun Säulen; die ungerade Zahl ist bedingt durch die zentrale Säulenreihe im Inneren. Der große Hera-Tempel (um 460–450 v. Chr., *oben und rechts*), ein *hexastylos*, weist ebenfalls im Inneren Säulen auf, allerdings zwei Reihen, sodass der Blick auf das Götterbild frei blieb.

Entasis
Bereits in der archaischen Zeit wichen die griechischen Baumeister von den Idealformen ab, um perspektivischen Phänomenen entgegenzuwirken. Das gilt etwa für die Entasis, eine leichte Schwellung des Schaftes, wobei dieser in der Mitte am dicksten war. Besonders ausgeprägt war sie im 6. Jh. v. Chr. Sie sollte eine optische Täuschung korrigieren: Gerade Säulen erscheinen dem Auge leicht konkav.

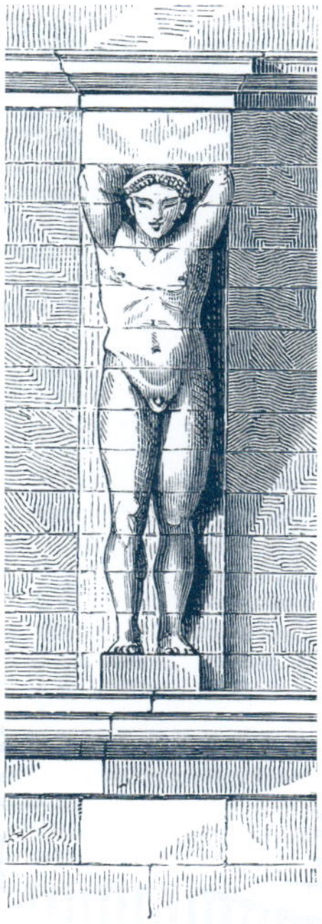

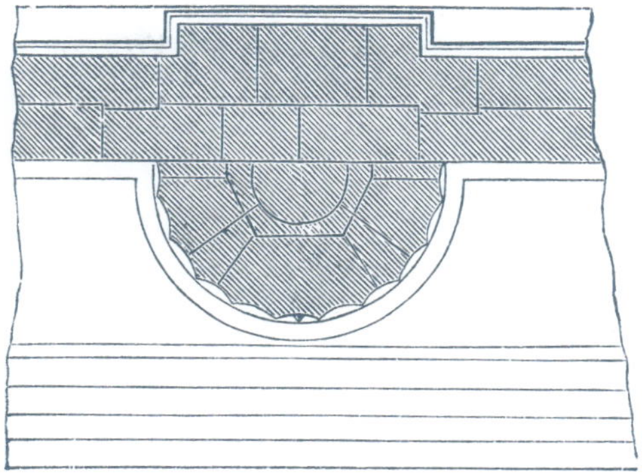

Halbsäule

Eine halb aus der Wandfläche oder einem Pfeiler heraustretende Säule nennt man Halbsäule. Dreiviertelsäulen treten entsprechend weiter aus der Wand heraus. Viertelsäulen erscheinen dagegen meist in den Ecken.

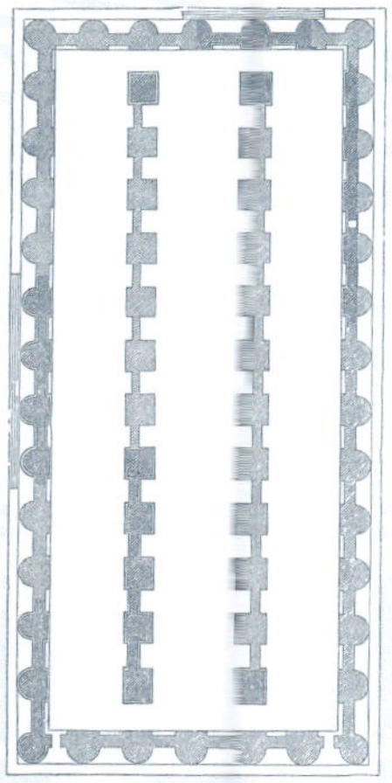

Atlanten

Atlanten sind Stützen, in Form einer männlichen Figur gearbeitet. Die Römer nannten sie Telamonen. Oft stemmen sie sich mit erhobenen Armen gegen das auf ihnen lastende Gebälk, etwa beim Olympieion (480 v. Chr.) in Agrigent. Dort trugen die 8 m hohen Atlanten ursprünglich das Gebälk und zugleich fungierten sie als Stütze für das Mauerwerk. Eventuell wies auch das Innere des Tempels Atlanten auf. Die weiblichen Gegenstücke der Atlanten heißen Karyatiden.

Doppelgeschossige Säulenreihen

Doppelgeschossige Säulenreihen kamen häufig im Inneren der dorischen Tempel zur Anwendung, um das Dach zu stützen. Sie zeichnen sich dadurch aus, dass beide Säulenreihen der dorischen Ordnung folgen. Später, vor allem in römischer Zeit, kombinierte man die Ordnungen: Unten verwendete man dorische, darüber ionische und ganz oben korinthische Säulen.

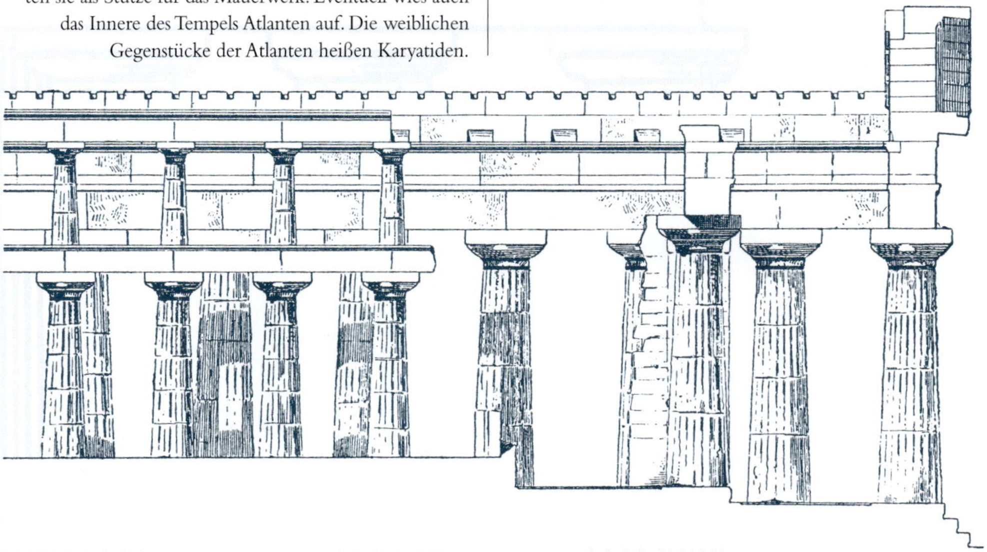

Pseudoperipteros

Einer der größten dorischen Tempel wurde auf Sizilien errichtet: das dem Zeus geweihte Olympieion in Akragas (heute Agrigent). Es stammt aus dem Jahr 480 v. Chr. und weist innovative Züge auf: Es handelt sich um einen Pseudoperipteros, d.h. der Säulenkranz dieses Tempels besteht nicht aus frei stehenden Vollsäulen, sondern dem Naos sind Halbsäulen vorgeblendet. Zudem ruhen sie auf Basen, was für den dorischen Baustil ungewöhnlich ist.

Griechenland

Das perikleische Zeitalter

Ihren Zenit erreichte die griechische Baukunst Mitte des 5. Jh. v. Chr. mit der Hochklassik. Damals entstanden einige der großartigsten Bauwerke der Architekturgeschichte. Die einfallenden Perser, die eine Spur der Verwüstung hinter sich zurückgelassen hatten, waren endgültig zurückgedrängt worden. Die Hochstimmung nach dem Sieg gipfelte in einem neuen Selbstbewusstein und man investierte die Kriegsbeute in die Errichtung prachtvoller Heiligtümer. Unter dem Staatsmann Perikles, der Athen von 443 bis 429 v. Chr. regierte und nach dem ein ganzes Zeitalter benannt ist, erreichte die Bautätigkeit ihren Höhepunkt.

Hekatompedos

So nennt man einen Tempel, der 100 griechische Fuß lang ist, also etwa 30 m. Ein Beispiel dafür ist das Hephaisteion (449–444 v. Chr.) in Athen, auch Theseion genannt.

Merkmale

Dorische Tempel des 5. Jh. v. Chr. weisen unverkennbare Merkmale auf: Die Säulen erscheinen höher und schlanker als bei ihren Vorgängern der archaischen Zeit, die Friese sind eleganter und die Interkolumnien fallen breiter aus. Alle diese Neuerungen spiegeln den Einfluss des ionischen Stils wider.

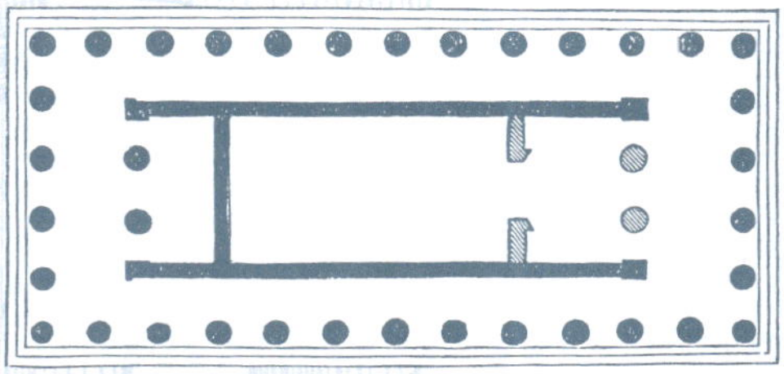

Bautechniken

Zu jener Zeit wurde von innen nach außen gebaut, d.h. zuerst wurde der Naos errichtet, danach der Säulenkranz. Das Hephaisteion *(unten)* blieb ungewöhnlich gut erhalten. Dies ist darauf zurückzuführen, dass es in byzantinischer Zeit in eine Kirche umgewandelt worden war.

Tempel am Ilissos
Athen (449 v. Chr.)
Im 5. Jh. v. Chr. waren die wesentlichen Merkmale des ionischen Tempels voll entwickelt. Dieser hübsche Tempel in Athen mit seinen schlanken, eleganten Formen mag als Beispiel dafür dienen. Es handelt sich um einen *tetrastylos*, d.h. die Front weist vier Säulen auf.

Akroter
Dieser Begriff bezeichnet die bekrönenden Statuen und Ornamente auf den seitlichen Ecken und der Spitze des Giebeldreiecks. Die Akroter des Zeus-Tempels in Olympia (um 460 v. Chr.) waren aus Bronze gefertigt. Andere bestanden aus weniger wertvollen Materialien, waren aber ebenfalls kunstvoll ausgestaltet.

Tempel des Apollon Epikurios, Bassai (429–390 v. Chr.)
Der ungewöhnliche Grundriss ist durch die Ausrichtung an einer Nord-Süd-Achse statt an einer Ost-West-Achse zu erklären. Deshalb ließ man eigens eine Seitentür in die Ostwand ein. Ihr gegenüber stand das Kultbild, in einem Raum, der Adyton genannt wird.

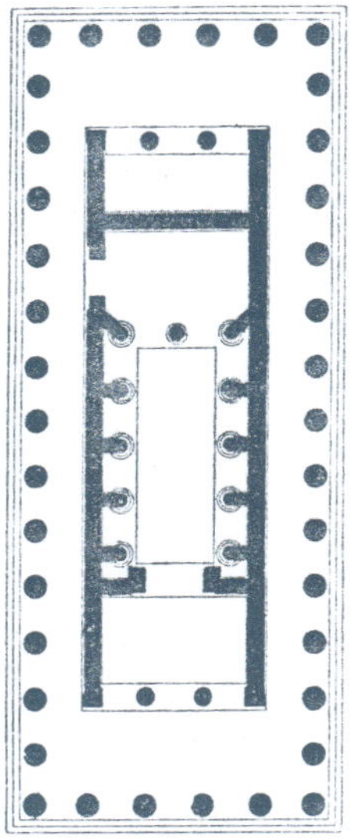

Die drei Ordnungen
Im 5. Jh. bestand ein fester Kanon der Ordnungen. Ausnahmen gibt es nur wenige; die bekannteste ist der Tempel des Apollon Epikurios in Bassai. Der Entwurf stammte von Iktinos, der bereits am Parthenon mitgewirkt hatte. Erstmals in der griechischen Architektur erschienen hier die drei Ordnungen an einem einzigen Gebäude: die dorische in der Ringhalle, die ionische im Naos und die korinthische in Form der Mittelsäule des Naos.

Griechenland

Das perikleische Zeitalter: Die Akropolis

Bevor die Perser 480 v. Chr. aus Athen abzogen, machten sie die Akropolis dem Erdboden gleich. Zwar beschlossen die Athener, ihr religiöses Zentrum wieder aufzubauen, doch der Neubau verzögerte sich, bis Perikles die Initiative ergriff. Im Jahr 447 v. Chr. initiierte er ein ehrgeiziges Bauprogramm, das die wachsende politische Macht Athens zum Ausdruck bringen sollte. Iktinos und Kallikrates wurden zu den Baumeistern des Haupttempels bestimmt. Er wurde 432 der Stadtpatronin Athena Polias geweiht und ist als Parthenon bekannt. Die Oberaufsicht hatte der Bildhauer Phidias inne, der auch den plastischen Bauschmuck gestaltete. Gemeinsam mit den Propyläen repräsentiert der Parthenon den Zenit des dorischen Stils. Weder vorher noch in späteren Zeiten wurde eine solche Perfektion der Proportionen erreicht.

Akropolis
Mit diesem Begriff bezeichnet man ganz allgemein die griechische Burg oder Oberstadt. Die meisten griechischen Städte waren auf Hügeln angelegt, mit einer Akropolis als religiösem und politischem Zentrum auf dem Gipfel.

Panathenäen
Der Parthenon war nicht nur Wohnsitz einer Göttin, sondern diente ebenfalls sozialen und rituellen Zusammenkünften. Mit den kleinen Panathenäen feierte die Stadtbevölkerung jedes Jahr das Fest der Athena. Die gesamte Stadt nahm an einer Prozession teil, die in der Übergabe eines prächtigen Gewands (*peplos*) an die Göttin gipfelte.

Goldelfenbein-Bildwerk
Im Naos des Parthenons stand ursprünglich ein prachtvolles Standbild der Athena Parthenos, das Phidias gestaltet hatte. Gearbeitet war die fast 11 m hohe Statue als chryselephantines Bildwerk, d.h. ihr hölzerner Kern war mit Elfenbein und Gold belegt.

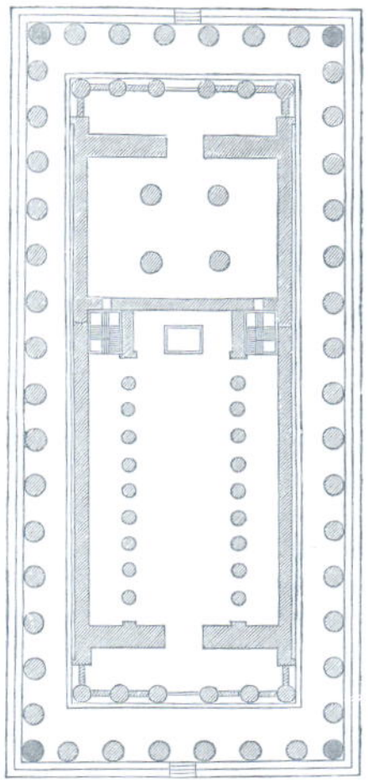

Skulpturenschmuck, Parthenon
Der Parthenon zeichnet sich aus durch zahlreiche meisterhafte Skulpturen, etwa an den beiden Giebelfeldern (Tympana), die zwischen 438 und 432 v. Chr. entstanden. Der hier abgebildete westliche Tympanon zeigt den Wettstreit zwischen Athena und Poseidon um die Herrschaft über Attika.

Propyläen (437–431 v. Chr.)
Monumentale Eingangstore, die Propyläen, kennzeichnen den Eingang zum griechischen Tempelbezirk. Zu den Propyläen von Athen gelangt man nach steilem Aufstieg aus der Ebene. An Vorder- und Rückseite befinden sich je sechs dorische Säulen. Allerdings wurde nur ein Flügel vollendet, denn der Ausbruch des Peloponnesischen Krieges unterbrach die Bauarbeiten.

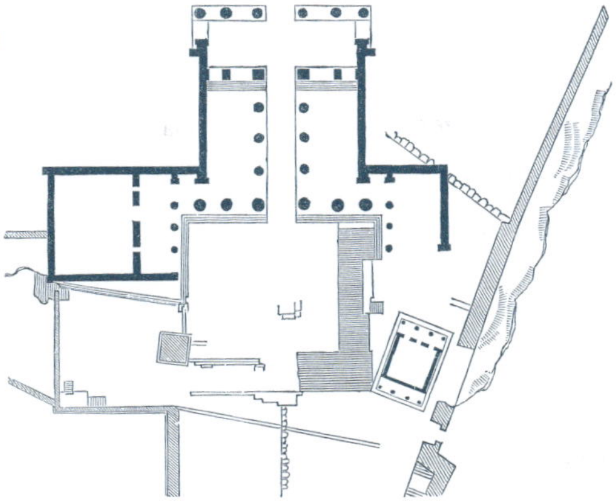

Farbigkeit
Alle Bauten der Akropolis bestanden aus weißem pentelischem Marmor. Die oberen Partien wurden abschließend mit kräftigen Farben bemalt – die Kapitelle, Metopen und Giebelfelder des Parthenons hat man sich also nicht weiß, sondern farbig vorzustellen.

Ionische Säulen, Propyläen
Durch die Propyläen hindurch führte eine Prozessionsstraße für Umzugswagen. Im Inneren des Gebäudes flankieren sie schlanke ionische Säulen. Diese sind höher und kaschieren somit den Höhenunterschied zwischen Innen- und Außenfassade.

Grundriss, Parthenon
Der Parthenon steht genau an der Stelle eines Vorgängerbaus, dessen Grundriss er übernahm. Allerdings war der erste Bau ein *hexastylos* (mit sechssäuliger Front), der jetzige ist hingegen ein *oktastylos* (mit achtsäuliger Front). Der Begriff Parthenon (Saal der Jungfrau) bezeichnete zunächst den an den Naos anschließenden quadratischen Raum, später wurde er für den gesamten Tempel verwendet.

Griechenland

Das perikleische Zeitalter: Die Akropolis II

Die ehrgeizigen Pläne des Perikles für die Akropolis fanden 431 v. Chr. ein abruptes Ende, als sich die Spartaner gegen das immer mächtiger werdende Athen erhoben. Der Peloponnesische Krieg sollte bis 404 v. Chr. andauern, mit einer kurzen Unterbrechung zwischen 421 und 413. Sie bot Gelegenheit, einige der Bauwerke auf der Akropolis fertig zu stellen sowie die Arbeiten an den beiden größten ionischen Tempeln der Stadt aufzunehmen: dem Erechtheion (421–406 v. Chr.) und dem Tempel der Athena Nike (ab 421 v. Chr.). Der Baumeister des Letzteren war Kallikrates, der bereits am Parthenon mitgewirkt hatte. Das Erechtheion wird dagegen Mnesikles zugeschrieben, dem Baumeister der Propyläen. Obwohl die Architekten also dieselben waren, wurde nun dem ionischen Stil der Vorzug gegeben. Die dorische Ordnung wurde nicht mehr aufgegriffen, am Parthenon hatte sie ihre Vollendung erfahren.

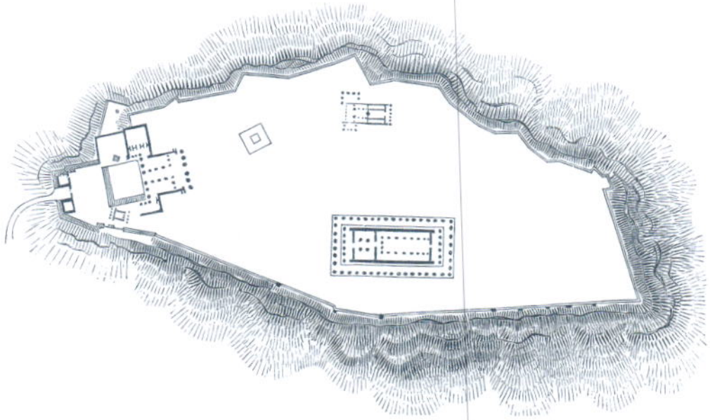

Temenos, Akropolis
Der heilige Bezirk – der Bereich um einen Tempel – heißt in Griechenland Temenos. Hier sieht man die Akropolis von Athen mit ihren vier Bauwerken aus dem 5. Jh. v. Chr.

Karyatide
Eine Karyatide ist eine weibliche Figur, die anstelle einer Stütze ein Gebälk trägt. Laut Vitruv inspirierten die Frauen von Karyai zu dieser Bezeichnung: Als Strafe dafür, dass sie Partei für die Perser ergriffen hatten, waren sie in die Sklaverei geführt worden. Ähnliche Figuren mit Körben auf dem Kopf nennt man Kanephoren.

Karyatiden, Erechtheion
Das berühmteste Beispiel für Karyatiden stellt die Korenhalle an der Südwest-Ecke des Erechtheions dar. Der elegante Bau ist von außen nicht zugänglich, gleicht also einem Balkon.

Erechtheion (421–406 v. Chr.)
Das Erechtheion war mehreren Göttern und Heroen geweiht, u.a. Athena Polias und Erechtheus. Es erhebt sich auf zwei Ebenen, vermutlich weil es mehrere ältere Kultstätten vereinte, und weist drei Säulenhallen auf. Sein unregelmäßiger Grundriss ist nicht rechteckig und ausgesprochen unkonventionell.

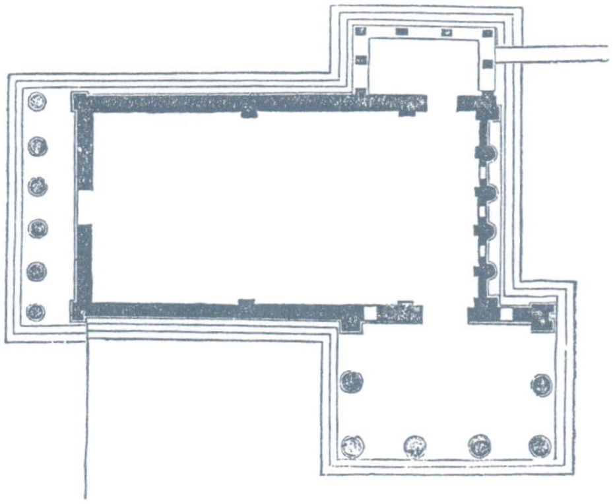

Tempel der Athena Nike (ab 421 v. Chr.)
Dieser kleine ionische Tempel, noch vor den Propyläen geplant, aber erst 421 v. Chr. begonnen, erhebt sich auf einem Felsvorsprung der Akropolis. Es handelt sich um einen Amphiprostylos, so die Bezeichnung für einen Tempel mit zwei Vorhallen. Wie auch das Erechtheion repräsentiert der Niketempel den ionischen Stil in vollendeter Form. Besonders auffallend sind der durchlaufende Fries mit Kampfszenen sowie Darstellungen von Athena und anderen Göttern.

Konsolen, Erechtheion
Die Nordhalle des Erechtheions weist einen schönen, sehr gut erhaltenen Eingang auf. Links und rechts vom Sturz befinden sich zwei Konsolen, S-förmig gestaltete, vorkragende Tragsteine, die das aufwändig geschmückte Gesims stützen. Der Rahmen ist mit kunstvoll profilierten Zierleisten versehen.

Schmuck, Erechtheion
Das Erechtheion ist ein schönes Beispiel für einen ionischen Tempel. Auf diesem Detail des Gebälks erkennt man die typischen Ornamente: Eierstab, Perlstab und Anthemion. Der Fries besteht aus schwarzem Kalkstein; die Figuren aus weißem Marmor wurden mit Metallklammern darauf befestigt.

Griechenland

Der Niedergang

Das Goldene Zeitalter Athens währte nur kurz: 404 v. Chr. verlor die Stadt den Peloponnesischen Krieg. Der Aufstieg von weniger kultivierten Staaten wie Sparta, Theben und später Makedonien hatte einen allmählichen Niedergang der Baukunst zur Folge. Zudem verhinderten während der Spätklassik die andauernden Kriege größere Bauvorhaben. Im Kernland traten die Tempel gegenüber den Festungsbauten in den Hintergrund. Nun setzte man die drei Ordnungen gemeinsam bei Bauwerken ein. Kleinasien war von den Kriegshandlungen weniger betroffen, sodass der ionische Stil eine neue Blüte erlebte: Dort arbeiteten griechische Handwerker im Auftrag der persischen Satrapen (Statthalter) und später auch für Alexander den Großen, der Kleinasien 334/333 v. Chr. eroberte.

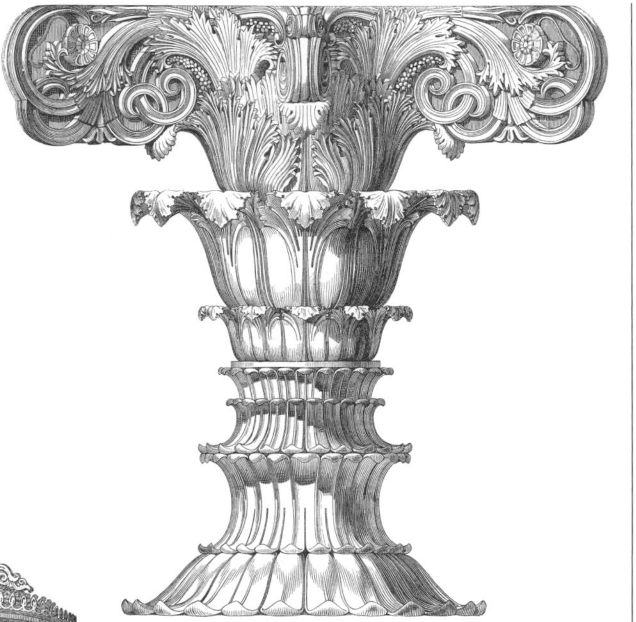

Bekrönung, Lysikrates-Denkmal
Die Bekrönung auf der Spitze des Lysikrates-Denkmals war elegant gestaltet und mit mehreren Reihen von stilisierten Schilf- und Akanthusblättern sowie mit ausladenden Voluten verziert. Ursprünglich trug die Bekrönung den Dreifuß, den der reiche Athener Bürger Lysikrates bei den Dionysien, den Festspielen zu Ehren des Dionysos, gewonnen hatte.

Lysikrates-Denkmal, Athen (335–334 v. Chr.)
Rundbauten, Tholoi genannt, wurden damals in Griechenland beliebt. Ihre genaue Funktion ist nicht bekannt, obwohl sie oft Tempel imitierten und einige von ihnen Statuen enthielten. Vielleicht die berühmteste ist das Lysikrates-Denkmal, das am Ostabhang der Akropolis errichtet wurde. Es handelt sich um ein zylindrisches Bauwerk, das ursprünglich einen Bronzedreifuß trug, den der Mäzen Lysikrates bei einem Chorwettbewerb als Preis gewonnen hatte. Hier wurde die korinthische Ordnung erstmals an einem Außenbau angewandt.

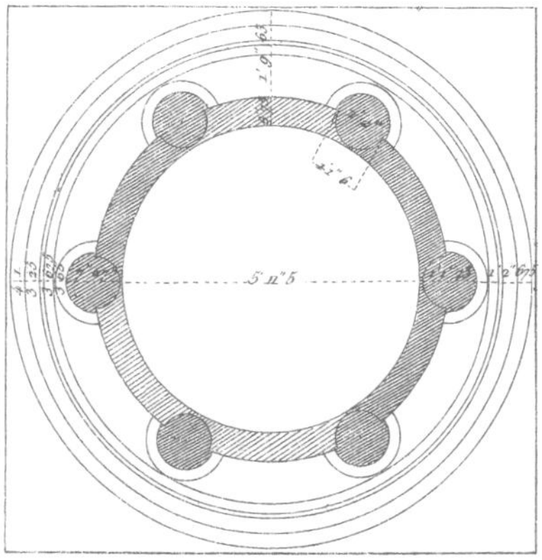

Zahnschnitt, Lysikrates-Denkmal
Das Gebälk der kleinasiatisch-ionischen Ordnung ist mit Zahnschnitt geschmückt. Dabei handelt es sich um einen Fries aus hervortretenden Blöcken, welche in Stein die Balkenköpfe der Holzbauweise imitieren. Auch in korinthischem Gebälk tritt der Zahnschnitt in leicht veränderter Form auf, so auch beim Lysikrates-Denkmal. Normalerweise fehlt der Zahnschnitt bei der attisch-ionischen Variante, in diesem Fall handelt es sich um eine Ausnahme.

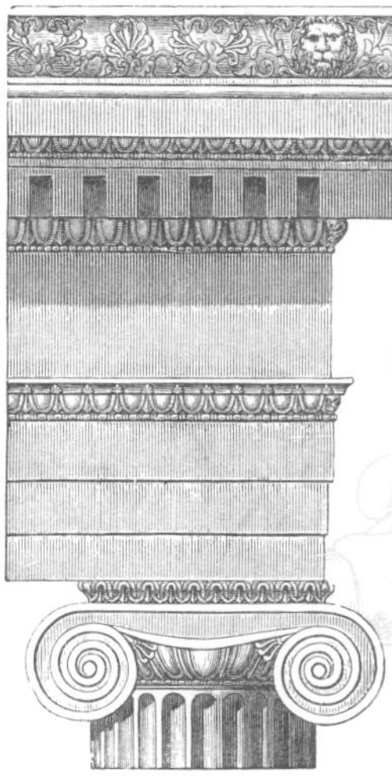

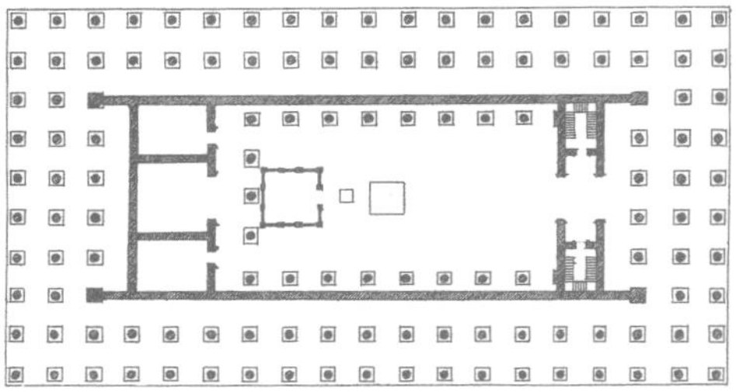

Artemision, Ephesos (begonnen 33[illegible] v. Chr.)
Der ionische Großtempel von Ephesos war der bedeutendste Sakralbau Kleinasiens und zählte gemeinsam mit dem Parthenon zu den sieben Weltwundern. Er wurde errichtet, nachdem 356 v. Chr. sein Vorgängerbau (aus dem 6. Jh.) in Brand gesteckt worden war. Wegen der spärlichen Überreste des Tempels gibt es verschiedene Hypothesen zu seinem Grundriss. Vermutlich war es ein *oktastylos* und kein *dekastylos*, wie hier abgebildet. Sicher weiß man aber, dass es sich um einen Dipteros handelte. Legendär war sein Skulpturenschmuck, vor allem die riesigen skulptierten Figuren am unteren Ende der Säulen.

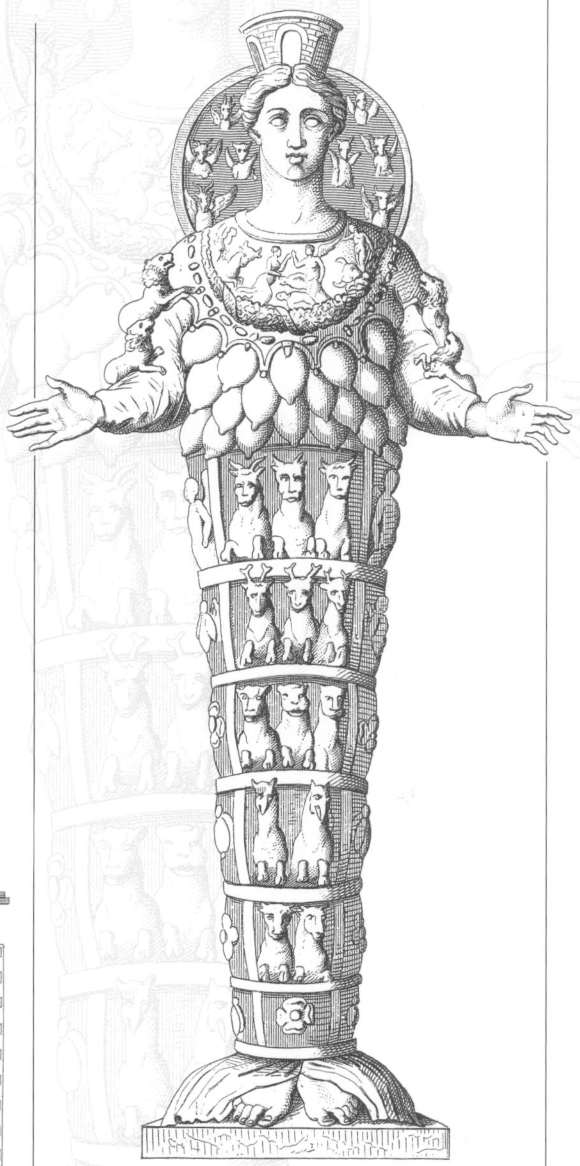

Artemis
Der Großtempel von Ephesos war der Artemis geweiht, der Herrin der Tiere. Von den Römern wurde sie mit Diana gleichgesetzt, der Göttin der Jungfräulichkeit und der Jagd. Das Artemision enthielt die berühmte Kultstatue einer polymastischen Artemis. Sie entstand unter dem Einfluss einer alten kleinasiatischen Fruchtbarkeits- und Muttergottheit.

Griechenland

Hellenismus

Der Tod Alexanders des Großen im Jahr 323 v. Chr. gilt als Endpunkt der hellenischen Zeit, die um 750 v. Chr. eingesetzt hatte, und als Beginn des Hellenismus. Unter Alexanders Führung hatte sich das makedonische Reich bis nach Indien und Nubien ausgedehnt. Der traditionell starke griechische Einfluss blieb jedoch weiterhin bestimmend. Nach dem Tod Alexanders zerfiel das gewaltige Reich in mehrere Königreiche. Hellenistisch wird ihre Kultur deshalb genannt, weil sie sich am griechischen Vorbild orientierten. Allerdings gaben sie die frühe griechische Formensprache auf: Zugunsten der ionischen und korinthischen Ordnung kam der dorische Stil völlig aus der Mode Diese letzte Phase der griechischen Baukunst übte großen Einfluss auf die Römer aus, die Griechenland 30 v. Chr. in ihr Imperium eingliederten.

Turm der Winde, Athen (Mitte 1. Jh. v. Chr.)
Der so genannte Turm der Winde in Athen diente als Uhrturm. Im Inneren gab eine Wasseruhr die Zeit an, außen hingegen eine Sonnenuhr. Jede der acht Außenmauern zeigte ein Relief eines Windes, z.B. des Westwindes Zephyr. Als Windanzeiger diente ein bronzener Triton, die Skulptur eines griechischen Meergottes.

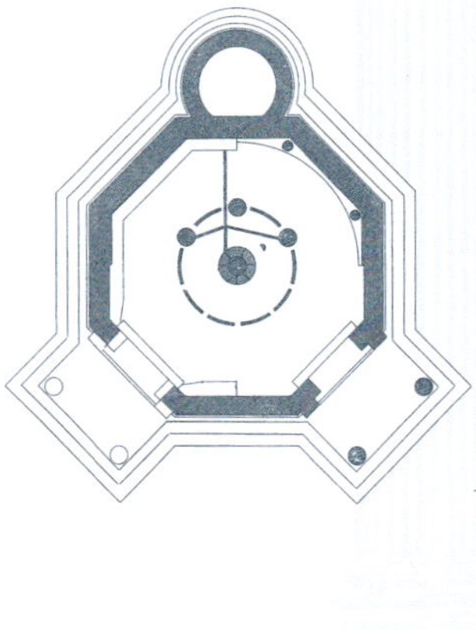

Variante des korinthischen Kapitells
Im Hellenismus verloren die Ordnungen ihre Verbindlichkeit und es entstanden experimentierfreudigere Formen. Am Turm der Winde tritt zum Beispiel eine Variante des korinthischen Kapitells auf. Es trägt nur eine einzige Reihe Akanthusblätter und weist keine Voluten auf.

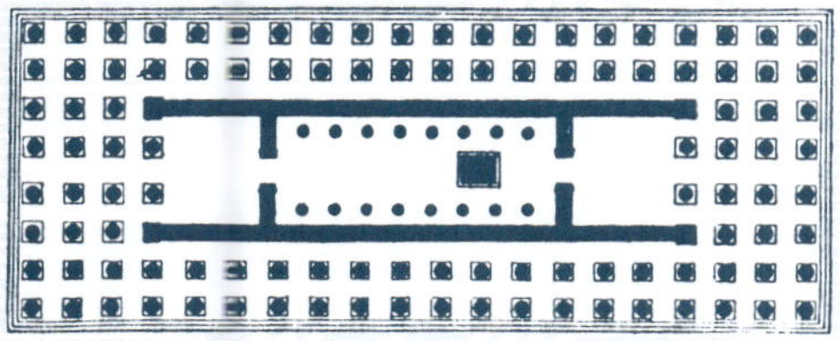

Dipteros
Der Dipteros mit seinem doppelten Säulenkranz war ab dem 4. Jh. v. Chr. weit verbreitet. Vor allem besticht er durch seine Großartigkeit. Oft wird sie – wie hier – durch eine zusätzliche Säulenreihe vorne und hinten gesteigert (*tripteros*). Die Abbildung zeigt das riesige Olympieion in Athen (begonnnen im Jahr 174 v. Chr.).

Korinthische Ordnung, Olympieion
Erst die Römer nahmen die korinthische Ordnung konsequent auf und entwickelten sie weiter. Die Griechen jedoch erbauten nur wenige rein korinthische Tempel. Allerdings gibt es auch Ausnahmen wie das Olympieion in Athen. Seine Säulen sind ausgesprochen wuchtig und massiv, gleichzeitig aber ungewöhnlich hoch.

Ionische Ordnung, Dionysos-Tempel, Teos (Mitte 2. Jh. v. Chr.)
Der ionische Tempel war auch während des Hellenismus sehr beliebt und entwickelte sich weiter. Hermogenes, ein Baumeister des 2. Jh. v. Chr., schuf neue Regeln für die ionische Ordnung, überliefert durch die Schriften des Vitruv. Der Dionysos-Tempel in Teos entspricht seinen Vorgaben.

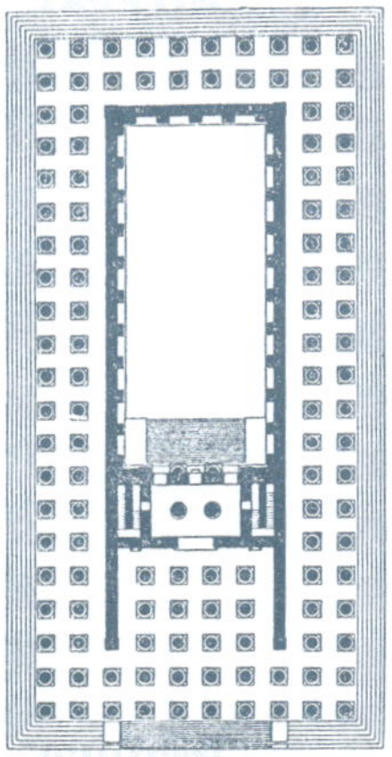

Hypäthraltempel
Ein Heiligtum, dessen Mitte nicht oder nur teilweise überdacht ist, nennt man Hypäthraltempel. Ein schönes Beispiel ist der Apollon-Tempel in Didyma bei Milet (313 v. Chr.–41 n. Chr.). In seinem offenen Hof befanden sich ein kleiner Tempel sowie Lorbeerbüsche; die Umfassungsmauer schmückten Pilaster.

Stierheiligtum, Delos (3. Jh. v. Chr.)
Stierprotomen sind ein beliebtes Schmuckmotiv des Hellenismus. An dem hier abgebildeten Heiligtum auf Delos beispielsweise dienen sie als Kapitell und erscheinen außerdem auch auf den Triglyphen.

Griechenland

Gräber

Der Totenkult spielte eine herausragende Rolle. Meist wurde auf Grabstätten eine Stele errichtet. Während des Hellenismus entstanden dann zahlreiche monumentale Grabbauten, vor allem in Kleinasien, wo griechische Baumeister und Bildhauer im Auftrag verschiedener Herrscher arbeiteten. Oft imitierten die Grabmäler, die sie schufen, Grundriss und Formen des Tempels und wiesen Tympana und Säulenkranz auf. Als Grabbau schlechthin gilt das Mausoleion in Halikarnassos, eines der sieben Weltwunder. Errichtet wurde es von dem karischen König Mausolos, gemeinsam mit seiner Frau und Schwester Artemisia.

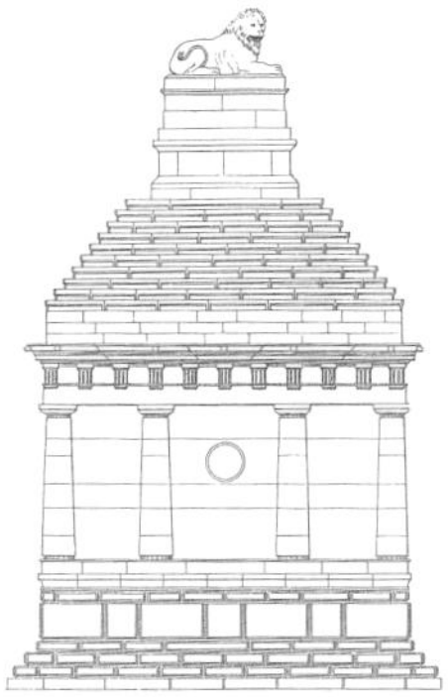

Löwengrab, Knidos (4. Jh. v. Chr.)
Dieses Grabmal in einer Küstenstadt in der Nähe von Halikarnassos war vermutlich Kämpfern gewidmet, die bei einer Seeschlacht getötet wurden. Benannt ist es nach der Löwenfigur, die es bekrönt: ein Sinnbild von Mut, Stolz und Stärke. Das Grabmal zieren dorische Halbsäulen sowie ein gestuftes pyramidenförmiges Dach.

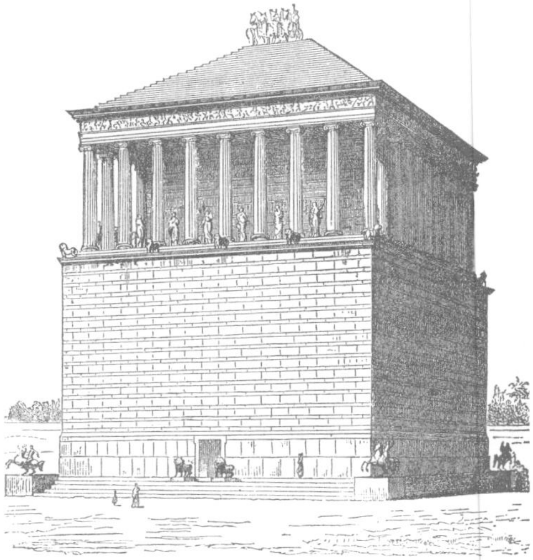

Mausoleion, Halikarnassos (353–350 v. Chr.)
Der Begriff Mausoleum, mit dem man heute ein monumentales Grabmal bezeichnet, leitet sich ab von dem Grab, das König Mausolos sich von den Baumeistern Pytheos und Satyros errichten ließ. Im Mittelalter wurde es durch ein Erdbeben zerstört und danach abgetragen. Über sein genaues Aussehen wird in Fachkreisen kontrovers diskutiert. Diese Rekonstruktion zeigt das Mausoleion mit einem sehr hohen Unterbau.

Nereiden-Denkmal, Xanthos (um 420 v. Chr.)
Das Nereiden-Denkmal in Xanthos, ausgeführt als ionischer Tempel, wurde vermutlich für einen lykischen König errichtet. Es erhebt sich auf einem hohen Unterbau, den zwei Reliefriese zieren. Zwischen den Säulen stehen elegante Statuen.

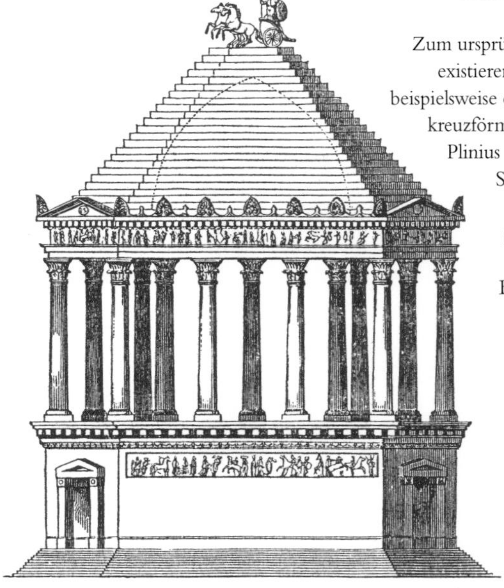

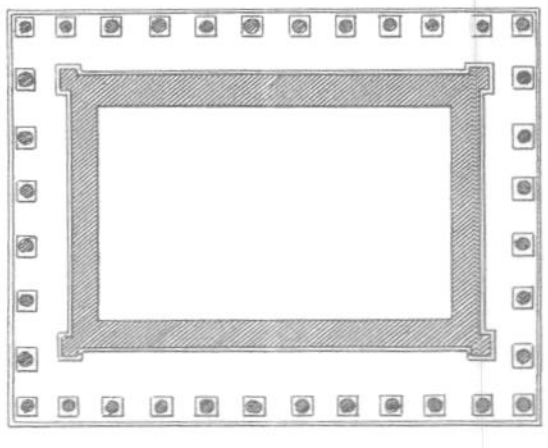

Grundriss und Ansicht des Mausoleion, Halikarnassos
Zum ursprünglichen Aussehen des Mausoleion existieren zahlreiche Hypothesen. So wurde beispielsweise ein rechteckiger, quadratischer oder kreuzförmiger Grundriss vorgeschlagen. Laut Plinius umgab ein Kranz von 36 ionischen Säulen die eigentliche Grabkammer. Darüber erhob sich ein 24-stufiges pyramidenförmiges Dach. Inklusive Sockel und Unterbau war das Bauwerk wohl mehr als 41 m hoch.

Dekoration, Mausoleion
Dieser prachtvolle Bauschmuck war Gegenstand höchster Bewunderung und soll der eigentliche Grund gewesen sein, weshalb das Mausoleion als Weltwunder galt. Statuen von Figuren, Löwen, Pferden und weiteren Tieren verzierten es von innen und außen. Gestaltet hatten sie die bedeutenden Bildhauer Bryaxis, Leochares, Skopas und Timotheos.

Kassettendecke
Die Flachdecke der griechischen Bauten war als Kassettendecke ausgeführt, d.h. mit kastenförmig eingetieften viereckigen oder polygonalen Feldern. Vermutlich stammt dieses Gestaltungselement von der Balkenkonstruktion früherer Holzdecken. Die Abbildung zeigt die rekonstruierte Kassettendecke aus der Ringhalle des Mausoleion in Halikarnassos.

Quadriga des Mausoleion, Halikarnassos
Ganz oben auf der Spitze des Mausoleion befand sich eine Quadriga, ein mit vier Pferden bespannter Streitwagen mit Wagenlenker (*auriga*). Fragmente der Skulptur sind heute im British Museum in London zu sehen. Sie gilt als das erste Beispiel für die Verwendung der Quadriga als dekorative Dachbekrönung.

Griechenland

Theater und Odeion

Etwa im 6. oder 5. Jh. v. Chr. soll der Bautypus des Theaters im Zusammenhang mit dem Dionysoskult entstanden sein: Entwickelt wurde es, damit bei den Dionysien Chorgesänge zu Ehren des Gottes vorgetragen werden konnten. Später führte man hier auch Tragödien und Komödien auf. Die Theater waren nicht überdacht und lagen meist an einem Hügel: Der Hangneigung folgend, wurden ansteigende Sitzreihen angelegt, zuerst aus Holz, später aus Stein. Besonders bekannt sind das Dionysos-Theater in Athen (begründet um 500 v. Chr.) und das Theater von Epidauros (Ende 4. Jh. v. Chr.). Ganz in der Nähe eines Theaters befand sich oft ein Odeion für Musikwettbewerbe. Frühestes bekanntes Beispiel ist das Odeion des Perikles (um 435 v. Chr.) in Athen.

Proskenion
Ab der Mitte des 2. Jh. verlagerte sich der Schauplatz von der Orchestra auf eine erhöhte Spielfläche oder Vorbühne (Proskenion), sodass die Zuschauer die Darbietung besser verfolgen konnten. Es handelte sich um einen auf Säulen errichteten, überdachten Anbau (*logeion*), auf dem sich nun die Handlung abspielte; der Chor verlor an Bedeutung. Im Laufe der Zeit entwickelte sich das Bühnenhaus dahinter zu einem zweigeschossigen Bau und bildete einen Hintergrund, vor dem die Schauspieler agierten.

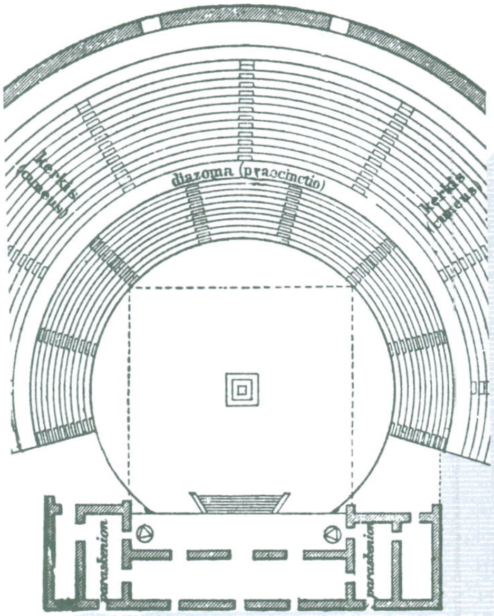

Orchestra
Der kreisförmige oder halbkreisförmige Platz am Fuße des Zuschauerraums heißt Orchestra, was wörtlich Tanzplatz bedeutet. Wie der Name schon andeutet, traten hier Chor und Tänzer auf. Oft stand in der Mitte der Orchestra ein Dionysos-Altar. Auf die Bühne gelangten die Schauspieler über zwei Seiteneingänge, die *paradoi*.

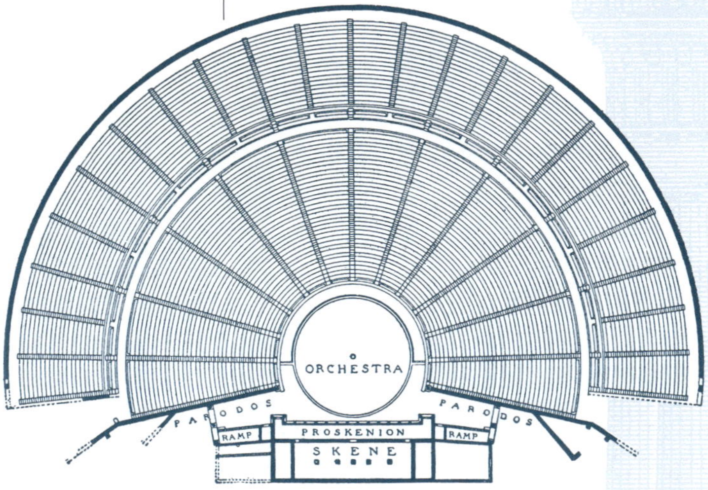

Zuschauerraum
Das große Halbrund der ansteigenden Sitzreihen für die Zuschauer nennt man *cavea*. Die untersten, der Bühne am nächsten gelegenen Ehrensitze waren reserviert für Priester, hohe Beamte und andere Würdenträger. Strahlenförmig angeordnete Treppen unterteilten das Halbrund in keilförmige Bereiche (*cunei*).

Bühnenhaus
Ursprünglich war das Bühnenhaus, die Skene, ein einfaches Zelt, in dem die Schauspieler sich auf die Darbietungen vorbereiteten. Bald entwickelte es sich zu einem Gebäude mit Garderoben und Lagerräumen für die Requisiten. An der den Zuschauern zugewandten Seite befestigte Aufbauten stellten die Kulisse dar. Meist bestanden sie aus Holz und waren bemalt. Die links und rechts vorkragenden Flügel werden *paraskenion* genannt.

Odeion des Herodes Atticus: Grundriss
Lange Zeit glaubte man, alle Odeia seien rund gewesen, wie das sehr gut erhaltene Odeion des Herodes Atticus (um 161 n. Chr.) in Athen. Es ähnelt stark dem Theater. Das von Perikles ebenfalls in Athen errichtete Odeion (um 435 v. Chr.) hatte einen quadratischen Grundriss.

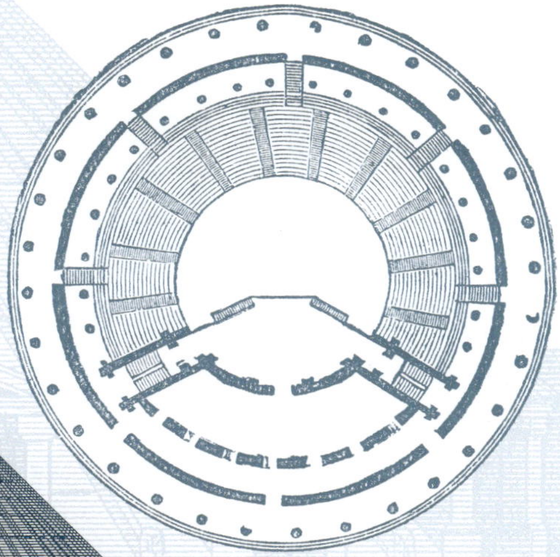

Odeion: Dach
Im Gegensatz zum Theater war das Odeion teilweise oder ganz überdacht. 81 Säulen trugen das Dach des berühmten Odeion des Perikles. Plutarch zufolge hatte es ein Kegeldach und ähnelte somit dem Zelt des persischen Großkönigs Xerxes. Dieses war den Griechen bei einer Schlacht in die Hände gefallen.

Griechenland

Weitere Profanbauten

Während des Hellenismus entstanden vor allem Profanbauten. Die Agora, ein Versammlungsplatz im Stadtzentrum von Athen, bildete den Mittelpunkt des öffentlichen Lebens. Dort erhoben sich offene Säulenhallen (Stoen), das Rathaus (*buleuterion*), die Stadtverwaltung (Prytaneion) und die Bäder (*balaneia*). Die Bereiche außerhalb der Agora waren reine Wohnbezirke. Im Großen und Ganzen waren die Wohnhäuser sehr einfach ausgeführt – das Leben spielte sich draußen ab, auf der Straße und auf den Plätzen. Besondere Bedeutung kam den Gebäuden zu, die der Körperertüchtigung dienten, wie Sporthallen (Gymnasion) oder Sportfeldern (Stadion). Wettkämpfe waren ein fester Bestandteil kultischer Feste. Außerdem fanden alle vier Jahre große panhellenische Festspiele statt, allen voran die Olympischen und die Pythischen Spiele. Frauen durften in der Regel nicht teilnehmen, nicht einmal als Zuschauer.

Zweigeschossige Stoen
Eine Stoa ist eine lang gestreckte Säulenhalle mit geschlossener Rückwand. Geschützt vor Wind und Wetter traf man sich hier. Stoen sind repräsentative Bauten und verfügen oft über zwei Geschosse. Hier sieht man die Attalos-Stoa (um 150 v. Chr.) in Athen mit einem dorischen Untergeschoss und einem ionischen Obergeschoss.

Stoa: Dach
In der Regel stützte eine ionische Säulenstellung in der Gebäudemitte das Dach der Stoa. Stoen erstreckten sich häufig entlang der Seiten einer Agora oder in einem heiligen Tempelbezirk.

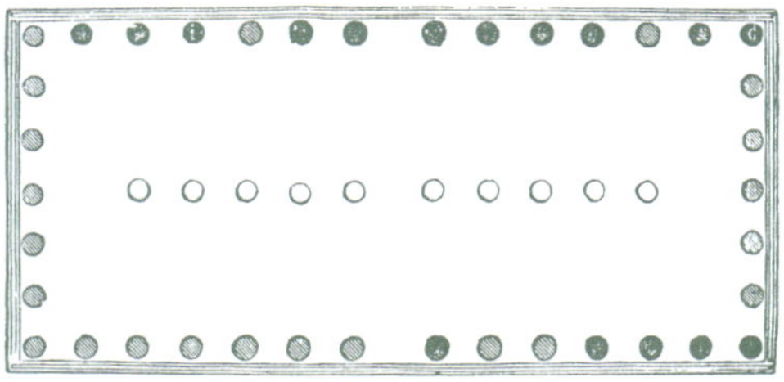

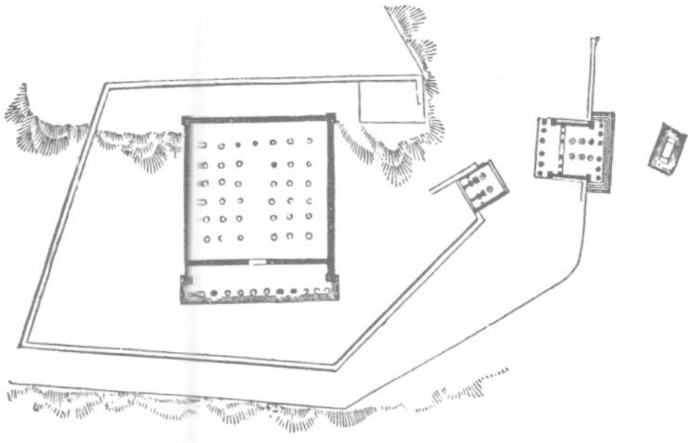

Versammlungsräume

Die griechischen Versammlungsräume waren quadratische Säulenhallen. An den Wänden entlang verliefen Schaustufen für die Teilnehmer. Das bekannteste Beispiel ist das Telesterion in Eleusis, das größtenteils während des 5. und 4. Jh. v. Chr. entstand.

Stadion

Im Stadion fanden die Fußrennen der Athleten statt. Die Länge der Rennbahn variierte je nach Stadt und betrug im Schnitt 183 m. An jedem Ende stand ein Pfosten, an dem die Athleten wendeten. Die Stadionseiten waren geböscht, später wurden an einem Ende Sitzplätze für die Zuschauer errichtet.

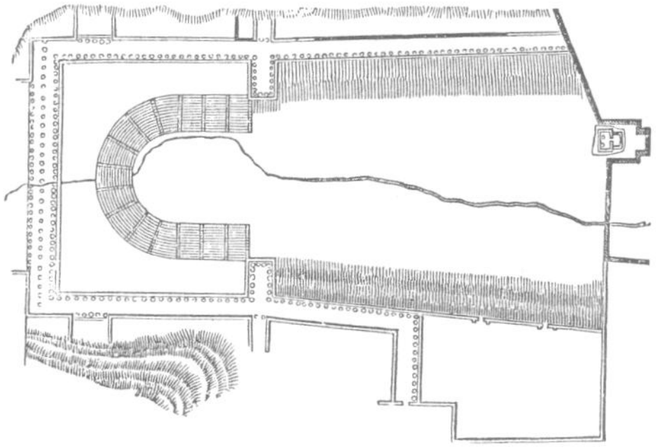

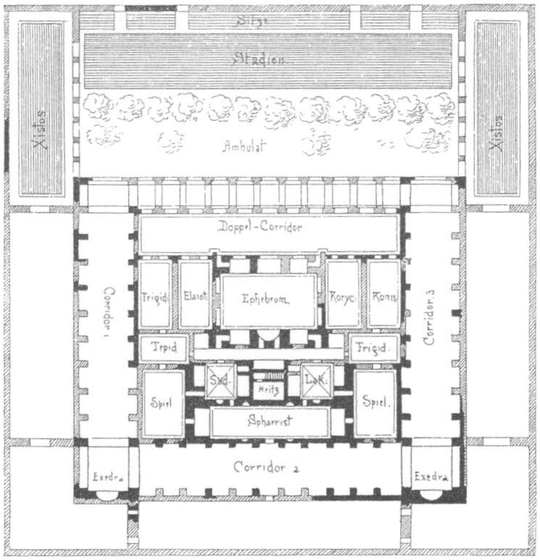

Gymnasion

Das Gymnasion war eine weitläufige offene Halle, in dem Männer und Jungen verschiedenste Übungen absolvierten – das antike Fitnesscenter sozusagen. Mit dem Begriff Gymnasion bezeichnet man ebenfalls die gesamte Anlage inklusive der Bade-, Umkleide- sowie Leseräume.

Rennbahn

Auf der Rennbahn (Hippodrom) fanden Pferde- und Wagenrennen statt, die zu den angesehensten Disziplinen unter den griechischen Wettkämpfen zählten. Griechische Hippodrome blieben nicht erhalten, aber vermutlich waren sie U-förmig. Die Pferde starteten an der geraden Seite und mussten einen Pfosten umrunden. In dem abgebildeten rekonstruierten Hippodrom von Olympia absolvierten die Wagenlenker zwölf Runden, die Reiter nur eine einzige Runde.

Palästra

Oft werden die Begriffe Palästra und Gymnasion gleichwertig verwendet. Der feine Unterschied besteht darin, dass die Palästra eine private Ringerschule war, die allerdings der allgemeinen Sportausübung diente. Diese Palästra in Olympia erstreckt sich um einen Innenhof.

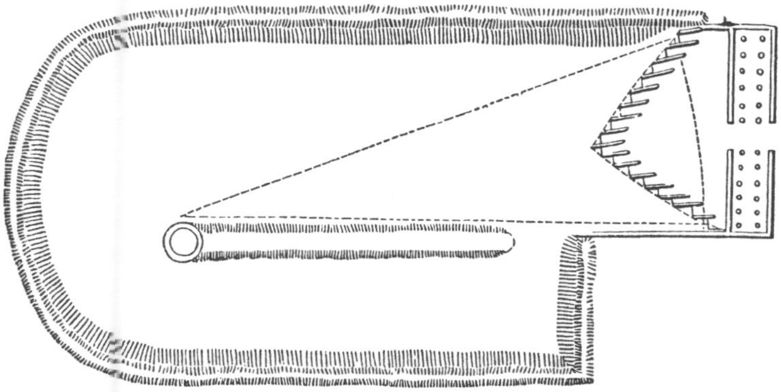

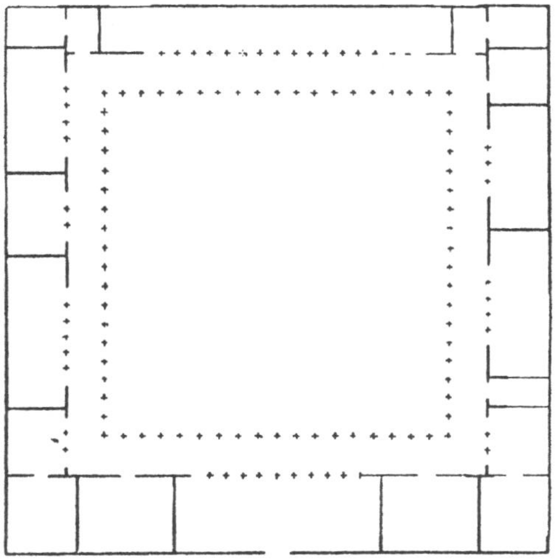

Imperium Romanum

Rom in der Zeit der Republik

Schon bald nach der Gründung der Republik 510/509 v. Chr. hatte der Ständekampf zwischen den römischen Patriziern, dem Geburtsadel, und den nichtadeligen Plebejern eingesetzt. Beigelegt wurde er erst im 3. Jh. mit der Beteiligung der Plebejer an der politischen Macht. Die innere Befriedung ermöglichte es den Römern, ihr Territorium auf ganz Italien auszudehnen, schließlich sogar die Herrschaft über das Mittelmeer zu erlangen. Im Lauf der Zeit bildete sich eine eigenständige Architektur mit neuen, typisch römischen Bautechniken heraus, wie dem Zementguss. Formal vereint sie etruskisch-italische Vorbilder mit griechisch-hellenistischen Einflüssen. Nur Weniges blieb aus dieser Zeit erhalten, dafür entstanden mehrere innovative Bautypen.

Korinthisches Kapitell
Die frühen korinthischen Kapitelle waren gedrungen; am Abakus (Deckplatte) schmückten sie fleischige Akanthusblätter und große Blüten. Dieses Beispiel stammt vom Vesta-Tempel in Rom, wo sich 20 ähnliche Kapitelle auf kannelierten Säulenschäften befinden. Später wurden die Kapitelle schlanker und gestreckter.

Basilica Aemilia (um 179 v. Chr.)
Wenig ist von ihr erhalten, außer einigen Fragmenten wie diesem. Von Darstellungen auf Münzen weiß man, dass ihre Langseite dem Forum (Marktplatz) zugewandt war. Vermutlich hatte sie einen Säulenumgang, den an der Straßenseite Läden begleiteten.

Opus incertum
Das römische Mauerwerk ist oft als Opus incertum (Gussmauerwerk) ausgeführt. Dabei wird ein Gemisch aus Bruchsteinen und Mörtelguss zwischen zwei Mauerschalen gefüllt. Als Verkleidung dienten in der Frühzeit der Republik oft kleine Bruchsteine, später dann Ziegel.

Circus maximus
Im Zirkus fanden Pferderennen und Gladiatorenkämpfe statt. Der Circus maximus in Rom stammt aus dem späten 4. Jh., wurde aber mehrfach vergrößert. Seine ebene Arena – darin eine niedrige Mauer (*spina*) mit Zielsäulen an den Enden – war 600 m lang. An der geraden Schmalseite befanden sich die Stallungen (*carceres*), an den restlichen Seiten umschlossen Sitzreihen die Arena.

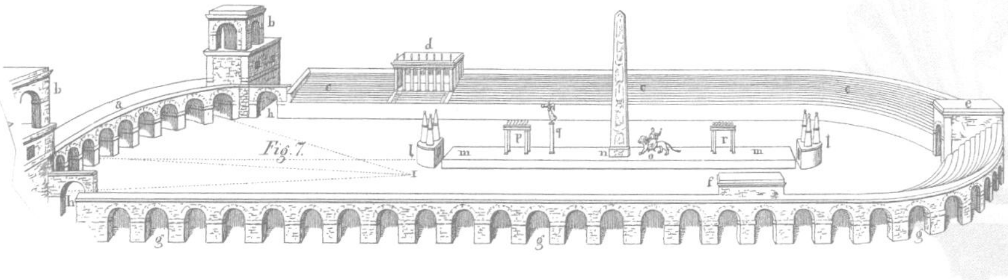

um 4. Jh. v. Chr. – um 350 n. Chr.

Vesta-Tempel (2[illegible]0 v. Chr., mehrfach erneuert)
Vorbild für den Grundriss dieses Rundtempels waren die frühen runden Hütten der Etrusker. Ansonsten weist er allerdings griechische Einflüsse auf. Säulen und Wände bestehen aus griechischem pentelischem Marmor. Die allseitig umlaufenden Stufen und die Ausgestaltung lassen vermuten, der Baumeister könne Grieche gewesen sein. Das Gebälk existiert nicht mehr und die hier vorgeschlagene Kuppel ist eine hypothetische Rekonstruktion.

Tempel der Fortuna Virilis (1. Jh. v. Chr.)
Das Podium dieses ionischen *tetrastylos* (mit viersäuliger Front) besteht aus Gussmauerwerk, für das der vulkanische Tuffstein der Gegend verwendet wurde. Verkleidet ist das Podium mit Travertin, einem weißen Kalkstein aus den Steinbrüchen des benachbarten Tivoli. Die Wände aus Tuffstein sind dagegen mit Stuck bedeckt.

Bukranion-Fries, Tempel der Fortuna Virilis
Dieser Dekorfries aus Ochsenschädeln (Bukranion), Girlanden und Eroten stammt von dem gut erhaltenen ionischen Tempel der Fortuna Virilis (1. Jh. v. Chr.). Das Schädelmotiv spielt auf Stieropfer an.

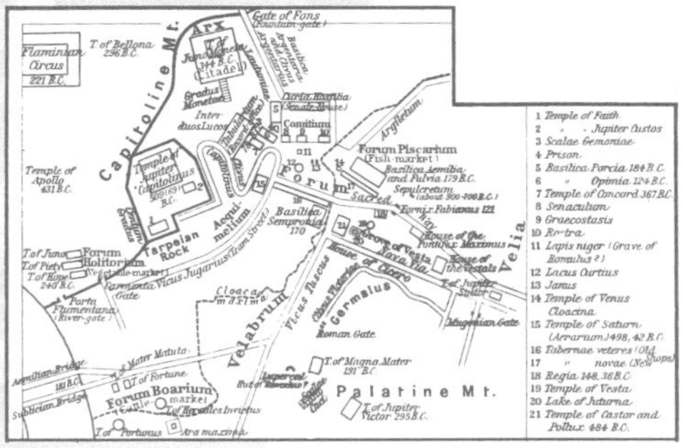

Forum
Römische Städte hatten zwei Hauptstraßen, den *decumanus maximus* und den *cardo maximus*. An deren Schnittpunkt befand sich ein Platz – das Forum, das soziale, religiöse, politische und merkantile Zentrum der Stadt. Seine Gestaltung vereinte den axial angeordneten Marktplatz der Etrusker mit der säulenumstandenen Agora der Griechen.

Grundriss, Tempel der Fortuna Virilis
Dieser Grundriss verdeutlicht die strenge Axialität der römischen Tempel, ein Erbe aus etruskischer Zeit. Es handelt sich hier um einen frühen Pseudoperipteros: Den Tempelmauern sind Halbsäulen vorgeblendet.

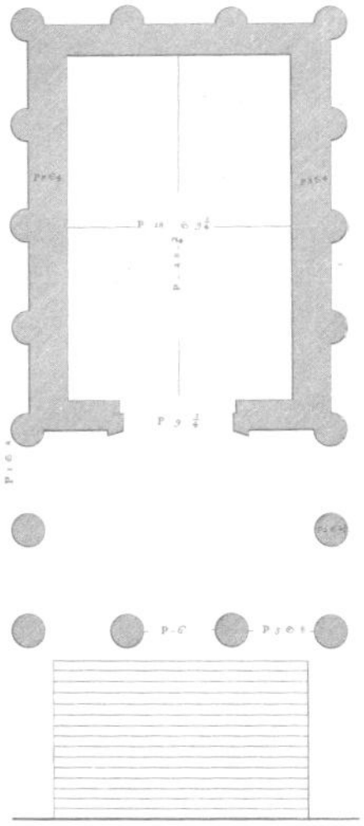

Imperium Romanum

Pompeji

Der Ausbruch des Vesuv im Jahr 79 n. Chr. begrub Pompeji unter einer Ascheschicht. Die südlich des heutigen Neapel gelegene und bereits seit der Etruskerzeit bewohnte Stadt war erst einige Jahre zuvor (63 n. Chr.) nach einem schweren Erdbeben wieder aufgebaut worden. Ausgrabungen, die im 18. Jh. einsetzten, förderten eine vollständige römische Stadt zu Tage. Straßennetz, Wohnhäuser und öffentliche Gebäude waren nahezu unversehrt, darunter frühe Beispiele für genuin römische Bautypen wie Basilika und Thermen. In Unteritalien waren ab dem 7. Jh. v. Chr. zahlreiche griechische Kolonien entstanden. Entsprechend lassen die zahlreichen pompejischen Wohnhäuser der Oberschicht einen starken Einfluss der griechischen Wohnkultur erkennen.

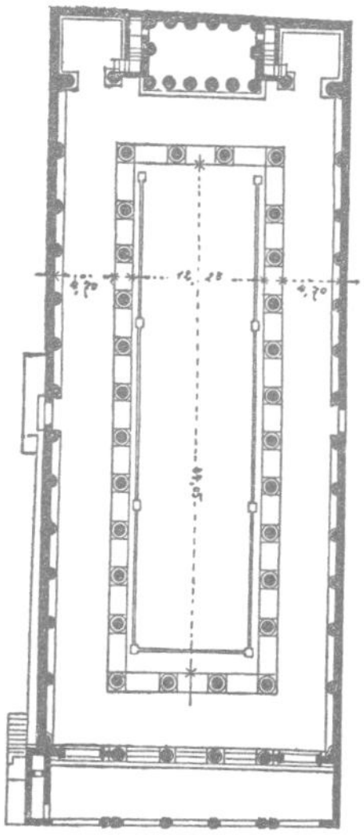

Basilika
Formal leitete sich die Bauweise der Basilika vermutlich von den säulenumstandenen griechischen Versammlungsplätzen (Agora) ab. In einer Basilika hielt man Märkte ebenso wie Gerichtsverhandlungen ab. An der Schmalseite sieht man den erhöhten Richtersitz.

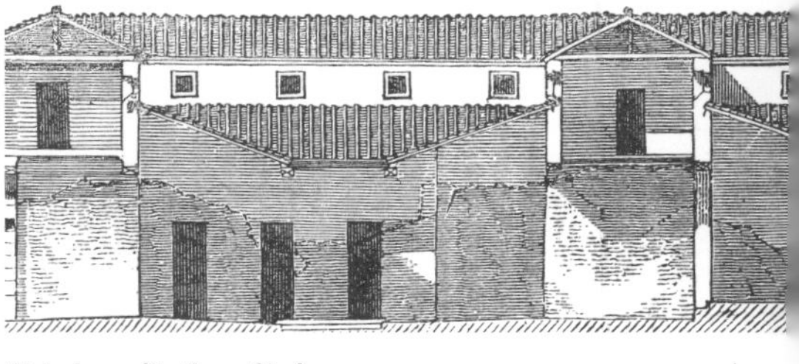

Wohnhaus (2. Jh. v. Chr.)
Der früheste Typus des römischen Wohnhauses (*domus*) weist mehrere Räume auf, die – nach dem Vorbild etruskischer Häuser – einen Innenhof umschließen. Nach griechischer Weise wurde dieses Atriumhaus um einen Säulenhof (Peristyl) mit Garten erweitert, um den sich weitere Räumlichkeiten gruppierten. Wie hier bei dem Haus des Pansa wurde manchmal ein Obergeschoss aufgesetzt.

Atrium
Das Atrium hatte ein in der Mitte rechteckig geöffnetes Dach (*compluvium*), sodass das Regenwasser sich in einem eingetieften Becken (*impluvium*) sammeln konnte. Allmählich wurden Säulen ergänzt. Bei diesem Beispiel umschließt eine umlaufende Kolonnade den Innenhof. Dieser Typus heißt *atrium corinthium.*

Atrium tuscanium
Dieses *atrium tuscanium,* ein offener Innenhof ohne Säulen, vermittelt mit seinen Fresken einen Eindruck vom Luxus der damaligen Zeit. Vorhänge trennen Atrium und Tablinum (Empfangs- und Wohnraum).

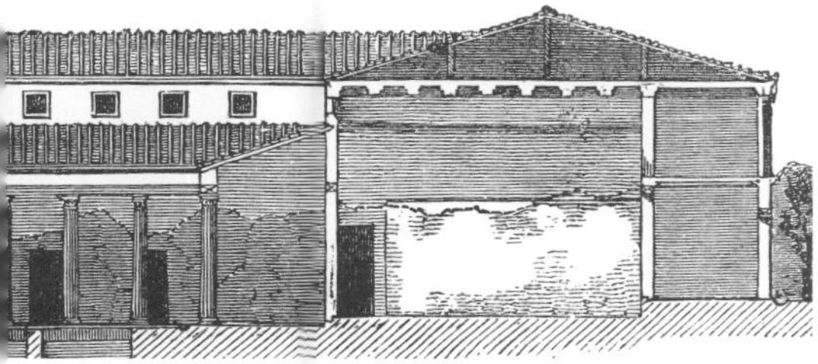

Fresken

Die frühen Häuser waren innen mit Fresken geschmückt. Zwischen ungefähr 200 und 80 v. Chr. bildete sich der so genannte erste pompejische Freskenstil heraus, bei dem auf die Wand gemalte Architekturelemente, wie hier abgebildet, täuschend echt wirkten. Für den zweiten Stil von etwa 80 bis 15 v. Chr. waren illusionistische Landschaftsdarstellungen typisch.

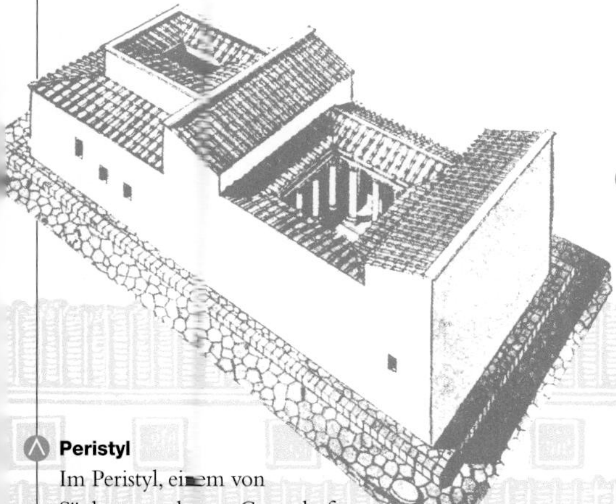

Peristyl

Im Peristyl, einem von Säulen umgebenen Gartenhof, standen oft ein Brunnen und Statuen. Die Häuser wiesen außen nur wenige Fenster auf, sodass die Beleuchtung der Räume hauptsächlich über Peristyl und Atrium erfolgte. Allmählich öffnete sich dann das Peristyl an den Seiten, sodass der Blick ins Freie gewährt wurde.

Grundriss eines Hauses

Das römische Wohnhaus war symmetrisch angelegt. Der Hauptraum war das Tablinum. Es befand sich zwischen Atrium und Gartenhof (Peristyl). Die Seitenräume links und rechts hießen *alae*. Dahinter erstreckte sich der Privatbereich mit Schlafzimmer (Cubiculum), Esssaal (Triklinium) und Küche.

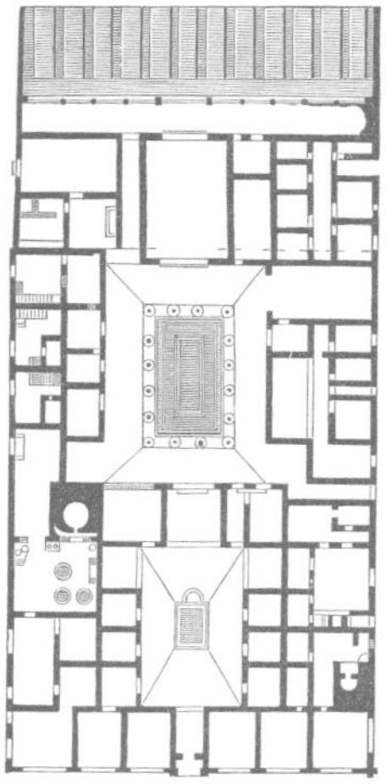

Innengestaltung

Dieser Abkühlraum (Tepidarium) in einer Thermenanlage von Pompeji aus dem 1. Jh. v. Chr., wird von einem Tonnengewölbe überspannt. Die Wände sind freskiert.

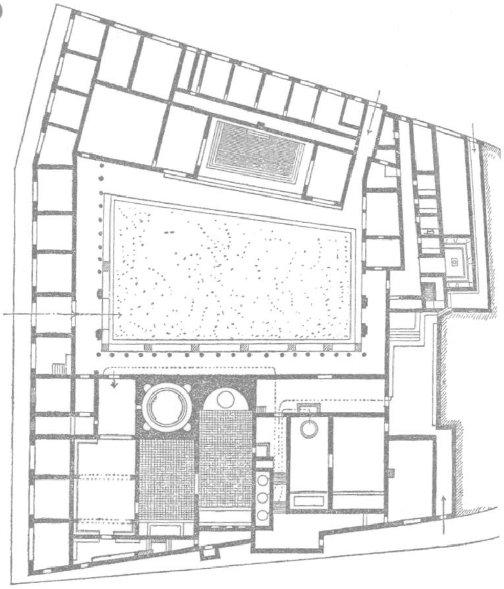

Stabianer-Thermen (2. Jh. v. Chr.)

Dies ist eines der frühesten erhaltenen Beispiele für eine Thermenanlage. Der Grundriss ist unregelmäßig, man erkennt aber bereits die typischen Räume der späteren Thermen, darunter einen Übungshof (Palästra) und ein Freibad (*natatio*). Die Baderäume waren nach Geschlechtern getrennt, mit jeweils eigenen Umkleideräumen (Apodyteria), Heißbad (Caldarium) und Abkühlraum mit mäßig warmer Luft (Tepidarium). Geheizt wurden die frühen Bäder durch Kohlenbecken. Über dem Kaltbad (Frigidarium) wölbt sich eines der frühesten Beispiele für eine Gussmörtelkuppel (um 100 v. Chr.).

Imperium Romanum

Bauten außerhalb von Rom

Die während der Republik außerhalb von Rom errichteten Bauten entsprechen im Wesentlichen in Typus und Baumaterialien denjenigen der Hauptstadt. Formal vereinten die Tempel außerhalb von Rom ebenfalls etruskisch-italische Einflüsse mit hellenistischen. Da die Römer nicht über große eigene Marmorsteinbrüche verfügten, nutzten sie ihren lokalen Travertin (Kalkstein) und Peperino (Tuffstein). Zur gleichen Zeit entwickelten sie die serielle Herstellung gebrannter Ziegel. Die neue Technik des besonders harten Gussmörtels revolutionierte ihre Baukunst, denn er ermöglichte erheblich größere Spannweiten und Gewölbe. Stets wurde der Zement durch Verkleidungen aus Stein, Ziegeln oder bemaltem Stuck verdeckt.

Vesta-Tempel, Tivoli (frühes 1. Jh. v. Chr.)
Der Rundtempel der Vesta in Tivoli ragt über einem Tal auf. Geweiht war er der Göttin des Herdfeuers.
In der Spätzeit der Republik wurden Tempel oft auf Anhöhen errichtet, von denen sich ein weiter Ausblick bot.

Griechische und römische Elemente, Vesta-Tempel
Die Ausschmückung des Vesta-Tempels in Tivoli orientiert sich an griechischen Einflüssen. Seine korinthischen Kapitelle (*oben*) und der Bukranion-Fries verdeutlicht dies. Typisch römisch sind dagegen Baumaterialien, Technik und Raumanordnung: Der Tempel besteht aus lokalem Tuffstein, Travertin und Gussmauerwerk (Opus incertum), erhebt sich auf einem Podium, weist Fenster und Türen auf (*ganz oben*) sowie eine axial angelegte Freitreppe vor dem Cella-Eingang.

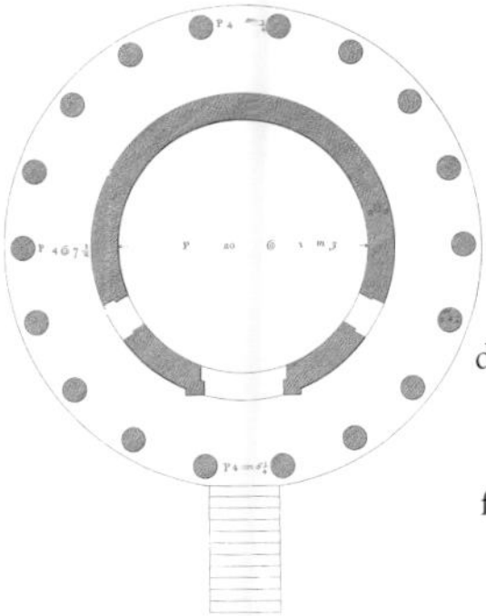

Grundriss, Vesta-Tempel
Der Grundriss ahmt den des Vesta-Tempels in Rom nach. Jener verfügt allerdings um allseitig umlaufende Stufen, während der Tempel in Tivoli eine axiale Treppe aufweist.

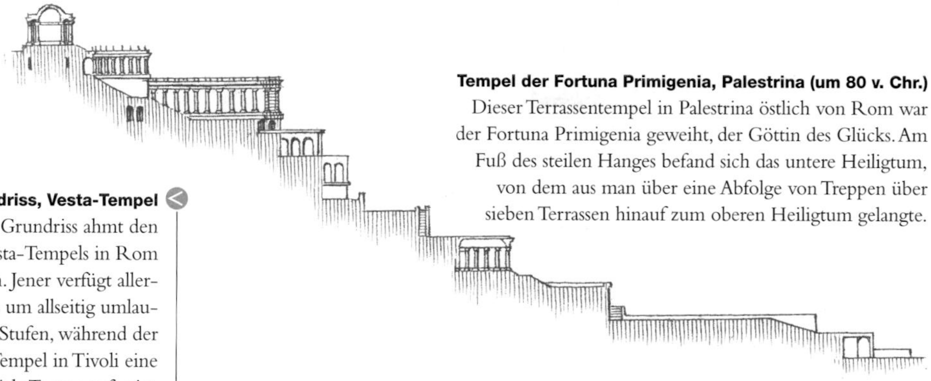

Tempel der Fortuna Primigenia, Palestrina (um 80 v. Chr.)
Dieser Terrassentempel in Palestrina östlich von Rom war der Fortuna Primigenia geweiht, der Göttin des Glücks. Am Fuß des steilen Hanges befand sich das untere Heiligtum, von dem aus man über eine Abfolge von Treppen über sieben Terrassen hinauf zum oberen Heiligtum gelangte.

Basilika, Fano (um 27 v. Chr.)
Mit „De architectura libri decem" („Zehn Bücher über Architektur") verfasste der römische Baumeister Vitruv das einzige überlieferte architekturtheoretische Werk der Antike. Er beschrieb auch die von ihm errichtete Basilika in Fano an der Adria. Die rechteckige Markthalle betrat man an der Langseite; dem Eingang gegenüber befand sich das Tribunal, der erhöhte Sitz des Richters.

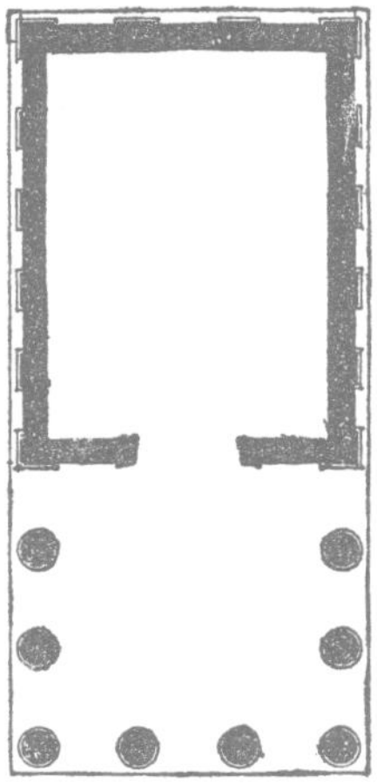

Herkules-Tempel, Cori (frühes 1. Jh. v. Chr.)
Dorische Halbsäulen zieren die Cella dieses Pseudoperipteros (*siehe S. 105*) in Cori südöstlich von Rom. Die geräumige Vorhalle mit ihrer dichten Säulenfront stellt die imponierende Schaufassade des Herkules-Tempels dar. Die Rückseite des Heiligtums ist hingegen ungeschmückt.

Römischer Bogen
Die römische Architektur charakterisieren vor allem auf Pfeilern ruhende Rundbögen. Aus dieser Grundform entwickelten die Römer das Tonnengewölbe, wie es hier abgebildet ist, sowie das Kreuzgewölbe und die Kuppel.

Aquädukt, Segovia (um 100 n. Chr.)
Über Leitungen wurden die Städte mit Wasser aus den umliegenden Regionen versorgt. Meist verliefen sie unterirdisch, doch wo das Terrain es erforderte, entstanden gewaltige brückenartige Bauwerke, die Aquädukte. Die Abbildung zeigt ein Detail des Aquädukts von Segovia bei Madrid. Die zweigeschossige Bogenstellung wurde aus grob behauenem Stein errichtet und ist 29 m hoch.

Imperium Romanum

Augusteische Baukunst

Das Augusteische Zeitalter, das mit der Machtergreifung des Augustus 27 v. Chr. einsetzte, gründete auf der Friedensordnung des Römischen Reiches, die als Pax Romana oder Pax Augusta bezeichnet wird und 200 Jahre andauerte. Augustus erneuerte die Infrastruktur in der Hauptstadt und im Reich. Er initiierte eine umfangreiche Bautätigkeit und ließ Straßen, Brücken sowie Aquädukte errichten. Leider sind nur wenige dieser Bauten erhalten. Nach dem Vorbild Cäsars erneuerte Augustus das Forum (Markt- und Versammlungsplatz) und stellte das Marcellus-Theater fertig. Der Einsatz von Gussmörtel wurde perfektioniert: Man verwendete für ihn nun verstärkt Pozzolana, einen vulkanischen Sand. Diesen fand man erstmals in Pozzuoli bei Neapel. Er eignete sich zur Herstellung besonders harten Zements.

Marcellus-Theater
Die halbrunde Außenmauer des Marcellus-Theaters (13 v. Chr.), das einem Neffen des Augustus geweiht war, besteht aus übereinander stehenden Bogenhallen, welche die Sitzreihen stützten. Die Verbindung von tragendem Pfeiler und rein dekorativen Halbsäulen ist ein römisches Charakteristikum.

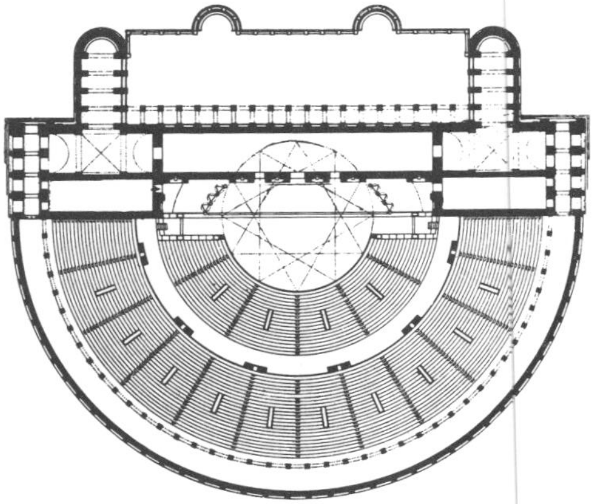

Römische Theater
Die römischen Theater unterschieden sich von ihren griechischen Vorgängern: Sie waren halbrund und die Schaufassade (*scaenae frons, siehe S. 133*) versperrte den Blick in die Landschaft. Die Sitzreihen (*caveae*) erhoben sich auf einem frei stehenden Unterbau mit Bogenstellungen. Damit konnte das Theater auch als Freibau auf ebenem Terrain errichtet werden. Über strahlenförmig angeordnete Rampen und Gänge erfolgte der Zutritt.

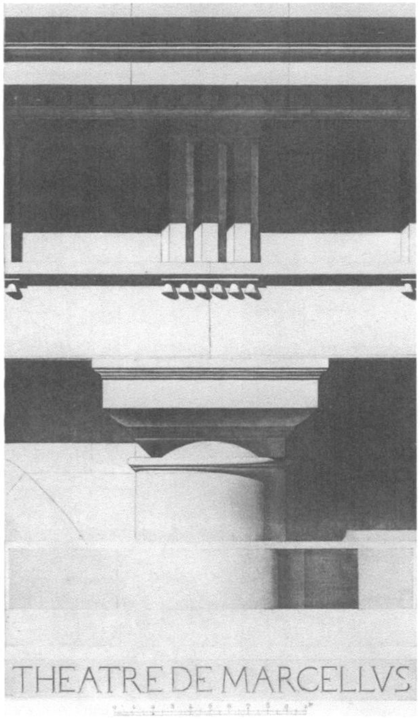

Hierarchie der Säulenordnungen, Marcellus-Theater
Nur zwei Geschosse des Marcellus-Theaters sind erhalten. Das untere zeigt dorische Halbsäulen, das obere ionische. Ob das verloren gegangene dritte Geschoss die korinthische Ordnung zeigte oder nur eine Attika, ist nicht bekannt.

Cestius-Pyramide Rom (um 12 v. Chr.)
Sie orientierte sich formal an ägyptischen Vorbildern und enthält auch eine bemalte Grabkammer. Errichtet wurde sie aus Gussmörtel; die Seitenflächen sind mit Marmorplatten verkleidet.

Triumphbogen, Orange, Frankreich (um 30 v. Chr.)
Triumphbögen hatten rein dekorative Funktion und wurden zu Ehren eines Kaisers errichtet. Der frei stehende Torbau verfügte oft über drei Durchgänge, wie der Bogen von Orange.

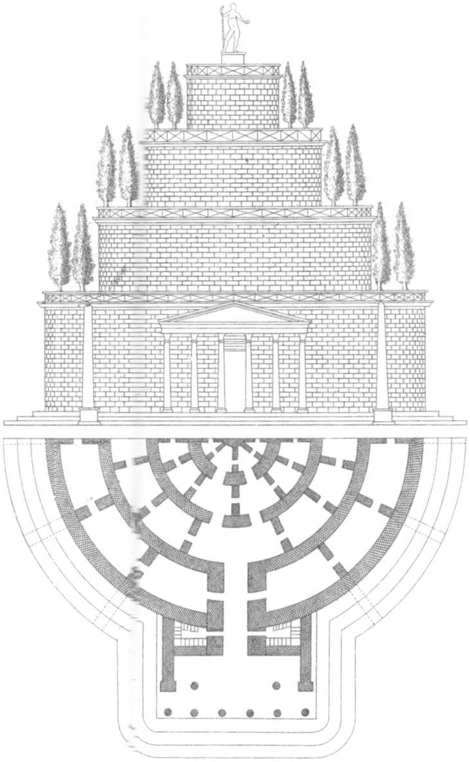

Mausoleum, Rom (27 v. Chr.)
Dieses monumentale Familiengrab, das Augustus errichten ließ, übernahm die zylindrischen Grundformen etruskischer Grabbauten. Auf den Stufen wurde Erde für Zypressen aufgeschüttet und eine riesige Augustus-Statue bekrönte das Ganze.

Augustus-Brücke, Rimini (21 n. Chr. vollendet)
Die Römer nutzten die spezifischen Eigenschaften ihres Kalkmörtels, der unter Wasser aushärtete, um massive und ästhetisch anspruchsvolle Brücken zu errichten. Diese von Augustus begonnene und von Tiberius vollendete Brücke in Rimini an der Adriaküste ist ein schönes Beispiel dafür. Ihre fünf großen Bögen ruhen auf gewaltigen Pfeilern.

Imperium Romanum

Augusteische Tempel

Augustus rühmte sich, ein Rom aus Ziegeln vorgefunden und es in eine Marmorstadt verwandelt zu haben. In seinem Rechenschaftsbericht „Res Gestae Divi Augusti" gibt er an, allein in Rom 82 Tempel wiederhergestellt und weitere zehn errichtet zu haben. Die Heiligtümer aus dem nach ihm benannten Zeitalter setzten die republikanischen Bautraditionen fort, indem sie etruskische Grundrisstypen mit hellenistischen Einflüssen vereinten. Der Grundriss der von Augustus erbauten Tempel variiert, aber gemeinsam ist ihnen das Streben in die Höhe. Das charakteristische Podium, auf dem sie ruhen, betont dieses Merkmal zusätzlich. Die meisten augusteischen Tempel sind korinthisch und bestechen durch ihre opulente Marmorausstattung.

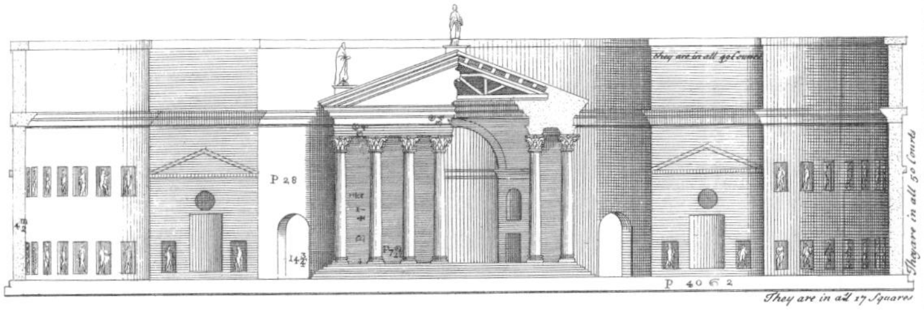

Tempel des Mars Ultor, Rom (geweiht 2 v. Chr.)
Architektur setzten die Römer konsequent als politisches Medium ein. Vor der Schlacht von Philippi 42 v. Chr. gegen die Cäsarmörder schwor Augustus, den Tod von Cäsar zu rächen und ihm zu Gedenken einen Tempel zu errichten. Der Tempel des Mars Ultor auf dem Augustus-Forum war ein Geschenk an die Stadt.

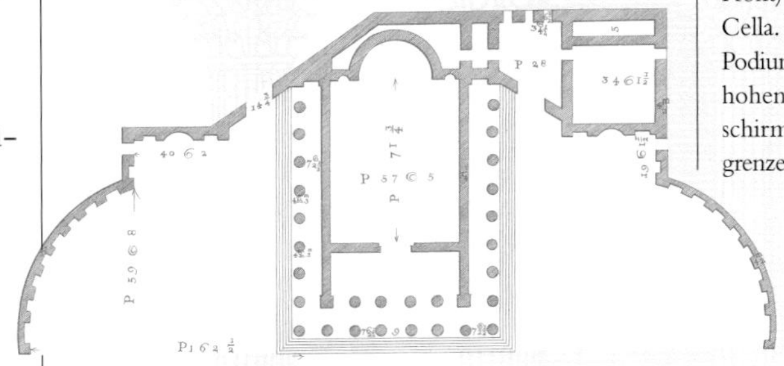

Grundriss, Tempel des Mars Ultor
Typisch römisch ist der Grundriss des Tempels mit seiner betonten Schaufront. Es handelt sich um einen *oktastylos* (mit achtsäuliger Front) mit fast quadratischer Cella. Er stand auf einem Podium vor einer über 30 m hohen Brandmauer. Sie schirmte ihn gegen die angrenzenden Wohnbezirke ab.

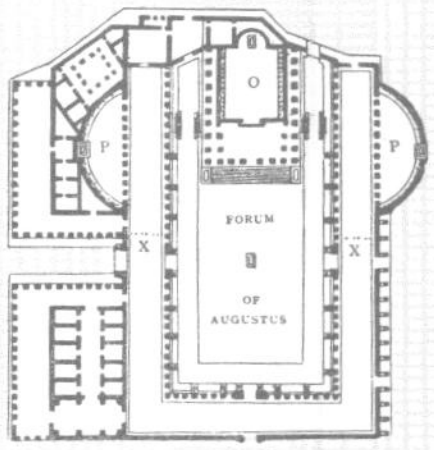

Augustus-Forum, Rom
Augustus erweiterte das Forum Romanum im rechten Winkel zum Cäsar-Forum. So wie dieses war es als rechteckiger, säulenumgebener Platz angelegt, wobei die dominierende Rolle dem Tempel zukam. Links und rechts vom Tempel waren die Seiten des Forums durch große, halbrunde Säulenhöfe erweitert, in ihren Nischen standen Statuen berühmter Römer.

Marmor
Marmor war in Rom ein außerordentlich teures Baumaterial, bis um 20 v. Chr. die Marmorsteinbrüche in Luni beim heutigen Carrara eröffnet wurden. Durch die makellose Weiße unterschied sich der Luni-Marmor von importiertem farbigem Marmor. Der Concordia-Tempel (geweiht 10 n. Chr.) war großzügig mit Luni-Marmor ausgestattet.

Tempel des Kastor und Pollux, Rom (erneut geweiht 6 n. Chr.)
Unter Augustus wurde die Verwendung der Ordnungen schrittweise vereinheitlicht – allen voran die korinthische Ordnung. Das im Tempel des Kastor und Pollux verwendete korinthische Kapitell wurde allgemein zum Vorbild.

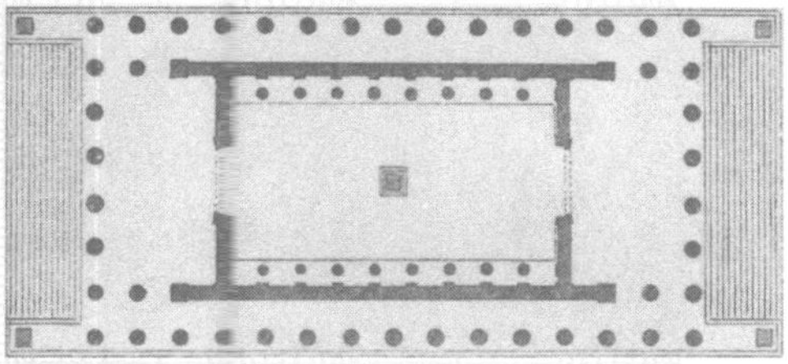

Grundriss, Tempel des Kastor und Pollux
Wie viele andere von Augustus erbaute Tempel ersetzte auch dieser ein älteres Heiligtum. Ungewöhnlich für die römische Baukunst ist die Ausbildung als Peripteros mit achtsäuliger Front und zwei Aufgängen. Sein Podium erhob sich so hoch über das Forum, dass es als Rednertribüne genutzt wurde.

Maison Carrée, Nîmes, Frankreich (20–17 v. Chr.)
Es handelt sich um einen Pseudoperipteros, d.h. die Säulen der Vorhalle werden an der Cellawand als dekorative Halbsäulen weitergeführt. In der römischen Baukunst erscheint dieser Tempeltyp erstmals im 2. Jh. v. Chr. Die Säulen tragen korinthische Kapitelle.

Detail des Architravs, Tempel des Kastor und Pollux
Für die Bearbeitung des Marmors benötigte man hoch qualifizierte griechische Handwerker. Dieses Detail des aufwändig geschmückten Architravs bearbeiteten vermutlich griechische Bildhauer.

Treppe, Maison Carrée
Römische Tempel sind Fassadentempel, d.h. sie sind streng axial auf die Schaufront hin konzipiert. Im Fall des Maison Carrée zwingen die niedrigen Zungenmauern links und rechts den Besucher dazu, sich dem Tempel von vorne zu nähern. Der Altar (*ara*) war meist draußen aufgestellt, auf den Stufen oder an ihrem Fuß.

Imperium Romanum

Die Flavier

Kaiser Vespasian (regierte 69–79 n. Chr.) begründete die flavische Dynastie. Sie lehnte die Nüchternheit der republikanischen und augusteischen Architektur ab. Stattdessen entstanden luxuriöse Prachtbauten, wie dies nur in einer Epoche des Überflusses möglich gewesen sein kann. Der Wohn- und Palastbau entwickelte neue Raumtypen, doch als wirklich revolutionär gelten die der Allgemeinheit zugänglichen Thermen. Die Zementgewölbe erlaubten immer größere Spannweiten bei immer weniger Stützen, wie etwa in dem gewaltigen achteckigen Kuppelsaal in Neros Palast Domus Aurea (um 60 n. Chr.). Nach dem verheerenden Brand von Rom 64 n. Chr. verbot Nero, beim Wiederaufbau der Häuser Holz einzusetzen. Böden und Decken errichtete man nun aus Zement, großzügige Arkadenstraßen und Plätze gliederten die Häuserblocks.

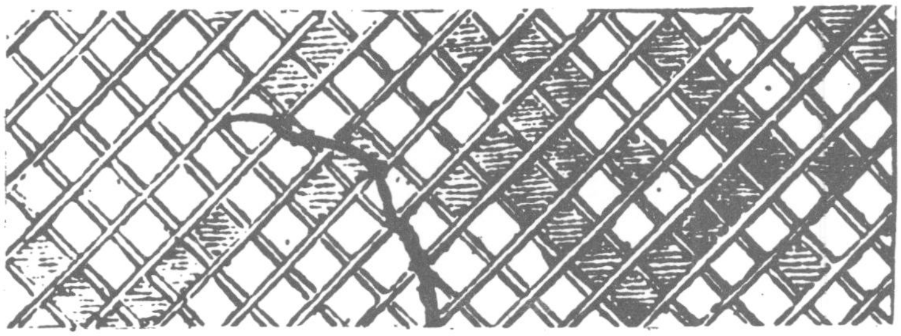

Opus reticulatum
Viele Zementgebäude jenes Zeitalters waren mit pyramidenförmigen Tuffsteinplatten verblendet. Diese Art des Gussmauerwerks heißt Opus reticulatum: Die Steine wurden mit der Spitze nach innen geschichtet, den Zwischenraum füllte man mit Gusszement aus. Die Fugen der Steinplatten verliefen diagonal, sodass ein netzartiges Muster entstand. Die glatte Außenfläche wurde mit Marmorplatten oder Stuck verkleidet.

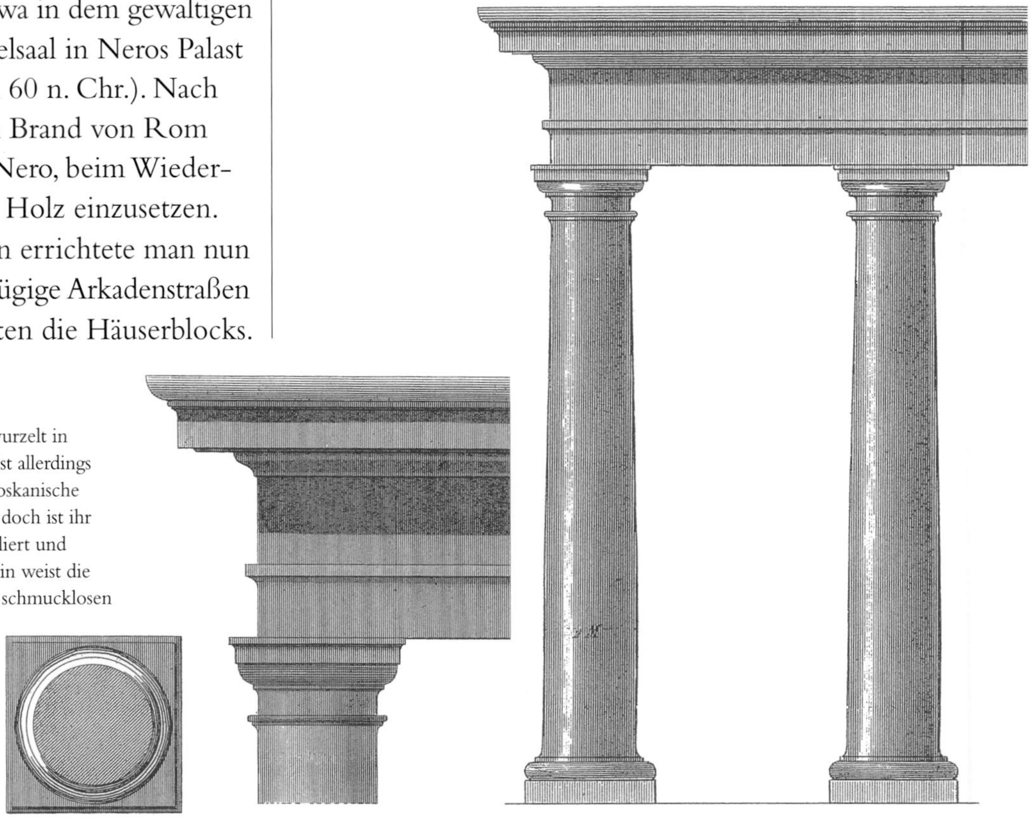

Toskanische Ordnung
Die toskanische Ordnung wurzelt in der etruskischen Baukunst, ist allerdings griechisch beeinflusst. Die toskanische Säule gleicht der dorischen, doch ist ihr Schaft meistens nicht kanneliert und ruht auf einer Basis. Weiterhin weist die toskanische Ordnung einen schmucklosen Fries auf, hat ein breites Interkolumnium und verzichtet auf Mutuli (Dielenköpfe) am Kranzgesims. Sie galt als am wenigsten raffinierte Ordnung.

Bodenheizanlage
Die Römer besaßen bereits eine Fußbodenheizung (Hypokaustum). In einem Schürraum erhitzte ein Feuer Luft, die durch einen Hohlraum unter dem Fußboden strich. Zusätzlich wurde aufgewärmte Luft durch Öffnungen in die Räume geleitet. Dieses Heizungssystem fand fast nur für Thermenanlagen Verwendung.

Titus-Bogen, Rom (nach 81 n. Chr.)
Fertig gestellt wurde er erst unter Domitian (81–96 n. Chr.). Den eintorigen Triumphbogen zieren Halbsäulen. Die niedrige Attika trägt eine Widmungsinschrift für Kaiser Titian zu Ehren der Eroberung Jerusalems. Bekrönt wird sie von einer Quadriga, einem mit vier Pferden bespannten Streitwagen.

Kompositkapitell, Titus-Bogen
Eine römische Erfindung ist das vermutlich unter Augustus entstandene Kompositkapitell, das Elemente des korinthischen und des ionischen Kapitells vereint. Die Kapitelle am Titus-Bogen zählen zu den frühesten Beispielen für die Verwendung des Kompositkapitells bei öffentlichen Bauten. Es war ausgesprochen beliebt und wurde immer wieder abgewandelt.

Orchestra
Im griechischen Theater war die runde Orchestra der Aktionsplatz des Chores gewesen. In römischer Zeit nahm sie hingegen eine halbrunde Form an, hier befanden sich nun bevorzugte Sitzplätze für Würdenträger.

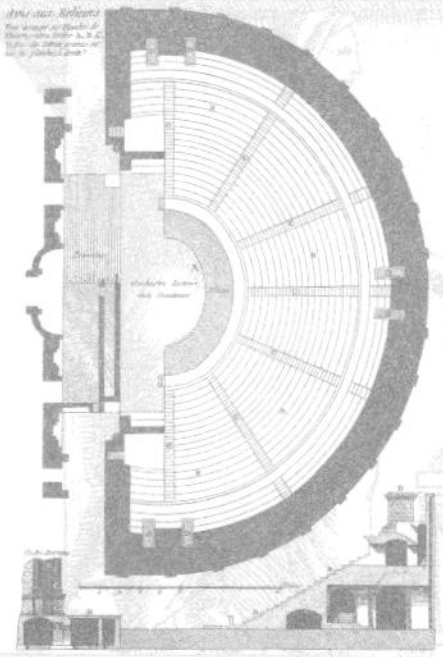

Palast der Flavier (fertig gestellt 92 n. Chr.)
Auf dem Palatinhügel stand der Palast der Flavier. Errichtet hat ihn Rabirius, einer der wenigen namentlich bekannten römischen Architekten. Der Palast war 300 Jahre lang die offizielle Residenz der römischen Kaiser. Seine unregelmäßige Grundfläche gliederte sich in mehrere Gartenhöfe. An diese schlossen sich symmetrisch angeordnete Repräsentationsräume und private Wohngemächer an.

Schaufassade
Die Schaufassade (*scaenae frons*) ist eines der charakteristischsten Merkmale der römischen Theater. Sie erhob sich hinter der Bühne (Proszenium) und war meist aufwändig mit Statuen und Säulenstellungen dekoriert.

Imperium Romanum

Kolosseum, Rom

Vespasian begann das Kolosseum oder flavische Amphitheater 72 n. Chr. als Geschenk an die Stadt Rom. Sein Sohn Titus weihte es 80 n. Chr. ein und erst Domitian stellte es fertig. Es erhebt sich in einer Senke, wo vorher der See in den Ziergärten von Neros Palast Domus Aurea gewesen war. Der schwere Lehmboden bot den idealen Untergrund für das monumentale Bauwerk. Nicht weit entfernt stand eine riesige Statue, der so genannte Koloss des Nero – ihm verdankt das Amphitheater vielleicht seinen Namen. Der vorausschauende Vespasian schenkte den Römern das Kolosseum als erstes steinernes Amphitheater, damit sie dort Gladiatorenkämpfe verfolgen konnten. Grundriss und Ausschmückung sind eher konservativ, doch seine gewaltige Größe (188 x 156 m) macht es zu einem einzigartigen Bauwerk. Die Errichtung war eine logistische Herausforderung.

Unterbau mit Bogenstellungen
Für die ansteigenden Sitzreihen war ein dreigeschossiger Unterbau erforderlich. Strahlenförmig führten Treppen von den Zugängen zu den Rängen. Die somit keilförmig gegliederten Unterbereiche des Zuschauerraums hießen *cunei*. Der umlaufende Außengang diente als Verbindungsgang und stützte die Umfassungswand ab.

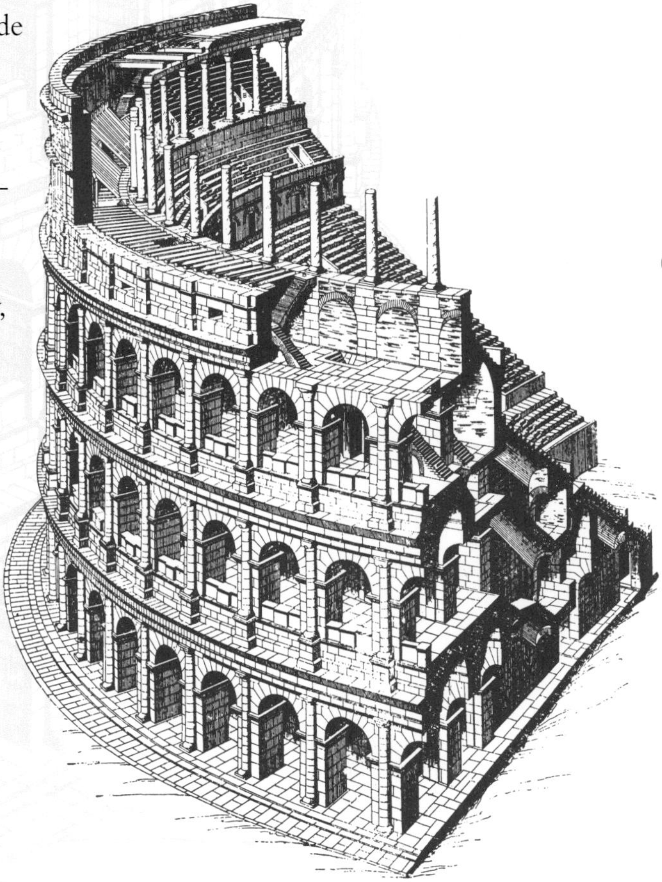

Sonnensegel
An der Attika sieht man noch Löcher, in denen ursprünglich riesige Mastbäume steckten. Daran wurde das Sonnensegel (*velarium*) befestigt, eine große Plane, die das Amphitheater teilweise oder ganz abdeckte und die Zuschauer vor der Sonne schützte. Man spannte sie mithilfe eines ausgeklügelten Systems von Flaschenzügen auf.

Baumaterialien
Die Fundamente bestehen aus Zement, die sternförmig angeordneten Trennmauern sind unten aus Tuffstein und oben aus Gussmauerwerk. Die Außenmauern fügte man aus Travertinblöcken zusammen.

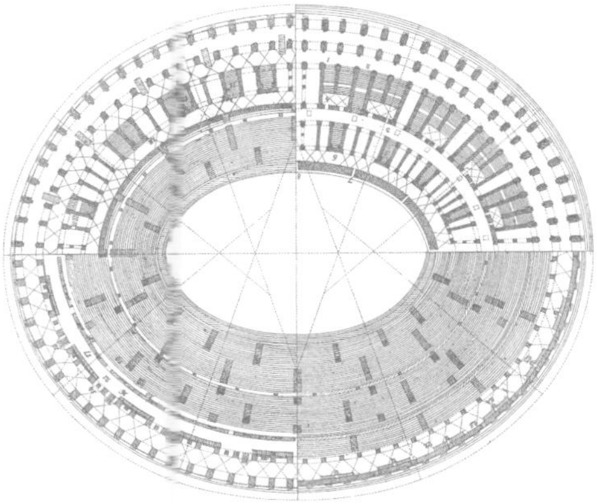

Grundriss

Die eigentliche Herausforderung bestand darin, den Bewegungsfluss von 50 000 schwer zu kontrollierenden Zuschauern zu organisieren. Das Kolosseum erhebt sich auf einem elliptischen Grundriss und weist 80 sternförmig angeordnete Trennmauern und 76 nummerierte Eingänge auf. Den Eingang zur Kaiserloge zierten vier Portiken.

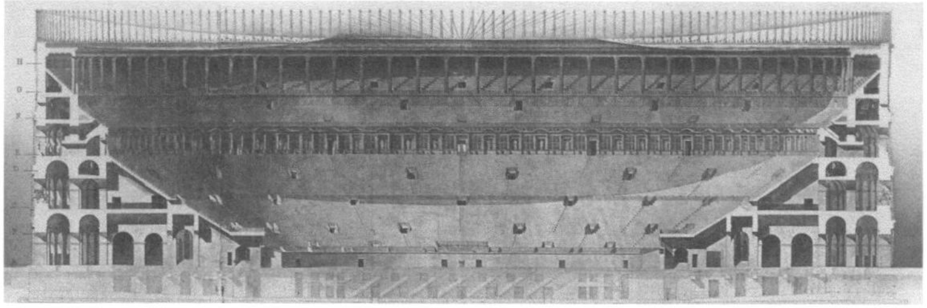

Sitzplätze

Die Sitzreihen der drei unteren Geschosse waren mit Marmor verkleidet. Im untersten Rang saßen die Staatsbeamten, darüber wohlhabende Bürger und Adlige. Der oberste Rang für die restliche Bevölkerung hatte hölzerne Sitzplätze. Die Plätze konnten wahrscheinlich vorbestellt werden. Unter der Spielfläche befanden sich unterirdische Gänge, Räume für die Gladiatoren, Tierkäfige, Aufzüge und Magazine.

Gestaltung des Außenbaus

Sie orientiert sich am Marcellus-Theater, wo erstmals Rundbögen gemeinsam mit den Säulenordnungen verwendet worden waren. Durch Fenster in der Attika gelangte Licht zu den obersten Sitzreihen. Zwischen ihnen hingen Bronzeschilde.

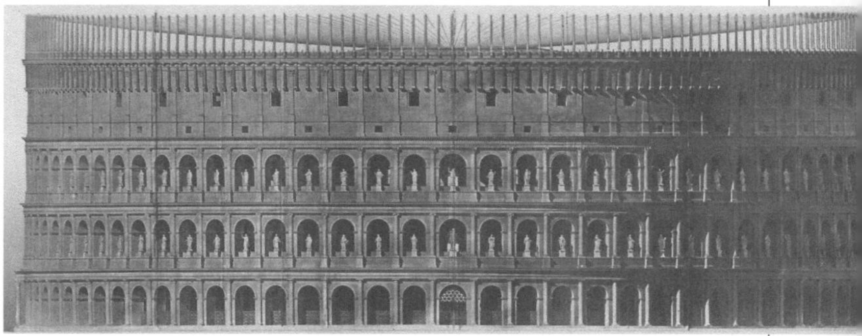

Hierarchie der Ordnungen

Die Halbsäulen an den Außenmauern zeigen unten die dorische Ordnung, darüber die ionische, dann die korinthische und ganz oben auf der Attika korinthische Pilaster. Diese Anordnung nahm die Renaissance später wieder auf.

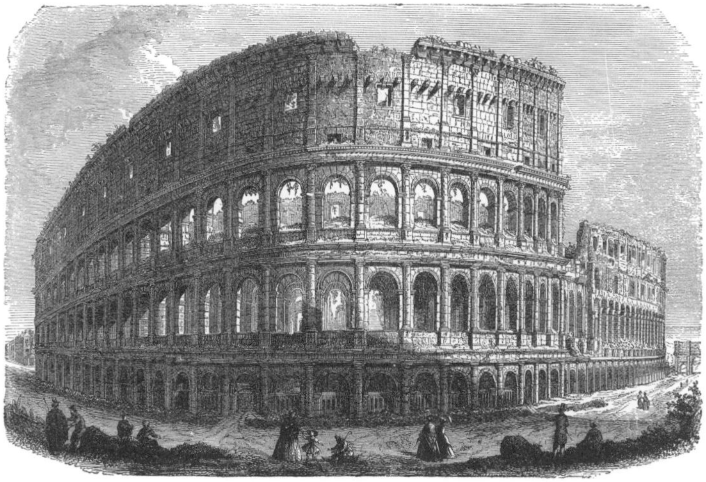

Weitere Geschichte des Kolosseums

Gladiatoren- und Tierkämpfe fanden zuletzt im 5. und 6. Jh. im Kolosseum statt. Im Mittelalter wurde es befestigt und teilweise zu einer Burg umgebaut. Später diente es als Steinbruch, sodass der schöne Marmor des Kolosseums sich heute an mehreren Palästen in Rom befindet. Im 18. Jh. weihte man es als Märtyrerstätte: Zur Zeit der Christenverfolgungen waren hier viele Märtyrer umgekommen.

Imperium Romanum

Trajan

Der gebürtige Spanier Trajan wurde 98 n. Chr. Kaiser. Er entfaltete eine rege Bautätigkeit, doch leider sind nur wenige seiner Bauwerke erhalten, u.a. der Trajans-Markt. Diese aus Ziegeln und Zement errichteten Geschäftsstraßen erstreckten sich oberhalb des Forums am Quirinalhügel. Über Neros Palast Domus Aurea erbaute Trajan außerdem Thermen, die im Wesentlichen den Grundriss von Titus Bädern aufgreifen. In Ostia ließ er den Hafen erweitern. Doch sein größtes Bauprojekt war das Trajans-Forum, eine grandiose Erweiterung des Forum Romanum. Meist orientierten sich seine Bauten an älteren Vorbildern. Der Bauschmuck seines Forums lässt sich sogar als konservativ bezeichnen, denn er imitierte das Augustus-Forum.

Bibliotheken, Rom
Zu beiden Seiten der Trajans-Säule standen zwei Bibliotheken für griechische bzw. lateinische Literatur. Im Inneren enthielten Nischen Schränke für die Handschriften. Dank des ziegelverkleideten Mörtelkerns der Wände verringerte sich die Brandgefahr.

Statue, Trajans-Säule
Im Sockel befindet sich eine Grabkammer. Hier bewahrte man in einer Urne die Asche des Kaisers auf. Im Inneren der Säule führte eine Wendeltreppe hinauf zur Spitze, wo eine vergoldete Bronzestatue Trajans stand. Später wurde sie durch eine Petrus-Statue ersetzt.

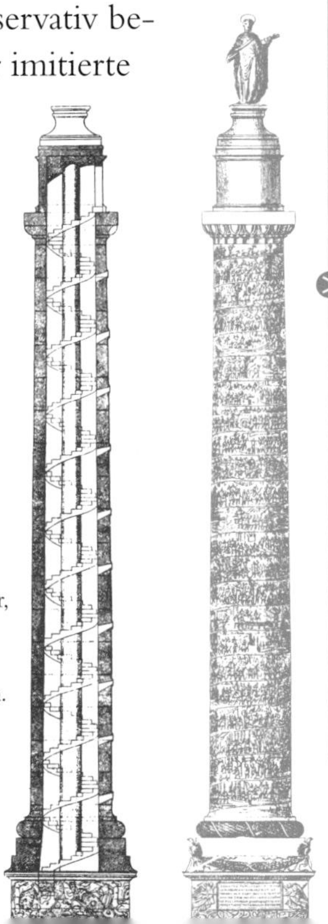

Trajans-Säule, Rom (113 n. Chr.)
Die 40 m hohe Säule aus Luni-Marmor wurde zu Ehren von Trajans Eroberung Dakiens errichtet. Zwar gibt es frühere Beispiele für Gedenksäulen, aber diese ist einzigartig wegen der insgesamt fast 200 m langen Reliefbänder, die sich spiralförmig von der Basis bis hinauf zur Spitze um die Säule winden. Sie schildern Ereignisse der Dakerkriege.

Trajans-Bogen, Benevent (114 n. Chr.)
Der Trajans-Bogen im süditalienischen Benevent hatte den Titus-Bogen in Rom zum Vorbild. Der eintorige Triumphbogen weist Kompositkapitelle auf, darüber eine Attika. Besonders bekannt ist er für seinen reichen Skulpturenschmuck, der den Kaiser verherrlicht.

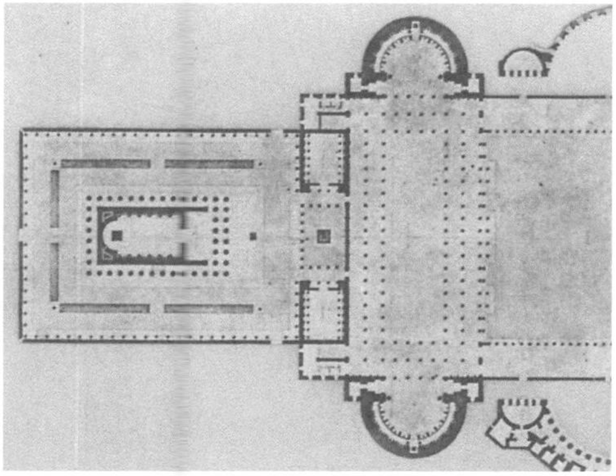

Trajans-Forum, Rom (107–113 n. Chr.)
Diese letzte Erweiterung des Forum Romanum war gleichzeitig die großartigste. In ihren Details folgte sie eng dem Vorbild des Augustus-Forums, doch ihr Grundriss brach mit der Tradition. Wo man an beherrschender Stelle einen Tempel erwarten würde, steht hier die Basilika Ulpia, eine quer zum Forum gelagerte große Markthalle.

Querschnitt, Basilika Ulpia
Je zwei Säulenstellungen umgaben beidseitig das Mittelschiff, das an beiden Enden durch eine Apsis abgeschlossen wurde. Die Halle verfügte über zwei Geschosse mit Geschäften. In der Basilika Ulpia versammelte sich das Volk, um die auf Staatskosten verteilten Lebensmittel entgegenzunehmen. In der Antike wurde sie wegen ihrer Größe und Schönheit bewundert – vielleicht diente sie als Vorbild für die ersten frühchristlichen Kirchen.

Basilika Ulpia, Rom (107–113 n. Chr.)
Diese rekonstruierte Seitenansicht verdeutlicht, wie Besucher des Forums vermutlich die mächtige Basilika Ulpia wahrgenommen haben. Durch die kleinen Fenster im Obergaden gelangte Licht in das Innere des fünfschiffigen Baukörpers.

Trajans-Tempel, Rom
Nach Trajans Tod ließ sein Nachfolger Hadrian einen Tempel zu Ehren des vergöttlichten Kaisers und seiner Frau errichten. Er bildet den westlichen Abschluss des Trajans-Forums.

Reliefschmuck, Trajans-Tempel
Dieses außerordentlich fein gearbeitete Detail stammt vom Fries des Trajans-Tempels. Es ist charakteristisch für den meisterhaften Reliefschmuck jener Epoche.

Imperium Romanum

Hadrian

Unter Hadrians Regentschaft von 117 bis 138 n. Chr. perfektionierte man die Technik des Gussmauerwerks, die beispielsweise bei seiner großartigen Villa in Tivoli Verwendung fand. Dort ließ er verschiedene Bauten nachgestalten, die ihn auf seinen Reisen tief beeindruckt hatten, darunter ein ägyptisches Heiligtum. Neu ist die Formensprache einiger Gebäude: Fast barock mutet etwa das bewegte Zusammenspiel von Kurven und Gegenkurven an. Ein Beispiel ist das Teatro Marittimo, das ein breiter Wassergraben umgibt. Hadrians tiefe Bewunderung für die griechische Architektur wird in vielen seiner Bauwerke deutlich – übrigens ließ er auch in Athen mehrere Gebäude errichten. Er war nicht nur ein großer Mäzen, sondern betätigte sich auch selbst als Architekt und entwarf beispielsweise den Roma- und Venus-Tempel.

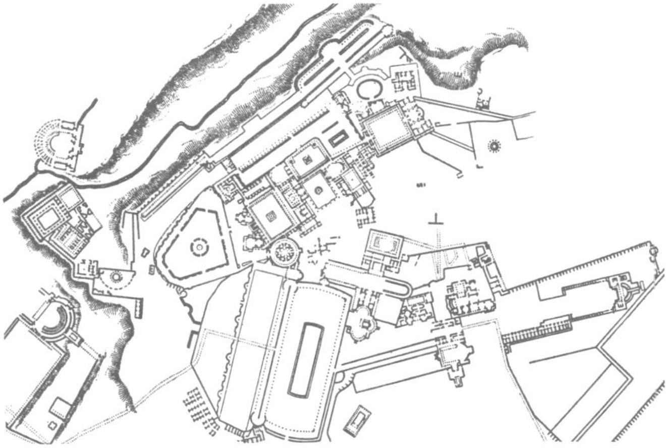

Hadrians-Villa, Tivoli (um 118–134 n. Chr.)
Dieser Name ist irreführend, denn es handelt sich tatsächlich um eine weitläufige Palastanlage, errichtet in einem landschaftlich besonders schönen Tal bei Tivoli. Sie bestand aus einer ausgeklügelten Folge von miteinander verbundenen Bauten und Räumen, die von schönen Gärten mit Skulpturen und Wasserbecken umgeben waren. Ihr charakteristischstes Merkmal sind die dynamischen konkaven und konvexen Bauformen, die geradezu barock wirken.

Roma- und Venus-Tempel, Rom (geweiht 135 n. Chr.)
Dieser Doppeltempel verfügte über zwei Cellae, die mit der Rückseite aneinander grenzten. Kleinasiatische Handwerker hatten sie aus blau geädertem prokonnesischen Marmor errichtet.

Fassade, Roma- und Venus-Tempel
Entworfen hatte ihn Hadrian selbst. Der Baumeister Apollodoros äußerte sich abfällig über ihn, vermutlich wegen seiner gewaltigen Größe, und wurde deshalb hingerichtet. Das wie die griechischen Tempel auf einem niedrigen Unterbau aufsitzende Heiligtum war ein Peripteros mit einer umlaufenden Säulenstellung.

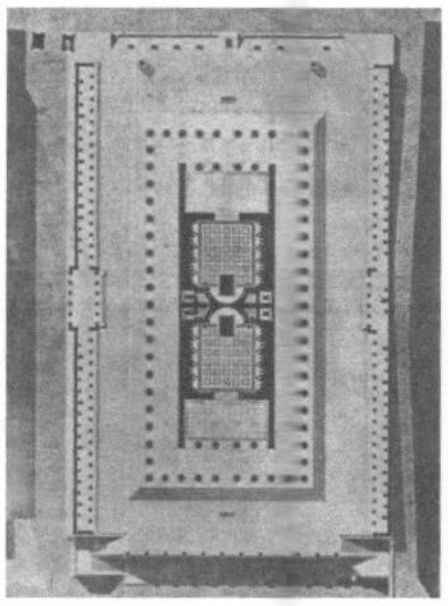

Grundriss, Roma- und Venus-Tempel
An der Langseite standen je 20 Säulen, an den Vorderseiten je zehn. Damit handelte es sich um einen *dekastylos* mit zehnsäuliger Front.

Diana-Tempel, Nîmes (um 130 n. Chr.)
Der so genannte Diana-Tempel in Nîmes in Südfrankreich, eigentlich ein Nymphäum (Brunnentempel), bestand ganz und gar aus großen Hausteinen. Den einschiffigen Saal überspannte ein Tonnengewölbe mit Gurten. Dreiecks- und Segmentgiebel bekrönten abwechselnd die Nischen des Innenraums.

Kassettendecke, Roma- und Venus-Tempel
Der Roma- und Venus-Tempel wurde von Maxentius wiederhergestellt, nachdem bei einem Brand 283 n. Chr. Dach und Cella von Hadrians Bau zerstört worden waren. Die erhaltene Kassettendecke der Apsiden mit rautenförmig eingetieften Feldern wirkte stilbildend.

Engelsbrücke oder Aelische Brücke, Rom (136 n. Chr.)
Diese von Hadrian in Auftrag gegebene Brücke überspannt den Tiber. Sie verbindet sein Mausoleum, die Engelsburg, mit dem Marsfeld und galt als die schönste und berühmteste Brücke des Alten Rom.

Hadrians-Mausoleum, Rom (135–139)
Das Hadrians-Mausoleum, die so genannte Engelsburg, folgt eng dem Vorbild des Augustus-Mausoleums. Allerdings erhebt es sich auf einem quadratischen Sockel, nicht auf einem runden. Auch war es reicher mit Statuen geschmückt und mit vergoldetem Bauschmuck ausgestattet.

Imperium Romanum

Pantheon, Rom

Das Pantheon wurde zwischen 118 und 128 n. Chr. von Hadrian an der Stelle eines von dem Konsul Markus Agrippa errichteten Tempels erbaut. Die Inschrift auf der Vorhalle erinnert noch heute an den Vorgängerbau, der wie das Pantheon der Gesamtheit der Götter geweiht war. Der Kuppelbau – der größte in der Antike – zählt zu den großartigsten Bauwerken der Architekturgeschichte und beeinflusste diese in starkem Maße. Seine Faszination beruht vor allem auf dem Ehrfurcht gebietenden Innenraum mit seinen monumentalen Proportionen. Das Pantheon ist hervorragend erhalten, was der Tatsache zu verdanken ist, dass Papst Bonifatius IV. es 609 in eine Kirche umwandelte.

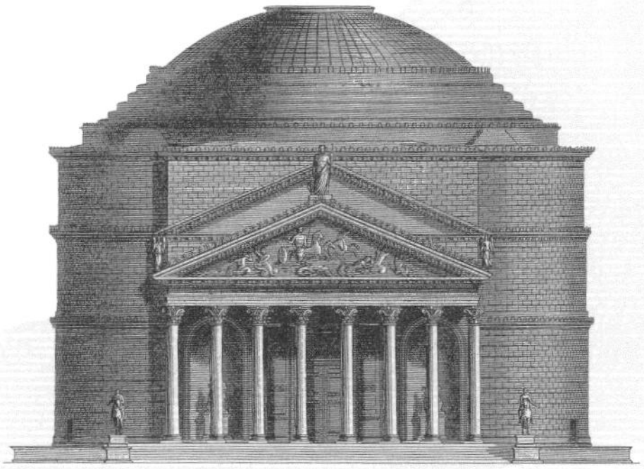

Außenansicht
Der Tempel besteht aus einer dreigeschossigen Trommel, die von einer flachen Kuppel bekrönt wird. Davor befindet sich eine Vorhalle mit acht Säulen an der Vorderseite und je drei an den Schmalseiten. Ursprünglich waren die Außenmauern verputzt, heute sieht man die Backsteinziegel, die einen Mörtelkern verblenden.

Innenansicht
Innen erkennt man nur zwei Geschosse unter dem Ansatz der Kuppel. In ihrem Scheitel befindet sich eine 9 m breite, kreisrunde Öffnung, die Kuppelauge oder *oculus* genannt wird. Sie stellt die einzige Lichtquelle dar.

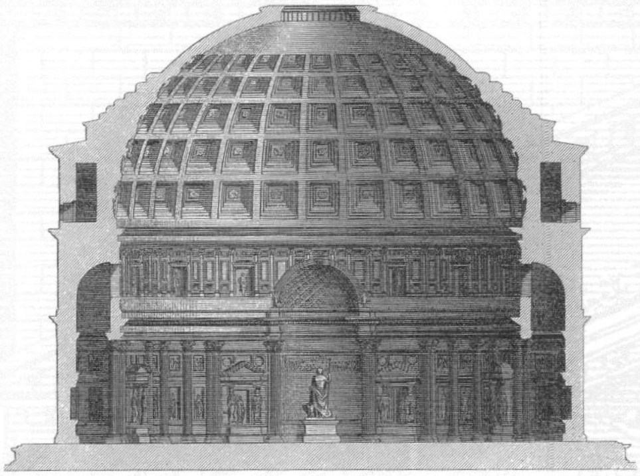

Innengestaltung
Deutlich wird die für die Kaiserzeit typische Betonung der Innengestaltung. Durch den Zementguss erschlossen sich ganz neue Möglichkeiten, abwechslungsreiche Grundrisse und Raumverhältnisse zu gestalten. Der Zement wurde mit Stuck oder Marmor verkleidet.

Größenverhältnisse und Proportionen
Bis zur Renaissance war dies der größte Kuppelbau der Architekturgeschichte. Der Kuppeldurchmesser von 43,2 m entspricht exakt der Gesamthöhe: Würde man die in die Kuppel einbeschriebene Halbkugel gedanklich nach unten fortsetzen, entstünde so eine perfekte Kugelform.

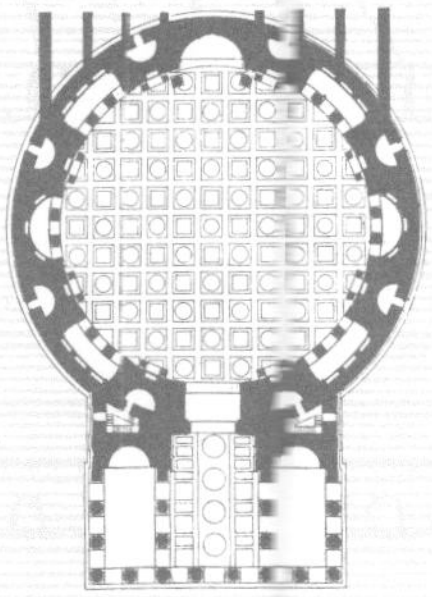

Grundriss

Die Verbindung einer Säulenvorhalle mit einem überkuppelten Rundbau ist ausgesprochen ungewöhnlich und weicht ab von den üblichen Schemata antiker Tempel. In den Thermen der Kaiserzeit ist dieser Grundriss aber durchaus anzutreffen.

Farbiger Marmor

Die Wände waren aufwändig mit verschiedenfarbigem Marmor geschmückt; nun gab man dem teuren Marmor den Vorzug vor Wandmalerei oder Mosaik. Die abgebildete Wandgestaltung ist nicht mehr durch die Baustruktur bedingt, also eine rein dekorative.

Konstruktion

Der Baukern besteht aus Zement mit wechselnden Zusätzen. Für die Fundamente wurde schwerer Basalt dazugegeben, für die Trommel Tuffstein und für die Kuppel leichter Bimsstein. In der gesamten Konstruktion befinden sich Hohlräume, sichtbare sowie unsichtbare. Sie reduzieren das Gewicht von Wänden und Kuppel.

Kassettendecke

Fünf Reihen mit je 28 eingetieften Kassettenfeldern zieren die Kuppel. Je höher die Reihe, desto schmaler werden die ursprünglich mit Goldbronze verkleideten Felder – es entsteht ein Eindruck großer Raumhöhe.

Nischen

Gegenüber dem Eingang befand sich auf der einzigen Achse des Bauwerks eine Apsis. Rundum waren durch Säulen abgetrennte, abwechselnd runde und rechteckige Nischen (Exedren) eingetieft.

Imperium Romanum

Die Severer

Die Severer kamen 193 nach mehrjährigem Bürgerkrieg an die Macht. Die Bedeutung der Provinzen nahm zwar beständig zu, doch das schien die Herrscher nur zu umso größeren Bauprojekten in der Hauptstadt zu inspirieren. Ihr größter architektonischer Beitrag in Rom waren die weitläufigen öffentlichen Badeanlagen, die Thermen. Als symmetrisch konzipierte Anlage mit einer festen Abfolge von Baderäumen orientierte sie sich an den Thermen des Titus und des Trajan aus dem 1. Jh. n. Chr. Neu war der gigantische Maßstab: Die quadratischen Caracalla-Thermen hatten eine Seitenlänge von 330 m und konnten 1600 Badegäste gleichzeitig aufnehmen. Mithilfe von mächtigen Zementgewölben überspannte man die verschiedenen Raumkörper, ohne Innenstützen setzen zu müssen.

Septimius-Severus-Bogen (203 n. Chr.)
Dieser Triumphbogen im Forum Romanum weist mit seinen drei Toren eine herkömmliche Gestaltung auf. Die vorgelegten Säulen stehen auf hohen, vorspringenden Podesten. Der Reliefschmuck feiert die Taten des Herrschers, zu dessen Ehren der Bogen von Volk und Senat errichtet worden war, in diesem Fall die Siege gegen die Parther und die Araber.

Kassettendecke, Septimius-Severus-Bogen
Der Septimius-Severus-Bogen ist aufwändig mit Reliefs und Skulpturen geschmückt. Die Tonnengewölbe über den Portalen sind kunstvoll kassettiert. Die quadratischen Kassettenfelder weisen reliefierte Blüten auf, gerahmt von Akanthusblättern und Perlstab.

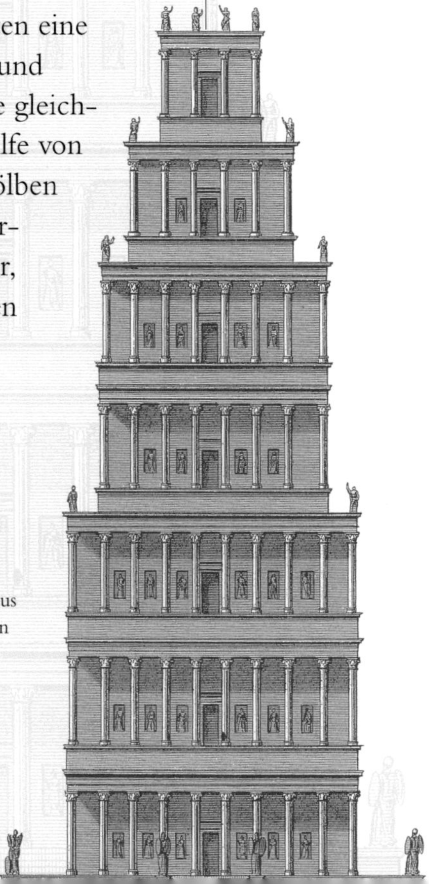

Septizonium (203 n. Chr.)
Generationen zerbrachen sich den Kopf über Zweck und Aussehen des Septizonium, das 1588 abgerissen worden war. Vermutlich bestand es aus sieben, sich verjüngenden Geschossen und diente als Prachtfassade für die dahinter errichteten Paläste. Die Abbildung zeigt eine hypothetische Rekonstruktion.

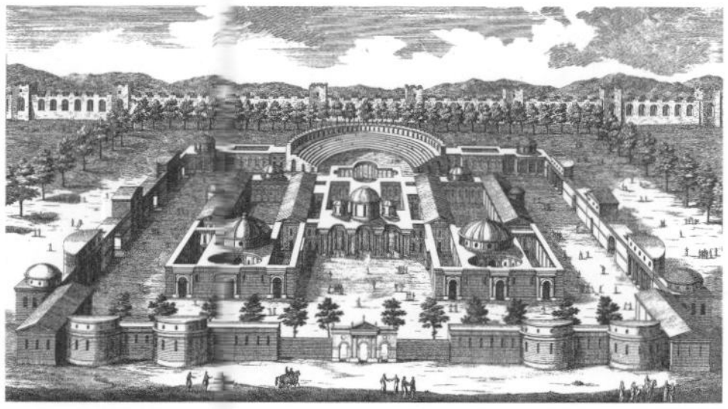

Diokletians-Thermen (298–305 n. Chr.)
Mit einer Fläche von 356 x 316 m waren die später errichteten Diokletians-Thermen die größten in Rom. Die eigentlichen Baderäume umgaben Gebäude, die der Unterhaltung und Bildung dienten, wie Bibliotheken, Theater und Lesesäle. Nach dem Vorbild der Caracalla-Thermen umschloss ein Park die weitläufige Anlage.

Ausschmückung der Thermen
Die Kaiserthermen, im Wesentlichen aus Zement, weisen Räume mit Kuppeln und Gewölben unterschiedlicher Größe auf. Die Innenräume wurden luxuriös mit Marmor, Mosaiken und Fresken ausgeschmückt. In den Wandnischen standen Statuen, in Türen und Fenstern waren kunstvoll gearbeitete Bronzegitter eingelassen.

Grundriss, Caracalla-Thermen (fertig gestellt 216 n. Chr.)
Die Kaiserthermen hatten einen symmetrischen Grundriss. Die Badehallen und Schwimmbecken folgten entlang der Mittelachse aufeinander; links und rechts schlossen sich verschiedene Übungs- und Unterhaltungsräume an. Das kreisrunde Heißbad (Caldarium) trat halbrund aus der Wandflucht hervor, um die Abendsonne einzufangen. Die Caracalla-Thermen galten als die prächtigsten Thermen Roms.

Korinthische Ordnung
Die korinthische Ordnung war in der römischen Baukunst die gebräuchlichste. Von dem griechischen Vorbild unterschied sie sich jedoch darin, dass Basis, Kapitell und Gebälk reicher ausgeschmückt wurden. Typisch waren die als Voluten ausgearbeiteten Konsolen, die ein weit vorkragendes Kranzgesims stützen. Manchmal steigerten Kassetten zwischen den Konsolen die Wirkung.

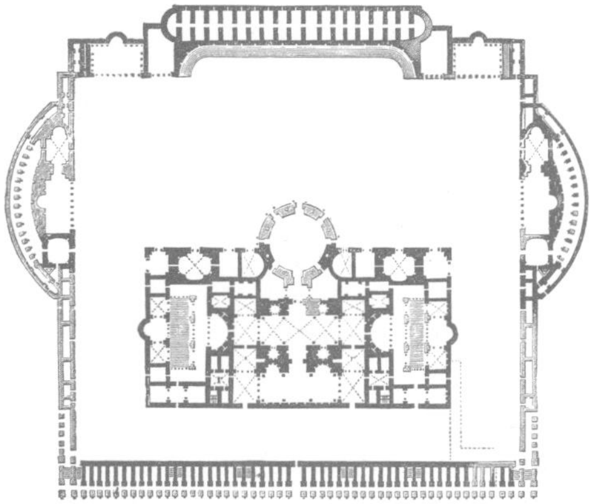

Imperium Romanum

Die Baukunst in den Provinzen

Die Römer „exportierten“ die Baukunst der Hauptstadt in die Provinzen, wo sie entsprechend der örtlichen Techniken und Materialien abgewandelt wurde. Außerhalb des Mutterlands baute man selten mit Zement – somit waren die technischen Möglichkeiten auch begrenzter. Die Kuppel des Diokletians-Mausoleums in Split im heutigen Kroatien ist beispielsweise völlig aus Ziegelstein in einem komplizierten Fächermuster gemauert und fällt deshalb kleiner aus. Noch lange nachdem der behauene Stein in Rom aufgegeben worden war, diente er in den Provinzen als Baumaterial. Allerdings fand man dort ebenfalls Geschmack an importiertem Marmor. Auch ging man insgesamt freier mit den Säulenordnungen um und entwickelte vor allem für die Gebälkzone neue, innovative Gestaltungsformen.

Innengestaltung, „Bacchus-Tempel“
Die Innenräume sind außerordentlich reich geschmückt. Eine Kolossalordnung greift über die beiden Geschosse des Baukörpers. Die Mauern werden durch Halbsäulen und Nischen gegliedert. Die untere Nischenreihe trägt Rundgiebel, die obere Dreiecksgiebel.

„Venus-Tempel“, Baalbek (Ende 2. Jh. n. Chr.)
Dieser bemerkenswerte Rundtempel – oft als Venus-Tempel bezeichnet, obwohl nicht bekannt ist, welcher Gottheit er geweiht war – verfügt über eine halbrunde Cella. Vermutlich aus statischen Gründen setzte der Baumeister acht korinthische Säulen vor die Außenmauern.

Nischen, Tempelbezirk von Baalbek
Jeden Zentimeter Mauerfläche im Säulenhof vor dem Haupttempel von Baalbek schmücken Nischenreihen, Pilaster sowie prächtig profilierte Gesimse. Die Nischen sind im Wechsel eckig und halbrund ausgebildet.

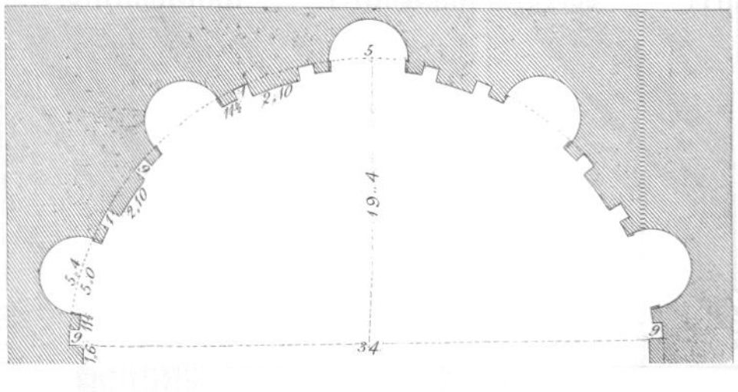

„Bacchus-Tempel“, Baalbek (2. Jh. n. Chr.)
Der sogenannte Bacchus-Tempel in Baalbek im heutigen Libanon, der eigentlich der Venus geweiht war, ist typisch römisch mit seiner tiefen Vorhalle, der geräumigen Cella und dem hohen Podium. Das fast vollständig erhaltene Heiligtum steht ganz in der Nähe des Haupttempels von Baalbek.

Säulen, Diokletians-Palast, Split (295–305 n. Chr.)
Über dem Eingang zum Diokletians-Palast befinden sich frühe, auf Konsolen gestellte Säulen. Ältere Beispiele für diese Gestaltungsform traten in Syrien auf.

Festungsarchitektur, Diokletians-Palast
Der Palast war stark von der spätrömischen Militärarchitektur beeinflusst. Die festungsartige Anlage verfügte über gewaltige, bis zu 23 m hohe Mauern und Ecktürme mit Ausguck zur Überwachung der Umgebung.

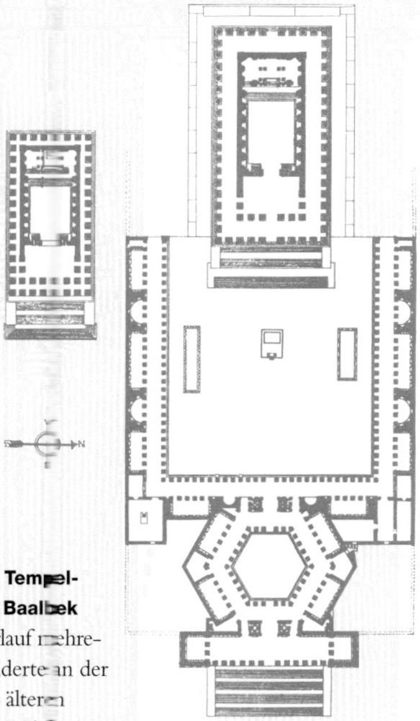

Grundriss, Tempelbezirk von Baalbek
Den im Verlauf mehrerer Jahrhunderte an der Stelle eines älteren Heiligtums errichteten Tempelbezirk von Baalbek beherrschte der Jupiter-Tempel. Über einen sechseckigen Vorhof gelangte man zu dem rechteckigen Säulenhof vor dem Tempel.

Bogenstellung, Diokletians-Palast
Eine Bogenstellung auf korinthischen Säulen schmückte den Eingangshof – die römische Baukunst gilt als Bogenarchitektur, im Gegensatz zur griechischen Gebälkarchitektur. An der Rückseite des Hofes erkennt man über dem Portal ein geschweiftes Gesims.

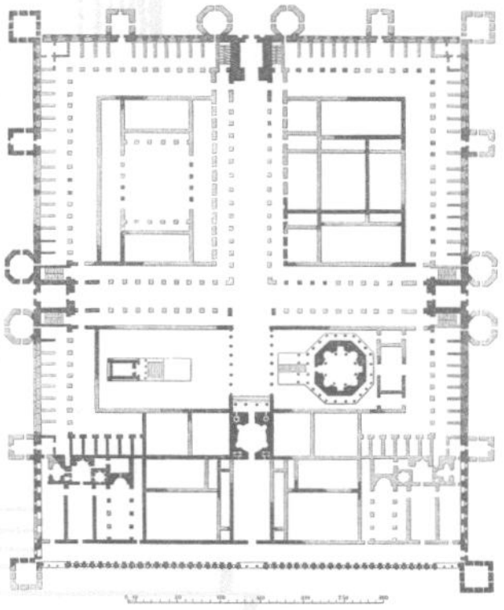

Grundriss, Diokletians-Palast
Der Grundriss des Diokletians-Palasts ähnelte dem eines römischen Feldlagers (*castrum*). Die befestigte Palastanlage wurde von zwei mit Säulen bestandenen Straßen durchschnitten. In den Bereichen an der Meerseite befanden sich das Mausoleum des Kaisers, seine Wohngemächer und ein Tempel.

Imperium Romanum

Die Spätzeit des Römischen Reiches

Konstantin I. traf zwei bedeutsame Entscheidungen: Zum einen stellte er 313 das Christentum den anderen Religionen gleich, zum anderen verlegte er 330 die Hauptstadt nach Konstantinopel (Neu-Rom). Infolge der Instabilität – im Norden fielen wiederholt Germanen ein, im Landesinneren herrschten politische Wirren – änderte sich auch die Baukunst: Der Bauschmuck fiel gröber aus und teilweise verwendete man ältere Arbeiten erneut. Dennoch entstanden neue Bauwerke in Rom, etwa die Aurelianische Stadtmauer (272–279). Kaiser Maxentius errichtete für sich eine neue Villa samt Pferderennbahn (Zirkus) nahe der Via Appia. Formal bereitete die Baukunst der späten Kaiserzeit die des Byzantinischen Reiches vor. Dies belegt beispielsweise der so genannte Tempel der Minerva Medica, ein im Zehneck angelegter Kuppelbau mit Mauernischen im Innenraum.

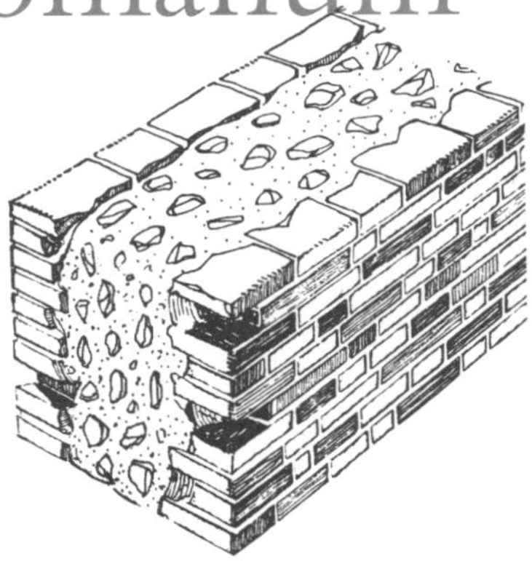

Opus testaceum
Obwohl es seit agusteischer Zeit verwendet worden war, entwickelte sich das *opus testaceum* oder der mit Ziegeln verkleidete Mörtelkern erst in der Spätzeit zu einer weithin gebräuchlichen Bautechnik. Tatsächlich wurde kaum noch mit Stein gebaut, abgesehen von den Triumphbögen.

Seitenschiffe, Maxentius-Basilika
Die Untergliederung der Seitenschiffe war auch statisch bedingt, denn sie leitete die Schubkräfte des gewaltigen Gussgewölbes ab. Das frühe Christentum und die byzantinische Baukunst griffen diese Gestaltungsweise auf.

Kreuzgewölbe, Maxentius-Basilika
Die Kreuzgewölbe des mittleren Langsaals waren 35 m hoch und 25 m breit. Getragen wurde die kühne architektonische Konstruktion von gewaltigen Säulen aus prokonnesischem Marmor, die vor den Pfeilern im Mittelschiff standen.

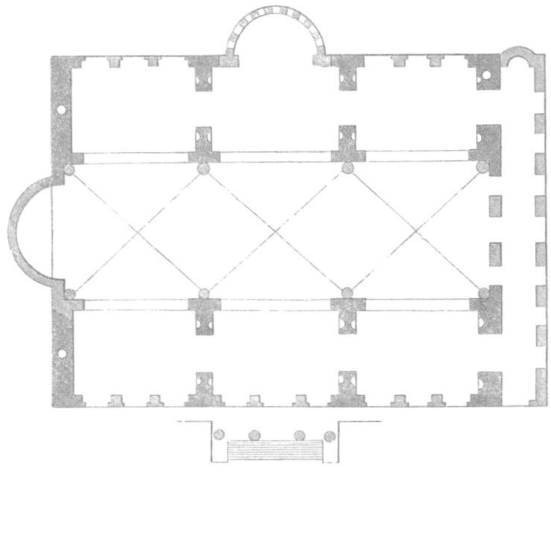

Maxentius-Basilika, Rom (um 310–313 n. Chr.)
Erst Konstantin stellte sie fertig. Die ursprüngliche Längsrichtung änderte er ab, indem er den Forumeingang an die Langseite verlegte und diesem gegenüber eine Apsis ergänzte.

Reliefschmuck, Rom (um 315 n. Chr.)
Für den Konstantins-Bogen wurden größtenteils Reliefs von älteren Denkmälern des 2. Jh. verwendet. Die Reliefs aus konstantinischer Zeit sind vergleichsweise grob gearbeitet, vermutlich weil kunstvoll behauener Stein nun viel seltener verwendet wurde.

Campo vaccino
Nachdem Konstantinopel 330 zur Hauptstadt erhoben worden war, verfiel Rom. Gestrüpp überwucherte die ehemals prachtvollen Bauwerke. Zwischen den Trümmern des Forum Romanum grasten Kühe, in der Renaissance nannte man das Gebiet campo vaccino (Kuhwiese).

S. Costanza (um 350 n. Chr.)
Das Mausoleum für Constantia, die Tochter Konstantins des Großen, ist ein für römische Grabbauten typischer Rundbau. Hier umgibt ihn ein Umgang.

Konstantins-Bogen: der letzte Triumphbogen
Zur Erinnerung an den Sieg Konstantins über seinen Rivalen Maxentius an der Milvischen Brücke in Rom ließ der Senat diesen Bogen im Jahr 315 errichten. Es war der letzte und zugleich der gewaltigste Triumphbogen in Rom. Formal orientierte er sich am Septimius-Severus-Bogen; neu ist jedoch die Fortsetzung der Dreigliederung in der Attika.

Porta Nigra, Trier (Ende 2. Jh.)
Das Nordtor von Trier, das im 4. Jh. Kaisersitz für die westliche Reichshälfte war, zählt zu den besterhaltenen römischen Bauten nördlich der Alpen. Neben einem Doppelportal erheben sich zwei aufwändig mit Halbsäulen verblendete Türme.

Frühes Christentum und Byzanz

Die Basilika

Das Christentum wurde im Jahr 391 zur Staatsreligion des Römischen Reiches erklärt, das sich zu jenem Zeitpunkt von Spanien bis nach Syrien erstreckte. Für ihre Bauten orientierte sich die neue Religion an der römischen Basilika: Die lang gestreckte Versammlungshalle des Forums hatte ursprünglich als Marktplatz gedient ebenso wie als Ort für Gerichtsverhandlungen. Zum einen assoziierte man mit dieser Halle keinerlei heidnische Bräuche, zum anderen war sie groß genug, um die Gläubigen aufzunehmen. Anders als in den Tempeln versammelten sich in den Kirchen die Gemeinden. Während der folgenden Jahrhunderte unterlag die Basilika verschiedenen Einflüssen und wurde den regionalen Bautraditionen entsprechend immer wieder abgewandelt.

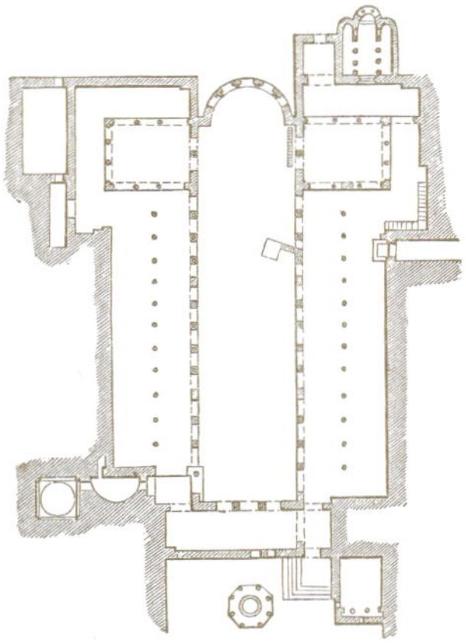

Querschiff, Demetrioskirche, Saloniki (spätes 5. Jh.)
Bei einigen frühchristlichen Basiliken wurde zwischen Apsis und Langhaus ein Querschiff errichtet: So entstand eine Kreuzform. Das hier abgebildete Querschiff wird, genauso wie das Langhaus, von zwei Stützenreihen gegliedert.

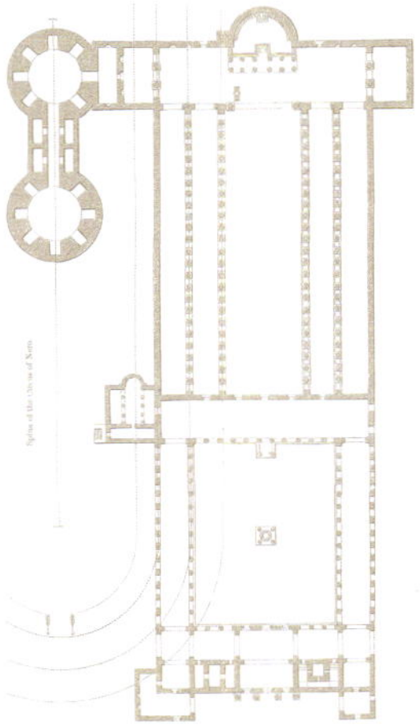

Grundriss, Alt-St. Peter, Rom (ab 326)
Die unter Konstantin begonnene Basilika wurde über dem Grab des Apostels Petrus errichtet. Typisch römisch war ihr durchgehendes Querschiff, ungewöhnlich hingegen die Ausrichtung nach Westen, nicht nach Osten. Vor dem Langhaus befand sich ein Atrium (Eingangshof).

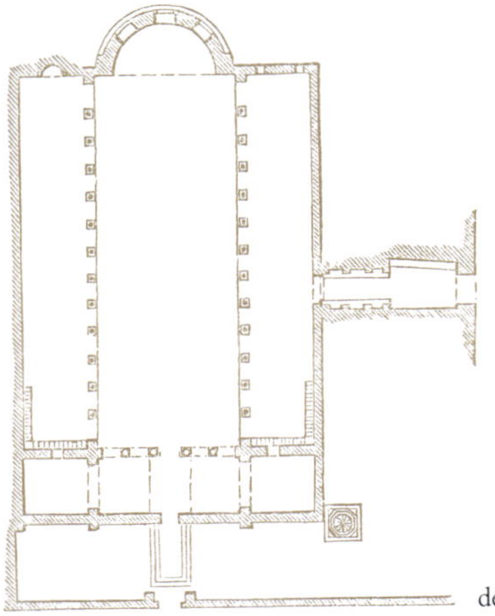

Grundriss der Basilika
Die Basilika ist eine lang gestreckte Halle. Stützenreihen unterteilen sie in ein Mittelschiff sowie zwei oder vier Seitenschiffe. Am Ostende tritt eine meist halbrunde Apsis hervor. In der römischen Basilika war sie Sitz des Richters, in der christlichen beherbergte sie das Allerheiligste.

Atrium und Fassade, Alt-St. Peter, Rom
Dem Kirchenraum war ein Atrium oder Narthex vorgelagert, manchmal auch beides. Das Atrium war der säulenumgebene Eingangshof mit Reinigungsbrunnen. Vom Narthex aus, einer schmalen Vorhalle, verfolgten die Katechumen (Taufbewerber) die Messe, an der sie noch nicht teilnehmen durften.

um 313–1453

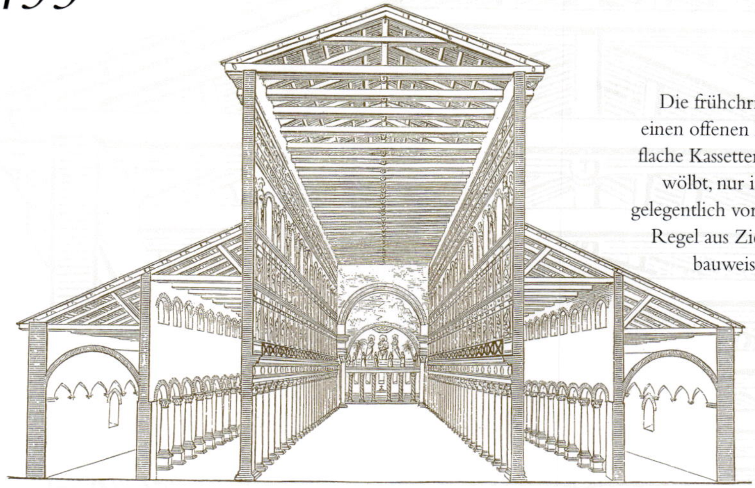

Baumaterialien

Die frühchristlichen Basiliken trugen meist einen offenen hölzernen Dachstuhl oder eine flache Kassettendecke. Selten waren sie eingewölbt, nur in Palästina und Syrien kam das gelegentlich vor. Die Mauern bestanden in der Regel aus Ziegelstein oder waren in Mischbauweise aus Ziegeln und steinverkleidetem Kalkmörtel errichtet.

Außenbau

Wie man an der rekonstruierten Fassade von Alt-St. Peter (*siehe S. 148 unten rechts*) erkennt, waren die frühchristlichen Kirchen außen relativ schlicht gestaltet. Dies gilt auch für Syrien, wo Quadersteine als Baumaterial dominierten. Typisch syrisch an der Basilika in Turmanin aus dem 5. Jh. (*unten*) sind die beiden turmartigen Eckbauten.

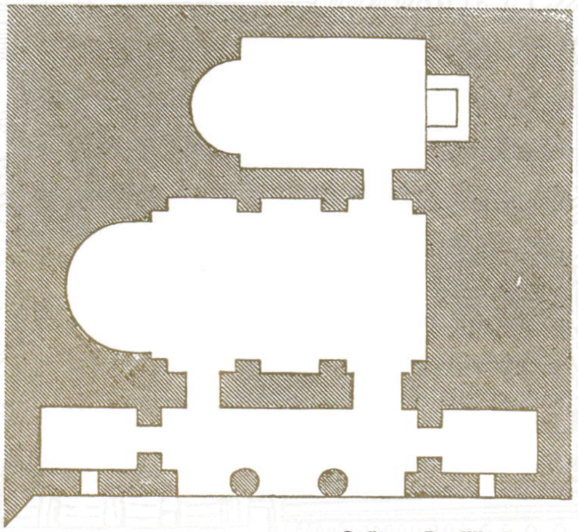

Spätere Basilikaformen

Die Basilika erwies sich als erstaunlich beständig und wandlungsfähig. Während des gesamten Byzantinischen Reiches und des frühen Christentums wurde sie verwendet, beispielsweise auch in Kappadokien in der Türkei: Dort wurden schlichte, meist einschiffige Höhlenkirchen in den Felsen gehauen.

Frühes Christentum und Byzanz

Frühchristliche Innenräume

Im Gegensatz zum schmucklosen Äußeren waren die Innenräume der frühchristlichen Kirchen reich geschmückt: Farbige Marmorplatten, Fresken, Mosaike mit figürlichen Darstellungen oder ornamentalen Mustern bedeckten jeden Zentimeter. Die marmornen Säulen und Pfeiler prunkten mit vergoldeten Kapitellen, auch die Decke war vergoldet. Aufwändige Marmorinkrustationen (Einlegearbeiten) verzierten die Böden, die goldenen und silbernen Altäre waren mit Edelsteinen eingelegt. Die Apsis beherrschte ein großes Fresko oder Mosaik, meist von Christus, den Aposteln und den Propheten. Kunstvolle geometrische Ornamente oder Blattmuster überzogen Wände und Chorschranken. Vor allem im Weströmischen Reich verwendete man für die Kirchen Spolien, also alte Kapitelle, Säulen und Gebälkteile von römischen Bauten.

Obergaden
Das Mittelschiff erhob sich über die Seitenschiffe, sodass im oberen Wandbereich Fenster angebracht werden konnten, durch die Licht ins Innere fiel.

Empore
Über den Seitenschiffen befand sich manchmal ein Emporengeschoss oder eine Galerie, die den Frauen vorbehalten war. Sie hieß Gynäzeum. Gab es keine solche Frauenempore, saßen Männer und Frauen getrennt in den Schiffen.

Stützenreihen
Stützenreihen trennten Haupt- und Seitenschiffe voneinander. Die Säulen oder Pfeiler trugen entweder Bögen oder ein gerades Gebälk.

Apsis
Den Abschluss des Kirchenraums bildete die halbrunde Apsis, meist gewölbt und durch einen Triumphbogen hervorgehoben. Dort befanden sich der Bischofsstuhl und konzentrisch ansteigende Sitzbänke (*synthronon*) für die Geistlichkeit. Vor oder in der Apsis stand der Altar unter einem prächtigen Säulenbaldachin (Ziborium).

Kämpferkapitell
In der Demetrioskirche in Saloniki befinden sich verschiedene Kapitelle, zum Teil Spolien. Dieses zweigliedrige Kapitell zeigt unten Akanthusblätter, darüber plastisch ausgearbeitete Adler. Oben sieht man den Kämpfer, einen blockartigen Aufsatz, der zwischen Kapitell und Bogenansatz vermittelt.

Innenräume im Orient
Im Vergleich mit dem westlichen und zentralen Verbreitungsgebiet des Christentums wirken die Kirchen im Orient eher nüchtern. Typisch sind ihre schweren, gedrungenen, weiten Bogenstellungen.

Fenster
Die Fenster verstärkten die mystisch-geheimnisvolle Stimmung denn sie ließen nur wenig Licht herein. Die meist dekorativ durchbrochenen Scheiben bestanden aus dünn geschliffenem Alabaster oder Marmor. Abends glänzten Marmor, Silber und Gold im Kerzenlicht.

Liturgische Ausstattung
Der manchmal erhöhte Altarraum (Bema) war der Geistlichkeit vorbehalten. Oft trennten ihn Chorschranken in Form einer niedrigen Brüstung oder eines Gitters vom Schiff. Vom Altarraum aus konnten die Presbyter über einen erhöhten Gang (*solea*) zum Lesepult (Ambo) gelangen.

Ambo
Der Ambo war ein erhöhtes, kanzelartiges Lesepult, von dem aus die Heilige Schrift verlesen wurde. Er war meist aus Stein gefertigt und mit Schmuckplatten verkleidet, wie die gesamte liturgische Ausstattung.

Opus sectile
Die Wände und Böden vieler Kirchen waren mit Opus sectile bedeckt, kunstvollen Mosaiken aus geometrisch zugeschnittenen Marmorplättchen. Auch verschiedenfarbige Stein- oder Marmorplatten wurden verlegt.

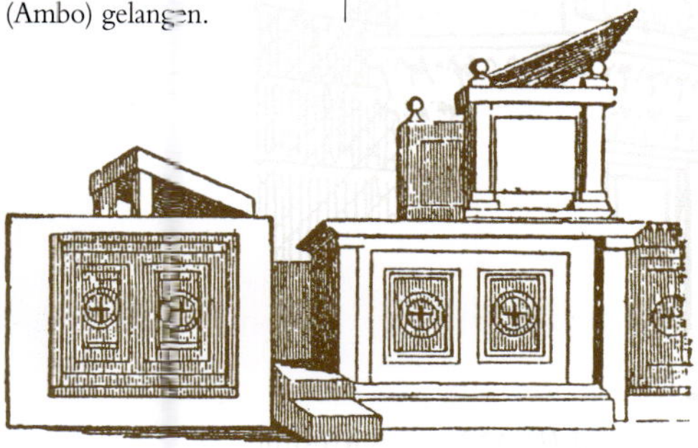

Frühes Christentum und Byzanz

Zentralbau

Aus der römischen Architektur übernahm die frühchristliche Baukunst auch den Zentralbau auf rundem, kreuzförmigem oder polygonalem Grundriss. Die Römer hatten ihn vor allem für Mausoleen verwendet. Dieser Tradition folgend, nutzte das frühe Christentum ihn für monumentale Grabbauten. Memorien (Gedenkstätten) über geheiligten Orten, die ursprünglich in Gemeindekirchen aufgestellt wurden, wie in Alt-St. Peter in Rom, entwickelten sich nach und nach zu unabhängigen, frei stehenden Martyrien (Märtyrerkirchen), meist als Zentralbau entworfen. Im Gegenzug hielt der Gedanke des Zentralbaus Einzug in die Kirchenarchitektur. Insbesondere Palastkapellen wurden nun als Rundbau oder Achteck errichtet.

Laterans-Baptisterium, Rom (frühes 4. Jh.)
In der Frühzeit des Christentums entwickelte sich das Baptisterium, ein frei stehendes Gebäude, in dem die Taufe vorgenommen wurde. In Anlehnung an das römische Caldarium (Heißbad) ist es oft als Zentralbau auf achteckigem Grundriss gestaltet: Die Acht ist die Zahl der Auferstehung und der Taufe.

Mausoleum
Für seine Grabbauten nahm sich das frühe Christentum das römische Mausoleum und damit den Zentralbau zum Vorbild. Ein Unterschied besteht darin, dass die christlichen Mausoleen meist neben einer Grabkirche errichtet wurden. Oft bestanden sie aus einem säulengestützten Mittelbau mit Umgang.

Querschnitt, S. Costanza, Rom (um 350)
S. Costanza diente als Grabmal von Konstantins Tochter Constantia. Den runden, überkuppelten Mittelbau tragen zwölf Doppelsäulen, sodass quasi ein monumentales Ziborium entsteht. Der von einem tonnengewölbten Umgang umgebene Mittelbau ist durchfenstert. Ein Dachstuhl bedeckt die Kuppel – von außen ist sie also nicht zu sehen.

Innenansicht, S. Costanza
Mausoleen waren innen oft prächtig ausgeschmückt, wie diese Rekonstruktion des Wandschmucks von S. Costanza verdeutlicht. Den gesamten Innenraum bedecken Mosaike und Marmorinkrustationen, d.h. zu Mustern zusammengelegte, farbige Marmorplatten. Sie zeigen Christus, die Apostel, geometrischen Dekor sowie Früchte.

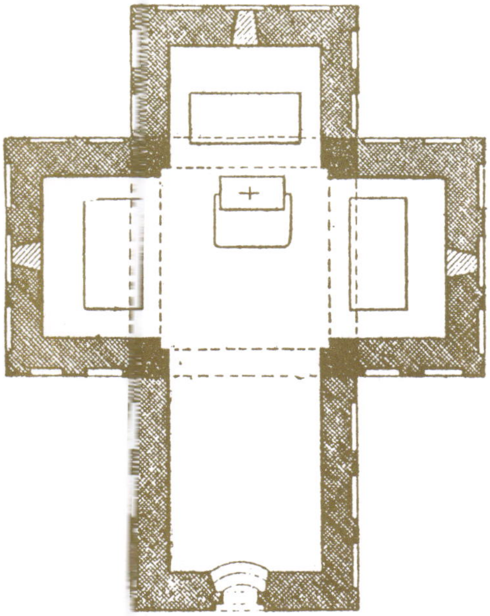

Kreuzförmiger Grundriss, Mausoleum der Galla Placidia, Ravenna (um 450)
Für Martyrien (*oben rechts*) und Mausoleen war der kreuzförmige Grundriss beliebt. Ein frühes Beispiel stellt das Mausoleum der weströmischen Kaiserin Galla Placidia dar. Die lateinische Kreuzform entstand, indem man einen der Arme verlängerte.

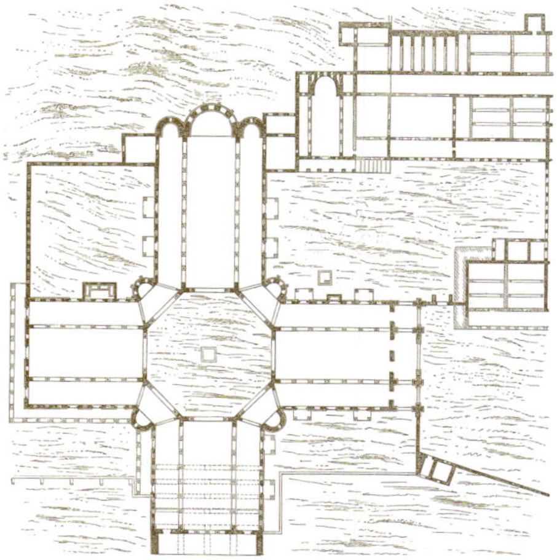

Martyrium, Kalat Siman, Syrien (um 480–490)
Für Martyrien oder an geheiligten Ort errichtete Bauten setzte man ebenfalls zentrale Bauformen ein. In Kalat Siman gliedern sich vier Basiliken an ein Oktogon (Achteck) an, sodass ein großes griechisches Kreuz entsteht. In seiner Mitte befinden sich die Reste der Säule, auf welcher der Asket Symeon Stylites d. Ä. gelebt hatte. In Basiliken fanden große Pilgermengen Platz.

Innenraum, Mausoleum der Galla Placidia
Die Kreuzarme tragen ein Tonnengewölbe. Über der Vierung erhebt sich eine von einem quadratischen Turm umkleidete Kuppel.

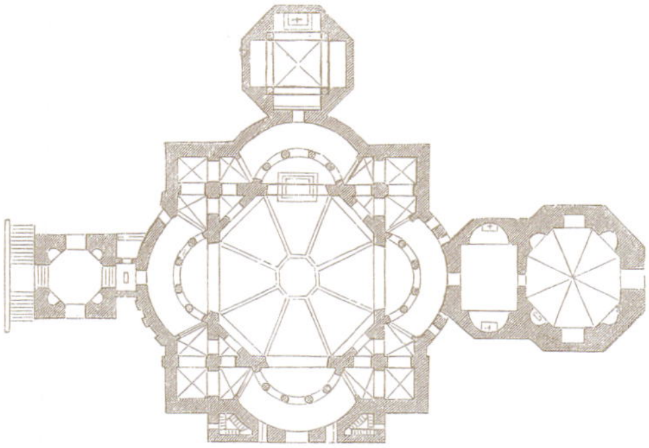

Tetrakonchos, S. Lorenzo Maggiore, Mailand (um 350–370)
Bei diesem Bautypus erweitern Konchen (halbrunde Nischen) an vier Seiten die quadratische Grundform. Im Innenraum von S. Lorenzo Maggiore, vermutlich eine Palastkapelle, schieben sich außerdem Nischen aus dem Mittelbau in den Umgang.

Frühes Christentum und Byzanz

Ravenna

Im Jahr 395 wurde das Römische Reich geteilt. Während Ostrom mit der Hauptstadt Byzanz eine Blütezeit erlebte, war das Westreich germanischen Einfällen ausgesetzt. Sein Regierungssitz wurde 402 von Mailand nach Ravenna ins Po-Delta verlegt. Nach dem Ende des Römischen Reiches diente Ravenna als Residenzstadt des Ostgotenkönigs Theoderich des Großen (um 453–526), der nominell unter der Oberhoheit von Konstantinopel stand. Nachdem Kaiser Justinian I. im 6. Jh. Italien zurückerobert hatte, wurde die Stadt Sitz der byzantinischen Statthalter. Die Rolle Ravennas als byzantinischer Brückenkopf spiegelt sich in ihrer Architektur.

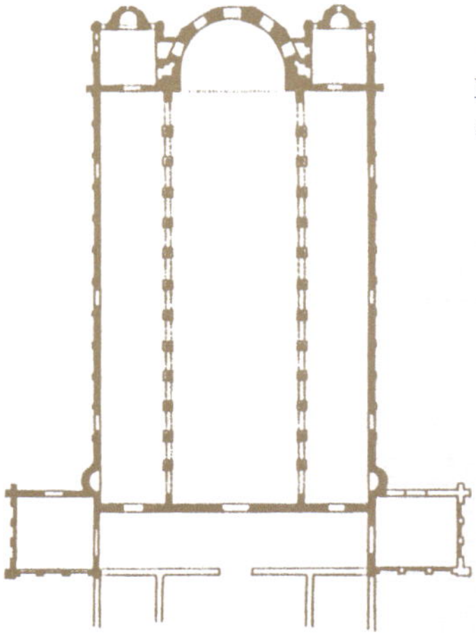

S. Apollinare in Classe (549 geweiht)
Diese in ihrer Grundform schlichte dreischiffige Basilika weist mehrere Charakteristika byzantinischer Kirchenbauten auf: einen Narthex (Vorhalle) mit zwei seitlich hervortretenden niedrigen Türmen; eine innen halbrund, außen polygonal gestaltete Apsis; zwei Räume (Pastophorien) neben der Apsis, die als Sakristei dienten und die ihrerseits mit Apsiden abschlossen.

Mosaike
Mosaike setzen sich aus kleinen Stein- oder Glasplättchen zusammen, den *tesserae*. Die schimmernden Goldmosaike bestehen aus farblosen, mit Blattgold hinterlegten Glasplättchen. Die Mosaike schmückten mit der Zeit den gesamten Innenraum der Basilika; schließlich bedeckten sie jeden freien Zentimeter. Hier sieht man Kaiser Justinian I.

S. Apollinare Nuovo (um 500)
Diese von Theoderich dem Großen errichtete Basilika ist für ihre Mosaiken berühmt. Die Wände des Mittelschiffs zeigen statt der üblichen biblischen Darstellungen eine Prozession von Heiligen, die sich auf die Apsis zubewegen: an der Nordwand 22 Jungfrauen, an der Südwand 26 Märtyrer.

Innenraum, S. Apollinare in Classe
Die Innengestaltung verrät ebenfalls byzantinischen Einfluss: Die Marmorinkrustationen und die Blattkapitelle, die teilweise wie vom Wind zerzaust wirken, stammen mit großer Wahrscheinlichkeit aus den Werkstätten von Konstantinopel.

Campanile, S. Apollinare in Classe
Neben der Basilika steht ein früher Glockenturm (Campanile). Die Zahl seiner Fenster pro Geschoss nimmt nach oben zu: Unten sieht man einfache Fenster, darüber Zwillings- und oben Drillingsfenster. Errichtet wurde der Rundturm in byzantinischer Manier aus langen, dünnen Ziegelsteinen.

S. Vitale (geweiht 547)
Dieser komplex strukturierte Zentralbau mit Umgang besteht aus zwei ineinander gestellten Achtecken. Zwischen den acht Pfeilern des erhöhten, überkuppelten Mittelbaus schieben sich sieben halbrunde Exedren (Nischen) in den Umgang. Im Osten führt eine Öffnung zum Chor, der mit einer aus dem Umgang heraustretenden Hauptapsis abschließt.

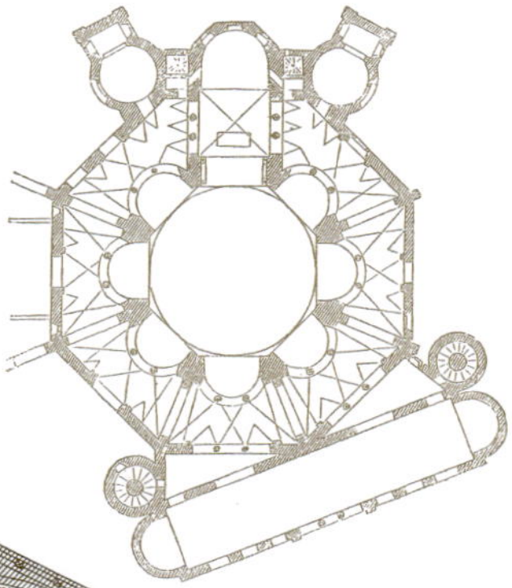

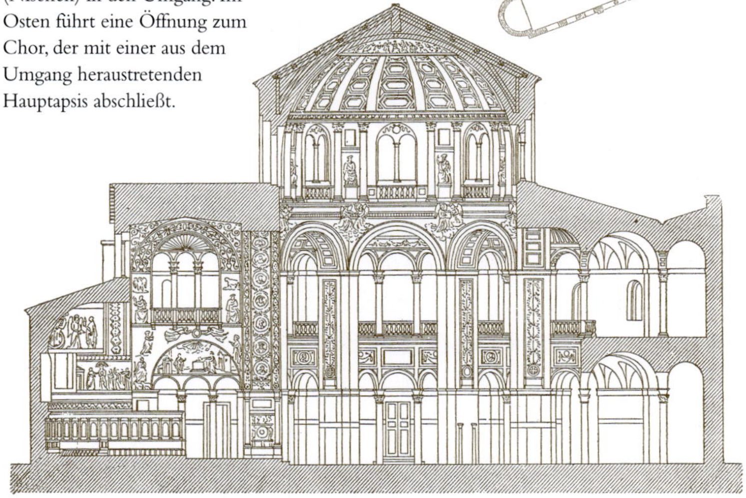

Kuppel, S. Vitale
Die Kuppel über dem achteckigen Mittelbau von S. Vitale ist nicht aus Ziegeln oder Stein gemauert: Sie besteht aus ineinander gesteckten Tonkrügen (Amphorengewölbe). Dadurch war das Gewölbe so leicht, das keine Stützpfeiler benötigt wurden.

Korbkapitell und Rankenwerk
Viele Kirchen in Ravenna aus dem 5. und 6. Jh. weisen typisch byzantinische Korbkapitelle auf. Naturalistisch wiedergegebene Akanthusblätter wurden durch stilisierte Rankenmotive und verschlungene Bänder ergänzt. Die Motive mit tiefen Schatten sind scharf und hart geschnitten und wirken fast wie eine Spitzenarbeit.

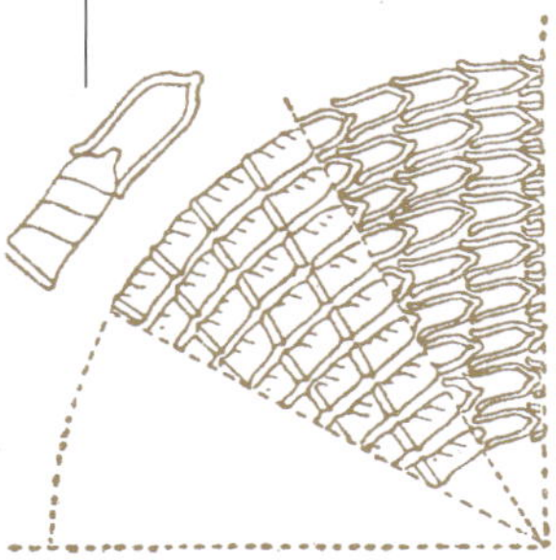

Frühes Christentum und Byzanz

Frühbyzantinische Baukunst

Das 6. Jh. gilt als Goldenes Zeitalter des Byzantinischen Reiches. Unter Kaiser Justinian I. (527–565) expandierte das Reich und erlebte eine Phase großen Wohlstands. Angesichts der dauernden Bedrohung Westroms übernahm das blühende Konstantinopel die Führung in politischer, kultureller und auch in religiöser Hinsicht. Mit einem gewaltigen propagandistischen Bauprogramm, das eine ausgesprochen innovative Phase der Architekturgeschichte eröffnete, entwickelte sich ein christlicher Kirchenbau von eigenständigem byzantinischem Gepräge. Im Westen war die Basilika der vorherrschende Bautypus; im Osten neigte man zu komplexen Grundrissen und vor allem zum Zentralbau. Beliebt waren in die lang gestreckte Basilika integrierte, überkuppelte, quadratische Räume. Diese stilistische Entwickung hatte ihre Wurzeln teilweise in der Liturgie der Ostkirche: Diese betont den zeremoniell-feierlichen Charakter des Gottesdiensts. Die neuen, am Zentralbau ausgerichteten Bauformen lenkten die Aufmerksamkeit auf das Geschehen im Hauptraum, das die Gemeinde von Seitenschiffen, Emporen und Narthex aus beobachtete.

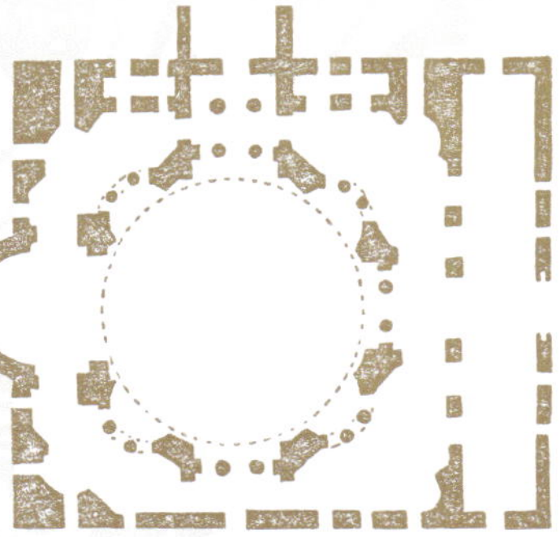

Sergios- und Bakchos-Kirche/ Küçük Ayasofya Camii, Konstantinopel (527–536)
Die von Kaiser Justinian I. errichtete Kirche gilt als Vorbild für S. Vitale in Ravenna, denn es handelt sich ebenfalls um einen oktogonalen Zentralbau mit Umgang. Hier ist der Mittelbau allerdings in ein Viereck eingeschrieben. Ein komplexes Gestaltungselement sind die abwechselnd runden und eckigen Nischen des Oktogons.

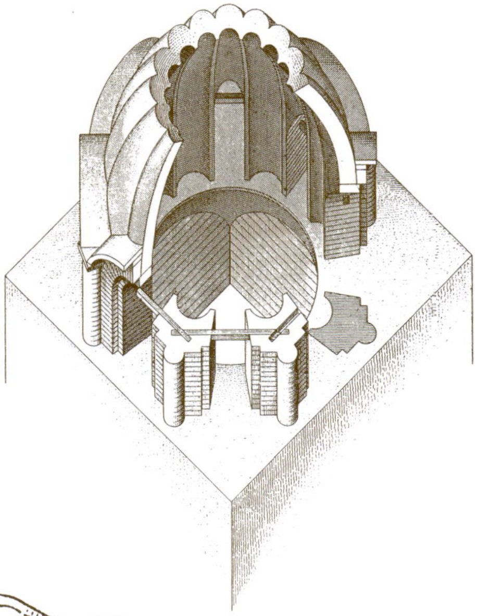

Schirmkuppel, Sergios- und Bakchos-Kirche
Die Kuppel hat einen Durchmesser von 16 m. Die Schirmkuppel setzt sich aus 16 Einzelsegmenten zusammen, die sphärisch gewölbt sind. Sie bleibt außen sichtbar.

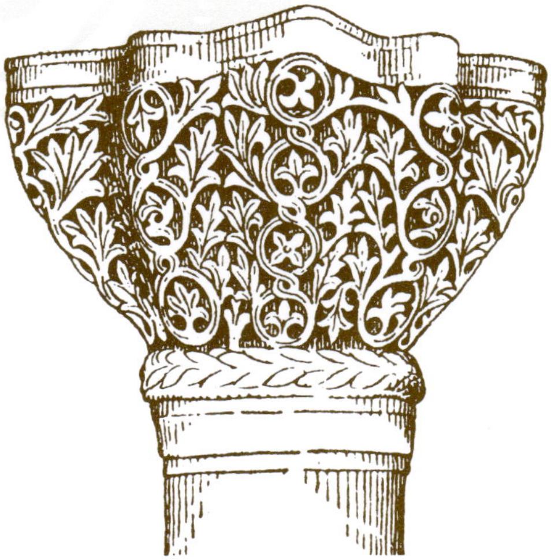

Faltenkapitell, Sergios-und-Bakchos-Kirche
Im Erdgeschoss der Sergios-und-Bakchos-Kirche tragen die Säulen gefaltete Kapitelle, daher die Bezeichnung Faltenkapitelle. Sie sind meisterhaft mit Rankenwerk geschmückt. Die Ranken sind scharf eingeschnitten, sodass sie sich deutlich vom dunkel bemalten Kapitellkern abheben.

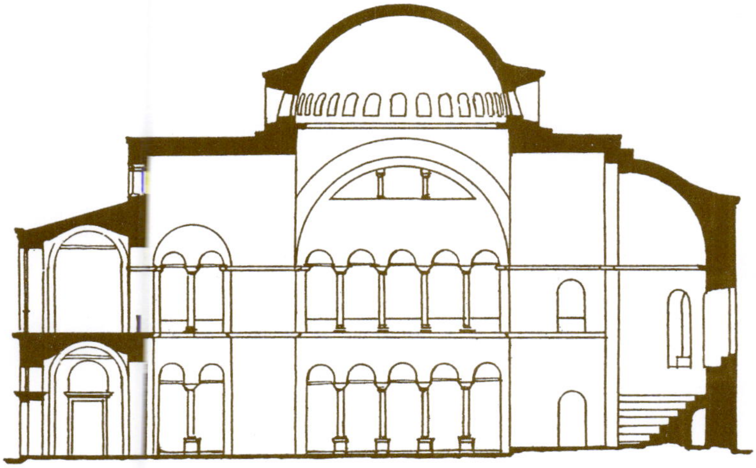

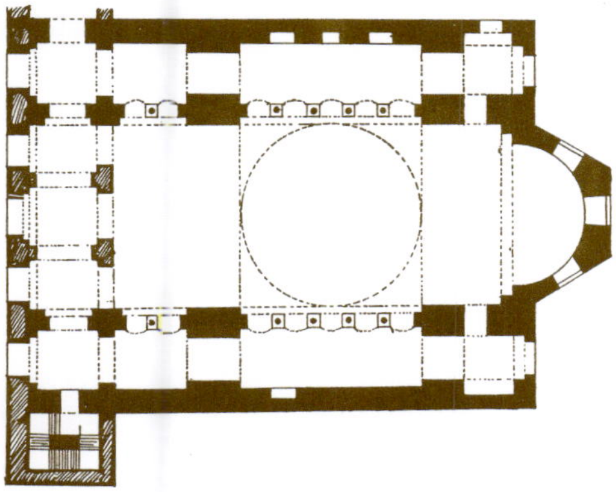

Kuppelbasilika: Irenenkirche (532)

Durch die Verbindung von Basilika und Kuppel entstand die Kuppelbasilika. In der Irenenkirche in Konstantinopel, errichtet 532 von Kaiser Justinian I., ruht die Kuppel auf vier Bögen, die von gewaltigen Pfeilern gestützt werden. Das sich westlich anschließende Joch trägt ebenfalls eine kleine Kuppel. Das Mittelschiff flankieren gewölbte Seitenschiffe mit Emporen.

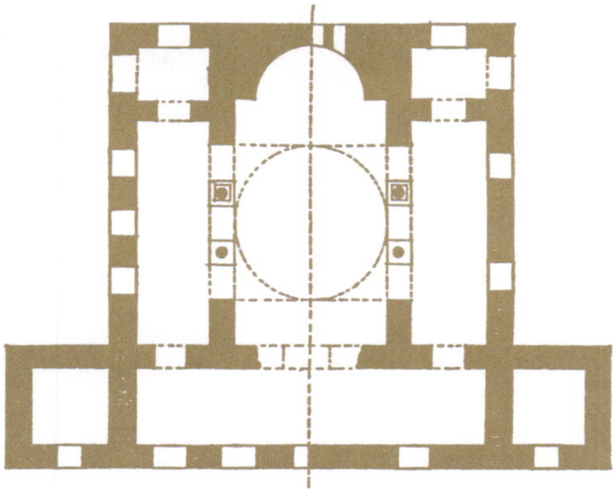

Verkürzte Kuppelbasilika, Kasr Ibn Wardan, Syrien (564)

In Kasr Ibn Wardan verkürzt sich das Mittelschiff vor und hinter der Kuppel auf kurze tonnengewölbte Joche Das Mittelschiff wird flankiert von zweigeschossigen Seitenschiffen mit Emporen. Ein zweigeschossiger Narthex verbindet sie miteinander.

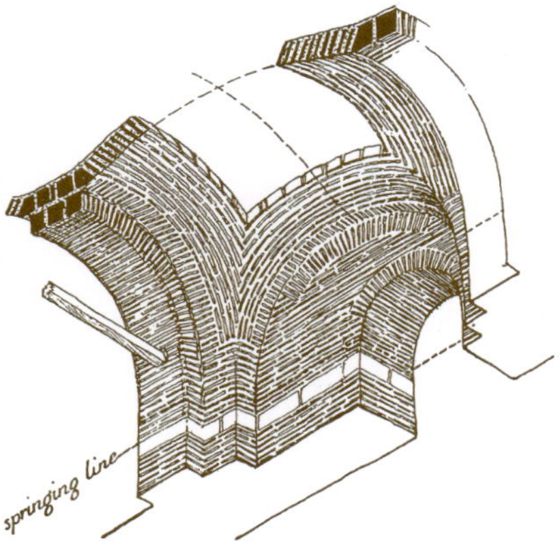

Pendentif

Das Pendentif, ein Gewölbezwickel in Form eines sphärischen Dreiecks, vermittelt zwischen dem viereckigen Unterbau und dem runden Kuppelansatz. Die Römer verstanden sich nur auf das Überwölben von runden Räumen, während die Byzantiner mithilfe des Pendentifs quadratische Räume überkuppelten. Erfunden wurde es vermutlich in Syrien.

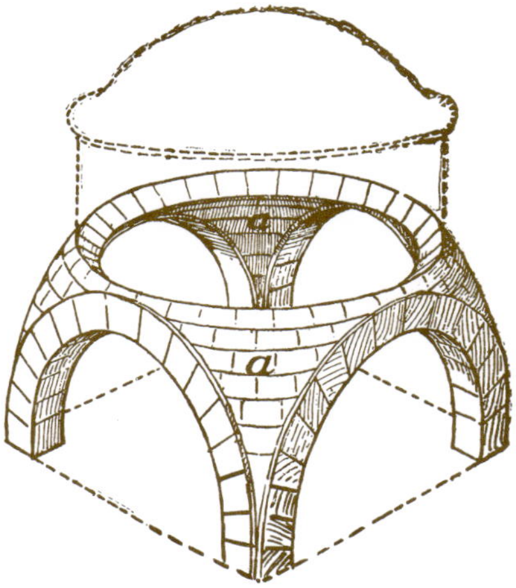

Ziegelstein als Baumaterial

Typisch für das byzantinische Mauerwerk sind dünne, große Ziegel mit breiten Mörtelschichten dazwischen. Mit Stein oder Beton konnte man nur kleinere Räume überwölben. Dank des Ziegelsteins entstanden hingegen leichte, variantenreiche Gewölbe. Sie ließen große Spannweiten mit weniger und dünneren Stützen zu.

Frühes Christentum und Byzanz

Hagia Sophia, Konstantinopel (532–537)

Die Hagia Sophia, wörtlich „heilige Weisheit“, ist das bedeutendste Bauwerk der byzantinischen Architektur und zugleich einzigartig in der Architekturgeschichte. Kaiser Justinian I. ließ sie an der Stelle einer zerstörten Basilika gleichen Namens errichten. Ihre Schöpfer waren keine Baumeister im üblichen Sinne, sondern Mathematiker und Gelehrte: Anthemios von Tralles und Isidor von Milet. Sie mischten zwei Bautypen: den kuppelgewölbten Zentralbau und den einer lang gestreckten Basilika, etwa so als hätten sie die Sergios- und Bakchos-Kirche entzweigeschnitten und um ein überkuppeltes Joch ergänzt. Die Verwendung von flachen Ziegelsteinen als Baumaterial ermöglichte diesen Sondertypus der Kuppelbasilika; nur die acht gewaltigen Hauptpfeiler bestehen aus Quaderwerk. Im Jahr 558 stürzte die Kuppel ein, 20 Jahre nach Vollendung der glanzvollen technischen Ingenieursleistung. Ihre Erbauer waren an die Grenzen des damals technisch Möglichen gegangen. Die Kuppel wurde 563 wiederhergestellt.

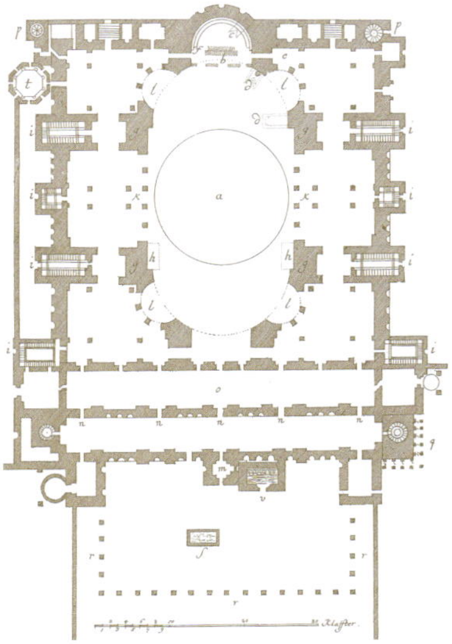

Grundriss
Die Hagia Sophia ist dreischiffig wie eine Basilika, doch die Bogenstellung im Inneren schließt an den Enden jeweils mit einem Oval ab. Über dem Mitteljoch erhebt sich eine Kuppel mit einem Durchmesser von etwa 31,5 m. Sie ruht auf vier mächtigen Stützpfeilern.

Grundstruktur
Die Hauptkuppel stützen im Osten und Westen zwei Halbkuppeln. Je zwei weitere Halbkuppeln flankieren sie. Tonnengewölbe leiten über zu einer Apsis im Osten und einem Narthex mit Atrium im Westen. Den Kuppelraum rahmen zweigeschossige Seitenschiffe, sodass ein annähernd quadratischer Grundriss entsteht.

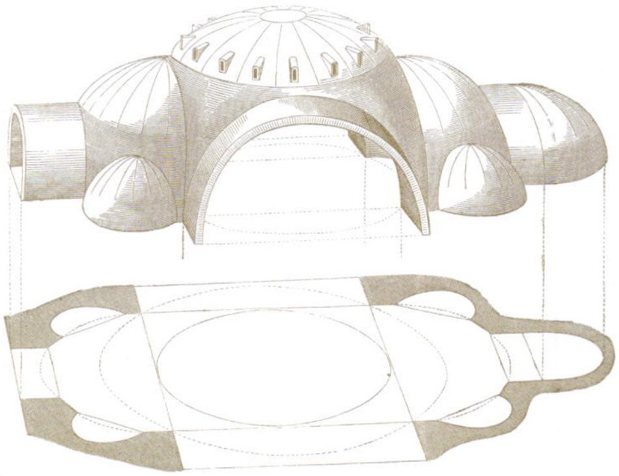

Außenansicht
Die verschiedenen Kuppeln wurden nicht wie im Westen von einem Holzdach verborgen, sondern mit Bleiplatten belegt. So bleiben sie am Außenbau gut sichtbar und führen das Auge zur Spitze der Hauptkuppel. Die Außenmauern sind aus Ziegelstein. Im Vergleich mit der reichen Innenausstattung wirken sie nüchtern.

Querschnitt
Innen sind die Wände mit grünen, roten, weißen, blauen, schwarzen und gelben Marmorplatten ausgekleidet. Durch einen Kranz von 40 Fenstern in der unteren Kuppelzone dringt viel Licht ins Innere. Weitere Fenster befinden sich in den Nebenkuppeln und Seitenschiffen.

Innenansicht
Das geräumige Innere ist ein komplexes Zusammenwirken von konkaven und konvexen Formen. Über allem thront die monumentale Kuppel. Die Arkaden des Hauptraums schirmen den Blick in die Seitenschiffe ab, sodass er in die Tiefe und nach oben geleitet wird.

Bogenstellungen
Die Bogenstellungen spielen mit den Zahlen Drei, Fünf und Sieben. Der Hauptraum weist eine fünfteilige Säulenstellung auf, die Empore eine siebenteilige. Darüber befinden sich sieben Fenster in der Wand. Anders bei den Nebenkuppeln: Dort sind die Bogenstellungen im Erdgeschoss dreiteilig, auf der Empore siebenteilig.

Mosaike
Wände, Kuppeln und Gewölbe waren über und über mit Mosaiken bedeckt. Die ursprünglichen Motive bestanden vermutlich aus Blatt- und Kreuzmustern; die Hauptkuppel schmückte ein rein goldenes Mosaik.

Kapitelle
Kapitelle in der typisch byzantinischen Korbform tragen die Säulen im Hauptraum. Antike Motive, wie die kleinen Voluten oder das Akanthusblatt, wurden von den Byzantinern umgestaltet und weiterentwickelt.

Frühes Christentum und Byzanz

Die Epoche nach Justinian

Nach dem Tod Justinians I. im Jahr 565 gingen große Teile des Reiches verloren, darunter Syrien, Palästina und Nordafrika. Neben ständigen slawischen und arabischen Angriffen sahen sich die byzantinischen Kaiser im 8. Jh. zudem mit einer konkurrierenden christlichen Macht konfrontiert, dem Frankenreich. Leon III. führte die Schwächung des Byzantinischen Reiches auf den Zorn Gottes über die Bilderverehrung zurück. Sein Verbot 726 löste den Bilderstreit (Ikonoklasmus) aus. Die figürlichen Mosaike in den Kirchen wurden in der Folge ersetzt durch ornamentale Kreuze, Blattwerk und geometrische Muster. Kleinere, bescheidenere Kirchenbauten spiegeln den nüchternen Geist des Zeitalters. Allerdings blieben justinianische Bautypen wie Kuppelbasilika und Kreuzkuppelkirche weiterhin erhalten.

Nikolauskirche, Myra (8. Jh.)
Ebenso wie die Irenenkirche in Konstantinopel ist die Nikolauskirche eine Kuppelbasilika. Die römische Betonung der Längsrichtung spielt hier kaum mehr eine Rolle: Das fast quadratische Mittelschiff besteht nur aus einem überkuppelten Hauptraum, an den sich im Osten und Westen breite Bögen anschließen. Seitenschiffe mit Emporen flankieren ihn.

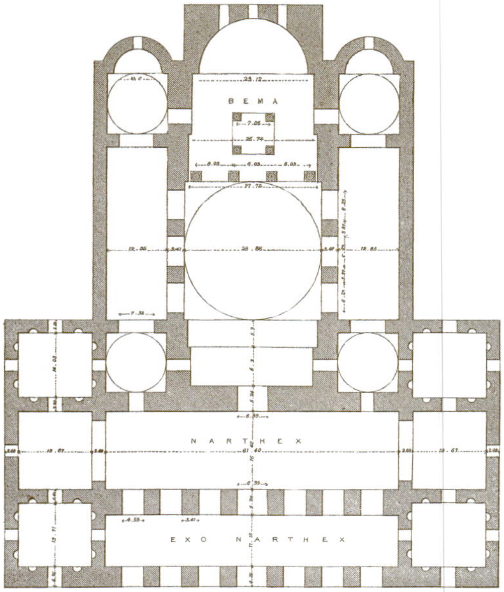

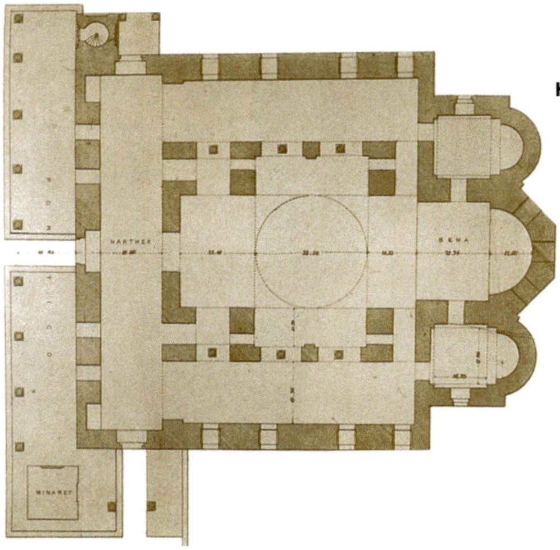

Mistra-Typus, Hagia Sophia, Saloniki (8. Jh.)
Der so genannte Mistra-Typus verbindet die Kreuzkuppelkirche mit der Basilika. Das Mittelschiff besteht hierbei aus einem überkuppelten Hauptraum und vier Kreuzarmen von fast gleicher Länge. Seitenschiffe mit Emporen und ein Narthex umschließen diesen kreuzförmigen Kernraum.

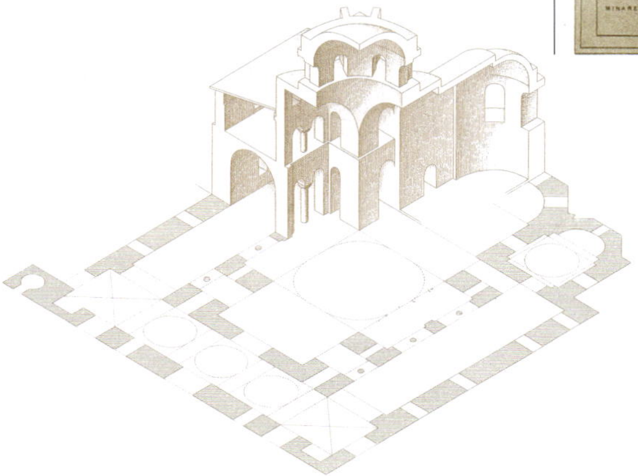

Grundriss, Hagia Sophia, Saloniki
Säulen und Pfeiler trennen abwechselnd das kreuzförmige Mittelschiff von den Seitenschiffen – dies nennt man Stützenwechsel. Die Seitenschiffe, Narthex und Emporen verbinden sich zu einem U-förmigen, zweigeschossigen Umgang. Im Osten gliedert sich der Chor an: Er schließt mit einer Apsis ab, die von Nebenkammern mit Apsiden flankiert wird.

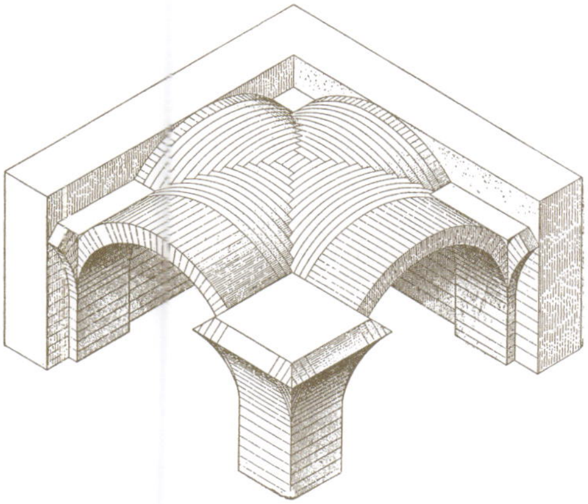

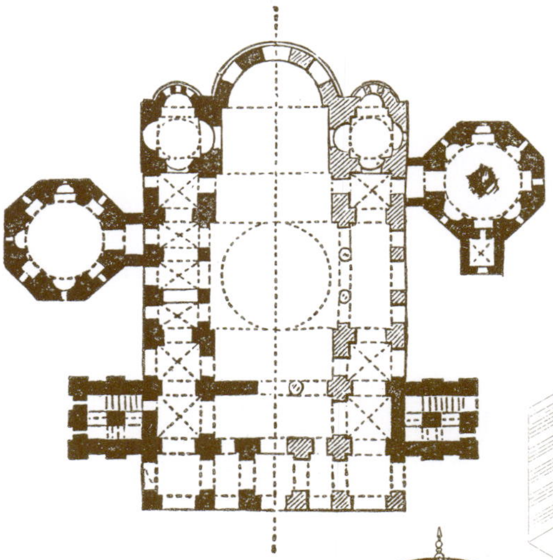

Kreuzgewölbe, Hagia Sophia
In der Hagia Sophia sind die westlichen Pfeiler, welche die Kuppel tragen, durchbrochen und nehmen niedrige Eckräume mit Kreuzgewölbe auf. Es wird auch Kreuzgratgewölbe genannt und entsteht, wenn sich zwei Tonnengewölbe gleicher Größe im rechten Winkel schneiden.

Pastophorien, Dere Agzi (9. Jh.)
Im Zusammenhang mit der im 7. und 8. Jh. entstandenen Ostliturgie erschienen neben der Apsis kleine Räume (Pastophorien): Im südlichen Raum, dem *diakonikon*, wurden Geräte und Gewänder verwahrt, in dem nördlich gelegenen, als *prothesis* bezeichneten Raum, bewahrte man Wein und Brot für die Liturgie auf.

Ziegel und Quader
Das byzantinische Mauerwerk bestand meist aus wechselnden Ziegel- und Quaderschichten. Diese dekorative Technik wurde in Konstantinopel und rund um die Ägäis seit dem 5. Jh. eingesetzt. Manchmal verstärkte man Ziegelmauerwerk auch mit einzelnen Quaderschichten.

Innengestaltung
Ganz im Geist des Bilderstreits wirkt die Hagia Sophia im Vergleich zu den Kirchen des 6. Jh. schlichter und gedrungener: Die Mauern und Pfeiler sind kompakt, die Fensteröffnungen klein, die Bogenstellungen eng. Klar definierte Räume ersetzten die älteren komplexen, sich durchdringenden Innenräume.

Außenbau
Das Äußere der Hagia Sophia ist schlicht und schmucklos, wie bei den justinianischen Kirchen, wirkt aber insgesamt gedrungener. Über einem einfachen Würfel erhebt sich eine niedrige, durchfensterte Trommel, in der sich die Kuppel verbirgt. Die innen halbrunde Apsis ist außen polygonal – typisch für Griechenland.

Frühes Christentum und Byzanz

Mittelbyzantinische Architektur

Die mittelbyzantinische Zeit dauerte vom Ende des Bilderstreits 843 bis zur Einnahme von Konstantinopel durch die Kreuzritter 1204. Unter der makedonischen Dynastie erstarkte das Byzantinische Reich zunächst wieder: Es expandierte nach Osten und eroberte in Italien Territorium zurück. Eine kulturelle Blüte förderte das Erscheinen neuer Kirchentypen. Nach 1025 verfiel das Reich, bis im Jahr 1081 das Herrscherhaus der Komnenen an die Macht kam und eine Ära der Stabilität einläutete. Dies spiegelt sich in einer Stabilisierung der Bautypen. In jener Zeit wurde auch im großen Schisma von 1054 die Trennung zwischen der orthodoxen Ost- und der lateinischen Westkirche vollzogen, die sich über lange Zeit angebahnt hatte. Gleichzeitig breitete sich der orthodoxe Glaube in Serbien, Bulgarien und Russland aus.

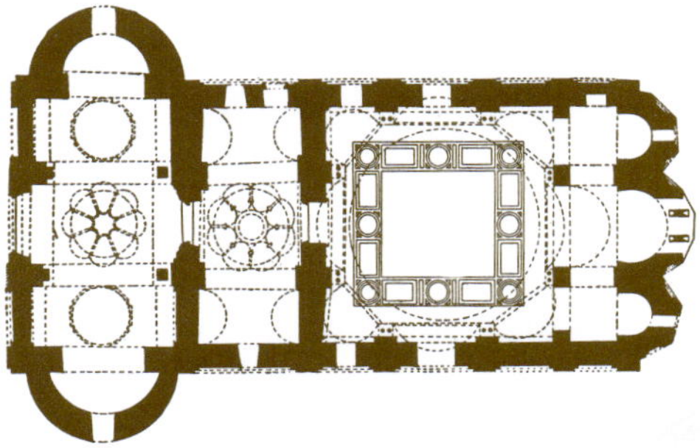

Achtstützenbau, Nea Moni, Chios (1042–1055)
Eher selten ist der Achtstützenbau, der vor allem in Griechenland existierte, wie das Beispiel des Klosters Nea Moni auf Chios zeigt. Der Bau weist einen quadratischen Saal mit acht Stützen auf. Trompen überspannen die Ecken und bilden ein Oktagon, das eine Rundkuppel trägt.

Trompe
Trompen finden seit dem 7. Jh. im armenischen Kirchenbau Verwendung. Es handelt sich um nischenartige Wölbungen, die man in die Ecken eines viereckigen Raumes setzt, um ihn in ein Achteck zu überführen. Das Achteck kann dann überkuppelt werden.

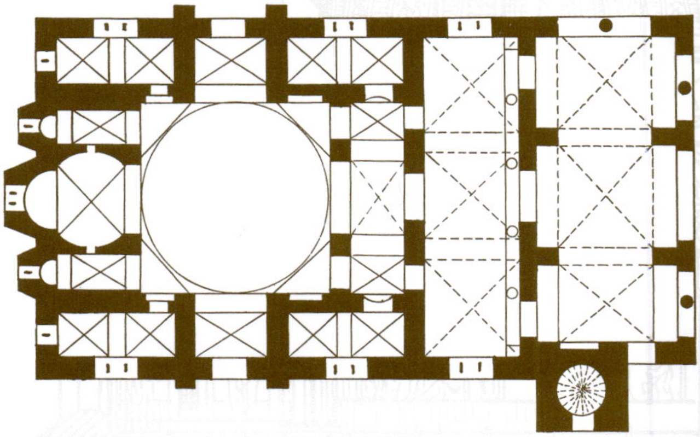

Achtstützenbau mit einbeschriebenem Kreuz, Kirche in Daphni (um 1080)
Die Mittelkuppel ist auf acht Pfeilern gelagert, die im Quadrat angeordnet sind. Von dem Hauptraum gehen vier tonnengewölbte Kreuzarme aus. Durch Eckräume, die als Kapellen genutzt werden, entsteht ein geschlossener quadratischer Umriss, in den die Kreuzform einbeschrieben ist.

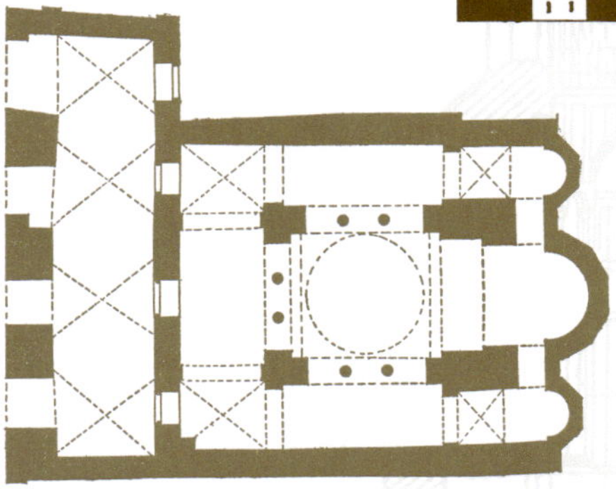

Umgangskirche, Pammakaristos-Kloster/Fetiyeh Camii Konstantinopel (11. Jh.)
Die Umgangskirche ähnelt dem älteren Bautypus der Kreuzkuppelkirche, aber die Kreuzarme sind hier zu Bögen verkürzt. Zudem sind die Seitenschiffe und Eckräume im Verhältnis größer und einheitlich breit. Der sich ergebende Umgang um den gekuppelten Kernraum war eingeschossig, besaß also keine Empore.

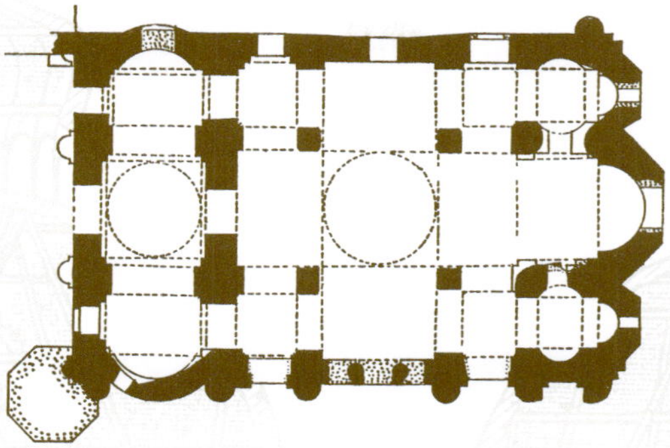

Kreuzkuppelkirche, Myrelaion/Bodrum Camii, Konstantinopel (920–921)
Der charakteristischste und beliebteste byzantinische Bautypus war jedoch die Kreuzkuppelkirche. Ein überkuppelter quadratischer Mittelraum bildet mit vier gewölbten, gleich langen Armen ein griechisches Kreuz. Die Kreuzarme können ebenfalls überkuppelt sein. Die Gliederung des Innenraums ist außen klar erkennbar.

Außenbau in der mittelbyzantinischen Zeit
In der mittelbyzantinischen Zeit schenkte man dem Schmuck des Außenbaus größere Aufmerksamkeit. Ziegelsteine wurden in dekorativen Mustern angeordnet, etwa als Fischgrätmuster oder Zickzackfries; senkrecht gestellt rahmten sie einzelne Quader. Nun gliederten ebenfalls Nischen, Blendbögen, Säulen und Pilaster die Außenmauern.

Markus-Kirche, Venedig (ab 1063)
Trotz des großen Schismas blieb in Italien der byzantinische Einfluss weiterhin prägend, denn es bestanden enge diplomatische und geschäftliche Kontakte nach Konstantinopel. So übernahmen einige italienische Kirchen byzantinische Charakteristika, allen voran die berühmte Markuskirche in Venedig. Ihre Baumeister orientierten sich am Typus der byzantinischen Kreuzkuppelkirche.

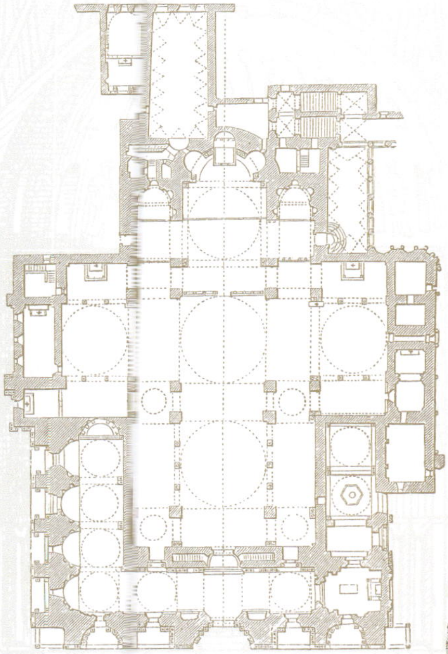

Grundriss, Markuskirche, Venedig
Der Vorgängerbau der Markuskirche war eine Basilika, doch im 11. Jh. wurde ein typisch byzantinischer Zentralbau in Kreuzform mit fünf Kuppeln errichtet. Ein U-förmiger Narthex umschließt den westlichen Kreuzarm. Den Innenraum schmücken prachtvolle Marmorplatten und Goldmosaike.

Frühes Christentum und Byzanz

Spätbyzantinische Architektur

Im Jahr 1204 stürmten die Kreuzritter Konstantinopel und begründeten das Lateinische Kaiserreich. Doch Michael VIII. Palaiologos eroberte Konstantinopel 1261 zurück und stellte das Byzantinische Reich wieder her. Der palaiologische Stil, benannt nach der Herrscherfamilie, prägte das folgende Zeitalter (1261–1453). Zwar wurden keine neuen Bautypen entwickelt, aber die bestehenden variiert. Dabei wurde der Außenbau zunehmend reicher ausgestaltet, während die Proportionen immer stärker in die Höhe strebten. Besonders typisch sind die Grabkapellen (*parekklesia*), die in jener Zeit an bestehende Kirchen angebaut wurden, sodass große, unregelmäßige Anlagen entstanden. Die Eroberung Konstantinopels 1453 durch die Osmanen bedeutete das endgültige Ende des Reiches.

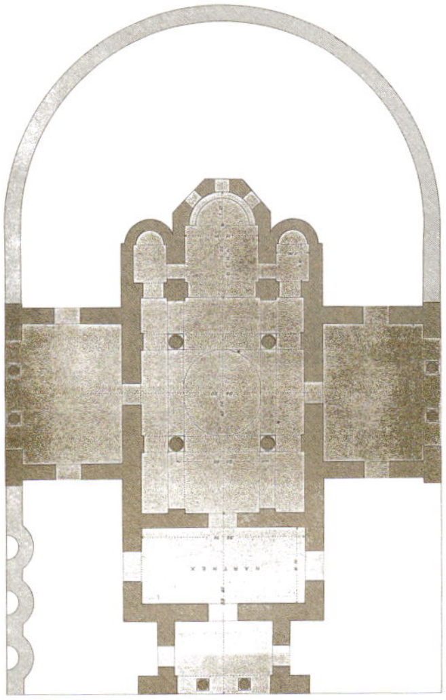

Hagia Sophia, Trapezunt (1238–1263)
Diese Kreuzkuppelkirche verfügt im Süden, Westen und Norden über Vorhallen; der Grundrisstypus entstammt vermutlich der georgischen Baukunst. Der verlängerte Westteil, ein für jene Epoche typischer Rückgriff auf frühbyzantinische Bauformen, orientierte sich an basilikalen Schemata und betonte somit erneut die Längsrichtung.

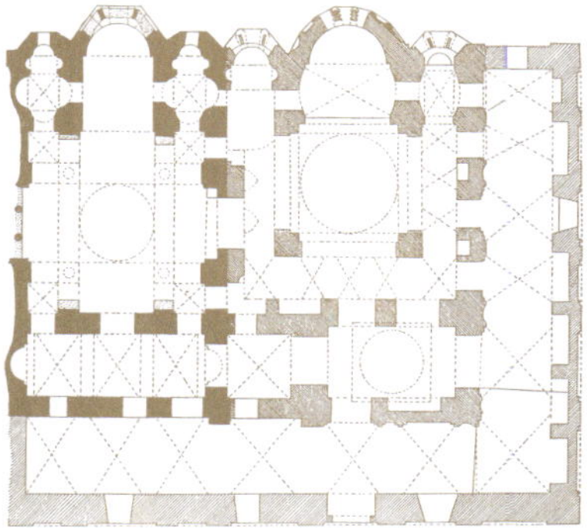

***Parekklesion*, Lips-Kloster/ Fenarı Isa Camii, Konstantinopel**
Südlich des Lips-Klosters (907), einer kleinen Kreuzkuppelkirche mit Narthex, errichtete man von 1282 bis 1304 eine kleine Umgangskirche, die Johannes dem Täufer geweiht war. Miteinander verbunden sind sie durch einen Exonarthex. Im Süden schließt sich eine Grabkapelle (*parekklesion*) an.

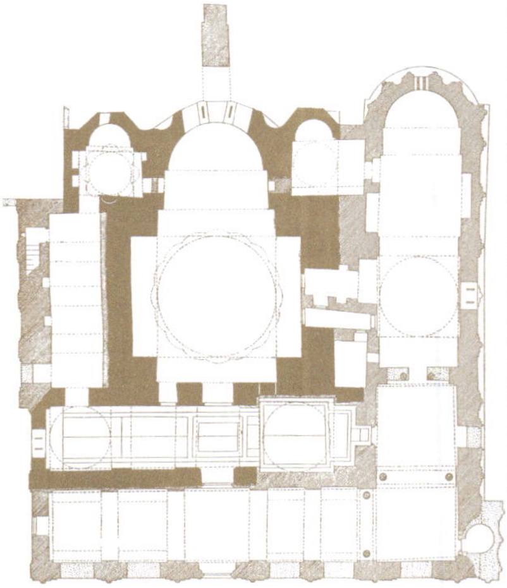

Chora-Kloster/Kariye Camii, Konstantinopel
Diese Kirche wurde zwischen 1260 bis ca. 1321 neu errichtet. Sie besteht aus einem Kuppelbau mit Narthex, einem nördlichen Anbau, einem Exonarthex sowie einem *parekklesion* im Süden. Die *Parekklesia* gestalteten sich zunehmend komplexer, hier sogar mit einer Kuppel. Manchmal waren sie sogar als Kreuzkuppelkirche ausgebildet.

Theodorkirche/Kilise Camii Konstantinopel
Diese Kreuzkuppelkirche wurde Ende des 13. Jh. um einen fünfjochigen Exonarthex (Außennarthex) erweitert, den drei Kuppeln überwölben – dieser Bautypus war in Saloniki gebräuchlich. Die aufwändig gegliederte Außenfassade des Exonarthex zeigt von hohen Nischen gerahmte Dreifachbögen. Darüber befinden sich Zwillings- und Drillingsfenster unter Blendbögen.

Farbigkeit, Kilise Camii
Dieser Bau zeigt die neue Betonung der Farbigkeit: Roter Ziegelstein wechselt in dekorativen Mustern mit weißem Quaderstein. Die Ziegelornamentierung unterstreicht die plastische Gliederung der Fassade. Auch für Profanbauten wurde diese Technik eingesetzt.

Apostelkirche, Saloniki (1312–1315)
Die Kreuzkuppelkirche wird an drei Seiten von niedrigen Raumfolgen umfangen, deren Ecken Kuppeln betonen. Der Außenbau ist aufwändig geschmückt: Die Apsis zieren hohe Blendbögen und kunstvolle Zickzack-Flechtbänder.

Silhouette, Apostelkirche
Die Kuppeln der Apostelkirche erheben sich über hohen Trommeln. Alle Bauglieder streben in die Höhe. Den Abschluss bildet das Dach, hier ausgeführt als Klosterdach mit halbzylindrischen Dachziegeln. Sie ergeben ein dekoratives Muster, das die vertikale Ausrichtung der Bauformen unterstreicht.

Zwiebelhaube, Sophien-Kathedrale, Nowgorod (1045–1052)
Die Sophien-Kathedrale in Nowgorod vereint die steilen Proportionen der mittel- und spätbyzantinischen Architektur mit osteuropäischen Zwiebelhauben. Die byzantinische Baukunst verbreitete sich mit dem orthodoxen Glauben in Russland und auf dem Balkan. Sie hatte dort viele Jahrhunderte Bestand, auch noch lange nach dem Ende des Byzantinischen Reiches.

Islam *632–19. Jh.*

Frühe islamische Baukunst

Der Islam, eine der großen Weltreligionen, wurde von dem Propheten Mohammed gestiftet, der um 570 in Mekka im heutigen Saudi-Arabien zur Welt kam und 632 in Medina starb. Die frühe islamische Baukunst des 7. Jh. ist von spätantiken und byzantinischen Bauformen beeinflusst. Mit der Verbreitung des Islam, etwa nach Persien (heute Iran), Ägypten sowie nach Nordafrika und Spanien, entstanden regionale Ausprägungen, doch der islamische Grundcharakter blieb stets erkennbar: Hufeisen- und Spitzbögen, Kuppeln, Minarette (schlanke Türme) und ein komplexer flächendeckender Dekor zeichnen ihn aus. Der wichtigste Bautypus ist die Moschee: Nach dem Vorbild des ersten Gebetsplatzes im Hof von Mohammeds Wohnhaus wurde sie zunächst als Hofmoschee gestaltet.

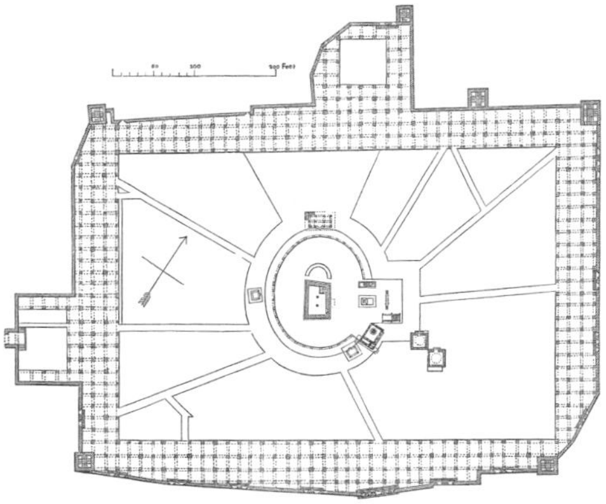

Kaaba, Mekka
Das Hauptheiligtum des Islam ist die Kaaba. Der von einem schwarzen Tuch verhüllte, würfelförmige Bau liegt inmitten eines großen Hofes. Mohammed reinigte die noch aus vorislamischer Zeit stammende Kaaba im Jahr 630 von heidnischen Bildnissen.

Al-Aksa-Moschee, Jerusalem (705–715)
Die Al-Aksa-Moschee, erbaut von dem Omaijaden-Kalifen Al-Walid I., ersetzte einen hölzernen Vorgängerbau von 638, den Kalif Omar I. hatte errichten lassen. Gemeinsam mit dem Felsendom zählt sie zu den frühesten Moscheen. Der Bau des 8. Jh. bestand aus einer großen, vermutlich 15-schiffigen Halle mit Stein- und Marmorsäulen.

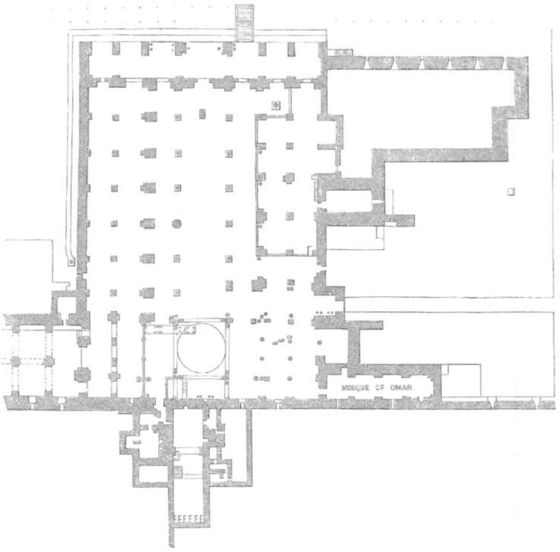

Spitzbogen, Al-Aksa-Moschee
Die Säulen werden durch Balken miteinander verbunden. Darüber erheben sich Pfeiler mit frühen Spitzbögen. In die Wand über ihnen sind rundbogige Öffnungen eingeschnitten.

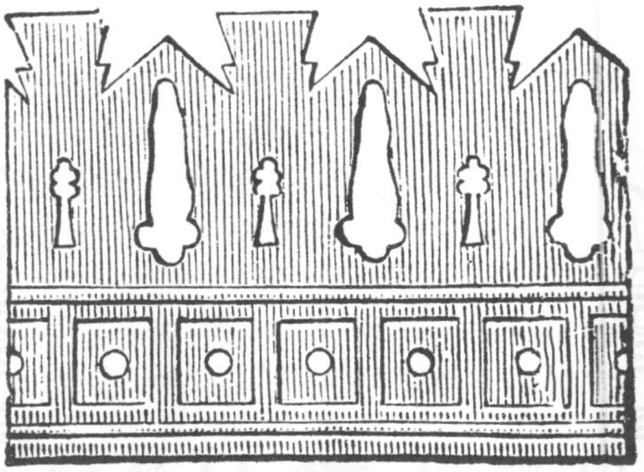

Zinnenbesatz
Dieses Detail eines Zinnenbesatzes einer Außenmauer wirkt wie durchbrochen gearbeitet, nicht wie aus Einzelbestandteilen zusammengesetzt.

Fenstergitter
In die Außenfenster wurde ein durchbrochenes Gitter eingesetzt – in Indien *jali* genannt. Es sollte die sengende Hitze und den Staub abhalten. Es besteht aus Marmor oder Stuck und ist mit kunstvoll gearbeiteten geometrischen Mustern durchbrochen. Bei islamischen Wohnhäusern sind hölzerne Fenstergitter (*maschrabijja*) weit verbreitet.

Blick in den Innenhof, Ibn-Tulun-Moschee, Kairo
Allen frühislamischen Bauten haben die Betonung des Innenhofes (*sahn*) gemeinsam, während der Außenbau sich vergleichsweise schmucklos präsentiert. Im Gegensatz zur christlichen Bautradition ließen sich nur selten Funktion und Innengestaltung von der Fassade ablesen.

Frühislamisches Stützendetail
Eingemeißelte vegetabile Ornamente verzieren die Kapitelle. Sehr verbreitet waren ebenfalls flächendeckende geometrische Muster sowie Arabesken, geschwungene Linien aus stilisierten Ranken. Typisch für die islamische Baukunst ist der Hufeisenbogen, der am Ansatz leicht eingezogen ist.

Grundriss, Ibn-Tulun-Moschee (876–879)
Diese Moschee in Kairo entspricht dem in Damaskus entwickelten Typus der Hofmoschee. Sie besteht aus einem quadratischen, offenen Innenhof (*sahn*), umgeben von Bogenhallen (*riwak*), darunter der mehrschiffige Betsaal mit Gebetsnische (Mihrab) und Kanzel (*Minbar*). In der Hofmitte befindet sich ein überkuppeltes Brunnenhaus.

Arkaden
Der Querschnitt durch die Ibn-Tulun-Moschee zeigt links den Betsaal, rechts das Brunnenhaus. Die Arkaden, ein frühes Beispiel für Spitzbögen, ruhen auf massiven Pfeilern mit schmückenden Halbsäulen. Erbaut wurde die Moschee nach mesopotamischer Tradition aus Ziegeln.

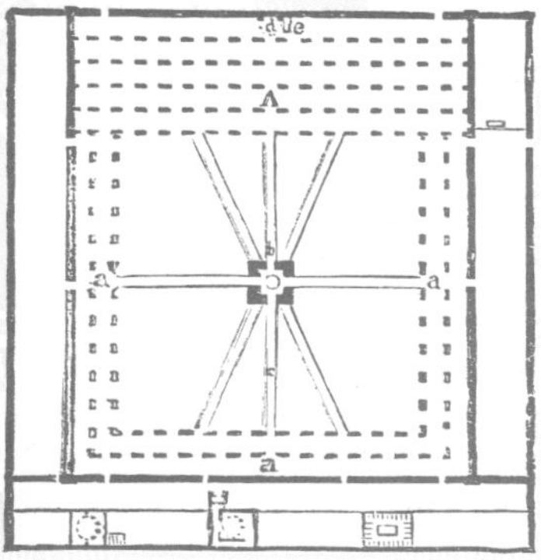

Islam

Die Stadt

Während die frühen islamischen Bauten noch keinen einheitlichen Stil aufwiesen, entstand in Ägypten unter den Fatimiden (969–1171) eine gemeinsame Formensprache, geprägt von Kuppeln, Kielbögen und der Quaderbauweise. Zwei mächtige Stadttore des 11. Jh. in Kairo zeugen von dem hohen technischen Stand der damaligen Festungsbaukunst. Auf den Friedhöfen vor der Stadtmauer befinden sich elegante Gräber aus der Mameluckenzeit. Ganz anders, aber nicht weniger charakteristisch, präsentiert sich das persische Kuppelgrab in Sultaniye. Die Mamelucken, die Ägypten von 1250 bis zur Eroberung durch die Osmanen 1516 beherrschten, schufen neben Grabbauten ebenfalls berühmte Moscheen und Hochschulen (Medresen).

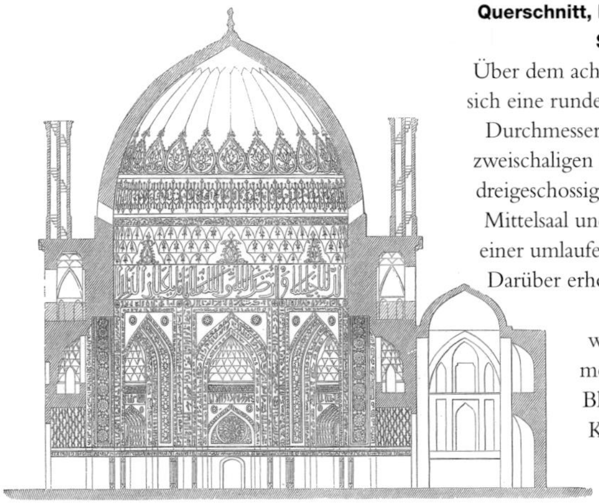

Querschnitt, Mausoleum des Oldjaitu, Sultaniye, Iran (um 1310)
Über dem achtseitigen Mittelsaal erhebt sich eine runde Trommel von etwa 25 m Durchmesser, die von einer gewaltigen zweischaligen Kuppel bekrönt wird. Ein dreigeschossiger Mantel umschließt den Mittelsaal und ist im Obergeschoss mit einer umlaufenden Galerie ausgestattet. Darüber erhob sich ein Kranz aus acht Türmchen. Die Innenwände schmücken Fliesenmosaike in kontrastierenden Blautönen. Die zweischalige Kuppel ist innen wie außen ebenfalls mit glasierten Ziegeln verkleidet.

Portal, Mausoleum des Oldjaitu
Auf dieser Ansicht des Grabes sind die Überreste der Treppenhäuser zu erkennen, die einst den elegant geschwungenen Portalbogen rahmten. Ab dem 14. Jh. richtete sich die Aufmerksamkeit verstärkt auf die Gestaltung der Portale – es entwickelte sich ein eigener islamischer Fassadenstil.

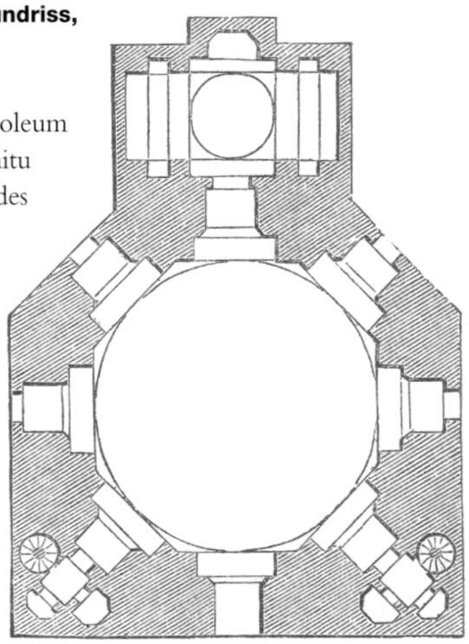

Achteckiger Grundriss, Mausoleum des Oldjaitu
Das Kuppelmausoleum des Ilchans Oldjaitu im Nordwesten des Iran erhebt sich auf achteckigem Grundriss. Es verfügt über Treppenhäuser links und rechts vom Eingang und eine kleine Grabkapelle (*oberer Teil der Abbildung*).

Stadttor Bab an-Nasr, Kairo (1087)
Das Tor Bab an-Nasr (Siegestor) mit seinen rechteckigen Türmen gehörte zu der fatimidischen Stadtmauer, die ein Wesir errichten ließ. Sie ersetzte die vorherige Stadtbefestigung aus Lehmziegeln. Die großen Quader sind mustergültig behauen, die Kuppeln über dem Durchgang präzise ausgeführt. Als Baumaterial dienten Steine der kleinen Pyramiden von Giseh.

Stadttor Bab al-Futuh, Kairo (1087)
Das Tor Bab al-Futuh (Tor der Eroberungen) ist eines von drei befestigten Stadttoren, die von den ursprünglich 60 Toren erhalten blieben. Die halbrund vorkragenden Türme eigneten sich ausgezeichnet zu Verteidigungszwecken. Die Stadttore waren mit Schießscharten für Bogenschützen ausgestattet; durch Fallschächte konnte man heißes Öl auf feindliche Eindringlinge gießen.

Grabstätte des Sultans Inal, Kairo (1451–1456)
Die für den Islam ungewöhnlichen Totenstädte von Kairo erinnern an die altägyptischen Totenbräuche. Wie die Grabanlage des Sultans Inal umfassten Grabbauten neben einem Mausoleum oft ganze Komplexe aus einer Grabmoschee samt Minaretten und einem Kloster (*chanka*). Typisch sind Schmuckstreifen aus polychromem Marmor (*ablak*).

Kuppeln, Mameluckengräber, Kairo (15. Jh.)
Diese Kuppeln über Gräbern der Mameluckenzeit weisen verschiedenste Formen auf (Kugel, Pyramide) sowie vielfältige Verzierungen (Zickzackreliefs, vegetabile Motive und geometrische Sternenmuster).

Mameluckengräber, Kairo (15. Jh.)
Charakteristisch für die Gräber der Mameluckenzeit sind Spitzkuppeln, die sich über hohen Trommeln auf einem hoch aufragenden Unterbau erheben. Typisch sind ebenfalls die jeweils unterschiedlich ausgebildeten Geschosse der Minarette: auf einem quadratischen Sockel mit oktogonalem Mittelschaft ein rundes Obergeschoss mit aufgesetzter Laterne. Oft verfügten die Minarette über umlaufende Galerien.

Islam

Moscheen, Mausoleen und Medresen im Nahen Osten

Als Gebetsrichtung (Kibla) hatte Mohammed Mekka bestimmt. In allen Moscheen zeigt eine Wandnische (Mihrab) diese Richtung an, die für jeden Bau separat und sehr genau bestimmt wird. Neben dem Mihrab steht eine Kanzel (Minbar) mit Stufen, die zu einem Thron unter einem Baldachin hinaufführen. Vom Minbar aus hält der Vorbeter (Imam) die Freitagspredigt. Minarette, die Türme, von denen aus der Gebetsrufer (Muezzin) die Gläubigen zum Gebet ruft, ergänzte man erst später. Jede Moschee verfügte über einen Hof, indem sich die Gläubigen sammelten, einen Reinigungsbrunnen für die rituellen Waschungen sowie einen großen Betsaal. Freitags mittags versammelten sich die Männer zum Gebet in der Hauptmoschee, die deshalb auch Freitagsmoschee genannt wird. Für Muslime stellt die Moschee nicht nur das religiöse, sondern ebenfalls das soziale und politische Zentrum dar.

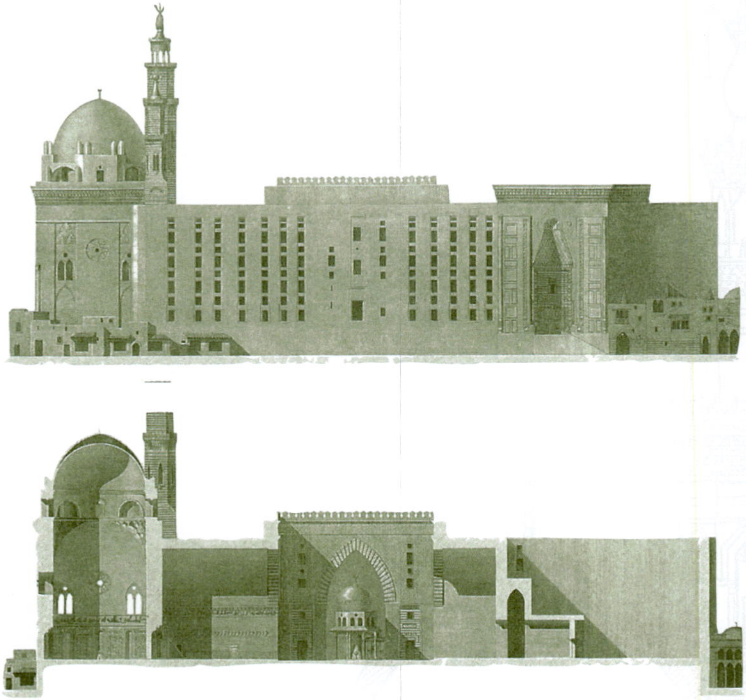

Aufriss und Längsschnitt, Medrese-Moschee des Sultans Hassan, Kairo

Ganz links erkennt man das Mausoleum des Sultans, einen quadratischen Kuppelraum, den zwei Minarette flankieren. In den achtgeschossigen Bauten, die den offenen Innenhof umschließen, sind die Räumlichkeiten der Medrese untergebracht. Im Innenhof steht der überkuppelte Reinigungsbrunnen. Das Eingangsportal befindet sich rechts auf der Abbildung.

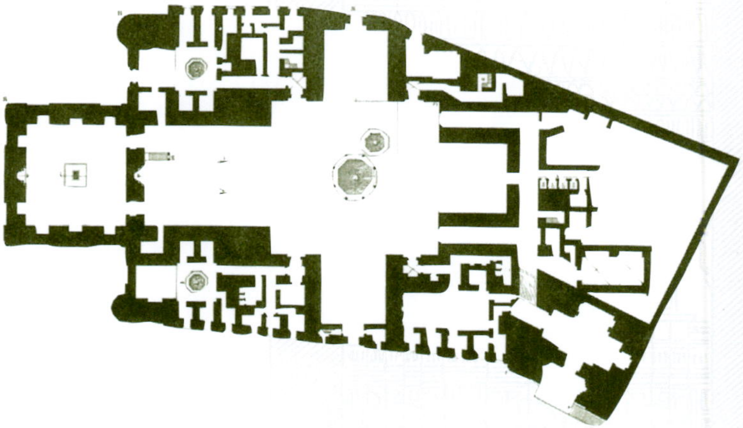

***Iwan*, Medrese-Moschee des Sultans Hassan, Kairo (1356–1362)**

Dieser Grundriss entspricht dem Typus der Vier-*Iwan*-Moschee: Um einen quadratischen Innenhof gliedern sich kreuzförmig vier *Iwan*. So bezeichnet man eine gewölbte, an einer Seite geöffnete Halle. Der Kibla-*Iwan* ist in der Regel mehrschiffig. Ein geschlossener Umriss entsteht durch die in die Ecken gesetzten Nebengebäude, in diesem Fall handelt es sich um eine Hochschule (Medrese).

Mukarnas
Die Mausoleen sind oft aufwändig mit *mukarnas* geschmückt, einem Dekorelement aus vielen ineinander gesetzten Nischen, die wabenartig Decke oder Gewölbe überziehen – man nennt sie ebenfalls Stalaktitenwerk. Ein weiteres Schmuckelement sind in wechselnden Farben eingesetzter Marmor (*ablak*) sowie kunstvolle Friese mit Koraninschriften.

Querschnitt, Medrese-Moschee des Sultans Hassan
Links von dem Innenhof (*sahn*) befindet sich der Kibla-*Iwan*, eine gewölbte Halle mit prächtig dekoriertem Mihrab, daneben der Minbar. Dahinter schließt sich das Kuppelmausoleum an.

Reinigungsbrunnen
Der große Reinigungsbrunnen (*hanafija*) liegt in der Mitte des Hofes. Hier vollziehen die Muslime ihre rituellen Waschungen vor dem Betreten des Betsaals. In der Frühzeit dienten hierzu Springbrunnen (*fiskija*).

Islam

Moscheenkomplexe in Ägypten und Persien

In Ägypten wurde der Bautypus des *Iwan* (offene Halle) im späten 13. Jh. eingeführt. Bis zum 18. Jh. fand er für die in Kairo errichteten Ensembles der Medrese-Moscheen Verwendung. In Persien hingegen stand die islamische Baukunst unter dem Einfluss der Seldschuken, die im 11. Jh. eingefallen waren. Die zylindrischen Minarettformen, die Vier-*Iwan*-Moschee, große Kuppelräume und eine komplexe Ziegelornamentik gehen auf ihren Einfluss zurück. Im 17. Jh. entwickelte sich unter den Safawiden ein kunstvoller Bauschmuck mit glasierten Fayencen. Vor allem in der Hauptstadt Isfahan entstanden Gebäude mit blaugrünen Kuppeln und farbigen Fayencemosaiken.

Medrese Madar-e Schah, Isfahan (1706–1714)
Die Medrese mit ihrer Zwiebelkuppel und den majestätischen zweigeschossigen Bogengängen links und rechts vom Eingangsportal ähnelt den früher errichteten Medresen auf dem Meidan-e Schah, dem prachtvollen Festplatz von Isfahan.

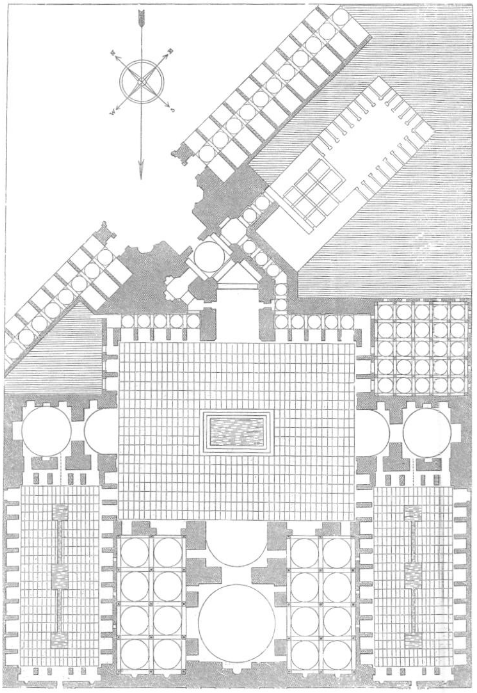

Schah-Moschee, Isfahan, Persien (1612–1638)
Der Eingangsbereich läuft schräg auf das Gebäude der Schah-Moschee zu, um die korrekte Ausrichtung nach Mekka zu gewährleisten. Der offene Innenhof (*meidan*) enthält Brunnen und Wasserbecken. Hinter der von zwei Minaretten flankierten *Iwan*-Halle des Betsaales wölbt sich eine mit polychromen Fayencen verkleidete Kuppel. Die beiden Seiten-*Iwane* führen jeweils in eine Medrese.

Grabmoschee des Kait-Bey, Kairo (1472–1474)
Diese Grabmoschee zählt zu den schönsten Bauwerken Kairos. Wie das Mausoleum des Sultans Kait-Bey ist sie innen vollendet mit polychromen Marmorinkrustationen (*ablak*) geschmückt. Über dem Mausoleum wölbt sich eine Kuppel mit verschlungenen Arabeskenreliefs. Portale und Minarett sind ebenfalls kunstvoll mit Reliefs dekoriert.

Jagdturm, Isfahan (frühes 17. Jh.)
Jagden waren in Persien sehr beliebt. Um mit Festen und Banketten ihren erfolgreichen Verlauf feiern zu können, errichtete man eigens Türme. Oft wurden sie mit den Geweihen der erlegten Tiere verziert.

Querschnitt, Medrese-Moschee des Sultans Barkuk, Kairo (um 1385)
Die Kuppel ziert ein Zickzackmuster. Auffallend ist das elegante Minarett mit seinen damals neuen Schlingbandornamenten.

Wakil-Moschee, Schiras, Persien (vollendet 1772)
Diese Zwei-*Iwan*-Moschee beinhaltet einen fünfschiffigen Betsaal mit Schlangensäulen. Der Außenbau ist berühmt für sein monumentales Portal (*pischtak*) und für seine farbigen Keramikmosaike.

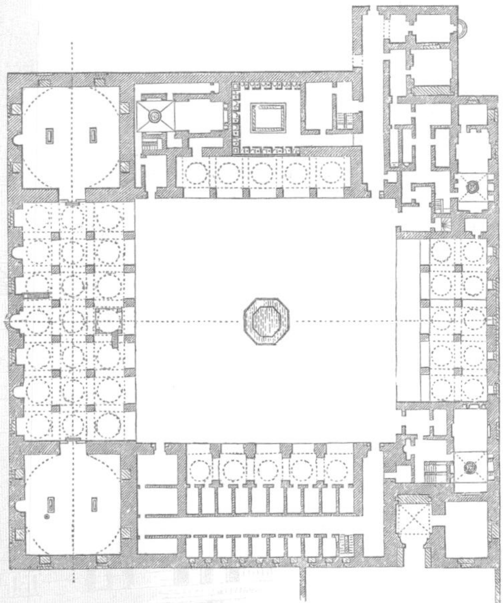

Grundriss, Medrese-Moschee des Sultans Barkuk
Die Medrese-Moschee des Sultans Barkuk bildet einen gewaltigen Gebäudekomplex mit zwei Mausoleen, einer Moschee sowie einem Kloster (*chanka*). Die Gebäude gruppieren sich auf einem quadratischen Grundriss rund um einen Innenhof mit Brunnen. Den dreischiffigen Betsaal flankieren die beiden Mausoleen, gegenüber liegen die Mönchszellen des Klosters.

Islam

Maurische Baukunst: die Moschee

Die Iberische Halbinsel wurde von 711 bis 1492 von den Mauren regiert, muslimischen Herrschern arabischer Herkunft. Der aus Damaskus geflüchtete Omaijade Abd ar-Rahman I. gründete 756 in Spanien ein eigenständiges Emirat. Zu seiner Hauptstadt machte er Córdoba, wo er eine große Moschee errichtete. Das erste islamische Bauwerk in Spanien wurde von 785 bis 793 erbaut, später erweiterte man mehrfach Betsaal und Innenhof, ein letztes Mal zwischen 987 und 988 unter Mansur, dem Reichsverweser des spanischen Omaijaden-Kalifen. Die Großmoschee spiegelt die wachsende Bedeutung Córdobas, das im 10. Jh. die prachtvollste und größte Stadt in Europa war. Die maurische Baukunst weist nordafrikanische (maghrebinische) Stilmerkmale auf und griff auf westgotische und römische Spolien zurück.

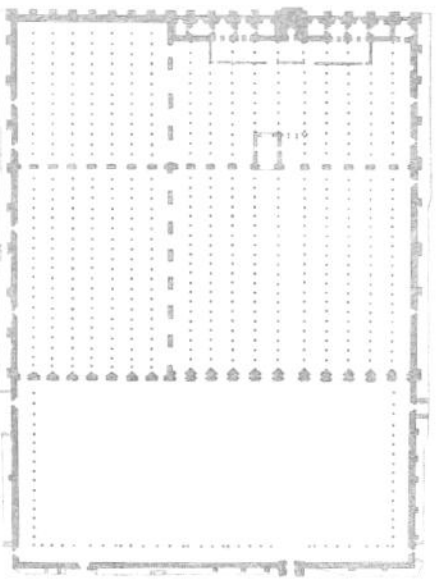

Grundriss, La Mezquita, Córdoba
Die Gründungsmoschee bestand aus neun Schiffen zu 12 Jochen. Mehrfach wurden Schiffe hinzugefügt und verlängert, der Mihrab sogar verlegt, bis eine 19-schiffige Halle entstanden war.

Rippen, La Mezquita
Die drei Kuppeln vor dem Mihrab stützt ein kompliziertes System aus sich überkreuzenden Rippen, die auf Halbsäulen ruhen. Die Mosaike in den Kuppeln führte ein byzantinischer Meister aus.

Bogensystem, Capilla de Villaviciosa (10. Jh.)
Das dreiteilige Tragesystem in der Capilla de Villaviciosa – bestehend aus Vielpassbögen und Rundbögen mit komplizierten Kreuzungen – ruht auf antiken römischen Säulen.

La Mezquita, Córdoba
Dieser Längsschnitt durch die Omaijaden-Moschee von Córdoba zeigt die doppelgeschossigen Arkadenreihen. Durch die Erweiterungen des 10. Jh. entstand vor dem Mihrab ein überkuppelter Raum: Darin erkennt man eine doppelte Anordnung von sich kreuzenden Zackenbögen.

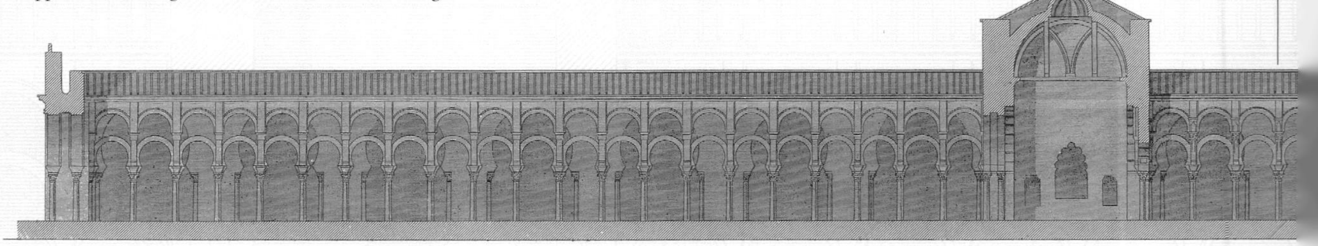

Innenansicht, La Mezquita, Córdoba
Der Eingang (Mitte) zum Mihrab ist als achteckiger Raum ausgebildet: ein Novum in der islamischen Baukunst. Den Eingang bildet ein Hufeisenbogen in einem mit Mosaiken geschmückten, rechteckigen Rahmen (*alfiz*).

Trompe
Eine Trompe ist eine kleine nischenförmige Wölbung in den Ecken eines quadratischen Raums. Mit ihrer Hilfe lässt er sich in ein Achteck überführen.

Cristo de la Luz, Toledo (spätes 10. Jh.)
Diese ehemalige Moschee zählt zu den ältesten maurischen Bauwerken in Spanien. Es handelt sich um ein kleines, kubisches Gebäude. Vier gedrungene Pfeiler gliedern die Halle in neun kuppelgewölbte Joche mit schachtartigen Obergeschossen. Das mittlere Joch ragt höher auf.

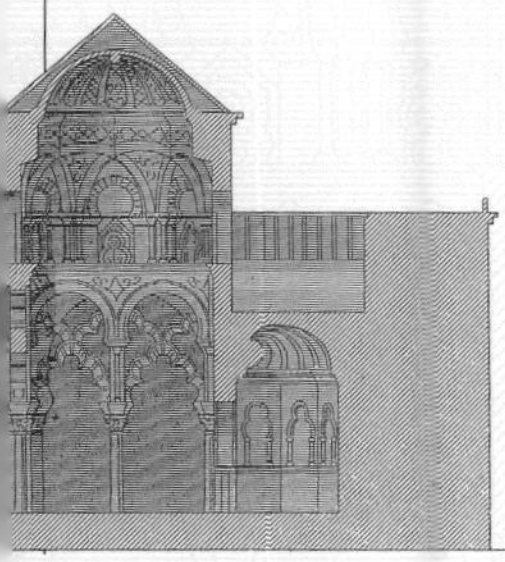

Hufeisenbogen, S. María la Blanca, Toledo (12./13. Jh.)
Diese Kirche, eine ehemalige Synagoge, zeigt mit ihren Hufeisenbögen und den in Stuck ausgeführten Arabesken in den Zwickeln den Einfluss maurischer Stilformen. Die achteckigen Pfeiler tragen Knospenkapitelle.

Hufeisenbogen, La Mezquita, Córdoba
Für den Innenraum der Moschee, der sich als eindrucksvoller „Säulenwald" präsentiert, wurden Spolien verwendet: Säulen römischer und westgotischer Bauwerke. Da sie zu kurz waren, setzte man Pfeiler auf die Säulen, sodass sich ein ungewöhnliches zweigeschossiges Arkadensystem ergab. Sowohl die Hufeisenbögen wie auch die Rundbögen zeigen den so genannten Schichtenwechsel, d.h. weiße Steine wechseln mit roten Ziegeln.

Islam

Maurische Baukunst: Alhambra

Im Süden Andalusiens herrschten von 1238 bis 1492 die Nasriden über ein eigenständiges maurisches Königreich. Dieses letzte maurische Reich auf spanischem Boden endete mit dem Abschluss der Reconquista, der Wiedereroberung Spaniens durch die christlichen Herrscher. Auf einem Hügel über ihrer Hauptstadt Granada errichteten die Nasriden im 13. Jh. und 14. Jh. eine mit Wehmauern umgebene luxuriöse Palaststadt, die Alhambra (die Rote). Sie ist eine der großartigsten islamischen Schöpfungen und umfasste neben Wohn- und Verwaltungsgebäuden, Moscheen, Schulen, Bädern auch Gärten mit Brunnen und Wasserbecken. Berühmt ist sie für den feinteiligen, komplexen Stuckdekor, der Wände und Decken überzieht. Er weist Koraninschriften auf und die typisch islamischen geometrischen und vegetabilen Ornamente. Eindrucksvoll sind die mit Einlegearbeiten geschmückten Holzdecken und die Gewölbe mit *mukarnas*, die in Spanien *mozárabes* genannt werden.

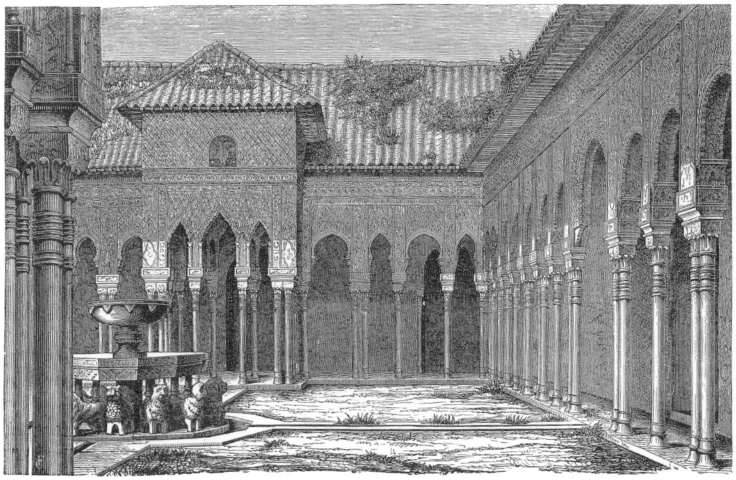

Ansicht des Löwenhofes
Den offenen Innenhof, der dem privaten Bereich vorbehalten war, umschließen vier Gemächer, darunter der Wohnbereich der Frauen (Harem). In der Mitte des von Säulen umgebenen Hofes steht der berühmte Marmorbrunnen mit zwölf wasserspeienden Löwen. Die kreuzförmig angelegten Wasserrinnen sind Sinnbild der vier Paradiesflüsse.

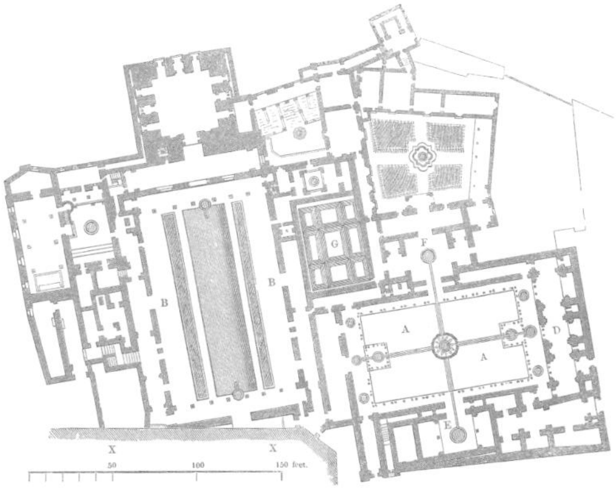

Grundriss
Die Alhambra besteht aus zwei rechteckigen Innenhöfen, um die sich verschiedene Palastteile gruppieren. Der ältere ist der Myrtenhof (B) aus dem frühen 14. Jh. mit einem großen Wasserbecken. Daran schließen sich ein Bankettsaal an und der Saal der Gesandten. Etwas später, in der 2. Hälfte des 14. Jh., wurde der Löwenhof (A) errichtet. Zwischen beiden befindet sich das Bad (G).

Arkaden, Löwenhof
Dieses Detail zeigt korbförmige, abgerundete Kapitelle, die mit vegetabilen Mustern verziert sind. Die Arkaden ruhen im Wechsel auf schlanken Doppel- und Einzelsäulen. Die Bögen sind gestelzt, d.h. sehr hoch und schmal. Die Decken sind reich mit filigranen Stuckarbeiten überzogen. Unter dem Dekor befinden sich kursive Inschriften mit kunstvoll verschlungenen Zeichenschäften.

Maurischer Wandschmuck
Der Wandschmuck der islamischen Baukunst besteht aus flächig gehaltenen Ornamenten. Die bildliche Darstellung von Lebewesen wird vermieden, obwohl der Koran kein striktes Bilderverbot formuliert. Die Ornamente, aufgemalt oder als Relief gestaltet, sind entweder geometrisch inspiriert, etwa als Stern-, Flechtband- oder Zackenmuster, oder sie zeigen streng stilisierte Pflanzenmuster wie Arabesken.

Ornamente
Ataurique ist ein vegetabiler Stuckdekor der maurischen Kunst mit stilisierten Blättern, Blumen, Blüten und Ranken. Auch Schriftornamente wurden häufig als Dekor verwendet, sowohl die jüngere runde *neschi*-Schrift als auch die ältere eckige kufische Schrift, die als Flecht-Kufi kompliziert verknotete Zeichenschäfte ausbildet. Die Inschriftenfriese geben meist Koransuren wieder, manchmal auch Dichtungen wie auf dem Löwenbrunnen.

Stuckaturen
Stuckdekor überzog gesamte Wände sowie Bögen, Gesimse, Kapitelle und Gewölbe. Die Ornamente formte man aus feuchtem Gips, mit freier Hand oder mithilfe von Schablonen.

Ansicht des Myrtenhofes
Um den Myrtenhof gruppieren sich mehrere repräsentative Räume. Die Abbildung zeigt den Blick über das von Myrtensträuchern gesäumte, große Wasserbecken. An seinem Ende erstreckt sich ein Bankettsaal mit Ablagenischen, in denen Wasserkrüge und Blumenvasen aufgestellt werden konnten. Er führt zum Saal der Gesandten, der als Thronsaal diente. Seine Wände sind reich mit Stuckreliefs dekoriert, die Einlegearbeiten der Holzdecke zeigen ein Geflecht aus acht- und sechzehnzackigen Sternen.

Islam

Islamische Baukunst in Indien: Der frühe indo-islamische Stil

Schon bald breitete sich der Islam rasend schnell über Persien, Zentralasien und Afghanistan aus. Zwar gelangte er bereits im frühen 8. Jh. an die Westgrenze des indischen Subkontinents, doch erst im 12. Jh. erfolgte die dauerhafte islamische Besetzung Nordindiens. Die Eroberer führten ihre Bauformen ein, darunter Kielbogen, Gewölbe, Trompe und Zwiebelkuppel sowie ihre vor allem geometrisch und kalligrafisch inspirierten Ornamente. Der Hindu-Tempel mit seinen kunstvollen Holzschnitzereien war hingegen eine Gebälkarchitektur. Die Synthese von indischen und islamischen Bautraditionen gipfelte in den großartigen Bauwerken des Sultanats von Delhi und den später, zwischen dem 16. und 18. Jh., errichteten Moscheen und Mausoleen des Mogulreiches.

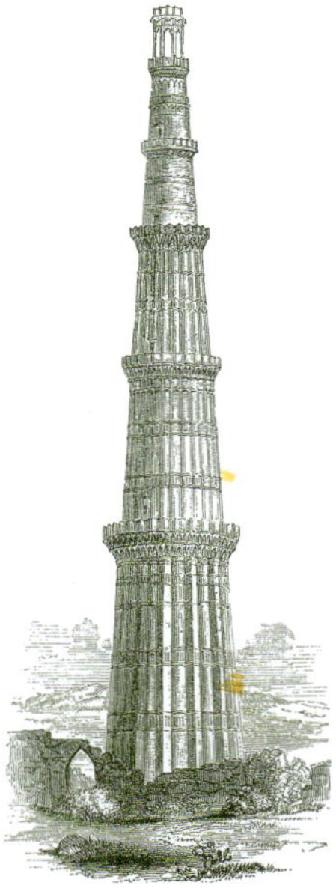

Qutb-ud-din-Minar, Neu-Delhi (1193–1230)
Dieses 72 m hohe Minarett war gleichzeitig ein Siegesturm. Auf drei Untergeschossen aus rotem Sandstein erheben sich zwei Geschosse aus weißem Marmor, die mit einer Kuppel abschlossen. Die umlaufenden Zierbänder zitieren Koranverse.

Lal-Darwaza-Moschee, Jaunpur (um 1450)
Die riesige Torfassade dieser Moschee ist so hoch, dass kein Minarett erforderlich war. Errichtet wurde sie aus Hindu-Spolien, doch die monumentale Fassade weist typisch islamische Bauformen auf, wie den vorgeblendeten Kielbogen.

Grabbau (Mitte 16. Jh.)
Die muslimischen Herrscher führten das Kuppelgrab in Indien ein. Hier tragen kurze, kräftige Säulen aus ehemaligen Jaina-Heiligtümern ein Gebälk, auf dem eine achteckige Trommel ruht. Überwölbt wird sie von einer großen, spitzen Kuppel.

Mausoleum des Junan Schah, Neu-Delhi (1368–1369)
Dieses Mausoleum weist islamische Elemente auf. Den achteckigen Grabbau umgeben dreijochige Spitzbogenarkaden, die auf kräftigen Pfeilern ruhen. Bekrönt wird er von mehreren Kuppeln. Diese Verbindung von Oktogon, Arkadenumgang und Kuppeln wirkte stilbildend.

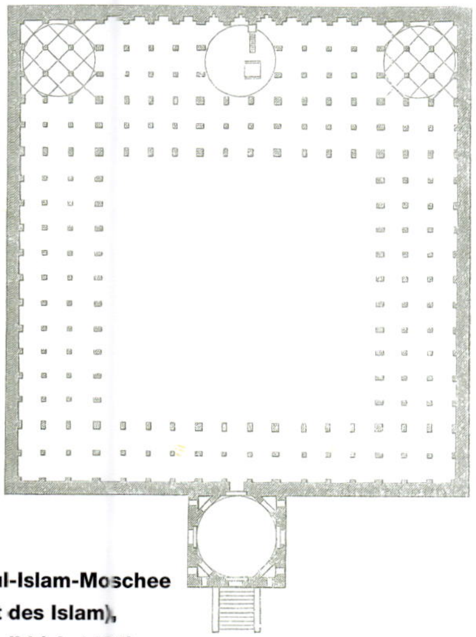

Freitagsmoschee, Mandu (um 1440)
Die Hofmoschee verfügt über einen quadratischen Innenhof, den elfjochige Arkaden umgeben: Der Betsaal ist fünfschiffig, die Hallen an den Seiten sind dreischiffig und die Eingangshalle ist zweischiffig. Je zwölf Säulen tragen die drei großen Kuppeln des Betsaals.

Minar, Ghazni (11./12. Jh.)
Dieses *minar* (Turm) ist einer der zahlreichen Siegestürme, die von den muslimischen Eroberern errichtet wurden. Es ist aus Ziegeln gemauert und reich mit Terrakotta-Feldern verziert, die u.a. Kufi-Inschriften zeigen. Das Untergeschoss hat einen sternförmigen Grundriss, im Gegensatz zum runden Obergeschoss.

Innenhof, Freitagsmoschee, Mandu
Die Ansicht zeigt den Blick in Richtung Betsaal; darüber drei große Kuppeln und 58 kleine Kuppeln, eine über jedem Joch.

Qutb-ul-Islam-Moschee (Macht des Islam), Neu-Delhi (ab 1193)
Diese Hofmoschee war das erste islamische Gotteshaus in Indien. Für die Säulenhallen um den Innenhof verwendete man Bauteile aus zerstörten Hindu- und Jaina-Tempeln. Eine Spitzbogenfassade aus drei großen und acht kleineren Seitenbögen wurde dem Betsaal vorgeblendet.

Pendentif, Qutb-ul-Islam-Moschee
Dieses Pendentif der Qutb-ul-Islam-Moschee in Delhi zeigt die indische Variante des islamischen *mukarnas*, einer aus vielen Nischen zusammengefügten, waben- oder stalaktitenartigen Gewölbeverzierung.

Islam

Islamische Baukunst in Indien: Moscheen, Grabbauten und Paläste der Mogulzeit

Die fruchtbarste Periode der indisch-islamischen Baukunst war die Mogulzeit vom 16. bis zum 18. Jh. Als ihre Vollendung gilt der Taj Mahal in Agra, das Werk von 20 000 Handwerkern aus allen Winkeln der islamischen Welt, die das Bauwerk mit Marmorreliefs und kostbaren Einlegearbeiten verzierten. Eine der Hauptstädte der muslimischen Herrscherdynastien in Indien war Bijapur im südlichen Zentralindien. Hier errichtete Mohammed Adil Schah eines der ungewöhnlichsten Bauwerke des 17. Jh.: Gol Gumbaz, ein gewaltiges Kuppelgrab, fast so groß wie das Pantheon in Rom. Die prächtigen Herrscherpaläste, etwa in Agra, Mandu, Bijapur, Delhi und Allahabad, schmücken islamische Pavillons, Höfe und Gärten.

Gol Gumbaz, Bijapur (1627–1657)
Das Mausoleum des Mohammed Adil Schah ist ein quadratischer Bau, den sich überkreuzende Bögen ins Rund überführen. Eine kreisrunde Plattform verbirgt den Kuppelansatz, sodass der Eindruck entsteht, sie schwebe über der Kammer. Weit vorkragende Gesimse gliedern die siebengeschossigen, überkuppelten Türme.

Grundriss, Gol Gumbaz
Der Grabbau ist ein gigantischer Würfel mit oktogonalen Ecktürmen und wird von einer großen Zwiebelkuppel überwölbt. Ihr Gewicht ruht auf einer Plattform, die durch mehrere, sich sternförmig überschneidende Bögen und Pendentifs gestützt wird – eine glanzvolle technische Leistung.

Jama-Masjid-Moschee (Freitagsmoschee), Delhi (1644–1658)
Die Schirmwand der Bethalle zeigt elf Bögen, davon der mittlere überhöht und von zwei Minaretten flankiert. Über der Halle sieht man die Zwiebelkuppeln des Betsaals. Den Hof umgeben Arkaden mit überkuppelten Pavillons.

Taj Mahal, Agra (1632–1647)
Das weltbekannte Mausoleum erbaute Großmogul Schah Jahan für seine Lieblingsfrau Mumtaz Mahal. Das aus weißem Marmor errichtete Taj Mahal ist mit reliefierten und intarsierten Arabesken im Mogulstil verziert. Flankiert von vier Minaretten, erhebt es sich auf einer Plattform über einer Terrasse. Das größte der vier Vorhof-Tore führt zu den Gärten vor dem Grabmal.

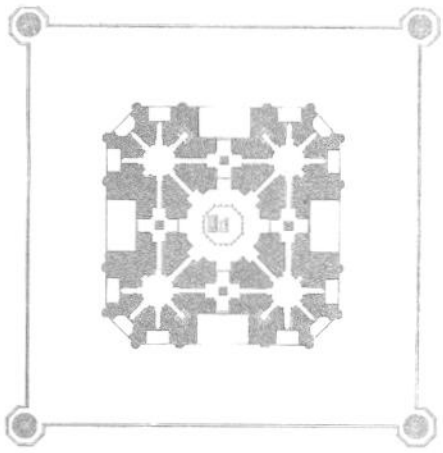

Grundriss, Taj Mahal
Eine Zwiebelkuppel wölbt sich über dem zweigeschossigen, riesigen Marmorquader, in dem der Großmogul und seine Frau beigesetzt sind. Kleine Kuppeln sitzen auf den abgeschrägten Ecken, in die Nischen eingetieft sind. Gänge verbinden die Eckräume miteinander und mit dem Mittelsaal.

Palasthalle, Allahabad
Diese quadratische Halle erhebt sich auf 8 x 8 Säulen. Die umlaufende Veranda ist sehr breit und verfügt über Doppelsäulen mit reich geschnitzten Konsolenkapitellen.

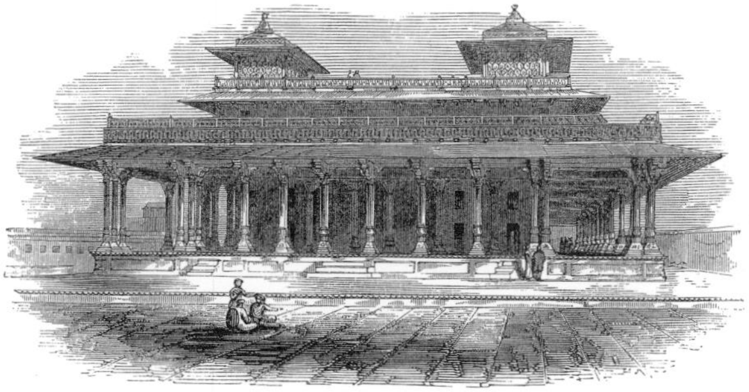

Querschnitt, Taj Mahal
Die Kuppel des Taj Mahal ist zweischalig ausgeführt und erhebt sich über einer hohen Trommel. Die äußere Kuppel ist eine Zwiebelkuppel, die innere eine flachere Spitzkuppel, innen verblendet durch ein Gitter aus weißem Marmor. Die Verkleidung der Wandflächen besteht ebenfalls aus weißem Marmor und ist mit Halbedelsteinen eingelegt.

Islam

Islamische Baukunst in der Türkei und in Nordafrika

Die aus Zentralasien eingefallenden Seldschuken errichteten im 11. Jh. in Anatolien ein mächtiges islamisches Reich, das zeitweise Persien, Mesopotamien und Syrien umfasste. Typisch für ihre Baukunst sind aus Ziegeln gemauerte Minarette und farbenfrohe persische Fayencemosaike. Nach der Eroberung Konstantinopels (heute Istanbul) 1453 verdrängten die Osmanen die Seldschuken und regierten bis ins frühe 20. Jh. In ihrer Frühzeit wandelten die Osmanen christliche Kirchen in Moscheen um, so auch die Hagia Sophia. Unter Verwendung byzantinischer Bauformen entwickelten osmanische Baumeister dann den Typus der Moschee als würfelförmigen Zentralbau mit halbkugeligen Kuppeln und Prunkportal, flankiert von nadelschlanken Minaretten. Die Wandflächen wurden mit bunten Iznik-Fliesen geschmückt. In Nordafrika bildete sich hingegen der maghrebinische Stil aus.

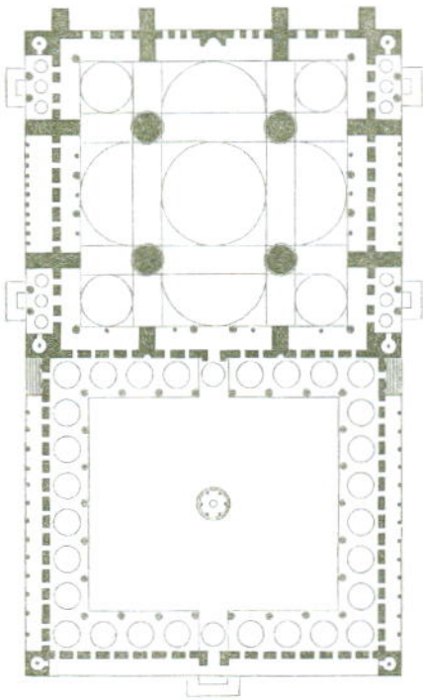

Sultan-Ahmed-Moschee (Blaue Moschee), Istanbul (1609–1616)
Der quadratische Komplex umfasste Grab, Medrese und *imaret* (Armenküche). Über Pfeilern erhebt sich eine Mittelkuppel. Vier Halbkuppeln stützen sie, in den Ecken wölben sich vier kleinere Kuppeln.

Fassade, Sultan-Ahmed-Moschee
Vom Haupteingang bietet sich ein großartiger Blick auf die 30 kleinen Kuppeln des Vorhofes, die aufsteigenden Halbkuppeln und die mächtige Hauptkuppel. Die Moschee wird – als Einzige in Istanbul – von sechs Minaretten eingefasst.

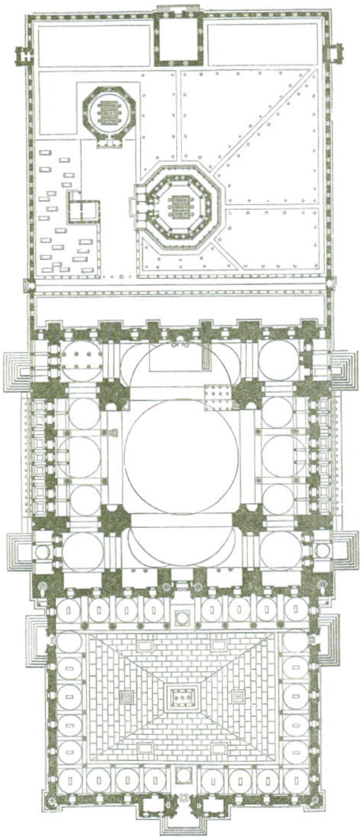

Süleiman-Moschee, Istanbul (1550–1556)
Die von dem Architekten Sinan erbaute Moschee erhebt sich auf einem rechteckigen Grundriss. Den Vorhof mit dem Brunnen umgeben an allen Seiten Arkaden. Auf dem Friedhof mit Garten befinden sich die Türben (Gräber) von Süleiman dem Prächtigen und seiner Frau.

Djama-ed-Djedid-Moschee, Algier (1660)
Dieser ungewöhnliche kreuzförmige Bau weist die typischen Merkmale auf, welche die im Algerien der Osmanenzeit entstandenen Bauten auszeichnen: ein tonnengewölbtes Sanktuarium sowie eine eiförmige Kuppel, gestützt von osmanischen Pendentifs und Rundbögen. Die Kuppeltrommel schmückten algerische Handwerker mit einem Fries aus reliefierten Stucknischen. Das quadratische Minarett ist eher maghrebinisch als osmanisch.

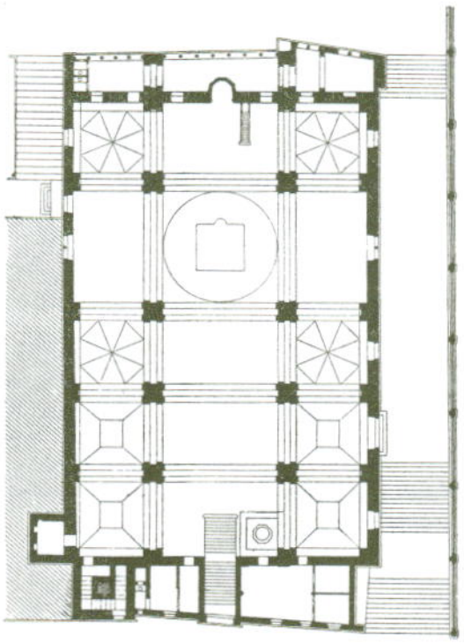

Ansicht, Süleiman-Moschee
Dieser klassische osmanische Moscheen-Komplex umfasste sieben Medresen, ein Krankenhaus, Badeanlagen, Brunnen, eine Moschee mit vier schlanken Minaretten sowie einen Friedhof. Im Vorhof tragen antike Säulen aus weißem Marmor und rosafarbenem Granit insgesamt 28 Kuppeln. Das Portal des Brunnenhofes flankieren Porphyrsäulen. Zwei Halbkuppeln stützen die große Mittelkuppel, insgesamt zehn kleinere Kuppeln gliedern sich an. Die Holztüren der Moschee schmücken Einlegearbeiten aus Ebenholz, Perlmutt und Elfenbein.

Querschnitt, Süleiman-Moschee
Die Hauptkuppel überwölbt eine durchfensterte Trommel, die von vier massiven Pfeilern gestützt wird. Vier große Porphyrsäulen grenzen den Hauptraum ab. Links sind Minbar und Mihrab zu erkennen, beide aus weißem Marmor gearbeitet. Die Kibla-Wand schmücken Fayencen aus der Stadt Iznik und farbige Fenster.

Minarett, Tunis
Typisch für maghrebinische Minarette ist der aus Ziegeln gemauerte, polygonale Schaft, der fast schmucklos bleibt und nur eine Galerie trägt – ein Bau von schlichter Großartigkeit.

Romanik *um 1000–Mitte 13. Jh.*

Die Romanik in Frankreich: Ursprünge

Der Begriff Romanik wurde im frühen 19. Jh. in Frankreich geprägt, um den Baustil des 11. und 12. Jh. zu beschreiben. Er verweist darauf, dass die Romanik auf spätantik-römische Leitformen zurückgriff, darunter das in Stein ausgeführte Tonnengewölbe und den großen Gewölbebau. Diese Bauformen waren in den Jahrhunderten nach dem Untergang des Römischen Reiches im Westen gemieden worden. Zurzeit der Romanik war Frankreich noch kein geeinter Nationalstaat, sondern eine Ansammlung zersplitterter Herrschaftsgebiete. Dementsprechend gab es keinen einheitlichen französischen Architekturstil, sondern mehrere regionale Bauschulen. Sie kombinierten die Grundmerkmale der Romanik – Rundbogen, Gewölbe, Dekorelemente und Türme – und verarbeiteten verschiedenste Einflüsse. Am Jakobsweg, der auf mehreren Routen durch Frankreich nach Santiago de Compostela in Spanien führt, entstanden bedeutende Wallfahrtskirchen.

Figurenportal, St.-Trophime, Arles
Viele Kirchenportale zeigen reichen Figurenschmuck. Dargestellt werden vor allem Christus, biblische Szenen sowie Fabelwesen und Fratzen mit apotropäischer (dämonenabwehrender) Funktion.

Chorumgang mit Kapellen, St.-Sernin
An die Apsis, den halbrunden oder polygonalen, gewölbten Chorabschluss, gliedern sich oft mehrere Kapellen an, in denen Altäre für die Heiligenverehrung untergebracht wurden. Auch am Querschiff sind sie häufig. Meist treten sie aus dem Baukörper hervor und sind verziert. So entsteht ein vielgliedriger Ostabschluss, wie hier bei St.-Sernin.

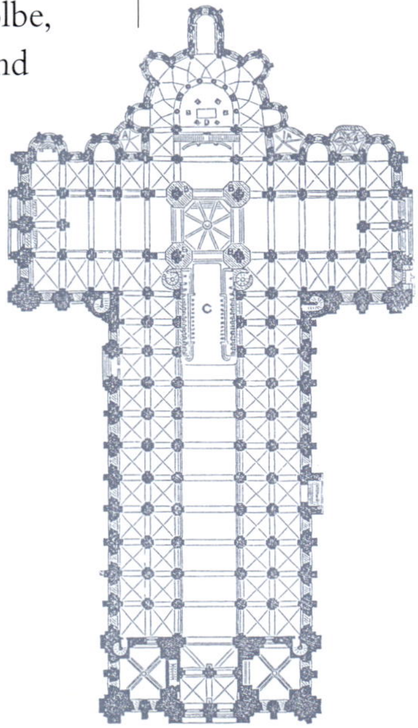

Grundriss, St.-Sernin, Toulouse (ab 1080)
Der Grundriss dieser südfranzösischen Kirche verrät, dass sie am Jakobsweg lag und großen Pilgermengen Platz bieten musste. Der fünfschiffige Bau verfügt über ein dreischiffiges Querhaus mit vier Apsiden. Auch an den Chorumgang schließen sich Apsiden an.

Emporen, St.-Sernin
Über den Seitenschiffen befinden sich oft Emporen, von denen aus man in Mittelschiff und Chor blicken kann. Die meisten größeren Kirchen, vor allem im Südwesten Frankreichs, verfügen über Emporen.

Pilaster, St.-Menoux
Die Steinmetze ahmten antike Vorbilder nach, entwickelten sie aber im Geist der jeweiligen regionalen Bauschule weiter. Typisch für Burgund ist der antikisierende Bauschmuck dieser Kirche aus dem 11. Jh., etwa die kannelierten Pilaster der Apsis. Ihre Kapitelle erinnern nur noch entfernt an antike Vorbilder.

Inkrustationen
Inkrustationen, Verkleidungen mit verschiedenfarbigen Blendsteinen, verbindet man meist mit Italien, doch auch in Frankreich treten sie an einigen Kirchen auf, meist in Regionen, wo der lokale Stein besonders schön gemustert ist, etwa in der Auvergne. Die Inkrustationen zeigen oft geometrische Muster und schmücken friesartig den Bereich zwischen Fenster und Traufe.

Kuppelkirche, St.-Front, Périgueux
In Aquitanien errichtete man Kuppelkirchen nach byzantinischem Vorbild. Diese (nach 1120 begonnen) wurde zudem als Zentralbau auf dem Grundriss des griechischen Kreuzes ausgeführt. Jeder ihrer Kreuzarme ist überkuppelt.

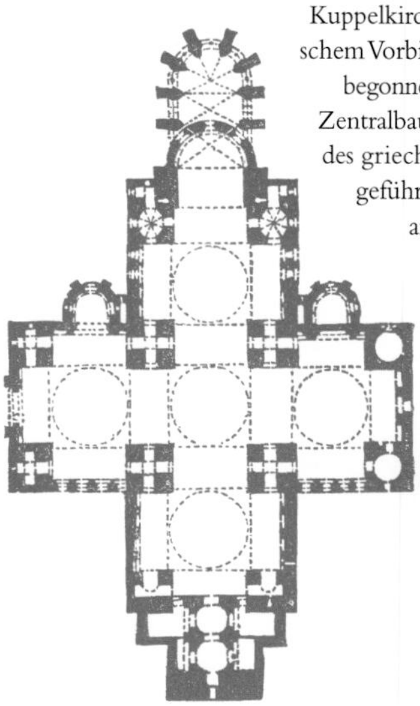

Chorumgang, St.-Menoux
In Frankreich entwickelte sich der Chor mit Kapellenkranz. Über einen Umgang gelangte man zu den Heiligenaltären in den Kapellen. Diese Ansicht zeigt den Blick aus dem Umgang durch eine Bogenstellung auf einen Altar im Binnenchor.

Westfassade, St.-Étienne, Caen
Die normannischen Kirchen des 11. Jh. zeichnen sich durch eine Zweiturmfassade aus. Hier erheben sich steile, reich durchgegliederte Türme hoch über den Baukörper.

Romanik

Die Romanik in Frankreich: Einfluss der Pilgerstraßen

Über die Pilgerstraßen, die ganz Europa durchzogen, kam es zum Austausch von Ideen und Techniken. Die regionalen Bauschulen der Romanik fanden Verbreitung und entwickelten sich weiter. Indirekt beeinflussten die Wallfahrer ebenfalls die Gestaltung der Kirchen, denn diese mussten neben der Gemeinde auch großen Pilgermengen Platz bieten. Viele französische Kirchen weisen als Ostabschluss einen Chorumgang (Deambulatorium) mit viereckigen, polygonalen oder halbrunden Kapellen auf. Dank dieser Chorform ließen sich weitere Altäre und Heiligenreliquien in den Kirchen unterbringen. Zugleich konnten die Gläubigen ihre Andacht in den Kapellen halten, ohne den Gottesdienst im Mittelschiff zu stören. Typisch für die romanischen Kirchen in Frankreich ist auch der Staffelchor, bei dem der Hauptchor von sich stufenweise verkürzenden Nebenchören begleitet wird.

Türme, St.-Austremoine
Wichtige Bauglieder wurden zunehmend mit Türmen betont, etwa die westlichen Bauteile, die Vierung, wo sich Langhaus und Querschiff kreuzen, oder die Enden des Querschiffs. Dieses Beispiel aus dem 12. Jh. zeigt einen gedrungenen, quadratischen Turm am Westabschluss und einen höheren, ähnlich gestalteten, aber reicher verzierten Turm über der Vierung.

Tonnengewölbe, St.-Austremoine
Die einfachste Gewölbeform ist das Tonnengewölbe mit halbrundem Querschnitt. Hier wird das Tonnengewölbe im Mittelschiff von Halbtonnengewölben über den Seitenschiffen gestützt, welche die seitwärts wirkenden Schubkräfte ableiten.

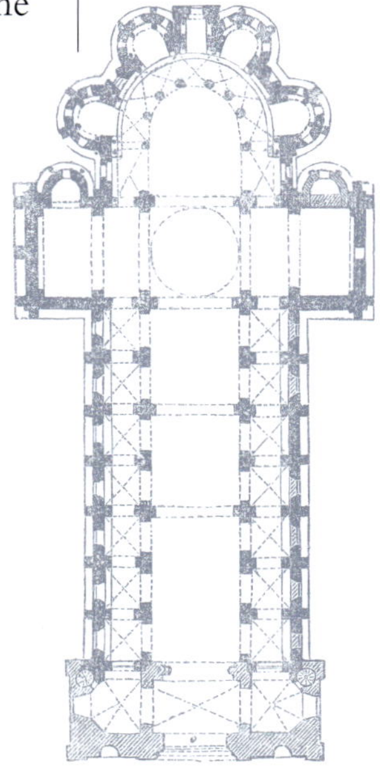

Chorumgang mit Kapellenkranz, St.-Austremoine, Issoire (um 1130–1150)
Hier sieht man eine typische dreischiffige Kirche der auvergnatischen Romanik, mit kreuzförmigem Grundriss, Chorumgang sowie Kapellenkranz. Die Kapellen sind radial ausgerichtet, d.h. ihre Achsen schneiden sich in einem Punkt. Der reiche Ostabschluss wird ergänzt durch Apsiden an der Ostseite des Querschiffes.

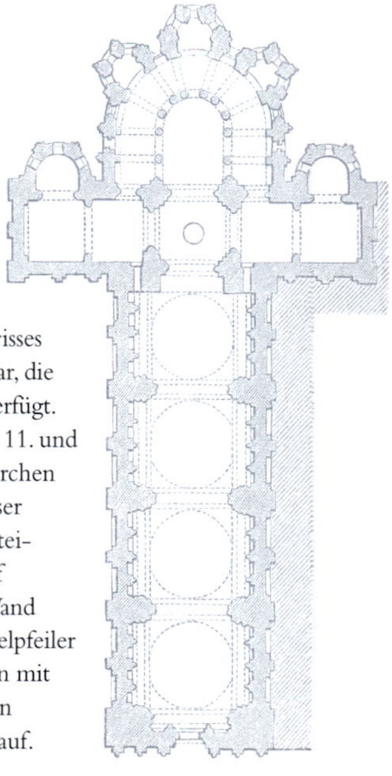

Saalkirche, Fontevrault (1104–um 1150)
Eine Variation des dreischiffigen Grundrisses stellt die Saalkirche dar, die über nur ein Schiff verfügt. Dieser Typus fand im 11. und 12. Jh. für kleinere Kirchen Verwendung. Bei dieser westfranzösischen Abteikirche wird das Schiff durch stark aus der Wand hervortretende Bündelpfeiler gegliedert. Saalkirchen mit Kuppelwölbung treten häufig in Aquitanien auf.

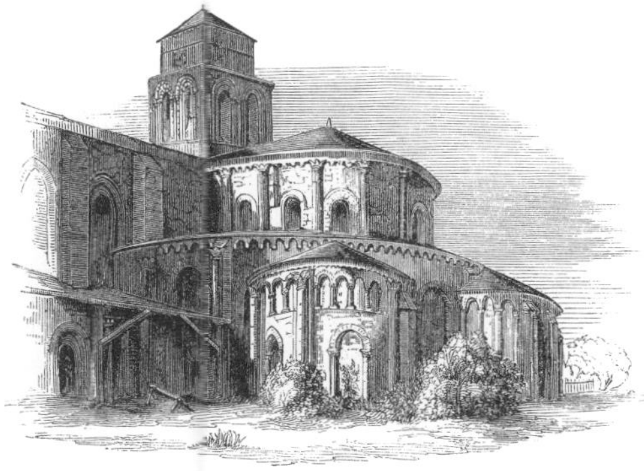

Blendbögen, Fontevrault
Der Außenbau wurde häufig mit Blendarkaden geschmückt, der Mauer vorgelagerten Bögen, welche die Wand dekorativ gliedern. Blendarkaden können ein- oder mehrgeschossig ausgeführt sein. Typisch waren auch Rundbogenfriese.

Spitzbogen, Fontevrault
Obwohl der Spitzbogen vor allem mit der Gotik verbunden ist und sogar als eines der wichtigsten Unterscheidungsmerkmale zwischen Gotik und Romanik gilt, tritt er gelegentlich bei romanischen Bauten auf. Meist ist er allerdings relativ flach gehalten und ähnelt kaum seinem viel steiler aufstrebendem gotischen Gegenstück. Die romanischen Baumeister kombinierten den Spitzbogen stets mit Rundbögen.

Bauschmuck, Loupiac
Ab dem 12. Jh. wurden die romanischen Kirchen aufwändiger ausgeschmückt. Neben dem Chor verzierte man in Frankreich vor allem die Portale mit Säulen, Nischen, Figuren und später ganzen Skulpturenzyklen. Parallel dazu bediente man sich einer geometrischen Ornamentik, die durch sich wiederholende, ruhige und strenge Muster den Eindruck großer Einheitlichkeit vermittelt.

Wandaufbau, Ste.-Trinité, Caen
Im 11. Jh. setzt die Durchgliederung der Innenwände ein. Der dreizonige Wandaufbau dieser normannischen Kirche setzt sich zusammen aus Arkaden, einem Laufgang (Triforium) sowie dem Obergaden mit seinen Fenstern. Lange, dünne Säulen (Dienste), die vom Boden bis zur Decke reichen und das Gewölbe tragen, gliedern das Mittelschiff in mehrere Joche. Deren rhythmische Abfolge betont die Längsrichtung des Innenraums. Von mehreren Dreiviertelsäulen umgebene Bündelpfeiler grenzen die Joche gegeneinander ab.

Romanik

Die Romanik in Deutschland

Die deutsche Baukunst des 11. und 12. Jh., die aus karolingischen und ottonischen Bauformen hervorging, schuf zahlreiche bedeutende Werke. Einen Höhepunkt stellt der Kaiserdom in Speyer (um 1030–1106) in Rheinland-Pfalz dar, das größte romanische Bauwerk in Deutschland. Die weitläufige Krypta dieses vieltürmigen Großbaus diente als Grablege der salischen Kaiser. Die Durchgliederung der ungewöhnlich hoch aufragenden Mittelschiffwände mit ihrer Tendenz zum Vertikalismus gilt als eine Ankündigung gotischen Bauverständnisses. Sie wirkte bis ins Rheinland und strahlte ebenfalls nach Frankreich aus. In Deutschland entstanden auch doppelchörige Kirchenbauten, die neben dem Ostchor über einen von Türmen bekrönten Westchor verfügen, etwa die Kaiserdome in Mainz und Worms sowie die Abteikirche Maria Laach.

Reliefdekor
Schmückende Ranken, Knospen und Blattwerk sind ein Charakteristikum der Romanik und traten als Dekor an Bauten in ganz Europa auf. Zunächst wurden sie noch stilisiert, dann zunehmend naturalistischer und detailreicher wiedergegeben. Ihren Platz fanden sie bevorzugt an Kapitellen, Bögen und Säulen.

Kapitell, Kaiserdom, Speyer
Die Romanik zeichnet sich durch eine Fülle fantasievoller Kapitellformen aus. Das schlichte ottonische Würfelkapitell wurde zunehmend mit Scheiben, Palmetten, verschiedensten Figuren oder Tieren verziert. Dieses Kapitell aus dem späten 11. Jh. schmücken stilisierte Blattknospen und zwei Schwäne, deren Hälse ineinander verschlungen sind.

Taustab
Der Taubstab, ein wie ein Tau gedrehter Rundstab, ist ein charakteristisches Zierornament und trat erstmals an romanischen Bauwerken auf. Zwei gegeneinander gedrehte Taustäbe nennt man gedrehtes Tau. Der Taustab wurde bevorzugt für den Schmuck der Portalzone verwendet, als Rahmung von Fenstern und Türen oder als die Wand gliedernder Fries.

Rundbogenfries
Ein typisches Dekorelement der romanischen Mauerflächen sind Rundbogenfriese über flachen, senkrechten Mauerstreifen (Lisenen). Dieses Gestaltungsmotiv wurde von lombardischen Kirchen übernommen.

Bauplastik, Gelnhausen
Der figürliche Bauschmuck hatte oft didaktisch-belehrende Funktion und führte der Gemeinde die biblischen Geschichten vor Augen. Meist schmücken sie Portale, Westfassade und Kanzeln. Dieses Beispiel stammt von einem Reliefzyklus in der spätromanischen Marienkirche. Die Figuren wurden geschickt so arrangiert, dass sie der Form der Bogenzwickel folgen.

Wartburg, bei Eisenach (12./13. Jh.)
Die Wartburg bei Eisenach in Thüringen ist eine der wenigen erhaltenen Burgen aus romanischer Zeit, musste im 19. Jh. allerdings teilweise wiederhergestellt werden. Im Mittelalter war sie ein bedeutendes Zentrum höfischer Kultur. Ebenso wie bei den Sakralbauten beherrscht hier der Rundbogen als Leitform den Außenbau.

Türme, Kaiserdom, Worms (um 1120/25 begonnen)
Typisch für romanische Kirchen sind Türme über Ost- und Westabschluss. Sechs verschieden gestaltete Türme mit Zwerggalerien überragen diesen berühmten Dom in Rheinland-Pfalz.

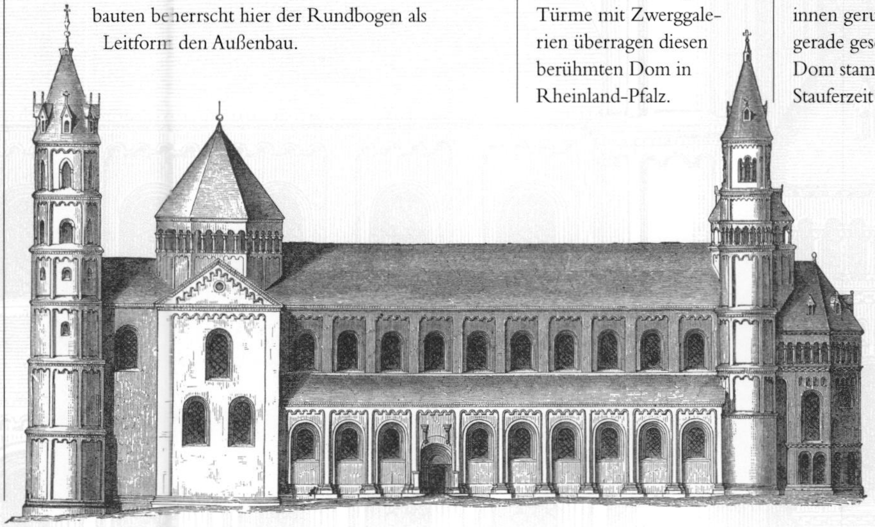

Grundriss, Kaiserdom, Worms
Die lang gestreckte Pfeilerbasilika ist eine doppelchörige Anlage. Die ältere Ostapsis ist innen gerundet, außen gerade geschlossen. Der Dom stammt aus der Stauferzeit (Spätromanik).

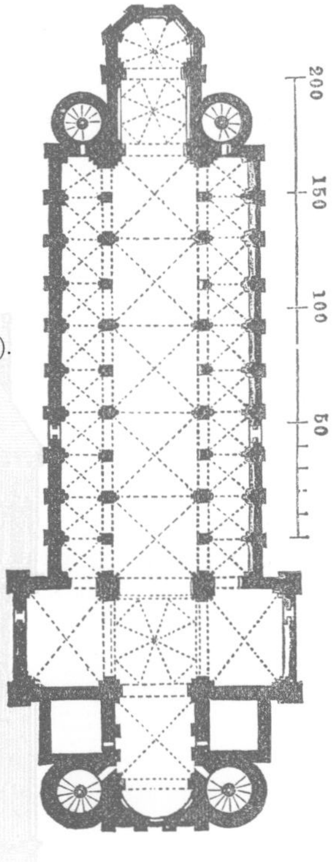

Romanik

Die Romanik in Spanien

Die romanische Baukunst in Spanien speist sich aus mehreren Traditionen. Während der langen maurischen Herrschaft hatte sich der mozarabische Stil ausgebildet, der christliche und islamische Elemente vereinte. Unter dem Einfluss der neuen Kunstströmungen entwickelte sich nun ein ausgesprochener Mischstil, der französische Vorbilder mit maurischen Dekorationselementen verschmolz. Bedeutende Bauten entstanden vor allem entlang der großen Pilgerstraßen nach Santiago de Compostela im Nordwesten des Landes, allen voran die dortige Kathedrale (1060 begonnen). Charakteristisch für die romanische Baukunst in Spanien ist der fein gearbeitete, realistisch gehaltene Skulpturenschmuck der Kirchen.

Westfassade, S. Pablo del Campo, Barcelona (10.–13. Jh.)
Die Steinmetze entwickelten oft verschiedenste Einflüsse weiter. Diese frühromanische Fassade zeigt kräftige Rundbogenfriese auf Lisenen, typisch für die Lombardei. Das Portal ist tief in das Mauerwerk eingelassen, im Tympanon (Bogenfeld) und darüber erkennt man Skulpturenschmuck.

Vierteiliges Rippengewölbe, Kathedrale, Tarragona
Bei diesem Rippengewölbe im Kreuzgang der Kathedrale von Tarragona in Katalonien gliedern zwei sich kreuzende Rippen die Joche in vier Teilstücke, die so genannten Kappen. Das Maßwerk der Rundfenster verrät maurische Einflüsse.

Vorhalle, S. Millán, Segovia
Typisch für Kastilien sind Vorhallen, welche den eigentlichen Kirchenbau im Norden und im Süden begleiten. Oft öffnen sie sich mit Arkaden auf Doppelsäulchen. Sie dienten als Versammlungsorte für Bruderschaften oder für Gerichtssitzungen.

Skulpturenschmuck, Santiago de Compostela
Der Pórtico de la Gloria im Westen stellte den Haupteingang der später barock ummantelten Kathedrale dar. Der Skulpturenzyklus ist berühmt für seine naturalistische Wiedergabe. Geschickt gliedert er sich in die vorgegebenen Bauformen ein.

Außenbau, Iglesia de Santiago, La Coruña
Nur einige wenige kräftige Strebepfeiler und gelegentlich vorgeblendete Halbsäulen lockern den schweren Baukörper auf, doch insgesamt ist der Dekor sehr zurückhaltend.

Gewändefiguren, Kathedrale, Santiago de Compostela
Das Portal der Kathedrale von Santiago de Compostela charakterisiert meisterhaft ausgearbeitete Bauplastik, figürliche Darstellungen ebenso wie ornamentaler Bauschmuck. Hier sieht man einen mit Blättern besetzten Taustab, daneben eine Säule mit architektonisch ausgestalteten Rundbogennischen, welche die Bauformen der Kathedrale aufgreifen. Unter den verzierten Archivolten der Nischen stehen biblische Gestalten und Heilige.

Kuppel, Alte Kathedrale, Salamanca
Eine ungewöhnliche Kuppel thront über der Vierung dieser Kirche aus dem 12./13. Jh. Rippen stützen sie, wie bei der benachbarten Kathedrale von Zamora (1151–1171). In der Trommel sieht man in zwei Reihen Fenster und Blendbögen im Wechsel.

Tore del Gallo, Alte Kathedrale, Salamanca
Dieser Vierungsturm verrät maurische Einflüsse. Die geschuppte, achtseitige Dachpyramide erhebt sich über einem doppelgeschossigen, mit Rundbögen geöffneten Aufsatz. Flankiert wird sie von vier Ecktürmen sowie übergiebelten Ädikulen. Der reich gegliederte Turm ähnelt dem Vierungsturm der Kathedrale von Zamora, der allerdings eine flachere runde Kuppel trägt. Alle Bauglieder sind aus hellem Sandstein.

Romanik

Der anglonormannische Stil: Kirchen

Der anglonormannische Stil, wie die englische Romanik genannt wird, beherrschte das 11. und 12. Jh. Der Normanne Wilhelm der Eroberer führte nach der Schlacht von Hastings 1066 einen neuen Kunst- und Baustil in England ein. Kirche und Burg stellten die beiden wichtigsten Bautypen dar. Die neuen Landesherren initiierten ein gigantisches Bauprogramm und ersetzten fast jede angelsächsische Kathedrale und Abteikirche durch Neubauten. So wurden beispielsweise die Kathedralen von Canterbury und Lincoln sowie die Abteien von Bury St. Edmunds und St. Albans ab den 1070er-Jahren neu errichtet. Mit ihren kühnen Ausmaßen übertrafen sie alle bisherigen Bauwerke in England und konkurrierten mit den zeitgleich auf dem Kontinent neu errichteten Kirchen.

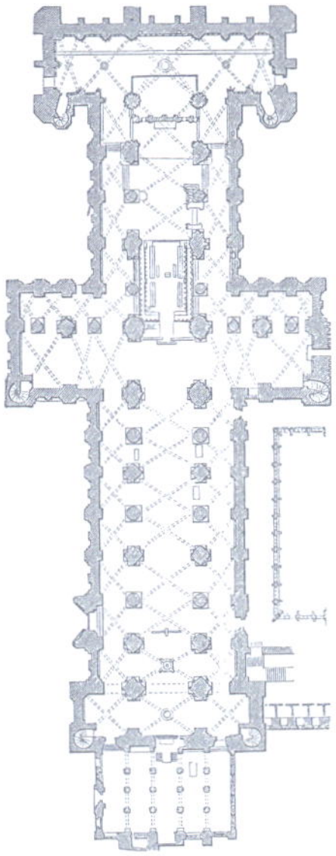

***Lady Chapel*, Kathedrale, Durham**
Dieser Kirche in Nordostengland wurde 1175 eine *Lady Chapel*, eine Marienkapelle, vorgelegt, ungewöhnlicherweise im Westen als Narthex. In der Regel befinden sich *Lady Chapels* am Scheitel des Ostchores.

Bogenstellung, St. Peter, Northampton
Zackenfriese und andere geometrisch inspirierte Muster sind typisch für anglonormannische Innenräume. Hier tragen Bündelpfeiler mit schmucklosen Säulenschäften Blattkapitelle; die Archivolten der Rundbögen sind reich ornamentiert.

Westturm, St. Peter, Northampton (um 1160)
Diese mittelenglische Kirche verfügt für die Romanik typischerweise über ein dreischiffiges Langhaus und einen viereckigen imposanten Westturm, in dem die Glocken untergebracht sind. Doch auch Rundtürme treten auf.

Mittelschiff, Kathedrale, Peterborough (ab 1118)
Wenn man die Kathedrale von Westen her betritt, überwältigt die rhythmische Abfolge der hintereinander gestaffelten Joche. Der dreizonige Wandaufbau im Mittelschiff gliedert sich in Bogenreihen, Emporengeschoss (Triforium) und Fensterarkaden mit Rundbögen. Ursprünglich verfügte die Kathedrale über eine Holzdecke; das Steingewölbe stammt von etwa 1220.

Pfeiler, St. Peter
Stützen beherrschen die Wirkung des Innenraumes (um 1160). Dabei wechseln Vierpasspfeiler mit Rundpfeilern mit Schaftringen. Der reiche Dekor ist für eine Pfarrkirche eher ungewöhnlich.

Strebepfeiler, St. Peter
Ein Strebepfeiler ist ein Pfeiler, der zur Verstärkung hoher Mauern dient und Schubkräfte ableitet. Als einfacher Strebepfeiler ist er mit dem Mauerwerk verbunden. Das abgebildete Beispiel setzt sich aus drei Halbsäulen zusammen.

Fassadengestaltung, St. John, Devizes (12. Jh.)
Hier erkennt man typisch anglonormannische Bauelemente, etwa die beiden Strebepfeiler, unten ein großes, dekoratives Blendfenster, darüber ein Fenster unter reich mit Zickzackfriesen verzierten Archivolten.

Vierungsturm, St. John
Die Vierungstürme von Pfarrkirchen sind oft mit einem Zinnenkranz geschmückt. Auf den Turmecken erheben sich kleine, schlanke Ziertürmchen (Fialen), deren Helm mit knospenartigen Ornamenten (Krabben) besetzt ist.

Kreuzbogenfries, St. John
Die Innenwände wurden häufig durch Friese gegliedert. Besonders beliebt war der Kreuzbogenfries. Die abgebildete Anordnung aus sich überschneidenden Bögen hatte rein dekorative Funktion, keine bautechnische. Hier ruhen sie auf Säulen.

Fenster, St. John
Das Rundbogenfenster wird gerahmt von Säulchen mit Pfeifenkapitellen. Die Archivolten des Rundbogens sind reich mit abgestuften Zickzackfriesen ornamentiert. Ganz außen sieht man das *ballflower*-Ornament.

Kapitelle, St. John
Die Kapitelle spiegeln die wachsende Freude der Steinmetze an der Dekoration. Häufig waren Würfelkapitelle. Sie wurden aufwändig mit Ornamenten verziert, gelegentlich auch mit figürlichen Motiven, darunter Knospen, Blätter, Tiere, Fabelwesen und biblische Szenen.

Romanik

Der anglonormannische Stil: Ornament und Innovation

Die von den Eroberern eingeführte nordfranzösische Romanik verband sich in England mit angelsächsischen Formen zu einem eigenständigen Baustil. Ihn charakterisiert insbesondere das innen wie außen reich entwickelte Bauornament, etwa der Zickzackfries, wie er im Mittelschiff der Kathedrale von Durham (1093 begonnen) zu bewundern ist. Das frühe 12. Jh. kennzeichnete eine entscheidende technische Innovation: Bis dato waren die Decken der aus Stein gemauerten englischen Kirchen aus Holz, weil das Überspannen des weiten Schiffes mit Stein das damalige technische Know How überforderte. Gegen 1130 erhielt jedoch die erste Kirche ein von Rippen gestütztes Steingewölbe. Die Kathedrale von Durham verfügte damit über das erste voll ausgebildete Kreuzrippengewölbe in Europa. In konstruktiver Hinsicht ist es dem Kreuzgratgewölbe überlegen und es sollte in der Gotik eine wichtige Rolle spielen.

Kapitelhaus, Bristol

Das Kapitelhaus, die englische Ausprägung des Kapitelsaals, diente als Versammlungsraum der Mönche. Es schließt sich an den Kirchenbau an, der Zugang erfolgt oft über den Kreuzgang. Die Abbildung zeigt das gewölbte Kapitelhaus in Bristol mit seinen Blendarkaden. Die Wände ziert *diaper work*, ein Muster aus Rautenformen, Quadraten, Schuppen oder stilisiertem Blattwerk.

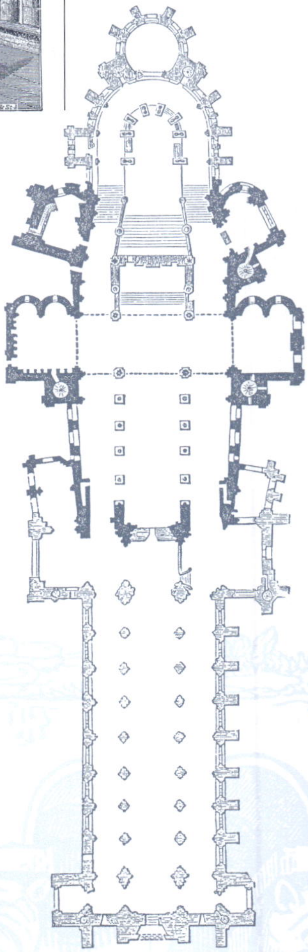

Grundriss, Kathedrale, Canterbury

Der Grundriss der Kathedralen wurde durch ihre Funktion vorgegeben. In der Regel verfügen sie – so auch die berühmte Kathedrale von Canterbury in Südostengland – über ein dreischiffiges Langhaus, ein Querschiff, Chor, Nebenchöre sowie eine *Lady Chapel* am Scheitel des Chores, die der Marien- oder Heiligenverehrung diente.

Schnabelkopf

Stilisierte Tiere, Vögel oder gelegentlich Köpfe waren im 12. Jh. ein häufiges Ziermotiv. Sie wurden oft in Reihung als Fries eingesetzt. Seinen Ursprung hat das Motiv im skandinavischen Raum.

Portal, St. Mary, Iffley (um 1140)
Charakteristisch für das späte 12. Jh. war das überreiche Bauornament. Es wies abwechslungsreiche Motive auf, wie Zickzackmuster oder Sägezahnfriese, *diaper work*, Rosetten und Vierpässe. Bei den Figurenkapitellen traten biblische Themen auf, wie der Kampf des Simson mit dem Löwen, doch ebenfalls profane Darstellungen, etwa kämpfende Ritter.

Kreuzgewölbe, Kathedrale, Gloucester
Die unterirdische Kammer unter einer Kirche, üblicherweise unter ihrem Ostchor, nennt man Krypta. Hier wurden Reliquien aufbewahrt, Heilige beigesetzt, später auch geistliche und weltliche Würdenträger. Die Krypta der Kathedrale von Gloucester verfügt über ein Kreuzgewölbe. Die Gurtbögen, welche die einzelnen Joche voneinander trennen, sind mit Rautenornamenten verziert.

Konsolgesims, Abteikirche, Romsey (12. Jh.)
Ein weit vorkragendes Gesims, das von vorspringenden Tragsteinen (Konsolen) gestützt wird, nennt man Konsolgesims. Meist befindet es sich am Außenbau, gliedert aber ebenfalls Innenwände. Das Konsolgesims kann schmucklos ausgeführt sein, oft wird es aber originell und fantasievoll verziert, vor allem mit Fabelwesen, Fratzen und grotesken Figuren.

Vegetabiles Kapitell, Bloxham
Vegetabile Kapitelle mit fein gearbeiteten Blattkränzen und Knospen waren in der Romanik wie in der Gotik weit verbreitet. Neben antikisierenden Formen griff man auf stilisierte einheimische Blattformen zurück. Den Ring unterhalb des Kapitells nennt man Halsring.

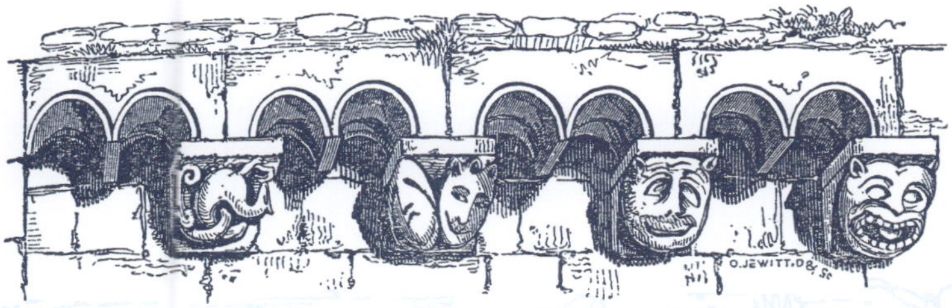

Rollenfries
Dieser typisch anglonormannische Ornamentstreifen besteht aus waagerechten, kurzen Zylindern, die in Schichten wechselnd übereinander angeordnet sind.

Romanik

Die Romanik in Italien: Vielfalt

Italien war zu jener Epoche geprägt von dem Kampf zwischen Papst und Kaiser um die Vorherrschaft. Ebenso wie Frankreich war das Land in Einzelregionen mit jeweils unterschiedlichen Bautraditionen zersplittert. Zwar entstanden im Norden, vor allem in der Lombardei, zahlreiche neue Kirchen, doch insgesamt war die italienische Romanik eher konservativ und zeichnete sich nicht durch eine mit Deutschland, Frankreich und England vergleichbare Aktivität aus. Die Baumeister griffen auf das reiche Erbe der Antike zurück, das sie um byzantinische und islamische Einflüsse ergänzten. Sie verwendeten Elemente wie die Tambourkuppel, basilikale Schemata, den frei stehenden Glockenturm (Campanile), Taufkirchen (Baptisterien) sowie inkrustierte Fassaden. Diese Charakteristika sind außerhalb von Italien nur in einigen wenigen geschlossenen Regionen anzutreffen.

Grundriss, S. Miniato al Monte
Sehr gebräuchlich war das basilikale Schema, wie es in der Spätantike ausgebildet worden war. S. Miniato ist eine traditionelle dreischiffige Basilika mit breitem Mittelschiff und zwei schmalen Seitenschiffen. Der Chor liegt erhöht über einer geräumigen Hallenkrypta.

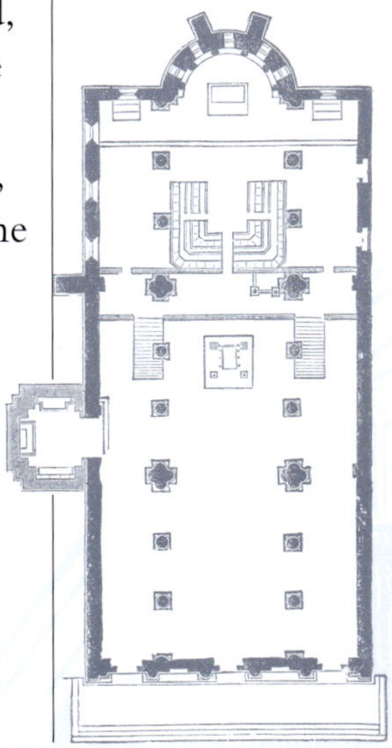

Fassade, S. Miniato al Monte
Eines der Hauptcharakteristika der toskanischen Romanik, die man ebenfalls als Protorenaissance bezeichnet, sind die auffallenden weiß-grünen Inkrustationsfassaden. Geometrische Muster aus verschiedenfarbigem Marmor bzw. Stein gliedern sie. Damit präsentieren sich die Fassaden der toskanischen Kirchen ganz anders als die mit Skulpturen geschmückten Turmfassaden nördlich der Alpen.

Westfassade, Markuskirche, Venedig (1063–1096)
Diese monumentale Säulenfassade im Westen stammt aus dem 13. Jh. Vom Typus entspricht die berühmte Kirche, die auf zwei Vorgängerbauten folgte, der Kreuzkuppelkirche: Sie ist ein Zentralbau in Kreuzform mit fünf Kuppeln nach byzantinischem Vorbild.

Längsschnitt, S. Miniato al Monte, Florenz (1018–1063)
Unter dem erhöhten Chor von S. Miniato al Monte befindet sich eine weite Hallenkrypta, typisch für romanische Kirchen. Darin ruhen die Gebeine des Titelheiligen, S. Miniato. Oft diente die Krypta auch als Grabstätte des Kirchengründers.

Rippengewölbe, S. Michele, Pavia
Rippen – typisch für die Lombardei – sind stabartig ausgebildete, tragende Konstruktionselemente: Sie bilden ein Gerüst für die Gewölbekappen und leiten den Schub ab.

Zwerggalerie, Dom, Piacenza
Ein kleiner Laufgang schmückt diese Kirche in der Emilia-Romagna. Die so genannte Zwerggalerie ist für lombardische und rheinische Kirchen typisch.

Apsis, S. Michele, Pavia
Die Mehrzahl der italienischen Kirchen schließen am Chor mit einer halbrunden Apsis ab, die am Außenbau deutlich hervortritt. Ihr Schmuck fällt oft eher konservativ aus, besonders im Vergleich mit dem reichen Ornamentalschmuck der Westfassade, wo sich der Haupteingang befindet. Als Schaufassade war diese besonders repräsentativ ausgestaltet.

Längsschnitt, S. Michele, Pavia (1155 geweiht)
Trotz des dreizonigen Wandaufbaus aus Bogenstellung, Empore und Obergaden ist die Raumwirkung hier eher schwer und gedrungen, ganz anders als bei den gleichzeitig errichteten französischen Kirchen. S. Michele verfügt ebenfalls über einen erhöhten Chor und über eine Hallenkrypta. Ein steiles überkuppeltes Oktogon thront über der Vierung.

Radfenster, S. Maria del Carmine, Toscanella
Rundfenster mit speichenförmig angeordneten Stäben nennt man Radfenster. Sie charakterisieren oft die Fassaden italienischer Kirchen des 12. und frühen 13. Jh. Das kunstvoll gearbeitete, sehr dekorative Radfenster ist ein Vorläufer der späteren gotischen Fensterrose. Oft wird es von weiteren Fenstern begleitet.

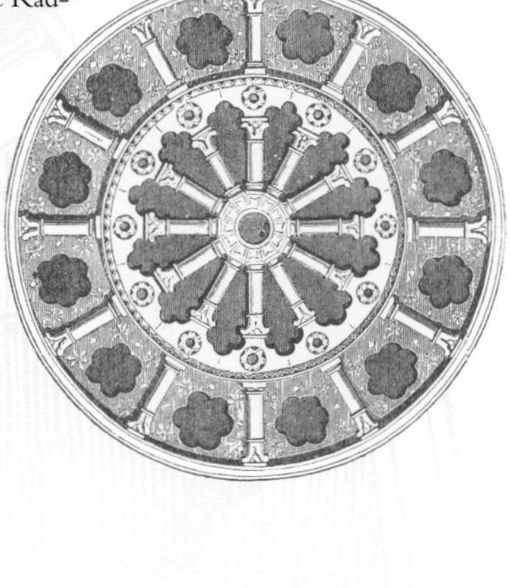

Campanile, S. Maria in Cosmedin, Rom
Die italienischen Kirchen zeichnen sich durch einen frei stehenden Campanile aus, oft auf quadratischem Grundriss. Die Abbildung zeigt einen römischen Glockenturm, der schwerer und gedrungener ausfällt als sein lombardisches Gegenstück: Er ist 34 m hoch; die Seitenlänge beträgt 4,5 m. Charakteristisch ist die mehrgeschossige, dreiteilige Bogengliederung.

Romanik

Die Romanik in Italien: lokale Stilvarianten

Die Lombardei in Norditalien nahm am schnellsten deutsche und französische Bauvorstellungen auf. Den Außenbau ihrer breiten, gewölbten Kirchenräume bestimmen hoch aufragende Glockentürme. In Rom war die Bautätigkeit allerdings begrenzt, da dort bereits viele Kirchen aus frühchristlicher Zeit existierten. Dafür entwickelten die drei toskanischen Städte Florenz, Lucca und Pisa eigene kunstvolle Dekormotive – Marmorinkrustationen sowie Mosaiken nach byzantinischem Vorbild – und vereinten diese mit spätantik-römischen Grundrissformen. Einen Höhepunkt dieser Entwicklung stellt der Platz der Wunder in Pisa dar, wo Dom, Campanile (Glockenturm), Baptisterium (Taufkirche) und Camposanto (Friedhof) ein monumentales Ensemble bilden.

Tor, Palazzo della Ragione, Mantua
Rundbögen, Arkaden und Nischen zeichnen Profan- wie Sakralbauten jener Epoche aus. Es gab keine klare Trennung für den Dekor von Kirchen und öffentlichen Bauten, wie etwa ein Tor.

Blendfassade
Blendfassaden am Westabschluss sind typisch für norditalienische Kirchen des 12. und frühen 13. Jh. Sie ragten hoch über dem Langhaus auf und wurden reich mit Rundbogenfriesen, Zwerggalerien, Baldachinportalen oder dekorativen Radfenstern geschmückt.

Kapitelle, S. Maria del Carmine, Toscanella
Die Dekormotive der Romanik ahmten oft antike Vorbilder nach und wandelten sie ab. Sehr beliebt waren beispielsweise Palmetten. Hier treten sie an einem Kapitell aus dem 13. Jh. auf, inspiriert von den korinthischen Kapitellen der griechischen und römischen Antike.

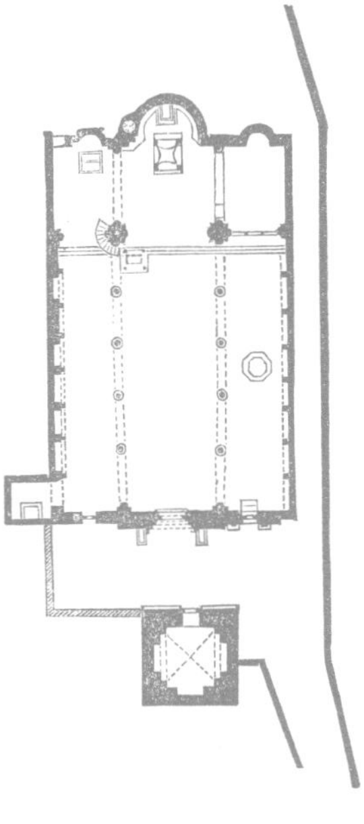

Grundriss, S. Maria, del Carmine, Toscanella (frühes 13. Jh.)
Vor der Fassade dieser Basilika steht ein Campanile. Glockentürme gab es in verschiedensten Formen. Der früheste bekannte Campanile stand im 8. Jh. in Rom und erhob sich auf quadratischem Grundriss. Auch der Rundturm war gebräuchlich – das bekannteste Beispiel dafür ist der Schiefe Turm von Pisa, der als Glockenturm diente.

Einlegearbeiten, S. Paolo fuori le mura

Mosaiken und Inkrustationen schmücken romanische Kirchen in Rom, Venedig und Unteritalien. In der Regel wurden ornamentale Muster bevorzugt, obwohl ebenfalls figürliche Motive auftraten. Dieses Beispiel aus dem frühen 13. Jh. ist meisterhaft gestaltet und wirkt wie eine kostbare Arbeit aus eingefassten Edelsteinen.

Säulen, S. Paolo fuori le mura, Rom

Typisch für die Romanik sind originelle Säulenformen, wie hier im Kreuzgang von S. Paolo fuori le mura aus dem frühen 13. Jh. Neben kannelierten Säulen mit antikisierenden Kapitellen sieht man Schlangensäulen sowie mit wechselnden Mustern dekorierte Säulen. Sie weisen reiche Cosmatenarbeiten auf, benannt nach einer in Rom vom 12. bis 14. Jh. tätigen Gruppe von Künstlern, die Fußböden, Kanzeln und Chorschranken mit Einlegearbeiten aus Marmor und farbiger Glaspaste schmückten.

Kreuzförmiger Grundriss, Dom, Pisa (1063–1118)

Der traditionelle kreuzförmige Grundriss wurde gelegentlich in Italien abgewandelt. Bei dem Dom von Pisa schließt das Querhaus an beiden Enden mit einer halbrunden Apsis ab. Das Langhaus ist fünfschiffig, ebenso wie der Chorraum. Die Vierung bekrönt eine elliptische Kuppel nach byzantinischem Vorbild.

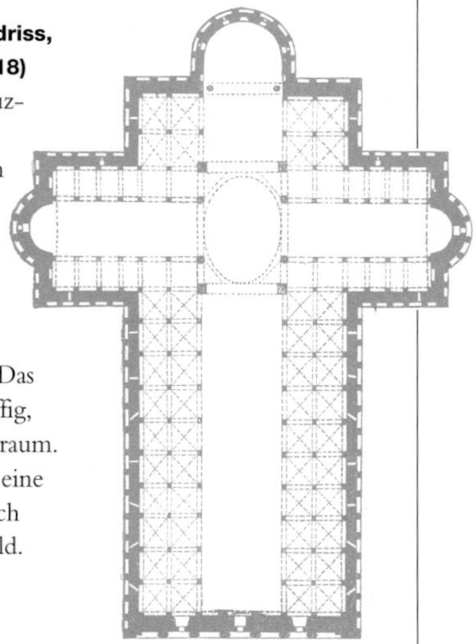

Fassadengliederung, Dom, Pisa

Die Westfassade des Doms von Pisa ist reich gegliedert mit viergeschossigen Arkadenfolgen. Typisch pisanisch sind ebenfalls die gleichmäßig verteilten, hellen und dunklen Marmorstreifen. Die reiche Ornamentierung, die Leichtigkeit und dennoch Stringenz vermittelt, wirkte in Unteritalien und im restlichen Europa stilbildend.

Westfassade, S. Zeno Maggiore, Verona (ab 1118)

Typisch für das 12. Jh. sind das Portal rahmende Säulen, die von skulptierten Tieren getragen und durch einen Baldachin ergänzt werden. Eines der schönsten Beispiele stellt die Westfassade von S. Zeno Maggiore in Verona, Venetien, dar: Dort ruhen die Säulen des Baldachinportals auf Löwen. Die Querbalken schmücken Monatsbilder. Auf dem Tympanon – dem Bogenfeld über dem Portal – überreicht der heilige Zeno das Banner der freien Stadtkommune an Reiter und Fußvolk von Verona, der Fries darunter schildert die Wundertaten des Heiligen.

Gotik *Mitte 12. Jh.–um 1530*

Frankreich: Frühgotik

Spitzbogen, Kreuzrippengewölbe und Strebepfeiler, wie sie für die Gotik typisch sind, treten alle schon bei romanischen Bauten auf. Doch erst als sie gegen Mitte des 12. Jh. in Frankreich konsequent gemeinsam eingesetzt wurden, entstand ein neuer Architekturstil, der ganz Europa für die nächsten 350 Jahre prägen sollte. Das Streben in die Höhe (Vertikalismus), die Reduktion der Wandflächen im Skelettbau und durch farbige Glasfenster gefiltertes Licht waren seine Charakteristika. Die Baumeister verfeinerten sie und entwickelten sie stetig weiter. Der Skulpturenschmuck folgte zunächst romanischen Vorbildern, fand aber bald zu bewegteren Ausdrucksformen. Im 13. Jh. war die Formensprache der Gotik vollkommen entwickelt.

Westfassade, Kathedrale, Chartres
Diese berühmte Kathedrale der Île-de-France, errichtet zwischen 1194 und 1225, weist eine Zweiturmfassade mit Fensterrose auf. So eine Kombination hatte es erstmals in den 1140er-Jahren in St.-Denis gegeben. Später wurde diese Fassadenlösung für viele Kathedralen zum Vorbild.

Spitzbogen, Klosterkiche, Pontigny
Der Spitzbogen beherrscht den Chor dieser burgundischen Klosterkirche. Er erlaubt eine größere Höhe als der Rundbogen und eignet sich für quadratische ebenso wie rechteckige Joche, gestattet also größere planerische Freiheit.

Kreuzrippengewölbe, Kathedrale, Auxerre (13. Jh.)
Bei Kreuzrippengewölben, wie diesem in Burgund, errichtete man erst die Rippen und füllte dann die Zwischenräume auf. Somit verkürzte sich die Bauzeit, das Gewölbe war zudem stabiler.

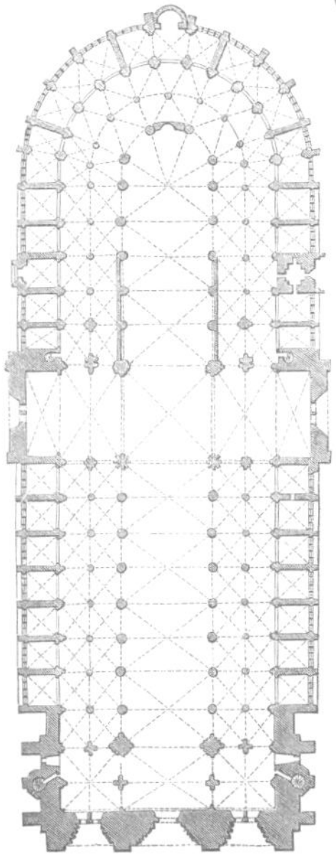

Grundriss, Notre-Dame, Paris
Den querrechteckigen Jochen im Mittelschiff entsprechen quadratische Joche in den Seitenschiffen. Die schnelle Staffelung betont die Längsrichtung.

Wandaufriss, Notre-Dame
Die Rundpfeiler der Arkaden sind noch ausgesprochen wuchtig, doch die Geschosse darüber wirken leicht und streben lichtdurchflutet in die Höhe.

Skulpturenschmuck, Kathedrale, Rouen
Die Strebepfeiler wurden zunehmend aufwändiger ausgeschmückt. Diese Figur unter einem Fialenbaldachin bekrönt einen Strebepfeiler.

Strebewerk, Kathedrale, Chartres
Das Strebewerk leitet den seitwärts wirkenden Schub ab und entlastet somit das Mauerwerk. Folglich können die Mauern immer dünner ausfallen, die Fenster immer größer.

Fenstermaßwerk, Kathedrale, Bayeux
Dieses Fenster einer normannischen Kathedrale wurde durch mehrere schlanke Stäbe gegliedert, nicht mehr durch kräftige Säulen. Das Bogenfeld ziert Maßwerk.

Lanzettfenster, St.-Martin des Champs, Paris
Die frühgotischen Fenster sind gleichsam aus der massiven Wand ausgeschnitten. Hier schließen sich zwei Lanzettfenster und ein Rundfenster mit Achtpass zu einer Gruppe zusammen. Später sollte dies zu in der Bogenspitze kleinteiligen, feinen Maßwerkformen inspirieren.

Rosenfenster, Kathedrale, Chartres
An der West- und den Querhausfassaden der französischen Kathedralen befindet sich oft eine große, dekorative Fensterrose. Entwickelt hat sie sich aus dem romanischen Radfenster.

Kapitellschmuck, Kathedrale, Reims
Die Gestaltung der Reimser Blattkapitelle orientierte sich an antiken Vorbildern, deutete diese aber vegetabilisch um. Im Gegensatz zur Antike ist hier jedes Kapitell anders und mit freien Blattformen gestaltet – ihre Formenvielfalt ist verblüffend.

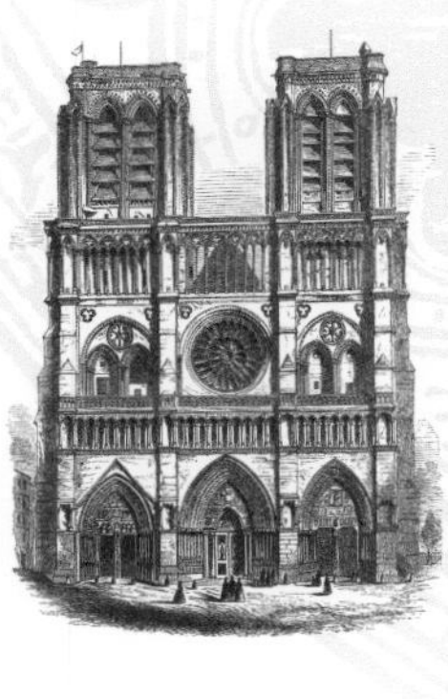

Westfassade, Notre-Dame
Die Doppelturmfassade mit Rosenfenster von Notre-Dame, im frühen 13. Jh. errichtet und Inbegriff französischer Kathedralgotik, wirkt insgesamt einheitlicher als diejenige von Chartres *(siehe linke Seite)*, obwohl dieselben Bauelemente eingesetzt wurden.

Gotik

Frankreich: Style rayonnant und Style flamboyant

In Frankreich unterscheidet man zwei auf die Frühgotik folgende Perioden. Benannt sind sie nach den für sie typischen Formen des Maßwerks: Der Style rayonnant („strahlenförmig“, ab etwa 1270) zeichnet sich durch strahlenartige Muster aus, während den Style flamboyant („flammend“, ab etwa 1370) flammenähnlich in die Länge gezogene Ornamentmotive charakterisieren. Grundsätzlich erreichte der Style rayonnant eine größere Höhe – im Chor der Kathedrale von Beauvais betrug die Scheitelhöhe 48 m. Auch gestaltete sich die Auflösung der Wandmasse zugunsten großer Fensterflächen immer kühner, bis an die Grenzen des statisch Möglichen. Der Style flamboyant, der bis zum frühen 16. Jh. verwendet wurde, steigerte Dichte und Reichtum des Baudekors.

Portal, Style flamboyant, Kathedrale, Troyes
Die aus dem 16. Jh. stammende Westfassade der Kathedrale von Troyes in der Champagne weist üppig den Baukörper überwuchernde Verzierungen des Style flamboyant auf. Tatsächlich fallen sie hier schwerer und überladener aus als bei allen Vorgängerbauten in Frankreich und als bei Werken des zeitgleichen Pendants im englischen Perpendicular Style.

Maßwerk, St.-Ouen, Rouen
Mit ihren Strahlen innen und den umgebenden Flammenformen steht diese Fensterrose am Westfenster von St. Ouen für den Übergang zum Style flamboyant.

Blendmasswerk, Kathedrale, Beauvais
Das im Style flamboyant gehaltene Querschiffportal dieser Kathedrale in der Picardie ist überreich ausgeschmückt, vor allem mit Blendmaßwerk. Es ist auf die geschlossene Wand aufgelegt und nicht durchbrochen gearbeitet.

Durchbrochener Vierungsturm, St.-Ouen
Eine Entwicklung des Style rayonnant ist der durchbrochene Vierungsturm, durch den Licht von oben in den Innenraum fällt, hier bei St.-Ouen in Rouen in der Normandie. Sowohl auf die Mauerfläche appliziertes Blendmaßwerk als auch Schleierwerk, frei stehendes Stab- und Maßwerk, schmücken ihn.

Fenster des Style flamboyant, St.-Germain, Pont-Audemer
Die Ornamentformen des Flamboyant-Maßwerks, sind bei diesem Fenster deutlich ausgeprägt. Der Style flamboyant ist viel freier gestaltet als der vorausgehende Style rayonnant und der zeitgleiche Decorated Style in England. Es mangelt ihm aber an deren Kohäsion. Dennoch mögen sich Style flamboyant und *curvilinear tracery* gegenseitig beeinflusst haben.

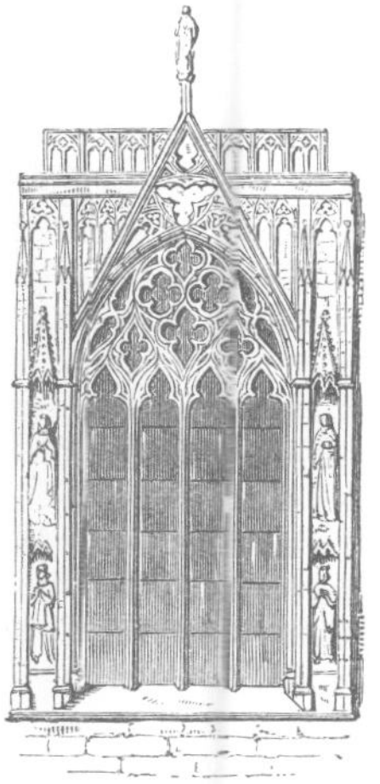

Fenster des Style rayonnant, Kathedrale, Chartres
Das Maßwerk dieses später gestalteten Fensters der Kathedrale von Chartres wirkt insgesamt noch kontrolliert und geometrisch gearbeitet, weist aber schon reichere Formen auf. Die zierlichen Fenster des Style rayonnant zeichnen sich durch die Betonung der Vertikalen aus.

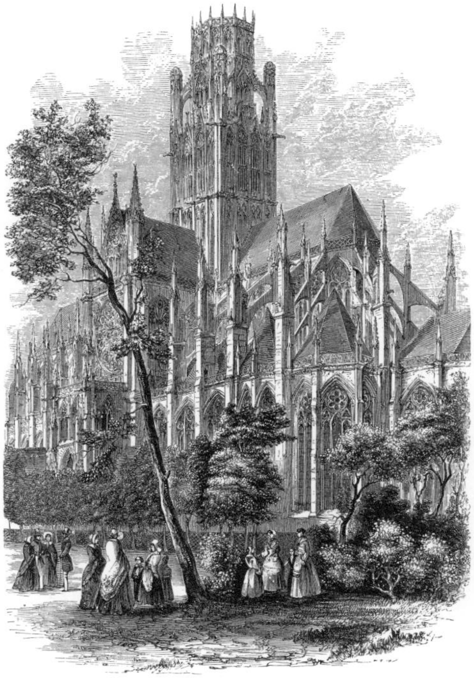

Chor des Style rayonnant, St.-Ouen
St.-Ouen in Rouen, mit dessen Bau 1318 begonnen wurde, strebt himmelwärts. Jede Chorkapelle trägt ihr eigenes Dach, sodass möglichst viel Fensterfläche erhalten bleibt. Die Bogenspitzen der Fenster zeigen das typische Maßwerk des Style rayonnant.

Lettner, Ste.-Madeleine, Troyes
Dies ist einer der wenigen erhaltenen Lettner, eine halbhohe Scheidewand zwischen Chor und Mittelschiff. Vom Lettner wurde das Evangelium verlesen, er diente zugleich als Sängerbühne.

Gotik

Frankreich: Profan- und Wohnbau

Während der Gotik entstanden in Frankreich zahlreiche befestigte Städte, Burgen, Paläste und öffentliche Bauten, von denen hervorragende Beispiele erhalten sind. Die Form dieser Bauten orientierte sich in der Regel an ihrer Funktion. Wie bei den Kirchen konzentrierte sich der Schmuck des Außenbaus hauptsächlich auf Portale und Fenster. Zudem widmeten die Baumeister von Palästen den Treppentürmen große Aufmerksamkeit, da sie oft den Haupteingang und damit ein repräsentatives Bauglied darstellten. Meist traten sie aus dem Baukörper hervor. Im Gegensatz zu England waren die mittelalterlichen französischen Wohnbauten nicht um eine große zentrale Halle angeordnet.

Fenster
Diese Fenster aus dem 13. Jh. an einem Haus in Beauvais in der Picardie wurden in derselben Weise verziert wie ein Kirchenbau. Doch hier gruppieren sie sich unmittelbar nebeneinander.

Portal, Palais Ducal, Nancy (Anfang 16. Jh.)
Das Portal der Herzogsresidenz von Nancy in Lothringen ist überreich im Style flamboyant ausgeschmückt. Doch neben spätgotischen Fischblasenmotiven und naturalistischem Blattwerk weist es bereits erste Renaissance-Elemente auf. Das gilt besonders für den Ziergiebel mit der charakteristischen Muschel, den Pilastern und Porträts.

Hierarchische Gewölbe, Hôtel de Ville, Dreux (1516 begonnen)
Dieser Bau der französischen Spätgotik ist besonders elegant gestaltet. Das Gewölbe im zweiten Geschoss ist kunstvoller als das im Erdgeschoss: Diese Unterscheidung verweist auf die Wichtigkeit der jeweiligen Räumlichkeit.

Fassade eines Stadtpalastes
Arkaden sowie zwei Fensterreihen gliedern die drei Geschosse dieses Stadtpalastes. Skulptierte Streifen verstärken die Betonung der Horizontalen.

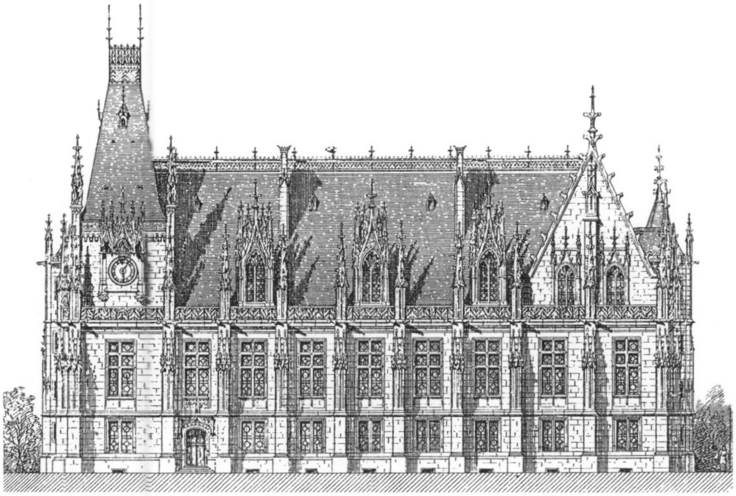

Château de Coulaine (15. Jh.)
So wie beim Stadtpalast von Jacques Cœur bestimmt auch bei diesem Schloss in der Nähe von Chinon der Treppenturm die Gesamtwirkung. Die Ecktürmchen wurden formal aus der Wehrbauarchitektur entlehnt, haben aber keinen praktischen Nutzen mehr.

Kommunalbau: Justizpalast, Rouen (1499 begonnen)
Bei diesem im Style flamboyant errichteten Kommunalbau lässt sich die profane Bestimmung nicht eindeutig am Außenbau ablesen, wie es für die Zeit typisch ist. Er ist reich geschmückt mit standardisierten Zierformen und wirkt äußerst eindrucksvoll.

Treppenturm, Hôtel Jacques-Cœur, Bourges (15. Jh.)
Die Bedeutung des Haupttreppenturms wird an diesem Wohnpalast eines bürgerlichen Kaufmannes in Bourges im Berry deutlich: Der Turm tritt polygonal aus der Hoffassade hervor und ist in allen Stockwerken aufwändig dekoriert. Genau gegenüber liegt das Eingangsportal.

Schloss: Château de Mehun-sur-Yèvre (spätes 14. Jh.)
Diese Rekonstruktion eines Schlosses bei Bourges stützt sich auf eine Darstellung in dem berühmten Stundenbuch »Les très riches heures du Duc de Berry«. Es weist die typische Vieltürmigkeit französischer Schlösser auf. Der Bauschmuck konzentriert sich oberhalb der Wehrmauern: die Turmaufsätze haben spitze Helmdächer, Ziergiebel und Fenster.

Gotik

England: Außenbau im Stil des Early English

Im frühen 19. Jh. unterteilte der Architekt Thomas Rickman die englische Gotik in drei verschiedene Perioden: Early English, Decorated Style und Perpendicular Style. Die gotischen Bauvorstellungen hatte der französische Baumeister Wilhelm von Sens in England eingeführt, als er ab 1175 den Chor der Kathedrale von Canterbury neu errichtete. Rasch fanden sie Verbreitung. Doch die Bauten im Stil des Early English (um 1175–um 1270) wandelten schon bald Grundriss und Details ihrer französischen Vorbilder um: Charakteristisch sind etwa eine stärkere Betonung der Horizontalen sowie ein deutlicheres Absetzen der Bauteile gegeneinander.

Lanzettfenster, Oundle
Fünf gereihte Lanzettfenster, wie hier bei der Kirche von Oundle in Northamptonshire, sind eine Besonderheit der englischen Frühgotik. Die Bogenspitze der Fenster füllt noch kein Maßwerk aus und das Mauerwerk zwischen ihnen ist so schmal, dass es fast dem Stabwerk gleichkommt und damit bereits den Decorated Style ankündigt. Über der Fenstergruppe spannt sich eine spitzbogige Traufleiste.

Bestandteile, Münster, Beverley (frühes 13. Jh.)
Hohe schlanke Fenster, die so genannten Lanzettfenster, ein Portal mit eingestelltem Pfeiler und einem Vierpassmotiv im Bogenfeld darüber, kräftige Strebepfeiler sowie Rundfenster machen eine typische Fassade im Stil des Early English aus. Hier treten alle diese Merkmale gemeinsam auf.

Zwei Querschiffe, Kathedrale, Salisbury (1220 begonnen)
Abgesehen vom Vierungsturm aus dem 14. Jh. zeigt sich die Kathedrale von Salisbury in Wiltshire dem Stil des Early English verpflichtet. Im Gegensatz zu ihren Pendants auf dem Kontinent verfügen die englischen Kirchen über ein weit ausladendes Querschiff, manchmal auch zwei.

Portal, Great Milton
Viele Portale des Early English, wie dieses in Oxfordshire, sind spitzbogig geschlossen. Ihre Wände sind schräg in die Mauern geschnitten und mit Säulen geschmückt, aber nicht mit Gewändefiguren wie auf dem Kontinent.

Strebewerk, Westminster Abbey
Der frei stehende Strebepfeiler ist in für das Early English charakteristischer Weise zurückhaltend dekoriert. Die Aufsätze tragen ein Helmdach und stellen eine Frühform der späteren Fialen (Ziertürmchen) dar.

Early-English-Ornamentierung, Warmington
Die Ornamentierung ist insgesamt zurückhaltend, wie hier in Warmington in Northamptonshire. Der Strebepfeiler ist abgeschrägt (abgefast), die gekehlte Fase schmückt ein hübsches Blattrelief.

Strebepfeiler, Ensham
Der mit der Mauerfläche verbundene Strebepfeiler in Ensham in Oxfordshire ist ebenso breit wie tief. Er endet in einer steil abgeschrägten Spitze – typisch für das Early English.

Gotik

England: Innenraum im Stil des Early English

Im Gegensatz zu Frankreich verfügen die englischen Bauten über breitere Joche und haben eine eher horizontale Raumwirkung. Die gewaltige Längenausdehnung der großen Kathedralen und Kirchen lenkte das Auge des Betrachters nicht nach oben, sondern in die Tiefe des Raumes zum Chor. Das Gebäude wurde nicht als Einheitsraum begriffen, was der Grundriss und die Ausschmückung der verschiedenen Bauteile erkennen lassen. Der Dekor besteht größtenteils aus zahlreichen Ziersäulchen, oft aus Purbeck-Marmor oder einem anderen wertvollen Stein sowie aus reich durchgestalteten Profilen. Die dekorativen Rippenmuster der Gewölbe und die Flächenornamentierung in der Spätzeit des Early English bereiteten den Decorated Style vor.

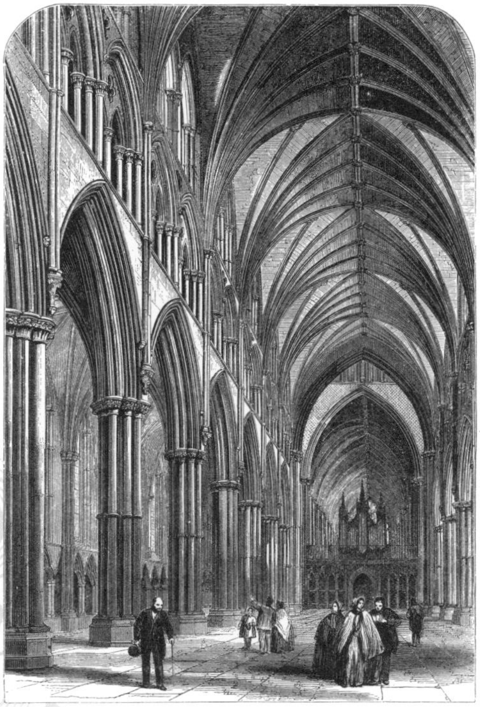

Betonung der Horizontalen, Kathedrale, Lincoln
Die Kathedrale von Lincoln (1192 begonnen) gilt als Hauptwerk des Early English. Durch die breiten Joche, das Fehlen durchgehender Dienste und die sich durch das Langhaus fortsetzende Scheitelrippe entsteht eine horizontale Raumwirkung.

Wandaufbau, Kathedrale, Lincoln
Alles wirkt breit am Mittelschiffjoch der Kathedrale von Lincoln. Der Wandaufbau umfasst Arkaden, Triforium (Laufgang) und Obergaden.

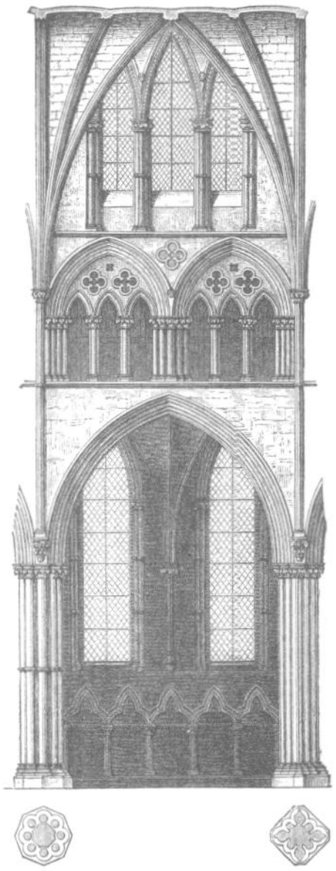

Kapitellschmuck, Kathedrale, Lincoln
Im nördlichen Querschiff der Kathedrale von Lincoln befinden sich typisch englische Tellerkapitelle. Hier sind sie zurückhaltend mit plastischem Blattschmuck verziert, doch es gab auch schmucklose Varianten.

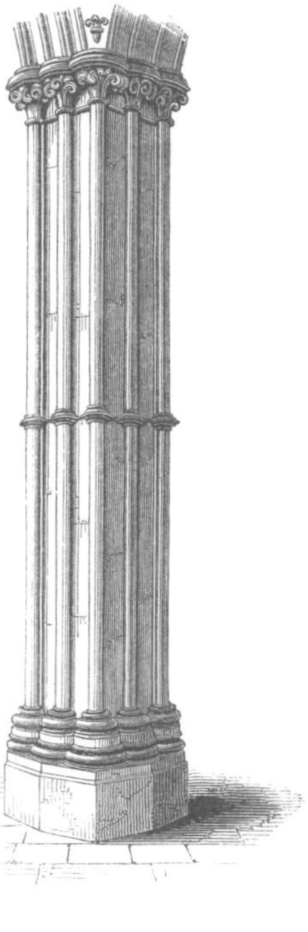

Ziersäulchen, Kathedrale, Lincoln
Den Pfeilern im Stil des Early English wurden oft mehrere schlanke Säulchen mit Schaftring (Wirtel) vorgelegt. Sie bestehen meist aus schwarzem Purbeck-Marmor und tragen charakteristische Tellerkapitelle.

Hundszahn
Das Hundszahn-Ornament des Early English kann verschiedene Ausprägungen annehmen. Hier sieht man es als vierblättrige Blüte mit Mittelspitze.

Blendarkaden, Münster, Beverley
Vorgelegte Blendarkaden dienten häufig als Wandschmuck. Hier wurden Arkaden mit Kleeblattbogen, die eine Treppe abtrennen, als Blendarkade weitergeführt. Die Säulenschäfte bestehen aus Purbeck-Marmor, Hundszahn-Ornamente schmücken die Archivolten.

Mittelschiffarkade, Westminster Abbey
Unter dem Einfluss der französischen Gotik wurden die Joche schmaler, das Mittelschiff höher und schmaler. Die Dienste bestehen aus Purbeck-Marmor und tragen schmucklose Kapitelle, die Wandfläche ist mit *diaper work (siehe unten)* verziert.

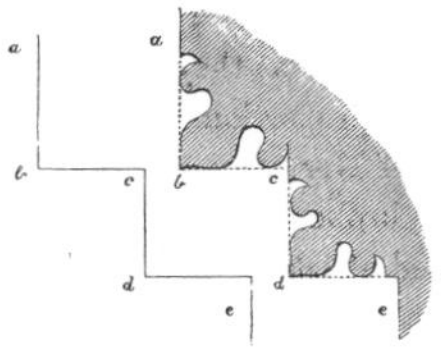

Gewölberippen
Das Profil von Gewölberippen ist in der Regel tief eingeschnitten und besteht aus einer Folge konkaver und konvexer Formen. Dieses Beispiel aus Shere in Surrey zeigt mehrere scharfkantige große Birnstäbe und kleine S-förmige Stäbe, getrennt durch Hohlkehlen.

Diaper work
Während dieser Periode und in der folgenden wurden ganze Wandflächen mit einem dichten Rapportmuster aus reliefierten Blüten bedeckt, dem *diaper work*.

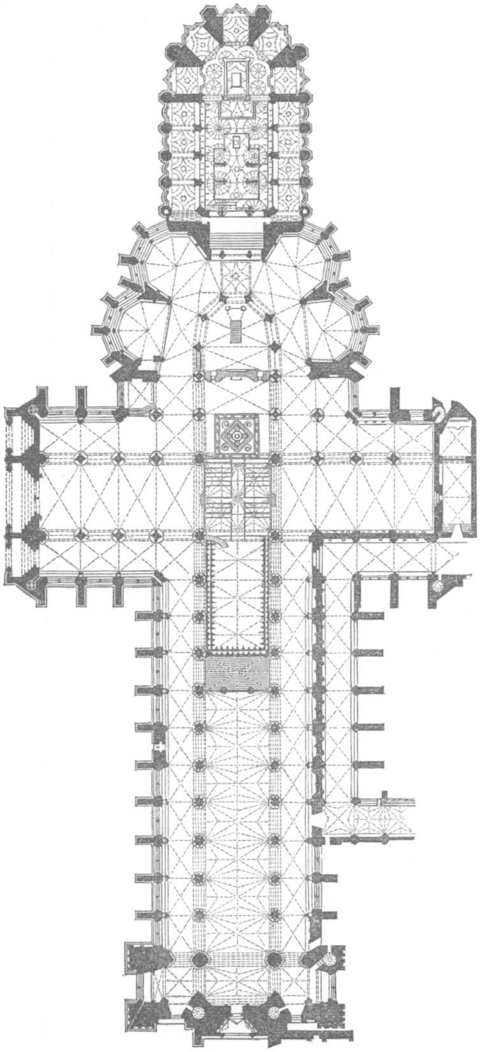

Grundriss, Westminster Abbey
Westminster Abbey ist französisch beeinflusst, was der Kapellenkranz am Chor beweist, der in England ansonsten sehr selten auftritt. Zu den dennoch vorhandenen typisch englischen Merkmalen zählen das weit ausladende Querschiff und die starke Betonung der Längsrichtung. Ursprünglich schloss sich im Osten eine *Lady Chapel* an den Chor an: Heute erhebt sich an ihrer Stelle die Kapelle Heinrichs VII. (1503–1519). Im Süden gliedert sich der Kreuzgang an; nicht abgebildet sind das Kapitelhaus und die weiteren Klostergebäude.

Gotik

England: Fassadenschmuck des Decorated Style

Der Decorated Style beherrschte die englische Baukunst von etwa 1270 bis etwa 1350. Insbesondere zeichnete er sich durch eine üppige Dekoration aus. Seine Schmuckelemente fanden bei einer großen Vielfalt an Bautypen Anwendung. Einige Bauten zeichneten sich durch Höhenstreckung und große Fensterflächen aus, andere hingegen erwiesen sich durch ihre gedrungenen Proportionen als eher mit dem Early English verwandt. Auch das Maßwerk war ausgesprochen vielfältig. So untergliederten kunstvolle geometrische, netzartige und figürliche Muster die Fenster in zahlreiche Bestandteile.

Turm, Bloxham
Der Turm der Kirche von Bloxham in Oxfordshire weist zahlreiche typische Merkmale des Decorated Style auf, darunter ein steil aufragendes, spitzes Helmdach, diagonal vor die Ecken gelegte Strebepfeiler und reiches Reliefdekor.

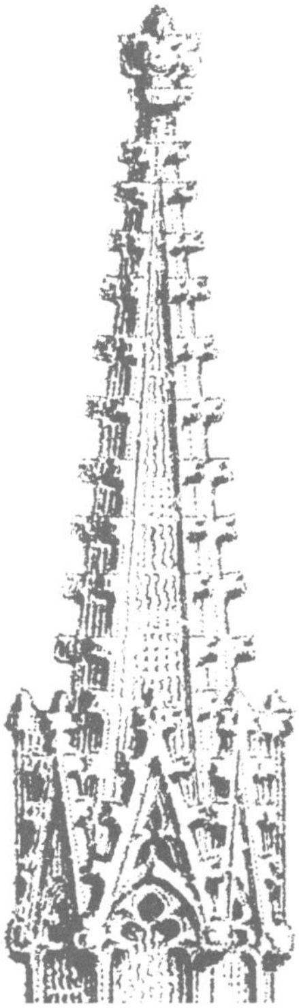

Fiale mit Krabben, Bloxham
Die Strebepfeiler sind höher als die des Early English und werden von Ziertürmchen (Fialen) bekrönt, die mit blattähnlichen Ornamenten besetzt sind, den Krabben (*siehe rechte Seite*).

Konsolgesims, Bloxham
Eine Reihe vorkragender Steine, die ein Gesims tragen, nennt man Konsolgesims. Hier sind die Konsolen als Gesichter ausgebildet, begleitet von reich ausgebildetem, auf die Mauer appliziertem Blendmaßwerk. Dieses Konsolgesims grenzt Turm und Helmdach gegeneinander ab.

Eleanor Cross, Northampton
Der voll ausgebildete Decorated Style erschien früh auf einigen Denkmälern, darunter diesem in Northampton, das in den 1290er-Jahren zum Gedenken an Eleanor von Kastilien, die Gemahlin Edwards I., errichtet wurde.

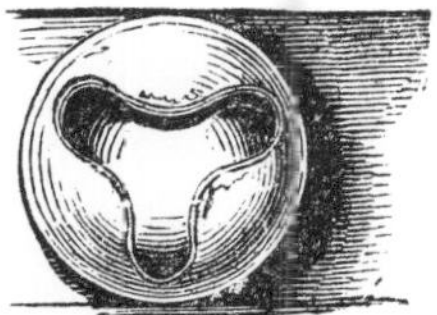

Ballflower-Ornament, Bampton
Das *ballflower*-Ornament (*oben*) charakterisiert den Decorated Style. Es wird meist in Reihung eingesetzt wie hier am Westportal in Bampton (*rechts*). Normalerweise fallen die Portale schmuckloser und weniger tief aus als beim Early English.

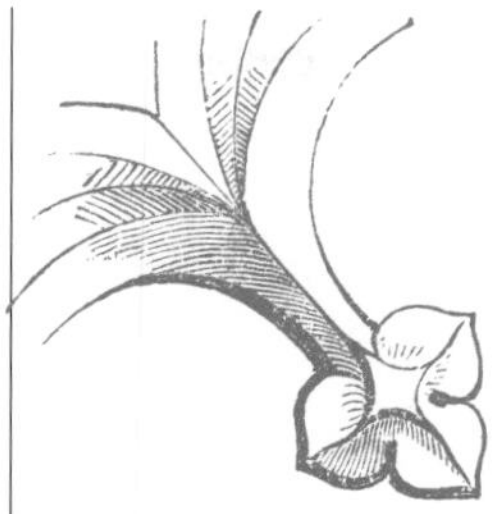

Nasen, Kathedrale, Lincoln
Vorspringende Spitzen (Nasen) entwickelten sich zu einem Charakteristikum des Decorated Style. Sie wurden eingesetzt, um abwechslungsreiche Maßwerkformen zu gestalten, hier am Lettner der Kathedrale von Lincoln.

Krabbe
Plastisch ausgearbeitete blumen- oder blattähnliche Ornamente schmückten in Reihung die schräg ansteigenden Kanten von Turmdächern, Fialen und anderen Bauteilen.

Curvilinear tracery, St. Mary, Cheltenham
Mit *curvilinear* oder *flowing tracery* bezeichnet man Maßwerk mit abwechslungsreich geschwungenen Formen, das zahlreiche vorspringende Spitzen (Nasen) ausbildet, wie dieses schöne Rosenfenster.

Flowing tracery, Irthlingborough
In der Spätzeit des Decorated Style entwickelte das Maßwerk im Bogenfeld flammenartige Muster mit fischblasenähnlichen Ornamenten. Das Stabwerk endet in Kielbögen, die deutliche Nasen aufweisen.

Geometrical tracery, Raunds
Im späten 13. Jh. wurden die in die Fenster eingestellten Säulen in schlanke Stäbe verwandelt, daher die Bezeichnung Stabwerk. Das Maßwerk in der Bogenspitze bildete geometrische Formen aus, wie bei diesem Fenster in Northamptonshire.

Dreipässe, Dover
Pass nennt man ein aus Dreiviertelkreisen zusammengesetztes Ornament. Je nach Anzahl der Kreisteile unterscheidet man Dreipass, Vierpass usw. Das Maßwerk dieses Dreiecksfensters in Dover in Kent besteht aus drei Dreipässen. Im 14. Jh. verschliff man die einzelnen Bestandteile des Maßwerks zu netzartigen Mustern.

Gotik

England: Innenräume des Decorated Style

Der S-förmig geschwungene Kielbogen ist eines der charakteristischsten, vom Decorated Style entwickelten Gestaltungselemente. Er tritt in Innenräumen ebenso wie am Außenbau auf, allerdings häufiger innen. Die Kielbögen wurden der Wand vorgeblendet, manchmal kragen sie auch baldachinartig vor, etwa bei der *Lady Chapel* der Kathedrale von Ely in Cambridgeshire. Die Gewölbeformen entwickelten sich weit über das statisch Notwendige hinaus und führten komplexe Dekormuster aus zahlreichen Nebenrippen ein. Das Laubwerk, beispielsweise auf den Kapitellen, gestaltete sich naturalistischer, feinteiliger und weniger stilisiert als beim Early English. Insgesamt nahm der Bauschmuck zu.

Früher Decorated Style, Kathedrale, Lichfield
Geometrical tracery kennzeichnet das Mittelschiff der Kathedrale von Lichfield (um 1260–1280) in Staffordshire. Die mächtigen Bündelpfeiler besitzen einen rautenförmigen Querschnitt.

Kapitelhaus, Kathedrale, Wells
Eine Sonderentwicklung der englischen Gotik ist das Kapitelhaus auf polygonalem Grundriss, das als Versammlungssaal der Geistlichen diente. Das Kapitelhaus von Wells aus dem frühen 14. Jh. hat ein Schirmgewölbe mit 36 Rippen, die von einem Mittelpfeiler getragen werden.

Vierblattblume, Kathedrale, Ely
Die Bögen der Kathedrale von Ely aus dem frühen 14. Jh. und die Wandflächen darüber sind vielfältig verziert. Auf den Archivolten sitzen u.a. Vierblattblumen. Dies ist typisch für den Decorated und den Perpendicular Style.

Gerader Chorabschluss, Holy Trinity, Kingston-upon-Hull
Der Obstabschluss englischer Kirchen und Kathedralen ist im Gegensatz zum Kontinent meist gerade: Auf diese Weise kommt das Ostfenster gut zur Geltung. Die Abbildung zeigt ein mit Stabwerk und *flowing tracery* geschmücktes großes Chorfenster.

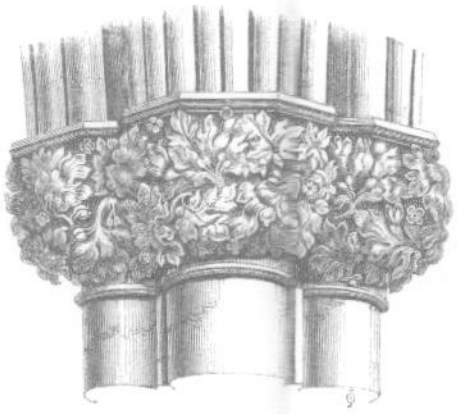

Laubkapitell, Kathedrale, York
Das Laubwerk war meist eine Imitation heimischer Pflanzen, wie dieses Beispiel zeigt. Allerdings waren auch die stilisierten Blattformen des Early English weiterhin in Gebrauch.

Grabschmuck, Kathedrale, Gloucester
Grabmale mit einer steinernen Liegefigur sind häufig in Kirchen des Decorated Style anzutreffen. Wie alle bedeutenden mittelalterlichen Grabmäler ist das hier abgebildete Grab von Edward II. im Stil der Zeit gehalten und u.a. mit Kielbögen, Schleierwerk (frei stehendem Maßwerk) und Fialen geschmückt.

Wandnische, Stanton St. John's
Ein kühner Kielbogen mit kunstvollen Nasen und Krabbenbesatz ist der Wand dieser Kirche in Oxfordshire vorgeblendet. Dieses *Easter sepulchre* symbolisiert das leere Grab Jesu.

Levitenstuhl, Grafton Underwood
Dreisitze oder Levitenstühle wurden meist als Nische in die Südseite des Chores eingetieft. Darauf konnten sich Priester und Diakone ausruhen. Oft befindet sich in ihrer Nähe eine Piscina, ein Steinbassin mit Ablauf zum Waschen des liturgischen Geräts.

Grundriss, St. Stephen's Chapel, Westminster
Dieser nicht erhaltene einschiffige, großzügig mit Fenstern versehene Bau wurde 1298–1348 errichtet und rivalisierte mit der Ste.-Chapelle in Paris. Er galt als wegweisend für einige bedeutende Bauwerke des Perpendicular Style.

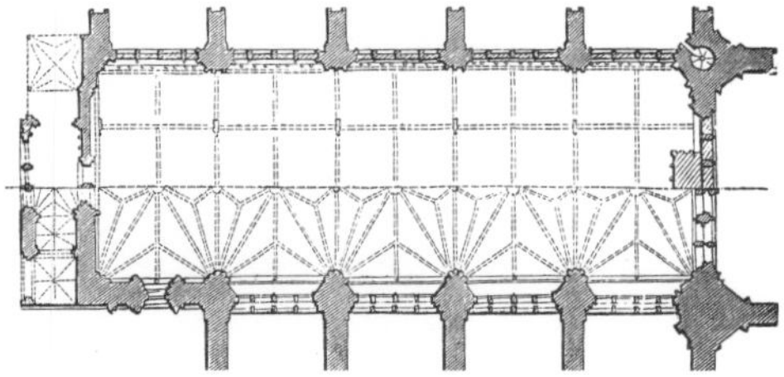

Dachstuhl, Polebrook
Wenn sie nicht eingewölbt wurden, trugen Kirchen einen mächtigen offenen Dachstuhl. Dieser in Northamptonshire ist relativ schmucklos andere Dachstühle jener Zeit waren wesentlich reicher gearbeitet.

Liernengewölbe, St. Stephen's Chapel
Die Krypta der St. Stephen's Chapel ist erhalten und weist ein frühes Liernengewölbe auf. Dieser Gewölbetypus wurde im Decorated Style entwickelt. Liernen sind Nebenrippen dritten Grades, die keine Jochecke berühren.

Gotik

England: Außenbau des Perpendicular Style

Den Perpendicular Style (um 1340–um 1540) beherrschte die gerade Linie, die Waagerechte ebenso wie die Senkrechte. Fenster und Mauerflächen wurden von gitterähnlichem Maßwerk in wabenartig gereihte Felder unterteilt; gerade geführte Stäbe gliederten ihr Bogenfeld. Der Perpendicular Style, ein nur in England auftretender Sonderstil, entwickelte die gotischen Ornamente weiter. Auf dem Kontinent regierte seinerzeit noch der Style flamboyant bzw. bereits die Frührenaissance.

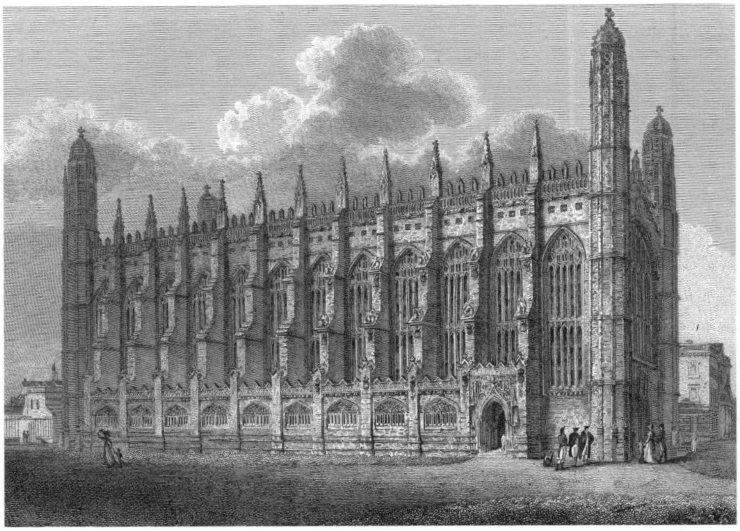

King's College Chapel, Cambridge (1446–1515)
Sie stellt eines der Hauptwerke des Perpendicular Style dar. Die Arbeiten an dieser Kirche wurden durch den Thronfolgestreit zwischen den Häusern York und Lancaster (Rosenkrieg) unterbrochen, sodass sie erst 1515 fertig gestellt wurde. Nach dem Vorbild der Ste.-Chapelle in Paris bekam sie kühne Fensterflächen.

Kreuzblume
Kreuzblumen schmückten die Spitze von Baugliedern. Dieses Zierornament entwickelte sich gleichzeitig mit der Krabbe.

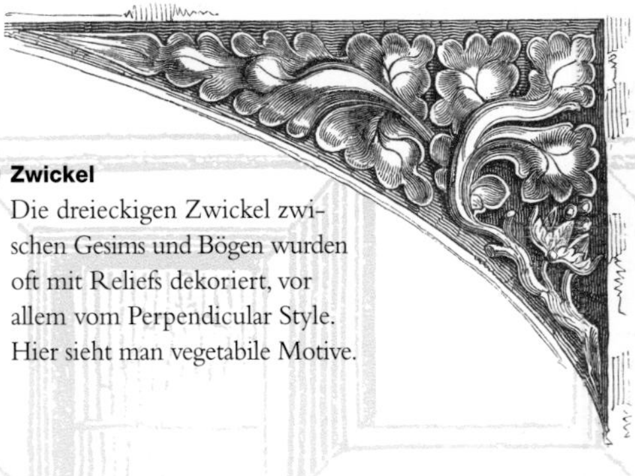

Zwickel
Die dreieckigen Zwickel zwischen Gesims und Bögen wurden oft mit Reliefs dekoriert, vor allem vom Perpendicular Style. Hier sieht man vegetabile Motive.

Tudorbogen, Yelvertoft
Die Mauerflächen der Kirche von Yelvertoft in Northamptonshire sind mit lang rechteckigen, reich mit Maßwerk gefüllten Kassettenfeldern versehen, während das Nordfenster des Chors Stabwerk zeigt. Eine weitere Leitform des Perpendicular Style tritt ebenfalls auf: der Tudorbogen, der sich aus vier Kreisbögen mit zwei verschieden großen Radien zusammensetzt.

***Panel tracery*, Kathedrale, York**
Dieses Fenster im Chor (1380–1404) der Kathedrale von York zeigt *panel tracery* aus geraden Stäben und Querriegeln. Diese ergeben eine ansatzweise wabenartige Gitterstruktur. Bei späteren Bauten – etwa der Kapelle Heinrichs VII. in Westminster Abbey oder der King's College Chapel in Cambridge – trat dieses Merkmal deutlicher hervor: Dabei spielte die Horizontale eine ebenso wichtige Rolle wie die Vertikale.

Strebepfeiler des Perpendicular Style
Der Strebepfeiler behielt während des Perpendicular Style seine Grundform bei, allerdings wurde er ab dem 15. Jh. mit lang rechteckigen, flach eingetieften Kassettenfeldern versehen.

Durchbrochene Brüstung
Der Perpendicular Style führte niedrige Satteldächer mit Brüstungen ein. Sie waren oft durchbrochen gearbeitet, wie hier in Cromer, und verbargen den Dachansatz. Ähnliche Brüstungen fanden ebenfalls bei Türmen Verwendung.

Portal des Perpendicular Style, Kenton
Die Türen und Portale wurden, wie in diesem Beispiel in Kenton in Devon, oft mit einer geraden Traufleiste versehen. Hier endet sie in figürlich gearbeiteten Konsolen. Säulen traten fast gar nicht mehr auf, die Zwickel wurden oft reliefiert. Die Hohlkehlen der Türpfosten sind in diesem Fall mit Vierblattblumen besetzt.

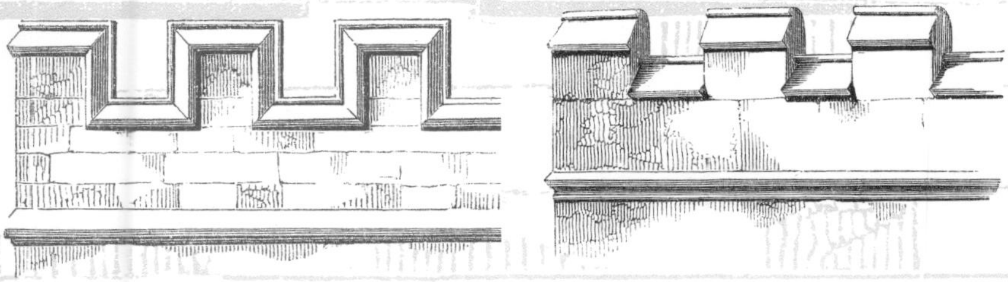

Zinnen
Der Zinnenaufsatz auf den Mauerkronen wurde vielfältig dekoriert. Die Einkerbungen zwischen den Aufsätzen nennt man Schießscharten. Zinnen wurden bei Festungsbauten als Bekrönung des Wehrganges eingesetzt und dienten im Perpendicular Style als Ziernament an Sohlbank und Querstab von Fenstern.

Gotik

England: Innenraum des Perpendicular Style

Das früheste Bauwerk des Perpendicular Style stellt der Chor der Kathedrale von Gloucester dar, der 1337 begonnen wurde. Vorgeblendetes Stabwerk vergittert dort Fenster und Wandflächen; betont vertikale Dienste reichen vom Boden bis hoch zum komplex ausgestalteten Gewölbe. Seine Blüte erlebte der Perpendicular Style in den königlichen Gründungen des 15. und frühen 16. Jh., fand aber ebenfalls bei vielen Pfarrkirchen Anwendung. Bis zum Schluss behielt er seine innovative Kraft und entwickelte immer neue Dachformen.

Fächergewölbe, King's College Chapel, Cambridge
Das Fächergewölbe entwickelte sich aus den komplexen Liernengewölben des 14. Jh. Die fächerförmig ausstrahlenden Rippen sind mit Blendmaßwerk verziert, an ihrem Schnittpunkt befindet sich oft ein als Knauf ausgebildeter Schlussstein. Kräftige Gurtbögen grenzen die Joche voneinander ab.

Dynastische Architektur, King's College Chapel
Die bedeutendsten Bauwerke des Perpendicular Style errichteten die im Rosenkrieg (1455–1485) miteinander rivalisierenden Fürstenhäuser als Sinnbild für ihre Macht und die Rückkehr zu stabilen politischen Verhältnissen. King's College Chapel wurde von den Siegern fertig gestellt, dem Hause Tudor. Der Westteil veranschaulicht dies mit seiner Fülle von reliefierten heraldischen Tudor-Motiven. Er hebt sich deutlich von der Schlichtheit des sonstigen Bauschmucks ab. An den Diensten befindet sich das Tudor-Fallgitter, unter den großen Fenstern das Königswappen.

Grundriss, King's College Chapel
Ein übersichtlicher Grundriss mit vereinfachter Raumwirkung ist für den Perpendicular Style typisch. King's College Chapel ist eine Saalkirche ohne Querhaus – Langhaus und Chor gehen hier direkt ineinander über.

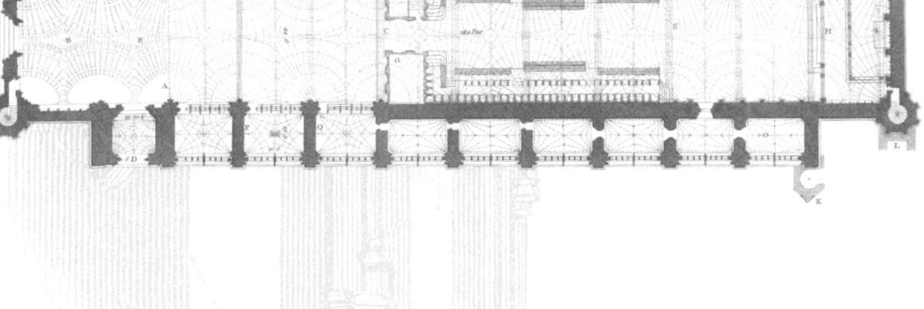

Fächergewölbe mit Abhängling, Kapelle Heinrichs VII.
Die Kapelle Heinrichs VII. (1503–1519) in Westminster Abbey repräsentiert den Tudor-Stil, den Übergangsstil zwischen Gotik und Palladianismus. Zu herabhängenden Knäufen verlängerte Schlusssteine (Abhänglinge) zieren das komplexe Fächergewölbe.

Verdachung, Rushden
Eine Traufleiste befindet sich normalerweise am Außenbau über Türen und Portalen. Der Perpendicular Style setzte sie jedoch als Dekorornament im Innenraum ein, wie bei dieser Kirche in Northamptonshire.

Kapitellschmuck, Christ Church, Oxford
Die Kapitelle des Perpendicular Style sind eher schmucklos. Tragen sie aber Blattdekor, wird dieser wie in diesem Beispiel meist stilisiert.

***Hammer-beam*-Dach**
Benannt ist das *hammer-beam*-Dach (Sprengwerk mit Bogenstreben) nach den waagerechten Balken oder Zangen (*hammer beams*), die den Dachstuhl im Inneren tragen. Er verfügt über geschnitzte Zangenenden, hier in Trunch in Norfolk.

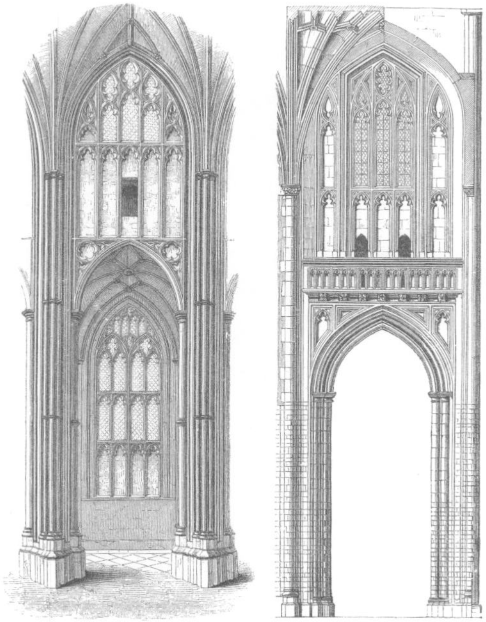

Kathedralen des Perpendicular Style, Winchester und Canterbury
Bei den meisten Kathedralen, etwa der von Winchester (*oben links* oder der von Canterbury (*oben rechts*), war der Einfluss des Perpendicular Style weniger offensichtlich als bei den zeitgleichen königlichen Stiftungen. Dieselbe Formensprache wurde deutlich zurückhaltender eingesetzt, denn man musste sich an vorgegebene Baustrukturen anpassen und liturgische Vorgaben berücksichtigen.

Rankenfries
Ebenso wie der Decorated Style verwendete auch der Perpendicular Style gern eingetiefte Zierleisten mit Reliefdekor. Häufig waren Rankenmotive in einem durchlaufenden Fries. Ihre stilisierte, relativ steife Wiedergabe erinnert eher an den Early English als an den Decorated Style.

Gotik

England: frühgotischer Profan- und Wohnbau

Im Vergleich zu den Kirchen blieben aber nur wenige Profan- und Wohnbauten der Gotik erhalten, da sich der Lebensstil wandelte, neue administrative Aufgaben entstanden und die Gebäude dementsprechend immer wieder umgebaut oder neu errichtet wurden. In der Frühzeit war ihre Gestaltung weitgehend durch die Funktion bestimmt. Dabei passte man die Formensprache der Sakralbauten dem profanen Kontext an, allerdings hatte der Verteidigungswert gegenüber der Prachtentfaltung Priorität: Große Maueröffnungen und Fensterflächen im Erdgeschoss kamen somit nicht in Frage. Zudem entwickelte sich eine eigene Formensprache für Bauglieder, die nur im Wehr- und Wohnbau auftreten, wie Kamin Küche und Wohnbereich.

***Manor House*: Stokesay Castle (1285 begonnen)**

Fast alle mittelalterlichen *Manor Houses* (Rittersitze) haben eine Grundform, die so nur in England auftritt: eine zentrale große Halle (an den hohen Fenstern zu erkennen) mit beidseitigen Herrschafts- und Wirtschaftsflügeln. Stokesay Castle im westenglischen Shropshire verfügt zudem über einen Wehrturm, ursprünglich auch über einen Graben und Schildmauern.

Befestigter Herrensitz: Markenfield Hall (frühes 14. Jh.)

Bei Markenfield Hall in Yorkshire befindet sich die Halle im Obergeschoss. Ihre beiden großen Fenster waren nicht direkt zugänglich, die restlichen Fensteröffnungen viel kleiner.

Maschikulis

Wehrbauten verfügten oft über vorkragende Wehrgänge, die mit Guss- und Wurföffnungen (Maschikulis) ausgestattet waren. Durch sie konnte man Steine auf Eindringlinge herabwerfen oder heißes Pech herabgießen.

Solar, Sutton Courtenay (um 1330)
Der *solar* war ein privater Wohnraum im Obergeschoss des Herrschaftsflügels. Dorthin konnte sich die Familie des Hausherrn von dem Trubel in der Halle zurückziehen. Meist war er mit schön gearbeiteten Fenstern und einem offenen Kamin ausgestattet.

Große Halle, Sutton Courtenay
Sie dienste als Eingang, Versammlungsraum und Esszimmer. An ihrem Ende schirmte eine hölzerne Trennwand den Durchgang zur Küche ab.

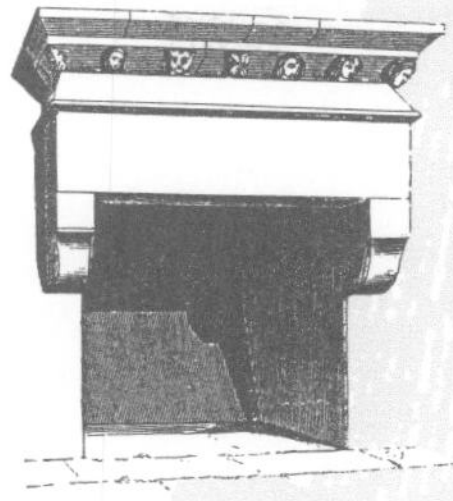

Kamin, Aydon Castle
Die meisten frühgotischen Häuser verfügten über einen großen offenen Herd in der Halle. Viele Räume hatten ihren eigenen Kamin, wie hier in Aydon Castle in Northumberland.

Wendeltreppe
Die Treppen im Hausinneren waren oft Wendeltreppen. Um sie besser verteidigen zu können, waren sie meist schmal. Sie führten gegen den Uhrzeigersinn nach oben, sodass der rechtshändige Verteidiger im Vorteil war.

Turmburg: Langley Castle (14. Jh.)
Bei Rittersitzen, die ständig bedroht wurden, aber so klein waren, dass sie keine eigenen Ringmauern hatten, wurden die massiven Mauern mit kleinen, schmalen Öffnungen versehen. Langley Castle in Northumberland ist nur ein Beispiel von vielen.

Schornsteine
Für die offenen Kamine und Feuerstellen benötigte man Schornsteine. Oft waren sie als Türmchen mit seitlichen Maueröffnungen gestaltet, durch die der Rauch entweichen konnte. Die Abbildung unten zeigt verschiedene Schornsteine aus dem 13. und 14. Jh., jeweils im Stil der Zeit verziert.

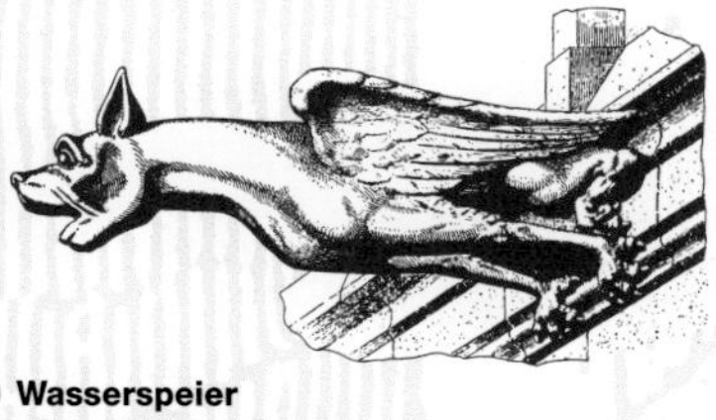

Wasserspeier
Figürlich gestaltete Wasserspeier waren in der Gotik sehr beliebt. Sie saßen auf der Dachkante von Gebäuden und leiteten das Regenwasser in einem weiten Strahl ab. Oft stellten sie Fabelwesen oder Dämonen dar.

Gotik

England: spätgotischer Profan- und Wohnbau

Ab der Mitte des 14. Jh. verzeichnete der Profan- und Wohnbau einen Aufschwung. Aus jener Zeit stammt die Mehrzahl der berühmten Colleges in Oxford und Cambridge, parallel entstanden zahlreiche herrschaftliche Anwesen und Schlösser. Der Verteidigungsaspekt trat nun allmählich in den Hintergrund, trotz des Rosenkrieges, der sich nur punktuell auswirkte. Die ausreichend stabilen politischen Verhältnisse ermöglichten repräsentative Bauten mit breiten Maueröffnungen und reicher Ornamentierung. Dennoch bestimmte die Funktion weiterhin das äußere Erscheinungsbild, eine alle Gebäudeteile einbeziehende Symmetrie wurde erstmals bei den großen College-Gebäuden erreicht.

College-Gebäude, Eton (Ende 15. Jh./Anfang 16. Jh.)
Die Gebäude der Colleges umschlossen oft einen oder mehrere Innenhöfe und wiesen zahlreiche Baumerkmale der Herrensitze auf: Torbau (hier als reines Zierelement), Halle, Kapelle sowie Wohnräume. Der Zutritt zum Eton College in Berkshire erfolgt durch einen Torbau.

Polygonale Erker, Windsor Castle
Im Zuge der Erweiterungen, die Heinrich VII. an Windsor Castle in Berkshire vornahm, entstanden die komplexen polygonalen Turmerker mit zahlreichen Fenstern. Sie belegen den Einfallsreichtum der englischen Gotik und ähneln den zeitgleichen Fenstern in der Kapelle Heinrichs VII. in Westminster Abbey.

Herrensitz: Compton Wynyates (frühes 16. Jh.)
Der mittelalterliche Grundriss mit Innenhof und Torbau lag den späteren herrschaftlichen Anwesen weiterhin zugrunde. Allerdings gestaltete man sie weit offener und verzichtete auf Wehrelemente: Zinnenkranz, Turmbauten und Ecktürmchen hatten nun dekorative Funktion. Ein schönes Beispiel ist Compton Wynyates im mittelenglischen Warwickshire. Es prunkt mit auffälligen polygonalen und gedrehten Schornsteinen sowie einer *diaper-work*-Ziegelornamentik, wobei dunklere Ziegel zu geometrischen Mustern geordnet wurden.

***Bay window*, Compton Wynates**
Der Perpendicular Style führte erkerartige Fensterbuchten ein, die *bay windows*. Meist setzte man sie am Ende der großen Halle ein, oder um das Wohngemach zu erhellen. Bei dem *bay window* von Compton Wynates überzieht gitterartiges Stabwerk Fensterflächen sowie Wände. Seinen Abschluss bildet ein Zinnenkranz – wie bei vielen Kirchen des Perpendicular Style.

College-Gebäude, Divinity School, Oxford (1427 begonnen)
Große College-Gebäude wurden innen oft ähnlich wie Kirchen gestaltet. Die Dekorelemente des abgebildeten Raumes in einem College in Oxford – Gewölbe (um 1480), Blendmaßwerk und Fenster – traten ebenfalls bei Sakralbauten auf. Hier hat der Raum allerdings nicht die Höhe, die man bei einer Kirche erwartet.

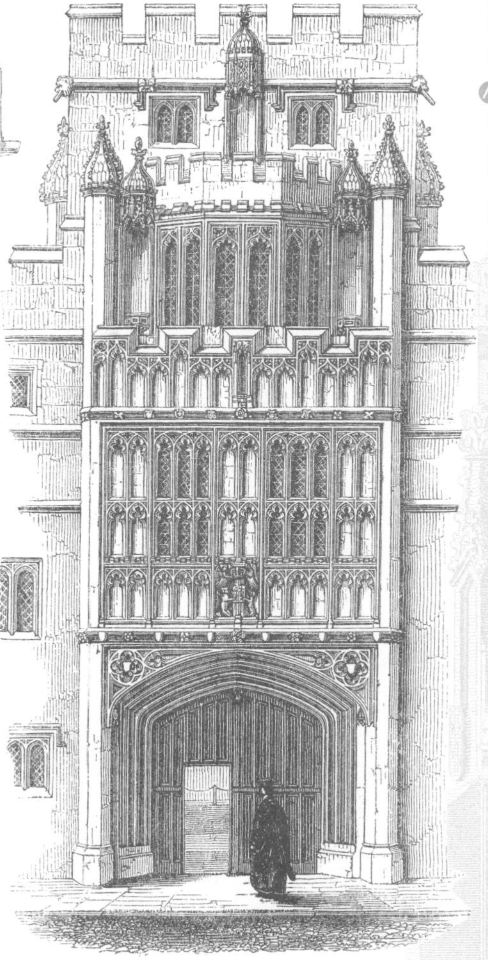

Erkerfenster, Vicar's Close, Wells
Dieses hübsche Erkerfenster verziert eines der 42 Häuser des 1348 gegründeten Komplexes Vicar's Close, der heute noch von Geistlichen und Studenten bewohnt wird.

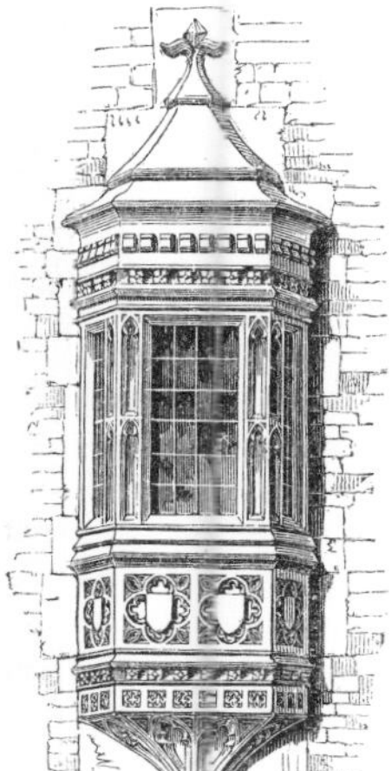

Torbau, Brasenose College, Oxford (1512)
Der Zutritt zu bedeutenderen Profan- und Wohnbauten erfolgte oft über einen Torbau, der repräsentativ ausgeschmückt wurde. Bei Stadthäusern, wie diesem hier, besteht der Torbau in der Regel aus einem Turm, der die flankierenden Bauten überragt und sich somit deutlich heraushebt.

Marktkreuz, Chichester (1501)
Polygonale Gewölbebauten mit offenen Bogenstellungen dienten in größeren Marktstädten als Unterstand und Treffpunkt. Das spätgotische Marktkreuz von Chichester in West Sussex ist besonders kunstvoll gestaltet.

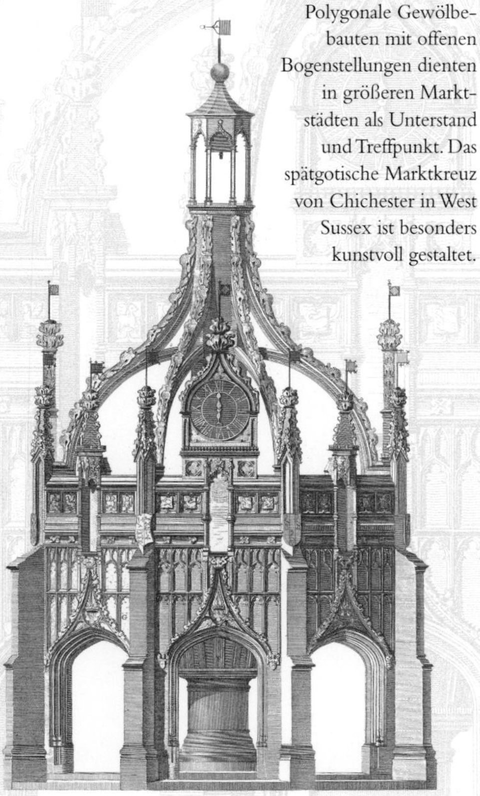

Gotik

Spanien und Portugal

In Spanien entwickelte sich die Gotik bereits im frühen 13. Jh. Die Reconquista, die Rückeroberung durch die christlichen Königreiche, war stark fortgeschritten und hatte die Mauren nach Südspanien zurückgedrängt. Selbstbewusst errichteten die christlichen Herrscher nun steinerne Monumente zu Ehren Gottes. Die frühgotischen Kathedralen entstanden unter starkem französischem Einfluss, doch schon bald entwickelte sich ein eigener spanischer Nationalstil. Die außen streng und wuchtig erscheinenden Kirchen wirkten innen geräumig und leicht. Bereichert um maurische Einflüsse, dauerte die spanische Gotik bis ins 16. Jh. an. Sie zeichnete sich zunehmend durch üppigen inkrustierten Dekor aus. Dies gilt ebenso für den Emanuel-Stil, den spätgotischen Architekturstil Portugals.

Westfassade, Kathedrale, Burgos (1221 begonnen)
Die Westfassade zeigt den Einfluss der nordfranzösischen Gotik: Ihre Zweiturmfassade verfügt über drei Portale sowie eine Fensterrose. Die durchbrochenen Turmhelme aus dem 15. Jh. dagegen haben ihren Ursprung in Deutschland, der Vierungsturm ist maurisch geprägt. Die Verschmelzung verschiedenster Einflüsse ist für die spanische Gotik typisch.

Kreuzgang, Kloster Las Huelgas, Burgos
Der überdachte Kreuzgang, um den sich verschiedene Klostergebäude angliedern, ist für jedes Kloster unverzichtbar. Meist öffnet er sich in Arkaden auf den Innenhof mit dem Klosterbrunnen.

Emanuel-Stil, Hieronymiten-Kloster, Belém, Portugal (1502 begonnen)
Mit dem Emanuel-Stil bildete sich unter König Emanuel I. im späten 15. Jh. ein Dekorationsstil aus, der noch überschwänglicher war als der zeitgleiche Isabellinische Stil in Spanien (*siehe rechte Seite*). Die Ornamentik vereinte gotische, maurische, englische, maritime und indische Elemente. Repräsentative Bauten dokumentierten den portugiesischen Weltmachtanspruch.

Apsis, Kathedrale, Barcelona (1298 begonnen)
Der Chorabschluss, in Frankreich oft als Kapellenkranz ausgebildet, wurde in Spanien abgewandelt. Typisch waren beispielsweise Einsatzkapellen: Kapellennischen, die an Seiten- und Chorwänden zwischen den Wandpfeilern eingeschoben wurden.

Castillo de la Mota, Medina del Campo (15. Jh.)
Im 15. Jh. entstanden in Spanien zahlreiche stark befestigte Burgen. Massiv geböschte Schildmauern schützen das Castillo de la Mota in Kastilien.

Einschiffiges Langhaus, Kathedrale, Gerona
Im 14. und 15. Jh. entstanden vor allem in Katalonien gewaltige Kirchenbauten. Das einschiffige Langhaus der Kathedrale von Gerona (1416 begonnen), ein Hauptwerk der katalanischen Spätgotik, verfügt über eine Gewölbespannweite von 23 m, damals die größte in Europa.

Isabellinischer Stil
Die Innenräume schmücken oft prachtvolle Inkrustationen. Dies gilt besonders für den Isabellinischen Stil des späten 15. Jh., der nach Isabella I. benannt ist. Hier sieht man den Chor der Kathedrale von Toledo.

Spanisches Maßwerk, Palast der Erzbischöfe von Toledo, Alcalá de Henares
Die einzelnen Bestandteile dieses Fenstermaßwerks sind zwar gotisch, doch ihre Kombination mutet ausgesprochen orientalisch an. Eine fantasievolle Synthese europäischer und maurischer Einflüsse.

Mudéjar-Stil, Palacio del Infantado, Guadalajara
Dieser Palast aus dem späten 15. Jh. weist Elemente des maurisch beeinflussten Mudéjar-Stils auf, wie sie ebenfalls den Isabellinischen Stil auszeichnen. Die flachen Kielbögen zeigen Nasen, der Dekor ist überreich, die Brüstung spitzenartig durchflochten.

Französischer Einfluss, Kathedrale, Léon (1205 begonnen)
Die frühen gotischen Kirchen in Spanien unterscheiden sich kaum von den nordfranzösischen Kathedralen. Der abgebildete Jochaufriss steht dem Wandaufbau von Reims sehr nahe. In die Jochwände sind farbige Glasfenster eingesetzt.

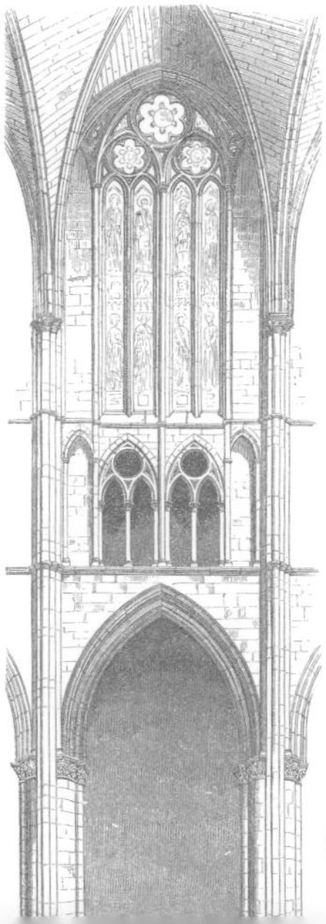

Gotik

Mittel- und Nordeuropa

Deutschland löste sich nur langsam vom romanischen Stil. Die frühesten rein gotischen Bauten entstanden hier erst gegen Mitte des 13. Jh. Nach und nach fassten die französischen Konstruktions- und Dekorationsformen auch in Mittel- und Nordeuropa Fuß. Neben einigen hochgotischen Großbauten entstanden vor allem Kirchen, welche die neuen Bauprinzipien vereinfachten und umformten und oft mit romanischen Elementen variierten. Eine Blütezeit stellt die Sondergotik dar, die eng mit den Parlern, einer Architektenfamilie des 14. Jh., verbunden ist, die herausragende spätgotische Bauten hervorbrachte.

Maßwerkfenster, Dom, Köln
Das Fenstermaßwerk mit den klassischen Vierpassmotiven entspricht dem vergleichsweise schlichten hochgotischen Formenkanon. Doch in den dekorativ gestalteten Nasen des oberen Vierpasses kündigte sich bereits die reicher ausgestaltete Spätgotik an. Ursprünglich verwendete man Maßwerk nur für die Bogenzwickel großer Fenster, später außerdem für Wandflächen und Brüstungen.

Westfassade, Dom, Köln
Sie entstand erst im 19. Jh. nach dem ursprünglichen Plan von etwa 1320. Die Fassade entspricht der französischen Kathedralgotik, zeichnet sich aber durch eine stärkere Vertikalisierung aus.

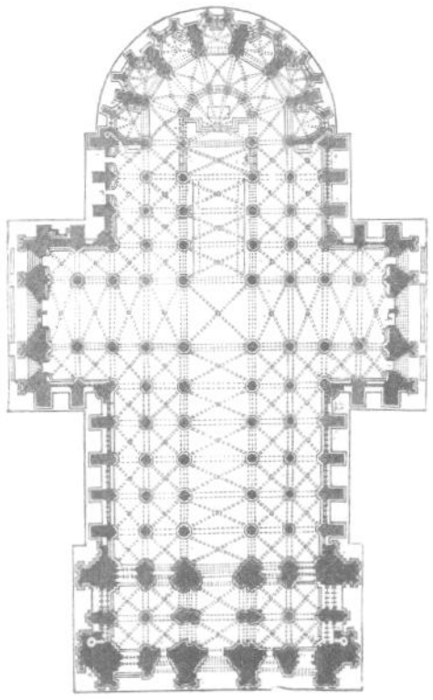

Hochgotischer Grundriss, Dom, Köln
Mit seinem Umgangschor mit dichtem Kapellenkranz, dem wenig ausladenden Querschiff und den vierteiligen Kreuzrippengewölben orientiert sich der Grundriss des Kölner Doms – ebenso wie seine Fassade – an französischen Vorbildern.

Blattkapitell, Dom, Köln
Dieses Blattkapitell ist ein schönes Beispiel für ein hochgotisches Kapitell, um das sich naturalistisch wiedergegebenes Weinlaub locker herumrankt.

Buckelblattkapitell, Frauenkirche, Esslingen
Typisch für die Spätgotik ist dieses Kapitell mit seinen stark schematisierten Blattformen. Die spitz gezackten Blätter heften sich lose auf das lang gestreckte Kapitell.

Tuchhalle, Ypern, Belgien (14. Jh.)
Dieser repräsentative gotische Großbau, das Haus der Tuchmacherzunft, zeugt von der wirtschaftlichen Macht der flandrischen Städte. Charakteristisch sind die Ecktürme und der Mittelturm, der als städtischer Glockenturm (Belfried) und Waffenarsenal diente.

Sondergotik, St. Barbara-Kirche, Kutná Hora, Tschechien (ab 1380)
Die St. Barbara-Kirche ist ein Bau der Sondergotik, die eng mit den Parlern verknüpft ist. Diese Architekten- und Bildhauerfamilie des 14. Jh. erbaute vor allem in Süddeutschland und Böhmen spätgotische Kirchen mit fantastisch reichen Rippengewölben, so auch diese Kirche in Böhmen mit ihren von Fialen bekrönten Strebepfeilern.

Gotik in Skandinavien, Gotland, Schweden
Die skandinavischen Länder standen unter dem Einfluss der mitteleuropäischen Gotik, vor allem von Norddeutschland und Holland. Das Bogenfeld dieses Stufenportals auf Gotland ist mit Nasen geschmückt.

Kornmesserhaus, Bruck an der Mur, Österreich
Dieses Haus aus dem frühen 16. Jh. in der Steiermark zeigt eine abwechslungsreiche, üppige Dekoration aus Astwerk, Passmotiven und Laubwerk, wie sie für spätgotische Profanbauten charakteristisch ist.

Marienburg, Malbork, Polen
Strebepfeiler, rechteckige Fenster, Maschikulis (*siehe S. 218*) und Zinnenkranz – so präsentiert sich der wehrhafte Hochmeisterpalast der Marienburg, einer der eindrucksvollsten Profanbauten des Mittelalters. Hier residierte der Hochmeister des Deutschen Ritterordens.

Gotik

Italien

Mit nur etwa 200 Jahren ab der Mitte des 13. Jh. dauerte die Gotik in Italien nicht so lange an wie in anderen Ländern. Auch fand sie hier am zögerlichsten Aufnahme. Nur selten wählten italienische Baumeister die filigrane Höhenerstreckung der Gotik. Stets wurde das gotische Formenrepertoire latinisiert und mit dem der Romanik verbunden, Strebewerk vermied man eher. Die umfassende Ausstattung mit Fresken und Mosaiken, innen wie außen, spielte im Gegensatz zu den Ländern nördlich der Alpen eine bedeutende Rolle. Bei Profanbauten wurde der gotische Stil bereitwilliger angewandt, besonders für die zahlreichen Balkone und Bogenhallen, die für die Mittelmeerländer so typisch sind.

Westfassade, Dom, Orvieto (1290 begonnen)
Die italienischen Baumeister nutzten gotische Bauelemente, wie Spitzbogen, Strebepfeiler und Fialen, als rein dekorative Elemente, im Gegensatz zu den anderen Ländern, wo sie konstruktive Bedeutung hatten und reich mit Skulpturen ausgestattet wurden. Giebel und Zwickel der Prachtfassade am Dom von Orvieto in Umbrien sind mit Mosaiken verziert: Er wirkt fast wie ein gigantisches Gemälde, nicht wie ein Bauwerk.

Italienisches Maßwerk
In Italien legte man weniger Wert auf große Fensterflächen: Zum einen wegen des wärmeren Klimas, zum anderen, weil möglichst viel Wandfläche für die Freskenbemalung des Innenraumes erhalten bleiben sollte. Dieses Fenster aus dem 13. Jh. wirkt eher kompakt.

Überdauern romanischer Bauformen, Dom, Cremona
Kuppeln blieben während der gesamten Gotik in Italien weiterhin gebräuchlich. Der Rundbogen wurde nie ganz verdrängt und trat oft neben dem Spitzbogen auf, wie beispielsweise bei diesem Fenster am Dom von Cremona in der Lombardei. Augenfällig ist hier ebenso der islamische Einfluss – die italienischen Städte besaßen enge Handelsbeziehungen zum Orient.

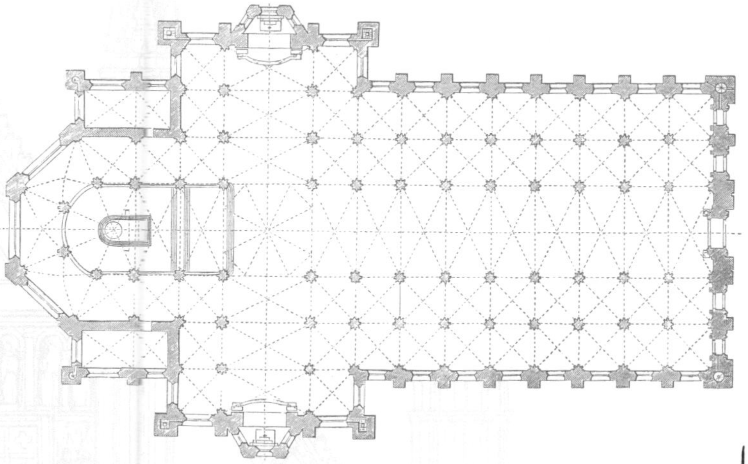

Italienischer gotischer Grundriss, Dom, Mailand (1386 begonnen)
Selbst dort, wo mehrere Seitenschiffe existieren, erscheint der Innenraum durch die stark geöffneten Arkaden und das breite Mittelschiff wie eine weiträumige Halle. Dennoch kommt der Mailänder Dom von allen italienischen Kirchen dem gotischen Bauverständnis am nächsten.

Zierleiste
Charakteristisch für die venezianische Gotik war eine zahnschnittartige Zierleiste, die als dekorative Rahmung von Maueröffnungen eingesetzt wurde. Hier dient sie als optisches Bindeglied zwischen den antikisierenden Säulen und dem gotischen Maßwerk.

Musterung S. Anastasia, Verona
Sich farblich voneinander absetzende Stein- und Marmorbänder, die ein auffälliges horizontales Streifenmuster bilden, kennzeichnen die italienische Gotik. Diese markante Dekoration ist eines von mehreren Elementen, die italienischen Bauten eine Tendenz zur Horizontalen verleihen, im Gegensatz zu den gotischen Bauten in Mittel- und Westeuropa.

Balkon, Dogenpalast, Venedig
Maßwerk trat häufig als Zierform an den Balkonen und Arkaden der Profanbauten auf. Der berühmteste unter ihnen ist der Dogenpalast in Venedig.

Campanile, Verona
Der für italienische Kirchen typische, frei stehende Glockenturm behielt in der Gotik seine massive Grundform und verjüngte sich nicht. Nur einzelne Schmuckformen, wie der Spitzbogen, weisen diesen Campanile in Verona als gotisch aus.

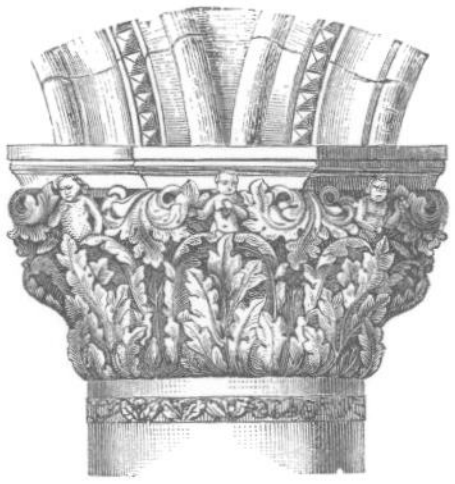

Kapitelle
Die gotischen Kapitelle in Italien zeigen oft Laubwerk. In der Regel ruhen sie auf Einzelsäulen, nicht auf typisch gotischen Bündelpfeilern. Sie fallen weniger formenreich aus als nördlich der Alpen und folgten eher antiken Vorbildern.

Renaissance *frühes 15. Jh.–Anfang 17. Jh.*

Die Architektur der Frührenaissance in Florenz

Die italienische Renaissance, die Motive und Säulenordnungen des klassischen Altertums aufgriff, strahlt Harmonie, Klarheit und Solidität aus. Dennoch bedeutete die Wiedererweckung der Antike im Italien des 15. Jh., ganz besonders in Florenz, der Hochburg der Frührenaissance, keinen plötzlichen Bruch mit der Romanik und Gotik. Neu errichtete Gebäude zitierten oft bewusst Gestaltungselemente berühmter Bauwerke. In dieser Synthese aus Alt und Neu kommen legitimierende Kontinuität und der Stolz aufstrebender Stadtrepubliken zum Ausdruck. Der neue Baustil war eingebunden in eine „Wiedergeburt" der Künste und ein allgemeines Interesse an der Antike, an ihrer Literatur, Philosophie und Mathematik. Architektur und Stadtplanung galten Herrschern wie Mäzenen als Ebenbild einer geordneten Gesellschaft.

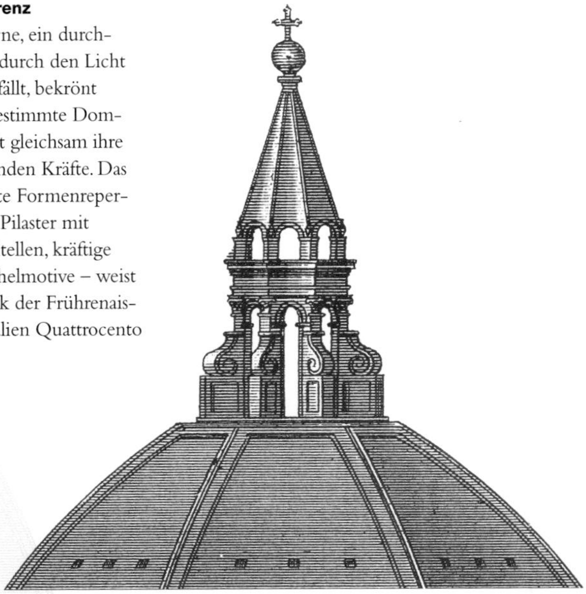

Laterne, Dom, Florenz
Eine elegante Laterne, ein durchbrochener Aufbau, durch den Licht in den Innenraum fällt, bekrönt die noch gotisch bestimmte Domkuppel und bündelt gleichsam ihre in die Höhe strebenden Kräfte. Das der Antike entlehnte Formenrepertoire – kannelierte Pilaster mit korinthischen Kapitellen, kräftige Voluten und Muschelmotive – weist die Laterne als Werk der Frührenaissance aus, die in Italien Quattrocento genannt wird.

Kuppel, Dom, Florenz (15. Jh.)
Die kühne Domkuppel des Architekten Filippo Brunelleschi war nach ihrer Fertigstellung 1436 die größte Kuppel, die seit der Antike errichtet worden war. Sie wurde nicht nur zum Sinnbild für die Florentiner Renaissance, sondern ganz allgemein für Bautechniken, die Gelehrte seinerzeit mit den Leistungen antiker Baumeister in eine Reihe stellten.

Arkaden, Piazza S. Maria Novella, Florenz (1490er-Jahre)
Bei mehreren Bauten setzte Filippo Brunelleschi, der Architekt der Domkuppel, rhythmische Rundbogenarkaden auf korinthischen Säulen ein. Andere Baumeister taten es ihm gleich, wie hier an der Pizza S. Maria Novella. Durch ihre Ausgewogenheit und Symmetrie hob sich diese Loggia der Frührenaissance von den umliegenden mittelalterlichen Bauten ab.

Antikenzitat
Das Zitieren antiker Motive zeichnet die italienische Renaissance aus. Deutlich wird dies am Heiligen Grab in der Rucellai-Kapelle, errichtet von Leon Battista Alberti für eine reiche Florentiner Kaufmannsfamilie. Außen ist es mit traditionellen Einlegearbeiten aus Marmor geschmückt.

Gebälkinschrift
Die Inschrift auf dem Gebälk des Heiligen Grabes in der Rucellai-Kapelle verweist auf Vorbilder der spätrömischen Antike und ist im Stil der Inschriften auf frühchristlichen Gräbern gehalten. Mit diesem Antikenzitat gaben Architekt und Mäzen zu erkennen, dass ihnen die Bildungsideale der Renaissance geläufig waren.

Formenreichtum
Die Frührenaissance ahmte die antiken Säulenordnungen nicht sklavisch nach. Das ursprünglich in Griechenland entwickelte korinthische Kapitell kannten die Baumeister der Renaissance vor allem von römischen Bauwerken, wo es schon in abgewandelter Form eingesetzt worden war. Mit Erfindungsreichtum entwickelten sie seine Elemente weiter und variierten sie.

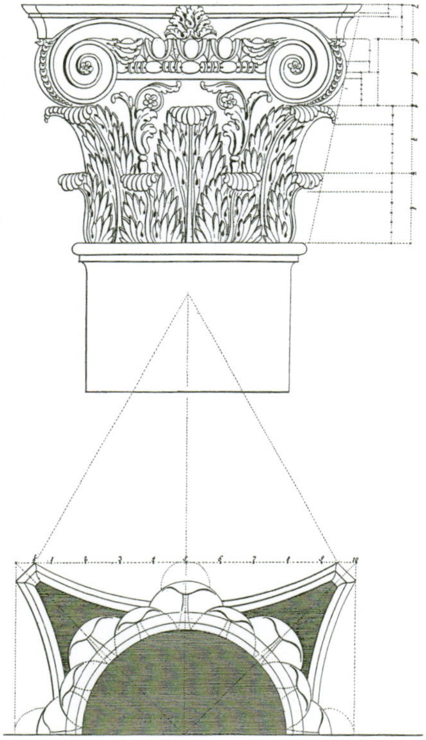

Kompositkapitell
In seinem Traktat „De re aedificatoria" (Über die Baukunst) von 1451 erwähnte Alberti erstmals eine weitere antike Säulenordnung. Sie wird Kompositordnung genannt, da ihr Kapitell die Akanthusblätter des korinthischen Kapitells mit kräftigen ionischen Voluten kombiniert.

Renaissance

Der Sakralbau in der Frührenaissance

Zwei Haupttypen entwickelte die Frührenaissance für den Sakralbau: Basilika und Zentralbau. Beide leiten sich über frühchristliche Vorbilder von antiken Bautypen ab. Der Zentralbau war seit der Antike vor allem für Mausoleen und Martyrien (Märtyrerkirchen) verwendet worden und fand nun bei Kapellen und kleineren Kirchen Anwendung. Die basilikalen Schemata wurden hingegen von den konstantinischen Kirchen übernommen, Longitudinalbauten, die sich wiederum aus der antiken Markt- und Gerichtshalle entwickelt hatten. Vor allem zwei namhafte Architekten wurden in der Frührenaissance mit Kirchenbauprojekten beauftragt. Sie verwendeten beide Bautypen und variierten jeder auf seine Weise den antiken Formenkanon.

Längsschnitt
Basiliken zeichnen sich durch ein hohes Mittelschiff aus, das von zwei oder mehr niedrigeren Seitenschiffen begleitet wird. In seinen Kirchen trennte Brunelleschi Mittel- und Seitenschiffe durch hohe Arkaden, deren Rundbögen auf korinthischen Säulen ruhen. Hier werden sowohl das Mittel- wie auch die Seitenschiffe durch Fenster erhellt.

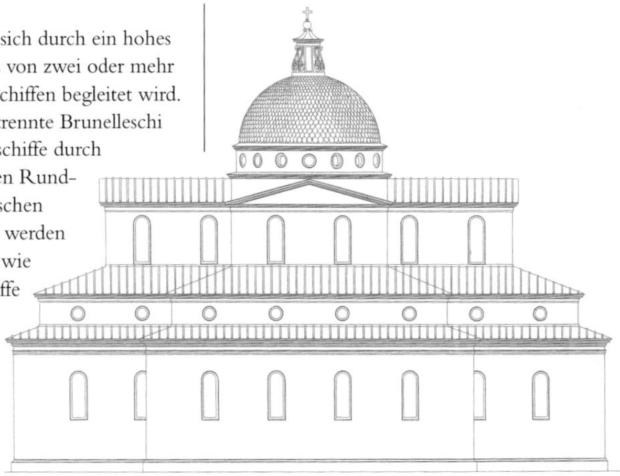

Rationale Gestaltung
Das durchgreifend Neue an Brunelleschis Architektur bestand nicht nur in antiken Motiven und einer schlichten Gestaltung. Innovativ waren ebenfalls seine rationalen Bauprinzipien, die Innen- und Außenbau miteinander verknüpften. Auch sein Interesse an klaren Maßverhältnissen in Bezug auf Grundriss, Aufriss sowie Gebäudevolumen war revolutionär.

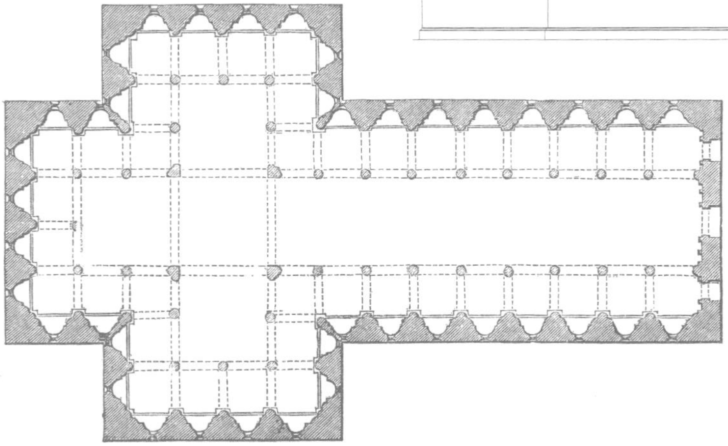

Modularer Basilikagrundriss
Für S. Spirito (1436 begonnen) verknüpfte Brunelleschi (1377–1446) einen kreuzförmigen basilikalen Grundriss mit modularen Prinzipien. Das Vierungsquadrat bildet hierbei das Grundmodul. Das Langhaus besteht aus vier Modulen, hingegen Chor, nördliches und südliches Querschiff aus je einem Modul. Die auch den Ostteil umlaufenden Seitenschiffe basieren auf dem Viertelmodul. Die strikte Rationalität des Entwurfs stellte eine Neuerung dar.

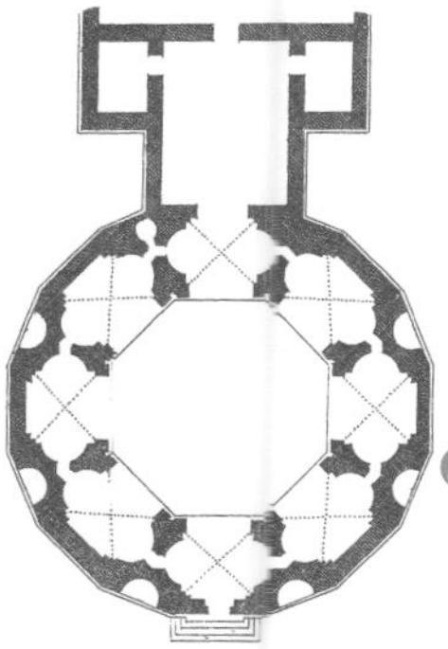

Polygonale Grundrisse
Brunelleschi experimentierte mit dem Zentralbaukonzept. Für S. Maria degli Angeli verschachtelte er zwei komplexe Polygone.

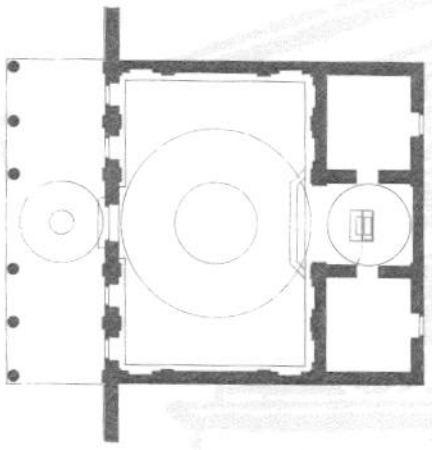

Die Kapelle als Zentralbau
Zentralbauten verfügen über einen regelmäßigen polgonalen, runden oder quadratischen Grundriss, wobei alle Teile auf den Mittelpunkt bezogen sind. Mit dem Zentralbau assoziiert man vollendete Harmonie, weshalb Alberti ihn für Sakralbauten empfahl.

S. Andrea, Mantua (1472 begonnen)
Der Baumeister und Architekturtheoretiker Leon Battista Alberti (1404–1472) lieferte den Entwurf für diese Kirche, fertig gestellt wurde sie erst nach seinem Tod. Statt Seitenschiffen sah er zwischen gewaltige Pfeiler gesetzte, große und kleine Kapellen vor.

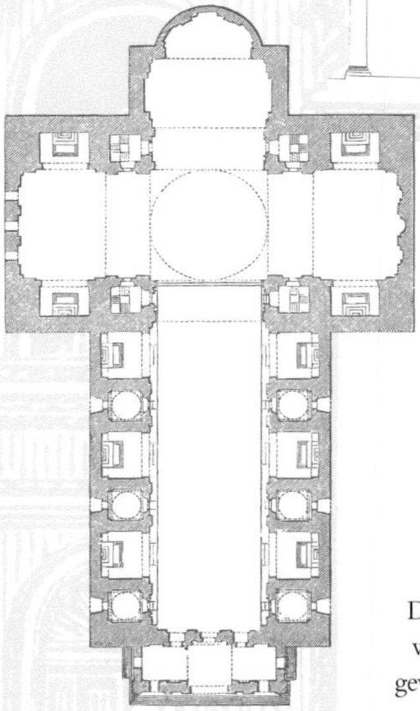

Pazzi-Kapelle, Florenz (1429 begonnen)
Ein Hauptmerkmal der von Brunelleschi errichteten Bauten, Vorbild für florentinische und toskanische Architekten, ist ihre zurückhaltende Ornamentierung. Bei der für die Familie Pazzi errichtete Kapelle an S. Croce heben sich der Antike entlehnte, aus *pietra serena* (einem grauen Stein) gefertigte Gliederungselemente deutlich von den weißen Wandflächen ab.

Römische Monumentalität
Im Gegensatz zu Brunelleschis eleganter Interpretation antiker Gestaltungsmotive setzte Alberti sein Wissen über die römische Antike in monumentale Formen um. Das kassettierte Tonnengewölbe von S. Andrea kommt den Dimensionen römischer Thermenanlagen nahe.

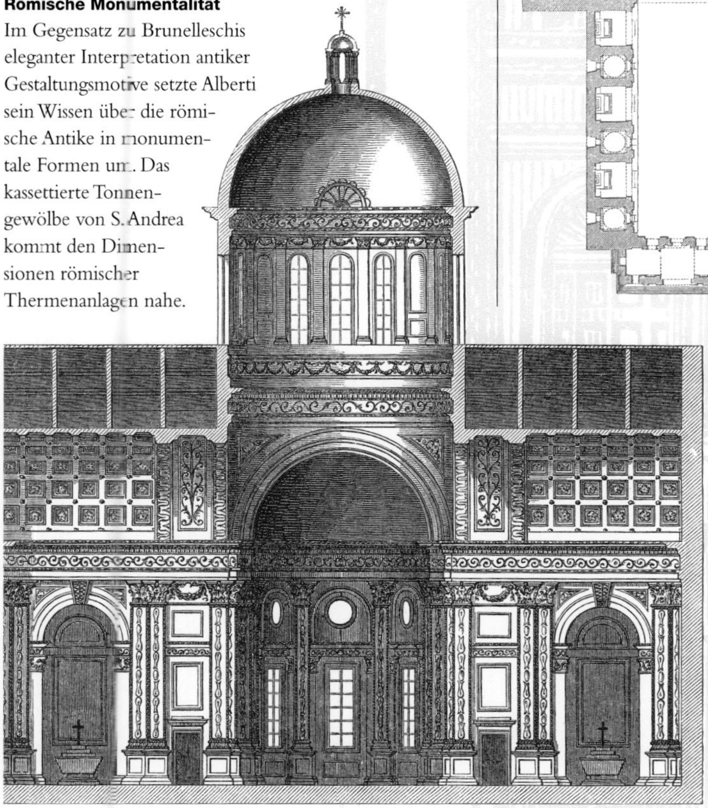

Schaufassade, Mantua
Bei S. Andrea suchte Alberti nach einer für eine Renaissancekirche geeigneten Fassadenlösung. Er entschied sich für vier kolossale Pilaster, die einen Dreiecksgiebel tragen – somit mutet die Schaufassade wie eine antike Tempelvorhalle an. Das tiefe, tonnengewölbte Eingangsportal zitiert hingegen den römischen Triumphbogen. In seinem Architekturtraktat stellte Alberti die Forderung auf, dass der Sakralbau das schönste Gebäude der Stadt sein sollte.

Renaissance

Palazzi der Florentiner Renaissance

Die mittelalterlichen Palazzi hatten sich noch ausgesprochen wehrhaft präsentiert. Doch mit dem Wandel der politischen Verhältnisse und dem Wiederaufblühen der Künste entstand im 15. Jh. das Verlangen nach eleganteren, wohnlicheren Bauten, die dem neuen Lebensgefühl entgegenkamen. Als wegweisend erwies sich vor allem der von Michelozzo di Bartolommeo (1396–1472) errichtete Stadtpalast für die mächtige Bankiersfamilie der Medici. Palazzi verfügen typischerweise über drei klar gegliederte Geschosse und einen Innenhof. Ihre monumentale Architektur spiegelt das Streben ihrer Erbauer nach Macht, Einfluss und Reichtum.

Innenhof, Palazzo Medici-Riccardi

Die Innenhöfe wirkten repräsentativ, hatten aber zugleich praktische Funktion, denn durch die Fenster der Hofseiten wurden die Räume zusätzlich erhellt. Den Innenhof umgaben (*cortile*) Arkaden, deren Gewölbe auf der Wandseite von Konsolen getragen wurde. Häufig stattete man die schattigen Höfe mit Statuen und Reliefschmuck aus. Im Erdgeschoss waren meist Geschäfts-, Wirtschafts- und Lagerräume untergebracht. Typisch ist das *bifora* genannte Zwillingsfenster (*links*), abgeleitet von mittelalterlichen Fensterformen.

Fassade, Palazzo Medici-Riccardi, Florenz (1444 begonnen)

Die reichen Kaufmannsfamilien und Fürsten wählten für ihre Stadtpaläste einen prominenten Standort. Ähnlich wie der Palazzo Medici-Riccardi wurden sie möglichst frei stehend oder an einer wichtigen Kreuzung errichtet. Im Vergleich mit dem Mittelalter weisen die Paläste der Renaissance eine größere Anzahl von Fenstern auf, vor allem die beiden Obergeschosse. Die abgebildete Fassade besticht durch ihre ausgewogene, harmonische Gliederung, weist aber – abgesehen von dem weit ausladenden Kranzgesims nach antik-römischem Vorbild – nur wenige klassische Dekorationselemente auf.

Anordnung der Innenräume
Die Repräsentationsräume befanden sich in der Regel im Mittelgeschoss, dem *piano nobile*, während das Obergeschoss für die niedriger gestellten Familienmitglieder und die Kinder vorgesehen war. Die Hierarchie der Geschosse lässt sich am Außenbau ablesen: Die Rustikabossen des Sockels werden an den Obergeschossen durch geglättete Steine ersetzt.

Die Säulenordnungen, Palazzo Rucellai, Florenz
Alberti setzte bei seinem Palazzo Rucellai (1446–1451) die drei klassischen Ordnungen – erstmals seit der Antike – für die anmutige Pilastergliederung der Fassade ein. Gebälkartig ausgestaltete Gesimse trennen die Geschosse.

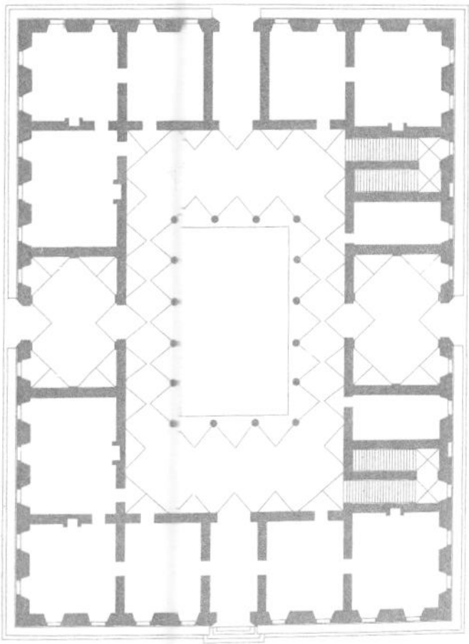

Grundriss, Palazzo Strozzi, (1489 begonnen)
Der Palazzo Strozzi erhebt sich auf rechteckigem Grundriss und verfügt über einen Innenhof. Auf dem Grundriss des Erdgeschosses erkennt man zwei Treppenhäuser. In der Frührenaissance fanden Treppen noch kein größeres gestalterisches Interesse.

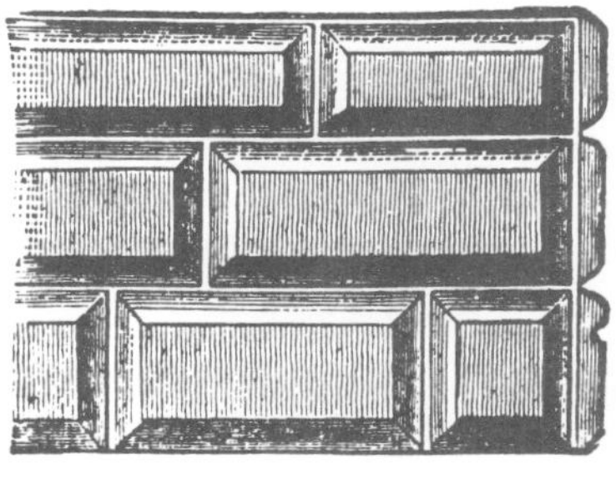

Rustika
Die großen Buckelquader (Rustikabossen) des Sockelgeschosses verleihen den Palazzi den Eindruck von kraftvoller Schwere und Solidität. Die Oberfläche der Bossen wurde manchmal roh belassen, dann wieder kissenartig geglättet. Auch die sorgfältig geglätteten, tiefer liegenden Ränder der Quader konnten variiert werden. Die Rustika war ein ausgesprochen kostspieliges Mauerwerk und somit ein wichtiges Statussymbol.

Renaissance

Variationen der antiken Formensprache

Wie jede Sprache über Dialekte verfügt, so kannte auch die Baukunst der italienischen Renaissance regionale Ausprägungen. Im jeweiligen Architekturstil drückte sich das Autonomiestreben der Stadtrepubliken aus. In Städten wie Venedig wurde die neue antikisierende Formensprache mit starken lokalen Reminiszenzen durchgesetzt. In Norditalien stellte Ziegelstein das vorherrschende Baumaterial dar. Da viele Gebäude weiterhin mit Marmorinkrustationen und Reliefschmuck ausgestattet wurden, lassen sich die ihnen zugrunde liegenden klassischen Bauformen weniger deutlich ausmachen. Allerdings entstanden im frühen 16. Jh. in ganz Italien Bauwerke im Stil der Hochrenaissance.

Reliefdekor
Reich ausgestaltete Reliefs waren in Italien, besonders in der Lombardei und der Toskana, eine seit langem gebräuchliche Dekorform. In der Renaissance zeigte diese viel in Innenräumen verwendete Ornamentierung u.a. fantastische Tiere, Girlanden und Vasen, übernommen von antik-römischen Vorbildern.

Pilaster
Pilaster sind flach aus der Wand hervortretende Pfeiler. Sie haben allein dekorative Funktion und wurden mit Stuckarbeiten verziert oder farbig gefasst.

Venezianische Palazzi
Meist L-förmig angelegt, weisen die venezianischen Palazzi verhältnismäßig schmale Fassaden bei großer Gebäudetiefe auf. Der Palazzo Vendramin-Calergi aus dem frühen 16. Jh. bereichert die nach klassischem Vorbild streng durchstrukturierte Fassade um die typisch venezianische Dekorfülle. Seine drei Geschosse, alle in der korinthischen Ordnung gehalten, bekrönt ein schweres Kranzgesims. In die *bifore* wurden große Glasscheiben aus den örtlichen Glasmanufakturen eingesetzt.

Marmorinkrustationen
Im Wasser der Kanäle spiegelt sich die „elegante Fröhlichkeit" (Burckhardt) der venezianischen Fassaden. Die Kirche S. Maria dei Miracoli aus dem späten 15. Jh. verbindet klassische mit lokalen Gestaltungselementen: Die zweigeschossige Fassade wird durch korinthische und ionische Pilaster rhythmisiert, während kostbare Marmorinkrustationen die Mauerflächen dazwischen zieren.

Ziegel und Terrakotta
In mehreren norditalienischen Provinzen gab es bereits eine lange Tradition des Bauens mit Ziegelstein. In der Renaissance passte man die klassischen Formen an die Möglichkeiten dieses Baumaterials an. Paläste wie der Palazzo Fava (1480er-Jahre) in Bologna zeigen eine Synthese lokaler Gestaltungsmotive, wie die Arkaden im Erdgeschoss und ein niedriges Obergeschoss, mit für die Renaissance typischen Pfeilerarkaden, Fenstergesimsen und Kranzgesims. Die feinteilige Terrakotta-Zier der Fenster und Gesimse ist ebenfalls typisch.

Spiel mit Zitaten
Viele Paläste der Renaissance spielten auf bedeutende Bauwerke an. Beispielsweise griff ein venezianischer Renaissance-Palazzo das gotische Maßwerk des Dogenpalastes auf. Die Abbildung zeigt die Scuola Grande di S. Marco (ab 1485), deren rundbogige Lünettengiebel auf die von Kuppeln bestimmte Silhouette der Markuskirche verweisen.

Farbigkeit
Nicht nur ein lebhafter Dekor kennzeichnete die norditalienische Architektur, sondern ebenfalls der Einsatz von polychromen Baumaterialien. Bauwerke wie die Certosa von Pavia (1497 geweiht) waren buchstäblich überzogen mit Einlegearbeiten aus schwarzem, grünem und weißem Marmor sowie rotem Porphyr – mit der Antike assoziierten Baumaterialien.

Flächendeckender Dekor
Obwohl sie gelegentlich isoliert eingesetzt wurden, gingen antikisierende Nischen, Kapitelle und Konsolen in dem verspielten flächendeckenden Dekor vieler norditalienischer Bauten fast unter.

Renaissance

Sakralbauten des 16. Jh. in Italien

Ab dem frühen 16. Jh. übernahm Rom die Rolle als führendes baukünstlerisches Zentrum Italiens. Nach der Rückkehr des Papsttums aus Avignon musste die verfallene Stadt wieder aufgebaut werden – zu den Bauherren zählten vor allem Päpste, Kardinäle und neu gegründete Orden. In Rom konnten die Architekten die Ruinen der römischen Kaiserzeit aus erster Hand studieren, in der Folge gewannen ihre Entwürfe, besonders diejenigen von Donato d'Angelo Bramante (1444–1514) an Monumentalität und Strenge. Im Spannungsfeld der konfessionellen Auseinandersetzungen entwickelte sich die Architektur in der zweiten Jahrhunderthälfte zum Werkzeug der Gegenreformation. Im 16. Jh. entstanden bedeutende Beispiele für den Lang- wie den Zentralbau. Ihre Gestaltung entsprach den neuen liturgischen und praktischen Anforderungen.

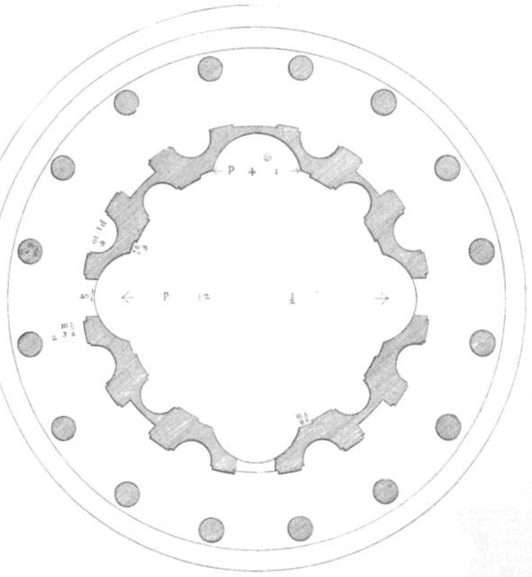

Tempietto, Rom (1502)
Bramante griff die frühchristliche Tradition auf, heilige Stätten mit einem Zentralbau auszuzeichnen, denn sein Tempietto steht genau an der Stelle, wo Petrus gekreuzigt worden sein soll. Schon zu Lebzeiten des Architekten galt der Tempietto als vollendetes Meisterwerk, Palladio nahm ihn als einzigen Bau der Neuzeit in sein Lehrbuch über römische Tempel auf.

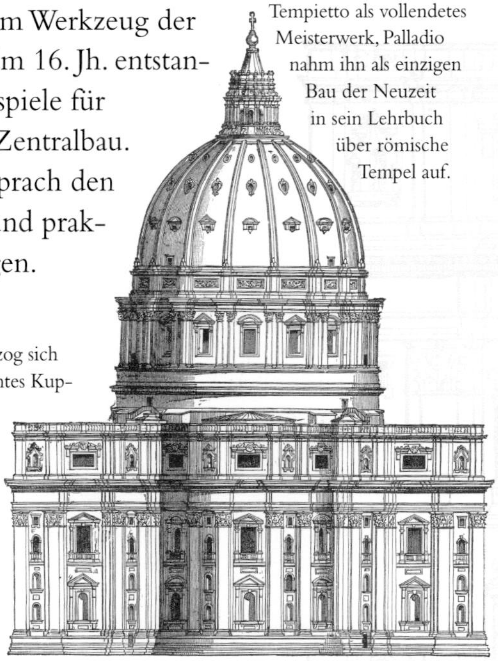

Petersdom, Vatikanstadt
Der Neubau des Petersdomes zog sich von 1506 bis ins 17. Jh. Bramantes Kuppelpfeiler für die ursprünglich als Zentralbau geplante Kirche gaben den Maßstab vor; die Entscheidung für das Langhaus fiel erst 1605. Der Ostabschluss geht auf Michelangelo (1475–1564) zurück: Er entwarf eine korinthische Kolossalordnung mit Pilastern und Attika.

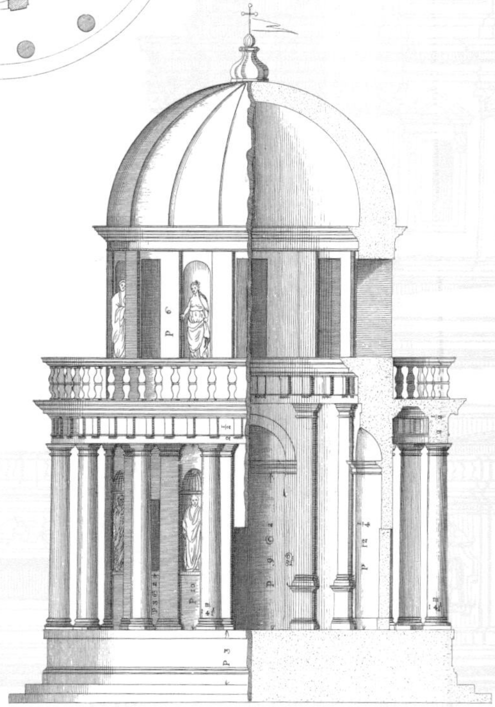

Rundtempel
Bramante entschied sich bei seinem Tempietto für einen runden Zentralbau nach dem Vorbild antiker Tempel und umgab die zentrale Cella (Allerheiligstes) mit einem Säulenkranz. Eine Halbkuppel wölbt sich wie beim Pantheon über dem Mittelbau, hier allerdings auf einer hohen Trommel. Für das Bauwerk zu Ehren des Apostelfürsten wählte der Architekt die maskulin wirkende dorische Säulenordnung. Der Tempietto ist in Gestalt und Proportionen vollendet und gilt als Musterleistung der Rundkapelle.

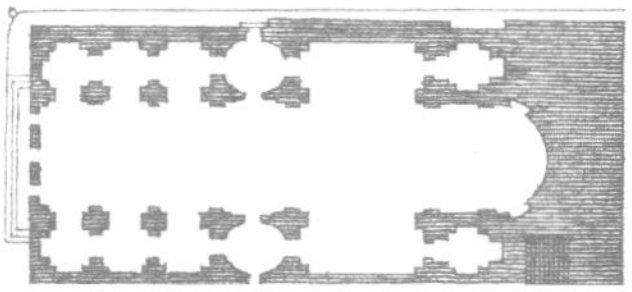

Il Gesù, Rom (1568 begonnen)
Die neu gegründeten Orden lieferten wichtige Stimuli, denn sie benötigten neue Kirchentypen. Il Gesù, die Mutterkirche des Jesuitenordens, erwies sich als wegweisend: Mit ihrem breiten Hauptschiff und den Flankenkapellen entsprach sie den baulichen Vorgaben des Tridentinischen Konzils (1545–1563). Besonders die zweigeschossige Fassade mit Dreiecksgiebel wirkte stilbildend.

S. Andrea in Via Flaminia, Rom (1550–1553)
Von berühmten Vorbildern inspirierte Renaissancebauten konnten durchaus innovativ sein. Diese kleine Kirche greift beispielsweise Formen des Pantheons auf, doch ihr Architekt Giacomo Barozzi da Vignola (1507–1573), der später Il Gesù erbaute, experimentierte mit Gestaltungsmöglichkeiten: Er setzte eine ovale Pendentifkuppel über einen fast quadratischen Innenraum.

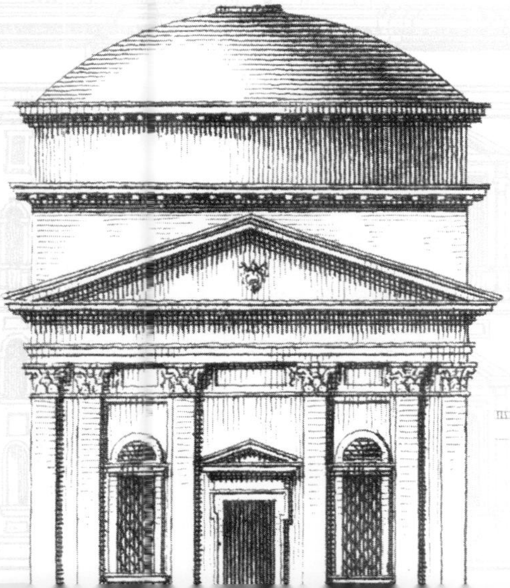

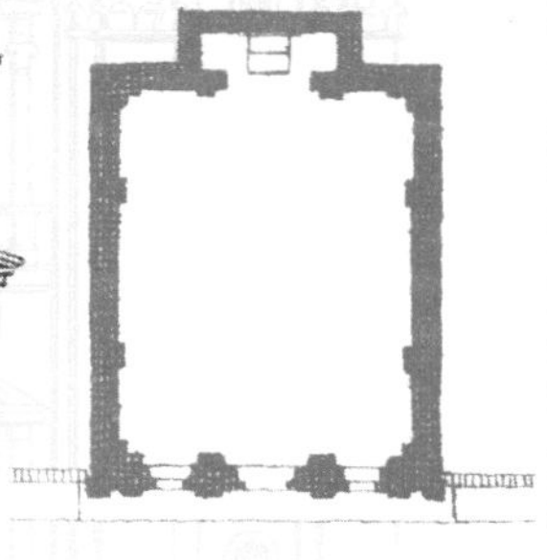

Il Redentore, Venedig (1577–1592)
Palladio leistete einen bedeutenden Beitrag zur Weiterentwicklung des Sakralbaus. Seine Suche nach Fassadenlösungen brachte Entwürfe hervor, die sich durch eine Staffelung von Giebelfronten sowie durch Halbsäulen und Pilaster auszeichnen. Der Innenraum seiner Kirchen in Venedig wird von großen Thermenfenstern (halbkreisförmigen Lünetten, von zwei Pfeilern dreigeteilt) erhellt. Säulenstellungen grenzen Hochaltar und Mönchschor ab.

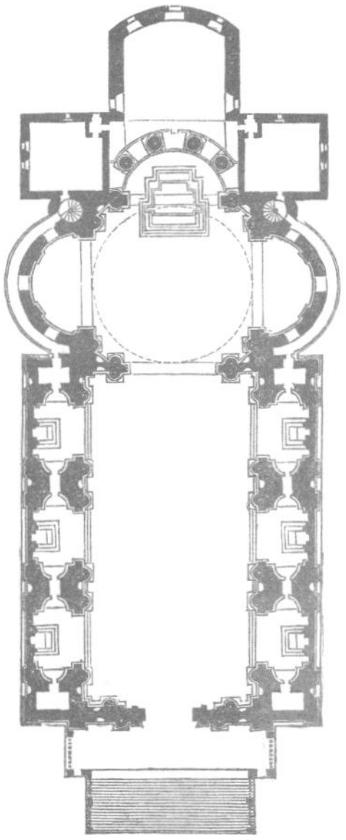

S. Maria della Consolazione, Todi (1508 begonnen)
Nach dem idealen Zentralbau strebten in der Renaissance zahlreiche Baumeister. Diese Wallfahrtskirche in Umbrien entspricht Albertis Architekturidealen: Sie erhebt sich gut sichtbar auf einer Anhöhe, in ihrem Grundriss durchdringen sich die geometrischen Formen Kreis, Halbkreis sowie Quadrat.

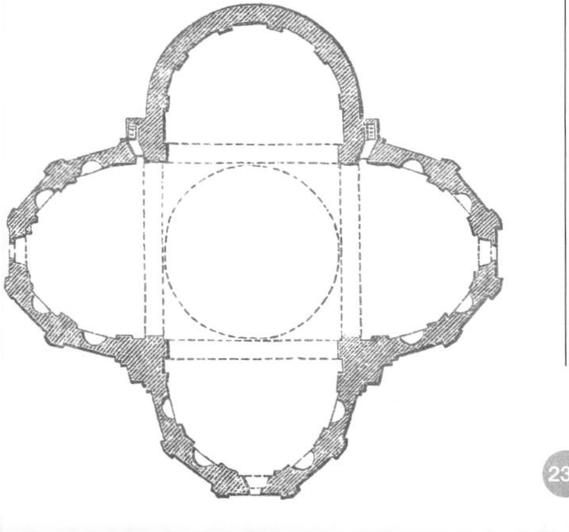

Renaissance

Architektur als Darstellung von Macht und Reichtum

Während des 16. Jh. setzte man den antiken Formenkanon zunehmend geübter ein. Die Ordnungen waren präzise festgelegt im Rahmen einer sich entwickelnden Architekturtheorie. In der Folge wandte man sich verstärkt der Stadtplanung zu und gestaltete repräsentative Plätze mit majestätischen Kommunal- sowie Wohnbauten. Kommunen wie private Bauherren nutzten Architektur für die Darstellung ihrer Macht. Dabei suggerierten die eingesetzten klassischen Bauformen gleichzeitig zivilisatorische Ordnung und Autorität.

Palazzo Farnese, Rom (1534 begonnen)
Vielen Städten galt der Florentiner Typus des dreigeschossigen blockartigen Palazzo mit zentralem Innenhof weiterhin als Maßstab. Der prachtvolle Palazzo Farnese aus dem 16. Jh. stellt eine Weiterentwicklung dieses Modells dar. Er weist Fenster mit Giebelverdachungen anstelle der *bifore* auf; die Mauern aller Geschosse sind einheitlich behandelt und den Haupteingang heben massive rustizierte Quader hervor.

Venezianische Palazzi
Im Kern wandelte sich der Palastbau in Venedig während des 16. Jh. wenig. Allerdings setzten die Architekten für die Fassaden verstärkt klassische Dekorationsmotive ein, stets in Verbindung mit der typisch venezianischen Vorliebe für Dekorfülle und Materialwirkungen. Beispielsweise verwendete man hier kannelierte Doppelsäulen mit korinthischen Kapitellen.

Gebälk, Palazzo Farnese
Architektur diente nicht nur der Verschönerung der Stadt, sondern sie ließ sich ebenfalls als Statussymbol einsetzen. Bauherren und Mäzene ließen ihre Wappen und Embleme an auffälliger Stelle an den Bauten anbringen. Hier sieht man an dem mächtigen Gebälk unter dem Zahnschnitt Lilien – das Emblem der Farnese, einer einflussreichen römischen Familie.

Markus-Bibliothek, Venedig (ab 1536)
Der Umbau der Piazza S. Marco durch Jacopo Sansovino (1486–1570) stellte ein wichtiges stadtplanerisches Projekt der Renaissance dar. An seiner Bibliothek setzte er den klassischen Formenapparat vorbildlich ein.

Bossenwerk, Palazzo Farnese
Rustizierte Quader (Bossen) bildeten die Eckpartien der Gebäude, wie etwa beim Palazzo Farnese. Dort kontrastieren sie mit der glatten Mauerfläche und betonen die Kanten des frei stehenden blockartigen Bauwerks.

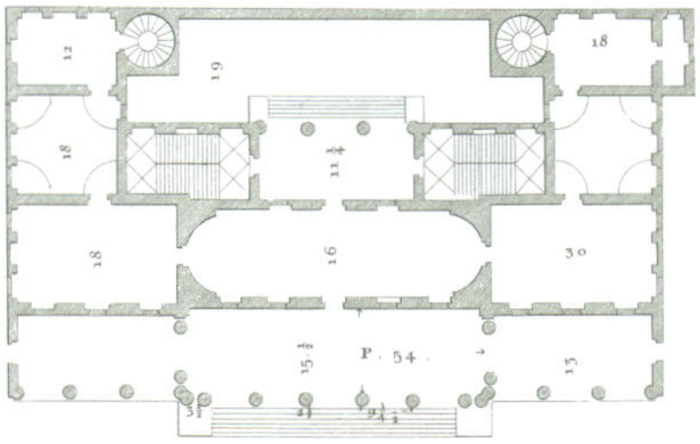

Palazzo Chiericati, Vicenza (seit 1551)
Eine großartige Gestaltung täuschte manchmal über mangelnde Größe hinweg. Der symmetrische, kompakte Grundriss des Palazzo Chiericati nutzt die zur Verfügung stehende Fläche optimal aus. Hier verbinden sich klar herausgearbeitete antike Elemente zu einer eleganten Fassade.

Palladianische Stadtpaläste
Bei seinen berühmten Villen setzte Andrea Palladio (1508–1580) weite Ausblicke ein. Stadtpalazzi hingegen konnten nicht auf Fernwirkung konzipiert werden und die schmalen Straßen erforderten auffälligere Gestaltungen: Rustizierte Quader, Doppelsäulen, ein vorkragendes Gesims sowie Skulpturen wirken hier als Blickfang.

Basilica, Vicenza (1548–1617)
Obwohl Vicenza unter der Herrschaft von Venedig stand, schmückte sich die Stadt mit imposanten Kommunalbauten. Den spätgotischen Palazzo Pubblico, das Rathaus, ummantelte Palladio buchstäblich mit zweigeschossigen Arkadengängen und setzte ihm eine Balustrade auf. Der Architekt selbst nannte den Bau „Basilica" in Anspielung auf die antike Basilika, die öffentliche Markt- und Gerichtshalle.

Palladio-Motiv, Basilika, Vicenza
Das Palladio-Motiv besteht aus einem Bogen, der von zwei niedrigeren, rechteckigen Öffnungen flankiert wird, abgetrennt durch je zwei Säulen. Obwohl die Bögen regelmäßig verteilt erscheinen, variierte Palladio doch die Breite der rahmenden Öffnungen, um die vorgesetzten Arkaden mit dem älteren Kernbau in Einklang zu bringen.

Renaissance

Villen und Gärten

Mit Villen, Gärten und schönen Ausblicken assoziierte man stets einen freizügigen Lebensstil. In der Renaissance gewannen die Villen an Beliebtheit und Bedeutung: Man überhöhte die beschauliche Ruhe des Landlebens als Gegenpol zur städtischen Hektik. Viele bedeutende Familien, Fürsten und Kardinäle ließen sich idyllische Landsitze errichten. Die Bandbreite reichte dabei von weitläufigen Villen, manchmal mit angeschlossenen landwirtschaftlichen Gütern, bis zur *villa suburbana*, dem kleineren Landhaus vor den Toren der Stadt, oft zwischen Weinbergen und Gärten eingebettet. Das Wissen der Gelehrten und Mäzene über die antiken Villen stammte größtenteils aus schriftlichen Quellen. An der Erforschung antik-römischer Landsitze bestand vor allem im Rom des 16. Jh. großes Interesse.

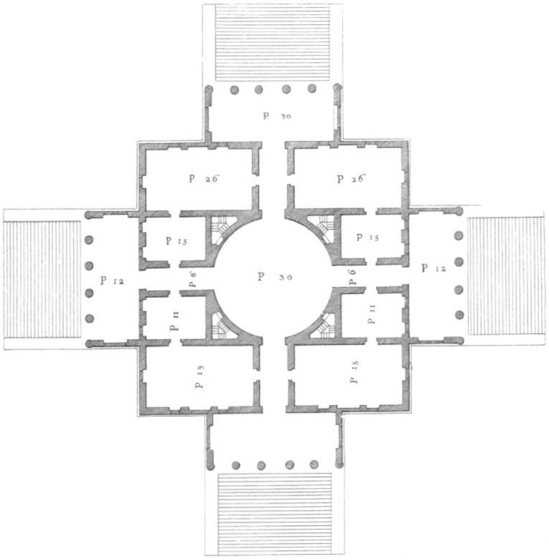

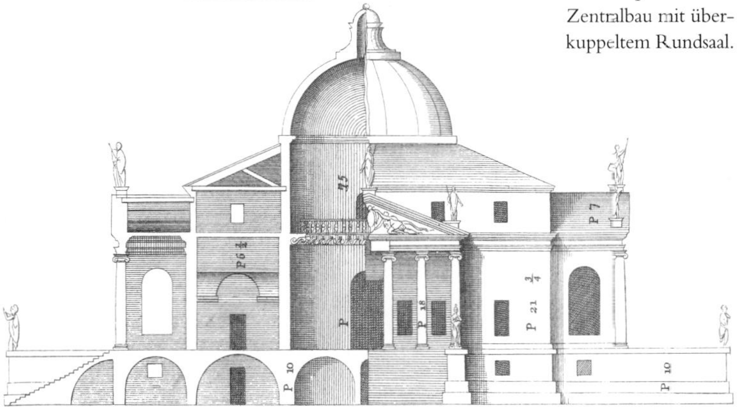

Villa Rotonda, bei Vicenza (ab 1566/67)
Andrea Palladio errichtete seine Villen, die er in der zweiten Jahrhunderthälfte nach den Regeln der harmonischen Proportion, einem System von Maßverhältnissen, das die Architektur mit der Musik in Verbindung setzte. Der Grundriss der Villa Rotonda offenbart die vollkommene Symmetrie ihrer Gestaltung. Das wegweisende Bauwerk ist ein quadratischer Zentralbau mit überkuppeltem Rundsaal.

Der Standort der Villa
Der Standort spielte in funktionaler wie ästhetischer Hinsicht eine wichtige Rolle. Man bevorzugte die Hanglage oder eine Anhöhe, vor allem mit Blick auf einen Fluss oder See. Quellen, wie bei Palladios Villa Barbaro in Maser (1549–1558) im Veneto, dienten der Bewässerung der Gartenanlage wie der Versorgung des Haushalts.

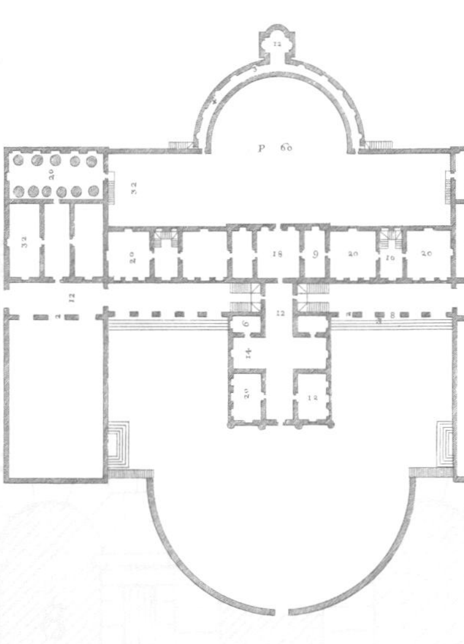

Villa suburbana
In den Villen in Stadtnähe gab man rauschende Feste. Die meisten Räume konnten vielseitig genutzt werden, was von Wetter und Jahreszeit abhing. Die Wirtschaftsräume befanden sich üblicherweise im Erdgeschoss, die Haupträume im Obergeschoss, das einen besseren Ausblick bot. Jeder Front der Villa Rotonda ist ein Portikus vorgesetzt, wie ihn Palladio irrtümlich bei antiken Villen vermutete. Hier ist er als sechssäuliger Portikus mit Dreiecksgiebel gestaltet.

Villa Giulia, Rom (Mitte 16. Jh.)
Wegen seiner akustischen und visuellen Reize kam Wasser in den Gartenanlagen der Renaissance eine besondere Bedeutung zu. Das Strömen, Rieseln und Spritzen der Wasserspiele sorgte für überraschende Effekte. Die Villa Giulia verfügte etwa über ein Nymphäum mit künstlich angelegter Grotte.

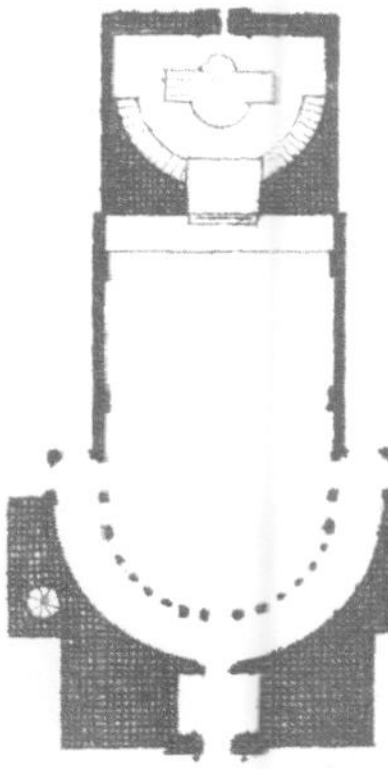

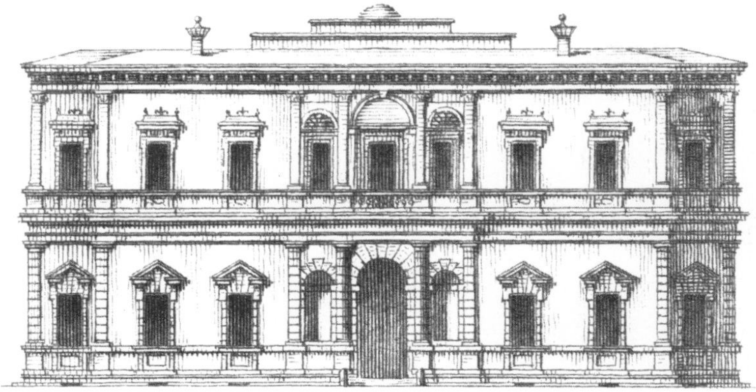

Fassade, Villa Giulia
Mehrere Päpste ließen sich Sommerresidenzen zwischen den schattigen Hügeln außerhalb der Stadtmauer errichten, so etwa Papst Julius III. seine Villa Giulia. Der zweigeschossige Bau prunkt mit einer palastähnlichen Fassade. Ihre kräftigen Pilaster kontrastieren mit dem freskierten Portikus und den feinen Stuckarbeiten der Gartenseite.

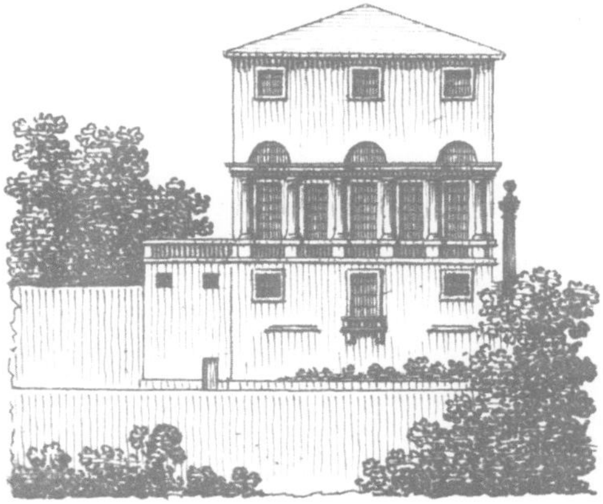

Portale
Den Eingang zu größeren Gärten und Landsitzen betonte ein prächtiges Portal mit klar gegliedertem Bauschmuck, rustizierten Quadern und fantastischen Dekorformen.

Feste
Die Terrassen und Gartenanlagen der Villen und Paläste boten den idealen Rahmen für glänzende Feste. Der Duft wohl riechender Sträucher, murmelndes Wasser, Skulpturen und Blickachsen machten ihren besonderen Reiz aus.

Terrasse, Balkon und Belvedere
Von Terrasse und Balkon aus genoss man einen guten Ausblick auf die Landschaft. Auf dem Villendach oder im Garten stand zudem oft ein architektonisch gestalteter Aussichtspunkt (Belvedere).

Villen im Veneto: Villa Barbaro, Maser (1549–1558)
Palladio errichtete etwa 60 Villen im weiten Umkreis von Vicenza, denen meist große landwirtschaftliche Güter angeschlossen waren. Diese Villen entsprechen einem Grundtypus: einem zentralen Kernbau, dem Säulenportiken sowie Seitenflügel mit landwirtschaftlichen Nutzbauten vorgesetzt sind. Den herrschaftlichen Bereich kennzeichnen klassische Motive wie Tempelportikus oder Kolossalordnung, während schlichte Pfeilerarkaden die Wirtschaftsflügel bilden.

Renaissance

Französische Königsschlösser des 16. Jh.

Nur langsam fasste der neue Baustil außerhalb der italienischen Stadtrepubliken Fuß. Während des gesamten 15. Jh. blieb die Gotik in Frankreich, Deutschland und Spanien weiterhin bestimmend. Doch allmählich vermittelten Reisende, die aus Italien zurückgekehrt waren, die Kenntnis der klassischen Formenwelt, zudem wurden zahlreiche italienische Architekten und Bildhauer ins Ausland verpflichtet. Die französischen Könige Franz I. und sein Sohn Heinrich II. waren sich der Symbolkraft bewusst, die aus ihrer kulturellen Vorrangstellung erwuchs. Sie nutzten den neuen Stil als Mittel herrschaftlicher Repräsentation und initiierten ehrgeizige Bauprogramme.

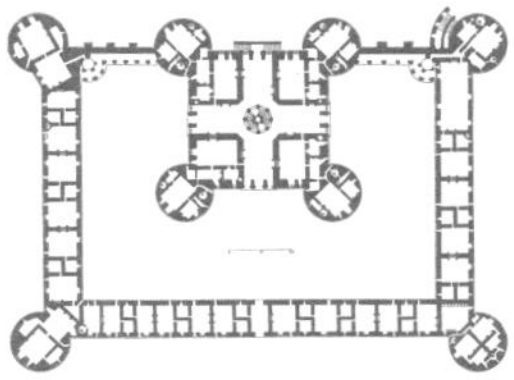

Grundriss, Chambord
Während der Grundriss von Chambord ganz dem Renaissance-Ideal der Symmetrie verpflichtet ist, stellen die Ecktürme Reminiszenzen der mittelalterlichen Wehrarchitektur dar.

Innengliederung des Donjons, Chambord
In jedem Geschoss des Donjons (Wohnturm) schließen sich riesige Säle kreuzförmig an die zentrale Wendeltreppe. Sie bildeten die Verbindung zu den vier Eckappartements, die sich bis in die Rundtürme erstreckten.

Schloss Chambord, Loire-Tal (1519 begonnen)
Die französische Renaissance ist keine einfache Kopie italienischer Vorbilder. Obwohl oft eine klassische, an Italien geschulte Formensprache eingesetzt wurde, bildete sich ein eigener französisch-manieristischer Stil heraus. Den Baukörper von Schloss Chambord gliedern Pilaster und mehrgeschossige Arkaden. Darüber zeichnet sich eine fantastische Silhouette aus Ziertürmen, Schornsteinen und steilen Dächern ab, inspiriert durch die mittelalterlichen Baugewohnheiten.

Zentraltreppe, Chambord
Die berühmte Doppelwendeltreppe von Chambord wurde vermutlich von Entwürfen Leonardo da Vincis angeregt. Palladio war von ihrem innovativen Charakter, ihrer Schönheit und Zweckmäßigkeit beeindruckt und nahm sie in „I quattro libri dell'architettura" (Die vier Bücher zur Architektur, 1570) auf.

Treppenturm, Schloss, Blois, Loire-Tal
Treppenhäuser spielten in der französischen Architektur des 16. Jh. eine größere Rolle als in den zeitgleichen italienischen Palazzi. Seit dem 15. Jh. war die Wendeltreppe in Frankreich gebräuchlich. Diese Tradition greift der große, durchbrochene Treppenturm auf, den Franz I. am Renaissance-Trakt (1515–1524) des Schlosses von Blois errichten ließ. Seine Brüstungen sind mit überreichem Arabeskenwerk verziert.

Klassischer Bauschmuck
Hohe Schornsteine zeichnen viele französische Bauwerke aus. Meist sind sie mit Ornamenten geschmückt, die man bei Baugliedern in dieser Höhe eigentlich nicht erwartet. Diese beiden Schornsteinaufsätze tragen mit Voluten, Pilastern und einem eierstabähnlichen Fries dekorierte Ziersarkophage.

Renaissance

Architektursprache der französischen Renaissance

Die französische Architektur orientierte sich unmittelbarer und ernsthafter als die anderer Länder an der italienischen Renaissance, auch wenn deren Motive manchmal rein dekorativ eingesetzt wurden. Das Wissen um sie verbreitete sich zunächst über Stichserien, Architekturzeichnungen und Musterbücher. Der italienische Architekt Sebastiano Serlio, der die Bauten Bramantes und Raffaels in Rom aus eigener Anschauung kannte, war einer der italienischen Künstler und Gelehrten, die Franz I. an seinen Hof berief. Serlios umfassende sechsbändige „L'architettura" (1537–1551) war die erste illustrierte Baulehre der Neuzeit. Als entsprechend bedeutsam erwies sie sich für die Verbreitung der italienischen Hochrenaissance.

Innenausstattung, Fontainebleau
Franz I. holte viele italienische Künstler ins Land. Beispielsweise ließ er die Innenräume des Schlosses von Fontainebleau bei Paris luxuriös von ihnen ausstatten. Die Künstler der Schule von Fontainebleau schufen Fresken, plastische Stuckornamente und Skulpturen.

Gestaltungselemente, Fontainebleau
Farbigkeit, Materialwirkung und Opulenz sind die auffälligsten Gestaltungsmerkmale der Innenräume von Fontainebleau. Kassettierte Holzdecken, Vertäfelungen, vergoldete Rahmen sowie Spiegel bieten ein prachtvolles Erscheinungsbild. Dieser Dekorationsstil wurde für ganz Europa zum Maßstab.

Grabskulpturen
Viele bedeutende Grabmäler der Renaissance zeigen klassische Gestaltungsformen, wenn auch Standortwahl und Grabskulpturen oft mittelalterliche Traditionen fortführen. Einige französische Königsgrabmäler wurden von italienischen Bildhauern gefertigt, etwa das Grab von Ludwig XII. und Anne de Bretagne in St.-Denis, der Grablege der französischen Könige. Es weist Rundbögen, korinthische Pilaster und ein Kranzgesims auf.

Die Ordnungen, Fontainebleau
Sebastiano Serlio (1475–1554/55) behandelte die Säulenordnungen in Band IV seiner Baulehre und verwies auf ihre Hierarchie, von der schlichten toskanischen bis zur reich geschmückten Kompositordnung. In Fontainebleau lässt Bossenwerk das Untergeschoss elegant wirken.

Die Säule *à bracelets*
Französische Architekten wie Philibert Delorme (1510–1570) studierten in Italien die zeitgenössische Baukunst und die antiken Ruinen. Delorme schlug eine eigene „französische" Ordnung vor, die Säule *à bracelets* (Armbandsäule), deren Schaft von einer Folge bossierter Ringen umspannt wird. Sie wurde reich ornamentiert, sogar die Kanneluren ihres Schaftes.

Portikus, Fontainebleau
Dieser Portikus entspricht in seinem Konstruktionsprinzip der Gebälkarchitektur: Korinthische Säulen, die hier auf hohen Postamenten ruhen, tragen ein waagerechtes Gebälk.

Freitreppe, Fontainebleau
Eine Freitreppe ist eine der Hausfassade vorgelegte Treppe ohne Dach, die in der Renaissance gern besonders repräsentativ gestaltet wurde. Ein schönes Beispiel befindet sich in Fontainebleau: Dort schwingt sich eine kompliziert geschweifte, zweiarmige Freitreppe hinauf zum heutigen Haupteingang.

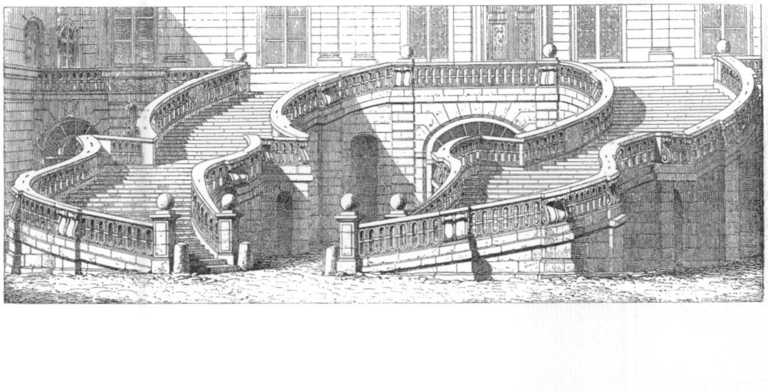

Spiel mit Formen
Obwohl Gebrauch und Dekor der Säulenordnungen von der Architekturtheorie genau kodifiziert worden waren, zogen viele Architekten in Frankreich einen undogmatischen Umgang mit ihnen vor und wandelten sie nach Bedarf ab. Fantastische Figuren ersetzen an diesem Kapitell die Voluten.

Ornamentierung
Die Säule *à bracelets* hatte einen praktischen Nebeneffekt: Da in Frankreich meist mit Stein gebaut wurde, boten sich die Schaftringe an, um die Fugen zu verdecken. Die Säulen wirkten wuchtiger und konnten, wie dieses Detail des Louvre, reicher verziert werden.

Renaissance

Kommunalbauten im nördlichen Mitteleuropa

Nach allgemeinem Verständnis liegt die Essenz der Renaissance-Baukunst im Einsatz einer klassischen, an der römischen und griechischen Antike geschulten Formensprache. Allerdings existierten im 16. Jh. durchaus weitere Gestaltungsideale, schon allein deshalb, weil Bauformen, die eng mit Katholizismus und Papsttum assoziiert wurden, für die mehrheitlich reformierten Gebiete des nördlichen Mitteleuropas nicht akzeptabel waren. Ein dort auftretendes charakteristisches Gestaltungsmotiv war der reich ornamentierte mehrgeschossige Giebel. Gezielt setzten die Städte des Nordens Architektur ein, um Bürgerstolz sowie nationale Identität zum Ausdruck zu bringen. An ihren mächtigen, eindrucksvollen Rat- und Gildehäusern wurden klassische Motive erfindungsreich umgemünzt und mit heimischen Bautraditionen verschmolzen.

Rathausfassade, Leiden, Niederlande (1593/94)
In Zeiten großen Wohlstands modernisierten die Städte ihre Kommunalbauten durch Umbau oder Erweiterungen. So auch in Leiden, einer Stadt mit blühender Textilindustrie. Hier entwarf Lieven de Key (um 1560–1627) eine Fassade, die dem bestehenden Rathaus vorgesetzt wurde. Klassische Dekorformen – kannelierte Säulen und Pilaster, Dreiecksgiebel, rustizierte Quader und von bossierten Streifen umfasste Säulenschäfte – konkurrieren hier mit einem überschwänglich verzierten Mittelgiebel.

Rathaus, Antwerpen, Belgien (16. Jh.)
Über Bücher, einige davon übersetzt, und über heimische Architekten, die in Italien gearbeitet hatten, verbreitete sich die Kenntnis des neuen Baustils im Norden. Cornelis Floris (1514–1575) hatte viele Jahre in Italien verbracht und als er in Antwerpen das gewaltige Rathaus errichtete, ließ er einfließen, was er von Bramante und Serlio gelernt hatte. Die streng-monumentale, in antikisierenden Formen gehaltene Fassade belebte er mit einem reich durchgegliederten, prunkvollen Ziergiebel. Das Rathaus stellte einen der ersten Renaissance-Bauten der Niederlande dar und wirkte stilbildend.

Gewandhausfassade, Braunschweig (1589)
Der Handel brachte Wohlstand in das nördliche Mitteleuropa, wo sich die reichen Städte Plätze mit großen Repräsentationsbauten leisteten wie dieses prächtige mehrgeschossige Gewandhaus, das Kaufhaus der Tuchhändlergilde. Die vier unteren Geschosse seiner Schauwand zeigen die Ordnungen in der klassischen Reihenfolge. Das Beschlagwerk ist niederländisch-manieristisch, der stolz aufragende, vom gotischen Giebelhaus übernommene Staffelgiebel wird von antikisierenden Voluten begleitet.

Großes Zeughaus (Teilansicht), Danzig, Polen (1600–1612)
Im nördlichen Mitteleuropa waren schon im Mittelalter imposante Ziegelbauten entstanden und die Renaissance führte die traditionelle Bauweise fort. Die Portale am Großen Zeughaus rahmen derb-manieristisch rustizierte Quader. Es weist vier geschweifte Giebel mit manieristischen Obelisken auf.

Renaissance

Spanien: Plateresken- und Desornamentado-Stil

Renaissance-Motive traten in Spanien erstmals an Profanbauten des frühen 16. Jh. auf. Dennoch hielt man vor allem für Sakralbauten noch lange an der überreichen spanischen Spätgotik fest. Sie brachte den Plateresken-Stil hervor, der Elemente der Renaissance aufgriff und sie als reine Dekormotive auf grundsätzlich weiterhin gotische Baustrukturen applizierte. Mit zunehmender Kenntnis der italienischen Baukunst und ihrer Architekturtheorie wurde auf harmonische Proportionen und klare Formen allmählich größeres Augenmerk gerichtet. In der zweiten Jahrhunderthälfte entwickelte Juan de Herrera (um 1530–1597), erster Baumeister von König Philipp II., den schmucklos-strengen Desornamentado-Stil.

Fassade des Alcázar, Toledo (ab 1537)
Die von Alonso de Covarrubias (1488–1570) entworfene Schaufassade dieses Alcázar (Burg) vereinigt Elemente der Palast- und Wehrarchitektur. Er ist ein schönes Beispiel für einen wenig dogmatischen Umgang mit klassischen Motiven: Obwohl die Rustika traditionell für das Untergeschoss vorgesehen war, fand sie hier am Obergeschoss des Alcázar Verwendung und wirkt zwischen den weit vortretenden Ecktürmen fast wie ein Zierfries.

Brunnen, Hostal de los Reyes Católicos
Die Innenhöfe (Patios), oft mit Springbrunnen und Pflanzen als angenehmkühler Aufenthaltsort gestaltet, sind ein Charakteristikum spanischer Bauten. Diese Pilgerherberge verfügt über einen rechteckigen Patio mit Pfeilerarkatur. Der Brunnen in seiner Mitte ist mit antikisierenden fantastischen Figuren und Akanthusblättern geschmückt.

Hostal de los Reyes Católicos, Santiago de Compostela (1501–1511)
Der Plateresken-Stil – *plateresco* bedeutet silberschmiedeartig – ist ein üppiger spanischer Dekorationsstil.
Dieses Hostal, eine Pilgerherberge, weist ein rundbogiges Renaissance-Portal mit Pilastergliederung auf. Pilaster und Mauerflächen werden von Flachreliefs geradezu überwuchert.

Goldene Treppe, Kathedrale, Burgos
Die Escalera Dorada (Goldene Treppe) aus dem frühen 16. Jh. zeigt die klassischen Ordnungen, samt Basis und Gebälk, doch sie gehen in der Fülle des Dekors fast unter. Typisch: ein wuchernder plastischer Schmuck, der auf antikisierende Muscheln, Girlanden, Medaillons und Vasen zurückgreift.

Gebrauch der Ordnungen
Bei Innenhöfen wurden oft die klassischen Säulenordnungen eingesetzt, allerdings mit überschwänglichen Kapitellen, denen klassische Proportionen fremd sind. Bei den Arkaden im Patio des Palacio de Mendoza in Guadalajara, 16. Jh., verwendete man Stein für Schaft, Basis und Kapitell, während Querbalken und Trägerarme aus Holz bestehen.

Desornamentado-Stil, Escorial
Der Desornamentado-Stil, dessen nüchtern-klassische Bauformen mit den vorhergehenden spanischen Dekorationsstilen stark kontrastieren, dominierte die spanische Baukunst des späten 16. Jh. Der aus Granit erbaute, fast völlig schmucklose Escorial stellte in seiner strengen Monumentalität geradezu ein architektonisches Bekenntnis dar und war ein Wahrzeichen der Gegenreformation.

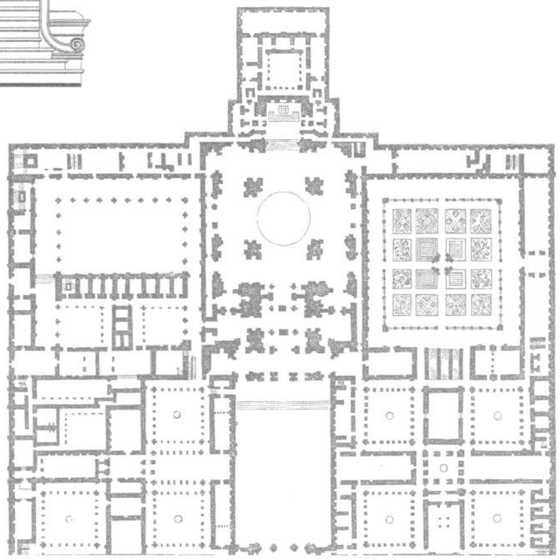

Escorial, bei Madrid (1563–1584)
Der Grundriss verdeutlicht die Symmetrie und Komplexität des weitläufigen Klosterschlosses, das Philipp II. bei Madrid errichten ließ. Es umfasste ein Kloster, Kreuzgänge, Königspaläste sowie eine Bibliothek und diente zudem als Grablege der spanischen Herrscher. Das Zentrum der Anlage stellt die Kuppelkirche dar, welche den Petersdom in Rom zum Vorbild hat.

Konsolengebälk
Das Konsolengebälk ist oft an spanischen Bauwerken zu finden. Es besteht aus breiten, auf ein Kapitell aufgesetzten Trägerarmen, die einen Balken aufnehmen. Die abgebildete Konsole zieren geschnitzte Voluten, das Medaillon wiederholt sich an dem Balken.

Renaissance

England: Elizabethan Style

In England war die Spätgotik noch bis weit in das 16. Jh. bestimmend, ähnlich wie im nördlichen Mitteleuropa. Was man über die Renaissance wusste, stammte nicht aus direkter Anschauung, sondern wurde über andere Länder vermittelt, war also flämisch oder französisch geprägt. Nach der Reformation kam der Kirchenbau in England fast zum Erliegen. Stattdessen wetteiferten hochrangige Mitglieder des elisabethanischen Hofes mit dem Bau kostspieliger Landschlösser. Der Architekturhistoriker Sir John Summerson bezeichnete sie als *prodigy houses* (wörtlich: Wunderhäuser). Einige von ihnen wurden eigens errichtet oder umgebaut, um Königin Elisabeth I. (regierte 1558–1603) und ihr Gefolge mit einem prunkvollen Ambiente zu beeindrucken. Longleat und Wollaton Hall sind Beispiele für solche *prodigy houses*.

Longleat, Wiltshire (1570er-Jahre)
Longleat, im südwestenglischen Wiltshire gelegen, wurde in den 1570er-Jahren unter Einbeziehung des Vorgängerbaus neu errichtet. Innovativ war die harmonische, symmetrische Gestaltung seiner Fassaden, die von Sprossenfenstern und großzügigen Glasflächen dominiert werden.

Fassade, Longleat
Die Fassaden von Longleat verbinden eine klassische, zurückhaltende, maßvolle Gestaltung mit dem heimischen *bay window* (Fensterbucht). Hier belebt ein System leicht hervortretender *bay windows* die Fassade, ohne den Eindruck ernster Monumentalität zu mindern.

Grundriss, Longleat
Um den Hofstaat bei seinem Besuch adäquat aufzunehmen, musste ein Herrensitz über eine lange Galerie und große Säle für rauschende Feste verfügen. Gut geplante Küchen- und Wirtschaftsräume waren ebenso unabdingbar wie Wohngemächer. Alle diese Kriterien vereint das Landschloss Longleat mit seinem doppelt achsensymmetrischen Grundriss.

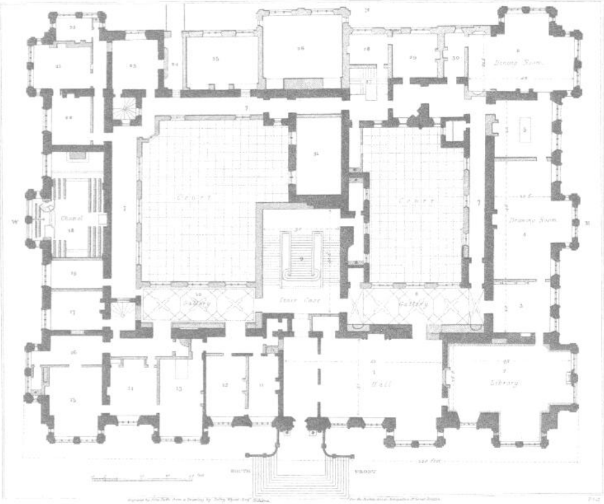

Wollaton Hall, Nottinghamshire (1580–1588)
Über Musterbücher wurde die italienische und europäische Renaissance nach England vermittelt. Wollaton Hall, von Robert Smythson (um 1536–1614) in Mittelengland errichtet, zeigt in Entwurf wie Dekor Einflüsse von Serlio und Hans Vredeman de Vries.

Türme, Wollaton Hall
Die vier kräftigen Ecktürme verleihen dem Schloss einen dramatischen Akzent. Bekrönt werden sie von Giebeln, deren Beschlagwerk-Ornamente aus de Vries Musterbüchern stammen. Pilaster mit breiten Schaftringen rahmen die großen Sprossenfenster („*Wollaton Hall – more glass than wall*“).

Grundriss, Wollaton Hall
Der symmetrische Grundriss weist vier Ecktürme aus, die dem quadratischen Grundkörper vorgesetzt wurden. Es gibt keinen Innenhof, sondern eine zentrale große Halle. Der Grundriss geht vermutlich auf einen Entwurf des italienischen Baumeisters Sebastiano Serlio zurück, der am französischen Hof in Fontainebleau tätig war.

Große Halle, Wollaton Hall
Der Elizabethan Style setzte weiterhin die zentrale große Halle ein. In Wollaton Hall wird sie von gotischen Fenstern im Obergeschoss erhellt. Das Beschlagwerk auf der Trennwand ist dem niederländischen Manierismus entlehnt.

Renaissance

England: Jacobean Style

Die Herrschaft von James I. (regierte 1603–1626), dem ersten Stuart-Regenten, hatte keinen tief greifenden Wechsel im Baugeschmack zur Folge. Der *Jacobean Style* des frühen 17. Jh. führte die Gestaltungskriterien des *Elizabethan Style* fort, allerdings bereichert um Anregungen der in England tätigen ausländischen Bildhauer und Handwerker, vor allem aus den Niederlanden. Die Innenausstattung bestand größtenteils aus Stuckarbeiten, Schnitzwerk, ornamentierten Türen und Kaminen. Der „holländische" Ziergiebel wurde übernommen, vor allem für Wohnhäuser im Osten Englands, wo die Verbindungen zu den Niederlanden traditionell eng waren. Es entstanden praktisch keine Sakralbauten, dafür einige bedeutende *prodigy houses*. In mehrfacher Hinsicht glichen sie ihren elisabethanischen Vorgängern, doch der Grundriss wandelte sich: Er wurde nun H- oder U-förmig. Zugleich verstärkte sich der Wunsch nach eindrucksvollen Gebäudesilhouetten mit bewusst konzipierter Fernwirkung.

Audley End, Essex
Ein exzellentes Beispiel für ein *prodigy house* im Jacobean Style ist das Herrenhaus Audley End, begonnen 1603. Trotz seiner Monumentalität wirkt es äußerst harmonisch. Hervorstechend sind seine variierenden Trakthöhen: Die Seitenflügel überragen den niedrigeren Mittelbau.

Vorhalle, Audley End
Aus dem Baukörper heraustretende Vorhallen zählten zu den Baugliedern, an denen man gern die klassischen Säulenordnungen einsetzte. In Audley End öffnen sich die zweigeschossigen Vorhallen des Eingangs in Arkaden. Bekrönt werden sie von hohen Balustraden.

Fensterfront
Großzügige Fensterflächen prägen die Herrenhäuser des Elisabethan und Jacobean Style, manchmal wurden auch Blendfenster eingesetzt. Typisch sind hohe, breite Fenster, die durch Sprossen vielfältig unterteilt werden.

Blickling Hall, Norfolk (1616–1627)
Die Baumaterialien haben nicht nur konstruktive Funktion, sondern auch eine ästhetische. An der englischen Ostküste war Ziegelstein als Baumaterial weithin gebräuchlich. Die geschweiften Giebel der dortigen Bauten des Jacobean Style wiesen stilistisch einen starken Einfluss der Niederlande auf. Ein schönes Beispiel dafür ist Blickling Hall: Von der roten Ziegelfassade heben sich die rustizierten Steinquader und das breite Sprossenwerk der Fenster deutlich ab.

Eingang, Browsholme Hall, Lancashire (1603)
Der Eingang zeigt auf drei Geschossen klassische Dekormotive. Im Erdgeschoss symbolisieren dorische Säulen Stärke, darüber sieht man elegante ionische Säulen.

Giebel
Auf den Giebelschmuck legte der Jacobean Style großen Wert. Dabei wurden geschwungene Formen gegenüber dem Staffelgiebel bevorzugt. Die geschweiften Giebel und Ziertürmchen ergaben gemeinsam eine lebhafte, abwechslungsreiche Silhouette.

Renaissance

England: Inigo Jones

Die noble, elegante Architektur von Inigo Jones (1573–1652) unterscheidet sich grundlegend von den englischen Bauten des 16. Jh., welche die Renaissance meist als Dekorationsfundus eingesetzt hatten. Nach ausgiebigem Studium der antiken Monumente und der Renaissance-Bauwerke in Italien, vor allem von Palladio, wurde Jones Generalbauinspektor am englischen Hof. Seine mit handschriftlichen Notizen versehene Ausgabe von Palladios „Die vier Bücher zur Architektur" (1570) existiert noch. Inigo Jones schuf streng-klassische Bauten, die strukturelle Klarheit, Zweckmäßigkeit und harmonische Proportionen vereinten. Sein Vorbild war die italienische Hochrenaissance – in Italien bahnte sich bereits der Barock seinen Weg.

Banqueting House London (1619–1622)
Dieser kubische, harmonische Bau verdeutlicht den Einfluss der italienischen Hochrenaissance auf Inigo Jones. Die zweigeschossige klassische Fassade folgte den Vorbildern der Hochrenaissance.

Grundriss, Banqueting House
Das Banqueting House verkörpert mit seinem großen Saal, als *double-cube room* dem Doppelwürfel-Maß entsprechend, das Renaissance-Ideal vollendet harmonischer Formen. Der Bankettsaal gilt als Inigo Jones Hauptwerk.

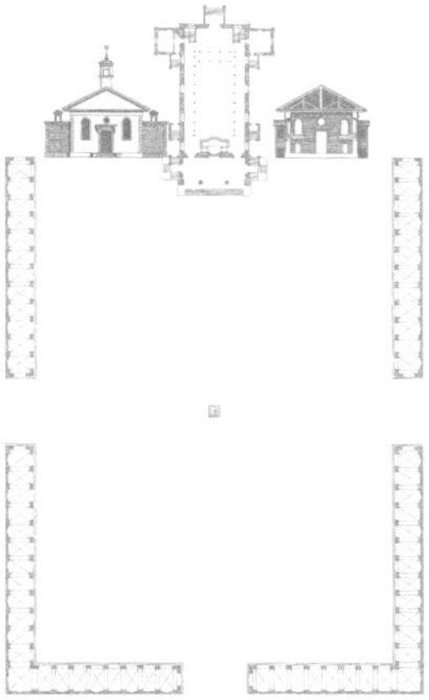

Covent Garden, London (1631–1638)
Für den Marktplatz von Covent Garden entwarf Jones den ersten symmetrisch gestalteten Platz in London, nach italienischem Vorbild. Gesäumt wird der Platz von eleganten Wohnhäusern mit offenen Galerien im Untergeschoss.

St. Paul's Church, London (1631)
Die Gestaltung des Covent Garden umfasste ebenfalls den ersten Kirchenneubau Englands seit der Reformation. Die St. Paul's Church ist ein schlichter Bau auf rechteckigem Grundriss mit einem kühnen toskanischem Portikus an der Ostfassade. Zwar ist er kein Haupteingang, wirkt aber dennoch als Blickfang.

Innengestaltung, Banqueting House
Der Bankettsaal stellt ein hervorragendes Beispiel für Jones Streben nach einer einheitlichen Gesamtgestaltung des Bauwerks dar. Die Halbsäulen und Pilaster greifen die Gliederung der Außenfassade auf. Eine Galerie trennt die beiden Geschosse des Bankettsaales.

Form und Oberfläche
Die Entwürfe für Kamine, Portale und Tore verraten uns etwas über die Faszination, die Formen und Oberflächen auf Inigo Jones ausübten. Das abgebildete Tor mit den derb rustizierten Säulen, den flach rustizierten Quadern und dem dorischen Fries weist unterschiedlichste Oberflächen auf.

Lettner (um 1638), Kathedrale, Winchester
Der Lettner der Kathedrale von Winchester zeigt die typische klare, reduzierte Formensprache von Inigo Jones. Seine einfallsreichen, innovativen Bauten blieben stets der italienischen Hochrenaissance verpflichtet und respektierten ihre kodifizierten Bauregeln und -praktiken.

Barock *17. Jh.–spätes 18. Jh.*

Der römische Barock I

Der Barock nahm seinen Ursprung im Rom des 17. Jahrhunderts, genauer gesagt als künstlerischer Ausdruck der erneut erstarkten katholischen Kirche. Ihre Autorität wurde in einer triumphalen Synthese von Architektur, Malerei und Bildhauerei gefeiert und schon bald waren die vom Petersdom ausstrahlenden Straßen mit Emblemen der Gegenreformation bestückt. Der römische Barock brach mit den statischen, intellektuellen Formeln der Renaissance — vor allem war er eine Kunst der theatralischen Effekte. Der Kirchenbesuch gestaltete sich nun zu einem Erlebnis, das den Gläubigen emotional wie auch intellektuell ansprach. Ein neuer dynamischer Formenkanon trat hervor, oft auf der Basis des Reihens, Aufbrechens und Verformens klassischer Renaissance-Motive. Gesprengte Giebel, Kolossalordnungen sowie lebhaft geschwungene Grund- und Aufrissformen wurden von den Architekten nun relativ frei und in individuellen Ausprägungen eingesetzt.

Kirchenausstattung, Il Gesù, Rom (1669–1683)
Il Gesù, die Mutterkirche des Jesuitenordens, wurde den Prinzipien der Gegenreformation folgend neu ausgestattet: mit stark bewegten Fresken, welche die Gläubigen durch ihre Farbenpracht und kühne perspektivische Gestaltung mitreißen sollten. Sie rühmen Jesus und schildern die Missionserfolge der Jesuiten. Farbig gefasste Stuckornamente, Skulpturen sowie architektonische Elemente bilden einen glanzvollen Rahmen.

Gesprengter Giebel
Eine der wichtigsten Leitformen des Barock war der gesprengte Giebel, meist ein Dreiecks- oder Segmentgiebel mit ausgespartem Mittelteil. Die entstandene Lücke kann von bauplastischem Schmuck bekrönt werden. Tritt das Mittelteil gegenüber den Seitenteilen nur zurück, nennt man dies einen gekröpften Giebel. Beide verleihen einer Fassade eine dynamische Wirkung.

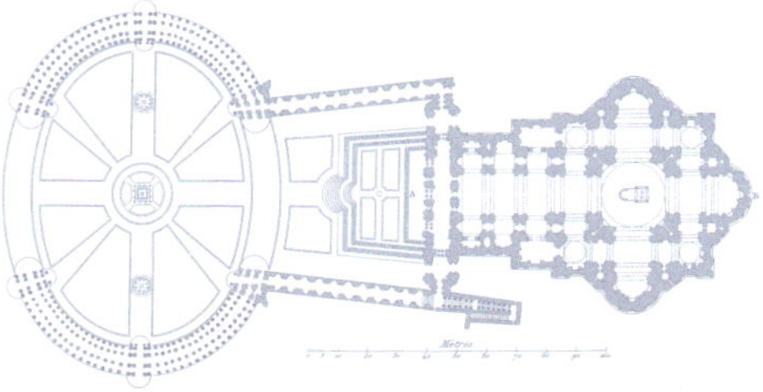

Grundriss, Petersplatz, Rom (1656 begonnen)
Gianlorenzo Bernini setzte hier (1598–1680) mehrere perspektivische Kunstgriffe ein: Die etwas niedrige Fassade des Petersdoms, die Carlo Maderno (1556–1629) errichtet hatte, überhöhte er durch einen leicht ansteigenden trapezförmigen Platz. Barocken Schwung erhielt sie zudem durch einen zweiten Platz in Form einer großen Querellipse – ebenfalls eine abgewandelte geometrische Grundform.

Kolonnaden, Petersplatz
Bernini rahmte den elliptischen Petersplatz mit zwei imposanten, nahezu halbrunden Kolonnaden (ab 1656). Sie bestehen aus vier Säulenreihen. Gemeinsam bilden sie die Illusion einer massiven Umfassungsmauer und öffnen sich doch zur Stadt hin. Bernini beschrieb seine Kolonnaden selbst als ausgebreitete „mütterliche Arme", welche die Gläubigen umfangen.

Fassade von S. Carlo alle Quattro Fontane, Rom (1665–1667)
Das Spannungsverhältnis von Kurve und Gegenkurve bestimmt die Fassade der von Francesco Borromini (1599–1667) errichteten Kirche. Stufen, Gesimse, Balkon und Balustrade folgen den Konkav-Konvex-Schwüngen der Fassade.

Portal, S. Andrea al Quirinale, Rom (1658–1670)
Bernini gestaltete ein antikisierendes Portal, das von einem Dreiecksgiebel bekrönt und von Pilastern flankiert wird. In der Mitte tritt ein halbrunder Säulenportikus mit vorgesetzten Stufen hervor, als Kontrapunkt zu den konkav ausschwingenden Armen. Der querelliptische Innenraum ist prunkvoll ausgeschmückt.

Bronzebaldachin, Petersdom (1624–1633)
Im Kuppelraum erhebt sich über dem Papstaltar, der genau über dem Petrusgrab steht, ein mächtiger, 29 m hoher Bronzebaldachin. Die Bronze entnahm Bernini der Vorhalle des Pantheons. Getragen wird der Baldachin von vier gewundenen Säulen. Über dem kühn geschwungenen Gebälk steigen vier kraftvolle Voluten auf, bekrönt von einer vergoldeten Erdkugel mit Kreuz, Symbol für den Weltgeltungsanspruch der Kirche.

Barock

Der römische Barock II

Papst Sixtus V. und seinen Nachfolgern war es gelungen, Rom deutlich sichtbar in die Hauptstadt der Gegenreformation zu verwandeln. Schon bald wollten sich einflussreiche römische Familien ebenfalls in dem festlichen neuen Stil inszeniert sehen. Bernini, Borromini und weitere Architekten schufen für ihre Palazzi Loggien, großartige Treppenhäuser sowie Portale, während Maler symbolträchtige Freskenzyklen beisteuerten. Gegen 1630 setzte der Hochbarock mit seinem monumentalen Pathos ein und verbreitete sich von Rom nach Norden. Charakteristika der hochbarocken Kirchen sind die Bevorzugung des Zentralbaus, stark bewegte Räume, illusionistische Hochaltäre sowie Deckenmalereien und opulent geschmückte, plastisch durchgestaltete Fassaden. Zu den führenden Architekten des italienischen Hochbarock zählte der in Turin tätige Guarino Guarini.

Loggia des Palazzo Borghese, Rom (1607)
Die offene Loggia, ein mindestens an einer Seite offener Bogengang, war schon ein typischer Bestandteil des Renaissance-Palazzo, wurde aber auch im Barock gern verwendet. Ein Beispiel dafür stellt der Palazzo Borghese dar, wo eine offene zweigeschossige Loggia die dreigeschossigen Flügel des Gebäudes miteinander verbindet. Der Hof des 16. Jh. wurde beibehalten, aber um eine barocke Achse ergänzt, die in den Garten führt.

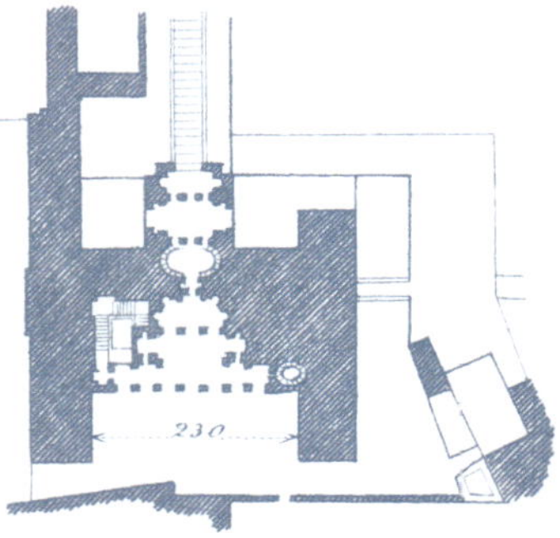

Tiefenachse, Palazzo Barberini
An der durch den Palazzo in den Garten führenden Tiefenachse entfaltet sich die gesamte Anlage. Von dem drei Joch tiefen Portikus gelangt man über eine Folge repräsentativer Räume, darunter der elliptische Salone, in den Gartenbereich.

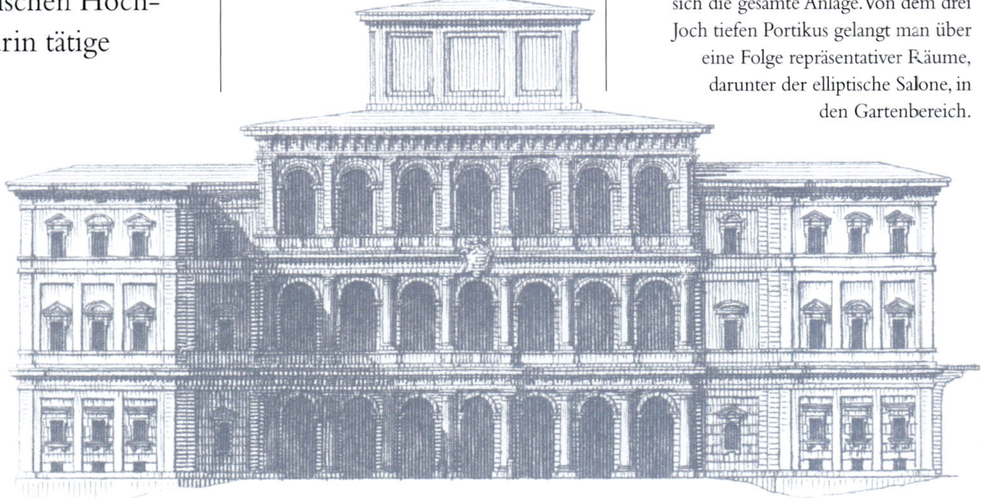

Palazzo Barberini, Rom (1625–1633)
Maderno, Borromini und Bernini waren alle drei am Neubau des Palazzo Barberini beteiligt. Vom traditionellen Stadtpalazzo unterschied sich dieser durch seinen H-förmigen Grundriss. Am Ende des offenen Hofes erhebt sich die Schauseite mit ihrem durch Bogenöffnungen gegliederten, dreigeschossigen Portikus.

Kartusche

Eine charakteristische barocke Ornamentform ist die Kartusche. Sie besteht aus einem glatten, ovalen Mittelfeld, das von Voluten oder Rollwerk gerahmt wird. Die Kartusche konnte Wappen oder Embleme aufnehmen und wurde auf Palast- und Kirchenfassaden angebracht, trat aber auch als reines Füllmotiv auf. Oft befindet sie sich über einem gesprengten Giebel, über einem Eingang oder diesem gegenüber.

Raumeinheit

Die für den Barock typische Raumeinheit fand ihre Vollendung in den norditalienischen Kirchen von Guarino Guarini (1624–1683), der sich in Turin niederließ. Mit ihrem gotisch anmutenden Rippengerüst, den übereinander gestaffelten Kuppeln und Halbkuppeln, gelangen ihm Kirchen mit verklärenden Lichtwirkungen.

Kolossalordnung

So bezeichnet man Säulen oder Pilaster, die mindestens zwei Geschosse einer Fassade übergreifen und sie dadurch zusammenfassen. In ihren Proportionen haben sie antike Stützen zum Vorbild. Im 17. Jh. waren sie beliebt, um die Wirkung von Bauwerken zu steigern.

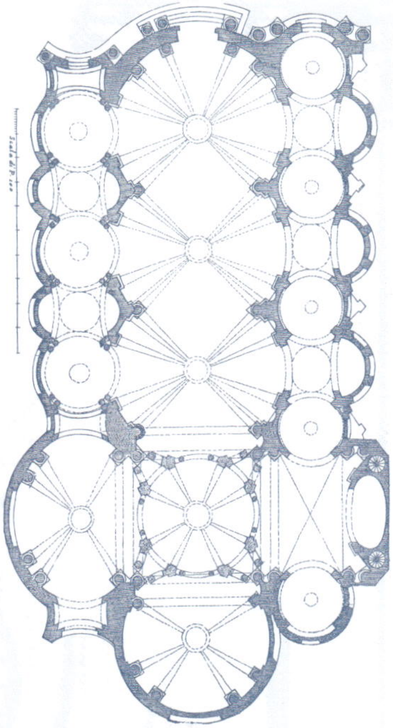

Konkav und konvex schwingende Wände

Sowohl außen wie innen weisen Guarinis Kirchen konsequent vor- und zurückschwingende Wände auf. Übereinander angeordnete konvexe, gerade und konkave Wandzonen entwickeln sich aus einem dynamischen Grundriss, der Ellipsen- und Kreisformen verbindet.

Barock

Frankreich: der Barockklassizismus

Mit klassisch-gemäßigten Bauformen führten die französischen Baumeister die Normen der Renaissance fort, konsequenter als das in Italien der Fall war. Nach dem Ende des Bürgerkriegs bekräftigte Heinrich IV. in Paris die Wiederherstellung der königlichen Zentralgewalt mit systematischen städtebaulichen Anlagen, darunter von Adelspalästen umschlossene Plätze. Ihr nüchterner, um Homogenität bemühter Stil wurde zum Vorbild für den Adel. In seinem Auftrag schufen François Mansart (1598–1666), Louis Le Vau (um 1612–1670) sowie Jules Hardouin-Mansart (1646–1708) die für den französischen Barockklassizismus typischen, lang gestreckten Paläste.

Schloss Maisons-Laffitte, bei Paris (1642–1651)
Dieses Schloss ist das Werk von François Mansart. Er fasste die zu einer Dreiflügelanlage gruppierten Pavillons zusammen, indem er den Mittelbau mit einem Vorsprung (Risalit) mit Giebeldreieck betonte und dieses Motiv an den Flügelbauten vereinfacht wiederholte. Auch die rhythmisch eingesetzten Doppelpilaster tragen zur einheitlichen Gesamtwirkung bei.

Palais du Luxembourg, Paris
Ab 1615 von Salomon de Brosse (1562–1626) für Maria von Medici errichtet, entspricht dieser Palast mit seinem Ehrenhof der Tradition des französischen Schlossbaus. Den Aufriss gliedern Doppelsäulen und Doppelpilaster. Typisch französisch sind die Dachgauben.

Place Royale, Paris (1605–1612)
Das größte stadtplanerische Projekt von Heinrich IV. in Paris stellte die Place Royale dar, die heutige Place des Vosges. Sie wird umschlossen von Adelspavillons, die sich zweigeschossig über Arkaden erheben. Auf den Pavillons sitzen steile Krüppelwalmdächer, die Backsteinfassaden zeigen lisenenartig angeordnete Steinquader.

Doppelsäulen
Charakteristisch für die französische Architektur des 17. Jh. sind Doppelsäulen und Doppelpilaster, welche die langen Palastfassaden rhythmisch beleben. Mit ihrem oft kannelierten oder rustizierten Schaft stellen sie einen eleganten Bauschmuck dar. Das breite Interkolumnium (Säulenabstand) ermöglichte große Fenster und Portale.

Ostfassade des Louvre, Paris (1667–1670)
Im Jahr 1667 lehnte Ludwig XIV. die angeforderten Entwürfe von Bernini für die Gestaltung der Ostfassade des Louvre ab und vergab den Auftrag an französische Architekten. Sie gestalteten eine majestätische Kolonnade aus riesigen Doppelsäulen.

Invalidendom, Paris (1677–1706)

Die kolossale, palastartige Fassade wird vor allem von der Vertikalen bestimmt: Die Portikussäulen führen den Blick in die Höhe zu den Kuppelrippen. Die steile Kuppel wirkt durch die über der Trommel eingeschobene Attika noch höher. Barocken Impetus erhält der Invalidendom durch die volutenförmig ausgebildeten Streben und den vergoldeten Reliefdekor der Kuppel.

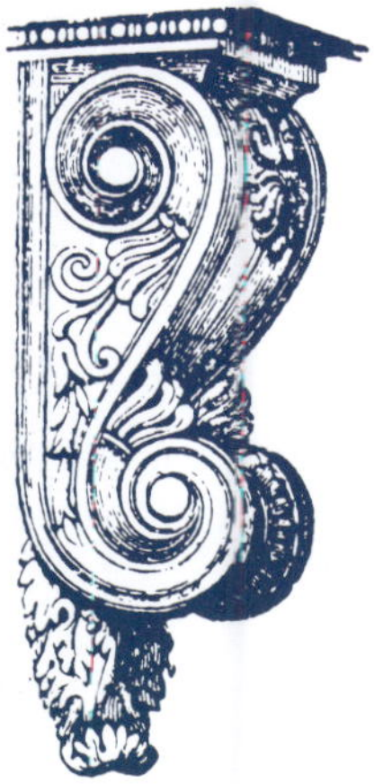

Konsolen

Große Konsolen, oft geschwungen oder in Volutenform ausgebildet, erscheinen häufig als Ziernament an französischen Bauten des späten 17. Jh. Sie hatten in der Regel rein dekorative Funktion, keinen konstruktiven Nutzen.

Grundriss, Invalidendom

Jules Hardouin-Mansart wurde von Ludwig XIV. damit beauftragt, eine Kirche zwischen den beiden Flügeln des Hôtel des Invalides zu errichten, dem Hospital für verwundete Soldaten. Sein genialer Entwurf sah einen überkuppelten Zentralbau vor, dessen runde Eckkapellen sich hinter großen Pfeilern verbergen, um die Raumeinheit nicht zu stören. Eine barocke, elliptische Altarkapelle verbindet den Invalidendom mit der älteren Église des Soldats.

Ochsenauge

Kleine runde oder elliptische Fenster – Ochsenaugen – zieren oft den Abschluss französischer Barockbauten, vor allem Mansardendächer und Kuppeln. Manchmal sind sie als stehendes Dachfenster ausgebildet, oft aber haben sie reine Zierfunktion.

Barock

Frankreich: Versailles und sein Einfluss

Ludwig XIV. beauftragte im Jahr 1661 den Architekten Le Vau mit der Neugestaltung des Versailler Schlosses, das die Schlösser seiner Minister an Pracht übertreffen sollte. In mehreren Bauphasen entstanden während des 17. und 18. Jh. Schloss und Park, Inbegriff absoluter Herrschermacht und wegweisend für die europäische Baukunst. In der systematisch durchgeplanten Anlage inszenierte Ludwig XIV. ein in sich abgeschlossenes barockes Universum mit dem Monarchen als Zentrum. Alle bedeutenden Künstler wurden beauftragt, das Leitthema „Verherrlichung des Herrschers" in variantenreichen Allegorien zu gestalten. In Paris reagierte der Adel mit der Entwicklung eines neuen Stadthauses, dem *hôtel*, dessen Innengestaltung sich an den in Versailles entwickelten Dekorschemata orientierte.

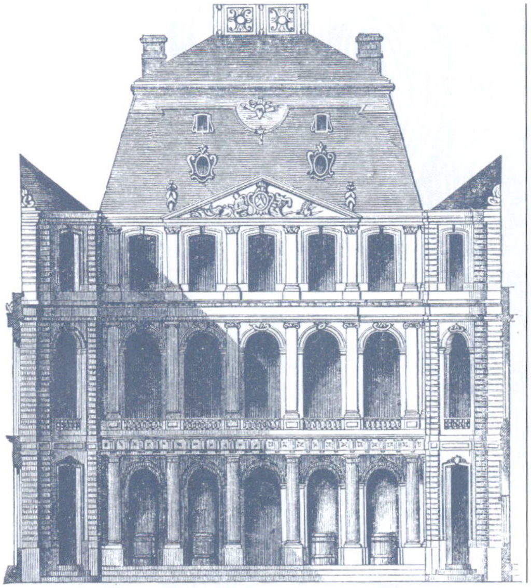

Das *hôtel*
Das adelige Stadthaus verfügte über einen von Mittelbau (*corps de logis*) und Nebenflügeln umschlossenen Ehrenhof (*cour d'honneur*). Eine Wand mit Tor grenzte ihn zur Straße hin ab. Hinter dem *hôtel* erstreckte sich meist ein Garten. Oft teilten sich zwei *hôtels* einen gemeinsamen Ehrenhof.

Fensterbekrönung an einem *hôtel*
Die Dekoration des Außenbaus, vor allem der Schauseite, konzentrierte sich meist auf die Fenster, Türen und Balkone, während die Mauerflächen größtenteils schmucklos blieben. Umso üppiger fiel sie dann aus. Ihre Konsolen, gesprengten Giebel, kunstvollen Gesimse, Reliefs und Karyatiden zeigen den Einfluss von Versailles.

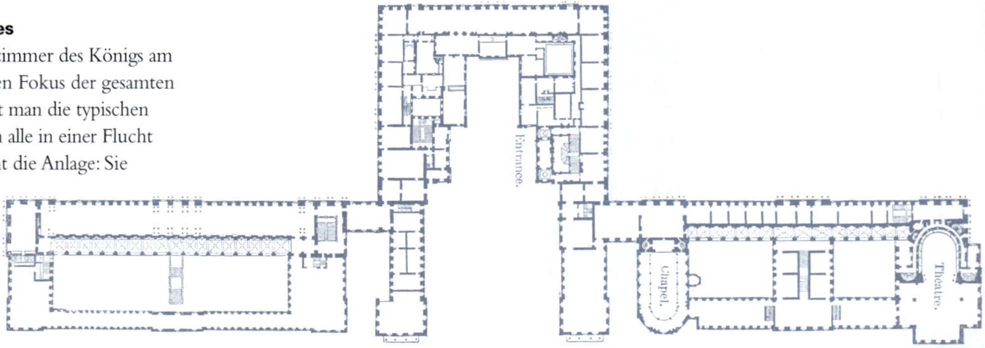

Grundriss, Schloss von Versailles
Die Chambre du Roi, das Schlafzimmer des Königs am Ende des großen Hofes, bildet den Fokus der gesamten Anlage. In den Nebenflügeln sieht man die typischen *enfilades*, Raumfolgen, deren Türen alle in einer Flucht liegen. Eine Tiefenachse bestimmt die Anlage: Sie beginnt an der von Paris und Versailles herführenden Avenue, verläuft durch die cour *d'honneur* und die Chambre du Roi und setzt sich in der Parkanlage von André Le Nôtre fort.

Spiegelgalerie (Galerie des Glaces), Versailles (1678–1684)
Dekoriert wurde sie von Charles Le Brun (1619–1690). Fenster an der Parkseite erhellen den langen Saal. In den großen Spiegeln an der Wandseite spiegelt sich die prachtvolle Ausstattung aus vergoldetem Stuck und Buntmarmor. Die Decke schmückt Le Bruns Freskenzyklus mit Ereignissen aus der Regentschaft des Monarchen.

Türfüllung, Versailles
Der Großteil der Dekoration besteht aus vergoldeten Reliefs, die auf hölzernen Türfüllungen und Wandfeldern aus Buntmarmor angebracht sind. Meist zeigen sie Arabesken (Blattrankenornamente) und Trophäen.

Innenausstattung eines Salons, Versailles
Die Dekoration der einzelnen Salons (Empfangsräume) orientiert sich jeweils an einem bestimmten Thema. An die Spiegelgalerie schließen sich links und rechts der Salon de la Paix (Salon des Friedens) und der Salon de la Guerre (Salon des Krieges) an. Die Wohnräume des Königs sind nach Planeten benannt und verherrlichen ihn in allegorischen Fresken. Reliefs, Skulpturen und Gemälde nehmen das vorgegebene Thema auf.

Dekoratives Kapitell, Versailles
Die Innenräume von Versailles repräsentieren einen besonders unorthodoxen Dekorationsstil. Einige der Kapitelle sind vergoldet und zeigen reliefierte Trophäen, Akanthusblätter, Tiere und kleine Chimären. Für die Spiegelgalerie entwarf Le Brun eine neue Ordnung, deren Kapitell den gallischen Hahn, die bourbonische Lilie und die Sonne zeigt.

Barock

England: Frühbarock

Die Entwicklung der englischen Baukunst des 17. Jh. ist geprägt durch den großen Brand von 1666, bei dem der Stadtkern von London weitgehend zerstört wurde. Kurz darauf beschloss das Parlament in Rebuilding Acts den Wiederaufbau, unter besonderer Berücksichtigung der Kirchen. Der königliche Generalarchitekt Sir Christopher Wren (1632–1723) und seine Mitarbeiter wurden mit der Errichtung von 51 Kirchen beauftragt. Für sie fand der Wissenschaftler Wren höchst individuelle, einfallsreiche Gestaltungen. Seine größte Herausforderung stellte jedoch die Neugestaltung der St. Paul's Cathedral dar, für die er etliche Entwurfszeichnungen anfertigte. Das traditionsverhaftete Baukomitee lehnte das von Wren bevorzugte Modell allerdings ab, weil es sich zu stark am kontinentalen Barock orientierte.

St. James, Piccadilly, London (1676–1684)
Nach eigener Aussage errichtete Wren seine Stadtkirchen als Auditorien. Von den dreiseitig umlaufenden Galerien mit Kirchenbänken konnte die Gemeinde die Predigt gut verfolgen, die im protestantischen Gottesdienst eine wichtige Rolle spielt. Charakteristischerweise steht die Kanzel von St. James in der Mitte des Kirchenschiffs zwischen den Bänken, während der Altar ganz hinten vor der Ostwand aufgestellt wurde.

Bibliothek des Trinity College, Cambridge (1676–1684)
Wren erhielt den Auftrag, in Cambridge zwischen zwei bereits bestehenden Bauten im Neville's Court des Trinity College eine Bibliothek zu errichten. Für die Fassade fand er eine „illusionistische" Lösung: Die Lücke zwischen dem niedrigen Untergeschoss und dem dorischen Fries füllte er mit geschnitzten Lünetten.

St. Bride, London (1701–1703)
Die Kirchen wurden mit preiswerten Baumaterialien auf schmalen Grundstücken errichtet. Die eleganten, einfallsreichen Türme, oft der einzige Schmuck des Außenbaus, überragen die benachbarten Häuser. Durch vier oktogonale, sich verjüngende Geschosse führt eine steinerne Innentreppe in die Turmspitze von St. Bride hinauf. Sie öffnen sich in Arkaden, ihre Ecken zieren Pilaster.

St. Benet, London (1677–1683)
Große, rundbogige Fenster setzte Wren oft ein, besonders bei seinen Stadtkirchen. Charakteristisch sind ebenfalls die schweren Festons (girlandenartige Gewinde) auf dem ansonsten schmucklosen Ziegelmauerwerk. Durch die wechselnde Verwendung von Ziegeln und Stein entstehen polychrome Effekte.

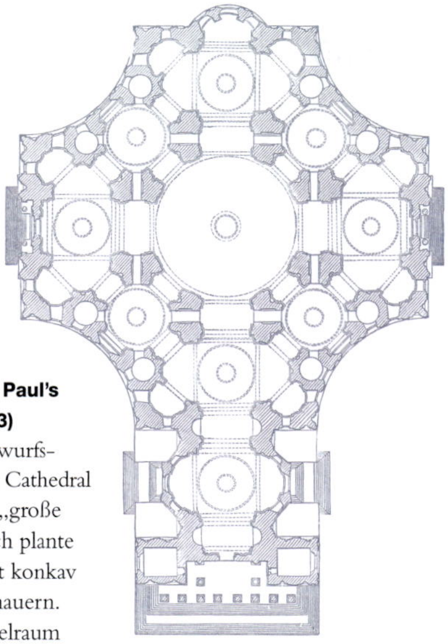

Das *Great Model* für St. Paul's Cathedral, London (1673)
Nach verschiedenen Entwurfszeichnungen für St. Paul's Cathedral präsentierte Wren dieses „große Baumodell". Ursprünglich plante er einen Zentralraum mit konkav geschwungenen Außenmauern. Den überkuppelten Mittelraum sollte ein aus Kapellen gebildeter Umgang umschließen. Vor dem Portikus war eine weitere Kuppel vorgesehen. Der Entwurf fand nicht die Zustimmung der Kirchenverwaltung: Sie hielt ihn für traditionslos und nicht durchführbar.

Rundbogiges Fenster, St. Paul's Cathedral
Am Außenbau von St. Paul's setzte Wren dekorativ gestaltete Fenster ein: Eine reich profilierte Zierleiste begleitet das Bogenfeld des Fensters und endet abrupt links und rechts auf Höhe des Bogenansatzes – es entsteht der Eindruck von zierenden „Ohren".

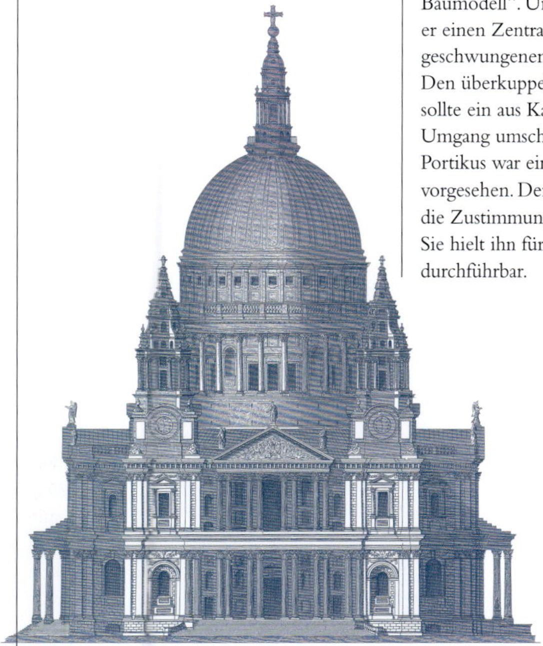

Westfassade, St. Paul's Cathedral (1675–1711)
Ursprünglich plante Wren eine Kolossalordnung am Westportikus der Kathedrale. Da es im Steinbruch von Portland keine ausreichend großen Steinblöcke gab, musste ein Kompromiss gefunden werden. Dennoch mutet Wrens Fassadengestaltung ausgesprochen imposant an, mit ihren Doppelsäulen und Doppelpilastern sowie den reich durchgegliederten Türmen, die das Kolonnadenmotiv der Kuppeltrommel aufnehmen.

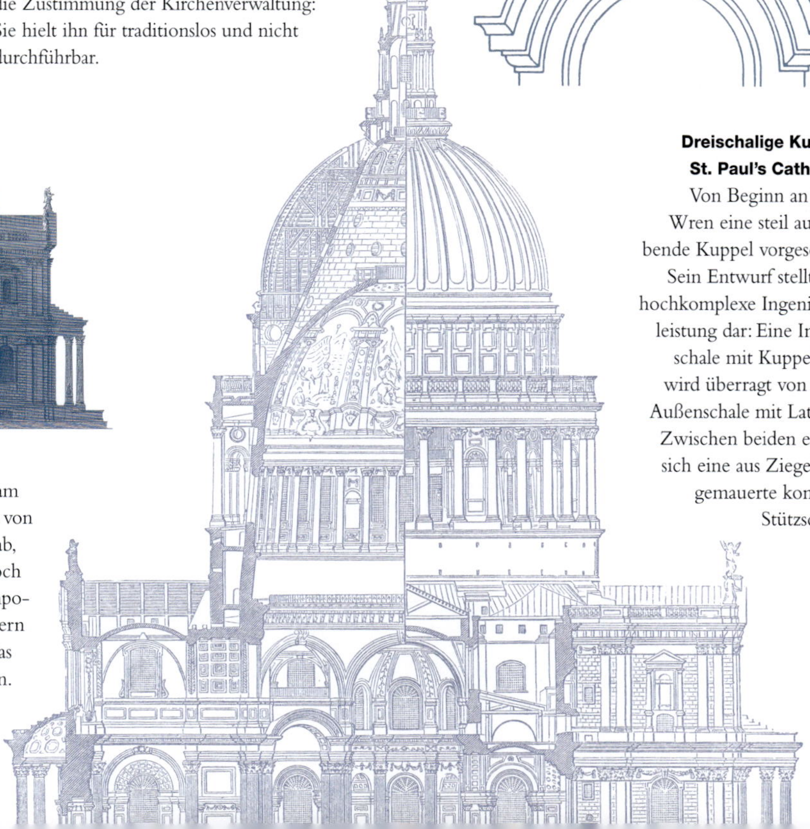

Dreischalige Kuppel, St. Paul's Cathedral
Von Beginn an hatte Wren eine steil aufstrebende Kuppel vorgesehen. Sein Entwurf stellt eine hochkomplexe Ingenieursleistung dar: Eine Innenschale mit Kuppelauge wird überragt von einer Außenschale mit Laterne. Zwischen beiden erhebt sich eine aus Ziegelstein gemauerte konische Stützschale.

Barock

England: Spätbarock

Die zweite Phase des englischen Barock setzte im frühen 18. Jh. mit einer neuen Generation Architekten ein, einige von ihnen ehemalige Mitarbeiter von Wren. Die beiden bedeutendsten waren Nicholas Hawksmoor (1661–1736) und John Vanbrugh (1664–1726). Hawksmoor hatte mit Wren bei mehreren Aufträgen für das königliche Bauamt zusammengearbeitet, darunter auch beim Greenwich Hospital, das erst lange nach Wrens Tod fertig gestellt wurde. Mit seinen Höfen und Flügelanlagen, die sich zur Themse hin öffnen, stellt das Royal Naval Hospital in Greenwich den Vorläufer des englischen barocken Palasttypus dar, den Hawksmoor und Vanbrugh anschließend entwickelten. Gemeinsam errichteten sie Landsitze mit ansprechenden konvex und konkav geschwungenen Flügeln. Typisch für die beiden Architekten ist ein geistreicher Umgang mit der klassischen Formensprache.

Blenheim Palace, bei Oxford (1705–1722)
Der Herzog von Marlborough beauftragte Vanbrugh mit der Errichtung eines Palastes, der gleichzeitig ein Denkmal seiner militärischen Siege darstellen sollte. Gemeinsam mit Hawksmoor entwarf Vanbrugh eine monumentale Architektur aus kompakten Flügelbauten unterschiedlicher Höhe. Zusammengefasst werden sie durch Kolonnaden.

Castle Howard, Yorkshire (1699–1712)
Vanbrughs Entwurf für Castle Howard beruht auf dem schon in Greenwich vorgebildeten Typus mit mehreren Höfen. Die Wirtschaftsflügel umfassen den ersten offenen Hof. Geschwungene Kolonnaden leiten über zu dem von einer Kuppel bekrönten Hauptbau und bilden dabei zwei weitere offene Höfe.

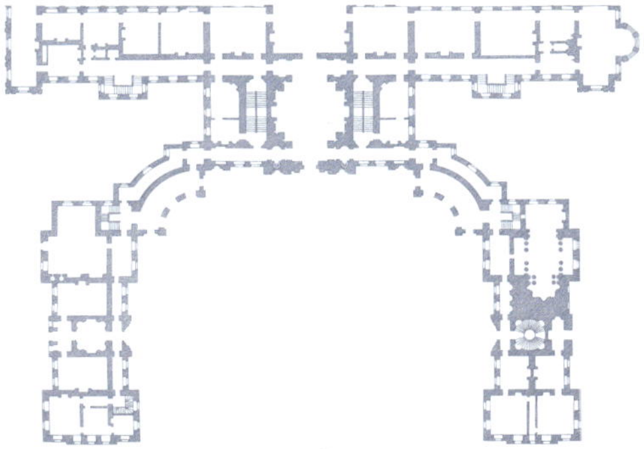

Royal Naval Hospital, Greenwich, London (1696–1751)
Für dieses Krankenhaus und Heim für Seeleute im Ruhestand entwarf Wren vier jeweils um einen Innenhof gruppierte Komplexe. Sie gewährten freie Sicht auf das berühmte Queen's House von Inigo Jones, das genau in der Achse des Royal Naval Hospital lag.

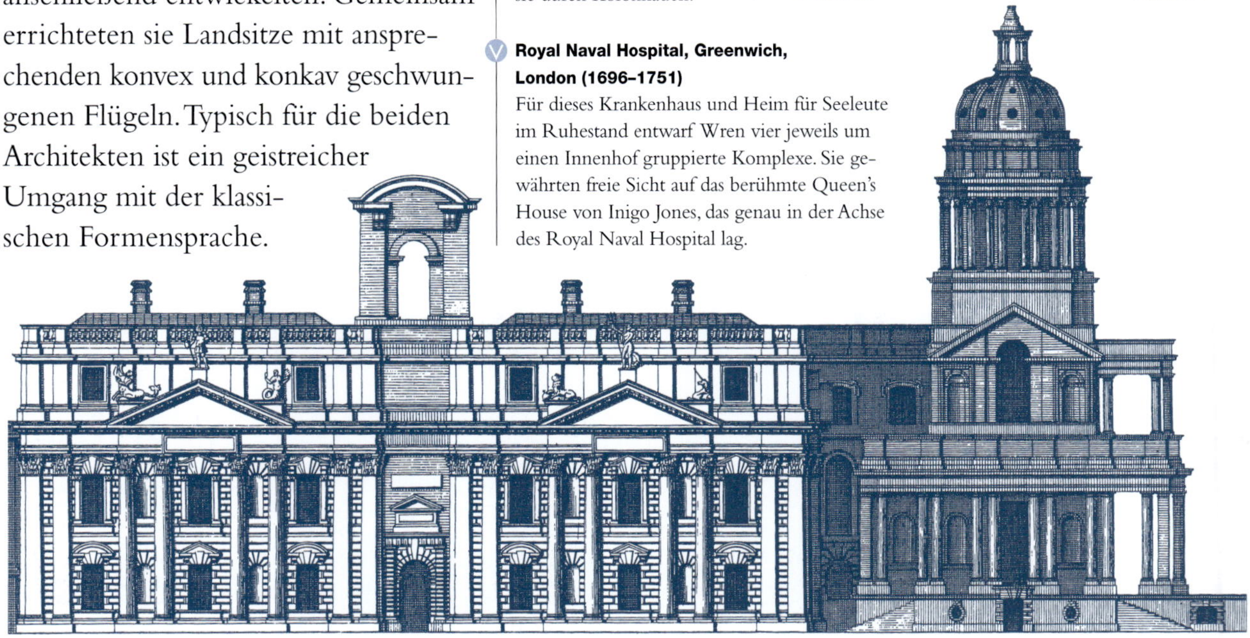

Seaton Delaval, Northumberland (1720–1728)

Vanbrughs Vorliebe für eine wehrbauähnliche Behandlung der Mauerflächen zeigt sich deutlicher bei kompakten Anlagen, wie etwa Seaton Delaval. Hier strukturieren Mauerstreifen und zwei dorische Doppelsäulen die wuchtigen Baumassen. Zwei Türme und ein blockartiger Mittelbau mit flach rustizierten Quadern stechen an der explizit „männlichen" Front hervor.

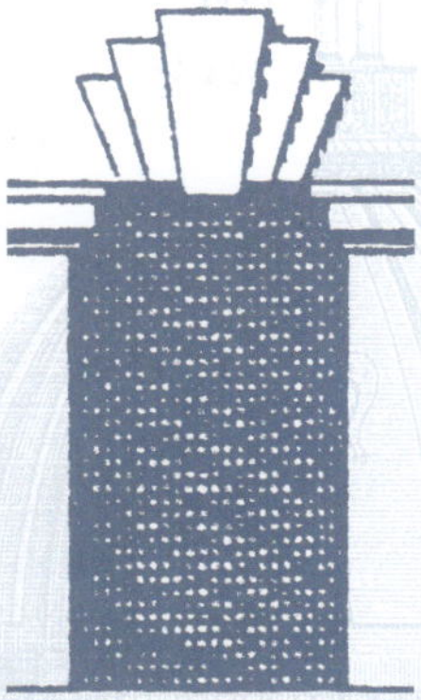

Riesiger Schlussstein

Riesige Schlusssteine wurden von englischen Architekten oft eingesetzt, um den oberen Abschluss von Türen oder Fenstern zu betonen. Hawksmoor war bekannt für einzeln verwendete Schlusssteine, welche die Maueröffnung weit überragten und der Fassade eine vertikale Note verliehen. Andere Architekten setzten dagegen fünf große, gereihte Steine ein, um die Horizontale zu betonen.

St. Philip, Birmingham (1711–1725)

Thomas Archer (1668–1743) war einer der Architekten, die 1711 mit dem Bau von Kirchen beauftragt wurden. Mit seinen geschwungenen Wänden, volutenförmigen Streben, Ochsenaugen und der Kuppel weist St. Philip Einflüsse des italienischen und französischen Barock auf. Dennoch orientiert sich die Kirche an dem für Christopher Wren typischen rechteckigen Grundriss.

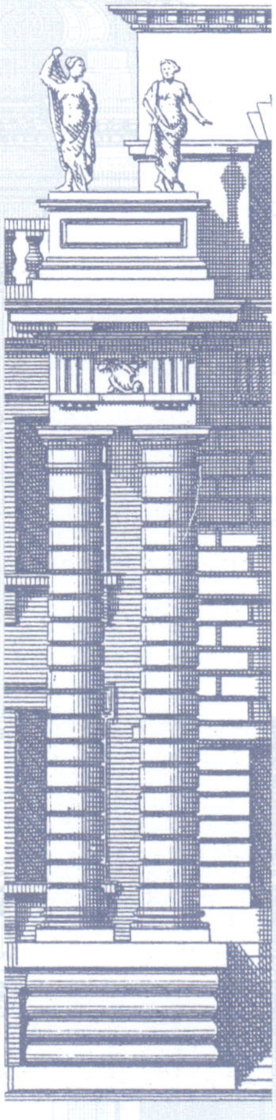

Rustizierte Säulen, Seaton Delaval

Bei Seaton Delaval stechen die rustizierten Säulen ins Auge, wie sie ebenfalls an den meisten anderen von Vanbrugh gestalteten Landsitzen auftreten. Meist entsprechen sie der dorischen Ordnung und ihr Schaft ist mit gleichmäßigen, sauber eingeschnittenen Fugen versehen. Vorbild für dieses Gestaltungselement waren insbesondere die italienische und französische Renaissance.

Barock

Der Barock in Mittel- und Nordeuropa

Noch vor der Mitte des 17. Jh. fasste der Barock schrittweise in Mittel- und Nordeuropa Fuß. Die absolutistischen Fürsten bauten sich jeder sein eigenes Versailles. Die Paläste und Schlösser von Wien, Prag und Stockholm zeigten im Grundriss die Auseinandersetzung mit dem höfischen französischen Barockklassizismus, während die reich durchgegliederten Fassaden eher der skulpturalen Plastizität des römischen Barock entsprachen. Dieser war ein natürliches Vorbild für das katholische Süddeutschland und Österreich: Klöster und Orden fungierten hier als wichtige Auftraggeber. Neben monumentalen Anlagen entstanden ebenfalls zahlreiche barocke Dorfkirchen. Das von Guarino Guarini veröffentlichte Lehrbuch „Architettura civile" (1737 posthum veröffentlicht) beeinflusste insbesondere die Baukunst nördlich der Alpen. Um 1800 hatten Wien und Prag sich zu den führenden Zentren des Barock entwickelt.

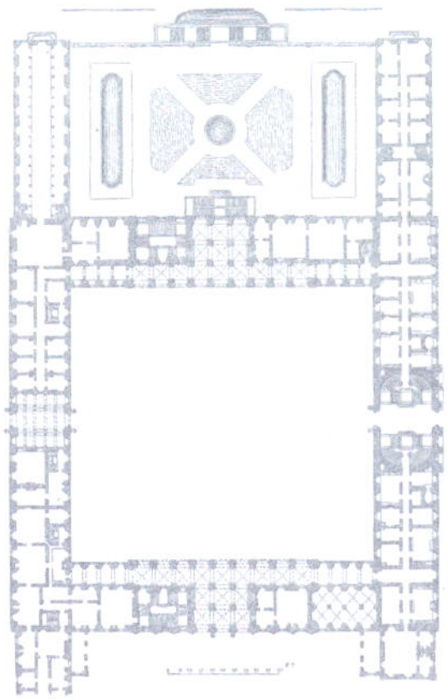

Königliches Schloss, Stockholm (1697–1770 neu errichtet)
Das von Nicodemus Tessin d. J. (1654–1728) für den „Heldenkönig" Karl XII. errichtete Königliche Schloss in Stockholm repräsentiert einen Schlosstypus, der im frühen 18. Jh. sehr beliebt wurde. Der große umschlossene Innenhof mit Portalen an vier Seiten, die Gartenterrasse zwischen zwei vorschwingenden, niedrigeren Flügeln und das homogene Erscheinungsbild des Außenbaus zeigen den Einfluss des Palais du Luxembourg und des Louvre.

Atlanten
Ein Leitmotiv des mitteleuropäischen Barock stellen die Atlanten dar, überlebensgroße, muskulöse männliche Steinfiguren, welche die Funktion von Stützen übernehmen. Fischer von Erlach und andere zeitgenössische Baumeister setzten sie gern an Portalen ein.

Clam-Gallas-Palais, Prag (1713–1719)
Der Vizekönig von Neapel, Johann Wenzel Graf Gallas, beauftragte den Wiener Hofarchitekten Johann Bernhard Fischer von Erlach (1656–1723) mit dem Bau eines zeitgemäßen barocken Palais in Prag. Alternierende Fenstergiebel zieren das oberste Geschoss der Fassade, auf der Attika sieht man die Statuen antiker Götter. Die Portale in den Eckbauten repräsentieren einen Mittelweg zwischen römischem Barock und Versailler Dekorationsstil.

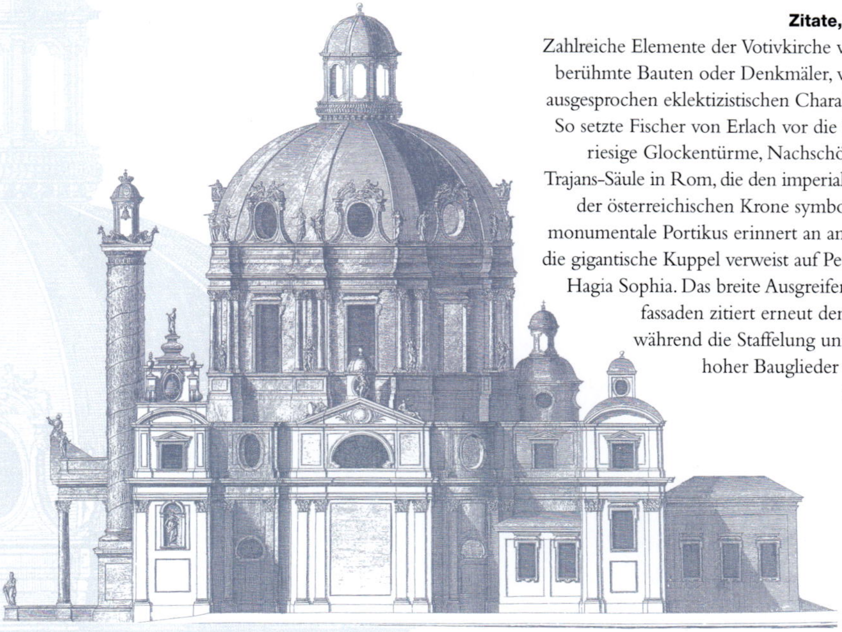

Zitate, Karlskirche
Zahlreiche Elemente der Votivkirche verweisen auf berühmte Bauten oder Denkmäler, was ihr einen ausgesprochen eklektizistischen Charakter verleiht. So setzte Fischer von Erlach vor die Fassade zwei riesige Glockentürme, Nachschöpfungen der Trajans-Säule in Rom, die den imperialen Anspruch der österreichischen Krone symbolisieren. Der monumentale Portikus erinnert an antike Tempel, die gigantische Kuppel verweist auf Petersdom und Hagia Sophia. Das breite Ausgreifen der Schaufassaden zitiert erneut den Petersdom, während die Staffelung unterschiedlich hoher Bauglieder von Guarini inspiriert ist.

Grundriss, Karlskirche, Wien (1716–1739)
Der Grundriss zeigt einen überkuppelten, längselliptischen Zentralraum. Durch den angesetzten Langchor erhält er eine Längsachse. Die vorgelagerte Schaufassade bildet eine imposante Kulisse und kaschiert die tatsächliche Breite der Kirche.

Kollegienkirche, Salzburg (1696–1707)
Der Benediktinerorden benötigte Kirchen, die sich stilistisch von den Jesuitenkirchen absetzen sollten. Für Auf- und Grundriss der Kollegienkirche arbeitete Fischer von Erlach mit barocken, elliptisch geschwungenen Formen. Den konvex vorschwingenden Mittelbau rahmen kräftige Türme. Die Kolossalordnung sowie die steile Kuppel und Ovalfenster betonen zusätzlich die Vertikale.

Barock

Rokoko

Das Rokoko war im Kern ein Dekorationsstil, der sich im frühen 18. Jh. in Paris für die Stadthäuser und *hôtels* des Adels entwickelte und eine Gegenreaktion auf das steife Pathos der Versailler Innengestaltung darstellte. Vor allem Juste-Aurèle Meissonier und Gabriel Germain Boffrand schufen intimere und wohnlichere Räume mit einer leichten, frivolen Ausstattung in heiteren Pastelltönen. Das unendlich variationsreiche Repertoire umfasst Rocaillen (Muschelwerk), Arabesken und Chinoiserien, welche die Wände überspinnen, sodass die Raumkanten kaum noch auszumachen sind. Seine Blüte erreichte das Rokoko in Deutschland und Österreich. Dort entstanden neben Schlössern zahlreiche Rokoko-Kirchen. Im Ursprungsland Frankreich indessen konzentrierte sich das Rokoko vor allem auf den Innenraum.

Rocaille
Charakteristisch für das Rokoko ist die Rocaille, deren durch Schwünge bestimmte asymmetrische Form sich von Muscheln und Steinen ableitet. Im Hôtel de Soubise (ab 1732 neu dekoriert) in Paris verschleiert feinteiliger Dekor die Raumkanten.

Zierleisten
In Abkehr vom pathetischen Staatsstil des Versailles Schlosses verschmolz das Rokoko Wandfelder, Spiegel, Türen und Decken durch graziös geschweifte Zierleisten mit symmetrisch angeordneten Ornamenten, wie z.B. Muscheln und zarten Girlanden.

Muschel
Ein sehr beliebtes Dekorornament war die Muschel, hier mit einer Palmette. Die S- und C-Schwünge des Ornaments und die lebhafte Randzier korrespondieren mit den Kurvenlinien der restlichen Innenausstattung.

St.-Paul-St.-Louis, Paris
Die Jesuitenkirche St.-Paul-St.-Louis in Paris ist ein Barockbau nach dem Vorbild von Il Gesù in Rom. Doch ihre bewegte Fassade weist mit den Kartuschen, Kassetten und Girlanden bereits Motive auf, die später auch das Rokoko prägen sollten.

Balkon eines *hôtel*

Die eher streng anmutenden klassizistischen Fassaden der französischen *hôtels* des 18. Jh. kontrastieren mit der verspielten Rokoko-Ausstattung ihrer Innenräume. Nur an den Balkonen befindet sich Rokoko-typische Zier. Die steinerne Balustrade wird manchmal durch kunstvoll geschmiedete Brüstungen ersetzt, die von prächtigen Konsolen gestützt werden.

Zierformen

Die Zierornamente des Rokoko haben keinen historischen oder symbolischen Gehalt. Die Rocaillen, Arabesken und Girlanden wurden oft durchsetzt mit exotischen Figuren, Masken, Hermen, Sphingen und Fantasiewappen. Sehr beliebt war auch die Espagnolette, eine weibliche Büste mit Federschmuck.

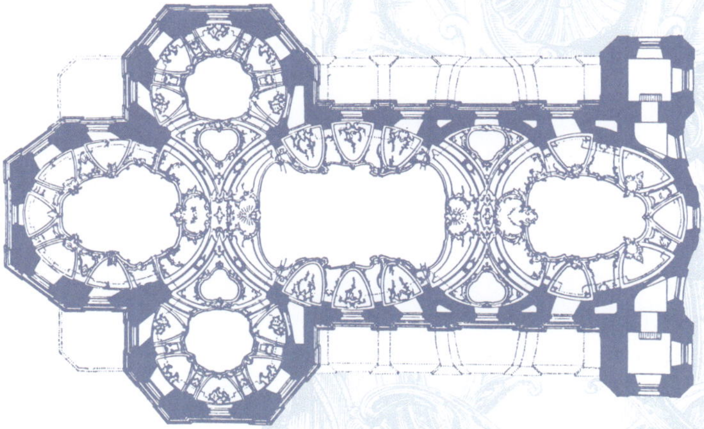

Vierzehnheiligen, Oberfranken (1743/44–1772 geweiht)

Die Wallfahrtskirche wurde nach Plänen von Johann Balthasar Neumann (1687–1711) errichtet. Der Grundriss setzt sich aus unterschiedlichen Ellipsen zusammen. Die Vierung entfiel, der größte Baukörper ist der Mittelraum. Die Ausstattung unterstreicht die Raumdynamik zusätzlich.

Rokoko-Ausstattung, Vierzehnheiligen

Fresken und Stuckarbeiten füllen die Zwischenräume zwischen einem System auf- und seitwärts schwingender Gurte. In ihrer zurückhaltenden Farbigkeit verleihen die Kartuschen, Rocaillen und Festons dem dynamisierten Innenraum eine einheitliche Gesamtwirkung. Im Mittelraum befindet sich der mit Rocaillevoluten geschmückte Gnadenaltar.

Palladianismus *frühes 18. Jh.–frühes 19. Jh.*

Das Erbe von Inigo Jones

Der englische Palladianismus des 18. Jh., auch als Neopalladianismus bezeichnet, ist im Wesentlichen eine Gegenreaktion auf die als extravagant-subjektivistisch empfundene „Regellosigkeit" des Barock. Ziel war die Begründung eines Nationalgeschmacks, einer strikt klassischen, an Andrea Palladio und Inigo Jones anknüpfenden Architektur. Tatsächlich hatte sich Jones hundert Jahre zuvor intensiv mit Palladios „Die vier Bücher zur Architektur" (1570) auseinander gesetzt und daraufhin das englische Bauverständnis revolutioniert. Durch seine Italienreisen kannte er die römischen Baudenkmäler aus eigener Anschauung. Ebenfalls ließ er sich von weiteren Baulehren beeinflussen, darunter die von Sebastiano Serlio und Vincenzo Scamozzi. Damit führte Jones England zu einer intellektuellen Haltung zurück, die Palladios Theorien tief greifend einsetzte und nicht nur oberflächlich zitierte.

Banqueting House, Whitehall (1619–1622)
Das Banqueting House von Inigo Jones vereint den Grundriss von Palladios Rekonstruktion einer römischen Basilika nach Vitruv mit dem Aufriss von Palladios zweigeschossigen Palazzi in Vicenza.

„Die vier Bücher zur Architektur" (1570)
Seine große Beliebtheit verdankt Palladios Lehrbuch seiner klaren Proportionslehre der Ordnungen, die auf dem genauen Antikenstudium beruhte. Die Holzschnittillustrationen von privaten, öffentlichen und antiken Bauten und der knappe Text sprechen auch heute noch an.

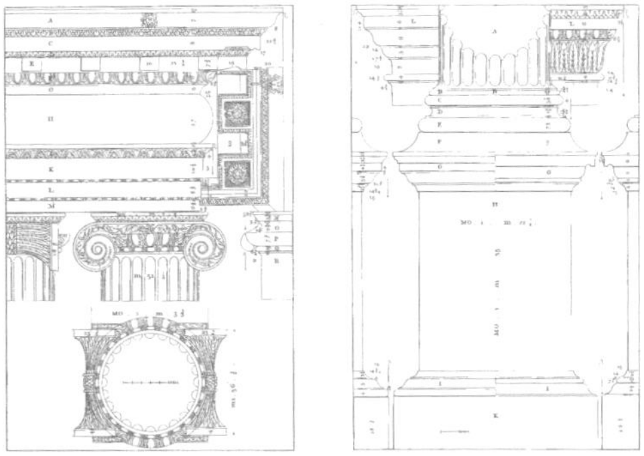

Rustika
Die gewichtig wirkende Rustika besteht aus großen Buckelquadern (Bossen) mit häufig im Winkel von 45° abgeschrägten (abgefasten) Kanten. Die Oberfläche der Bossen sind geglättet oder roh belassen.

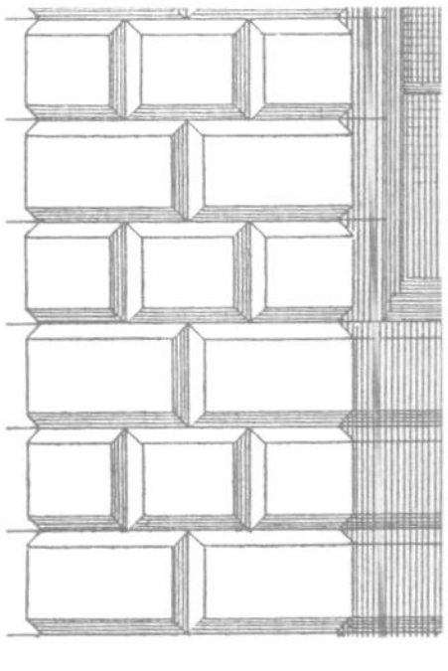

Queen's House, Greenwich (1616–1637)
Inigo Jones tiefes Verständnis der Architekturtheorie Palladios zeigen die harmonischen Proportionen seines Queen's House. Der Reiz des Gebäudes beruht auf dem ausgewogenen Verhältnis zwischen Fenstern und Loggia sowie zwischen Loggia und gesamtem Baukörper. Jones vertrat die Ansicht, sein Bauwerk solle den Proportionsgesetzen entsprechen sowie „männlich und ungekünstelt" wirken. Somit fiel die Ornamentierung schlicht aus.

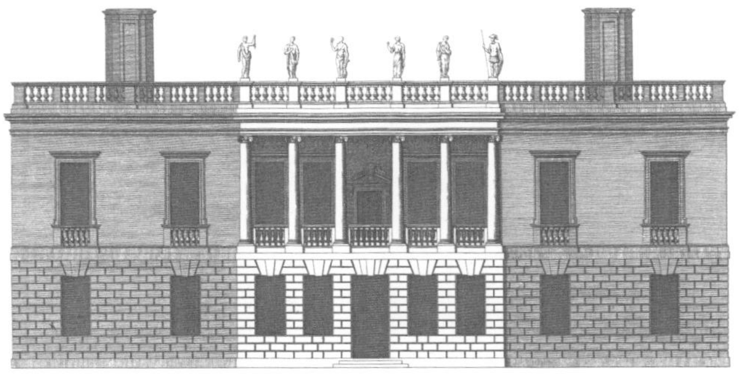

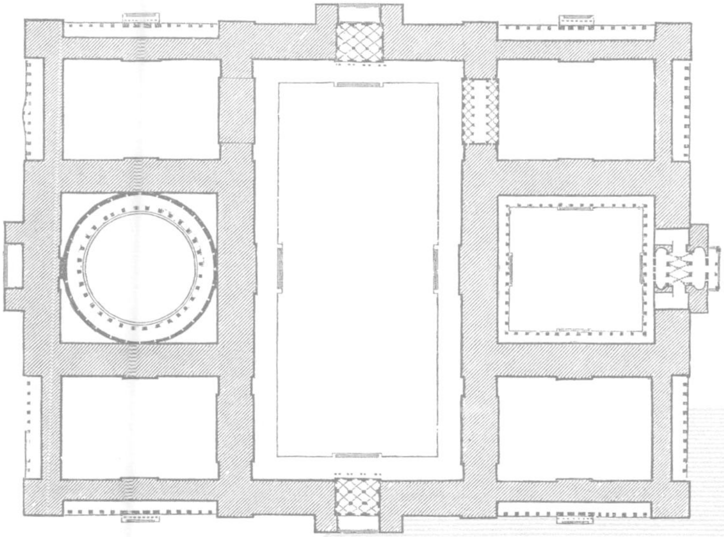

Entwurf für einen Palast in Whitehall, London (um 1647)
Jones und Webb fertigten mehrere Entwürfe für einen Palast in Whitehall an, der das bereits bestehende Banqueting House einbeziehen sollte. Hier planten sie links einen kreisrunden Hof, rechts einen quadratischen.

Amesbury House, Wiltshire (um 1661)
Nur anhand eines Stichs aus Colen Campbells Tafelwerk „Vitruvius Britannicus" (1715–1725) lassen sich Rückschlüsse auf das zerstörte Amesbury House ziehen, das von Jones Schüler, Mitarbeiter und Neffen John Webb (1611–1672) errichtet worden war.

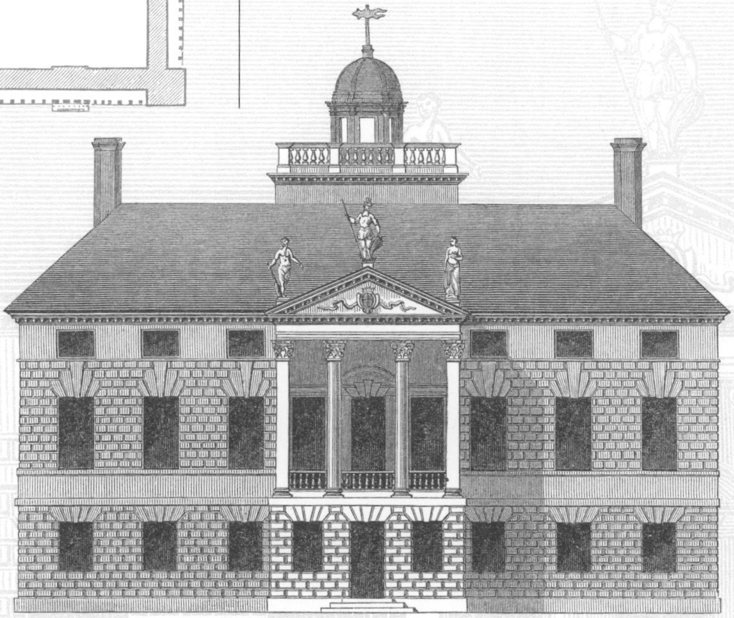

Palladio-Motiv
Das Palladio-Motiv, auch Serlio-Motiv oder venezianisches Fenster genannt, besteht aus einem Bogen in der Mitte, der von zwei niedrigeren, rechteckigen Öffnungen gerahmt wird. Diese tragen ein gerades Gebälk.

Bossen an den Gebäudekanten
Unter Bossen versteht man rustizierte Steine (Buckelquader), die in wechselnden Größen die gesamte Fassade oder nur die Eckpartien der Gebäude bedecken. Bossen sind ein typisches Gestaltungselement der Renaissance, das der Palladianismus aufgriff.

Palladianismus

Der Palladianismus des 18. Jh. in England

In den ersten Dekaden des 18. Jh. entstand unter den Whigs, der Parlamentsfraktion der aristokratischen Grundbesitzer und des Großbürgertums, der Ruf nach festen Kunstregeln als Teil einer nationalen Erneuerung. Nun sollte die „wahre", absolut reine klassische Form den als fantastisch abgewerteten Barock ersetzen. Der Earl of Shaftesbury, bedeutendster Vertreter der englischen Aufklärung, regte in einem berühmten Brief von 1712 die Gründung einer Akademie an. Doch der neue Stil nahm seinen Ausgang in Architekturabhandlungen: Colen Campbells Stichsammlung „Vitruvius Britannicus" (1715–1725) und Giacomo Leonis Londoner Erstausgabe von Palladios „Die vier Bücher zur Architektur" (1717) legten die theoretische Basis.

Eingangsportal, Burlington House
Inigo Jones hatte mit mehreren sorgfältig proportionierten Entwürfen Vorbilder für palladianische Portale geliefert. Besonders imposant ist Campbells Eingangsportal (1718) des Londoner Burlington House mit seinem dorischen Fries, der von vier kräftig rustizierten Säulen getragen wird.

Balustrade
Die Balustrade ist ein klassisches Gestaltungsmotiv, das schon in der Renaissance und im Barock beliebt war und hauptsächlich für Balkon, Treppe und Dachabschluss eingesetzt wurde. Als Dachbekrönung tritt die Balustrade ebenfalls im Palladianismus auf und wurde gern mit Urnen und Statuen geschmückt.

Burlington House, London (1717–1720 umgestaltet)
1715 beauftragte Lord Burlington (1694–1753) Colen Campbell mit der Umgestaltung seines Londoner Stadthauses im palladianischen Stil, den Campbell mit seinem „Vitruvius Britannicus" populär gemacht hatte. Der an Palladios Palazzo Porto-Colleoni in Vicenza angelehnte Entwurf sah zwei große Palladio-Motive an den Seitenflügeln vor.

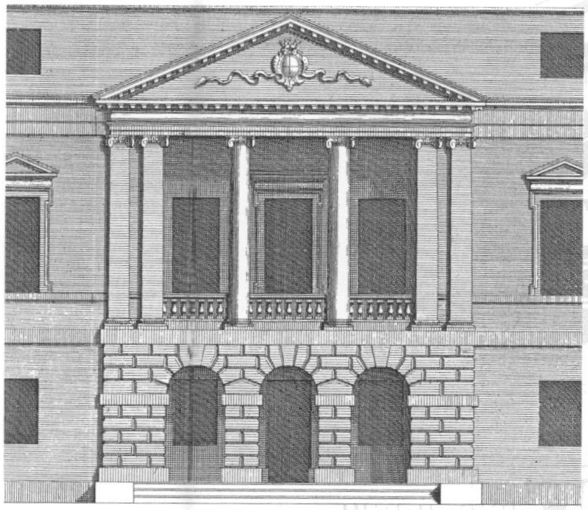

Lord Herbert's House, London (um 1723–1724)
Eine Loggia, manchmal von einem Dreiecksgiebel bekrönt und auf einer dreiteiligen rustizierten Arkade ruhend, gehörte bald zum Standard für Stadthäuser und Landsitze im palladianischen Stil. Ein Beispiel ist das Haus, das Campbell für Lord Herbert in Whitehall erbaute. Er nahm die von Inigo Jones entworfene Galerie von Somerset House in London zum Vorbild.

General Wade's House, London (1723)
Dies war das erste von Lord Burlington errichtete Stadthaus. Burlington war nicht nur Förderer des Palladianismus, sondern auch ein begabter Architekt. Hier folgte er eng einem Originalentwurf von Palladio aus seiner Sammlung. Die Fassade zeigt das Palladio-Motiv unter einem Überfangbogen, wie es ebenfalls an vielen seiner späteren Bauten auftritt.

Rustizierte Arkaden
Rustizierte dreiteilige Arkaden zeichnen viele palladianische Häuser aus. Meist betonen sie Sockelgeschoss oder Mittelbau. Palladio hatte rustizierte Arkaden bereits in seinem Lehrbuch behandelt. Inigo Jones setzte sie bei der Gestaltung von Covent Garden ein – damit waren sie in das Repertoire des Palladianismus aufgenommen.

St. Martin-in-the-Fields, London (1722–1726)
Obwohl James Gibbs (1682–1754) sich nie ganz dem Palladianismus anschloss, trug er durch sein „Book of Architecture" (1728) zur Verbreitung der Gestaltungsmotive bei, etwa dem Palladio-Motiv.

Palladio-Motiv unter einem Überfangbogen
Lord Burlington schätzte das Palladio-Motiv unter einem Überfangbogen und setzte es gern bei seinen Bauten ein. Die Kombination beider Elemente hat den Vorteil, dass sie die Fassade kompositorisch zusammenfassen: Der Bogen des Palladio-Motivs und der Überfangbogen nehmen das Rundbogenmotiv auf, während das Gebälk die Höhe der anderen Fenster einhält.

Palladianismus

„Vitruvius Britannicus"

Das vermutlich folgenreichste Architekturbuch im England des 18. Jh. war Colen Campbells Stichsammlung „Vitruvius Britannicus", eine Bestandsaufnahme der zeitgenössischen britischen Baukunst. Sie erschien in drei Bänden zwischen 1715 und 1725 und besaß einflussreiche Subskribenten. Auf den ersten Seiten jedes Bandes präsentierte Campbell (1676–1729) so viel Material von Inigo Jones wie möglich. Zum „Vitruvius Britannicus" wurde Jones deshalb stilisiert, weil er über Palladio die Kenntnis der römischen Antike in England eingeführt hatte. Seine eigenen Arbeiten stellte Campbell ebenfalls an prominenter Stelle vor. Zwar wurde er für das sklavisch genaue Imitieren seiner Vorbilder kritisiert, doch die von ihm erbauten Herrenhäuser, etwa Wanstead House oder Houghton Hall, gaben dem Palladianismus wichtige Impulse.

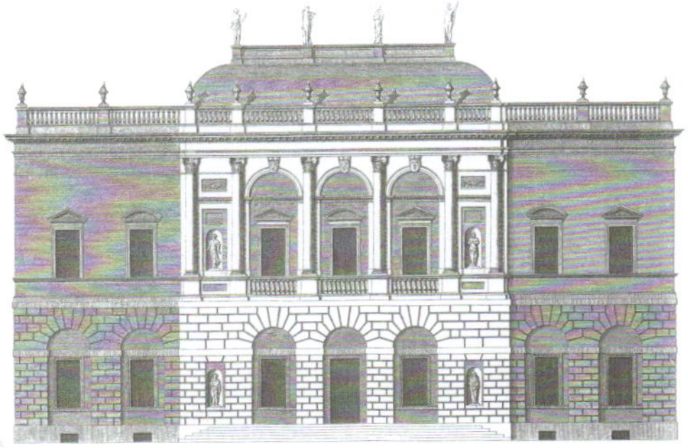

Entwurf „im Stil von Inigo Jones"
Im „Vitruvius Britannicus" stellte Campbell ebenfalls eigene Werke vor. Zu ihnen zählte ein Landsitz „im Stil von Inigo Jones". Tatsächlich lehnt sich die Gestaltung mit einer korinthischen Ordnung über einem Rustika-Sockel eng an Jones Galerie in Somerset House an.

Keilsteine
Die Überfangbögen am Rustika-Sockel einiger palladianischer Landsitze bestehen aus schrittweise größer werdenden, dekorativ übereinander gesetzten Keilsteinen. Riesige Schlusssteine bekrönen die rechteckigen Fensteröffnungen unter den Überfangbögen.

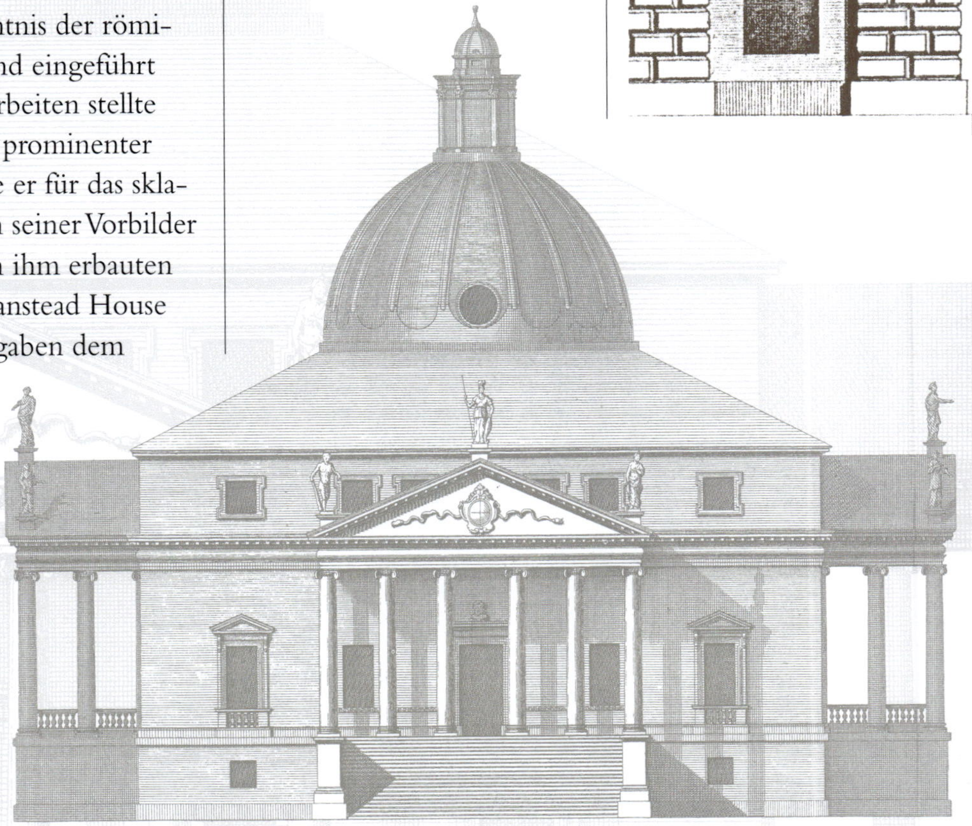

Mereworth Castle, Kent (1722–1725)
Die getreueste Kopie eines Palladio-Baus stellt Mereworth Castle dar. Als Vorbild diente Campbell hier die berühmte Villa Rotonda (*siehe S. 240*), ebenfalls ein Zentralbau mit vier Portiken. Der Schriftsteller Horace Walpole beschrieb Mereworth Castle als „perfekt den palladianischen Geschmack verkörpernd".

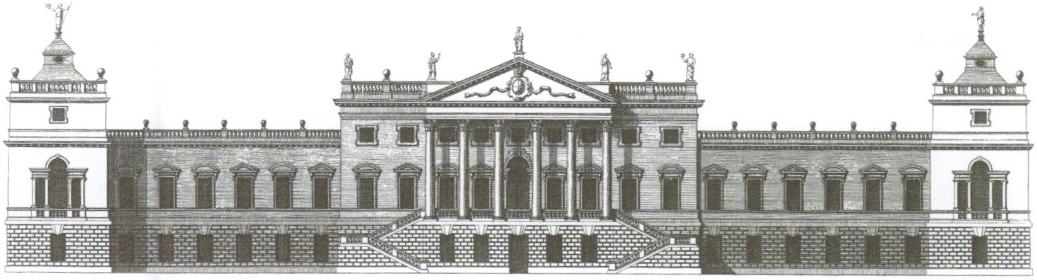

Wanstead House, Essex (1715–1720)
Einige Landsitze besaßen riesige Ausmaße. Alle drei von Campbell für Wanstead House angefertigten Entwürfe sahen einen monumentalen sechssäuligen Portikus vor, dessen Proportionen der Größe des Herrenhauses entsprachen.

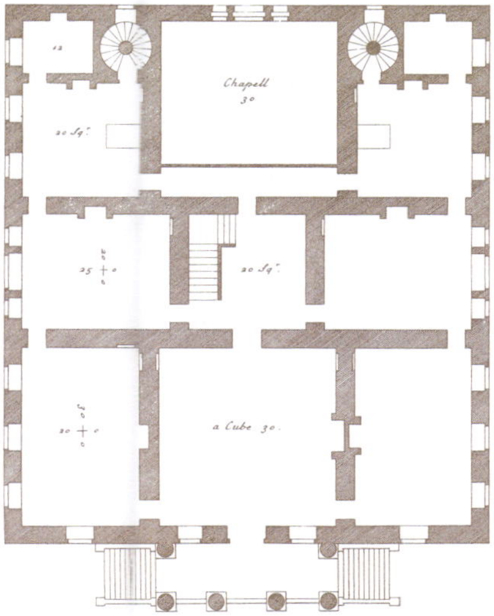

Stourhead, Wiltshire (ab 1721)
Campbells erster Entwurf basierte auf Palladios Villa Emo in Fanzolo. Doch der Palladio-typische von schlichten Proportionen bestimmte Grundriss stellte den Auftraggeber Henry Hoare nicht zufrieden. Er fand ihn unpraktisch, weil es keine Service-Treppe gab, dafür zwei überflüssige symmetrisch angeordnete Wendeltreppen zu den Schlafzimmern. Das Haus stellte einen Kompromiss zwischen Symmetrie und Zweckmäßigkeit dar.

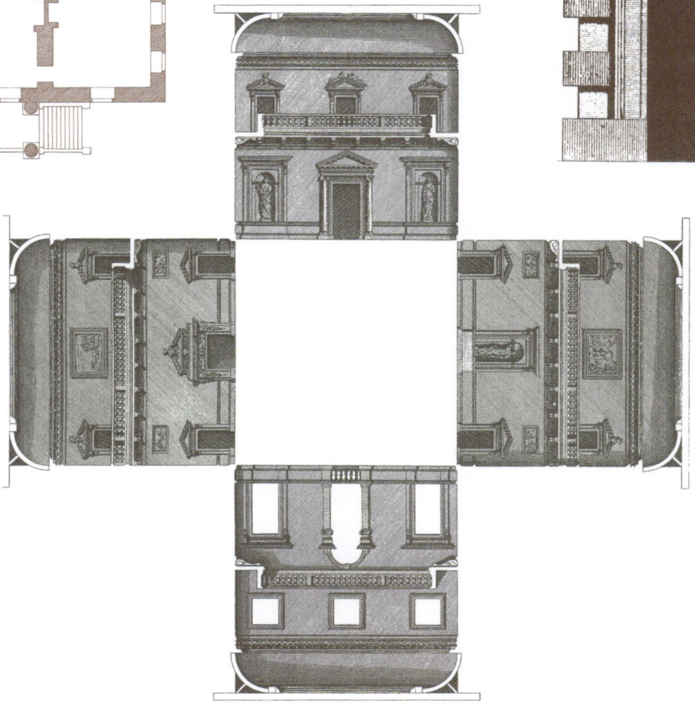

Great Hall, Houghton Hall, Norfolk (1722 begonnen)
Campbells Great Hall in Houghton ist ein typischer palladianischer Raum der 1720er-Jahre und weist archäologisch und mathematisch korrekte Bauelemente auf, wie Gesimse, Kamine, giebelbekrönte Türen und Fenster sowie eine auf Konsolen ruhende Galerie mit Balustrade.

Blocked surround
Dieses charakteristische Gestaltungselement der englischen Baukunst, das etwa bei Bauten von John Gibbs häufig auftritt, besteht aus einer schlichten Türrahmung, die in regelmäßigen Intervallen von großen Steinquadern unterbrochen wird. Der *blocked surround* setzt sich entweder um den oberen Abschluss fort oder wird von einem Giebel mit großen Schlusssteinen bekrönt. Campbell setzte dieses Motiv wiederholt ein, um Türen und Fenster des *piano nobile* zu betonen.

Palladianismus

Chiswick House, London

Chiswick House (1725 begonnen) war das Meisterstück von Lord Burlington. Hier setzte er das Wissen glänzend um, das er sich durch das Studieren seiner eigenen Sammlung von Originalentwürfen Palladios und Jones angeeignet hatte. Ergebnis war ein ungewöhnliches Bauwerk voller Architekturverweise. Sowohl innen wie außen orientieren sich die Proportionen vor allem an Palladio, während die Architekturdetails Motive von Palladio, Scamozzi, Jones, Vitruv und anderen akademisch korrekt zitieren. Aber die Häufung der Details beeinträchtigt die Qualität der einzelnen Elemente nicht: Sie sind klar und sorgfältig ausgeführt und zeugen von Burlingtons intensiver Auseinandersetzung mit seinen Vorbildern. Chiswick House ist Palladios Villa Rotonda bei Vicenza nachempfunden, stellt aber keine Imitation dar, sondern interpretierte sie in palladianischem Sinne neu.

Eingangsfront

Die Details des korinthischen Portikus lassen sich auf Palladio zurückführen. Die Balustrade der komplizierten Treppenanlage setzt sich zwischen den Säulen des Portikus fort und wird an den Fenstern aufgegriffen, ähnlich wie bei Jones Queen's House (*siehe S. 272*).

Vermiculation

Eine Art abgewandelte Rustika nennt man *Vermiculation*: In die Oberfläche der Steinquader werden Muster eingearbeitet, die an Wurmstiche erinnern. Die Verwendung dieses Dekormusters steigert die Wirkung der Oberflächen.

Grundriss

Das neu errichtete Haus bestand nur aus Repräsentationsräumen. Nichts störte die Reinheit der Gestaltung, die Funktionsräume waren in ein angeschlossenes, bereits bestehendes Gebäude verbannt worden. Burlington kombinierte hier runde, oktogonale, rechteckige, quadratische und apsidiale Raumformen.

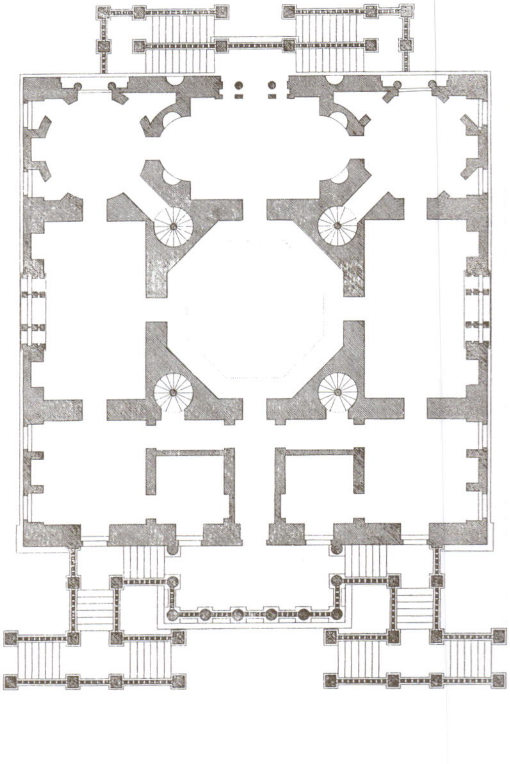

Gartenfront
Die Gartenfront weist drei Palladio-Motive unter Überfangbögen auf. Die Nischen, das Portal unter dem mittleren Fenster und das Thermenfenster variieren alle das Rundbogenmotiv.

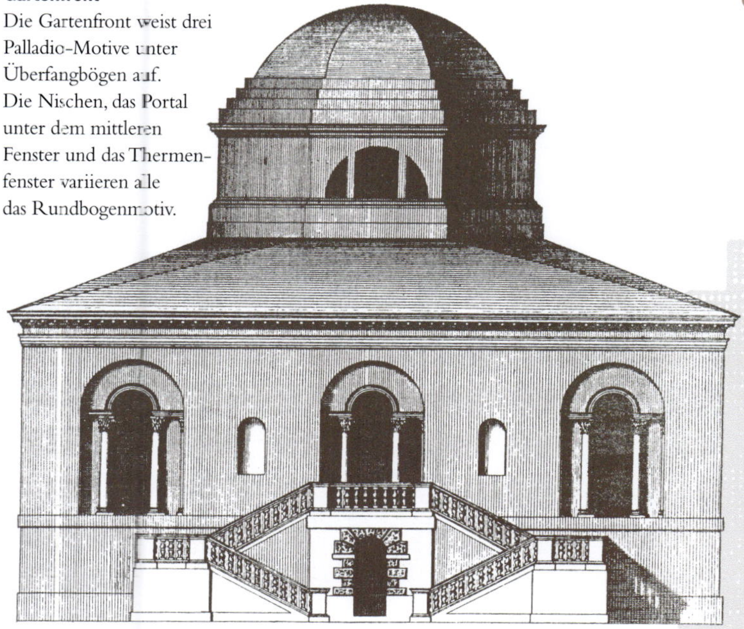

Torpfeiler
Zwei palladianische Torpfeiler flankieren die Eingangsfront von Chiswick House. Ihre rustizierten Quader, die mit glatten Quadern wechseln, greifen die *vermiculation* des Podiums auf. Girlanden sowie große Sphingen schmücken die Zierpfeiler.

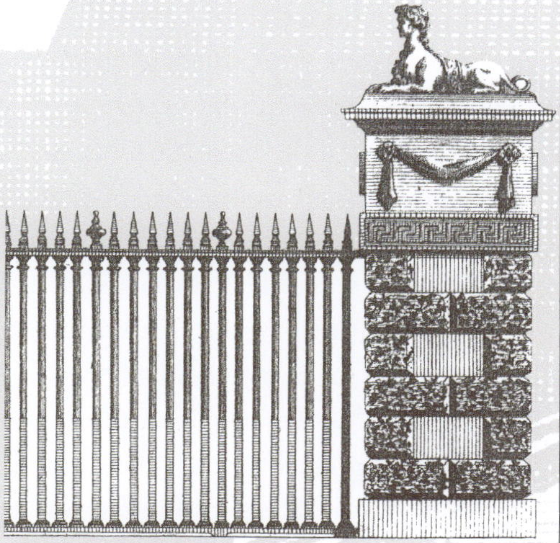

Querschnitt der Halle
Die zentrale achteckige Halle wird durch vier Thermenfenster in der Kuppeltrommel erhellt. Die reich ornamentierten, mit einem Dreiecksgiebel versehenen Türen orientieren sich an Jones, während die Dekoration Palladios Vorgaben für korinthische Räume entspricht.

Orange Tree Garden Temple (um 1725)
Burlington gestaltete in Chiswick ebenfalls mehrere Gartengebäude. Wie auch das Haus hält sich sein als Rundtempel entworfener Gartenpavillon mit archäologischer Akribie an seine Vorbilder. Der Portikus zitiert den Tempel der Fortuna Virilis in Rom (*siehe S. 123*).

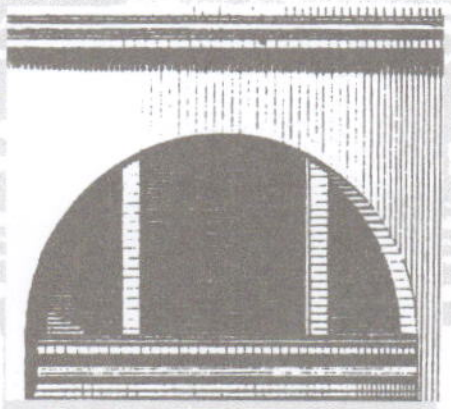

Thermenfenster
Thermenfenster sind halbkreisförmige Lünetten, die von zwei Pfeilern dreigeteilt werden. Sie sind auf mehreren Entwurfszeichnungen von Palladio zu finden sowie an Bauten und wurden von den Fenstern antiker Thermenanlagen übernommen. An der Gartenfront von Chiswick House richten sich die Pfeiler in den Thermenfenstern an der Achse der Säulen des mittleren Palladio-Motivs aus.

Palladianismus

Lord Burlington und William Kent

William Kent (1684–1748) war ein wichtiger palladianischer Architekt, der zudem als Begründer des englischen Landschaftsgartens berühmt ist. Er arbeitete mit Lord Burlington in Chiswick zusammen und gestaltete dort den Garten. Im Anschluss entwarf er Pläne für einen weitläufigen Palast in Whitehall, von denen allerdings fast keiner realisiert wurde. Jedoch veröffentlichte er 1727 Inigo Jones Entwürfe für Whitehall. Neben zahlreichen Privathäusern brachte der Palladianismus auch bedeutende Kommunalbauten hervor. Die von Burlington erbauten Assembly Rooms in York beispielsweise weisen eine Tendenz zur antik-römischen Monumentalität auf, die über Palladio und Jones hinausweist.

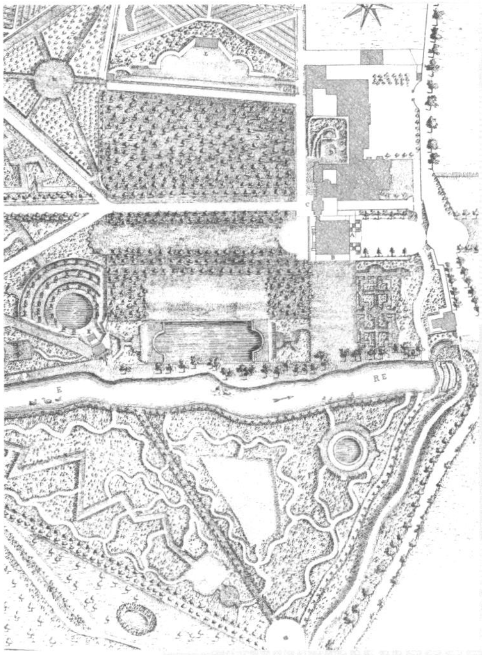

Gartenanlage, Chiswick House, London
Kent zeichnet hauptsächlich verantwortlich für die Gestaltung des Gartens rund um die von Burlington errichtete palladianische Villa. Miniaturarchitekturen spielen hier eine wichtige Rolle: Am Ende jedes Pfades finden sich architektonisch gestaltete Elemente, wie ein Portal, eine Kaskade, ein Teich, ein Obelisk oder kleine, aus der Antike oder von Jones sowie Palladio entlehnte Tempel. Der Garten wurde nach geometrischen Prinzipien gestaltet.

Schatzamt, London (1734)
Das Schatzamt war der einzige Bau, der von Kents Entwürfen für Whitehall ausgeführt wurde. Er orientierte sich an den Plänen von Jones und Webb für Whitehall, die Kent zuvor veröffentlicht hatte. Das Schatzamt verfügt über eine lange Rustika-Fassade, ihre Mitte betont eine Loggia mit Dreiecksgiebel. Das einzelne Palladio-Motiv im Obergeschoss der beiden quadratischen Eckbauten war eher typisch für die palladianischen Landsitze des 18. Jh.

Palladios Ägyptischer Saal, Assembly Rooms
Für die Gestaltung des prunkvollen Tanzsaales der Assembly Rooms nutzte Burlington einen Entwurf aus Palladios Lehrbuch: den Ägyptischen Saal. Palladio beschreibt ihn als „geeignet für Festivitäten und gesellschaftliche Ereignisse“. Laut dem Autor geht er auf Vitruv zurück. Indem Burlington Palladios Entwurf kopierte, glaubte er, gewissenhaft römische Bauvorstellungen der Antike zu befolgen.

Assembly Rooms, York (1730)
Der Grundriss zeigt eine Folge von Räumen unterschiedlicher Form, ähnlich wie in Chiswick House, darunter einen apsidialen Raum. Er befindet sich ebenfalls auf einigen der Rekonstruktionszeichnungen, die Palladio von römischen Thermen angefertigt hatte. Diese Zeichnungen waren in Burlingtons Besitz, er veröffentlichte sie 1730.

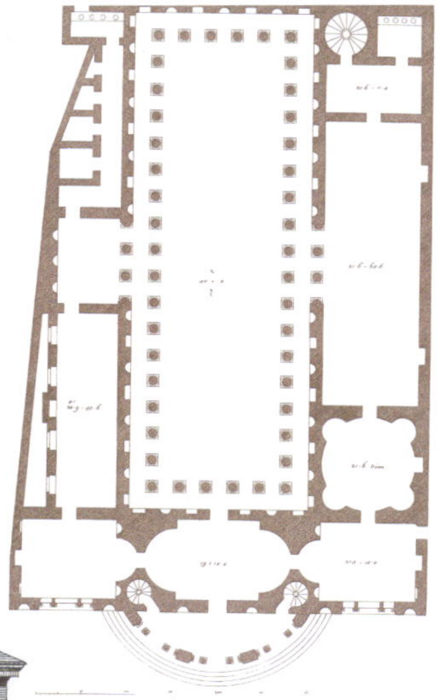

Fassade, Assembly Rooms
Während Burlington sich bei der Innengestaltung eng an Palladios Entwürfe anlehnte, stellt die Eingangsfront eine Eigenschöpfung dar. Sie ist den römischen Thermen der Kaiserzeit nachempfunden.

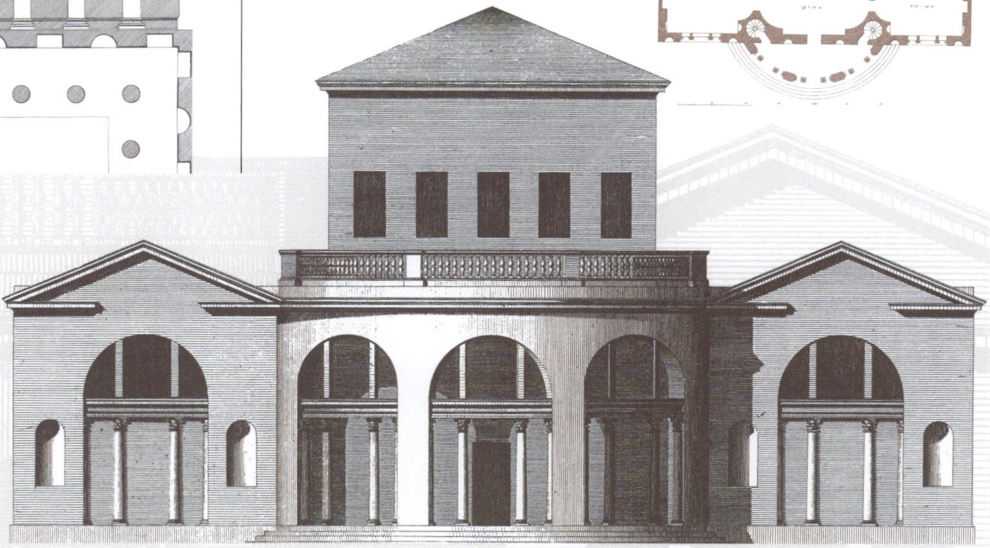

Längsschnitt, Assembly Rooms
Palladio empfahl, die Länge des Saals am Vorbild der römischen Basilika auszurichten. Hier setzte Burlington 18 Säulen ein. Allerdings wurden die Assembly Rooms als ungeeignet kritisiert, denn Umgang und Interkolumnium erwiesen sich als zu schmal für die Tänzer.

Palladianismus

Der Palladianismus in Amerika

In den Vereinigten Staaten traten palladianische Gestaltungsmotive erstmals Mitte des 18. Jh. auf. Das Konzipieren von Gebäuden war dort größtenteils Sache von Amateurarchitekten und Zimmerleuten. Für sie waren englische Baulehren des 18. Jh. maßgebend, vor allem die der Palladianisten. Sie dienten als Musterbücher und man entnahm ihnen vor allem einzelne Details. Erst gegen Ende des Jahrhunderts wirkte sich der Palladianismus ebenfalls auf den Grundriss aus. Thomas Jefferson (1743–1826), der dritte Präsident der Vereinigten Staaten, war ein begabter Amateurarchitekt und verfügte über eine umfangreiche Bibliothek. Den palladianischen Stil setzte er bei seinen institutionellen Bauten bewusst als Ausdruck seiner republikanischen und demokratischen Ideale ein.

Wohnhaus im Georgian Style
Der englische Baustil des 18. Jh., nach den Regenten Georg I. bis Georg IV. auch als Georgian Style bezeichnet, dominierte ebenfalls die Ostküste der Vereinigten Staaten. Sehr häufig stand der Haustypus auf rechteckigem Grundriss mit Walmdach und Gauben. Türen, Fenster und Kamine verteilten sich symmetrisch über den Aufriss, ihre Gestaltung übernahm klassische Motive und Proportionen aus Batty Langleys „Treasury of Designs“ (1740) und James Gibbs' „Book of Architecture“ (1728).

Palladianische Dachgaube
Walmdächer waren nun nicht mehr so steil wie beim vorherigen Colonial Style. Oft wurden sie mit Dreiecksgiebeln versehen. Dachgauben wurden gelegentlich als Palladio-Motiv gestaltet, das in zahlreichen Varianten in den zirkulierenden englischen Baulehren vorgestellt wurde.

Mount Vernon, Virginia (1759–1774 erweitert)
Das Landgut Mount Vernon wurde von seinem Besitzer George Washington in mehreren Bauphasen nach palladianischem Vorbild umgebaut und erweitert. Die asymmetrische Verteilung der Fenster des ersten Umbaus nahm er durch stark symmetrische Akzente zurück, etwa Kolonnaden, die einen Vorhof bilden, oder eine achteckige Laterne auf dem Dachfirst, genau über dem breiten Mittelgiebel.

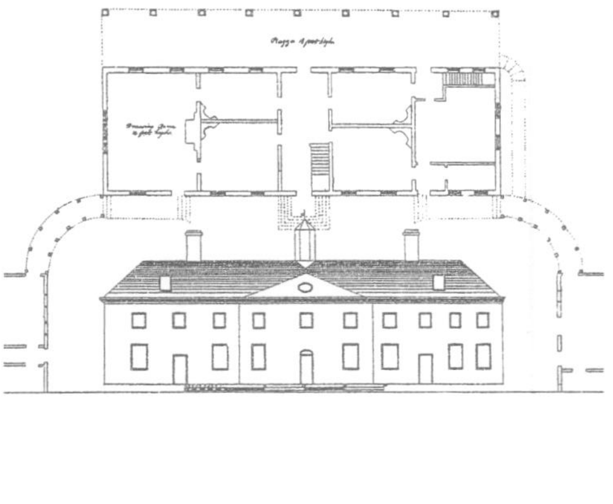

Vorbau mit Dreiecksgiebel
Der Vorbau mit Dreiecksgiebel war weithin gebräuchlich. Ein schweres Zahnschnittgesims, das in den Vereinigten Staaten sehr beliebt war und sich oft im Dreiecksgiebel fortsetzt, schließt hier den von frei stehenden Säulen getragenen Fries ab. Der Vorbau betont die Mittelachse des Baukörpers und greift die Formen antiker Tempelportiken auf.

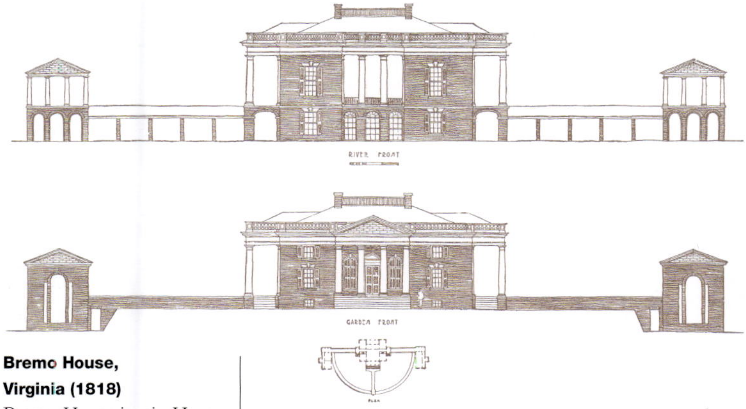

Bremo House, Virginia (1818)
Bremo House ist ein Haus in spätgeorgianischem Stil und gliedert sich typischerweise in mehrere Gebäudeteile. Seine Gestaltung weist Merkmale des englischen Palladianismus auf, etwa einen Tempelportikus am Hauptgebäude.

Wettbewerbsentwurf für das Haus des Präsidenten, Washington (1792)
Bei seinem nicht realisierten Entwurf für den Amtssitz des Präsidenten, später das Weiße Haus, erwies sich Jefferson als echter Palladianist im Sinne von Burlington und Campbell. Er sah eine Villa vor, gestaltet als Zentralbau mit identischen Säulenportiken an allen vier Seiten, ganz wie Palladios Villa Rotonda bei Vicenza.

Poplar House, Virginia (1820)
Jeffersons Konzept für Poplar House basiert auf einem Entwurf von Jones mit achteckigem Grundriss. Die Funktionsräume stören die Symmetrie nicht.

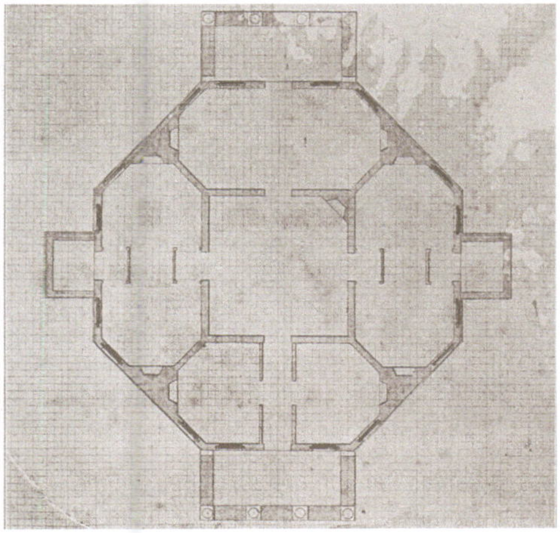

Monticello, Virginia (1768–1782)
Sein eigenes Haus in Monticello in Virginia entwarf Jefferson im palladianischen Stil mit einem hohen Portikus an der Schaufront. Dessen Details entlehnte er Palladios Stichen. Nach seiner Rückkehr aus Frankreich baute Jefferson das Gebäude ab 1796 im französischen „republikanischen“ Geschmack um. Der Standort auf einem romantischen Hügel lässt noch heute an Palladios Villa Rotonda denken ebenso wie Kuppel und Portikus.

Bibliothek, University of Virginia, Charlottesville (1817–1826)
Jefferson entwarf die Bibliothek als runden Kuppelsaal mit Portikus nach dem Vorbild des Pantheons. Sie erhebt sich am Ende einer lang gestreckten Rasenfläche, begrenzt von mehreren Häusern, in denen die Schlafräume der Professoren und Studenten untergebracht waren.

Klassizismus *Mitte 18. Jh.–Mitte 19. Jh.*

Ursprünge des Klassizismus

Der Klassizismus ist ausgesprochen komplex und vielfältig. Als Gegenreaktion auf den dynamischen, überschwänglichen Barock kehrte er zurück zu verloren geglaubter Reinheit und edler Form. Ab etwa Mitte des 18. Jh. entstanden Bauten von strenger Monumentalität, die sich wieder an klassischen Formenidealen ausrichteten. Aus vier Hauptquellen speiste sich der neue, durch Gelehrsamkeit geprägte Baustil: Archäologie, Publikationen, Romantik und Purismus. Die Bauwerke der römisch-griechischen Antike wurden mit archäologischer Präzision studiert und in den Tafelwerken romantisierend verklärt wiedergegeben. Die Schlichtheit der griechischen Baukunst gab Impulse für eine klare, sparsame Ornamentierung.

Konstantins-Bogen, Rom
Giovanni Battista Piranesi, ein italienischer Kupferstecher und Architekt des 18. Jh., schuf Ansichten römischer Baudenkmäler, die große Verbreitung fanden. Hier sieht man den halb verfallenen Konstantins-Bogen.

Fragmente römischer Kapitelle
Ein typisches Beispiel für den Eklektizismus der römischen Baukunst, auf die sich der Klassizismus berief, stellen diese Fragmente dar. Obwohl sie auf der korinthischen Ordnung beruhen, setzen sie deren Bestandteile spielerisch ein: Das Kapitell links zeigt weibliche Figuren und Trophäen, das Beispiel rechts ein springendes Pferd zwischen Akanthusblättern.

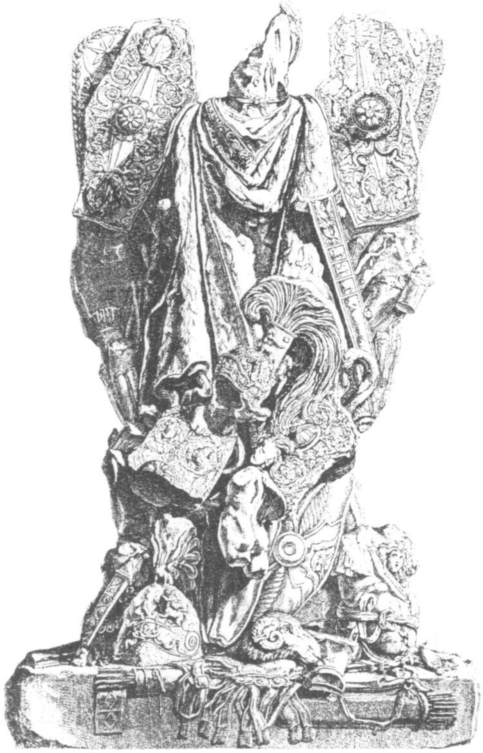

Siegestrophäe von La Turbie, Südfrankreich
Die von Kaiser Augustus errichtete Siegestrophäe von La Turbie an der Côte d'Azur schmücken Waffen und Trophäen, typisch römische Dekorationsmotive. Die klassizistischen Architekten des 18. Jh. griffen sie vor allem für Eingangshallen auf. Dort erinnern sie an den mittelalterlichen Brauch, Waffen in Reichweite in der Halle zu verwahren.

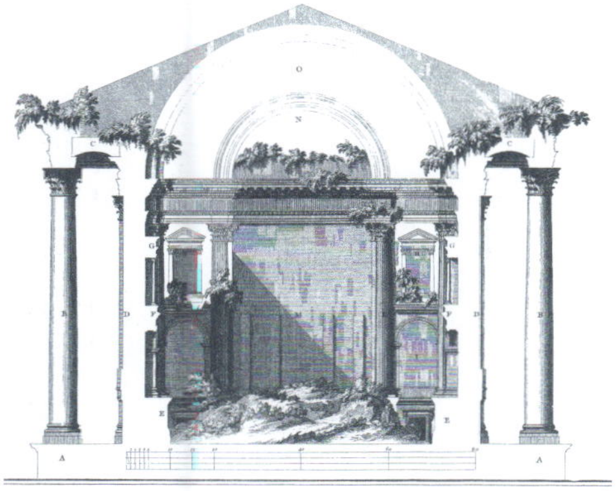

Tempel, Baalbek, Libanon
Diese Darstellung zeigt die typische Synthese aus Geschichtsverklärung und Präzision, die archäologische Forschungen häufig begleitete. Die Details des antiken Tempels sind akribisch erfasst; die aus den Ruinen wachsenden Pflanzen lassen sie romantisch wirken.

Tempel am Ilissos, Athen
Dieser nicht erhaltene ionische Tempel ist einer von zahlreichen griechischen Bauten, die Architekten des 18. und 19. Jh. als Inspiration dienten. Die schlichte, viersäulige Tempelfront wurde bei zahlreichen Kirchen nachgeahmt.

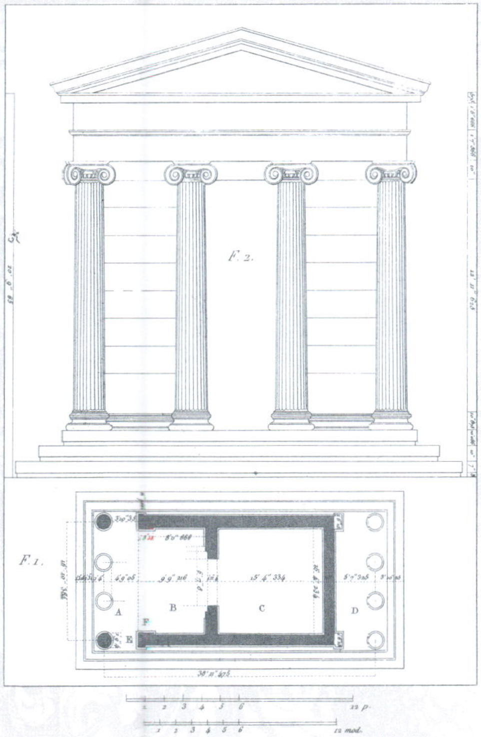

Ionische Ordnung, Tempel am Ilissos
Dieser Stich zeigt Basis, Kapitell, Architrav, Fries und Kranzgesims des ionischen Tempels am Ilissos. Durch die detailreiche Wiedergabe konnten sich die Architekten einzelne Elemente herausgreifen und bei ihren Entwürfen einsetzen. Damit bildeten die Stiche eine Art Mustersammlung.

Blattfries, Palmyra, Syrien
Das Motiv des springenden Pferdes schmückt hier eine Blüte auf dem Fries, nicht auf dem Kapitell. Die Archäologen entdeckten an antiken Bauten zahlreiche Dekorvarianten, es gab keine klare Trennung nach Ordnungen.

Die „Urhütte"
Bei dieser Rekonstruktion eines frühen Holztempels steigerte der Architekturtheoretiker Marc-Antoine Laugier das puristische Ideal ins Extrem und belegte, dass sich die Formen der klassischen Ordnungen auf die Holzbauweise der „Urhütte" zurückführen lassen.

Klassizismus

Ein neuer Blick auf die klassischen Ordnungen

Die fünf Ordnungen bildeten das Rückgrat der klassischen Architektur. Im Lauf der Jahrhunderte hatten viele Gelehrte ihre eigene Interpretation der Ordnungen veröffentlicht. Archäologische Ausgrabungen in Herculaneum (1738) und Pompeji (1748) sowie das Studium bereits bekannter antiker Ruinen brachten neue Erkenntnisse über den Formenreichtum. Nun hatte man die Wahl zwischen einer griechisch-dorischen Säule ohne Basis und der römischen Variante mit Basis. Beide eigneten sich als Prototypen. Einige Architekten wiederum wollten eigene Ordnungen schaffen, indem sie die Bestandteile der klassischen Ordnungen neu zusammensetzten oder einen völlig neuen Typus bildeten.

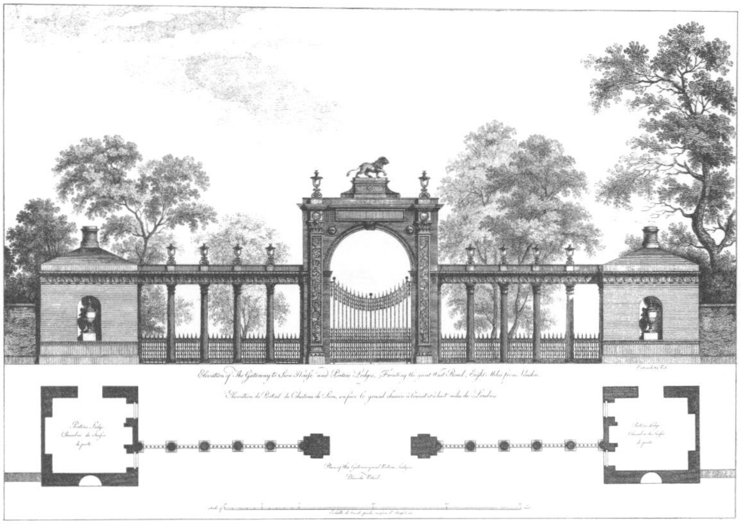

Gebrauch der dorischen Ordnung am Eingangstor, Syon House, Middlesex, England
Die dorische „männliche“ Ordnung galt als besonders geeignet für die Verwendung an Toren und Portalen. Das abgebildete Beispiel zeigt den freien Umgang mit der dorischen Ordnung, die hier spielerisch abgewandelt wurde (*unten links*).

Variation der dorischen Ordnung, Syon House
Dieses dorische Kapitell ist im Gegensatz zu seinem antiken Vorbild reich mit Anthemion und Blättern geschmückt. Der Fries fällt etwas zurückhaltender aus, er zeigt skulptierte Bukranion-Motive aus Ochsen- und Widderschädeln im Wechsel.

Basis eines Pilasters am Eingangstor, Syon House
Die Basis dieses Pilasters wurde fantasievoll mit vier Löwenklauen abgewandelt. Diese originelle Gestaltung hat kein Vorbild und kam vermutlich zum Einsatz, um unerwünschte Besucher abzuschrecken.

Dorische Ordnung, Shelburne House, London
Im Gegensatz zu der kunstvollen dorischen Ordnung bei Syon House zeigt Shelburne House (um 1762–1767) eine Variante mit schlichtem Kapitell und Gebälk. Am Fries ersetzt ein Kentaur das traditionelle Bukranion und tritt an den Metopen im Wechsel mit der *patera* auf, einem medaillonartigen Dekorationsmotiv.

Korinthische Ordnung, Wynn House, London (1772–1774)
Diese Abwandlung der korinthischen Ordnung zeigt kleine Widderköpfe anstelle der üblichen Voluten. Die Rosetten am Fries wurden in runde Blumenkränze gesetzt. Das Kranzgesims ist hingegen bewusst zurückhaltend gestaltet.

Ionische Ordnung, Anteroom, Syon House
Dieses Beispiel für die ionische Ordnung verdeutlicht, wie überreich sie im Klassizismus manchmal ausgeschmückt wurde. Hier zieren Blattranken die Voluten und reliefierte Palmblätter bedecken die Säulendeckplatte (Abakus).

Entwurf für die britannische Ordnung
Der Entwurf für eine neue britannische Ordnung sah für das Kapitell Elemente aus dem britischen Staatswappen vor: den englischen Löwen, das Einhorn Schottlands sowie die Krone. Der Fries nimmt diese Gestaltungsmotive auf und zeigt Einhorn und Löwen im Wechsel.

Ionische Ordnung, Shelburne House
Hier sieht man eine viel einfachere Variante der ionischen Ordnung. Die Voluten sind schmucklos, ebenso wie der Abakus. Der Fries zeigt eine Anthemion-Variation.

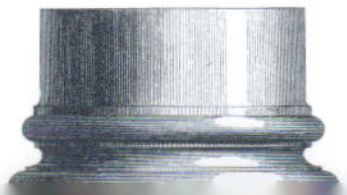

Klassizismus

Der Klassizismus in Frankreich

Frankreich war eines der ersten Länder, wo man sich von Barock und Rokoko abwandte. Ab der Mitte des 18. Jh. setzten die Architekten wieder die klassische Formensprache ein, nun allerdings mit bewusst sparsamer Ornamentierung. Die französischen Architekturtheoretiker näherten sich dem Klassizismus im Geiste des Rationalismus und stellten Theorien über die Ursprünge der Ordnungen auf. Die Umsetzung der antiken Formensprache mündete in eigenständige Bauwerke, die sich von ihren Vorbildern unterschieden. Die Franzosen waren ebenfalls Pioniere des archäologischen Klassizismus. 1758 erschien die erste Dokumentation griechischer Bauwerke: Julien-David LeRoys Publikation trug den romantischen Titel „Ruinen der schönsten Denkmäler Griechenlands".

Die „Urhütte"
Als Erste leiteten französische Architekturtheoretiker die Elemente der klassischen Ordnungen aus der Holzbauweise ab. Sie stellten die Theorie auf, dass die Säulen ursprünglich Baumstämme waren und dass die Motive des Frieses aus den Balkenenden hervorgingen.

Fassade, Petit Trianon, Versailles (1764–1768)
An der Fassade des Petit Trianon im Park von Versailles zeigt sich deutlich der neue Wunsch nach einer klaren, geradlinigen Formensprache. Einfache korinthische Säulen gliedern sie, die Fenster weisen sehr schlichte Rahmungen auf. Die Balustrade am Dachansatz verzichtet ganz auf Skulpturenschmuck.

Grundriss, Panthéon, Paris (1764–1790)
Das Panthéon in Paris ist als Zentralbau auf dem Grundriss des griechischen Kreuzes mit vier gleich langen Armen errichtet. Dem Eingangsarm ist ein Säulenportikus vorgelegt, den Chorarm flankieren zwei Türme.

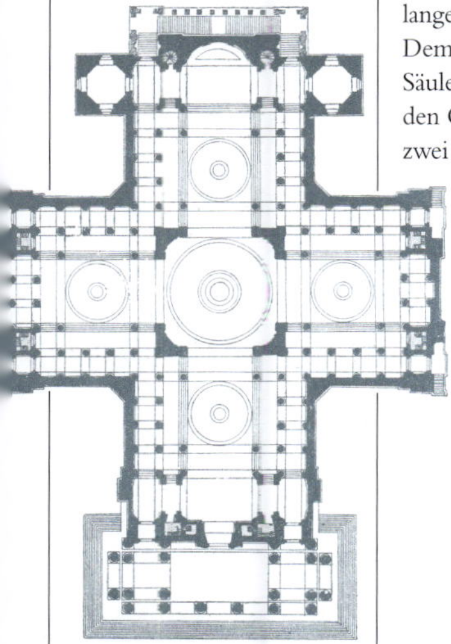

Thermenfenster, Théâtre de l'Odéon
Thermenfenster gehörten bereits dem Repertoire des englischen Palladianismus an. Auch im französischen Klassizismus fanden sie ihren Platz an den Fassaden.

Portikusdach, Théâtre de l'Odéon, Paris
Das Dach des Portikus war begehbar und diente als Balkon. In der griechischen oder römischen Architektur der Antike gibt es dafür keine Vorbilder: Ein klassisches Gestaltungsmotiv war abgewandelt und einer Nutzung zugeführt worden.

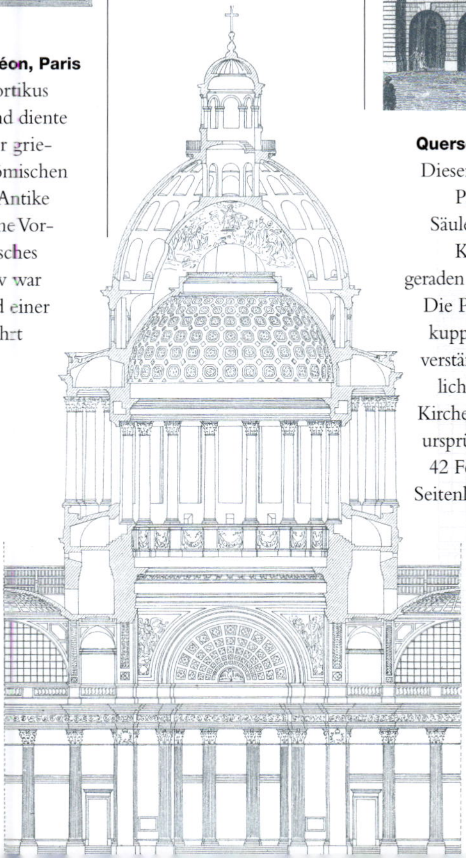

Querschnitt, Panthéon
Dieser Querschnitt des Panthéon zeigt die Säulen, welche in den Kreuzarmen einen geraden Architrav stützen. Die Pfeiler der Mittelkuppel mussten später verstärkt werden. Ähnlich wie in gotischen Kirchen bestimmte hier ursprünglich das durch 42 Fenster einfallende Seitenlicht die Wirkung des Innenraums.

Fassade, Théâtre de l'Odéon (1779–1792)
Die rustizierte Fassade des blockhaften Gebäudes wird durch einen dorischen Portikus mit acht Kolossalsäulen gegliedert. Die strenge, monumentale Schlichtheit der Gestaltung ist für den französischen Klassizismus charakteristisch.

Querschnitt der Kuppel, Panthéon
Nach dem Vorbild von Wrens St. Paul's Cathedral in London ist die Kuppel des Panthéon dreischalig ausgeführt. Sie besteht aus einer schützenden, steilen Außenschale, einer Innenschale sowie einer nicht sichtbaren mittleren Schale, welche die Laterne trägt.

Klassizismus

Der Klassizismus in England: der Formenschatz

Der Klassizismus bzw. *Neoclassicism*, wie er in England genant wird, war kein eigenschöpferischer Stil, sondern fühlte sich der Umsetzung alter Bauideale verpflichtet. Der Formenkanon der klassischen Architektur, wie er von antiken griechischen und römischen Bauwerken überliefert war, wurde für neue Bautypen uminterpretiert. Antike Wohnbauten waren praktisch nicht erhalten, stattdessen plünderte man Tempel, Triumphbögen sowie Thermen und setzte ihre Elemente neu an Wohnbauten zusammen, die ansonsten modernen Bedürfnissen zu entsprechen hatten. Klassische Proportionen und Symmetrie waren ihre Hauptcharakteristika, doch da damals bereits eine Fülle an Quellen verfügbar war, weist jedes Haus andere und unterschiedliche Baudetails auf.

Entwurf für die Schaufront einer Villa
Die streng symmetrisch gestaltete Fassade der Villa weist zahlreiche Dekormotive auf, die von antiken Tempeln übernommen wurden: einen ionischen Säulenportikus, schmückende Statuen und Flachreliefs.

Querschnitt einer Villa
Grundriss wie auch Aufriss wurden möglichst symmetrisch gehalten, so weit das mit der Zweckmäßigkeit vereinbar war. Hier umschließen die Räume ein zentrales Treppenhaus. Aufgrund der hohen Decken konnte über dem Zimmer links im ersten Stock ein niedriges Zwischengeschoss (Mezzanin) eingeschoben werden.

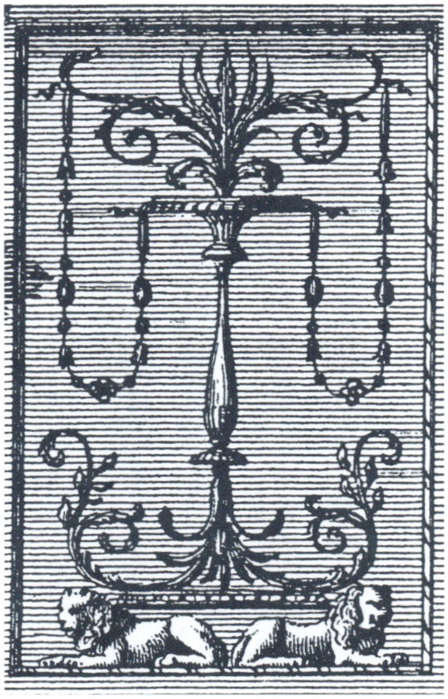

Detail einer Arabeske
Symmetrisch arrangierte vegetabile Ornamente, meist in stilisierter Wiedergabe, wurden oft in Gips auf die Wand aufgebracht oder auch aufgemalt. Das abgebildete Arabesken-Motiv war im englischen Klassizismus weithin gebräuchlich.

Entwurf für eine Decke
Die Decken des Klassizismus sind oft den erhaltenen Decken antiker Bauten nachempfunden. Charakteristisch ist vor allem ihre geometrische Gestaltung. Dieser Entwurf zeigt eine Kassettendecke mit eingetieften quadratischen, achteckigen und sechseckigen Feldern.

Entwurf für eine Sphinx
Beliebt war die Sphinx, ein Ungeheuer der griechischen Mythologie mit geflügeltem Löwenkörper und Frauenkopf. Sie tritt auf Decken, Friesen und Kaminen auf.

Entwurf für eine Tür
Meist wurden die Türen in sechs Kassettenfelder unterteilt. Obwohl die Türen meist einflügelig sind, täuscht oft ein Strich in der Mitte zwei Flügel vor. Manchmal sind sie auch kunstvoll mit Akanthusblättern, Urnen und Sphingen geschmückt.

Entwurf für einen Kamin
Die strenge Ornamentierung dieses Kamins ist typisch für den englischen *Neoclassicism*. Den Kamin schmückt ein Mäanderfries, seinen Sims tragen zwei an antike Karyatiden erinnernde Köpfe.

Entwurf für eine Nische
Nischen, die Dekorstücke oder Statuen aufnehmen, sind oft in klassizistischen Wohnräumen anzutreffen. In der Regel verteilen sie sich in symmetrischer Anordnung über die Wandflächen des Raumes.

Rustika
Die Rustika wurde meist für das Sockelgeschoss der Häuser eingesetzt. Die zwischen kräftigen Fugen hervortretenden Steinquader strahlen Solidität und Schwere aus.

Entwurf für einen Pilaster
Pilaster gliedern die Innenräume wie den Außenbau. Sie treten schmucklos, kanneliert oder mit Motiven verziert auf, hier mit Palmetten.

Blendbogen
Auch Blendbögen wurden für die Gliederung der Wände verwendet. Die auf die Wandfläche aufgelegten Bögen befinden sich vor allem am Außenbau, als Rahmung von Fenstern. Manchmal lockern sie als eigenständiges Dekormotiv große, schmucklose Mauerflächen auf.

Klassizismus

Der Klassizismus in England: Robert Adam

Der schottische Architekt Robert Adam (1728–1792) wird oft mit dem englischen Klassizismus in einem Atemzug genannt. Ein Dekorationsstil trägt seinen Namen, da er meist bereits bestehende Gebäude umgestaltete. Der *Adam Style* vereint ein Gefühl für Proportionen mit großer Aufmerksamkeit für Details, etwa einzelne Türgriffe oder Vasen. Robert Adams Begabung lag darin, gut proportionierte, einladende und anmutige Räume in kontrastreicher Anordnung zu schaffen. Sein Konzept war dynamisch bestimmt: Er beschrieb es als „das Aufsteigen und Herabsinken, das Vorspringen und Zurückweichen und andere Variationen der Formen". Die hier vorgestellten Details von Syon House in Middlesex, das er zwischen 1762 und 1769 umbaute, verdeutlichen, wie er dabei vorging.

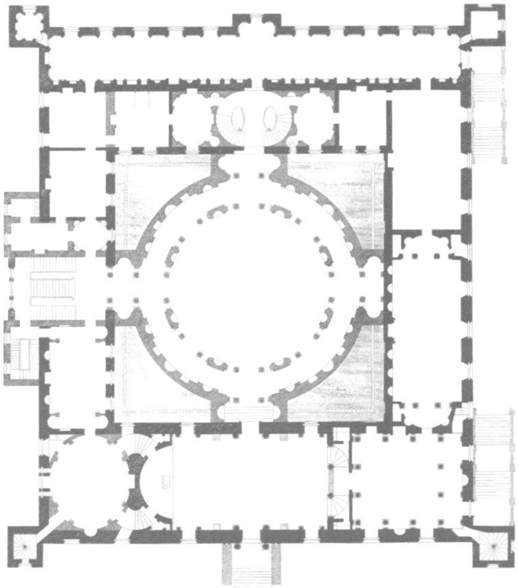

Grundriss, Syon House
Adam überarbeitete den Grundriss des im Jacobean Style errichteten Syon House und schuf interessante Raumfolgen mit kontrastreichen Formen. Im früheren Innenhof war eine große Rotunde, ein kreisrundes Gebäude, geplant. Sie sollte als Ballsaal genutzt werden, wurde allerdings nicht realisiert.

Dorische Säulenstellung, Eingangshalle
Diese dorische Säulenstellung begrenzt das Ende der Eingangshalle und kaschiert geschickt den Niveauunterschied. Zwischen den Säulen zieht eine Kopie des „Sterbenden Galliers" den Blick auf sich. Sie lenkt von den Treppenstufen ab und unterstreicht den Tempelcharakter des Raums.

Postament einer Statue, Eingangshalle
Jedes noch so kleine Detail gestaltete Adam mit großer Sorgfalt. Das abgebildete Postament ist abwechslungsreich mit verschiedenen Motiven verziert, beispielsweise Anthemion, *paterae* und an Löwenköpfen aufgehängten Girlanden. Jedes Ornament war für sich genommen bereits bekannt, neuartig war ihre Kombination in dieser Weise.

Entwurf für einen *overmantel*
Ein *overmantel* ist eine Schmucktafel, die in England über dem Kaminsims angebracht wurde. Bei diesem Beispiel kopierte Adam ein römisches Vorbild: ein Flachrelief mit der Darstellung einer Frau, deren Füße von einer Magd gewaschen werden.

Entwurf für Trophäen
Trophäen, die ursprünglich als Dekorationsmotiv bei römischen Triumphbögen eingesetzt worden waren, fanden im Klassizismus neue Verwendung als dekorative Wandtafel in der Eingangshalle. Bei diesem Beispiel gruppieren sich die Schilde symmetrisch um die zentrale Rüstung. Die variationsreichen Schildformen beleben die Komposition.

Entwurf für eine *long gallery*
Adam stand vor der Aufgabe, ein Haus im Jacobean Style im klassizistischen Stil umzugestalten. Er fand eine glänzende Lösung: Durch Bücherregale untergliederte er die *long gallery* (Galerie) und belebte die langen Wandflächen durch Kamine, Spiegel und Türen.

Entwurf für einen Scagliola-Fußboden
Dieser Scagliola-Fußboden ist ungewöhnlich, denn meist entwarf Adam Teppiche für seine Innenräume. Scagliola ist ein Marmorimitat aus Gips, Pigmentfarben und Leimwasser, das in Mustern ausgelegt wird. Zum Abschluss wird die Oberfläche geschliffen und poliert.

Entwurf für eine Öllampe
Diese Öllampe vereint Zweckmäßigkeit mit Ziercharakter. Mehrere dieser Öllampen schmückten das große Eingangstor von Syon House (*siehe S. 286*).

Entwurf für eine Urne
Nischen mit Zierurnen schmücken das Eingangstor. Diese zieren klassische Motive, wie Widder- und Löwenköpfe und ein Lorbeerkranz.

Klassizismus

Der Klassizismus in England: *Greek Revival*

Das *Greek Revival* ist eigentlich eher ein antiker „Anstrich“, denn den griechischen Vorbildern entlehnte man nur einzelne Elemente. Durch archäologische Veröffentlichungen wurde die griechische Antike im späten 18. Jh. wieder bekannt. Ein Schlüsselwerk in England waren die „Antiquities of Athens“ (1762–1789) von James Stuart und Nicholas Revett mit detaillierten Stichen griechischer Baudenkmäler. Im frühen 19. Jh. wuchs das Interesse am demokratischen Griechenland der Klassik. Besonders bei öffentlichen Bauten setzten die Architekten die griechischen Ordnungen ihrer legitimierenden Kraft wegen ein. Das Covent Garden Theatre von Robert Smirke (1781–1867) war das erste Bauwerk in London im Stil des *Greek Revival*. Bekannter ist aber das von Smirke errichtete British Museum.

Korenhalle, Erechtheion, Athen
Die Außengestaltung der Sakristeiräume, die sich im Norden und Süden an die Kirche angliedern, imitiert die Korenhalle des Athener Erechtheions (*siehe auch S. 110 f.*). Diese ist berühmt für ihre Karyatiden, weibliche Figuren, die anstelle von Säulen das Gebälk tragen.

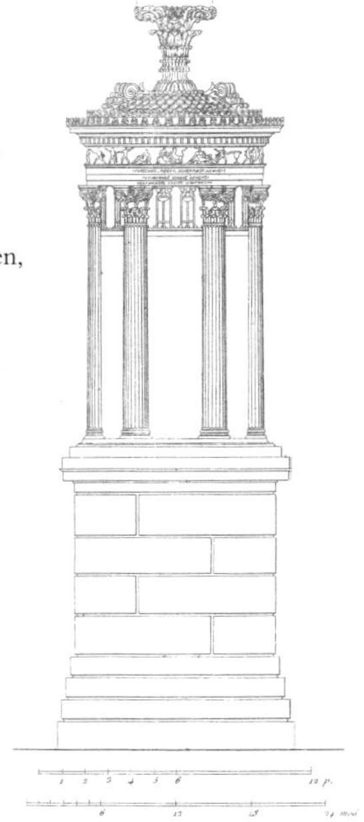

Lysikrates-Denkmal, Athen
Für den Kirchturm von St. Pancras wurden Elemente des Lysikrates-Denkmals (*siehe auch S. 112 f.*) und des Turms der Winde, beide in Athen, miteinander kombiniert. Gemeinsam ergeben sie eine unverkennbare, steil aufragende Silhouette.

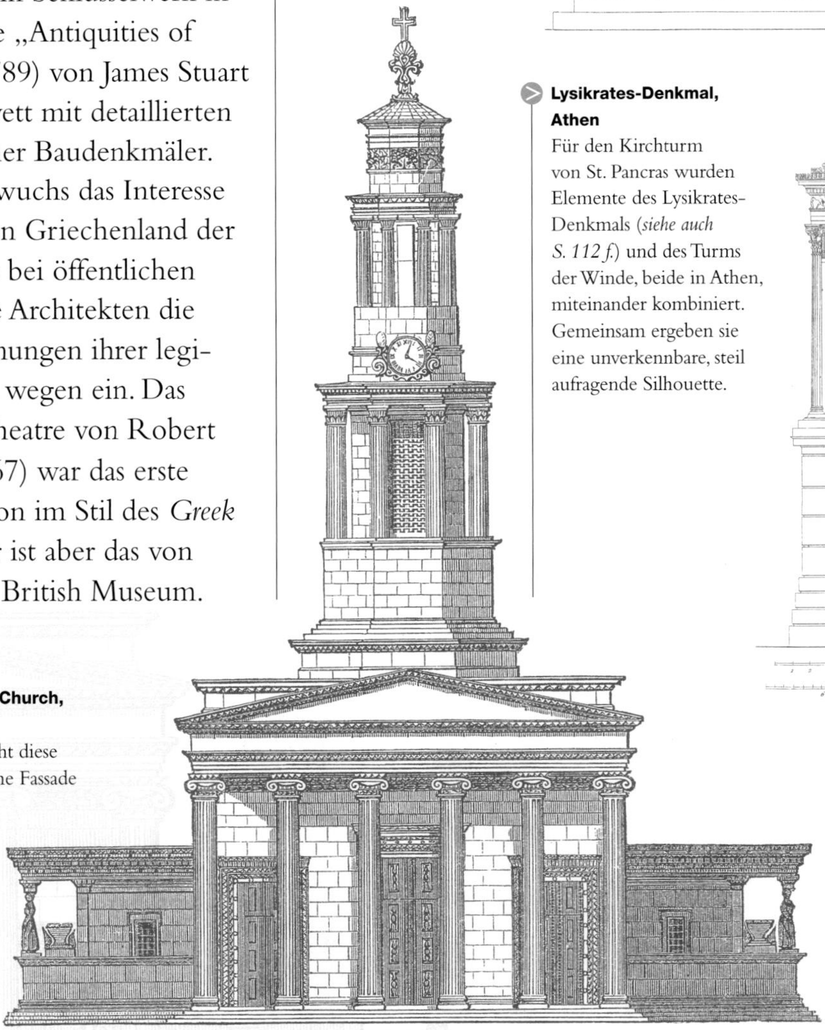

Westfassade, St. Pancras Church, London (1819–1822)
In der Grundform entspricht diese für das *Greek Revival* typische Fassade mit der Kombination von Tempelportikus und einem sich verjüngenden „gotischen“ Turm den Kirchen des 18. Jh. Doch die Ordnungen und einzelne Gebäudeteile sind genaue Kopien griechischer Vorbilder.

Earl Tilneys Tempel, Wanstead, Essex (um 1765)
Dieser kleine Gartentempel orientiert sich mit seinen den Ecken diagonal vorgesetzten Doppelsäulen am Turm der Winde in Athen. Aufriss und Ordnungen weichen jedoch ab.

Mäander
Der Mäander ist ein häufig bei klassizistischen Bauten verwendetes, vielfach variiertes Dekormotiv. Er besteht aus einer fortlaufenden, rechtwinklig gebrochenen Linie, die ein dekoratives Ornamentband ergibt. Oft ziert es Architrav oder Fries.

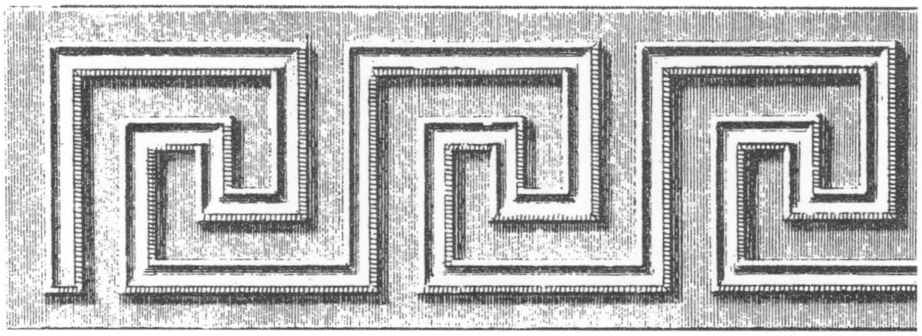

Mäander, Kenwood House, London
Dieses schlichte Beispiel für einen Mäanderfries stammt von Kenwood House. Dort trennte er am Außenbau die einzelnen Geschosse. Zudem hatte er einen praktischen Nutzen, denn er trug dazu bei, Steine und Ziegel vor dem Verwittern zu schützen.

Fassade, The Grange, Hampshire (1804–1809)
Hier wurde einem bereits bestehenden Herrenhaus ein für das Greek Revival typischer dorischer Portikus vorgesetzt. In der ländlich-englischen Umgebung wirkt die monumentale sechssäulige Tempelfront allerdings leicht befremdlich.

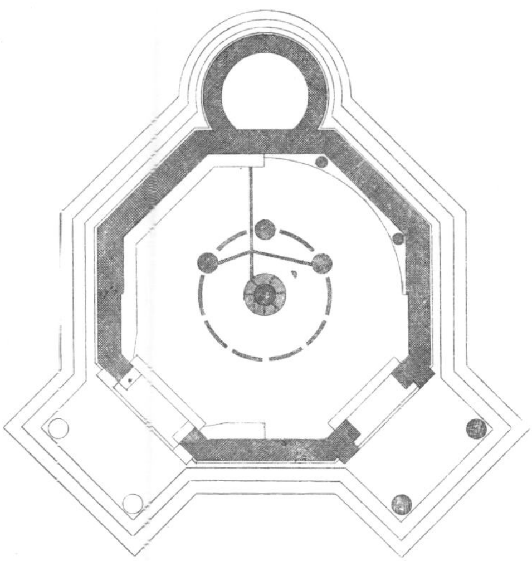

Grundriss, Turm der Winde, Athen
Dieses Bauwerk (*siehe auch S. 114*) inspirierte zwei sehr unterschiedliche Gebäude in England: den kleinen Gartentempel (*oben*) und das untere Geschoss des Kirchturms von St. Pancras (*links*).

Klassizismus

Der Klassizismus in England: neue Kommunalbautypen

Durch die wachsende wirtschaftliche Bedeutung Großbritanniens im späten 18. und im 19. Jh. entstand das Bedürfnis nach neuen öffentlichen Bauten, die den Stolz auf die Nation zum Ausdruck bringen sollten. Es lag daher nahe, die erhabene klassische Formensprache aufzugreifen. Ihre Verwendung implizierte einen Vergleich zwischen den antiken Hochkulturen und der Zeitgeschichte. Die englischen Architekten setzten Einzelelemente von öffentlichen Bauten der griechischen und römischen Antike frei ein – somit erhielten die Fassaden von Rathäusern, Museen und Universitäten das Aussehen griechischer Tempel und römischer Thermen. Die vorgestellten Kommunalbauten, die zwischen 1770 und 1850 im klassizistischen Stil errichtet wurden, zeigen die Bandbreite an Formen auf.

Nationalmuseen: Fassade, British Museum, London (1823–1847)
Um die Mitte des 18. Jh. entwickelte sich das englische Konzept des Nationalmuseums als Sammelstätte des künstlerischen und kulturellen Eigentums der Nation. Die Fassade des British Museum weist eine gewaltige ionische Kolonnade auf, die den berühmten Tempel der Athena Polias in Priene zum Vorbild hat.

Nationalmuseen: Modell für die Tür des British Museum
Die Haupttür des British Museum ähnelt in Details dem Eingang des Erechtheions (*siehe S. 110 f.*) in Athen. Durch ihre monumentale, respekteinflößende Gestaltung versetzt sie die Besucher in eine ehrfürchtige Stimmung.

Universitätsbauten: Fassade, Taylor Institute, Oxford (1841–1845)
Die hohe Attika wird von Thermenfenstern gegliedert und schließt mit einem weit ausladenden Kranzgesims ab. Hinter ihr verbirgt sich eine Innengalerie mit Lesetischen. Die Kapitelle der Säulen sind dem Apollon-Tempel in Bassai (*siehe S. 107*) nachgestaltet und tragen Skulpturen.

Rathäuser: Fassade, St. George's Hall, Liverpool (1838–1854)
St. George's Hall vereint einen Versammlungsraum, einen Konzertsaal sowie zwei Gerichtssäle unter einem Dach. Die strenge Fassade wird von einer schmucklosen Attika bekrönt. Das Bauwerk spiegelte die Bedeutung Liverpools, damals eine der reichsten Städte Großbritanniens.

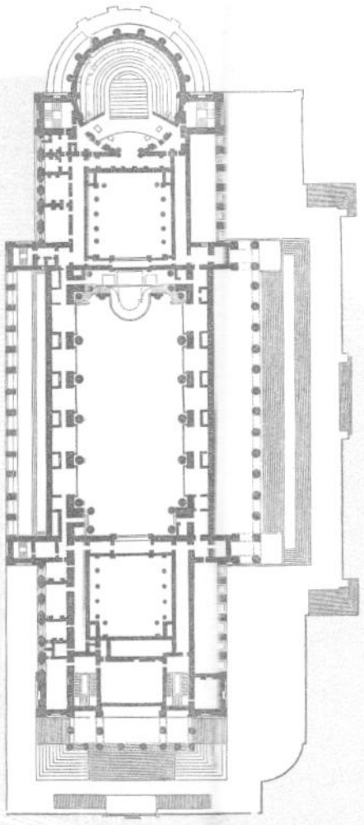

Rathäuser: Grundriss, St. George's Hall
Eine Kolossalordnung gliedert den zentralen Versammlungsraum. Er weist Reminiszenzen an die römische Basilika auf, z.B. Säulen aus rotem Granit. Die Gerichtssäle sind ähnlich gegliedert, nur in kleinerem Maßstab.

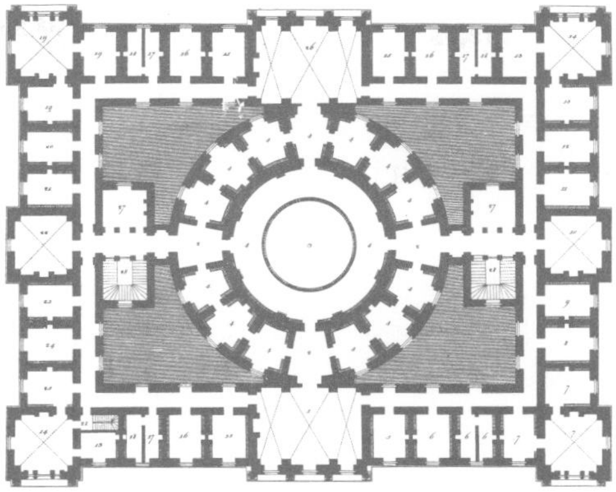

Archivbauten: Grundriss, Register House, Edinburgh
Dieser ungewöhnliche, doppelt achsensymmetrische Grundriss weist einen kreisrunden Mittelbau auf, der als Lesesaal dient. Ihn umgibt ein Ring aus keilförmigen Räumen. Links und rechts des Mittelbaus sind die Treppen paarweise angeordnet.

Archivbauten: Fassade, Register House, Edinburgh (1772–1792)
Die Schaufassade des Register House, dem Landesarchiv, zeigt deutliche Einflüsse des Palladianismus, obwohl ihre Details – wie Blendbögen, eingetiefte Schmucktafeln am Portikus und das Medaillon auf dem Dreiecksgiebel – sie als dem Klassizismus zugehörig ausweisen.

Regierungsbauten: Admiralty Screen, Whitehall (um 1760)
Vor das Gebäude der Admiralität in Whitehall setzte Robert Adam einen Vorbau mit einem monumentalen Eingangsportal. Die schmucklosen dorischen Doppelsäulen verleihen der Front ein strenges, imposantes Aussehen.

Regierungsbauten: Details der Dekoration, Admiralty Screen
Der Vorbau, errichtet zur Zeit der Vormachtstellung Großbritanniens auf den Weltmeeren, zeigt nautische Dekormotive mit klassischen Bezügen. Das Portal bekrönen Skulpturen von geflügelten Seepferden und die Giebel der Nebenflügel zeigen antikisierende Darstellungen von Schiffen.

Klassizismus

Der Klassizismus in den Vereinigten Staaten

Der Klassizismus in den Vereinigten Staaten (1780–1860) stand in engem Zusammenhang mit deren politischem Status als junge Republik. Deutlich wird dies schon allein dadurch, dass die Einführung des Klassizismus als *Federal Style* hauptsächlich Thomas Jefferson (1743–1826) zu verdanken war, einem der bedeutendsten Präsidenten des Landes. Die frühen Arbeiten des gebildeten Amateurarchitekten aus den 1770er-Jahren waren noch stark vom englischen Palladianismus beeinflusst. Nach Reisen durch Europa und unter dem Einfluss des Rationalismus der französischen Aufklärung verstand er die griechischen und römischen Bauwerke der Antike als ideale Vorbilder für Regierungsgebäude. Sein Virginia State Capitol (1785–1789) in Richmond war das erste in Tempelform gestaltete öffentliche Gebäude der USA.

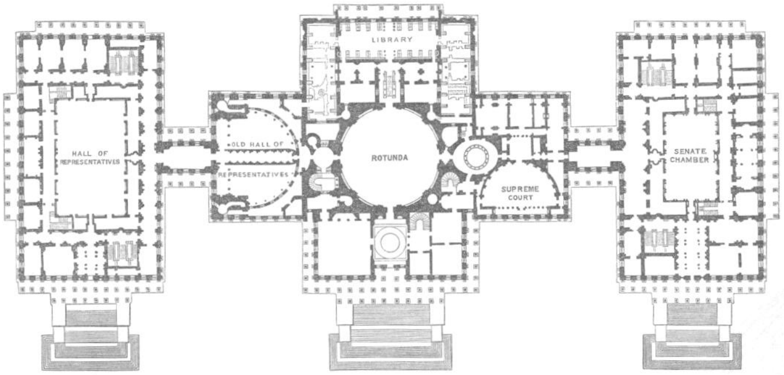

Grundriss, Kapitol, Washington
Der Grundriss des Kapitols zeigt einen Mittelbau mit zwei Seitenflügeln, die sich in zahlreiche Räume mit ungewöhnlichen Formen untergliedern, darunter die Sitzungssäle für das Repräsentantenhaus (Hall of Representatives) und für den Senat (Senate Chamber) sowie der halbkreisförmige Saal, in dem früher der Oberste Gerichtshof (Supreme Court) tagte.

Schaufront, Kapitol, Washington (1793–1824)
Das Kapitol in Washington, das Parlamentsgebäude, war seinerzeit das bedeutendste Bauprojekt in den Vereinigten Staaten. Seine Grundform besteht aus einer zentralen Rotunde, die von einer später ergänzten Kuppel bekrönt wird. Links und rechts schließen sich Seitenflügel mit einer Kolossalordnung an.

Querschnitt durch die Rotunde, Kapitol, Washington
Nach der Brandschatzung von 1814 musste das Kapitol neu errichtet werden. Man nutzte die Gelegenheit und schuf neue Ordnungen, welche auf die Produkte Bezug nahmen, die den Wohlstand des Landes begründeten. Die Säulen am Eingang zum Senat zeigen etwa Kapitelle mit Tabakblättern. Zu den Neuschöpfungen zählen außerdem Kapitelle mit Maiskolben und Maisblättern.

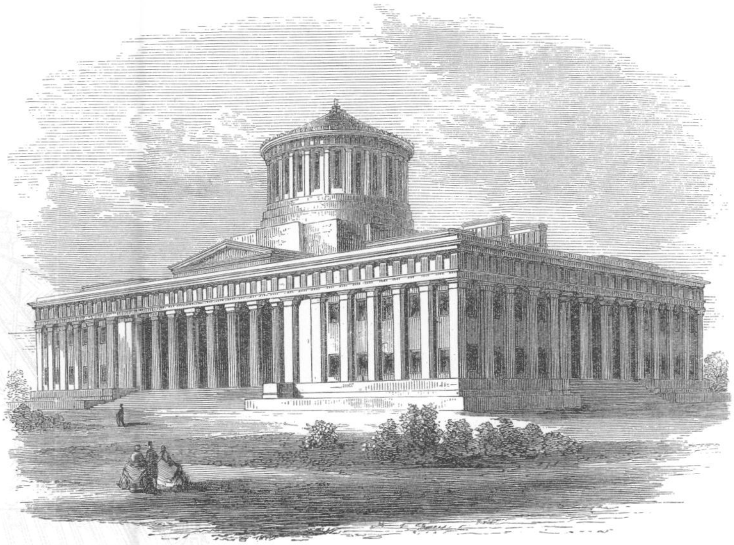

Fassade, State Capitol, Ohio (1830–1861)
Dieses Bauwerk im Repräsentationsstil des *Greek Revival* weist dorische Säulen ohne Basis auf, die wegen ihrer feierlichen Ausstrahlung ausgewählt wurden. Die Front zeigt einen achtsäuligen Portikus *in antis*.

Aufriss, Ezekiel Hersey Derby House, Salem, Massachusetts (um 1800)
Der vierachsige Aufriss erinnert an die 30 Jahre zuvor von Robert Adam gestalteten Stadthäuser. Er zitiert deren Motive, wie die Blendbögen im Erdgeschoss und die Pilaster darüber.

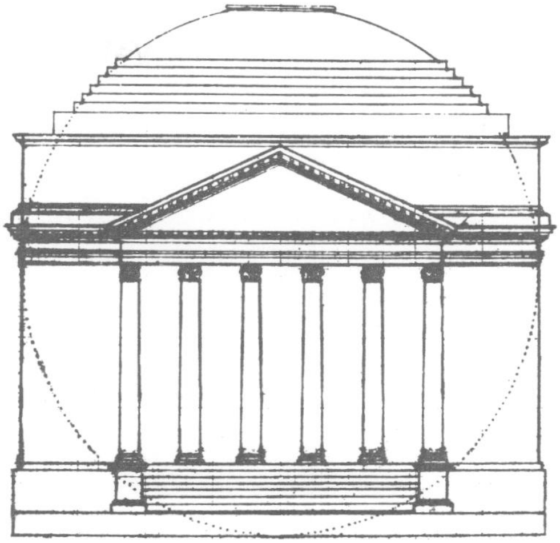

Entwurf für die Rotunde, University of Virginia, Charlottesville (1821)
Die Rotunde der University of Virginia stellt das beherrschende Gebäude des Campus dar und beherbergt die Bibliothek. Wie auch die anderen Universitätsbauten ist sie ein Werk von Thomas Jefferson (*siehe S. 283*). Sie hat das Pantheon in Rom zum Vorbild und ihrem Ausriss ist ebenfalls ein perfekter Kreis einbeschrieben.

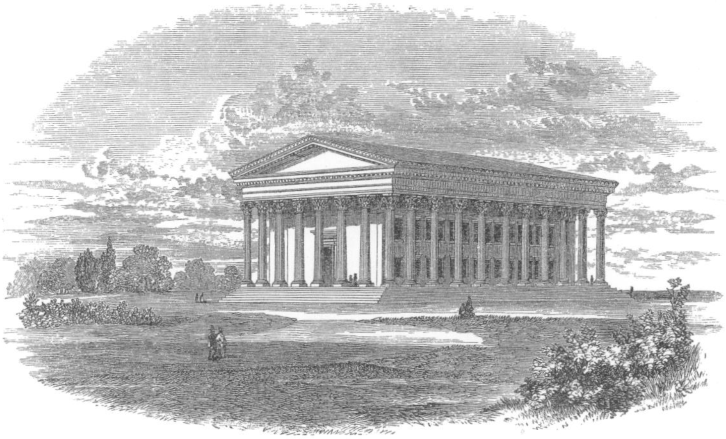

Fassade, Girard College, Philadelphia (1833–1847)
Das eindrucksvolle Gebäude des Girard College, welches die Maison Carrée in Nîmes (*siehe S. 131*) zum Vorbild hat, wird durch eine korinthische Kolossalordnung gegliedert. Die Säulen sind 17 m hoch und übergreifen die beiden Geschosse des College. Das antike Vorbild wurde so genau imitiert, dass die Fenster weit hinter die Säulenreihe zurücktreten – dadurch gelangt kaum Licht in die Innenräume.

Klassizismus

Der Klassizismus in Deutschland

Die Entwicklung des Klassizismus in Deutschland zwischen 1770 und 1830 ist geprägt durch die Veröffentlichungen des Kunstgelehrten Johann Joachim Winckelmann (1717–1768). Dazu zählen seine „Gedancken über die Nachahmung der Griechischen Wercke in der Mahlerey und Bildhauer-Kunst“ (1755). Der Begründer der wissenschaftlichen Archäologie begeisterte sich für die griechische Antike, der er „edle Einfalt und stille Größe“ zuschrieb. Die in der Folge im klassizistischen Stil errichteten Bauten zeichnen sich durch kubische Formen aus. Sie zitieren vor allem die antike Tempelfront mit Dreiecksgiebel und Portikus. Die Stützen übernahmen nun wieder konstruktive Funktion und waren nicht nur dekorativ bedingt. Wie in anderen Ländern kam das *Greek Revival* vor allem an öffentlichen Bauten zum Einsatz. Ein Frühwerk des Klassizismus in Deutschland war das Brandenburger Tor in Berlin.

Brandenburger Tor, Berlin (1788–1794)
Das Brandenburger Tor ist das einzig erhaltene von einst 18 Stadttoren. Von Carl Gotthard Langhans (1732–1808) als monumentale Toranlage mit fünf Durchfahrten errichtet, beherrscht es die Prachtstraße Unter den Linden. Angeregt wurde es von den Propyläen der Akropolis (*siehe auch S. 109*). Es übernahm die sechs dorischen Säulen an beiden Stirnseiten sowie die Flügelbauten.

Detail einer Säule, Brandenburger Tor
Anders als bei der Propyläen in Athen ruhen die dorischen Säulen des Brandenburger Tors auf einer Basis. Dadurch wirkt das gesamte Tor etwas weniger wuchtig und monumental als sein griechisches Vorbild.

Detail einer Säule, Propyläen
Die griechisch-dorische Säule hat keine Basis und man assoziiert sie deshalb mit Schwere und Dauerhaftigkeit. Somit eignete sie sich besonders als Eingang zu heiligen Stätten.

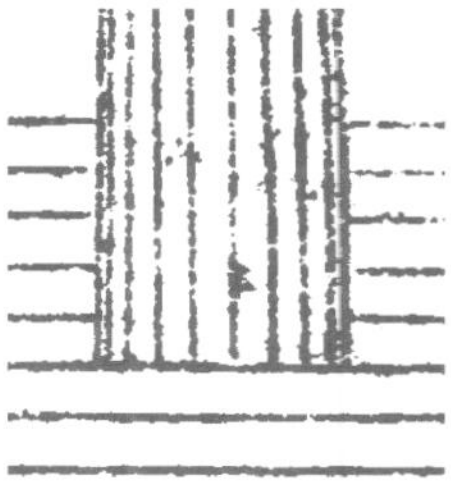

Propyläen, Athen
Propyläen waren Torbauten zu griechischen Heiligtümern der Antike. Insbesondere die Propyläen von Athen dienten als Vorbild für das Brandenburger Tor. Hinter der Säulenwand unter dem flachen Dreiecksgiebel befand sich der Eingang zur Athener Akropolis.

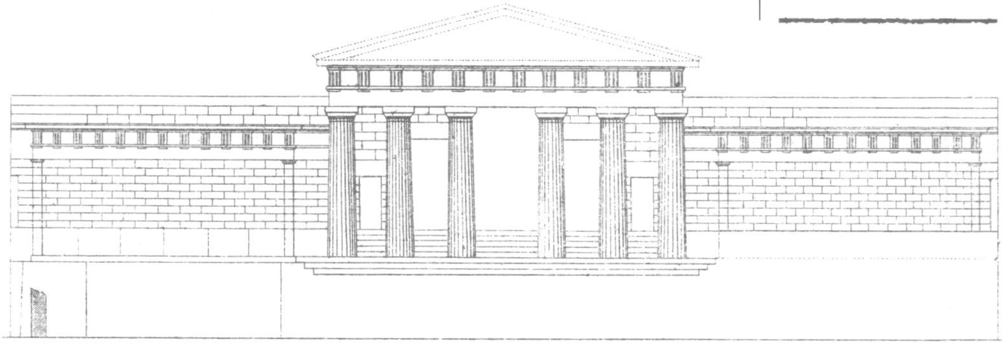

Attika, Brandenburger Tor
Statt eines Dreiecksgiebels verfügt das Brandenburger Tor über eine hohe Attika. Darauf steht die von Johann Gottfried Schadow (1764–1850) entworfene Quadriga, ein antiker Kampfwagen, den die Siegesgöttin Victoria als Friedensbringerin lenkt. Der Reliefschmuck aus der griechischen Mythologie betont die Bedeutung des Bauwerks als Friedenstor.

Fassade, Glyptothek, München (1816–1830)
Glyptothek bedeutet eigentlich „Gemmensammlung“. Leo von Klenze (1784–1864) erbaute die Münchner Glyptothek als erstes öffentliches Skulpturenmuseum in Deutschland. Den Eingang der Vierflügelanlage betont ein achtsäuliger Giebelportikus mit abgewandelter ionischer Ordnung: Die Säulen sind nicht kanneliert.

Fassade, Ruhmeshalle, München (1843–1854)
Die ebenfalls von Leo von Klenze erbaute Ruhmeshalle zeigt eine umlaufende Kolonnade aus dorischen Säulen. Der U-förmige, erhöht liegende Bau orientierte sich formal am antiken Opferaltar. Der plastische Schmuck in den Giebeln verkörpert die Provinzen Bayern, Rheinpfalz, Schwaben und Franken.

Klassizismus

Klassizismus in Deutschland: Karl Friedrich Schinkel

Karl Friedrich Schinkel (1781–1841) zählt zu den bedeutendsten deutschen Architekten und ist vor allem für seine klassizistischen Bauten bekannt. Er war aber ausgesprochen vielseitig: Neben Gebäuden entwarf er in einer romantischen Hinwendung zum Mittelalter neugotische Denkmäler und schuf ebenfalls stimmungsvolle Landschaftsgemälde. Für die Friedrichswerdersche Kirche in Berlin bot er 1821 zwei Entwürfe an: einen klassizistischen „antikisierenden" sowie einen „gotischen" – zur Ausführung kam die neugotische, vom englischen *Gothic Revival* beeinflusste Variante. Schinkels Schauspielhaus am Gendarmenmarkt und das Alte Museum auf der Museumsinsel sind Hauptwerke des Klassizismus.

Giebel, Schauspielhaus
Dies ist der Giebel über dem Portikus der Hauptfront. Wie die anderen Giebel zeigt er ebenfalls Darstellungen aus der griechischen Antike, hier Niobe mit ihren sterbenden Kindern.

Statue, Schauspielhaus
Der Außenbau des Schauspielhauses ist reich mit Statuen geschmückt, die auf Musik, Tragödie und Komödie der Antike Bezug nehmen. Ausgeführt wurden sie nach Angaben von Schinkel. Die Statue auf dem Eingangsgiebel zeigt eine Muse mit einer Maske.

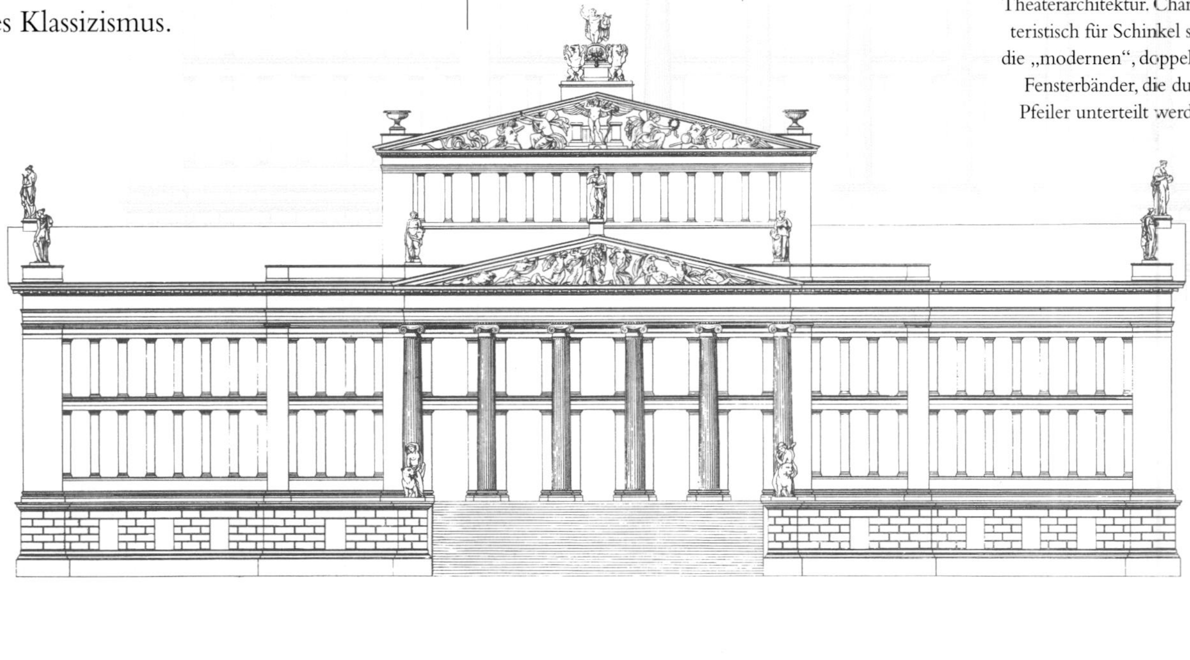

Aufriss, Schauspielhaus, Berlin (1818–1824)
Dem kubischen Baugefüge ist ein ionischer Tempelportikus vorgesetzt, der dem Erechtheion entlehnt ist (*siehe S. 111*). Am Außenbau zeichnet sich die Innengliederung ab – eine Neuerung in der Theaterarchitektur. Charakteristisch für Schinkel sind die „modernen", doppelten Fensterbänder, die durch Pfeiler unterteilt werden.

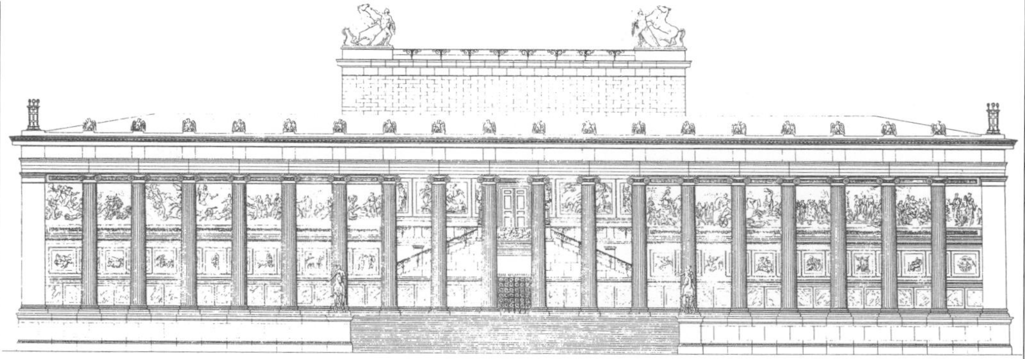

Aufriss, Altes Museum, Berlin (1824–1830)
Die Hauptfront mit ihrer zwischen Anten vorgelegten Säulenhalle bietet einen monumentalen Anblick. Eine hohe Freitreppe führt zu den 18 ionischen Säulen hinauf. Hinter dem kubusartigen Aufbau verbirgt sich die Kuppel der Rotunde. Veranlasst wurde die Errichtung des Alten Museums von Friedrich Wilhelm III. – damit war der Grundstein für die Museumsinsel gelegt.

Grundriss des Erdgeschosses, Schauspielhaus
Der Grundriss des Erdgeschosses zeigt die drei Gebäudeteile des Schauspielhauses: In der Mitte befinden sich der dreirangige Zuschauerraum und das Bühnenhaus, links der zweigeschossige Konzertsaal und rechts zahlreiche Künstlergarderoben und Proberäume.

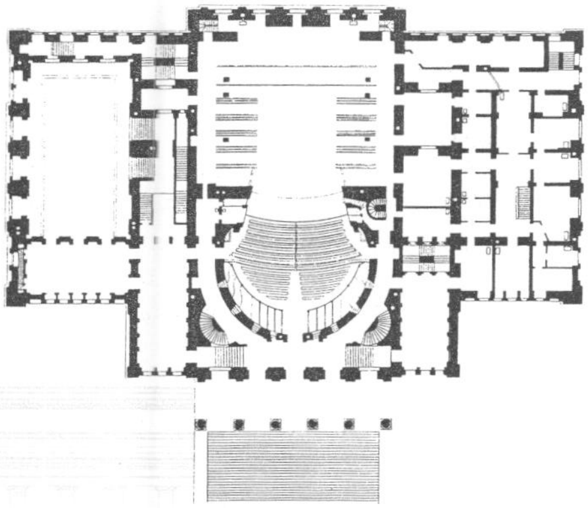

Medaillon, Altes Museum
Das dekorative Medaillon ist Teil eines umfassenden Ausstattungsprogramms, für das Schinkel antikisierende Reliefs, Skulpturen und Fresken entwarf.

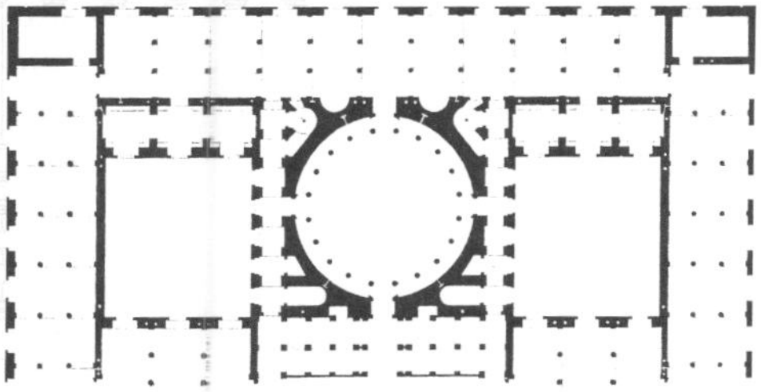

Grundriss, Altes Museum
Es wurde von Schinkel als Vierflügelbau mit zentraler Rotunde und zwei Binnenhöfen errichtet. Die symmetrische Anordnung der Räume im Untergeschoss setzt sich im Obergeschoss fort. Ursprünglich stand das Berliner Stadtschloss in der Nähe.

Rotunde, Altes Museum
Die Rotunde bildet das Zentrum des Baus. Ihre Kuppel ist nach dem Vorbild des Pantheons (*siehe S. 140 f.*) kassettiert: 20 korinthische Säulen tragen eine Galerie, dazwischen stehen Götterstatuen.

Pittoresker Stil *spätes 18. Jh.–frühes 19. Jh.*

Grundlagen

Der pittoreske Stil, der sich Ende des 18. Jh. in England ausbildete, hat seine Wurzeln in der Romantik. Ursprünglich bezeichnete der Begriff *picturesque* im Englischen ein Gebäude oder eine Landschaft, die Gemälden von Claude Lorrain, Nicolas Poussin oder Salvator Rosa ähnelten. Um 1795 definierten dann Sir Uvedale Price und Richard Payne Knight, beide Theoretiker der Landschaftsarchitektur und gebildete Landadelige, das Pittoreske als ästhetische Eigenschaft. Das ab 1772 von Knight erbaute Downtown Castle in Herefordshire mit seinen interessanten, asymmetrisch arrangierten Bauelementen, den Zinnenkränzen und Interieurs im aktuellen klassizistischen Stil, läutete in England einen neuen Baugeschmack ein. Um pittoreske Effekte zu erzielen, konnten Einzelelemente mit jedem beliebigen Baustil kombiniert werden. Häufig entstand so eine eklektizistische Mischung aus zwei oder sogar mehr Stilen. Der pittoreske Stil verfügte über mehrere Aspekte und der Architekt John Nash (1752–1835) setzte sie alle gekonnt um – vom Landsitz mit romantischem Landschaftsgarten über das ländliche Cottage bis hin zum Städtebau.

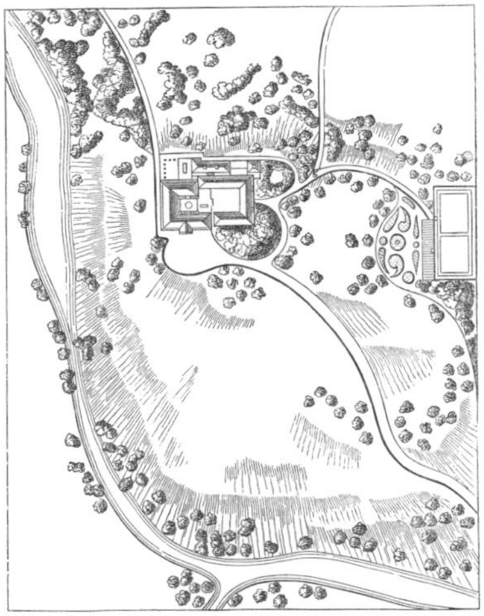

Die Villa
Eine Villa ist ein frei stehendes größeres Wohnhaus, oft mit malerisch verteilten Nebengebäuden in einem englischen Landschaftsgarten. Die Villa und ihre Umgebung bilden möglichst ein zusammenhängendes Ganzes und bieten einen idyllischen Anblick. Das Gebäude ist effektvoll in Szene gesetzt, Bäume unterstreichen das ländliche Ambiente.

Asymmetrie und Vielfalt
Wie man an diesem Grundriss erkennt, wird Asymmetrie u. a. durch eine unregelmäßige Raumanordnung erzielt. Die variierenden Raumgrößen bewirken wiederum Vielfalt. Der Außenbau ist ebenfalls asymmetrisch und abwechslungsreich gestaltet und verfügt über eine kontrastreiche Dachlinie.

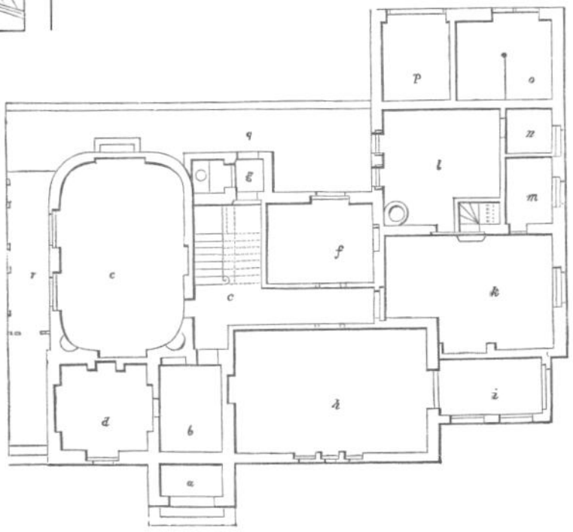

Neugotik
Gotische Bauelemente wurden aufgegriffen, um den pittoresken oder romantischen Charakter eines Gebäudes zu verstärken. Dazu verwendete man beispielsweise spitzbogige Lanzettfenster und setzte über die Fenster Traufleisten.

Castellated Style

Der englische neugotische *Castellated Style* zeichnet sich durch Zinnenkränze, Türme sowie unregelmäßig gruppierte Bauglieder aus. Er zählt zu den beliebtesten Dekorvarianten des pittoresken Stils.

Italienischer Landhausstil

Hier sieht man einen quadratischen Turm, oft war er aber rund mit Kegeldach. Weiterhin zeichnen sich die italienisierenden Landhäuser durch kubische Baukörper, Loggien, Balustraden und rundbogige Fenster aus.

Der pittoreske Stil im Städtebau

Im Städtebau ließen sich pittoreske Effekte durch die spezielle Anordnung von Gebäudeensembles erzielen. So wurden die Gebäude einer einheitlichen Häuserzeile im Wechsel zurückversetzt, um die Geschlossenheit des Arrangements aufzubrechen. Bogengänge öffnen sich zwischen den Fassaden und verbinden die Häuserzeilen miteinander.

Das *sham castle*

Culzean Castle in Ayrshire (*unten rechts*) und Seton Castle in East Lothian (*unten*) wurden von Robert Adam in den 1780er-Jahren errichtet. Die beiden schottischen Landsitze sind im Stil mittelalterlicher Burgen gestaltet und zeichnen sich aus durch kühn gruppierte geometrische Baukörper, eine wildromantische Lage sowie eine dynamische Gestaltung – typische Eigenschaften der so genannten *sham castles*. Zwar werden diese Merkmale nicht unbedingt mit dem pittoresken Stil assoziiert, doch sie ähneln ihm in ihrem bühnenhaften Charakter.

Pittoresker Stil

Das Cottage

Bewusste Asymmetrie und eklektizistische Gestaltungsmotive kennzeichnen ebenfalls das pittoreske Cottage. Zwischen 1790 und 1810 erschien eine Flut von Veröffentlichungen über die Gestaltung von Cottages. Diese Mode lässt sich zum Teil durch die damals verbreitete Vorstellung erklären, Gutsbesitzer profitierten von besseren Arbeitsleistungen, wenn ihre Landarbeiter in komfortablen Wohnungen untergebracht seien. Die neu gestalteten Cottages verschönerten zugleich die Landschaft und verliehen den Anwesen einen romantischen Anstrich. Eine Hauptquelle für die Gestaltung des pittoresken Cottages stellte das Konzept der „Urhütte" dar, welches der französische Architekturtheoretiker Marc-Antoine Laugier 1753 in seinem „Essai sur l'Architecture" veröffentlicht hatte. Dort propagierte er die Rückkehr zur Natur und setzte sich für die Befreiung der Architektur von überflüssigen Details ein. Laugier führte die Ursprünge der Architektur zurück auf ein schlichtes Gerüst aus vier Pfosten mit Astgabeln, die durch horizontale Stämme miteinander verbunden sind – die „Urhütte".

Cottage orné
Das *cottage orné* ist ein kleines Haus, meist auf dem Land oder in einem Park gelegen. Es ist künstlich rustikal gestaltet: Strohdach, Bleiverglasung, Windbretter, Zierkamine oder eine Veranda verleihen ihm einen pittoresken Charakter. John Nash errichtete 1811 mit Blaise Hamlet bei Bristol ein komplettes kleines Dorf aus solchen *cottages ornés*.

Windbrett
Ein Windbrett ist ein vor den Giebelschenkeln eines Dachs angebrachtes Brett. Es schützt die Balkenenden der Dachkonstruktion vor starkem Wind und ist oft ornamentiert.

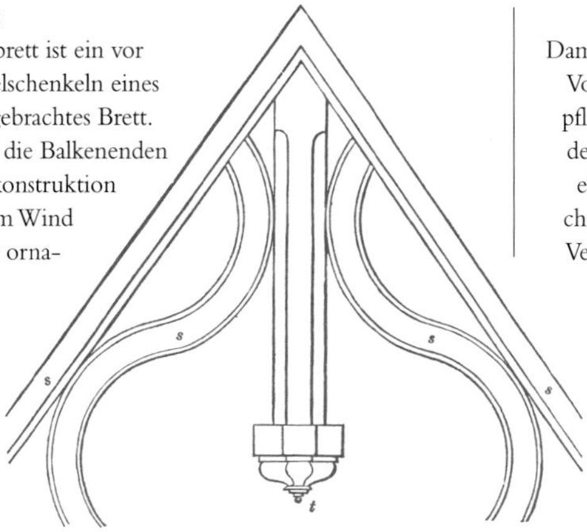

Kletterpflanzen
Damals verbreitete sich die Vorstellung, dass Kletterpflanzen, besonders Efeu, den rustikalen Charakter eines Hauses unterstreichen. Oft ließ man sie an Veranden hoch wachsen.

Gaube
Eine Gaube ist ein stehendes Dachfenster, das aus dem Dachkörper hervortritt und über ein eigenes Dach verfügt, meist ein Satteldach. Oft weist die Gaube, wie auf der Abbildung gezeigt, einen kleinen geschmückten Giebel auf.

Fachwerk auf Steinsockel
Fachwerk fand manchmal für das Obergeschoss eines Hauses Verwendung oder nur für einzelne Gebäudeteile, während das Untergeschoss aus Steinen oder Ziegeln gemauert wurde. Es besteht oft aus Kyklopenmauerwerk, einem Mauerwerk aus unregelmäßigen, grob behauenen Steinen mit abwechslungsreicher Oberflächenstruktur. Die fast unbehauenen Steine verweisen auf das Konzept der Urhütte und stehen für die Rückkehr zu Schlichtheit und Ursprünglichkeit.

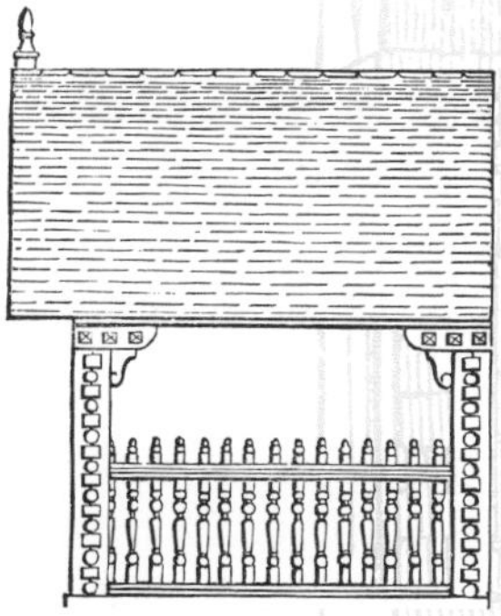

Porch
Ein *porch* ist ein überdachter Vorbau am Eingang eines englischen Hauses. Bei pittoresken Cottages bestanden die *porches* meist aus Holz und waren dekorativ gestaltet, wie hier gezeigt. Der *porch* belebte den Außenbau, strukturierte ihn und betonte die Symmetrieelemente ansonsten schmuckloser Wandflächen.

Strohdach
Die Dachdeckung der Cottages besteht aus Stroh, Schilfrohr (Ried) oder Binsen. Diese Materialien sind typisch für Häuser lokaler Tradition und machen einen Großteil des Charmes pittoresker Dörfer aus.

Veranda
Eine Veranda ist ein gedeckter offener Vorbau an einem Haus. Ihr Dach wird getragen von leichten Stützen, die aus Metall oder auch aus Holz bestehen können und damit auf das Konzept der Urhütte Bezug nehmen. Die Veranda ist sehr pittoresk und übernahm Gestaltungselemente indischer Vorbilder.

Pittoresker Stil

Der Landschaftsgarten und seine Gebäude

Im späten 18. und frühen 19. Jh. gestalteten der Landschaftsarchitekt Humphry Repton (1752–1818) und der Architekt John Nash gemeinsam mehrere Anwesen mit dazugehörigen Gärten um. Die Landschaftsarchitektur war damals ein völlig neues Aufgabengebiet – Repton sprach als Erster vom *landscape gardening* – und stieß auf großes Interesse bei wohlhabenden Grundbesitzern. Zierbauten in romantischer Lage am Seeufer oder in einem Wäldchen hatte allerdings schon eine frühere Architektengeneration eingesetzt. Beispielsweise treten sie in dem berühmten Garten in Rousham in Oxfordshire auf, den William Kent (1685–1748) gestaltet hatte, oder in der Parkanlage von Stowe House, für die Kent mit Lancelot „Capability" Brown (1716–1783) zusammenarbeitet hatte. Unter dem Einfluss des pittoresken Stils entwickelten Repton und Nash nun Parks mit malerisch arrangierten Gebäuden. Im Vergleich mit der glatten Künstlichkeit von Browns Gartenanlagen zeichneten sich diese durch eine größere Ursprünglichkeit aus.

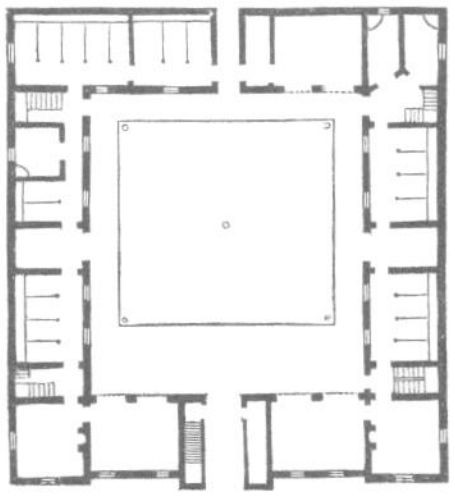

Molkerei
Die Molkerei war ein Wirtschaftsgebäude, wo Kühe gemolken und Melkgeräte verwahrt wurden. Die Verzierung der Molkerei konnte ausgesprochen pittoresk ausfallen, dennoch war das Gebäude funktional gestaltet, wie der Grundriss (*oben*) zeigt. Hier sieht man einen Vierflügelbau, mit Innenhof für duftende Pflanzen.

Pferdeställe
In den Ställen wurden die Pferde untergebracht. Gestalterisch stimmte man die Ställe in Konstruktion, Stil wie auch Ornamentierung auf das Hauptgebäude ab.

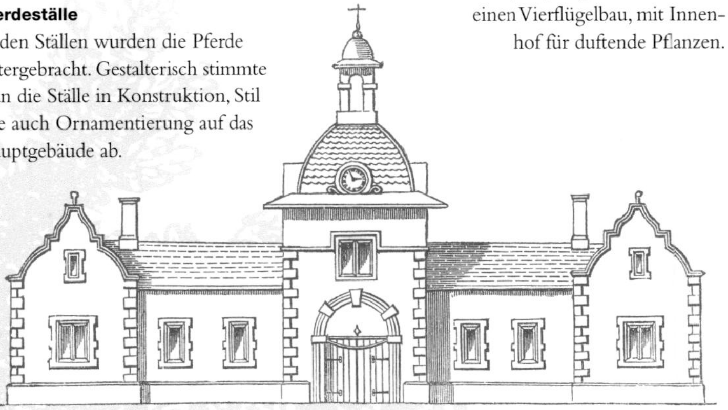

Lodge
Eine Lodge ist ein kleines Wohnhaus auf einem größeren Anwesen, oft wohnte der Pförtner darin. Die Lodge ist gut geplant und verfügt über funktionsgerecht angeordnete Räume. Pittoreske Lodges besitzen einen abwechslungsreichen Aufriss mit asymmetrisch angeordneten Kaminen, Fenstern und *porch*.

Torhaus

Ein Torhaus ist ein Haus mit integriertem Tor oder Portal. Die Abbildung zeigt ein Torhaus im Castellated Style. Symmetrie und Vielfalt ergänzen sich hier zu einem einladenden pittoresken Bauwerk.

Brunnen

Brunnen und Wasserspiele waren beliebt: Sie stellten die malerischen Aspekte einer Landschaft heraus.

Zierbrücke

Eine dekorativ gestaltete Zierbrücke unterstreicht den pittoresken Charakter einer Szenerie und stellt einen romantischen Blickfang in der Landschaft dar. Für Zierbrücken bieten sich unterschiedliche Arten der Dekoration an, hier erhebt sich beispielsweise eine kleine chinesische Pagode auf der Brücke.

Wintergarten

Ein Wintergarten ist eine dekorativere Variante des Gewächshauses. Er ist aus Eisen und Glas errichtet und besitzt großzügige Fensterflächen. Der Wintergarten kann frei stehend ausgeführt oder mit dem Hauptgebäude verbunden sein.

Pavillon und Lattenwerk

Ein Pavillon ist ein kleines Zierhäuschen in einem Garten, oft als Belvedere an einem Aussichtspunkt errichtet. Seine Fenster oder Öffnungen bieten schöne Ausblicke. Oft wird der Pavillon nicht durch feste Wände abgeschlossen, sondern durch leichtes Gitter- oder Lattenwerk, manchmal in Kombination mit einer Veranda.

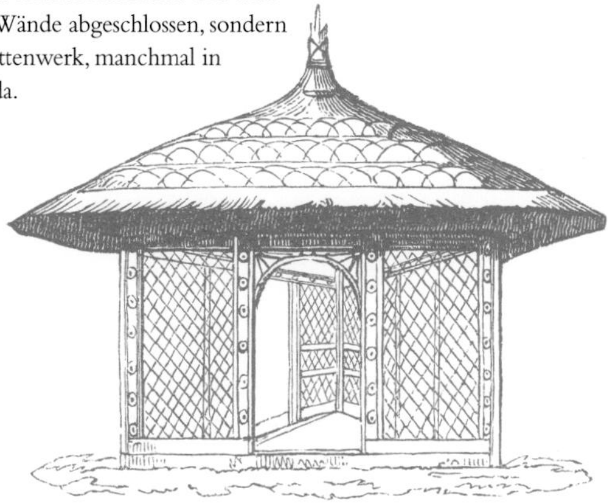

Elemente und
Bauformen der
Architektur

Kuppeln

Eine Kuppel ist ein sphärisches Gewölbe, das eine kreisrunde, elliptische, viereckige oder polygonale Grundfläche überspannt. Vermutlich gehen Kuppeln auf frühe Rundhütten zurück, die aus zusammengebundenen Zweigen errichtet wurden. Diese galten als Abbild des Himmelsgewölbes. Die Entdeckung des Mörtelgusses durch die Römer ermöglichte die Konstruktion von gewaltigen halbkugelförmigen Kuppeln. Die Kuppel ist ein Charakteristikum der byzantinischen Architektur, welche Einflüsse der klassischen Antike und des Orients aufnahm. Während die Römer nur runde oder polygonale Räume überkuppeln konnten, setzten byzantinische Baumeister mithilfe von Pendentifs oder Hängezwickeln (*siehe S. 157*) Kuppeln auf rechteckige oder quadratische Räume, ebenso wie islamische Architekten (*siehe S. 179*).

Kraggewölbe
Die Tholos des so genannten Schatzhauses des Atreus in Mykene, ein Grabbau von etwa 1250 v. Chr., misst fast 14,5 m im Durchmesser und verfügt über ein spitzes, bienenkorbförmiges Kraggewölbe. Dieses ist kein echtes Gewölbe, sondern eine Vorform der Kuppel, bei der waagerecht gefugte Steinreihen von Schicht zu Schicht vorkragen, bis sie in der Mitte zusammentreffen. Das Kraggewölbe war in Mykene, Indien und Mesoamerika gebräuchlich.

Die römische Kuppel
Die typisch römische Gussmörtelkuppel des Pantheons in Rom (118–128 n. Chr.) misst 43,2 m im Durchmesser. Innen präsentiert sich die Kuppel halbkugelförmig mit Kassettendecke und einer Scheitelöffnung, dem Kuppelauge. Am Außenbau erscheint sie hingegen als Flachkuppel, weil die Trommel aus statischen Gründen hochgezogen wurde.

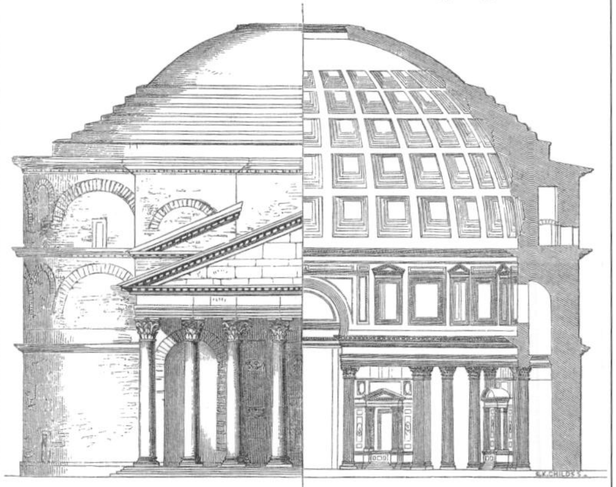

Spitzkuppel
Die Kuppel ist charakteristisch für die islamische Architektur, besonders die Spitzkuppel. Die Abbildung zeigt das Kuppelmausoleum des Ilchans Oldjaitu in Sultaniye im Iran, bei dem sich die Kuppel über einer achtseitigen Trommel erhebt und mit Fliesenmosaiken geschmückt ist

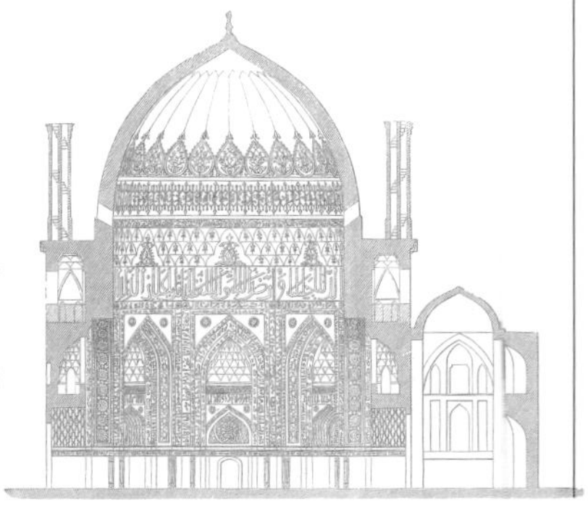

Byzantinische Kuppeln
Die byzantinische Architektur kombinierte manchmal mehrere Kuppeln und Gewölbe. Bei der Hagia Sophia in Istanbul (532–537) wird die Hauptkuppel von zwei Halbkuppeln flankiert, an die sich wiederum jeweils zwei Exedren anschließen. Die zentrale runde Pendentifkuppel erhebt sich auf vier Stützpfeilern über einer quadratischen Basis.

Gestelzte Kuppel
Eigentlich wendet man den Begriff „gestelzt“ auf Bögen an, er kann aber auch eine Kuppelform bezeichnen. Bei einer gestelzten Kuppel schwingt die Kuppel nicht schon an ihrem Ansatz nach innen, sondern strebt noch ein Stück senkrecht in die Höhe. Somit wird die Kuppel höher.

Zweischalige Kuppel
Die von Michelangelo entworfene Kuppel des Petersdoms in Rom (1588–1593 ausgeführt) folgte dem Vorbild der Florentiner Domkuppel von Filippo Brunelleschi. Wie diese ist sie eine zweischalige Rippenkuppel. Im Inneren erscheint sie halbkugelförmig, außen hingegen parabolisch. Die Laterne stabilisiert die Rippen, die durch Eisenketten miteinander verbunden sind.

Dreischalige Kuppel
Sir Christopher Wrens Kuppel der St. Paul's Cathedral (1675–1711) ist dreischalig: Über der Innenschale mit Kuppelauge befindet sich eine hohe Außenschale aus einer mit Metall gedeckten Holzrahmenkonstruktion. Zwischen beiden trägt eine konische Ziegelschale die Laterne. Wren schuf somit eine außen hoch aufragende Kuppel mit gut proportioniertem Innenraum.

Bestandteile einer Kuppel
Die Kuppel des von Jules Hardouin-Mansart errichteten Invalidendoms in Paris (1677–1706) besteht aus den drei klassischen Hauptbestandteilen: Trommel, Kuppel und Laterne. Als Trommel oder Tambour bezeichnet man den Unterbau, der oft durchfenstert und mit Säulen ausgestattet ist. Häufig wird die Kuppel von einer Laterne bekrönt, einem türmchenartigen Aufbau. Er verfügt über einen Fensterkranz, durch den Licht in den Kuppelraum fällt.

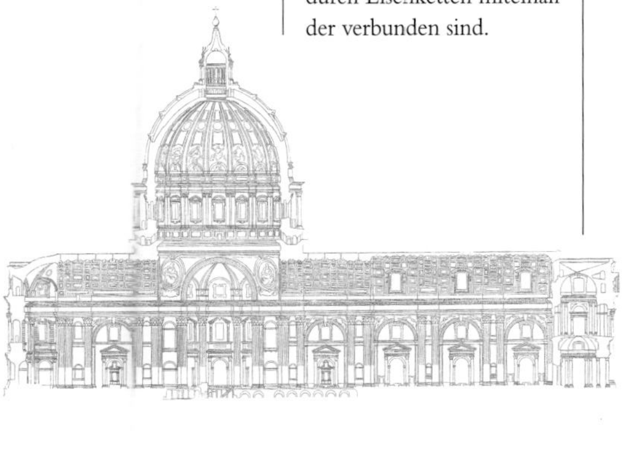

Zwiebelkuppel
Charakteristisch für die islamische Baukunst ist die Zwiebelkuppel, hier die des Taj Mahal in Agra in Indien (1632–1647). Sie ähnelt der Zwiebelhaube in der russischen Baukunst. Allerdings ist diese keine echte Kuppel, denn es handelt sich um eine Bedachung, nicht um ein Gewölbe.

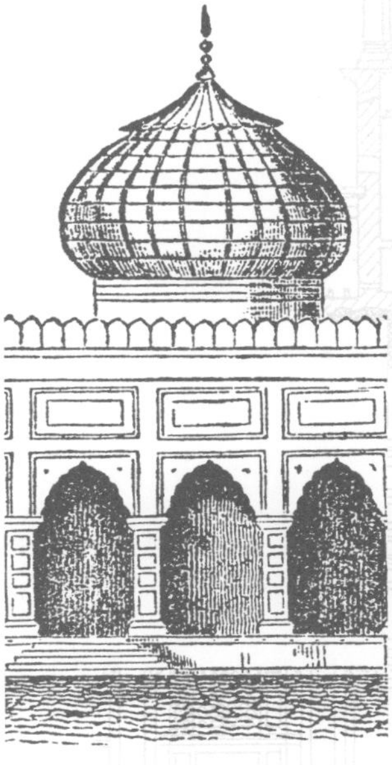

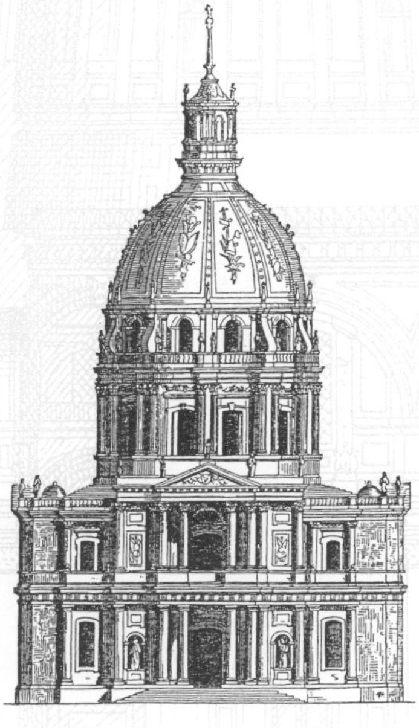

Säulen

Eine Säule ist ein stützendes Bauglied mit rundem Querschnitt, das sich aus den drei Hauptbestandteilen Basis, Schaft und Kapitell zusammensetzt. Bei der griechischen Gebälkarchitektur tragen die Säulen ein gerades Gebälk, typisch für die römische Baukunst ist hingegen der von Pfeilern getragene Bogen (Bogenarchitektur). Säulen kamen in Rom vor allem dekorative Funktion zu, sie traten etwa als Halbsäulen, Doppelsäulen oder frei stehende Monumentalsäulen auf. Die Bestandteile einer Säule können verschieden gestaltet sein: Die toskanische Ordnung (1) hat einen schmucklosen Schaft, die anglonormannische Baukunst kennt den aufwändig ornamentierten Schaft, die ägyptische Baukunst prunkvolle Kapitelle.

Die fünf klassischen Ordnungen
Die fünf klassischen Ordnungen sind ein aus der Antike stammender Formenkanon, der Bestandteilen, Proportionen und Dekoration der Säule zugrunde gelegt wird. Im Einzelnen regelt er die Gestaltung von Basis, Schaft, Kapitell und Gebälk. In Griechenland hatten sich die dorische (2), ionische (3) und korinthische Ordnung (5) entwickelt, römisch sind hingegen die toskanische (1) und die Kompositordnung (4). Im Mittelalter gerieten die klassischen Ordnungen in Vergessenheit, die Renaissance griff sie wieder auf und seitdem wurden sie immer wieder angewendet, etwa von Sebastiano Serlio und Andrea Palladio.

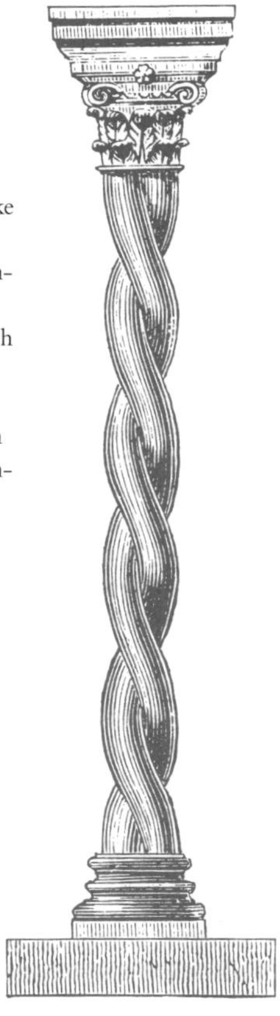

Schlangensäule
In der Romanik wurden antike Säulen als Spolien eingesetzt oder römische Vorbilder nachgeahmt. Oft wandelten die Steinmetze sie erfindungsreich ab. Vor allem im Kreuzgang romanischer Klosteranlagen sind vielfältige Säulenformen (*siehe S. 199*) zu finden, darunter auch die hier abgebildete originelle Schlangensäule.

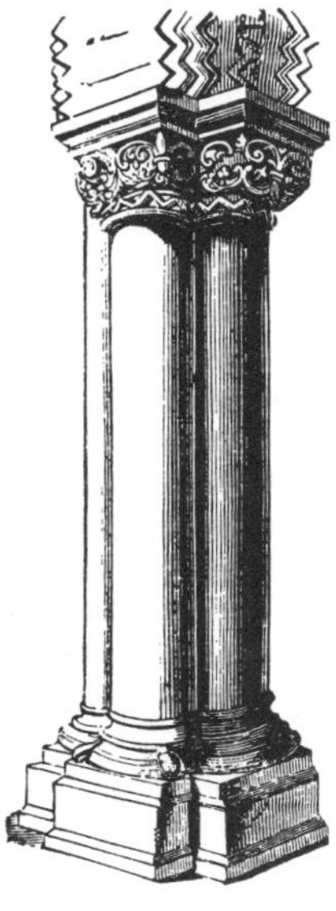

Bündelpfeiler
Pfeiler haben im Gegensatz zu Säulen einen rechteckigen oder polygonalen Querschnitt. Meist sind sie recht kräftig ausgebildet. In der Spätromanik tritt der Bündelpfeiler auf, der aus mehreren, vor einen Pfeilerkern gelegten Dreiviertelsäulen besteht. In der Gotik reihen sie sich so dicht, dass er kaum noch zu erkennen ist.

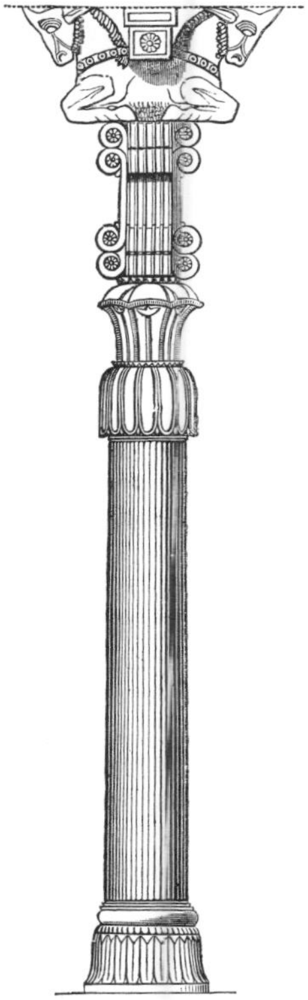

Persische Säule
Die Gestaltungselemente der persischen Säulen lassen sich auf ihr Baumaterial zurückführen: Holz. Diese Säule aus dem Hundertsäulensaal (5. Jh. v. Chr.) in Persepolis besteht jedoch aus Stein. Sie besitzt einen kannelierten Schaft und ein kunstvolles Kapitell, das sich beispielsweise aus Voluten und Doppelstierprotomen zusammensetzt.

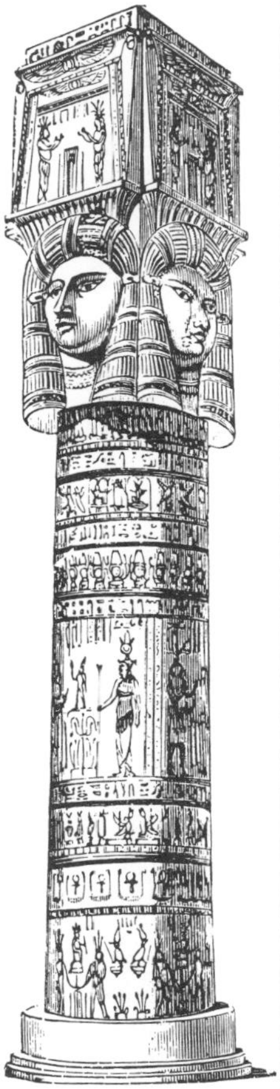

Ägyptische Säule
Die ägyptischen Säulen inspirierten sich an lokalen Pflanzen und bildeten Papyrus, Lotosblumen sowie Palmen nach *(siehe S. 23)*. Diese hieroglyphengeschmückte Sistrumsäule aus dem Hathor-Tempel in Dendera (54 v. Chr.–60 n. Chr.) trägt ein Kapitell, das an vier Seiten den Kopf der Göttin Hathor zeigt.

Chinesische Säule
Chinesische Säulen bestehen aus Holz und besitzen statt eines Kapitells zahlreiche, kunstvoll übereinander gestaffelte Trägerarme, auf denen das Dach ruht. Die chinesischen Säulen wurden in der Regel farbig gefasst, meist rot.

Indische Säule
Diese Säule von einem drawidischen Tempel ahmt die Holzbauweise der frühen indischen Architektur nach. Sie ist überaus reich geschmückt. Weit verbreitet war der *stambha*, eine frei stehende Monumentalsäule, die rituellen Zwecken diente.

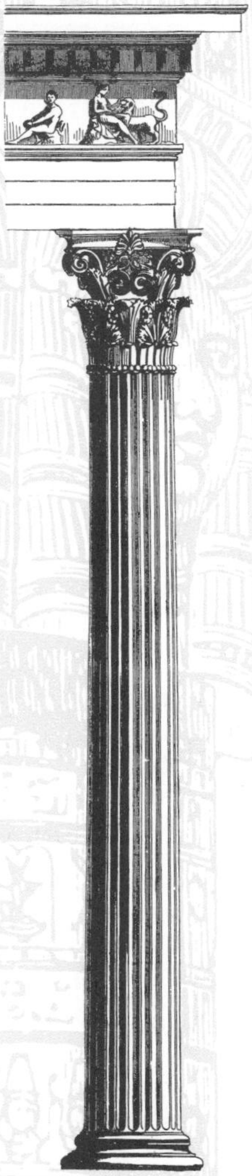

Bestandteile der Säule
Gleich in welchem Zeitalter oder welcher Kultur – die Säule setzt sich fast immer aus Basis, Schaft und Kapitell zusammen. Hier sieht man eine Säule mit kanneliertem Schaft und korinthischem Kapitell.

Türme

Türme sind ein besonders markantes Architekturelement. Oft gliedern sie sich an einen Sakralbau an, etwa das islamische Minarett oder die indischen Tempeltürme, können aber durchaus auch frei stehend errichtet sein, wie der italienische Campanile. Der hohe Kirchturm markiert eine heilige Stätte, während seine Glocken die Gläubigen zum Gebet rufen.
Besonders reich ausgeschmückt sind die Kirchtürme der gotischen Baukunst, die meist den Westabschluss des Kirchenbaus auszeichnen. Oft werden Kirchtürme von einem Helmturm bekrönt, einem steilen, spitzen Turmdach, das in zahlreichen Formen auftritt. Türmen kam ebenfalls fortifikatorische Bedeutung zu: Als Wehr- und Tortürme wurden sie in Befestigungsanlagen integriert. In Frankreich, England und Irland baute man im Mittelalter kompakte, wehrhafte Wohntürme.

Campanile
Die italienischen Glockentürme, die in der Regel frei stehend neben der Kirche errichtet wurden, nennt man Campanili (von ital. *campana* für Glocke). Fast immer waren sie rund oder quadratisch, wie der Campanile in Florenz, den Giotto ab 1334 erbaute.

Turmhelm
Diese Kirche bei Northampton trägt einen steilen, spitzen Turmhelm. Den Ansatz verdeckt eine Brüstung mit Zinnenkranz.

Glockenturm
Glockentürmen kommt religiöse wie profane Bedeutung zu, außerdem dienten sie als Aussichtsturm. Sie sind nördlich der Alpen in den Baukörper einer Kirche integriert, treten in Italien aber frei stehend auf. Der städtische Glockenturm wird Belfried genannt, in Flandern heißt er Beffroi; er stellte ein Wahrzeichen städtischer Macht dar.

Wohnturm
Der Hauptturm der englischen und französischen Burg ist der *keep* bzw. *donjon*. Dieser wehrhafte Turmbau enthielt alle notwendigen Wohn- und Wirtschaftsräume. Der Bergfried der deutschen Burg war nicht zum Wohnen eingerichtet. Den abgebildeten *keep* von Tattershall Castle (15. Jh.) in Lincolnshire befestigen Zinnen, Maschikulis und ein Wehrgang.

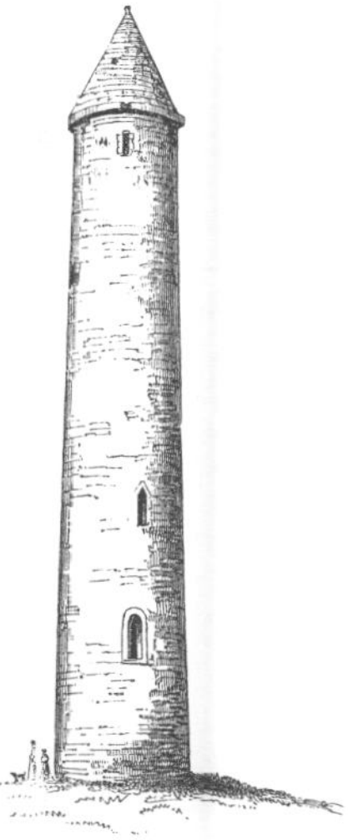

Irischer Rundturm
In Irland sind mehrere markante Rundtürme erhalten, die zwischen dem 10. und dem 12. Jh. frei stehend in Klosterbezirken errichtet wurden. Sie verjüngen sich leicht nach oben hin und tragen Kegeldächer aus Stein. Der Eingang liegt erhöht und ist nur über Leitern erreichbar, denn die Rundtürme dienten bei Gefahr als Zufluchtsort, ähnlich wie der Bergfried.

Anglonormannischer Rundturm
Schlichte, nahezu schmucklose Rundtürme, die sich an eine Kirche angliedern, sind charakteristisch für die anglonormannische Baukunst, insbesondere für East Anglia.

Vimana
Der indische Tempelturm – im Norden der bienenkorbförmige *shikhara*, im Süden hingegen der pyramidenförmige *vimana* – erhebt sich direkt über dem Allerheiligsten.

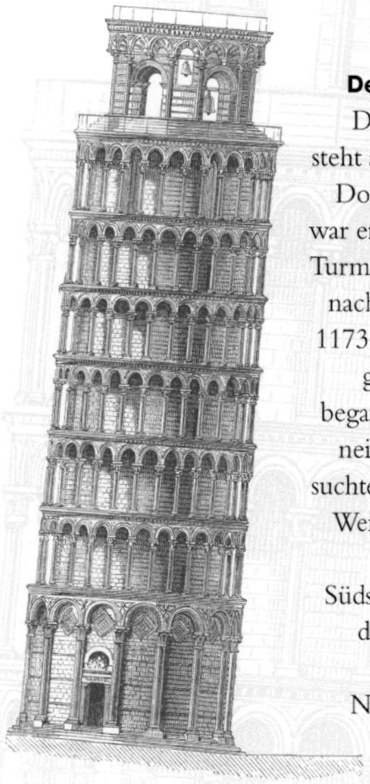

Der Schiefe Turm von Pisa
Dieser weltberühmte Turm steht als Campanile neben dem Dom von Pisa. Ursprünglich war er natürlich als senkrechter Turm geplant, doch schon kurz nach Beginn der Bauarbeiten 1173 gab der sumpfige Untergrund nach und der Turm begann sich nach Südosten zu neigen. Der Baumeister versuchte noch, die Neigung beim Weiterbau auszugleichen, indem er die Säulen an der Südseite leicht erhöhte. Doch der Turm neigte sich stetig weiter, heute beträgt der Neigungswinkel etwa 5,5°.

Minarett
Ein Minarett ist ein schlanker Turm der islamischen Baukunst, in der Regel mit einer Moschee verbunden. Meist ist das Minarett mit einer umlaufenden Galerie versehen, von der aus der Muezzin zum Gebet ruft.

Achteckige Turmspitze
Den Turm dieser romanischen Kirche in Deutschland bekrönt eine steile, achteckige Turmspitze, die sich über einer viereckigen Basis erhebt. Die vier Dachseiten verfügen jeweils über Traufen.

Sich verjüngender Turm
Manche Türme verjüngen sich mit jedem Geschoss, wie etwa dieser italienische Renaissanceturm. Typisch für die Renaissance sind das Wiederaufgreifen der klassischen Ordnungen sowie die Dreiecks- und Segmentgiebel über den Fenstern.

Bögen

Ein Bogen ist eine gewölbte Konstruktion, die eine Öffnung überspannt. Die Bogenform ist meist halbrund, variiert aber: Ihre Bandbreite reicht vom Flach-, Stich- oder Segmentbogen über den Spitzbogen hin zum Kielbogen. Bögen werden aus keilförmigen Steinen gebaut, die einander gegenseitig stützen. In der klassischen Architektur nennt man den abschließend eingesetzten obersten Stein Schlussstein. Die für die Gotik typischen Spitzbögen, die keinen Schlussstein tragen, haben geringeren Seitenschub als die Rundbögen. Bögen werden ebenfalls eingesetzt, um große Mauerflächen zu stützen, oder für Fundamente. Eine Arkade ist eine Bogenstellung, also ein Bogen, der von zwei Stützen getragen wird. Meist verbinden sich mehrere Bögen zu einer Arkadenreihe, die einen an einer Seite offenen Bogengang bildet. Blendbögen sind dekorativ auf die Mauer gelegte Bögen, die keine Maueröffnung umschließen.

Sassanidischer Bogen
Der mächtige Bogen von Taq-e Kisra in Ktesiphon (3. oder 5./6. Jh. n. Chr.) im heutigen Irak stellte den Eingang zu dem tonnengewölbten *iwan* des ehemaligen Königspalastes dar. Den gedrückten Spitzbogen flankieren Flügelbauten, die durch Blendbögen gegliedert werden.

Mehrgeschossige Arkaden
Die Fassade des Kolosseums in Rom, 72 n. Chr. begonnen, weist in drei Geschossen Arkaden auf. Die den Pfeilern vorgelegten Halbsäulen zeigen die typische Hierarchie der klassischen Ordnungen: unten die dorische Ordnung, darüber die ionische und ganz oben die korinthische. Auch der Rundbogen ist charakteristisch.

Kielbogen
Typisch für die Gotik ist der Kielbogen, auch Eselsrücken genannt. Er zeichnet ebenfalls die islamische Baukunst aus und besteht aus kielförmig geschweiften Kurvenlinien mit einer scharfen Spitze.

Klassischer Bogen
Auf dem Widerlager (*abutment*) sitzt der Kämpfer (*impost*), der den Bogen trägt. Dessen Innenfläche heißt Laibung (*intrados*), seine Ansichtsfläche Haupt oder Stirn. Den ersten Stein des Bogens nennt man Anfänger, den obersten in der Mitte Schlussstein (*keystone*).

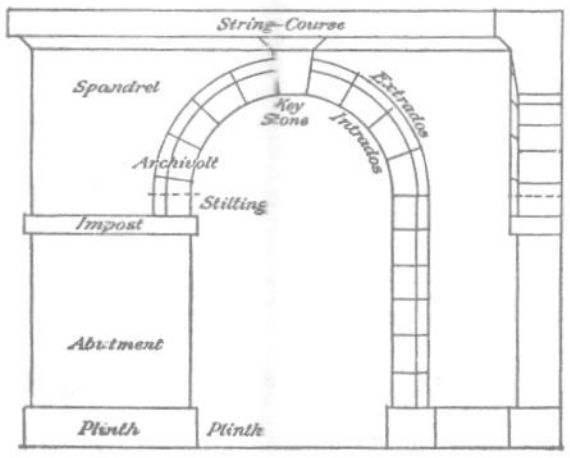

Hufeisenbogen
Der Hufeisenbogen ist am Ansatz leicht eingezogen und geht damit über den Halbkreis hinaus. Er ist für die islamische Kunst charakteristisch und tritt meist rundbogig auf. Der spitzbogige Hufeisenbogen kommt vor allem in Ägypten, Syrien und Arabien vor.

Tudorbogen
Im Spätmittelalter während der Regentschaft des Hauses Tudor wurde es oft verwendet. Er setzt sich aus vier Kreisbögen mit zwei sehr verschieden großen Radien zusammen: Die Mitte der unteren Kreisbögen liegt auf der Kämpferlinie (Höhe des Bogenansatzes), die Mitte der oberen Kreisbögen unterhalb.

Spitzbogen
Dieses Joch im Mittelschiff der Kathedrale von Lincoln zeigt gotische Spitzbögen (um 1230) im Stil des Early English. Der Bogen ist reich profiliert, den Pfeilern sind dekorative Säulchen vorgelegt, das Triforium zeigt geometrisches Maßwerk.

Renaissance-Arkatur
Die Arkaden an der Fassade der Markus-Bibliothek (1536 begonnen) folgen römischen Vorbildern. Rundbögen, Schlusssteine, Bogenzwickel, Fries und Gesims sind den klassischen Ordnungen entsprechend dekoriert.

Rundbogen
Diese französischen Rundbögen aus dem 12. Jh. zeigen Archivolten mit Rollenfriesen. Die Bögen ruhen auf dekorativen Säulen. Sie scheinen den senkrecht wirkenden Druck des Mauerwerks abzuleiten, doch tatsächlich übernehmen die massiven Pfeiler diese Aufgabe.

Arkaden im Mittelschiff einer anglonormannischen Kirche
Die Triforiumbögen der Kirche von Waltham Abbey in Essex (12. Jh.) haben dieselbe Spannweite wie die Arkaden unter ihnen, ruhen aber auf kürzeren Pfeilern. Der anglonormannische Bogen war meist rund, trat aber ebenfalls als Segmentbogen oder als Spitzbogen auf, wie man ihn hier an den beiden Jochen ganz rechts sieht.

Portale

Portale und Eingänge zählen zu den wichtigsten Elementen des Außenbaus. Sie sind ein grundlegendes Mittel der Fassadengestaltung und definieren Charakter und Funktion des Gebäudes, etwa als Kommunalbau oder als privates Wohnhaus. Sie bilden den architektonischen Fokus des Außenbaus. Die Ornamentierung der Portalrahmung bestimmt oft den Stil der gesamten Fassade. Manchmal wird der Eingang zu einem künstlerisch gestalteten Portal aufgewertet, das einen Balkon darüber einbezieht oder sogar die gesamte Wandfläche. Portale bilden die Nahtstelle zwischen Innen und Außen, die Themen und Funktionen der Innenräume werden für gewöhnlich schon durch Gliederung und Skulpturenschmuck des Portals am Außenbau eingeführt. Die Eingänge bilden in mehrfacher Hinsicht die „Schwachstelle“ der Fassade; deshalb wurden sie zum einen durch Traufleisten, Gesimse, Dächer und Vorbauten vor Witterungseinflüssen geschützt, zum anderen durch massives, wehrhaftes Mauerwerk. Wächterfiguren verliehen ihnen symbolischen Schutz.

Türrahmung
Der Türrahmen besteht aus dem waagerechten Türsturz und den senkrechten Türpfosten. Sie wurden häufig dekorativ gestaltetet. Schon frühe Türpfosten, die oft nur aus schlichten Leisten bestanden, wie hier am Erechtheion (421–406 v. Chr.) in Athen, waren mit Ornamenten geschmückt.

Wächterfiguren
In mehreren Hochkulturen, so auch bei den Assyrern, hüteten monumentale Wächterfiguren wichtige Portale und Tore. Meist bestehen sie aus Stein und stellen Fabelwesen, Sphingen, Löwen oder Figuren dar. Sie konnten entweder in das Portal integriert werden, wie der assyrische *lamassu*, oder wurden frei davor aufgestellt.

Eingang zu einem normannischen Wehrbau
Charakteristisch für die anglonormannische Baukunst sind Rundbogenportale aus massivem Mauerwerk, die ausgesprochen wehrhaft wirken. Ihr Schmuck besteht vor allem aus kräftig vorkragenden Kämpfern über hochkant aufgestellten Steinblöcken. Die Portale unterstreichen den Verteidigungszweck.

Kathedralenportale
Die breiten Portale romanischer Kathedralen sind oft tief in das Mauerwerk eingeschnitten. Meist weisen sie zahlreiche Archivolten und Säulen auf, auch das Tympanon ist mit plastischem Schmuck ausgestattet.

Islamisches Portal
Es befindet sich oft in einem rechteckigen Rahmen, der aufwändig mit geometrischen Ornamenten, farbigen Fliesen und Stuckdekor verziert ist. Der Bogen besteht aus schwarzweißen Keilsteinen.

Vorbau
Am Eingang zu klassizistischen Häusern treten manchmal kleine Vorbauten auf. Sie erinnern mit ihrem Dreiecksgiebel, Säulen und Gebälk an den Tempelportikus der klassischen Antike.

Atlanten und Karyatiden
Barockportale, vor allem in Frankreich und Deutschland, weisen oft Atlanten oder Karyatiden auf, männliche oder weibliche Figuren aus Stein, die einen Bogen oder Balkon stützen (*siehe auch S. 105*).

Portal im Elizabethan Style
Die Portale des Elizabethan Style sind oft reich mit Beschlagwerk, Hermen und klassischen Ornamenten geschmückt, die man italienischen und niederländischen Musterbüchern entnahm.

Blocked surround
Der *blocked surround* besteht aus einer von großen Steinquadern unterbrochenen Türrahmung. Er war im frühen 18. Jh. in England in palladianischen Villen beliebt.

Klassizistische Tür
Klassizistische Eingänge weisen kassettierte doppelflügelige Türen auf. Die Medaillons, Gipsbüsten und Karyatiden sind der römischen Antike nachempfunden.

Fenster

Frühe Gebäude besaßen unverglaste Maueröffnungen, welche die Innenräume beleuchteten und belüfteten. Das Fensterglas führten die Römer im 1. Jh. n. Chr. ein, doch erst im 13. Jh. waren Glasfenster weithin für Kirchen gebräuchlich, dann ab dem 15. Jh. für Wohnbauten. Dabei unterlag die Gestaltung der Fenster stets dem Diktat der technischen Entwicklung. Die frühe Fensterverglasung bestand noch aus kleinen rautenförmigen oder rechteckigen Glasscheiben in einer Fassung aus Bleistegen (Bleiruten). Im 16. Jh. setzten sich dann runde Glasscheiben (Butzenscheiben) durch, ebenfalls von Bleiruten gefasst. Sie wurden ihrerseits im 18. Jh. durch größere Glasfenster mit Holzsprossen verdrängt. Der technische Fortschritt bei der Glaserzeugung erlaubte ab den 1840er-Jahren, größere, dünnere und preiswertere Glasscheiben ohne Sprossen einzusetzen.

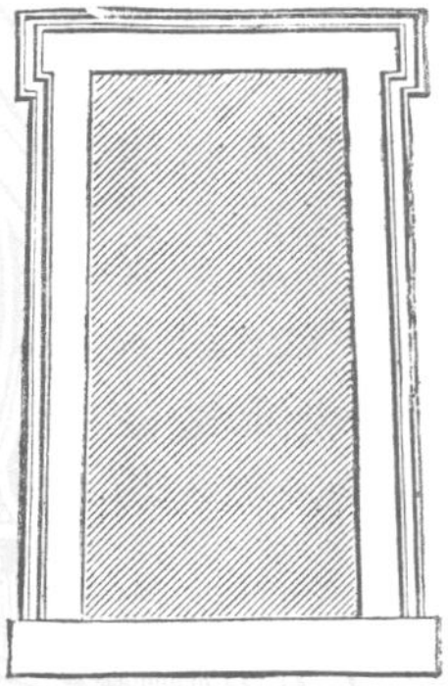

Konstruktionszeichnung eines Fensters
Bei den meisten Architekturentwürfen und -stichen des 18. Jahrhunderts wurden Fensteröffnungen als dunkle Höhlungen dargestellt, ohne jeden Hinweis auf Verglasung oder Binnengliederung. Hier rahmt eine Zierleiste das Fenster.

Lanzettfenster
Die hohen, schlanken Fenster der englischen Frühgotik und der byzantinischen Baukunst besitzen oft einen Spitzbogen, seltener einen Rundbogen. Meist sind mehrere Lanzettfenster zu Gruppen zusammengefasst.

Bleiverglasung
Bleistege, die so genannten Bleiruten, bilden Fassungen für die Glasstücke, aus denen sich die Fenster zusammensetzten. Frühe Bleiverglasungen wiesen kleine rechteckige oder rautenförmige Glasstücke auf. Im 16. Jh. ersetzte man sie durch runde Butzenscheiben.

Gotisches Maßwerkfenster
Das gotische Fenster, das vom 12. bis ins 16. Jh. hinein verwendet wurde, zeichnet sich durch Spitzbogen, Maßwerk und farbiges Glas aus. Im späten 18. Jh. wurde es von der Neugotik wieder aufgegriffen und war danach vor allem im viktorianischen England sehr beliebt.

Fensterrose
Die Fensterrose ist ein besonders dekoratives Fenster. Es ist gefüllt mit Maßwerk, das blütenähnliche Muster zeigt.

Kielbogenfenster
Der Kielbogen setzt sich aus konvexen und konkaven Kurven zusammen und ist für die islamische Baukunst typisch. Gotische Baumeister griffen ihn auf und seit dem späten 18. Jh. trat er wieder in der Neugotik auf, wo man ihn als dekoratives Mittelalter-Zitat einsetzte.

Flügelfenster
Das Flügelfenster ist an der Seite in den Fensterrahmen eingehängt und öffnet sich nach innen oder nach außen. Das Flügelfenster ist der gebräuchlichste Fenstertypus für Wohnbauten und war früher bleiverglast. In den angelsächsischen Ländern sind hingegen Schieb- oder Hebefenster verbreitet.

Französisches Fenster
Diese Flügelfenster-Variante ist eine für den Spätbarock typische, durch Sprossen gegliederte Glastür. Auch französische Fenster öffnen sich nach innen oder nach außen.

***Sash*-Fenster**
Das im 18. und 19. Jahrhundert im englischen Georgian Style beliebte *sash*-Fenster ist ein durch Holzsprossen unterteiltes Hebefenster, das man auf Führungen hinauf- und hinunterschiebt. Regionale Abwandlungen waren ebenfalls bekannt, etwa in Yorkshire ließ sich das Fenster in horizontaler Richtung verschieben.

Thermenfenster
Thermenfenster sind halbkreisförmige Fenster, die durch zwei Pfeiler oder Stäbe dreigeteilt werden. Vor allem die palladianischen Architekten verwendeten sie. Ihr Vorbild finden sie in Fenstern römischer Thermenanlagen.

Erkerfenster
Erker sind geschlossene rechteckige, polygonale oder runde Ausbauten an der Fassade oder Ecke eines Hauses, meist ohne Verbindung mit dem Erdboden. Eine Durchfensterung an drei Seiten lässt viel Licht in die Innenräume gelangen. Oft wurden Erker aufwändig ausgestaltet.

Palladio-Motiv
Eine dreiteilige Maueröffnung mit einem Rundbogen und zwei niedrigeren rechteckigen Öffnungen nennt man venezianisches Fenster, Palladio-Motiv oder Serlio-Motiv, nach den beiden italienischen Architekten, die es populär machten: Andrea Palladio und Sebastiano Serlio.

Giebel

Der Giebel ist die abschließende Mauerfläche an den Stirnseiten eines Satteldaches. In seiner Grundform ist er dreieckig und folgt dem Dachabschluss. Es treten aber ebenfalls abwechslungsreich geschwungene, geschweifte oder gestufte Formen auf. Charakteristisch für die Architektur der klassischen Antike und die von dieser inspirierten späteren Baustile ist der flache Dreiecksgiebel der Tempelfront. Meist erhob er sich über einer Vorhalle (Portikus). Der Dekor des Giebels spielte eine wichtige Rolle und unterstrich die Funktion des jeweiligen Gebäudes. Besonders aufwändig und einfallsreich geschmückt wurde er bei mitteleuropäischen Wohnbauten des 16. und 17. Jh. Der Giebel tritt nicht nur an der Fassade, sondern ebenfalls als Verdachung von Fenstern und Türen sowie bei Grabmalen und Denkmälern auf.

Portalgiebel
In der Renaissance setzte man häufig antikisierende Motive ein. Dieses üppig ausgestaltete spanische Portal des 16. Jh. verfügt über einen steilen Dreiecksgiebel, der von einem Eierstabfries begleitet wird (*siehe auch S. 100*). Bei dieser dekorativen Zierleiste wechseln Eiformen mit pfeilspitzenartigen Gebilden.

Giebelformen
Bei den Giebelformen reicht die Bandbreite vom Dreieck über das Segment bis hin zu reich geschwungenen und geschweiften Formen. Wenn das Mittelteil ausgespart ist, spricht man von einem gesprengten Giebel. Besonders der Barock kennt ungeheuer vielfältige und einfallsreiche Giebelformen, wie etwa diesen gesprengten Giebel, der von einer Vase bekrönt wird.

Tempelgiebel
Bei den griechischen und römischen Tempeln der Antike wurde der Giebel vom horizontalen Kranzgesims und den ansteigenden Gesimsen an der Stirnseite des Dachs eingefasst. Dieses dreieckige Giebelfeld, das Tympanon genannt wird, eignete sich ideal für plastischen Schmuck und wurde mit Reliefs und Skulpturen ausgestattet.

Windbretter
Hölzerne Windbretter brachte man an der Stirnseite des Daches vor den Giebelschenkeln an, um die Balkenenden zu verbergen. Manchmal blieben sie schmucklos, dann wieder wurden sie aufwändig ausgestaltet, wie die hier abgebildeten, geschnitzten Windbretter.

Giebelschmuck
Im 16. Jh. und 17. Jh. wurden die Giebel von niederländischen und deutschen Profanbauten besonders prächtig ausgeschmückt. Die Motive verbanden zunächst Renaissance- mit gotischen Elementen zu sehr abwechslungsreichen Fassadengiebeln. Im 17. Jh. wurden dann barocke, dynamisch geschwungene Voluten gebräuchlich.

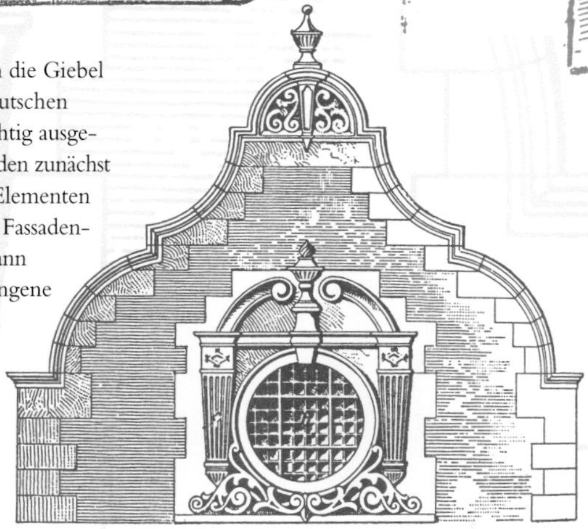

Akroter
Akrotere sind Verzierungen, welche die Mitte oder Ecken eines Giebels bekrönen. Ursprünglich waren es große bemalte Relieftafeln, später wurden sie zunehmend plastisch ausgestaltet in Form von Blättern, Palmetten, Tieren und Figuren.

Treppengiebel
Einen gestuften Giebel nennt man Treppen-, Stufen- oder Staffelgiebel. Er tritt an zahlreichen Häusern der deutschen Spätgotik auf. Als freier Giebel überragt er das Dach und verbirgt die eigentliche Form des Dachabschlusses.

Giebel im Elizabethan Style
Die geschmückten niederländischen Fassadengiebel wurden im 16. Jh. vom englischen Elizabethan Style aufgegriffen. Besonders beliebt waren geschweifte Knickgiebel, wie der hier abgebildete. Sie wurden auch im 17. Jh. vom Jacobean Style gern verwendet.

Dächer

Das Dach ist der obere Abschluss eines Gebäudes und schützt die Innenräume vor Witterungseinflüssen. Das Dach selbst untergliedert sich in die eigentliche Tragkonstruktion und die Dachdeckung. Meist besteht die Tragkonstruktion aus Holz und ist mit Ziegeln gedeckt, die bei Bauwerken der klassischen Antike aus Marmor oder Terrakotta gefertigt waren. Als Dachdeckung sind ebenfalls Ried (Schilf), Schiefer, Stein, Holz, Blei, Kupfer, Grassoden oder andere Materialien gebräuchlich. Die Dachformen variieren nach Land, Region, Epoche und Stil, doch am häufigsten treten Satteldach und Flachdach auf. Das tragende Gerüst, der Dachstuhl, war zunächst einfach gehalten, allmählich nahm seine Gestaltung aber an Komplexität zu und fand einen Höhepunkt in den kunstvoll konstruierten englischen Dachstühlen des späten Mittelalters.

Satteldach
Die häufigste und einfachste Dachform ist das Satteldach. Es besitzt zwei schräge Dachflächen, die am Dachfirst zusammenstoßen, sowie zwei Giebel an den Stirnseiten.

Kegeldach
Runde Türme tragen meist ein kegelförmiges Dach, etwa der große Rundturm dieser Kirche in Schweden.

Rhombendach
Die Westtürme der Liebfrauenkirche (12. Jh.) in Andernach (rheinische Romanik) tragen Rhomben- oder Rautendächer mit vier rautenförmigen Dachseiten und vier Giebeln.

Walmdach
Dieses mittelalterliche Gebäude in Nurstead in Kent besitzt ein Walmdach. Dieser Dachform liegt ein Satteldach zugrunde, dessen Giebelseiten abgeschrägt wurden (Walm oder Schopf), sodass sie insgesamt vier schräge Dachflächen aufweist.

Flachdach
Die meisten Bauwerke der italienischen Renaissance trugen Flachdächer oder niedrige Satteldächer. Sie wurden für gewöhnlich hinter einer aufgesetzten Balustrade oder einem hohen Kranzgesims verborgen.

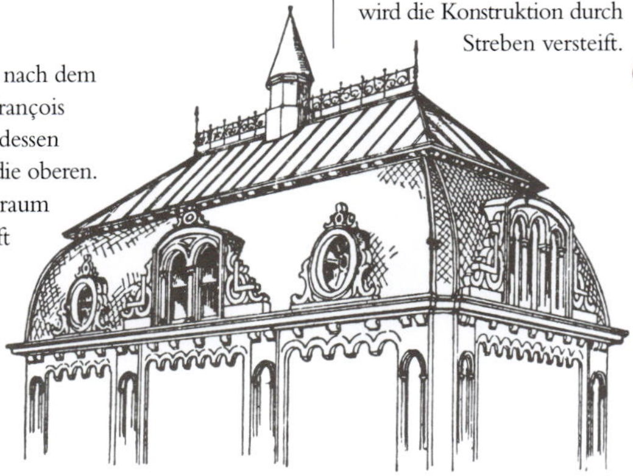

Mansardendach
Das Mansardendach, benannt nach dem französischen Architekten François Mansart, ist ein Knickdach, dessen untere Seiten steiler sind als die oberen. Dadurch lässt sich der Dachraum für Wohnzwecke nutzen. Oft weist er Gauben oder Ochsenaugen auf.

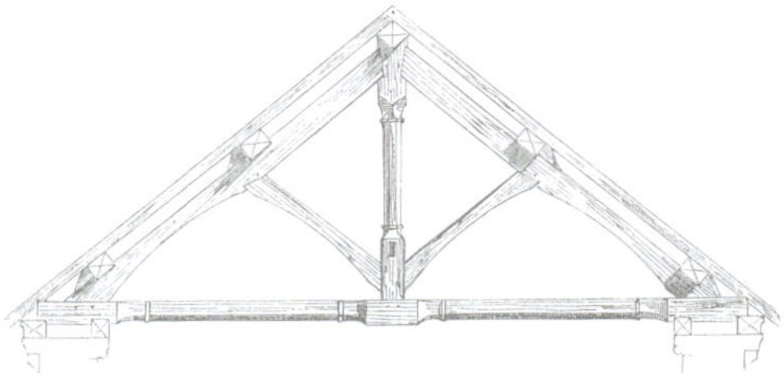

***King-post*-Dach**
Das einfache Hängewerk, eine Tragkonstruktion mit waagerechten Hängebalken, zeichnet sich durch einen senkrechten Stiel aus (*king post*), der die Firstpfette stützt. Der Stiel ruht auf dem waagerechten Hänge- oder Dachbalken. Meist wird die Konstruktion durch Streben versteift.

***Queen-post*-Dach**
Das doppelte Hängewerk war ebenfalls sehr verbreitet. Es weist zwei senkrechte Stiele (*queen posts*, B) auf. Sie ruhen auf dem Dachbalken (D) und werden durch Spannriegel (H) miteinander verbunden.

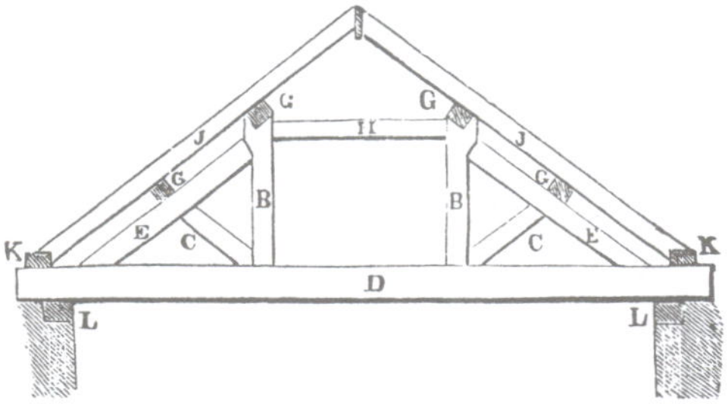

Freitragendes Sparrendach
Diese Dachkonstruktion (*wagon roof*) ist freitragend. Sie weist dicht an dicht gesetzte Sparren auf und wird durch Bogenstreben versteift. Der Dachstuhl kann offen belassen oder durch eine Decke abgeschlossen werden.

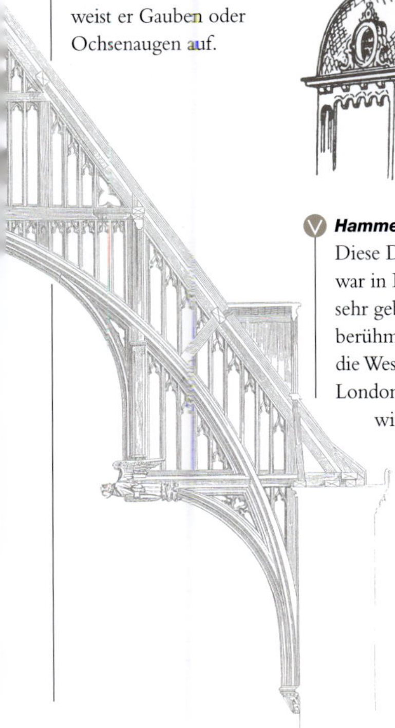

***Hammer-beam*-Dach**
Diese Dachkonstruktion war in England im 14. Jh. sehr gebräuchlich. Ein berühmtes Beispiel ist die Westminster Hall in London (1399). Getragen wird die Stichbalkendecke von kurzen waagerechten Balken, den Zangen, die nach innen vorkragen und oft dekorativ geschnitzt sind.

***Crown-post*-Dach**
Charakteristisch ist eine zentrale Mittelsäule (*crown post*), hier in Charney Bassett in Oxfordshire. Im Gegensatz zum *king-post*-Dach reicht die Mittelsäule nicht bis zur Firstpfette, sondern stützt einen in Längsrichtung verlaufenden Balken.

Gewölbe

Gewölbe sind gekrümmte Raumdecken und stellen eines der wichtigsten Architekturelemente dar. Schon den Ägyptern waren Gewölbe geläufig, doch erst die Römer überspannten mit ihnen größere Räume. Höhepunkte der Baukunst bilden die gewaltigen Basiliken der spätrömischen Antike ebenso wie die gotischen Kathedralen, die der Schwerkraft zu trotzen scheinen. In seiner einfachsten Ausprägung besteht das Gewölbe aus zwei Wänden, die sich einander zuneigen und in der Mitte treffen. Ähnlich wie beim Bogen sind dabei ein rund- oder spitzbogiger Querschnitt möglich. Die Druck- und Schubkräfte des Gewölbes, die nach unten und seitwärts wirken, werden durch Mauern abgeleitet oder, wenn diese zu dünn sind, durch Strebepfeiler.

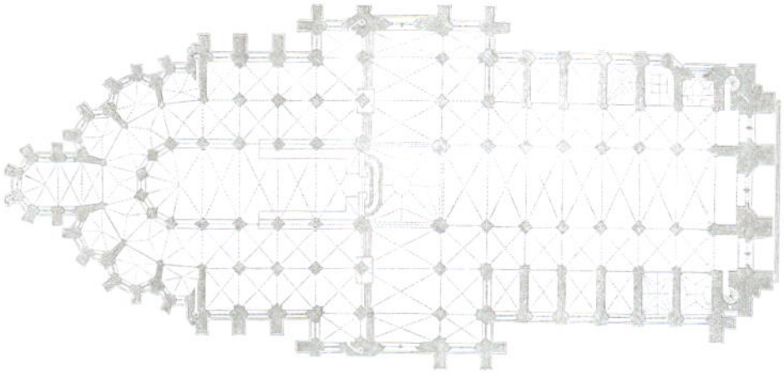

Gotische Gewölbe
Typisch für die gotische Kathedrale ist ein komplexes System aus Kreuzrippengewölben über verschiedenen Raumformen, während die romanische Basilika meist über eine einfache Flachdecke oder ein Tonnengewölbe verfügt.

Tonnengewölbe
Dieses Tonnengewölbe hat einen spitzbogenförmigem Querschnitt. Das Tonnengewölbe ist die früheste Form des Gewölbes. Es blieben Beispiele aus dem 9. Jh. v. Chr. erhalten.

Strebewerk
Der Strebepfeiler wurde entwickelt, um den Seitenschub des Gewölbes abzuleiten, ohne massive Mauern verwenden zu müssen. Seinen Höhepunkt fand er in der Gotik. Dort steht er frei vor dem Mauerwerk, mit dem er durch den Strebebogen verbunden ist, und entlastet die dünnen, großzügig verglasten Mauern. Hier sieht man das Strebewerk des Kölner Doms.

Konstruktion des Tonnengewölbes
Konstruiert wird ein Tonnengewölbe über einem Holzgerüst. Man entfernt es zum Schluss, weil die Steine der Bögen sich gegenseitig stützen.

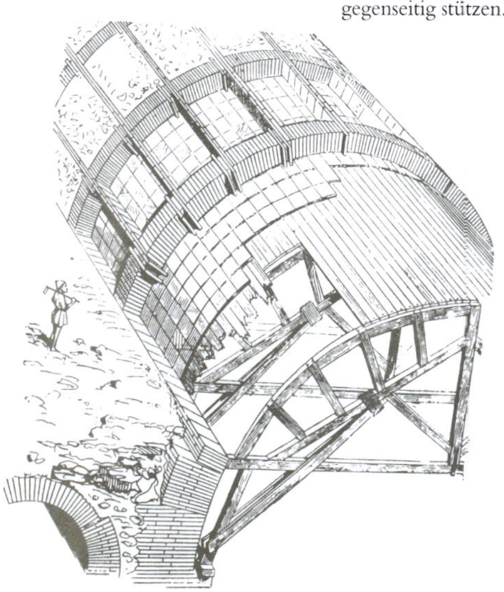

Kreuzgratgewölbe
Wenn sich zwei Tonnengewölbe im rechten Winkel durchdringen, entstehen Grate. Diese Gewölbeform, hier bei einer schwedischen Kirche aus dem 11. Jh., bezeichnet man als Kreuzgratgewölbe oder Kreuzgewölbe. Werden die Grate durch Rippen verstärkt, heißt es Kreuzrippengewölbe.

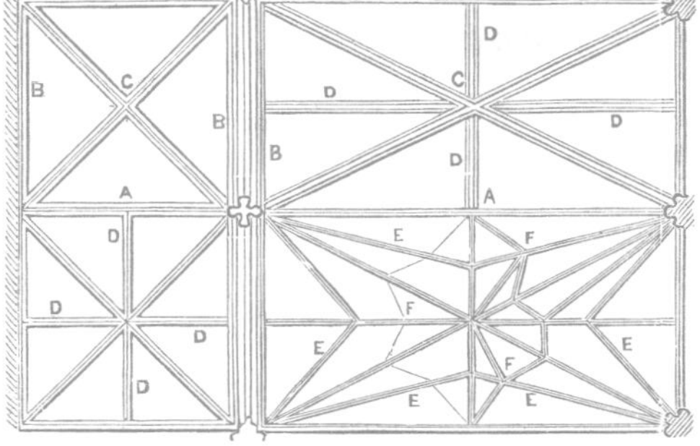

Verschiedene Rippengewölbe
Vierteilige Kreuzrippengewölbe (*oben links*) verfügen über Diagonalrippen, achtteilige (*unten links* und *oben rechts*) über Scheitelrippen. Das Liernengewölbe (*unten rechts*) hat Nebenrippen.

Sterngewölbe
Eines der kunstvollsten gotischen Gewölbe befindet sich in der Abtei von Melrose in Schottland. Dort verzieren Liernen, Rippen dritten Grades, das Gewölbe. Gemeinsam mit den tragenden Rippen bilden sie ein sternartiges Rippengeflecht.

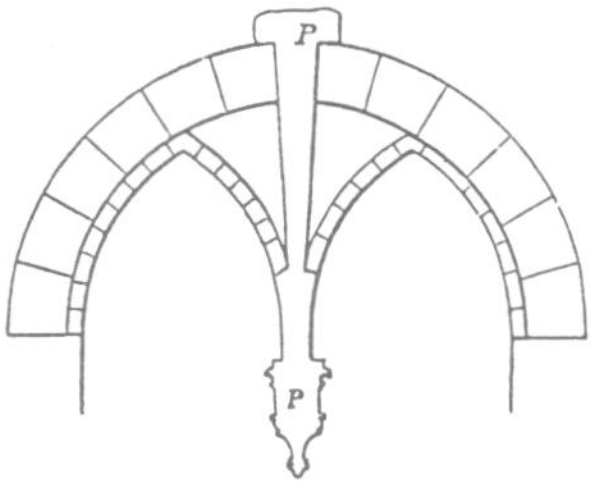

Abhängling
Bei spätgotischen Gewölben tritt häufig der Abhängling (P) auf, ein herabhängender Knauf am Schnittpunkt der Gewölberippen. Er stellt einen verlängerten Schlussstein dar.

Schlusssteine
Schlusssteine sind oft reich verziert. Sie sitzen auf dem Kreuzungspunkt von zwei Rippen, vor allem im Scheitel eines Gewölbes.

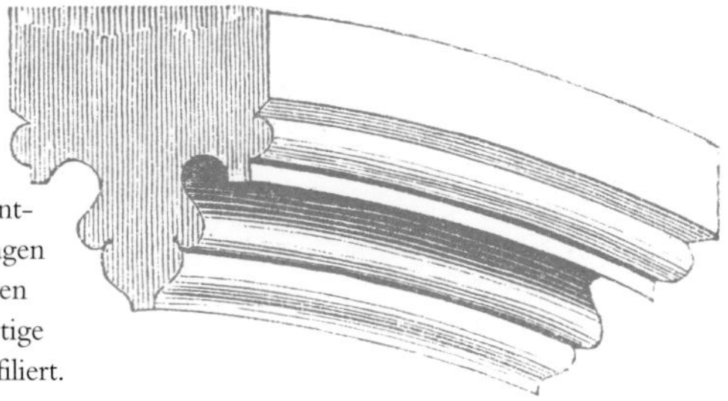

Rippenprofile
Rippen wurden ursprünglich entwickelt, um das Gewölbe zu tragen und dienten ebenfalls dekorativen Zwecken. Sie haben eine stabartige Form und wurden vielfältig profiliert.

Treppen

Treppen dienen der Verbindung von zwei unterschiedlich hohen Ebenen und treten in verschiedensten Varianten auf: rund, elliptisch oder gerade geführt, L- oder U-förmig. Auch die Anzahl von Armen und Läufen (Stufenreihen) kann differieren. Die eigentlichen Treppenstufen bestehen aus der vertikalen Setzstufe und der waagerechten Trittstufe oder Auftritt. Manchmal sind Treppen geschnitzt oder bemalt, in der Regel verfügen sie über einen dekorativen Handlauf, ein Treppengeländer oder eine Balustrade. Die Gestaltung kann ebenfalls durch religiöse Ordnungsprinzipien bestimmt sein, wobei Anzahl, Höhe und die Steilheit der Stufen symbolische Bedeutung haben. Gartenanlagen und Terrassen verfügen oft ebenfalls über Treppen, deren Absätze schöne Ausblicke und interessante Perspektiven bieten.

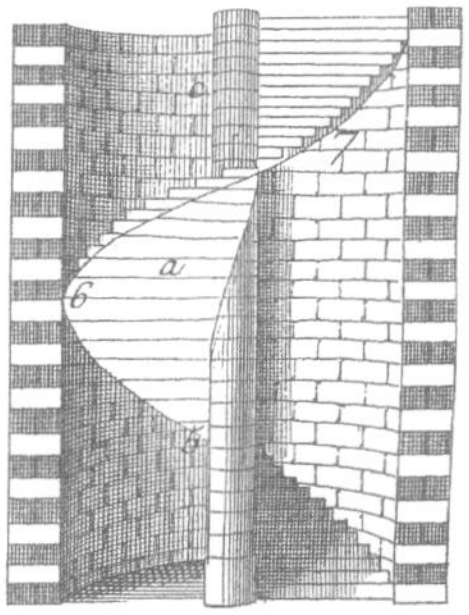

Spindeltreppe
Eine Spindeltreppe ist eine Wendeltreppe, deren Stufen in einen Mittelpfosten (Spindel) eingelassen sind. Die rund oder oval geführte Wendeltreppe befindet sich oft in einem Treppenturm.

Maya-Treppe
Treppen, oft mit eingemeißelten Glyphen verziert, führen die Maya-Pyramiden hinauf. Das Erklimmen der Stufen war Teil eines religiösen Zeremoniells.

Treppenstufen zur Kathedra
Die Treppe zum Bischofsstuhl (Kathedra) an der Ostapsis der frühchristlichen Kirchen ist römischen Vorbildern entlehnt: den Stufen, die in der Markt- und Gerichtshalle zum erhöhten Richtersitz hinaufführten. Die konzentrisch ansteigenden Bänke in der Apsis der Kirche dienten der Geistlichkeit als Sitzplätze.

Gewölbe des Treppenhauses
Die Gewölbe der Treppenhäuser, deren Widerlager unterschiedlicher hoch sind, müssen so konstruiert werden, dass sich die Gewölbelast gut verteilt.

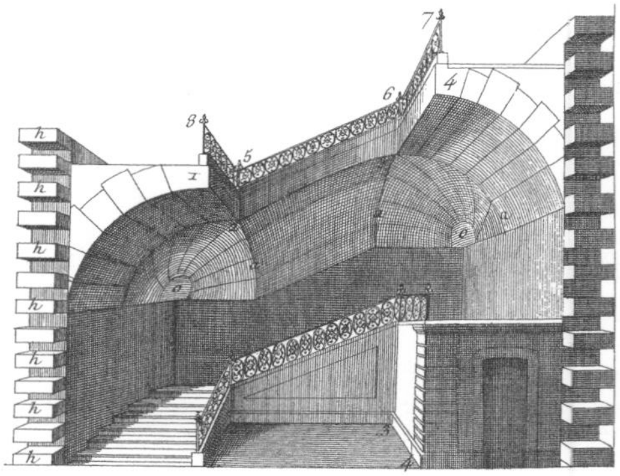

Tempeltreppe
Die Tempel der römischen Antike ruhten auf einem Podium, zu dem mehrere Stufen hinaufführten. Niedrige Zungenmauern begrenzten sie. Die Säulen des Tempels erhoben sich direkt auf dem Podium.

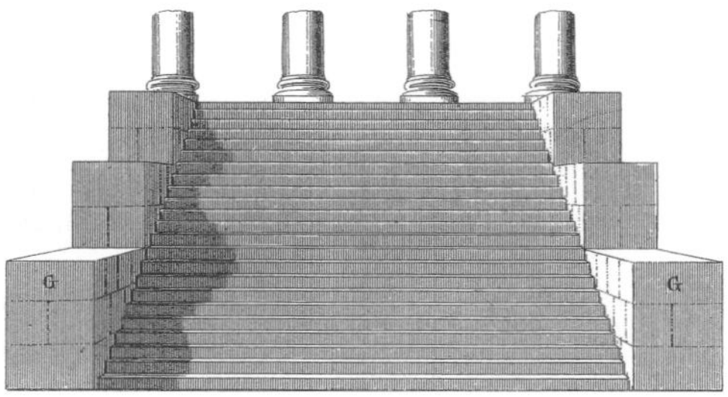

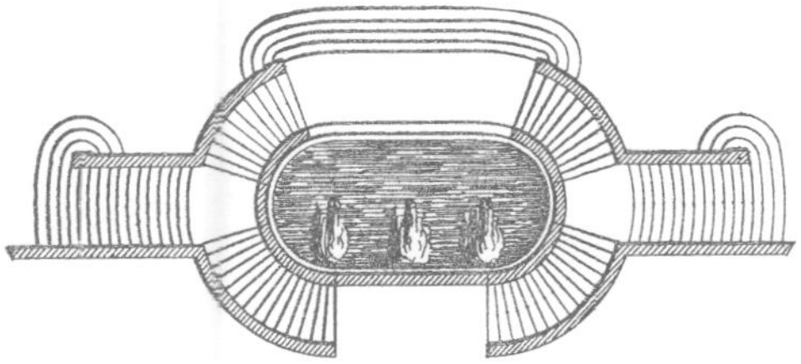

Gartentreppe

Treppen treten ebenfalls in Gartenanlagen der Renaissance und des Barock auf. Meist sind sie symmetrisch angelegt und mit mehreren Absätzen versehen, die schöne Ausblicke auf den Garten ermöglichen.

Hohlspindeltreppe

Eine Hohlspindeltreppe ist eine um eine hohle Spindel (Auge) herumgeführte Wendeltreppe. Manchmal wird sie von Säulen getragen. Sie besitzt oft eine kunstvoll ausgearbeitete Balustrade und ermöglicht interessante Perspektiven.

Treppenwangen

Die Stufen sind in Wangen eingelassen, welche die seitliche Begrenzung der Treppe bilden. Die Wangen können dem Profil der Treppenstufen folgen, wie es die Abbildung zeigt, oder aber als Schräge gearbeitet sein – in diesem Fall kaschieren sie das Treppenprofil.

Balustrade

Die steinerne Balustrade war in der Renaissance und im Barock sehr verbreitet. Sie besteht aus einer Reihe Stützglieder, den so genannten Balustern. Die untersetzten Baluster verfügen über eine Basis, eine Deckplatte sowie ein oder zwei kräftige Schwellungen.

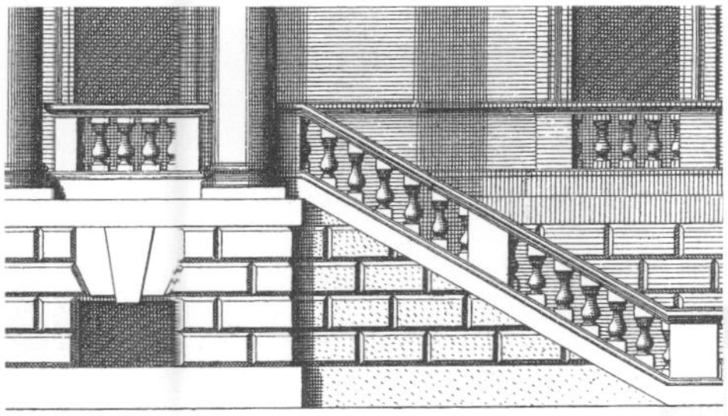

Treppenhaus

Das Treppenhaus ist der Raum, in dem die Läufe einer Innentreppe angeordnet sind. Im deutschen Barock wurden Treppenhäuser besonders prunkvoll ausgestattet. Der Klassizismus kannte komplexe Treppenanlagen in der Eingangshalle mit mehreren Armen und Läufen.

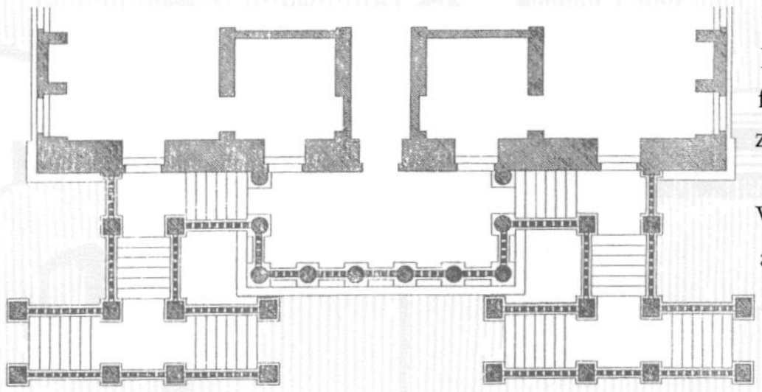

Freitreppe

Repräsentative Freitreppen führen an der Fassade hoch zu einem Portikus mit Ausblick. Bei palladianischen Villen besaßen die Treppenanlagen kurze Läufe, waren symmetrisch gestaltet und in den Proportionen der Fassade angepasst.

Glossar

Die **fett** markierten Stichworte sind ebenfalls im Glossar erläutert.

ABAKUS Die meist quadratische, flache Deckplatte des antiken **Kapitells**.

ABGEFAST siehe **Fase**.

ABHÄNGLING Herabhängender knaufartiger **Schlussstein** bei gotischen **Gewölben**. Er tritt ebenfalls als kräftiger Knauf bei Renaissance-Prunkdecken auf.

ABTEI Von einem Abt oder einer Äbtissin regiertes **Kloster**.

ADHISTAHANA Hoher **Sockel**, auf dem sich der indische Tempel erhebt.

ADOBE Luftgetrockneter, ungebrannter Lehmziegel. Wird in Spanien, Afrika, Mexiko und Lateinamerika für den Hausbau verwendet.

ADYTON Allerheiligstes des antiken griechischen Tempels. Darin wurde das Kultbild einer Gottheit verwahrt.

ÄDIKULA Ursprünglich ein kleiner Aufbau für eine antike Statue, gestaltet in Form einer Tempelfront mit Säulen und **Giebel**. Später ebenfalls als rahmender Aufbau bei Türen und Fenstern eingesetzt.

ÄOLISCHES KAPITELL **Kapitell** mit zwei weit ausladenden **Voluten**. Vorform des **ionischen** Kapitells.

AGORA Offener Markt- und Versammlungsplatz der griechischen Stadt, den **Kolonnaden** und öffentliche Gebäude umschließen. Er entspricht dem römischen **Forum**.

AKANTHUSBLATT Zierform nach dem Vorbild stacheliger Bärenklaugewächse. Sie tritt vor allem an **Kapitellen** der korinthischen und der **Kompositordnung** auf.

AKROPOLIS Hoch gelegene Festung der altgriechischen Stadt, vor allem die Stadtburg von Athen. Sie umfasst Tempel und weitere öffentliche Bauten.

AKROTER Giebelverzierung antiker Tempel. Ursprünglich einfache Tonscheiben, später ornamental oder figürlich gestaltet. Auch Akroterion genannt.

ALTAR Opferstätte für Kultzeremonien, ursprünglich meist ein Steinblock. Seit frühgeschichtlicher Zeit ist der Altar in allen Religionen bekannt. Oft wurde er mit **Reliefs** geschmückt. Das Christentum kennt den Altar in Tischform.

ALTAN Austritt am Obergeschoss, dem **Balkon** ähnlich, aber größer und vom Erdboden aus gestützt. Ebenfalls Söller genannt.

AMBO Kanzelartiges Lesepult in frühchristlichen Kirchen. Es diente der Verlesung der Epistel und des Evangeliums.

AMPHIPROSTYLOS Griechischer Tempel mit Säulenhallen an Vorder- und Rückseite, aber ohne Säulen an den Langseiten.

ANDA Halbkugelförmige **Kuppel** eines buddhistischen **Stupas**.

ANGLONORMANNISCHE KUNST Die englische **Romanik** ab der Eroberung durch die Normannen 1066 bis etwa 1180. In dieser Epoche entstanden zahlreiche große **Kathedralen** und Abteikirchen.

ANTRALA Kleiner Raum zwischen ***mandapa*** und ***garbha-griha*** eines indischen Tempels.

ANTE Verlängerung der **Naos**-Seitenwand. Ihre Stirn ist pfeilerartig verstärkt und trägt ein eigenes **Kapitell**.

ANTENTEMPEL Griechischer Tempel ohne Säulenumgang, aber mit zwei **Säulen** zwischen den **Anten**.

ANTHEMION Schmuckfries aus **Palmetten** und Lotosblüten. Er wurde häufig in der griechischen und römischen Baukunst verwendet.

ANULI Eingeschnittene Ringe am unteren Teil des **Echinus** beim dorischen Kapitell.

APADANA Im Persien der Antike eine Säulenhalle, die als Thronsaal diente. Berühmt ist das Apadana in Persepolis aus dem 5. Jh. v. Chr.

APSIS Halbrunder oder vieleckiger Abschluss eines Gebäudeteils, etwa am Chor einer Kirche oder an den Seitenschiffen. Meist enthält sie einen **Altar**.

AQUÄDUKT Künstlicher Kanal, durch den Wasser bei leichtem Gefälle über große Distanzen geführt wurde. Der von den Römern erfundene Kanal verläuft ober- oder unterirdisch, oft auf steinernen Bogenbrücken.

ARABESKE Kunstvolles Rankenornament aus stark stilisierten Stängeln, Blüten und Blattwerk. Als Flächenornament tritt es vor allem in der islamischen Kunst auf, die Darstellungen von Lebewesen vermeidet.

ARCHITRAV Auf zwei Stützen aufliegender Querbalken. Er ist Bestandteil des **Gebälks**.

ARCHIVOLTE Plastisch gestaltete Rahmenleiste eines Rundbogens, vor allem der profilierte Bogenlauf am Kirchenportal der **Romanik** oder **Gotik**.

ARKADE Bogenstellung über **Pfeilern** oder **Säulen**, meist als fortlaufende Reihe (Arkaden). Als Arkade bezeichnet man ebenfalls einen an einer Seite offenen Bogengang.

ASTRAGAL Halbrunder Stab, der die Trennlinie zwischen **klassischen** Baugliedern betont, etwa zwischen Säulenschaft und -kapitell. Er ist oft als **Perlstab** ausgebildet.

ATLANT Männliche Steinfigur, die anstelle von Stützen das Gebälk trägt. Besonders beliebt im deutschen **Barock**. Ihr weibliches Gegenstück ist die **Karyatide**.

ATRIUM Im römischen Wohnhaus der offene Innenhof, der als Repräsentationsraum diente. In der frühchristlichen Architektur ist das Atrium ein der Kirchenfassade vorgelagerter Eingangshof, der von Säulenhallen umschlossen ist.

ATTIKA Niedrige Wand über dem Hauptgesims antiker Bauwerke, die das Dach verdeckt. Sie tritt auch beim römischen **Triumphbogen** auf. Ein Attikageschoss ist ein niedriges Obergeschoss, vor allem bei Schlossbauten des Barock.

AUFRISS Geometrische Darstellung der Außenansicht eines Gebäudes oder eines Wandabschnittes.

AZTEKEN Hochkultur zwischen dem 14. Jh. und 1519/21 im Hochland von Mexiko. Zeitweise erstreckte sich ihr Reich von der Pazifik- bis zur Golfküste. Die Azteken hinterließen zahlreiche **Pyramiden** und Tempel.

BALDACHIN Steinernes Prunkdach über **Altar**, Grabmal, **Kanzel**, Thron oder Statuen.

BALKON Ein am Obergeschoss eines Gebäudes vorspringender, begehbarer Austritt. Er wird durch eine Brüstung oder ein **Geländer** gesichert.

BALLSPIELPLATZ Platz für das heilige Ballspiel der Kulturen **Mesoamerikas**. Er ist umgeben von Mauern mit Zuschauerplätzen. Ziel der Mannschaften war es, einen Kautschukball durch einen der beiden großen reliefierten Steinringe an den Langseiten des Spielplatzes zu werfen.

***BALLFLOWER*-ORNAMENT** Dekormotiv der mittelalterlichen, englischen Baukunst. Es besteht aus einer runden, dreiblättrigen Blüte, die einen kleinen Ball umschließt.

BALUSTRADE Ein aus untersetzten Säulchen (Balustern) gebildetes **Geländer**.

BAPTISTERIUM Christliche Taufkirche, frei stehend oder mit einer Kirche verbunden. Darin wurde die Taufe vollzogen.

BARBAKANE Außenwerk zur Verteidigung eines mittelalterlichen Burg- oder Stadttores.

BAROCK Europäischer Kunststil des 17. und 18. Jh. Er entstand in Rom und zeichnet sich durch bewegte, kraftvolle Formen, komplexe Raumanordnungen und eine prunkvolle Ausstattung aus.

BASRELIEF siehe **Relief**.

BASILIKA Im Rom der Antike eine lang gestreckte Markt- und Gerichtshalle. Sie besaß drei **Schiffe**, in der Spätzeit war sie mit Emporen ausgestattet. Die christliche Basilika ist ein mehrschiffiger **Langbau**, dessen erhöhtes Mittelschiff über eine Fensterzone verfügt.

BASIS Ausladender Fuß einer Säule oder eines Pfeilers. Meist besteht er aus **Wülsten** und **Hohlkehlen**.

BASTION Vorspringender Bauteil einer Festung, der als Ausguck und zur Verteidigung dient.

BAY WINDOW Erkerartige Fensterbucht an englischen Häusern.

BELFRIED Hoher städtischer Glockenturm, besonders in den flandrischen Städten des Mittelalters. Als Belfried bezeichnet man ebenfalls den **Bergfried**.

BELVEDERE Hoch gelegener Gebäudeteil mit gutem Ausblick, etwa auf dem Dach eines herrschaftlichen Hauses. Ebenfalls ein architektonisch gestalteter Aussichtsplatz in einer Gartenanlage.

BEMA Erhöhter Altarraum für die Geistlichkeit in frühchristlichen und **byzantinisch**-orthodoxen Kirchen. In der Synagoge bezeichnet man so die erhöhte Kanzel für die Schriftlesung.

BERGFRIED Starker Hauptturm der mittelalterlichen deutschen Burg. Er diente als letzte Zuflucht, war aber im Gegensatz zum **Wohnturm** nicht zum Wohnen eingerichtet.

BESCHLAGWERK Ornamentform des **Manierismus** aus symmetrisch angeordneten Reliefbändern, die Metallbeschläge imitieren. Sie war besonders in Deutschland und in den Niederlanden verbreitet. Wenn sich die Bänder vom Untergrund hochrollen, nennt man das Rollwerk.

BIFORA Rundbogiges Zwillingsfenster, das durch eine Mittelsäule geteilt wird.

BLATTFRIES **Fries** aus stilisierten oder naturalistisch wiedergegebenen Blättern. Auch Laubfries genannt.

BLENDBOGEN Ein auf eine geschlossene Mauerfläche aufgelegter Zierbogen. Oft zu einer Blendarkade gereiht.

BLENDFENSTER Ein der geschlossenenen Mauer vorgeblendetes „Scheinfenster", d. h. es besitzt keine Fensteröffnung. Dieses Dekorelement trat erstmals im Mittelalter auf.

BOGEN Gewölbte Konstruktion aus Steinen, Ziegeln oder anderen Baumaterialien, die eine Öffnung überspannt. Man unterscheidet verschiedene Bogenformen.

BOGENARCHITEKTUR Baukunst, die sich vor allem durch den Einsatz des **Bogens** auszeichnet, etwa die römische Baukunst, im Gegensatz zur **Gebälkarchitektur**.

BUKRANION Ziermotiv in Form eines Ochsenschädels, das sich oft mit **Girlanden** als **Fries** an Bauwerken der Antike befindet.

BOSSENWERK siehe **Rustika**.

BRÜSTUNG Niedriges Wandstück zur Sicherung von hoch gelegenen Baugliedern wie Balkon, Terrasse oder Brücke. Im Gegensatz zum Geländer oder zur **Balustrade** ist die Brüstung nicht durchbrochen.

BÜNDELPFEILER Ein von unterschiedlich starken Dreiviertelsäulen umgebener Pfeilerkern. Er ist besonders für die **Gotik** charakteristisch.

BYZANTINISCHE BAUKUNST Die Architektur des Byzantinischen Reiches (395–1453). Erhalten blieben vor allem Sakralbauten, darunter zahlreiche **Kreuzkuppelkirchen**.

CAIHUA Polychrome Malereien auf hölzernen Baugliedern chinesischer Bauwerke. Sie treten innen wie außen auf.

CALDARIUM Heißbad römischer **Thermen**.

CAMPANILE Frei stehender Glockenturm italienischer Kirchen.

CEJIAO In der chinesischen Baukunst die leichte Neigung der **Säulen** in Richtung Gebäudemitte.

CELLA Hauptraum des antiken Tempels, in dem das Kultbild stand. Er war fensterlos und wurde bei den Griechen als **Naos** bezeichnet.

CHAC-MOOL Frei stehende Steinskulptur in der **mesoamerikanischen** Kunst in Form einer liegenden Figur. Sie diente vermutlich zum Aufnehmen von Opfergaben.

***CHAITYA*-HALLE** Indische frühbuddhistische Gebetshalle, angelegt als Höhlentempel. Zwei Stützenreihen unterteilen sie in drei **Schiffe**, in ihrer Apsis steht ein **Stupa**.

CHANKA Islamisches **Kloster**.

CHAULTRI Pfeilerhalle in einem drawidischen (südindischen) Tempel.

CHENG Chinesisch für „Stadtmauer" oder „Stadt" bzw. „eine Mauer um eine Stadt ziehen".

CHIGI Verlängerte, sich kreuzende Giebelsparren am japanischen Shinto-**Schrein**.

CHINOISERIE Europäische Zierformen, die von der chinesischen Kunst inspiriert wurden, u. a. **Pagoden**. Ihre größte Beliebtheit erreichten Chinoiserien im 18. Jh.

CHIWEN Glasierte Formziegel auf den Enden des chinesischen Dachfirstes. Sie verkleiden die Schnittstelle der Dachgrate.

CHOR In einer Kirche der sich östlich an das **Querschiff** anschließende Raum mit dem Hochaltar. Der Begriff bezeichnet ebenfalls den gesamten Ostabschluss, bestehend aus Chorquadrat, Chorhaupt bzw. **Apsis** sowie Chorkapellen.

CHORSCHRANKEN In mittelalterlichen Kirchen die Schranken zwischen dem Laienraum und dem Bereich vor dem **Altar**, der dem Klerus vorbehalten ist.

CHÖRTEN siehe **Tschorten**.

CHUANDOU Stützen-Balken-Bauweise in der chinesischen Architektur. Hierbei ruht das Dach direkt auf den Stützen, die zum First hin immer höher werden und **Pfetten** tragen. Ein System von waagerechten Querbalken stabilisiert die Stützen.

CHULLPA Grabturm in der präkolumbischen Baukunst Südamerikas, in dem die Toten mit ihrem gesamten Besitz bestattet wurden.

CORPS DE LOGIS Haupttrakt des Barockschlosses oder des ***hôtel***.

COTTAGE Englisches Landhaus, ebenfalls eine Villa im Vorstadtbereich.

COTTAGE ORNÉ Kleines **pittoreskes** Landhaus mit Rieddach und Holzbalken. Es ist künstlich rustikal gestaltet und war im späten 18. und frühen 19. Jh. in England sehr beliebt.

COUR D'HONNEUR **Ehrenhof** eines französischen Schlosses oder eines ***hôtel***.

CRESTERIA siehe **Dachkamm**.

***CROWN-POST*-DACH** Englische Dachkonstruktion mit einer zentralen Mittelsäule. Diese steht auf einem quer verlaufenden Dachbalken und ist an einem Längsbalken befestigt.

DACHKAMM Zieraufbau auf der Spitze einer **Maya-Pyramide**. Er bestand aus zwei durchbrochenen Mauern, die sich stützten und mit Stuckreliefs von Gottheiten geschmückt waren. Auch *cresteria* genannt.

DACHREITER Schlankes Dachtürmchen mit einer Glocke oder Uhr, häufig über der **Vierung**. Meist bestand es aus Holz.

DAGOBA siehe **Stupa**.

DEKASTYLOS Griechischer Tempel mit zehnsäuliger Front.

DECORATED STYLE Zweite Periode der englischen Gotik, zwischen etwa 1270 bis 1350. Sie zeichnet sich durch Schmuckfriese, **Kielbögen** und **Maßwerk** aus.

DESORNAMENTADO-STIL Spanischer Baustil der **Renaissance**, den vor allem nüchterne, fast schmucklose Bauformen charakterisieren.

DIAKONION Raum neben der **Apsis** der frühchristlichen Kirche, u.a. zum Verwahren von Gewändern.

DIAPER WORK Flächendeckender Wandschmuck bei mittelalterlichen Gebäuden in England, bestehend z.B. aus Rautenformen, Schuppen.

DIELENKOPF siehe **Mutulus**.

DIENST Dünnes, hohes Säulchen der Gotik. Dienste sind Wand oder Pfeilern vorgelegt und tragen Gewölbebögen.

DIPTEROS Griechischer Tempel mit doppeltem Säulenkranz.

DOM siehe **Kathedrale**.

DONJON siehe **Wohnturm**.

DORISCHE ORDNUNG Eine der klassischen **Ordnungen**. Der **kannelierte** Schaft der griechischen Säule hat keine Basis und trägt ein wulstförmiges Kapitell mit **Anuli**. Die Etrusker entwickelten daraus die **toskanische** Ordnung, welche die Römer übernahmen.

Glossar

DOUGONG Konsolgebälk in der chinesischen Baukunst, bestehend aus Trageblock (*dou*) und Trägerarm oder Konsolarm (*gong*).

DREIPASS siehe **Pass**.

DREISITZ siehe **Levitenstuhl**.

EARLY ENGLISH Erste Periode der englischen **Gotik**, von etwa 1175-1270, charakterisiert durch Spitzbogen und Rippengewölbe.

ECHINUS Kissenartiger **Wulst** als Teil des dorischen und ionischen **Kapitells**.

EHRENHOF Empfangshof des Barockschlosses, gerahmt vom ***corps de logis*** und Flügelbauten.

EIERSTAB Reliefierte Zierleiste, bei der Eiformen mit pfeilspitzenartigen Gebilden wechseln. Auch **ionisches Kyma** genannt.

ENCEINTE Umwallung einer Festung.

ENFILADE Raumfolge mit axial angeordneten Türen, sodass man den Durchblick durch mehrere Zimmer hat. Ist charakteristisch für französische Barockschlösser.

ENTASIS Leichte Schwellung des Säulenschaftes, die der Tatsache entgegenwirkt, dass „gerade" **Säulen** dem Auge konkav erscheinen.

ENTLASTUNGSBOGEN Bogen in der Wandfläche über dem **Sturz** einer Tür- oder Fensteröffnung. Er fängt den Druck des Mauerwerks ab.

ENTLASTUNGSDREIECK Über einer Tür- oder Fensteröffnung ausgespartes Dreieck. Es leitet den Druck des Mauerwerks ab und entlastet den **Sturz**.

ERKER Geschlossener Ausbau an einer **Fassade** oder Gebäudeecke, der im Obergeschoss vorkragt und über mehrere Geschosse reichen kann.

ESELSRÜCKEN siehe **Kielbogen**.

ESPAGNOLETTE Zierbüste des **Rokoko**. Ebenfalls ein Drehstangenverschluss für Fenster und Glastüren, seit dem 17. Jh. verwendet.

ESTIPITE Ein sich nach unten verjüngender **Pilaster** der spanischen Baukunst.

ETRUSKER Altitalische Kultur zwischen etwa dem 7. Jh. und dem 1. Jh. v. Chr. Erhalten sind vor allem etruskische **Tumuli** und Grabhäuser.

EXEDRA Halbrunde oder rechteckige Nische als Erweiterung eines Raumes.

FALTENKAPITELL Byzantinische Kapitellform mit Falten.

FASE Eine meist im Winkel von 45° abgeschrägte (abgefaste) Kante. Wenn sie konkav ausgeführt ist, nennt man sie gekehlt.

FASSADE Schauseite eines Bauwerks, meist die Haupteingangsseite.

FASZIEN Drei waagerechte Streifen am **Architrav** des griechischen Tempels. Sie sind leicht vorspringend übereinander angeordnet.

FENSTERROSE Großes Rundfenster, gefüllt mit blütenartigem **Maßwerk**. Sehr verbreitet in der Gotik.

FESTON Dekorornament, das oft als **Fries** eingesetzt wird. Es besteht aus einer **Girlande** aus Blumen, Früchten und Laubwerk, die oft mit Bändern umwunden ist.

FIALE Ein schlankes, mit **Krabben** besetztes Ziertürmchen auf gotischen **Strebepfeilern**, **Wimpergen** oder anderen Baugliedern.

FISCHBLASE Fischblasen- oder flammenartige Grundform des gotischen **Maßwerks**. Auch Schneuß genannt. Bei den zu einem Kreis angeordneten Fischblasen unterscheidet man den Zwei-, Drei und Vielschneuß.

FLECHTBAND Ziermotiv aus verflochtenen Bändern.

FLÜGEL Baukörper, der sich an einen Hauptbau anschließt. Ebenfalls die beweglichen Teile von Türen, Fenstern oder Altartafeln.

FORUM Offener Markt- und Versammlungsplatz in der römischen Stadt, umgeben von öffentlichen Gebäuden. Er entspricht der griechischen **Agora**.

FRIES Waagerechter bandartiger Streifen als Abschluss, Gliederung oder Dekoration einer Wand. Man unterscheidet pflanzliche und abstrakte Ornament- sowie Figurenfriese. Ebenfalls Bestandteil des **Gebälks** antiker Tempel.

FRIGIDARIUM Kaltwasserbad der römischen **Thermen**.

FRONTISPIZ Giebeldreieck über einem **Risalit**.

FUSSWALMDACH Eine Dachform, bei welcher der obere Teil als **Satteldach**, der untere als **Walmdach** ausgebildet ist.

GALERIE Nach einer Seite offener Laufgang um das Obergeschoss eines Gebäudes. Ebenfalls ein lang gestreckter Raum in einem Schloss, der für Festlichkeiten oder zum Aufstellen von Kunstwerken genutzt wird.

GARBHA-GRIHA Allerheiligstes des indischen Tempels: ein kleiner, dunkler Raum mit dem Kultbild einer Gottheit.

GAUBE Ein aus dem Dach hervortretendes Fenster, das über sein eigenes Dach verfügt.

GEBÄLK In der Baukunst der klassischen Antike der obere Bereich eines Bauwerks, der von Stützen getragen wird und aus **Architrav**, **Fries** und **Kranzgesims** besteht.

GEBÄLKARCHITEKTUR Baukunst, die sich vor allem durch ein gerades Gebälk auszeichnet, etwa die griechische Baukunst, im Gegensatz zur **Bogenarchitektur**.

GEISON siehe Kranzgesims.

GEKRÖPFTER GIEBEL Ein **Giebel**, dessen Mittelteil gegenüber den Seitenteilen vor- oder zurücktritt. Ebenfalls als verkröpfter Giebel bezeichnet.

GEORGIAN STYLE Englischer Baustil des 18. Jh., charakterisiert durch eine **klassische** Formensprache.

GESIMS Ein waagerecht aus der Mauer hervortretender Streifen, der die horizontalen Abschnitte eines Gebäudes betont.

GESPRENGTER GIEBEL Giebel mit ausgespartem Mittelteil.

GEWÄNDE Schräge Einschnittflächen an Fenstern und Portalen. In der **Romanik** und **Gotik** wurde es reich profiliert, abgestuft und mit Skulpturen ausgeschmückt.

GEWÖLBE Gekrümmte Raumdecke. Die Grundform sind das **Tonnengewölbe** und das **Kreuzgewölbe**.

GIEBEL Abschließender Wandteil an der Stirnseite eines **Satteldaches**. Tritt ebenfalls als Zierform über Portalen und Fenstern auf. In seiner Grundform ein Dreieck, er kommt aber auch als geschwungener, geschweifter oder **Treppengiebel** vor. Charakteristisch für die **klassische** Baukunst ist der flache Dreiecksgiebel.

GIRLANDE Dekormotiv in Form eines langen Gebindes aus Blumen und Früchten, oft mit Bändern umwickelt und an Schleifen aufgehängt. Meist als durchlaufender **Fries** gestaltet.

GLOCKENGIEBEL Durchbrochener Aufbau, in dem Glocken aufgehängt sind.

GLOCKENTURM Ein Turm, in dem Glocken aufgehängt sind. Meist mit einer Kirche oder etwa einem Rathaus verbunden, aber auch frei stehend.

GOPURA Mehrstöckiger Torturm am Eingang des südindischen Hindu-Tempels. Auch *gopuram* genannt.

GOTIK Europäischer Kunststil, charakterisiert durch Spitzbogen, **Kreuzrippengewölbe, Strebewerk,** farbige Glasfenster und kunstvolles **Maßwerk**. Die Gotik entstand Mitte des 12. Jh. in Nordfrankreich und dauerte teilweise bis ins 16. Jh. an.

GREEK REVIVAL Stilart der **klassizistischen** Baukunst zwischen etwa 1750 und 1840, die sich an der griechischen Architektur inspirierte. Vor allem in den angelsächsischen Ländern war das *Greek Revival* verbreitet.

GRIECHISCHES KREUZ Kreuz mit vier gleich langen Armen, im Gegensatz zu dem lateinischen Kreuz mit einem verlängerten Längsbalken.

GROTESKE Gemaltes oder stuckiertes Ornamentmotiv aus

arabeskenartigem Rankenwerk, ergänzt durch Figuren, Tiere und Fabelwesen. Von den Römern wurden Grotesken als Wandschmuck verwendet, dann wieder in der **Renaissance** aufgegriffen.

GURTBOGEN Verstärkungsbogen, der quer zur Hauptrichtung eines **Gewölbes** verläuft und zwei **Joche** gegeneinander abgrenzt.

GYMNASION Sporthalle der griechischen Antike.

HALBKUPPEL **Kuppel** über einer halbkreisförmigen Grundfläche, etwa einer **Apsis**.

HALBSÄULE Eine aus einem Pfeiler oder einer Mauer halb heraustretende **Säule**. Sie dient als gliederndes Element.

***HAMMER-BEAM*-DACH** Englische Dachkonstruktion, die auf kurzen, nach innen vorkragenden Balken ruht und von Bogenstreben gestützt wird.

HARMONISCHE PROPORTION Ein antikes System von Maßverhältnissen, das musikalische Intervalle auf die Architektur überträgt. Es wurde von **Renaissance** und **Palladianismus** aufgegriffen.

HELMDACH Steiles Turmdach, meist pyramiden- oder kegelförmig.

HERME Büste auf vierkantigem **Sockel**. In der Antike Kultpfeiler, später Dekorelement.

HEPTASTYLOS Griechischer Tempel mit siebensäuliger Front.

HEXASTYLOS Griechischer Tempel mit sechssäuliger Front.

HIPPODROM Griechische Pferde- und Wagenrennbahn.

HOHLKEHLE Konkaves Profil als Gegenstück zum **Rundstab**. Die Hohlkehle tritt meist zusammen mit anderen Zierprofilen an Gesimsen oder an den Basen **klassischer** Säulen auf. Bei der attischen Basis wird sie **Trochilus** genannt.

HOHLSPINDELTREPPE siehe **Wendeltreppe**.

HONDO Haupthalle des buddhistischen Tempels in Japan.

HÔTEL Palastartiges Stadthaus der französischen Adeligen ab dem 16. Jh. Es besteht aus ***corps de logis***, Nebenflügeln und **Ehrenhof**. Von der Straße trennt es eine Mauer, oft schließt sich ein Garten an das *hôtel* an.

HUFEISENBOGEN Rund- oder Spitzbogen, der am Ansatz leicht eingezogen ist, besonders in der islamischen Baukunst.

HYPÄTHRALTEMPEL Großer antiker Tempel, dessen **Cella** nicht überdacht ist.

HYPOSTYL Ein Saal, dessen Dach von Säulenreihen getragen wird, etwa in der ägyptischen Baukunst.

HYPOTRACHELION Säulenhals, d. h. der Teil der **Säule** direkt unter dem Kapitell.

IKONOSTASE In orthodoxen Kirchen eine dreitürige Wand aus Stein oder Holz zwischen Gemeinde- und Altarraum. Sie ist mit Bildern (Ikonen) geschmückt. Sie entwickelte sich aus den frühchristlichen **Chorschranken**.

IN ANTIS Bezeichnung für Säulen, die zwischen den **Anten** stehen.

INKA Südamerikanische Indianer und Hochkultur mit dem Zentrum in Cuzco im heutigen Peru. Das Inkareich bestand ab etwa dem 12. Jh. bis 1532 und erstreckte sich zu seiner Blütezeit über 4200 km entlang der Pazifikküste.

INKRUSTATION siehe **Verblendung**.

INTERKOLUMNIUM In der Antike der Abstand zwischen zwei **Säulen**. Meist betrug er ein Vielfaches des Säulendurchmessers.

IONISCHE ORDNUNG Eine der fünf klassischen **Ordnungen**. Sie entstand Mitte des 6. Jh. v. Chr. in den griechischen Kolonien Kleinasiens und zeichnet sich aus durch ein Kapitell mit **Voluten**, ein **Geison** mit **Zahnschnitt** sowie einen mit durchlaufenden **Flachreliefs** geschmückten Fries.

IWAN In der islamischen Baukunst eine große, gewölbte Halle, die sich zu einer Seite auf einen Hof öffnet.

JALI Durchbrochenes Gitter im Fenster eines indischen Hauses.

JALOUSIE Sonnenschutzvorrichtung aus Querleisten vor einem Fenster.

JIAN In der chinesischen Baukunst der Abstand zwischen zwei **Säulen**.

JOCH Gewölbeeinheit bzw. der dazugehörige Raumabschnitt, der durch Gurte und Stützen von den benachbarten Raumteilen abgegrenzt ist.

JUANSHA Leichte Schwellung des chinesischen Säulenschaftes.

KÄMPFER Steinplatte oder Block auf einem **Kapitell**, vor allem in der byzantinischen und romanischen Architektur.

KANNELUREN Senkrechte **Hohlkehlen** am Schaft einer Säule oder eines Pfeilers, durch **Stege** oder Grate voneinander getrennt.

KANZEL Erhöhter Standort für die Predigt in einer Kirche, meist an einem **Pfeiler** des Landhauses.

KAPELLE Kleiner Kultraum mit eigenem **Altar**, als eigenständiges Gebäude oder als abgeteilter Raum in einer Kirche, einem Palast oder anderen Gebäuden. Oft wird darin ein bestimmter Heiliger verehrt.

KAPELLENKRANZ **Radialkapellen**, die ringartig einen halbrunden oder polygonalen **Chor** umschließen.

KAPITELHAUS siehe **Kapitelsaal**.

KAPITELSAAL Versammlungsraum der Mönche in einem **Kloster**. Meist eine zweischiffige Halle. Nur in England kommt das Kapitelhaus als polygonaler oder runder selbständiger Bau vor.

KAPITELL Oberster Teil einer **Säule** oder eines **Pfeilers**, meist dekorativ ausgestaltet. Seine Gestaltung wird von den **Ordnungen** geregelt.

KARTUSCHE Barockes Zierglied aus einer schildartigen, glatten Fläche, die von **Rollwerk** gerahmt wird. Es wurde mit Emblemen versehen oder als reines Dekorelement eingesetzt, vor allem an Fassaden.

KARYATIDE Weibliche Statue, die anstelle einer Säule das **Gebälk** trägt. Ihr männliches Gegenstück ist der **Atlant**.

KASSETTE Kastenförmig vertieftes Feld einer Decke, eines **Gewölbes** oder einer Bogenlaibung.

KATHEDRALE Bischofskirche. In Deutschland meist Dom genannt.

KATSUOGI Quer aufliegender Holzzylinder auf dem First japanischer Shinto-**Schreine**.

KEEP siehe **Wohnturm**.

KENOTAPH Leeres Scheingrab zum Gedächtnis an einen Toten, der an anderer Stelle bestattet ist.

KIBLA Die Richtung nach Mekka, in die sich Muslime beim Gebet wenden. Die Gebetsnische (**Mihrab**) in der Kibla-Wand der **Moschee** kennzeichnet sie.

KIELBOGEN Kielförmiger **gotischer** Bogen aus zwei S-förmig geschwungenen Kurvenlinien.

***KING-POST*-DACH** Englische Dachkonstruktion. Einfaches Pfettendach mit einem waagerechten Dachbalken und einer senkrechten Mittelsäule, die an der Firstpfette befestigt ist.

KIOSK Offener Pavillon oder Sommerhäuschen. Sehr beliebt ist er in der Türkei und im Iran. In Europa fand er zunächst in Gärten und als Musikpavillon Verwendung.

KLASSISCH In engerem Sinn Stilepoche der griechischen Kunst im 5. und 4. Jh. v. Chr. Man verwendet den Begriff ebenfalls allgemein für Bauelemente und Bauideale, die sich an der griechischen und römischen Antike orientieren. In weiterem Sinn bedeutet klassisch ebenfalls „vollkommen" oder „formvollendet".

KLASSIZISMUS Europäische Stilepoche zwischen etwa 1750 und 1830. Sie zeichnet sich aus durch ein Aufgreifen **klassischer** Formen und eine zurückhaltende Ornamentierung.

KLOSTER Gebäudekomplex, in dem eine religiöse Gemeinschaft abgeschlossen von der Außenwelt

Glossar

lebt. Die christliche Klosteranlage besteht aus Klosterkirche, **Kreuzgang, Kapitelsaal,** Wohn- und Wirtschaftsräumen.

KOLONNADE Säulengang mit geradem **Gebälk**, im Gegensatz zur Bogenreihe der **Arkade**.

KOLOSSALORDNUNG Jede **Ordnung**, die mindestens zwei Geschosse einer Fassade übergreift.

KOMPOSITORDNUNG Die jüngste und prächtigste der klassischen **Ordnungen**. Sie tritt in der römischen Baukunst auf, ihr Kapitell vereint **ionische** und **korinthische** Elemente.

KONCHE Eine halbrunde Nische, überwölbt von einer **Halbkuppel**.

KONSOLE Kleiner, meist dekorativ gestalteter Tragstein oder Kragstein aus Stein, Holz, Metall oder anderen Materialien. Er ragt aus einer Mauer hervor und trägt z. B. einen **Bogen**, ein **Gesims** oder einen Balkon.

KONSOLGESIMS Ein weit vorkragendes **Gesims**, das von **Konsolen** gestützt wird.

KORINTHISCHE ORDNUNG Eine klassische **Ordnung**, die im späten 5. Jh. v. Chr. in Griechenland entstand und von den Römern weiterentwickelt wurde. Von der **ionischen** Ordnung unterscheidet sie sich durch das Kapitell, das mit Reihen von **Akanthusblättern** verziert ist.

KRABBE Ein in Stein gebildetes blumenähnliches Bauornament an gotischen Turmhelmen, **Wimpergen** und **Fialen**. Auch Kriechblume genannt.

KRANZGESIMS **Gesims** am Dachansatz eines Bauwerks. Ebenfalls Dach- oder Hauptgesims, bei antiken Tempeln Geison genannt.

KREPIS Der steinerne Unterbau des griechischen Tempels, meist mit drei allseitig umlaufenden Stufen. Auch Krepidoma genannt.

KREUZBLUME Knaufartiges, aus kreuzförmig angeordneten Blättern bestehendes Bauornament, das die Spitze von gotischen **Fialen**, **Wimpergen** oder Türmen bekrönt.

KREUZGANG Überdachter Bogengang um einen meist quadratischen Innenhof neben einer Klosterkirche. An den Kreuzgang schließen sich verschiedene Wohn- und Wirtschaftsräume des **Klosters** an.

KREUZGEWÖLBE Es entsteht durch die rechtwinklige Durchdringung von zwei **Tonnengewölben** gleicher Größe, wobei sich Grate bilden. Auch Kreuzgratgewölbe genannt.

KREUZGRATGEWÖLBE siehe **Kreuzgewölbe**.

KREUZKUPPELKIRCHE Hauptform des **byzantinischen** Kirchenbaus: An einen überkuppelten Mittelraum schließen sich vier tonnengewölbte Räume an, sodass die Form eines **griechischen Kreuzes** mit vier gleich langen Armen entsteht.

KREUZRIPPENGEWÖLBE Ein **Kreuzgewölbe**, dessen Grate durch **Rippen** verstärkt werden.

KRYPTA Unterirdischer Raum, meist unter dem Ostabschluss einer Kirche. Ursprünglich befand sich in der Krypta das Grab eines Märtyrers, später diente sie auch als Grabstätte von Würdenträgern.

***KUMBHA*-KAPITELL** Kissenartiges **Kapitell** in der indischen Baukunst.

KUPPEL Sphärisches **Gewölbe** über einer runden, viereckigen oder polygonalen Grundfläche. Sie kann eine halbkugelige, spitze oder zwiebelartige Form haben. **Pendentifs** oder **Trompen** vermitteln zwischen einem viereckigen Unterbau und dem kreisrunden Kuppelansatz.

KUPPELBASILIKA Byzantinischer Kirchentypus, der Elemente der **Basilika** und des **Zentralbaus** vereint.

KYKLOPENMAUER Mauerwerk aus großen, unregelmäßigen Steinen, die sorgfältig geschichtet sind. Es tritt in **Mykene** auf und ebenfalls bei den **Inka**.

KYMA Zierleiste, besonders am **Gesims** griechischer Tempel. Auch *Kymation* genannt. Man unterscheidet **dorisches, ionisches** und lesbisches Kyma.

LADY CHAPEL Marienkapelle englischer **Kathedralen**, meist am Scheitel des Ostchores.

LAIBUNG Senkrechte Schnittfläche an der Innenseite von Tür- oder Fensteröffnungen. Ebenfalls die innere Wölbfläche eines **Bogens**.

LANGHAUS Bei einer Kirche der lang gestreckte Bauteil zwischen Fassade und **Vierung** bzw. Chor. Stützenreihen gliedern das Langhaus oft in mehrere **Schiffe**.

LANZETTFENSTER Hohes, schlankes, meist spitzbogiges Fenster der englischen Frühgotik.

LATERNE Kleiner turmartiger Aufbau auf einer **Kuppel**. Meist hat die Laterne eine offene Basis und einen Fensterkranz, sodass Licht in den Kuppelraum fällt.

LATH siehe ***stambha***.

LAUBFRIES siehe **Blattfries**.

LAUFENDER HUND Ornament der griechischen Antike: ein abgewandelter Mäander in Form eines wellenförmigen Spiralbandes.

LETTNER Trennwand zwischen Chor und **Langhaus** mittelalterlicher Kirchen. Er entwickelte sich aus den **Chorschranken** und verfügte über eine Bühne für den Vortrag des Evangeliums.

LEVITENSTUHL Dreisitz in einer Kirche, wo sich der Priester und die beiden Diakone ausruhen konnten. In frühgotischer Zeit befand er sich an der Südseite des **Chores**.

LISENE Senkrechter flacher Mauerstreifen, der im Gegensatz zum **Pfeiler** kein Kapitell und keine Basis hat. Er stützt das Mauerwerk und dient der Gliederung von Wandflächen.

LOGGIA Gewölbte, ein- oder mehrseitig offene Bogenhalle vor einem Gebäude oder als selbständiger Bau. Als Loggia bezeichnet man ebenfalls einen an einer Seite offenen Raum im Obergeschoss, der im Unterschied zum **Balkon** innerhalb der Bauflucht liegt.

LONGITUDINALBAU Ein sich in Längsrichtung erstreckendes Bauwerk, im Gegensatz zum **Zentralbau**.

LUKARNE Dacherker mit Fenster, der im Gegensatz zur **Gaube** geschosshoch ist. Die Lukarne tritt besonders bei französischen Schlössern auf.

LÜNETTE Halbkreisförmiges, gerahmtes Bogenfeld, besonders über einer Wandöffnung.

MÄANDER Ornamentband aus rechtwinklig gebrochenen Linien.

MANASTAMBHA In der indischen Architektur die jainistische Variante eines ***stambha*** mit einem kleinen Pavillon auf der Spitze.

MANDALA Magisches geometrisches Meditationsdiagramm. Es wird ebenfalls dem Grundriss von Hindu- und jainistischen Tempeln zugrunde gelegt.

MANDAPA Versammlungshalle für Gläubige in einer hinduistischen oder jainistischen Tempelanlage.

MANIERISMUS Übergangsphase zwischen **Renaissance** und **Barock**. Prägend ist für sie die Abkehr vom klassischen Ideal klarer Formen und ausgewogener Proportionen.

MANOR HOUSE Ursprünglich das Hauptgebäude des mittelalterlichen Lehnsgutes in England, dann allgemein für Herrenhäuser benutzt.

MANSARDENDACH Ein Knickdach, dessen untere Seiten steiler sind als die oberen. Somit lässt sich der Dachraum ausbauen. Benannt ist es nach dem französischen Baumeister François Mansart.

MARTYRIUM Grab oder Kirche eines christlichen Märtyrers. Im frühen Christentum meist ein **Zentralbau**.

MASCHIKULIS Eine Reihe von Guss- und Wurföffnungen im Boden eines **Wehrganges**, der auf **Konsolen** vorkragt. Durch die Öffnungen goss man heißes Öl und Pech auf Angreifer hinab.

MASCHRABIJJA Hölzernes Fenstergitter islamischer Wohnhäuser und Paläste.

MASSWERK Mit dem Zirkel „gemessenes" Ornament. Es tritt als durchbrochenes Bauornament an gotischen Fenstern auf, wird aber auch als Blendmaßwerk auf Wandflächen, **Wimperge** u.ä. aufgelegt. Frei vor einer Wand stehendes Maßwerk nennt man Schleierwerk.

MASTABA Privatgrab im Alten Ägypten, bestehend aus einem unterirdischen Schachtgrab und einem Oberbau. Dieser war rechteckig, hatte geböschte Wände sowie einen flachen Abschluss und verfügte über mehrere Kammern.

MAURISCHER STIL Westislamischer Kunst- und Architekturstil, der aus der spanischen Kunst zur Zeit der muslimischen Herrschaft hervorging. Er zeichnet sich aus durch ***mukarnas***, Spitz- und **Hufeisenbögen**, stuckierte Wände und **kassettierte** Holzdecken.

MAUSOLEUM Prächtig gestaltetes, monumentales Grabmal.

MAYA Präkolumbische Hochkultur in Mexiko und dem nördlichen Zentralamerika, getragen von Stadtstaaten. Sie entwickelte sich ab etwa 1500 v. Chr. und erlebte ihre Blütezeit zwischen 300 und 900 n. Chr. Erhalten sind vor allem Tempelpyramiden. Die Maya-Kultur erlosch mit der spanischen Eroberung um das Jahr 1550.

MEDAILLON Runde oder ovale, flache Schmuckform, oft mit figürlicher Darstellung. Das Medaillon ziert Fassaden, Portale, Fenster und Bögen.

MEDRESE Die traditionelle juristisch-theologische Hochschule in islamischen Ländern. Ebenfalls Koranschule einer **Moschee**.

MEGARON Zentraler Raumkomplex eines **mykenischen** Palastes, ebenfalls dessen Hauptwohnraum. Das Megaron bestand aus einer Raumfolge: einer Halle, einem Vestibül sowie dem eigentlichen Megaron mit Herd und Thron.

MESOAMERIKA Gebiet von Zentralamerika mit Teilen von Mexiko, das ab etwa 1200 v. Chr. bis zur Eroberung durch die Spanier im 16. Jh. mehrere Hochkulturen hervorbrachte, u. a. die **Maya** und die **Azteken**.

METOPE Rechteckige Platte, die gemeinsam mit den **Triglyphen** den Fries der **dorischen** Ordnung bildet. Sie kann schmucklos oder verziert sein.

MIHRAB Nach Mekka weisende Gebetsnische in der Wand einer **Moschee**.

MINARETT Hoher, meist schlanker Turm einer **Moschee**. Er ist von einer **Galerie** umgeben, von der aus der Muezzin (Gebetsrufer) die Gläubigen zum Gebet ruft.

MINBAR Kanzel einer **Moschee** für die Freitagspredigt. Sie wird auch Mimbar genannt.

MINOISCHE KULTUR Bronzezeitliche Kultur auf Kreta zwischen etwa 3000 und 1100 v. Chr.

MISTRA-TYPUS Byzantinischer Kirchentypus: Das untere Geschoss erscheint wie eine dreischiffige **Basilika**, das Emporengeschoss entspricht dem einer **Kreuzkuppelkirche**.

MODUL Grundlegende Maßeinheit für das Bestimmen der Gebäudeproportionen. In der **klassischen** Architektur entspricht sie in der Regel dem halben unteren Säulendurchmesser, in mittelalterlichen Kirchen der halben oder ganzen Seitenlänge des Vierungsquadrates.

MONOLITH Aus einem einzigen Steinblock gefertigtes Denkmal oder Architekturglied.

MOSAIK Flächendekoration für Wände, **Gewölbe** und Fußböden aus bunten Stein-, Glas- oder Marmorstücken. Sie werden nebeneinander in ein Mörtelbett gelegt und ergeben ornamentale oder figürliche Muster.

MOSCHEE Islamisches Gotteshaus, meist mit einem oder mehreren **Minaretten**.

MUDÉJAR-STIL Spanischer Kunststil des 12. bis 16. Jh., der **maurische** und **gotische** Einflüsse an christlichen Bauwerken vereint.

MUKARNAS Wabenartiges Dekorelement der islamischen Baukunst, das aus vielen ineinander gesetzten Nischen besteht. Es wird auch Stalaktitenwerk genannt.

MUTULUS Rechteckige Platte an der Unterseite des **Kranzgesimses** der **dorischen** Ordnung. Auch Dielenkopf genannt.

MYKENISCHE KULTUR Griechische Kultur der Bronzezeit zwischen etwa 1600 und 1200 v. Chr. Bemerkenswert sind ihre trutzigen Wehrburgen.

NAOS siehe **Cella**.

NARTHEX Schmale Vorhalle frühchristlicher Kirchen.

NASE Vorspringende Spitze im **Maßwerk**, die **Pässe** gegeneinander abgrenzt.

NISCHE Vertiefung in einer Mauer, oft architektonisch gestaltet und mit einer Statue, Ziervase o. ä. ausgestattet.

NYMPHÄUM Ursprünglich ein Nymphenheiligtum, in der römischen Kaiserzeit und in der **Renaissance** ein Lusthaus mit Statuen und Brunnen.

OBELISK Hoher, schlanker, sich nach oben verjüngender **Pfeiler**, meist als **Monolith** aus Granit gehauen. Kultsymbol im Alten Ägypten.

OBERGADEN Fensterbereich der Mittelschiffwand in einer Kirche. Er wird auch Lichtgaden genannt.

OCHSENAUGE Rundes oder elliptisches Fenster, im **Barock** beliebt.

OCULUS Rundfenster. Ebenfalls Kuppelauge, d. h. eine kreisrunde Lichtöffnung im Scheitel einer **Kuppel**.

ODEION Griechisches Konzerthaus. Es ähnelte dem **Theater**, war aber kleiner und außerdem teilweise oder ganz überdacht.

OKTASTYLOS Griechischer Tempel mit achtsäuliger Front.

OLMEKEN Mesoamerikanische Hochkultur zwischen 1200 und 300 v. Chr.

OPISTHODOMOS Rückwärtiger Raum im griechischen Tempel, hinter dem **Naos**.

OPUS RETICULATUM Altrömische Bautechnik, bei ein Gussmauerwerk mit pyramidenförmigen Steinen verblendet wird. Sie wurden diagonal und mit der Spitze nach innen geschichtet, sodass an der Außenseite ein netzartiges Muster entstand. Diese Technik wird auch *Opus reticulum* genannt.

OPUS SECTILE Mosaik auf Wänden oder Fußböden. Es besteht aus Stein- und Marmorplättchen, die zu geometrischen Mustern angeordnet werden.

ORATORIUM Im Mittelalter ein kleines Bethaus, später ein kleiner gesonderter Betraum für Privatandachten.

ORDNUNG Architektursystem, das die Gestaltung von Säule und **Gebälk** genau festlegt. Man unterscheidet fünf **klassische** Ordnungen: die von den Griechen entwickelte **dorische, ionische** und **korinthische** sowie die in Rom entstandene **toskanische** und **Kompositordnung**. Die **Kolossalordnung** kann aus beliebigen Säulen bestehen.

PAGODE Mehrgeschossiger turmartiger Kultbau des Buddhismus, vor allem in China, Japan und Nepal. Die Geschosse verjüngen sich nach oben und besitzen jeweils ein eigenes Vordach.

PALÄSTRA Private Ringerschule im antiken Griechenland, vergleichbar dem **Gymnasion**.

PALAZZO Italienische Bezeichnung für Palast.

PALISADE Eine dichte Reihe spitzer Holzpfähle, die in die Erde gerammt wurden und als Hindernis dienten. Wehrbauten wurden mit Palisaden ausgestattet.

PALLADIANISMUS Stilrichtung der Architektur, die sich an den Bauten und Schriften des italienischen **Renaissance**-Architekten Andrea Palladio orientierte, besonders im England des 17. und 18. Jh.

PALLADIO-MOTIV Ein **Bogen**, der von zwei niedrigeren, rechteckigen Öffnungen flankiert wird, die durch Säulen abgetrennt werden. Auch Serlio-Motiv oder venezianisches Fenster genannt.

Glossar

PALMETTE Fächerförmiges, streng symmetrisches Ornament in Form von stilisierten Palmblättern.

PANEEL Vertieft liegendes Feld in einer Holztäfelung, das manchmal von einer Zierleiste gerahmt wird.

PARADIES Ursprünglich das **Atrium** der frühchristlichen Basilika, später auch die Vorhalle der Kirche.

PAREKKLESION Grabkapelle der **byzantinischen** Kirche.

PASS Grundform des gotischen **Maßwerks**, bestehend aus identischen Dreiviertelkreisen, die durch **Nasen** getrennt werden. Man unterscheidet nach der Anzahl der Kreisteile Dreipass, Vierpass u.ä.

PASTOPHORIEN Oberbegriff für ***diakonikon*** und ***prothesis***.

PATERA Kleines, flaches, kreisrundes oder ovales Dekorationsmotiv der **klassischen** Architektur. Oft ist es mit **Akanthusblättern** geschmückt.

PATIO Innenhof eines spanischen Hauses, auf den sich die Wohnräume öffnen, oft mit Fliesen ausgestattet.

PAVILLON Frei stehendes kleines, offenes Bauwerk in einem Garten oder Park. Ebenfalls stark vorspringender Gebäudeteil des **barocken** Schlosses, der ein eigenes Dach trägt.

PECHNASE Kleine Öffnung an den oberen Stockwerken von Befestigungsbauten, durch die man heißes Öl und Pech auf Angreifer hinabgießen konnte.

PENDENTIF Gewölbeteil in Form eines sphärischen Dreiecks, das an den Ecken eines quadratischen Unterbaus zum runden Kuppelansatz überleitet. Es wird auch Hängezwickel genannt.

PERIPTEROS Griechischer Tempel mit umlaufender einfacher Säulenreihe.

PERISTASIS Säulenkranz um einen griechischen Tempel.

PERISTYL Von **Säulen** umgebener offener Hof des antiken Tempels oder Wohnhauses.

PERLSTAB **Ionische** Zierleiste aus perlenartigen Gebilden und Scheiben.

PERPENDICULAR STYLE Dritte Phase der englischen **Gotik**, etwa von 1340-1540. Charakteristisch für sie sind gerade Linien und gitterartiges **Maßwerk**.

PFEILER Senkrechte Stütze mit rechteckigem oder polygonalem Querschnitt. Wie die Säule kann er über **Basis** und **Kapitell** verfügen.

PIANO NOBILE Italienische Bezeichnung für das Hauptgeschoss eines Gebäudes.

PILASTER Flach aus der Wand hervortretender **Pfeiler**, der über Basis, Schaft und Kapitell verfügt, im Gegensatz zur **Lisene**.

PISCHTAK **Portal** der islamischen Baukunst in einem großen, aufwändig verzierten Rahmen.

PISCINA Ursprünglich Schwimmbecken in den **Thermen**. Später großes Taufbecken im **Baptisterium** und ebenfalls ein Steinbassin in der Chornische zum Waschen der Gefäße.

PITTORESKER STIL Diese Bezeichnung wird angewendet auf malerische, asymmetrische Gebäude in England im späten 18. und frühen 19. Jh. Unter anderem entwickelten sich damals das ***cottage orné*** und der Castellated Style.

PLATERESKEN-STIL Ein überaus reicher spanischer Dekorationsstil des 16. Jh., der **maurische**, **gotische** und **Renaissance**-Einflüsse vereint.

PLINTHE Meist quadratische Fußplatte unter der **Basis** von Säulen, Pfeilern, Statuen u.ä.

PODIUM Erhöhter Unterbau eines Bauwerks. Der **etruskische** und römische Podiumtempel erheben sich auf einem hohen Unterbau.

PORCH Überdachter Vorbau am Eingang eines englischen Hauses.

PORTAL Repräsentativer, reich ausgestalteter Eingang zu einem Gebäude oder Hof.

PORTIKUS An den Seiten offener, von Säulen oder Pfeilern gestützter Vorbau am Eingang von Häusern, Tempeln oder Kirchen.

POSTAMENT **Sockel** oder Unterbau von Säulen, Statuen, Ziervasen u. ä. In der klassischen Architektur besteht es aus einer **Plinthe**. Darauf steht der eigentliche Sockel, der durch ein Profil abgeschlossen wird.

PRAKARA Hof um einen indischen Hindu-Tempel. Darin befinden sich **Schreine** und weitere Bauten.

PRASTARA **Gebälk** eines indischen Bauwerks.

PRESBYTERIUM Hochaltarraum in einer Kirche, der den Priestern vorbehalten ist.

PRONAOS Eine mit Säulen geschmückte Vorhalle vor der **Cella** oder dem **Naos** eines antiken Tempels.

PROPYLÄEN Eingangstore zum griechischen Tempelbereich, etwa die Propyläen der **Akropolis** in Athen.

PROSTYLOS Griechischer **Antentempel** mit einer Säulenvorhalle.

PROTHESIS Nebenraum der **byzantinischen** Kirche, in dem man Brot und Wein für die Liturgie verwahrte.

PSEUDODIPTEROS Griechischer Tempel. Variante des **Dipteros**, wobei die innere Säulenreihe fehlt oder durch **Halbsäulen** ersetzt ist.

PSEUDOPERIPTEROS Griechischer Tempel. Variante des **Peripteros**, bei dem Halbsäulen den Säulenkranz ersetzen.

PERIDROMOS **Umgang** zwischen **Naos** und Säulenkranz eines griechischen Tempels.

PFETTE Balken der Dachkonstruktion. Die Pfetten verlaufen parallel zum First, auf ihnen liegen die **Sparren** auf.

PUTTE Kleine, nackte Knabenfigur, mit oder ohne Flügel, besonders im **Barock**.

PYLON Gewaltiger trapezförmiger Torbau ägyptischer Tempel. Er besteht aus zwei Türmen sowie einem Mitteldurchgang.

PYRAMIDE In der Antike ein großer Steinbau auf quadratischer Grundfläche mit vier geneigten dreieckigen Seiten, die sich in einer Spitze treffen. Sie diente im Alten Reich als Pharaonengrab, die Pyramiden **Mesoamerikas** sind hingegen Tempel.

QUADRATURMALEREI Illusionistische Architekturmalerei des **Barock** an Fassaden, Decken und Wänden, meist als Fortsetzung „echter" Architekturelemente.

QUADRIGA Mit vier Pferden bespannter Streitwagen der Antike bzw. der nach ihrem Vorbild gestaltete Skulpturenschmuck, der Bauwerke bekrönt.

***QUEEN-POST*-DACH** Englische Dachkonstruktion: Doppeltes Pfettendach mit einem waagerechten Dachbalken und zwei senkrechten Stielen, die durch Spannriegel miteinander verbunden sind.

QUERHAUS siehe **Querschiff**.

QUERSCHIFF Rechtwinklig eingeschobener Querbau zwischen **Chor** und **Langhaus**, sodass eine Kreuzform entsteht. Wird auch als Querhaus bezeichnet.

RADFENSTER Rundfenster mit speichenförmig angeordneten Stäben. Es tritt in der späten **Romanik** und der **Gotik** auf.

RADIALKAPELLE **Kapelle**, die sich mit weiteren Kapellen an einen Chor anschließt, wobei sich ihre Achsen in einem Punkt schneiden.

RATHA Aus einem Granitblock gehauener indischer Monolithtempel. Aus dem 7. Jh. sind bedeutende Beispiele erhalten.

RELIEF Plastische Darstellung, die an die Hintergrundfläche gebunden bleibt. Je nachdem wie stark die Motive hervortreten, unterscheidet man Flach- oder Basrelief, Halb- und Hochrelief.

RENAISSANCE („Wiedergeburt") Epoche der europäischen Kulturgeschichte im 15. und 16. Jh., die ihren Ausgang in Italien nahm. Sie ist charakterisiert durch eine Rückbesinnung auf die Antike und ein Aufgreifen **klassischer** Formen. Die Baukunst inspirierte sich an der römischen Kaiserzeit.

RETABEL Aufsatz auf oder hinter dem Altartisch. Er ist mit Gemälden oder Skulpturen geschmückt.

RETROCHOR **Umgang** hinter dem Hochaltar gotischer Kirchen in England.

RIPPE Ursprünglich tragendes, später ebenfalls dekoratives Konstruktionsteil eines **Gewölbes**. Die Rippe tritt in vielfältigen Formen als Bandrippe sowie als Birn- oder **Rundstab** auf.

RISALIT Bauteil, der in ganzer Höhe aus einem symmetrisch angelegten Gebäude hervortritt.

RIWAK Bogenhalle einer **Moschee**.

ROCAILLE Zierornament des **Rokoko** in Form von asymmetrischem Muschel- und Schnörkelwerk.

ROKOKO Letzte Stilphase des **Barock**. Das Rokoko entstand etwa 1720 in Frankreich und zeichnet sich durch eleganten, sehr abwechslungsreichen Dekor aus. Seine Innenräume sind in zarten Farben gehalten.

ROLLENFRIES **Anglonormannischer** Ornamentstreifen aus kurzen Zylindern, die in mehreren Schichten wechselnd übereinander angeordnet sind.

ROLLWERK siehe **Beschlagwerk**.

ROMANIK Kunststil, der sich im Mittelalter um das Jahr 1000 entwickelte. Mit Rundbogen und Gewölbebau griff er Bauformen der römischen Antike auf und ist ihr auch in der Monumentalität verwandt. Die Romanik bevorzugte die **Basilika**.

ROSETTE Kleines, kreisrundes oder ovales Ornamentmotiv in Form einer stilisierten Rose.

ROTUNDE Kleiner Bau über kreisförmigem Grundriss, meist ist er überkuppelt. Ebenfalls ein runder Innenraum.

RUNDKUPPEL Halbkugelförmige **Kuppel**.

RUNDSTAB Stabartiges Bauglied mit viertel-, halb- oder dreiviertelrundem Querschnitt, das besonders an **Portalen** der Romanik und Gotik zu finden ist.

RUSTIKA Mauerwerk aus Quadern, die an der Vorderseite nur grob behauen wurden. Auch Bossenwerk genannt.

RUSTIZIERTE SÄULE Eine **Säule**, deren Schaft zwischen glatten und rustizierten, d.h. grob behauenen, Quadern wechselt.

SAKRISTEI Raum im Chorbereich der Kirche für die Aufbewahrung des liturgischen Geräts und der Gewänder.

SANGHARAMA Wohnhof der Mönche in einem frühbuddhistischen **Kloster** oder ***vihara***.

SANKTUAR Kultstätte eines Heiligtums, beim Tempel das **Adyton**, in der Kirche der Altarraum.

SARKOPHAG Prunksarg aus Stein, der oft aufwändig mit Skulpturen und Inschriften geschmückt ist.

SATTELDACH Häufigste Dachform: Zwei schräge Dachflächen, die am Dachfirst zusammenstoßen und an jeder Stirnseite einen **Giebel** bilden.

SÄULE Senkrechtes Stützglied mit kreisförmigem Querschnitt, bestehend aus **Basis**, **Schaft** und **Kapitell**. Im Gegensatz zum Rundpfeiler verjüngt sie sich leicht nach oben.

SÄULENORDNUNG siehe **Ordnung**.

SCAGLIOLA Einlegearbeiten aus farbigem **Stuck** auf Säulen, **Pilastern** und Dekorationselementen. Sie wurden als Marmorimitation eingesetzt.

SCHAFT Der senkrechte Hauptteil der Säule zwischen **Basis** und **Kapitell**.

SCHALENKUPPEL **Kuppel** mit einer Innen- und einer Außenschale, eventuell sogar einer weiteren mittleren Schale.

SCHARWACHTURM Erkerartig vorkragendes Türmchen auf einer Wehrmauer. Wird auch Hochwacht genannt.

SCHIFF Innenraum einer Kirche oder ein durch Stützen abgetrennter Raumteil. Man unterscheidet bei mehrschiffigen Kirchen Mittelschiff und Seitenschiffe.

SCHILDBOGEN Ein Bogen, der ein **Joch** seitlich zu den Obergadenwänden hin begrenzt, also in Längsrichtung des **Gewölbes**. Oft ist er durch einen Gurt markiert.

SCHILDMAUER Verstärkter Mauerabschnitt an den strategisch wichtigen Stellen einer Burgmauer.

SCHIRMKUPPEL Eine **Kuppel**, die sich aus mehreren sphärisch gewölbten Einzelsegmenten zusammensetzt.

SCHLEIERWERK siehe **Maßwerk**.

SCHLUSSSTEIN Dekorativ gearbeiteter Stein im Scheitel eines **Gewölbes**, meist am Kreuzungspunkt von zwei **Rippen**. Ebenfalls der oberste, zuletzt eingesetzte Stein eines Bogens.

SCHNEUSS siehe **Fischblase**.

SCHRÄGGESIMS Ansteigendes **Gesims** an den Giebelschrägen.

SCHREIN Behälter für Reliquien. Ebenfalls Kultstätte in heiligen Bezirken, etwa der japanische Shinto-**Schrein**.

SEGMENTGIEBEL Ein flacher bogenförmiger **Giebel**.

SHENGQI Chinesische Konstruktionstechnik, bei der die **Säulen** eines Gebäudes von der Mitte zu den Seiten hin immer höher werden.

SHOJI Mit Papier bespannte Schiebetür zwischen **Veranda** und Innenräumen eines japanischen Hauses.

SHIKHARA Bienenkorbförmiger Turm eines nordindischen Tempels. Ebenfalls die abgeflachte **Kuppel** auf dem drawidischen Tempelturm Südindiens.

SIMA Traufleiste des antiken Tempels, Abschluss des **Kranzgesimses**.

SOCKEL Unterer ungegliederter Teil eines Bauglieds oder Bauwerks, oft leicht vorspringend.

SOHLBANK Waagerechte untere Begrenzung einer Fensteröffnung.

SOLAR Raum im Obergeschoss des englischen mittelalterlichen Hauses.

SOLEA Erhöhter Gang zwischen **Bema** und Lesepult in byzantinischen und frühchristlichen Kirchen.

SÖLLER siehe **Altan**.

SONNENSCHEIBE Kultsymbol. In der ägyptischen Kunst tritt sie geflügelt auf.

SPARREN Schräg stehender Balken des Dachstuhls. Die Sparren tragen die Dachdeckung und werden von **Pfetten** gestützt.

SPHINX Altägyptische Skulptur mit Löwenkörper und Königskopf. In der griechischen Mythologie ein Ungeheuer mit geflügeltem Löwenkörper und Frauenkopf.

SPINDELTREPPE siehe **Wendeltreppe**.

SPOLIE Kostbares Architekturglied einer älteren Kultur, das für einen neu errichteten Bau verwendet wurde, etwa antike Säulen in **maurischen** oder romanischen Bauten.

STABWERK Schmale steinerne Stäbe, die das **gotische** Fenster vertikal gliedern.

STADION Sportfeld der griechischen Antike, meist in Form einer ovalen Rennbahn.

STAFFELGIEBEL siehe **Treppengiebel**.

STALAKTITENWERK siehe **Mukarnas**.

STAMBHA Frei stehende Monumentalsäule in der indischen Baukunst, errichtet neben einem **Stupa** oder vor einer ***chaitya*-Halle**. Ebenfalls *lath* genannt.

STEG Schmaler, leicht hervortretender Streifen zwischen den **Kanneluren** einer Säule.

STELE Aufrecht stehende Steinplatte, verziert mit Inschriften und manchmal mit **Reliefs**. Oft als Gedenk- oder Grabplatte.

STEREOBAT Der gesamte Unterbau des griechischen Tempels, also **Krepis** sowie das nicht sichtbare Fundament.

STHAPATI Priester-Architekt des Hindu-Tempels. Er überwacht gemeinsam mit dem Bauleiter die Bauarbeiten.

STIRNZIEGEL Dekorierte Tonplatte, mit der die Traufen antiker

Glossar

Tempel verkleidet wurden. Auch *antefix* genannt.

STOA Lang gestreckte, schmale Säulenhalle der griechischen Antike mit geschlossener Rückwand.

STOMION Tiefer Eingang eines mykenischen Kuppelgrabes.

STREBE Geneigtes Stützelement zur Ableitung des Seitenschubs, etwa beim Dachstuhl.

STREBEBOGEN Ein Bogen, der die Schubkräfte hoher Mauern an einen **Strebepfeiler** ableitet.

STREBEPFEILER Pfeiler, der hohe Mauern verstärkt und Schubkräfte ableitet. Er kann als Mauervorlage mit der Mauer verbunden sein oder aber frei davor stehen und sie über einen **Strebebogen** stützen.

STREBEWERK System aus **Strebepfeilern** und **Strebebögen**, besonders an den Außenwänden gotischer Kathedralen.

STUCK Masse aus Gips, Kalk und Sand, die zunächst formbar ist, dann aber aushärtet. Man verwendet sie für plastische Ornamente am Innen- wie am Außenbau.

STUPA Buddhistischer Kultbau mit **Rundkuppel** (*anda*) zur Aufnahme von Reliquien. Auch Dagoba oder Tope genannt. Meist von einem Zaun (*vedika*) umgeben.

STUPIKA Kleines **Stupa**-Modell als Bekrönung auf den Tortürmen (***gopuras***) hinduistischer Tempel in Indien.

STURZ Querbalken aus Stein oder Holz, der den oberen Abschluss einer Tür- oder Fensteröffnung bildet.

STYLE FLAMBOYANT Spätgotischer Stil ab etwa 1370. Sein **Maßwerk** zeigt flammenartig in die Länge gezogene **Fischblasen**.

STYLE RAYONNANT Stilrichtung der französischen **Gotik** (um 1270–1370) mit strahlenförmigem **Maßwerk**.

STYLOBAT Oberste Stufe der **Krepis** des griechischen Tempels, auf der die Säulen stehen.

SYNTHRONON Sitzplätze für die Priester in einer **byzantinischen** oder frühchristlichen Kirche. In der Regel befanden sie sich halbkreisförmig angeordnet in der Apsis.

TABERNAKEL Gotischer Aufbau mit Säulen und Spitzdach für die Aufnahme einer Statue. Ebenfalls Gehäuse für die Aufbewahrung von Kelch und Hostie im Hochaltar.

TABLINUM Speise- und Empfangsraum im altrömischen Haus, der den Übergang zwischen dem öffentlichen und privaten Bereich darstellte und sich zwischen **Atrium** und **Peristyl** befand.

TAILIANG Konstruktionsform der chinesischen Baukunst, wobei mehrere übereinander gestaffelte Querbalken durch Trägerarme getrennt werden. Die mächtige Konstruktion ruht auf **Säulen**.

TALUD-TABLERO Gestaltungselement an **mesoamerikanischen Pyramiden**, wobei eine Böschung (*talud*) ein rechteckiges, waagerechtes Füllfeld mit erhabenem Rahmen (*tablero*) trägt. Meist werden mehrere *tableros* friesartig nebeneinander gesetzt.

TAMAGAKI Holzzaum um einen japanischen Shinto-**Schrein**. Er besteht aus waagerechten, an Pfosten befestigten Brettern.

TAMBOUR siehe **Trommel**.

TATAMI Reisstrohmatte in einem japanischen Haus. Sie weist eine Standardgröße auf und dient als Grundflächeneinheit für Wohnräume.

TEMENOS Heiliger Bezirk eines griechischen Tempels.

TEMPIETTO Kleines Gebäude in Form antiker Tempel, das ab dem 16. Jh. verwendet wurde und meist dekorative Funktion hat.

TEPIDARIUM Abkühlraum mit mäßig warmer Luft in den römischen **Thermen**.

TEPPAKULAM Tempelteich eines Hindu-Tempels, der für das Baden und für Kultrituale verwendet wird.

TERRASSE Offene Plattform an einem Haus, die als Sitzbereich dient. Sie befindet sich in Höhe des Erdgeschosses.

TESSERAE Kleine Glas- oder Marmorwürfelchen, die zu **Mosaiken** zusammengesetzt werden.

TETRAKONCHOS Zentralbau in Form von vier symmetrisch angeordneten halbkreisförmigen **Apsiden**.

TETRASTYLOS Griechischer Tempel mit viersäuliger Front.

THEATER Ein Gebäude, in dem Schauspiele oder andere Darbietungen aufgeführt werden. In der griechischen und römischen Antike war es nicht überdacht.

THERMEN Öffentliche Badeanlagen im antiken Rom.

THERMENFENSTER Halbkreisförmiges Fenster, das von zwei **Pfeilern** oder Stäben dreigeteilt wird. Es befindet sich in römischen **Thermen**.

THOLOS Griechischer Rundtempel mit Säulenkranz. Ebenfalls die großen, runden, unterirdischen Kuppelgräber der **mykenischen** Kultur.

QUERRIEGEL Waagerecht verlaufender Balken oder Stab.

TOLTEKEN Mesoamerikanisches Kriegervolk, das zwischen den Jahren 900 und 1200 n. Chr. das Hochland von Mexiko beherrschte und ebenfalls im Norden von Yucatán siedelte. Die Tolteken schufen sehr eindrucksvolle Relieffriese.

TONNENGEWÖLBE Gewölbe in Form eines liegenden Teilzylinders. Es ist die einfachste und früheste Gewölbeform, erhalten sind Beispiele aus dem 9. Jh. v. Chr.

TOPE siehe **Stupa**.

TORANA Schlichtes, mit **Reliefs** geschmücktes Tor im Zaun eines indischen **Stupas**.

TORII Eingangstor zu einem japanischen Shinto-**Schrein**.

TORUS siehe **Wulst**.

TOSKANISCHE ORDNUNG Die schlichteste der klassischen **Ordnungen**. Die Etrusker entwickelten sie aus der **dorischen** Ordnung, die Römer übernahmen sie. Die toskanische Ordnung besitzt eine Basis, ihr Schaft ist nicht **kanneliert**.

TRAUFE Unterkante eines schrägen Dachs.

TRAUFLEISTE Profil über **Arkaden**, Fenstern und Türen, besonders in der englischen Gotik.

TRAVERTIN Weißer Kalktuff.

TREPPENGIEBEL Giebel mit stufenartig abgetreppten Schrägen. Auch Staffel- oder Stufengiebel genannt.

TRIBUNAL In der römischen **Basilika** der erhöhte Sitz des Richters.

TRIFORIUM In mittelalterlichen Kirchen ein echter oder vorgeblendeter Laufgang an der Wand des Mittelschiffes. Er verläuft unter den Fenstern, also zwischen Arkadenreihe und **Obergaden**.

TRIGLYPHE („Dreischlitz") Ornamentform am **dorischen** Fries. Sie besteht aus einem Block, der durch zwei senkrechte Kerben dreigeteilt wird.

TRIUMPHBOGEN Frei stehender monumentaler römischer Torbau, errichtet zu Ehren einer siegreichen Schlacht. Ebenfalls der Bogen zwischen Chor und Mittelschiff bzw. **Vierung** und Mittelschiff einer Kirche.

TROCHILUS siehe **Hohlkehle**.

TROMMEL Zylindrisches Zwischenteil zwischen **Kuppel** und Unterbau. Auch Tambour genannt. Die zylindrischen Blöcke des Säulenschaftes nennt man ebenfalls Trommel.

TROMPE Nischenartige Wölbung in den Ecken eines quadratischen Raumes. Sie dient dazu, ihn in ein Achteck zu überführen.

TROPHÄE Antike Reliefdarstellung von erbeuteten Waffen und Rüstungen. Im **Barock** wurde sie für den Dekor der **Attika** von Schlössern, Zeughäusern u.ä. eingesetzt.

TSCHORTEN Tibetischer **Stupa**. Auch *chörten* genannt.

TSUITATE Niedriger Stellschirm in einem japanischen Haus.

TUDORBOGEN Abgeflachter **Bogen** mit leichter Spitze. Er war in England im 16. Jh. beliebt.

TUMULUS Grabkammer mit darüber aufgeschüttetem Erdhügel.

TÜRBE Islamischer, vor allem türkischer Grabbau in Form eines überkuppelten Gebäudes, in dem meist ein **Sarkophag** steht.

TYMPANON Dreieckiges Giebelfeld, eingefasst von **Gesimsen**. Ebenfalls das meist halbkreisförmige Feld zwischen **Sturz** und Bogen über dem Portal mittelalterlicher Kirchen, oft ist es reich geschmückt.

TZOMPANTLI In der **mesoamerikanischen** Baukunst eine Schädelwand, an der die Köpfe der Geopferten zur Schau gestellt wurden.

UMGANG Ein um ein Bauteil herumgeführter Gang. An den Chorumgang einer Kirche schließen sich oft **Kapellen** an.

URUSRINGA Kleines Türmchen auf einem indischen ***shikhara*** oder Tempelturm, das dessen Form in Miniatur wiederholt.

USHNU Heiliger Felsen bei den **Inka**, der eventuell als Opfertisch diente.

VEDIKA Zaun um einen **Stupa**, meist mit gepflastertem Umwandlungsgang.

VENEZIANISCHES FENSTER siehe **Palladio-Motiv**.

VERANDA Überdachter Vorraum oder **Balkon**, der sich entlang eines Gebäudes erstreckt und an der Vorderseite offen ist.

VERBLENDUNG Verkleidung der Außenwand mit edlen Verblendsteinen. Inkrustation nennt man eine Verblendung mit Marmorplatten in Einlegearbeit, die zu kunstvollen Mustern arrangiert wurden.

VERMICULATION Wellenartiges Dekormuster an der Vorderseite von Steinquadern, das an Wurmstiche erinnert. Es wird zur Belebung von **Fassaden** eingesetzt.

VESTIBÜL Vorraum oder Eingangsbereich.

VIERBLATTBLUME **Anglonormannisches** Ornament, das eine Blume mit vier Blütenblättern zeigt und in Reihung Verwendung fand.

VIERPASS siehe **Pass**.

VIERUNG Der Raumteil einer Kirche, wo **Langhaus** und **Querhaus** einander durchdringen.

VIHARA Buddhistische Klosteranlage in Indien.

VILLA Ursprünglich römisches Landhaus, später repräsentativer Landsitz. In der **Renaissance** wurde die Villa wieder aufgegriffen.

VIMANA In Stufen ansteigender, pyramidenförmiger Turm des südindischen Tempels.

VOLUTE Plastische Verzierung in Form einer spiralförmigen Einrollung. Bestandteil **ionischer** Kapitelle, von der Renaissance wieder aufgegriffen, u.a. am Giebel.

VOTIVKIRCHE Eine aufgrund eines Gelübdes gestiftete Kirche.

WAGON-ROOF Freitragende englische Dachkonstruktion aus dicht gesetzten Sparren, die durch Bogenstreben versteift werden. Sie kann offen belassen bleiben.

WALMDACH Dachform mit vier schrägen Dachflächen.

WASSERSPEIER Ablauf für Regenwasser am Dach von mittelalterlichen Gebäuden. In der **Gotik** wurden sie in Form von Tieren, Menschen und Fabelwesen gestaltet.

WEHRGANG Verteidigungsgang in oder auf der Mauer einer Burg. Oft ist er ein vorkragender Laufgang, der mit **Zinnen** und **Maschikulis** ausgestattet ist.

WENDELTREPPE Rund oder oval geführte Treppe, meist mit einem eigenen Treppenturm. Bei einer Spindeltreppe sind die Stufen in einen Mittelpfosten (Spindel) eingelassen, die Hohlspindeltreppe wird um eine hohle Spindel (Auge) herumgeführt.

WIMPERG Gotischer Ziergiebel über Portalen und Fenstern. Meist ist er mit **Fialen**, **Krabben** und Blendmaßwerk dekoriert.

WINDBRETT Ein vor den Giebelschenkeln eines Dachs angebrachtes, manchmal ornamentiertes Brett. Es verdeckt die Balkenenden und schützt die Dachdeckung vor starkem Wind.

WOHNTURM Starker mittelalterlicher Wehrturm. In Frankreich wird er *donjon* genannt, in England *keep*. Im Gegensatz zum deutschen **Bergfried** ist er zum Wohnen eingerichtet.

WULST Eine halbrund hervortretende Ausbuchtung. Bestandteil der antiken Säulenbasis und dort Torus genannt.

WÜRFELKAPITELL Schlichtes Kapitell der **Romanik**, bei dem die Grundformen Halbkugel und Würfel einander durchdringen.

XIAOSHOU **Akroter** der chinesischen Architektur. Die *xiaoshou* sind in Form von Fabelwesen gestaltet und sitzen hintereinander auf den Dachgraten.

XOANON Ein aus Holz geschnitztes Götterbild der griechischen Antike.

ZAHNSCHNITT Fries aus kleinen rechteckigen Steinen, etwa unter dem **Kranzgesims** antiker Tempel.

ZENTRALBAU Regelmäßiger Baukörper, bei dem alle Raumteile auf den Mittelpunkt bezogen sind, im Gegensatz zum **Longitudinalbau**. Der Grundriss ist quadratisch, rund oder polygonal.

ZIBORIUM Steinerner Überbau über einem **Altar** u. ä. Meist hat er die Form eines **Baldachins** mit einem gewölbten Dach, das von Säulen getragen wird.

ZICKZACKFRIES Ein aus Zackenmotiven bestehender **Fries** der **Romanik**. Er wird ebenfalls Zackenfries genannt.

ZIKKURAT Sakralbau des Alten Orients zwischen 3000 und 600 v. Chr. Auf einer quadratischen oder rechteckigen Grundfläche erhob sich ein Turmbau aus terrassenförmigen, sich verjüngenden Plattformen. Eine Folge von Rampen führte hinauf zu dem auf der Spitze gelegenen Hochtempel.

ZINNE Zahnartiger Aufsatz auf einer Mauer. Zwischen zwei Zinnen befinden sich Einschnitte (Scharten) für die Bogenschützen. Die Gesamtheit von Zinnen und Scharten nennt man Zinnenkranz.

ZIRKUS Lang gestreckte, nicht überdachte Arena der römischen Antike für Pferde- und Wagenrennen, später auch für Gladiatorenkämpfe genutzt. An den Langseiten und einer halbrunden Schmalseite befanden sich Sitzreihen.

ZWERGGALERIE Ausgesparter kleiner Laufgang am Außenbau, in der **Romanik** direkt unter dem Dachansatz. Er hatte rein dekorative Funktion.

ZWICKEL Dreieckiges Verbindungsstück zwischen den **Bögen** einer Arkadenreihe oder einem Bogen und seiner rechteckigen Umrahmung.

ZWIEBELHAUBE Zwiebelförmiges Dach, das vor allem in der süddeutschen, osteuropäischen und islamischen Baukunst auftritt.

Bibliografie

ÄGYPTEN

ARNOLD, Dieter: *Lexikon der ägyptischen Baukunst.* München, Zürich 1994

ARNOLD, Dieter: *Die Tempel Ägyptens. Götterwohnungen, Kultstätten, Baudenkmäler.* Zürich 1996

BADAWY, Alexander: *A History of Egyptian Architecture.* 3 Bde. Giseh, Berkeley 1954–1968

GOLVIN, Jean-Claude und Jean-Claude GOYON: *Karnak, Ägypten: Anatomie eines Tempels.* Tübingen 1990

GUNDLACH, Rolf u. a. (Hg.): *Ägyptische Tempel – Struktur, Funktion und Programm.* Hildesheim 1994

MARTIN, Geoffrey T.: *Auf der Suche nach dem verlorenen Grab.* Mainz 1995

MICHALOWSKI, Kazimierz u. a.: *Die ägyptische Kunst.* Freiburg im Breisgau 2000

SAUNERON, Serge und Henri STIERLIN: *Die letzten Tempel Ägyptens. Edfu und Philae.* Zürich 1978

STADELMANN, Rainer: *Die ägyptischen Pyramiden: Vom Ziegelbau zum Weltwunder.* Mainz (Neuausgabe 1997)

WILDUNG, Dietrich, hg. von Henri STIERLIN: *Ägypten. Von der prähistorischen Zeit bis zu den Römern.* Köln 1997

MESOPOTAMIEN UND PERSIEN

FRANKFORT, Henri: *The Art and Architecture of the Ancient Orient.* Harmondsworth [5]1997

HEINRICH, Ernst (unter Mitarbeit von U. SEIDL): *Die Tempel und Heiligtümer im alten Mesopotamien. Typologie, Morphologie und Geschichte.* 2 Bde. Berlin 1982

HROUDA, Barthel (Hg.): *Der alte Orient.* München 1991

MALLOWAN, M. E. L.: *Nimrud and its remains.* 2 Bde. London 1966

MOORTGAT, Anton: *Die Kunst des Alten Mesopotamien. Band 1: Sumer und Akkad. Band 2: Babylon und Assur.* Köln 1982–1984

Persepolis. Ein Weltwunder der Antike. Ausst.-Kat. München, Duisburg, Basel, Berlin 1989

PREUSSER, Conrad: *Die Wohnhäuser in Assur.* Berlin [2]1994

INDIEN

FRANZ, Heinrich G.: *Von Gandhara bis Pagan. Kultbauten des Buddhismus und Hinduismus in Süd- und Zentralasien.* Graz 1979

FRANZ, Heinrich G. (Hg.): Das alte Indien. Geschichte und Kultur des indischen Subkontinents. Sonderausgabe München 1998

GÖRGENS, Manfred: *Kleine Geschichte der indischen Kunst.* Köln 1986

GOVINDA, Anagarika: *Der Stupa. Psychokosmisches Lebens- und Todessymbol.* Bielefeld 1978

Haus der Kulturen der Welt, Berlin (Hg.): *Vistara – Die Architektur Indiens.* Stuttgart 1991

MEISTER, Michael W. und M. A. DHAKY: *Encyclopedia of Indian Temple Architecture: South India. Lower Dravidadesa. 200 BC–AD 1324.* 2 Bde. 1986

MEISTER, Michael W. und M. A. DHAKY: *Encyclopedia of Indian Temple Architecture: Foundations of North Indian Style c. 250 BC–AD 1100.* Delhi 1988

MEISTER, Michael W. und M. A. DHAKY: *Encyclopedia of Indian Temple Architecture: North India, Period of Early Maturity c. AD 700–900.* 2 Bde. Delhi 1991

MICHELL, George. *Der Hindu-Tempel. Baukunst einer Weltreligion.* Köln 1991

PLAESCHKE, Herbert und Ingeborg (Hg.): *Indische Felsentempel und Höhlenklöster.* Leipzig 1982

ROWLAND, Benjamin: *The Art and Architecture of India. Hindu, Buddhist and Jain.* Harmondsworth 1978

CHINA

BLASER, Werner: *Courtyard House in China – Hofhaus in China. Tradition und Gegenwart.* Basel 1999

CHINESISCHE ARCHITEKTUR-AKADEMIE (Hg.): *Klassische chinesische Architektur.* Stuttgart 1990

EBERHARD, Wolfram: *Lexikon chinesischer Symbole. Die Bildsprache der Chinesen.* München [6]1999

FAIRBANK, Wilma (Hg.): *Liang Ssu-cheng. A Pictoral History of Chinese Architecture. A Study of the Development of Its Structural System and the Evolution of Its Types.* Cambridge, MA 1984

KESWICK, Maggie: *Der chinesische Garten.* Stuttgart 2004

PROPYLÄEN-Kunstgeschichte. Bd. 20: *China, Kora, Japan,* mit Beiträgen von Jan Fontain u. a. Frankfurt a. M. 1985.

QIAO YUN (Hg.): *Alte chinesische Gartenkunst.* München [2]1988

STEINHARDT, Nancy Shatzman (Hg.): *Chinese Imperial City Planning.* Honolulu 1990

THILO, Thomas: *Klassische chinesische Baukunst. Strukturprinzipien und soziale Funktion.* Leipzig 1977

XU, Yinong: *The Chinese City in Space and Time: The Development of Urban Form in Suzhou.* Honolulu 2000

JAPAN

BLASER, Werner: *Tempel und Teehaus in Japan. The Tempel and Teahouse in Japan.* 1988

BOSSELT, Klaus und Sabine SCHNEIDER: *Ästhethik und Gestaltung in der japanischen Architektur – Das traditionelle Wohnhaus.* Düsseldorf 1990

DREXLER, Arthur: *The Architecture of Japan.* London 1967

IMMOOS, Thomas und Erwin HALPERN: *Japanische Tempel, Gärten und Paläste.* Köln [10]1992

ITOH, Teiji und Yukio FUTAGAWA (Hg.): *Alte Häuser in Japan.* Stuttgart 1984

MASUDA, Tomoya und Henri STIERLIN (Hg.): *Japan. Weltkulturen und Baukunst.* München 1969

PROPYLÄEN-Kunstgeschichte. Bd. 20: *China, Korea, Japan.* Frankfurt a. M. 1985.

SPEIDEL, Manfred (Hg.): *Japanische Architektur. Geschichte und Gegenwart.* Stuttgart 1983

STANLEY-BAKER, Joan: *Japanese Art.* London 2000

PRÄKOLUMBISCHE KULTUREN

COE, Michael D.: *The Maya.* London 1999

HEYDEN, Doris und Paul GENDROP: *Architektur der Kulturen Mittelamerikas.* Stuttgart 1982

HYSLOP, John: *Inka Settlement Planning.* Austin 1990

KOWALSKI, Jeff Karl (Hg.): *Mesoamerican Architecture as a Cultural Symbol.* Oxford und New York 1999

KUBLER, George: *The Art and Architecture of Ancient America: The Mexican, Mayan and Andean Peoples.* London und New Haven [3]1992

MALER, Teobert und Hanns J. Prem (Hg.). *Peninsula Yucatan.* Berlin 1997

STIERLIN, Henri: *Maya. Paläste und Pyramiden im Urwald.* Köln 2001

STIERLIN, Henri: *Das Alte Mexiko.* München 1967

STIERLIN, Henri: *Die Kunst der Azteken und ihrer Vorläufer.* 1982

STIERLIN, Henri: *Die Kunst der Inka und ihrer Vorläufer.* 1983

PRÄHELLENISCHE KULTUREN

BOËTHIUS, Axel, Roger LING (Hg.) und Tom RASMUSSEN (Hg.): *Etruscan and Early Roman Architecture.* Harmondsworth 1970 (Neuausgabe 1992)

GRÖTEKE, Friedhelm. *Etruskerland. Geschichte, Kunst, Kultur.* Stuttgart [3]1993

HAYNES, Sybille: *Etruscan Civilisation.* London 2000

MATZ, Friedrich: *Kreta und frühes Griechenland. Prolegomena zur griechischen Kunstgeschichte.* 1984

MYLONAS, George Emmanuel: *Mycenae and the Mycenean Age.* Princeton 1966

SCHLIEMANN, Heinrich: *Bericht über meine Forschungen und Entdeckungen in Mykenae und Tryns.* Leipzig 1878 (Neudruck Darmstadt 1991)

SPRENGER, Maja und Gilda BARTOLONI: *Die Etrusker. Kunst und Geschichte.* München 1977

STIERLIN, Henri: *Griechenland. Von Mykene zum Parthenon.* Köln 1997

GRIECHENLAND

BAMMER, Anton: *Architektur und Gesellschaft in der Antike. Zur Deutung baulicher Symbole.* Wien ^{2}1985

GRUBEN, Gottfried: *Griechische Tempel und Heiligtümer.* München ^{4}2001

LAUTER, Hans: *Die Architektur des Hellenismus.* Darmstadt 1986

KÄHLER, Heinz: *Der griechische Tempel.* Frankfurt a. M. Neuausgabe 1981

MÜLLER, Werner: *Architekten in der Welt der Antike.* Düsseldorf 1989

MÜLLER-WIENER, Wolfgang: *Griechisches Bauwesen in der Antike.* München 1988

STIERLIN, Henri: *Griechenland. Von Mykene zum Parthenon.* Köln 2001

WALTER, Hans: *Das griechische Heiligtum, dargestellt am Heraion von Samos.* Neuausgabe 1990

IMPERIUM ROMANUM

ANDREAE, Bernard: *Römische Kunst.* ^{4}1982 (Neuausgabe Darmstadt 2000)

BRÖDNER, Erika: *Die römischen Thermen und das antike Badewesen. Eine kulturhistorische Betrachtung.* Stuttgart 1997

HESBERG, Henner von: *Römische Baukunst.* München 2005

HESBERG, Henner von: *Römische Grabbauten.* Darmstadt 1992

KÄHLER, Heinz: *Der römische Tempel.* Frankfurt a. M. 1982

KNELL, Heiner: *Bauprogramme römischer Kaiser.* Darmstadt 2004

LAMPRECHT, Heinz O.: *Opus Caementitium. Bautechnik der Römer.* Düsseldorf ^{4}1996

MIELSCH, Harald: *Die römische Villa.* München ^{2}1997

REUTTI, Fridolin: *Die römische Villa.* Darmstadt 1990

STIERLIN, Henri: *Imperium Romanum. Von den Etruskern bis zum Untergang des Reiches.* Köln 1996

VITRUV (Marcus Vitruvius Pollio): *Zehn Bücher über Architektur. De architectura libri decem*, hg. von Curt Fensterbusch. 2 Bde. Darmstadt ^{5}1991

WHEELER, Mortimer: *Römische Kunst und Architektur.* München u. a. 1969

FRÜHES CHRISTENTUM UND BYZANZ

HUTTER, Irmgard: *Frühchristliche und byzantinische Kunst. Malerei, Plastik und Architektur.* Sonderausgabe Stuttgart u. a. 1991

KÄHLER, Heinz: *Die frühe Kirche. Kult und Kultraum.* Berlin 1982

KRAUTHEIMER, Richard: *Early Christian and Byzantine Architecture.* Harmondsworth ^{4}1992

MAINSTONE, Rowland J.: *Hagia Sophia: Architecture, Structure and Liturgy of Justinian's Great Church.* London 1988

MANGO, Cyril: *Byzantinische Architektur.* Stuttgart 1986

Propyläen-Kunstgeschichte, hg. von Kurt BITTEL u. a. Bd. 3: *Byzanz und der christliche Osten.* Neuausgabe 1984

STÜTZER, Herbert Alexander: *Frühchristliche Kunst in Rom. Ursprung christlich-europäischer Kunst.* Köln 1991

ISLAM

BIANCA, Stefano: *Hofhaus und Paradiesgarten. Architektur und Lebensformen in der islamischen Welt.* München 1991

DAVIES, Philip: *The Penguin Guide to the Monuments of India. Volume 2: Islamic, Rajput, and European.* London 1989

ETTINGHAUSEN, Richard und Oleg GRABAR: *The Art and Architecture of Islam 650–1250.* London, New Haven ^{2}2003

FINSTER, Barbara: *Frühe Iranische Moscheen vom Beginn des Islam bis zur Zeit salguqischer Herrschaft.* 1994

FRANK, Folker: *Moscheen.* Stuttgart ^{4}1994

FRANZ, Heinrich G.: *Palast, Moschee und Wüstenschloss. Das Werden der islamischen Kunst im 7. bis 9. Jh.* Graz 1984

FRISHMAN, Martin und Hasan-Uddin KHAN (Hg.). *Die Moscheen der Welt.* Köln 2002

GRABAR, Oleg: *Die Alhambra.* Köln 1981

IRWIN, Robert: *Islamische Kunst.* Köln 1998

KOCH, Ebba: *Mughal Architecture. An Outline of its History and Development 1526–1858.* München 1991

MICHELL, George: *Architecture of the Islamic World. Its History and Social Meaning.* London 1978

PETRUCCIOLI, Attilio (Hg.): *Der islamische Garten. Architektur, Natur, Landschaft.* München 1995

STIERLIN, Henri: *Architektur des Islam vom Atlantik zum Ganges.* Zürich 1979

STIERLIN, Henri: *Islam. Von Bagdad bis Córdoba. Frühe Bauwerke vom 7. bis 13. Jahrhundert.* Köln 2002

VOGT-GÖKNIL, Ulya: *Die Moschee. Grundformen sakraler Baukunst.* Zürich 1978

ROMANIK

ARCHER, Lucy u. a.: *Architecture in Britain and Ireland 600–1500.* London 1999

BADSTÜBNER, E.: *Klosterkirchen im Mittelalter. Die Baukunst der Reformorden.* München ^{2}1985

BRUCHER, Günter: *Die sakrale Baukunst Italiens im 11. und 12. Jh.* Köln 1987

ECKSTEIN, Hans: *Die romanische Architektur. Der Stil und seine Formen.* Köln 1975

FERNIE, Eric: *The Architecture of Norman England.* Oxford 2000

HECHT, Konrad: *Der St. Gallener Klosterplan.* Wiesbaden 1997

HOTZ, Walter: *Pfalzen und Burgen der Stauferzeit.* Darmstadt ^{3}1992

KIER, Hiltrud: *Die großen romanischen Kirchen.* Köln ^{6}1996

KUBACH, Hans Erich und Albert VERBEEK: *Romanische Baukunst an Rhein und Maas. Bd. 4: Architekturgeschichte und Kunstlandschaft.* 1988

KUBACH, Hans Erich: *Die Architektur der Romanik.* Stuttgart 1982

MRUSEK, Hans-Joachim: *Romanik.* Leipzig ^{4}1991

SCHÜTZ, Bernhard und Wolfgang MÜLLER: *Deutsche Romanik. Die Kirchenbauten der Kaiser, Bischöfe und Klöster.* 1989

WINTERFELD, Dethard von: *Die Kaiserdome Speyer, Mainz, Worms und ihr romanisches Umland.* 1993

GOTIK

BORCHERT, F.: Burgenland *Preußen. Die Wehrbauten des Deutschen Ordens.* München 1987

CAMILLE, Michael: *Die Kunst der Gotik. Höfe, Klöster, Kathedralen.* Köln 1996

KIMPEL, Dieter und Robert SUCKALE. *Die gotische Architektur in Frankreich 1130–1270.* München Neuausgabe 1995

KOWA, Günter. *Architektur der englischen Gotik.* Köln 1990

NUSSBAUM, Norbert: *Deutsche Kirchenbaukunst der Gotik.* Darmstadt ^{3}1994

PANOFSKY, Erwin: *Gotische Architektur und Scholastik.* Köln 1989

Propyläen-Kunstgeschichte, hg. von Kurt BITTEL u. a., Bd. 6, Tl. 2: *Das hohe Mittelalter.* Bd. 7: *Spät-Mittelalter und beginnende Neuzeit.* Neuausgabe 1984

RÜDIGER, Wilhelm: *Die gotische Kathedrale. Architektur und Bedeutung.* Köln 1979

Bibliografie

SCHLINK, Wilhelm: *Die Kathedralen Frankreichs.* 1978

SIMSON, Otto von: *Die gotische Kathedrale. Beiträge zu ihrer Entstehung und Bedeutung.* Darmstadt ^{5}1992

WOOD, Margaret: *The English Mediaeval House.* London 1965

RENAISSANCE

ACKERMAN, James S.: *The Villa: Form and Ideology of Country Houses.* London 1995

ALBERTI, Leon Battista: *Zehn Bücher über die Baukunst.* Neuausgabe Darmstadt 2000

AZZI VISENTINI, Margherita: *Die italienische Villa. Bauten des 15. und 16. Jh.* Stuttgart 1997

BURCKHARDT, Jacob: *Die Kultur der Renaissance in Italien.* 1860. Neuausgabe Stuttgart 1989

HEYDENREICH, Ludwig H.: *Studien zur Architektur der Renaissance.* Köln 1981

HITCHCOCK, Henry Russell: *German Renaissance Architecture.* Princeton, N. J. 1981

KADATZ, Hans J.: *Deutsche Renaissance-Baukunst. Von der frühbürgerlichen Revolution bis zum Anfang des 30jährigen Krieges.* Berlin-Ost 1983

KLOTZ, Heinrich: *Filippo Brunelleschi. Seine Frühwerke und die mittelalterliche Tradition.* 1990

MILLON, H. A. u. a. *The Renaissance from Brunelleschi to Michaelangelo: The Representation of Architecture.* Ausst.-Kat. Palazzo Grassi (Venedig). Mailand 1994

MURRAY, Peter: *Die Architektur der Renaissance in Italien.* Stuttgart 1980

PALLADIO, Andrea: *Die vier Bücher zur Architektur.* Nach der Ausgabe Venedig 1570. Basel ^{4}1993

PRINZ, Wolfram und Ronald G. KECKS: *Das französische Schloss der Renaissance. Form und Bedeutung der Architektur, ihre geschichtlichen und gesellschaftlichen Grundlagen.* Berlin ^{2}1994

THOMSON, David: *Renaissance Architecture: Critics, Patrons, Luxury.* Manchester 1993

WITTKOWER, Rudolf: *Grundlagen der Architektur im Zeitalter des Humanismus.* München ^{2}1990

BAROCK

BAUER, Hermann und Hans SEDLMAYER: *Rokoko. Struktur und Wesen einer europäischen Epoche.* Köln 1992

BLUNT, Anthony (Hg.): *Kunst und Kultur des Barock und Rokoko, Architektur und Dekoration.* Freiburg im Breisgau 1979

BRUCHER, Günter: *Barockarchitektur in Österreich.* Köln 1983

GEBHARDT, Armin: *Das Phänomen des Rokoko. Poesie, Musik, Malerei, Raumausstattung, Kleinplastik, Architektur.* Marburg 1996

HAGER, Werner: *Barocke Architektur,* in: Kunst der Welt, Bd. 10. ^{2}1979

HANSMANN, Wilfried: *Baukunst des Barock. Form, Funktion, Sinngehalt.* Köln 1978

HECKMANN, Hermann: *Baumeister des Barock und Rokoko in Sachsen.* 1996

MILLON, Henry A. (Hg.): *The Triumph of the Baroque: Architecture in Europe 1600–1750.* London 1999

NORBERG-SCHULZ, Christian: *Architektur des Barock.* Stuttgart 1975 (Neuausgabe 1985)

NORBERG-SCHULZ, Christian: *Architektur des Spätbarock und Rokoko.* 1985

SCHINDLER, Herbert (Hg.): *Europäische Barockklöster.* München 1973

TOMAN, Rolf (Hg.): *Die Kunst des Barock.* Köln 1997

WAGNER, Helga: *Bayerische Barock- und Rokoko-Kirchen.* München 1983

WITTKOWER, Rudolf: *Art and Architecture in Italy, 1600 to 1750.* 3 Bde. London, New Haven ^{4}1999

PALLADIANISMUS

BARNARD, Toby C. und Jane Clarke (Hg.): *Lord Burlington. Architecture, Art, and Life.* London 1995

BELTRAMINI, Guido u. a. (Hg.): *Andrea Palladio. Bildatlas zum Gesamtwerk.* München 2002

BOUCHER, Bruce: *Palladio. Der Architekt in seiner Zeit.* München 1994

CAMPBELL, Colen: *Vitruvius Britannicus.* London Bd. 1 1715, Bd. 2 1717, Bd. 3 1725

HARRIS, John: *The Palladians.* London 1981

KÖSTER, Baldur: *Palladio in Amerika. Die Kontinuität klassizistischen Bauens in den USA. Mit einer Synchronopse der amerikanischen Architektur- und Zeitgeschichte.* 1990

PUPPI, Lionello: *Andrea Palladio. Das Gesamtwerk.* Stuttgart u.a. 2000

SUMMERSON, John: *Inigo Jones.* Neuausgabe London, New Haven 2000

TAVERNOR, Robert: *Palladio and Palladianism.* London 1991 (Nachdruck 1994)

WITTKOWER, Rudolf: *Palladio and English Palladianism.* Neuausgabe London 1983

KLASSIZISMUS

ADAM, Robert and James: *Works in Architecture.* London 1778 (Nachdruck 1981)

BERGDOLL, Barry: *Karl Friedrich Schinkel. Preußens berühmtester Baumeister.* München 1994

BÜCHEL, Wolfgang: *Karl Friedrich Schinkel.* Reinbek 32001

DOLGNER, Dieter: *Klassizismus.* Leipzig 1991

KENNEDY, Roger G. u. a.: *Greek Revival America.* New York 1989

NERDINGER, Winfried u. a. (Hg.): *Revolutionsarchitektur. Aspekte der europäischen Architektur um 1800.* München 1990

OHFF, Heinz: *Karl Friedrich Schinkel oder Die Schönheit in Preußen.* München ^{2}1997

PIERSON, William H. Jr : *American Buildings and their Architects.* Vol. 1: The Colonial and Neo-Classical Styles. Oxford 1976

RIEMANM, Gottfried und Christa HEESE: *Karl Friedrich Schinkel. Architekturzeichnungen.* Berlin ^{2}1996

TOMAN, Rolf (Hg.): *Klassizismus und Romantik. Architektur, Skulptur, Malerei und Zeichnung 1750–1848.* Köln 2000

WEGNER, Reinhard: *Nach Albions Stränden. Die Bedeutung Englands für die Architektur des Klassizismus und der Romantik in Preußen.* 1994

WÖRNER, Hans Jakob: *Architektur des Frühklassizismus in Süddeutschland.* 1979

WORSLEY, Giles: *Classical Architecture in Britain. The Heroic Age.* London, New Haven 1995

PITTORESKER STIL

ARNOLD, Dana (Hg.): *The Georgian Villa.* Stroud 1996

BALLANTYNE, Andrew: *Architecture, Landscape and Liberty. Richard Payne Knight and the Picturesque.* Cambridge 1977

DANIELS, Stephen: *Humphrey Repton: Landscape Gardening and the Geography of Georgian England.* London, New Haven 1999

HARRIS, John: *The Architect and the British Country House.* Washington 1985

MANSBRIDGE, Michael: *John Nash. A Complete Catalogue.* London 1991

TEMPLE, Nigel: *John Nash and the Village Picturesque.* Gloucester 1979

WATKIN, David: *The English Vision: The Picturesque in Architecture, Landscape, and Garden Design.* London 1982

Register

Register

Register

Register

Register

DANKSAGUNG

Der Verlag dankt Steve Parissien und Neil Burton für ihre Unterstützung und ihren Rat.